HASEGAWA Complete Works

ハセガワ コンプリートワークス
キットで辿る75年

スケールアヴィエーション編集部／編

大日本絵画

　本書刊行の前年2016年は、静岡県焼津市に社屋を構える「(株)ハセガワ」創業から75年の記念すべき年だった。
　75年といえば、日本人の平均寿命の約83歳まで間もなく手が届こうとしている。もちろん、この節目を迎えるまでの道程は平坦ではなかった。使い古された比喩かもしれないが、人の人生に苦楽があるように企業にも苦闘の時代、隆盛の時代がある。
　創業者長谷川勝呂氏は若い頃から一家を養うために様々な商売に勤しんだが、昭和15年1月の静岡大火で菓子店は灰燼に帰する。模型業に転じたのち昭和20年7月の静岡空襲でも家屋は焼失した。さらに、戦後の円の切り替えは長谷川製作所に経済的打撃を与えた。
　災厄は家族にも及ぶ。運動神経抜群で実業団野球でも期待された長男・勝重氏は結核で長い療養生活を強いられる。結核治療の進歩で社会復帰を果たすと、今度は次男の勝平氏が兄と同じ病に罹患する。のちに兄弟は病も癒えて家業で活躍するが、そうした、まさに内憂外患のなかで、勝呂氏はライトプレーン、そして艦船のソリッドモデルで〝船の長谷川〟の、今でいうブランドイメージを構築した。プラモデルの台頭に対して一家の尋常ならざる努力と悲劇からの立ち直りの詳細は17ページからの本文を読んでいただくにしても、そこにある人の縁にも注目して欲しい。
　とりわけ井田 博氏が創刊した日本最初のプラモデル専門誌「モデルアート」との縁は見逃せない。プラプレーンコンテストの提携関係のみならず、井田氏の子息たちは学舎の同窓となる若き日の勝人社長の人生に少なからず影響を与えた。この取材に当たっては『(有)モデルアート社』の井田彰郎会長兄弟には大変お世話になった。
　本書を手にとってご覧の通り、編集部は歴代名作キット、飛行機、艦船、キャラクターモデルなどを網羅し、その数、1375点に及ぶ圧巻である。実はそれらの図版が本書の真髄でもあり、編集部の情熱の賜物である。あのキット、このキットとハセガワの世界を堪能して欲しいと思う。
　最後になるが、2015年8月、取材の最終段階で急逝された勝重会長にお見せできなかったことがつくづく悔やまれる。ご自身でも資料を探し出すなど、度々の取材に厚いご協力をいただいた。今回、ようやくの上梓にあたり、本書を謹んで霊前に捧げたい。

文／竹縄 昌

日本海軍 戦艦 長門
"昭和十六年 開戦時"(1/350)

2007年にリリースされた、ハセガワ渾身の一作。大型キットならではの緻密な表現が盛り込まれた。2005年の「三笠」発売を皮切りに各社から1/350スケールでの新作発表が相次ぐ中、大物キット「長門」の発売はシーン全体を活性化させるきっかけとなった

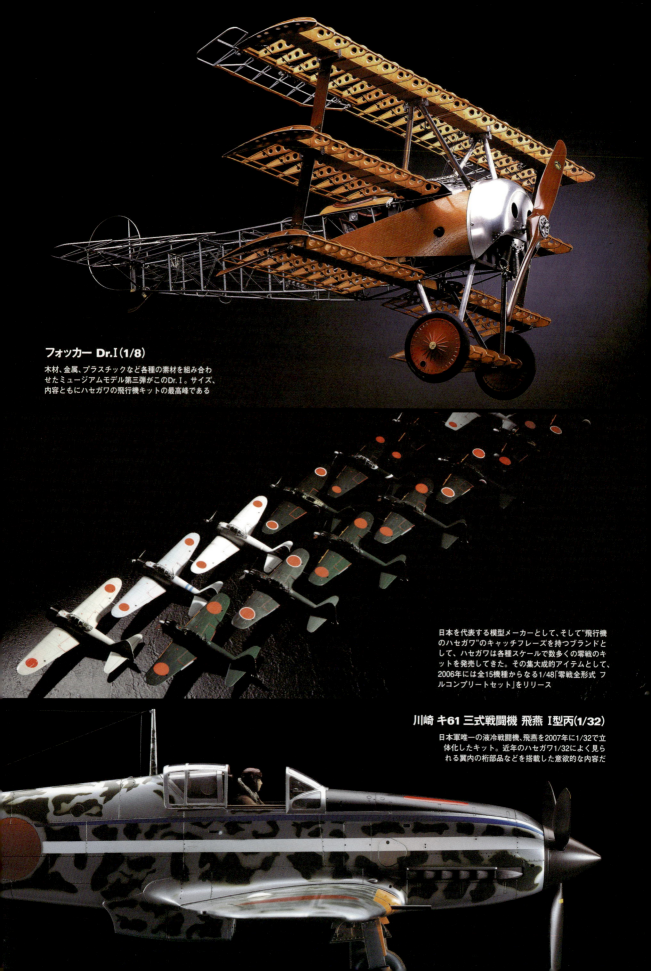

フォッカー Dr.I（1/8）

木材、金属、プラスチックなど各種の素材を組み合わせたミュージアムモデル第三弾がこのDr.I。サイズ、内容ともにハセガワの飛行機キットの最高峰である

日本を代表する模型メーカーとして、そして"飛行機のハセガワ"のキャッチフレーズを持つブランドとして、ハセガワは各種スケールで数多くの零戦のキットを発売してきた。その集大成的アイテムとして、2006年には全15機種からなる1/48「零戦全形式 フルコンプリートセット」をリリース

川崎 キ61 三式戦闘機 飛燕 I型丙（1/32）

日本軍唯一の液冷戦闘機、飛燕を2007年に1/32で立体化したキット。近年のハセガワ1/32によく見られる翼内の桁部品などを搭載した意欲的な内容だ

ANA ボーイング787-8（1/200）
日本航空 ボーイング787-8（1/200）

1/200での旅客機模型の発売を重ねてきたハセガワ。このB787も胴体の延長や機体の塗装パターンが移り変わるのに合わせてバリエーション展開がなされている

モデラーにとってハセガワのキットと常に共にあったのは、小池繁夫氏の描く美麗かつクールな筆致のボックスアートだった。決して狂う事のない機体の縦横の比率は解剖学的な正確さを思わせる。さらに機体が飛行している空の光線の波長や空気感まで捉えた小池氏の美しいアビエーションアートは、いつしかハセガワのキットのアキュラシーや組み味そのものを連想させるほど、同社の飛行機キットにとって欠かすことのできないものになっていったのだ。

模型を作っただけでは飛行する姿を正確に再現することのできない飛行機模型にとって、ボックスアートが果たす役割は他のジャンルよりも大きいだろう。完成したキットを手にもって飛行する姿を思い描く時、その想像のフックとなるのはなによりも一番近くにあるキットのボックスアートだ。その意味では、完成後の想像の世界での楽しみ方まで含めて小池氏のイラストがハセガワの歴史の中で果たしてきた役割は計り知れないのである

Su-33 フランカーD(1/72)
1990年の1/72 Su-27発売以来、約20年ぶりのロシア機発売となった1/72 Su-33。「ロシア機は売れない」という定説を覆し、若年層も巻き込んだスマッシュヒット作となった

AH-64A アパッチ(1/48)
戦闘機とは大きく異なるリベットの凹凸を活かした表現が光る傑作。AFVモデル的な表現方法をも取り込んだ、AH-64 1/48スケールでのベストキットである

ユーロファイター タイフーン 単座型(1/72)
近年のハセガワの1/72ジェット機のスタンダードを形作ったキット。収納時の脚カバーや展示スタンド(初回生産分のみ)など新たな試みが盛り込まれた

F/A-18E スーパーホーネット（1/48）
アップデートが激しい現用戦闘機。このF/A-18系列のキットも実機に合わせてレガシーホーネットからスーパーホーネットへと進化を重ねている

F-22 ラプター（1/48）
現代最強の戦闘機であるラプター。ハセガワ製1/48キットは、その複雑に入り組んだ内部構造の雰囲気を感じることができる秀逸な内容である

日本海軍 戦艦 大和（2013年リニューアル版）(1/450)

ハセガワ製キットとして最も息の長かった1/450大和の内容を一新。ボリュームと作りやすさを両立した新世代のフラッグシップキットとなった

日本海軍 戦艦 三笠 "日本海海戦"(1/350)

日露戦争の殊勲艦をフィーチャーした1/350キット。唯一無二の存在感で、「船のハセガワ」の復活を告げるアイテムのひとつとなった

南極観測船 宗谷 "第三次南極観測隊"(1/350)

戦後日本の復興を象徴するビッグイベントだった南極観測隊の派遣。その主役となった宗谷を、砕氷船の特徴的な船体形状までも再現した一作である

日本海軍 航空母艦 赤城(1/350)

帝国海軍航空母艦の代表格を精密に立体化。メーカー純正のエッチングパーツを組み込むことで実現する、より緻密な甲板裏面などの仕上がりでも話題となった

ニッサン フェアレディ 240ZG "1971"(1/24)

ニッサンを代表する名車、フェアレディ240ZG。ハセガワの1/24キットは、ロングノーズのボディが描く美しい曲線を余すところなくパーツ化した逸品だ

ミニ クロスオーバー(1/24)

イギリスの名ブランド"ミニ"より、2011年にデビューした"クロスオーバー"を、実車取材に基づき立体化。ミニらしい外観から内装まで、再現は行き届いている

ホンダ N360(NⅡ)(1/24)

ホンダ初の軽自動車としてヒットした通称"Nコロ"。キットではスーパーデラックスとS型の仕様の差を選択して組み立てる事ができる

ランチャ 037 ラリー[1983 モンテカルロ ラリー ウィナー](1/24)

ラリーカーも勢力的にリリースしてきたのがハセガワのカーモデルの特徴。こちらは数多くのレースで活躍したランチャ037を忠実に再現したキットである

ランチャ ストラトス HF [1977 モンテカルロ ラリー ウィナー](1/24)

WRCで勝利する事を目的に開発されたラリーカー、ランチャ ストラトス。この名車も数多くのバリエーションキットが生まれた一台である

ロータス 79
"1978 ドイツ GP ウィナー"(1/20)

1978年のチャンピオンマシン。流れるようなボディラインとモノコック+V型8気筒DFVエンジンなどの内部構造の再現を両立したキットだ

フェラーリ 312T2
"1976 モナコGP ウィナー"(1/20)

1990年代半ば以降沈黙を続けてきたハセガワのF-1モデル。この312T2はその復帰第一弾キットであり、正確な考証と再現度でファンを沸かせた逸品

スコット レーシング チーム ホンダ
RS250RW
"2009 WGP250 チャンピオン"(1/12)

徹底した取材を行ない、3D-CADなど最新の技術を投入して作られた一作。永らくリリースされていなかったハセガワのバイクモデル久々の一作となった

ドイツ列車砲 K5(E) "レオポルド" w/フィギュア (1/72)

'70年代前半から、ミニスケールAFVの世界に進出したハセガワ。このレオポルドは1/72というスケールを活かした、大ボリュームの一作である

Sd.Kfz 251/1 D型 装甲兵員輸送車 (1/72)
IV号戦車 G型 (1/72)
IV号戦車 F1型 (1/72)
Sd.Kfz 251/22 D型 "パックワーゲン" (1/72)

同形車種のきめ細かいバリエーション展開もハセガワ製AFVキットの魅力。IV号戦車やハノマークは実車同様に多数のバリエーションが発売された

Sd.Kfz.162 IV号駆逐戦車 L/48 "後期型" (1/72)

2000年以降にはIV号戦車の車台を利用した駆逐戦車などが多数発売。L/48は大きく異なる車体形状を再現するため、大半が新規パーツとなった

ジープ ウィリスMB 50口径 M2機関銃装備 (1/24)

1/24カーモデルで得た経験を活かし、エンジンやシャシーの構造も再現されたジープ。組み立てるだけで実車の構造を知る事ができる一作である

日立建機 双腕仕様機 アスタコ NEO（1/35）

ハセガワ初の建設機械のキット。双腕が特徴的なアスタコNEOを可動ギミックも仕込んだ1/35キットとして立体化、ケーブルは可動を妨げないように軟質樹脂を多様して再現している

有人潜水調査船 しんかい6500（1/72）

水深6500mまで潜水できる有人潜水調査船、しんかい6500の1/72スケールキット。"知る楽しみ"も盛り込んだサイエンスワールドシリーズ第一弾である

承認許諾：国立研究開発法人海洋研究開発機構（JAMSTEC）

無人宇宙探査機 ボイジャー（1/48）

現在地球から最も遠い位置にある人工物である宇宙探査機ボイジャーもサイエンスワールドシリーズから登場。アンテナを含めると40cm近くになるキットだ

"ラストエグザイル –銀翼のファム-" タチアナのヴァンシップ&ファムのヴェスパ（1/72）

アニメ『ラストエグザイル 銀翼のファム』に登場した飛行機械、ヴァンシップ。ハセガワらしい緻密なモールドが実在感を高めている

©2011 GONZO/ファムパートナーズ

©松本零士・東映アニメーション
企画協力：零 Goods Universe

宇宙海賊戦艦 アルカディア（1/1500）

松本零士作品からは『劇場版 銀河鉄道999』に登場したアルカディア号が1/1500スケールキットとして登場。多数のバリエーションが製品化されている

反重力装甲戦闘機 Pkf.85 ファルケ エクサイマーレーザーガン装備(1/20)

2009年、ハセガワがマシーネンクリーガーに参戦するきっかけとなったのが1/20 ファルケである。写真はレーザーガンを搭載したバリエーションキットだ

©Kow Yokoyama 2016

ジェットビートル(1/72)

『ウルトラマン』に登場したジェットビートル。航空機模型的なモールド再現が光る一作だ。ジェットビートルはウルトラホーク1号(1/144)に続いて製品化された

©1966 円谷プロ

YF-19 "マクロスプラス" (1/48)

リリースを重ねて今やハセガワのキャラクターモデルを代表する存在となったマクロスシリーズ。この1/48 YF-19はその中でも最大級のキットである

©1994 ビックウエスト

TF-14 A "フェイ・イェン with ビビッド・ハート"(1/100)
RVR-36-F "アファームドT タイプF"(1/100)

ハセガワのキャラクターモデルとしては2番目に長寿なシリーズとなったバーチャロイドシリーズ。ハセガワにとっては経験値の低いジャンルであった人型ロボットのキット化に果敢に切り込み、その他の可動モデルの製品化にも大いにフィードバックをもたらしてきた功労者である

©SEGA, 2001　CHARACTERS ©AUTOMUSS
CHARACTER DESIGN：KATOKI HAJIME

©SEGA, 2003　CHARACTERS ©AUTOMUSS
CHARACTER DESIGN：KATOKI HAJIME

20 メカトロウィーゴ No.01 "うすみどり" (1/20)
20 メカトロウィーゴ No.02 "おれんじ" (1/20)

ハセガワは新たな試みとして3DCGモデラー兼原型師である小林和史氏のオリジナルロボット"メカトロウィーゴ"を2015年よりキット化

©MODERHYTHM/Kazushi Kobayashi

メカトロウィーゴ No.01 "あか&きいろ" (1/35)
メカトロウィーゴ No.02 "ミルク&カカオ" (1/35)
メカトロウィーゴ No.03 "みずいろ&ももいろ" (1/35)

ウィーゴのキットは複数の成型色や接着剤不要のスナップフィットで構成され、模型初心者でも簡単に無塗装でカラフルな仕上がりが楽しめる。各関節の可動や、腹部のコクピット開閉などのギミックも詰め込まれた、近年のハセガワを代表するヒット作である

目次

- 002 序文

- 017 ハセガワ三代の系譜　模型と共に生きた 75年の記録

【航空機】AIRCRAFT MODELS

- 050 1/70~1/90 スケール 航空機
- 050 1/72 スケール 航空機
- 094 1/48 スケール 航空機
- 122 1/32 スケール 航空機
- 130 1/8&1/16 スケール 航空機
- 130 1/144 スケール 航空機
- 130 1/200 スケール 航空機
- 146 1/400 スケール 航空機
- 147 たまごヒコーキ シリーズ
- 151 コイン シリーズ
- 154 フライングモデル シリーズ

【艦船】SHIP MODELS

- 158 1/700 スケール 艦船
- 167 1/350 スケール 艦船
- 170 1/450 スケール 艦船
- 174 その他 スケール 艦船

【AFV】AFV MODELS

- 178 1/72 スケール AFV
- 191 1/40 スケール AFV
- 191 1/35 スケール AFV

【車・バイク】CAR&BIKE MODELS

- 198 1/24 スケール 車
- 222 1/24~1/25 スケール 車
- 222 1/12 スケール 車
- 223 1/20 スケール 車
- 223 1/10 スケール バイク
- 226 1/12 スケール バイク

【キャラクター】CHARACTER MODELS

- 230 マクロス シリーズ
- 238 バーチャロイド シリーズ
- 243 マシーネンクリーガー シリーズ
- 246 クリエイターワークス シリーズ
- 247 ウルトラシリーズ
- 250 スペース テクノ X シリーズ
- 250 サイエンスワールド シリーズ
- 251 1/12 スケール フィギュア用アクセサリー

- 256 奥付け

静岡県焼津市に建つハセガワ本社社屋。その屋上にはグレーの濃淡2色の迷彩が施され、機首にはシャークマウスが描かれたF-104スターファイターが展示されている。2004年に設置されて以来、焼津市民にも親しまれるランドマークとなった

ハセガワ三代の系譜
模型と共に生きた75年の記録

創業以来75年、戦前のライトプレーン全盛期から終戦を経て木製教材と木製艦船模型の販売へ。
さらに時代は下りプラスチックモデルの時代になってからは"飛行機のハセガワ"。
そして現在は総合模型メーカーへと変貌を重ねたハセガワ。
社名が「長谷川製作所」だったころから、3世代の社長たちがそれぞれにこの模型メーカーを支えてきた。
各世代の奮闘を当時のヒット商品や各メディアで語られた言葉の数々から紐解き、75年の歴史を辿る

文/竹縄 昌

[協力 個人・団体]
長谷川勝重(故人)／長谷川勝平／長谷川勝人／山本正義／高田芳博／久保山弘道／戸部昇一／澤田博史
伝城秀夫／静岡模型教材協同組合／水野博夫／水野正子／井田彰郎／井田史郎／常木則男／宮脇修一／桜田健雄／加藤単駆郎／(敬称略・順不同)

[参考文献]
『静岡模型全史』(静岡模型教材協同組合編 2011 文藝春秋発売)／『田宮義雄自叙伝 80余年の歩み』(田宮義雄 1987 田宮商事合資会社)／『田宮模型の仕事』(田宮俊作 2000文春文庫)
『伝説のプラモ屋～田宮模型をつくった人々』(同 2007 同)／『日本プラモデル興亡史』(井田博 2006 同)／『零戦の子』(武田頼政 2014 文藝春秋)
『ぼくはこうやって詩を書いてきた 谷川俊太郎詩と人生を語る』(谷川俊太郎 山田馨 2010 ナナロク社)
『日本最初のプラモデル 未知の開発に挑んだ男たち』(竹縄昌 2008 アスキー新書)／『東京藝大物語』(茂木健一郎 2015 講談社)

(雑誌 定期刊行物)
「日本教材新聞」／「日本模型新聞」(日本模型新聞社 現・ジー・トップ・プレス)／「航空情報臨時増刊」(1970 酣燈社)／「モデルグラフィックス」(大日本絵画)
「スケールアヴィエーション」(同)／「モデルアート」(モデルアート社)／「電撃スケールモデラー」(2007 メディアワークス)／「Always style」(2007 小学館)

第1章
長谷川勝呂と"プラモデル"の勃興

静岡県焼津市八楠──。東海道新幹線が近くを通るこの地に本社を構えるハセガワを訪れると、正門横に航空自衛隊の初等練習機T-3が"航空基地の"ゲートガード"のように迎えてくれる。ふと見上げれば、2階建ての工場屋上には、これも航空自衛隊のF-104J(栄光)の独特のT字尾翼が見え、そこに細長い機体がある事に気づく。

"飛行機のハセガワ"のブランドイメージを確認出来る光景である。

本社社屋正面玄関から2階に上がると会議室と応接室に挟まれた小さなホールの片隅に、ハセガワ創業以来の歴代キットの完成品を収めたショーケースが並ぶ。昭和20年代から30年代初頭に掛けて"船の長谷川"のブランドを構築した艦船のソリッドモデル、そして昭和34年にプラモデルに移行した当時のグライダーやヨット、そして後に"飛行機のハセガワ"として日本のみならず海外でも評価を高めたファントムや二式大艇をはじめとする歴代の完成見本が納められている。模型メーカーとしての70年以上の時間経過を"一望"出来るその空間に、創業者・長谷川勝呂の胸像が鎮座している。

勝呂は昭和15年から静岡市内で模型飛行機製造に関わり、そして戦後は学校教材の製作メーカーとしての基盤を維持し、ソリッドモデルと呼ばれた木製模型では艦船模型を中心として"船の長谷川"のブランドイメージを作り上げた。さらに静岡市内の模型メーカー団体の"静岡模型教材共同組合"の二代目の理事長としての重責を果たし、昭和34年以降プラモデルの時代を迎えてからは、長男・勝重とともに、木製模型からプラモデルメーカー「長谷川製作所」の基盤を作りながら、昭和44年に突然世を去る。

しかし、その人生は"静岡大火"、"空襲"、さらには隆盛を極めた木製模型の突然の衰退という3度の危機に遭遇する。それらを乗り越えて来た長谷川勝呂のその生涯とは……。

日露戦争勝利の年に生まれた

長谷川勝呂は明治38(1905)年9月20日に、静岡市内の庄屋である長谷川家分家の次男として生まれた。

その年の5月、日本海軍連合艦隊は日本海海戦でロシア・バルチック艦隊を撃破した。9月1日に休戦議定書が交わされ日本の勝利で日露戦争は終結。同時に日露講和条約、即ちポーツマス条約が締結された。5日にはそれを不服とする民衆による日比谷焼き打ち事件が起きているが、かくも日本国中が沸き立っていた時期である。

「ロシアに勝ったから"勝呂"なんです」と説明してくれたのは、専務(当時)で孫の勝人だった。勝呂は、地名、姓名にも使われているが、長谷川勝呂の"呂"にそんな含意があったのだ。

勝呂が生まれたこの時代の象徴的存在が、孫の勝人によって後のハセガワのエポック商品として登場することになるのは100年の後のことになる。

勝呂と同じ年生まれには著名人が多くいる。

国内では高松宮殿下、政治家では福田赳夫元首相、前尾繁三郎元衆院議長、作家では伊藤整、円地文子、画家の片岡珠子、写真家の入江泰吉らがいるが、変わり種ではテレビでもお馴染みの指圧の浪越徳二郎もこの年に生まれている。また、海外ではファッション界に革命をもたらしたクリスチャン・ディオールや勝呂の誕生直前の18日には女優のグレタ・ガルボがスウェーデンで生まれている。そして同じ模型業界に特筆すべきこの人がいた。

タミヤの創業者・田宮義雄である。田宮義雄は家業の製茶業を運輸業に転換し成功する。しかし、戦中に国策で廃業を余儀なくされると、製材業に転進した。昭和22年に製材業に木製模型部門を発足させ、模型メーカーとしても出発。やがて昭和40年代のプラモデルブームで長谷川製作所と鎬を削ることになる。

勝呂は大正7(1918)年3月に静岡市内の西豊田尋常小学校高等科を卒業した。現在の静岡市立西豊田小学校で、明治7(1874)年に創立という歴史ある小学校だ。当時は現小学校と隣接する法蔵寺境内にあったが、2度の移転を経て現在地に定まった。いまの西豊田小学校は毎年静岡ホビーショーが行われているツインメッセ静岡(静岡産業支援センター)に近く、勝呂がいま"母校"のそばで開かれる毎年7万人の入場者を集める静岡ホビーショーの会場の盛況ぶりを見たら、どう思うだろうか。

ちなみに大正9年10月に行われた第1回の国勢調査の静岡市の人口は約7万4千人。それから100年近くを経て、静岡ホビーショーでツインメッセ静岡に集まる人びとは当時の静岡市民の人口に匹敵する。

さて、小学校卒業後の勝呂の人生は苦難に満ちていたようだ。

2011年に静岡模型教材共同組合が編集した『静岡模型全史』には、1967(昭和42)年に発行された『日本模型新聞』が転載されている。

転載されているのは『脈流』と題されたアオシマ、長谷川製作所、タミヤなどの企業訪問記事だ。連載の8回目が『(株)長谷川製作所の巻』で、長谷川勝呂が生い立ちから若き日のことを語っている。見出しには「船の長谷川で実績示す」とある。「学校教材から艦船へ」とも書かれ、昭和42年初頭では「飛行機のハセガワ」というブランドイメージがまだなかったことが分かる。

しかし、すでに1/72シリーズも発売され、そのラインナップを見ると、ファントムIIや大型キットの二式大艇もある。それらは飛行機模型ファン待望のキットであり、長谷川製作所の飛行機プラモデルを印象づけることになるのだが、それでもなお艦船のイメージが強かったということだろう。もちろん、模型メーカーとして戦後の基盤は艦船のソリッドモデルにあり、またプラモデル転換の初期に戦艦大和の大型キットを送り出していたから、"実績"という意味では艦船模型だったことはたしかだ。そして、ハセガワが本格的に飛行機プラモを展開するのは翌昭和43年、イギリスの老舗フロッグとの提携を待たなくてはならない。

長谷川勝呂は13歳で静岡を離れるが、昭和15年に長谷川商店を創業するまでは変転を繰り返す。

大阪市内に住む高級蒔絵師の叔父のもとに奉公に出て、その傍ら、開校したばかりの夜間の実業商業高校に通う。勝呂の兄は兵庫県西宮市にある関西学院に進学していたが、そのまま大阪で薬の「奇応丸」で知られ、創業から400年以上の歴史を持つ老舗薬品会社樋屋(現・樋屋製薬)に就職した。

一方、勝呂は3年の年季が明けると、静岡に帰職し、カフェインを扱う薬品会社に就職、経理、外交を学んだ。兄は中国・上海に赴任するなど当時としては出世を続けていたため、結局、静岡に戻った勝呂が、家族12人の"家長"としての役割を担うことになる。勝呂は静岡の薬品会社で20歳前後までを過ごすと、今度は明治製菓(現・株式会社明治)の商品を扱う菓子業の会社に転職。ここで8年を送る。その間、静岡県下一帯に営業マンとして外交に出るなど、忙しい日々を送った。

主に扱ったのは明治製菓の「明治メリーミルク」だった。明治製菓は1906年創業、メリーミルクとは煉乳(コンデンスミルク)で大正10(1921)年に明治乳業の前身である極東煉乳から発売された。

記事によると、当時は静岡県下の薬局に納入されたという。納入先が薬屋とは意外な気がするが、当時はコーヒーなどに入れる他、牛乳が行き渡らない地域では、湯で薄めて飲んでいたというから滋養、健康のための牛乳の代替飲料として飲用された、という推論も成り立つ。

当時のことを勝呂の長男・勝重は、
「発売されたばかりの新商品でなかなか売れなかったんですが、父は静岡県内を営業で忙しく廻って成績を上げ、けっこう会社の人にも喜んでもらえたそうです。それで儲かったらしく遊び歩いていたらしいです。独身時代の話ですが、どこから金が出ているのか、警察が怪しんだということも聞きました」

独身時代のエピソードといえば、『日本模型新聞』の記事によれば、取材者とのやりとりで勝呂は自ら多趣味を示すこんな話をしている。

「その頃は、古本さんとよく模型飛行機を作ったものですよ」

"古本さん"とは、勝呂の菓子店の隣にあった薬卸の古本薬局で働いていた、古本幸一のことで、薬局の主人の甥だった。古本は、もともと大阪出身で、後に大阪市南区にあった模型卸業「古本商店」を興した。

「静岡市の金座にあった古本薬局が古本(幸一)さんのおじさんの店で、そこに奉公に来て番頭を任されていたそうです。番頭同士で仲が良かったようですね」という。

時系列が前後するが、古本との付き合いも、その後、模型に向かわせた一員かもしれない。また、古本は戦後、学校教材を手がけていた勝呂の勧めで、地元大阪で教材の卸業を始め、長谷川製作所が木製模型販売を始めると、そのまま模型卸問屋「古本商店」となった。古本薬局、古本商店もいまは店を閉じているという。

昭和初期、勝呂が和菓子店の勉強堂を営んでいたころの清水港。静岡名物の茶を海外へと出荷する作業を撮影した一枚である。当時の清水港は茶を扱う商社が多く営業しており、海外向けの茶の主要輸出港として栄えていた（提供／静岡市）

　勝呂が2歳年下のかね代と結婚したのは大正14年、勝呂が20歳と若いカップルだった。
　しかし、この頃に勝呂の末弟、乙哉が生まれている。前述の通り勝呂は家族12人を抱えて、生活に必死だったに違いなく、新婚気分を味わえたかどうかはわからない。勝呂はその後、薬卸の会社を起業するが、しかし、メインで扱っていたメーカーがあえなく倒産してしまう。
　やがて清水市（現静岡市清水区）港橋に菓子店の勉強堂を開店。昭和5年には待望の長男勝重が誕生した。
　勝重の記憶では、あの清水次郎長一家の家の近くに店が在り、7、8人の職人を雇っていた。商品は和菓子のみならずケーキなどの洋菓子も販売し、夏にはアイスキャンデーも商っていたという。
　だが、根が趣味人だったのだろう。店のその日の仕事を自ら手がけるのは勝重が幼稚園から帰って来るまでで、あとは職人に任せ、勝重を連れて釣りに興じていた。海では黒鯛釣りが主で、川では鮎釣りと幅広かった。
　勝重が思い起こすように「365日釣り三昧」で太公望を決め込んでいたとなれば、そこには "商売も失敗してしまったのかもしれません" という勝重の回想も首肯ける。
　昭和14年、清水市での商売をあきらめ、一家は再び静岡市に戻る。商売が傾いたのは、必ずしも勝呂の趣味三昧の生活だけが祟ったのではない。
　清水の店を畳むその2年前には日中戦争が始まり、戦時色が更に濃くなって行く。すでに勝重が生まれた翌年昭和6年には満州事変が起き、新聞紙面はひたすら戦闘の様子を伝え続けていた。そして次第に物資の少ない時代に変わっていったのだった。
　昭和12年、近衛文麿内閣の下、国家総動員法が施行される。統制経済を更に強めたこの法律は、太平洋戦争終結直後の9月に効力を失い、昭和21年4月に廃止される。終戦直後の経済の混乱、そして制度変更は勝呂を苦しめることになる。もちろん、勝呂の一家はその未来を知る由もない。
　清水市から静岡市に戻った勝呂一家だが、その翌年の昭和15年、大きな災厄が降り掛かるのだった。
　だが、これが今日のハセガワに至る大きな転換点であったことを考えると、人間のみならず、企業もまた "塞翁が馬" があり得るということなのだろう。

静岡大火

　静岡大火は太平洋戦争が始まる直前昭和15年1月15日に起きた。
　その日、勝重は通っている静岡市立森下小学校にいたが、西風の強い日で、火の回りが早かったという。
　勝呂と一家は市内をあちこち逃げ回って結局、陸軍練兵場に逃げた。家財道具を載せたリヤカーが忙しく走り回っていた。当時の静岡市内は焼失家屋6700戸、約37000人の被災者を出した。多くの被災者を出したにも関わらず、犠牲者がわずか2名だったのは、昼火事とはいえ、奇跡に近いことだったが、もちろん被災家族は途方に暮れた。
　「森下町の家は店ごと全焼してしまい、隣町の八幡町の借家に移り住みました」
　一族が身を寄せる場所は定まったが、肝心の店はもうない。明日の商売への希望もなかった。そんな状況になったが、実は勝呂自身、商売替えを考え

ていたという。国家総動員法による統制経済のもとでは、和菓子作りに大切な材料である砂糖も配給制となってしまい、不自由な菓子店経営を強いられていたのだ。このさきの商売が先細りになることは容易に予見出来た。かといって、余りにも突然の災厄になんの準備もなく商売の転換を迫られたのだった。

乙哉のアイデア

　その進路を決めたのが、勝呂の末弟で当時、中学3年生の乙哉のアイデアだった。勝重によれば、
　「兄さん、模型飛行機の棒材を作ったらどうだい？　これからは模型飛行機だよ」と商売替えを促したのが乙哉だった。
　乙哉は、自ら動き、模型飛行機に使う棒材の依頼先まで勝手に決めて来てしまっていた。そんな弟の働きに勝呂はその進言を受け入れたのだった。
　「乙哉叔父さんは、いまでいう飛行機オタクですよ。青島にも連れて行ってもらいましたし、模型飛行機を作っている様子を横で眺めていました。私も子供心に大きくなったらあんな模型を作りたいと思ったものです」（勝重）
　乙哉と勝重は叔父と甥の関係でありながら、年齢差は5歳。従兄弟、あるいは上の兄という感覚でもあったという。その乙哉が足繁く通っている場所が "青島" だった。
　いまの青島文化教材社である。元操縦士だった青嶋次郎が大正13（1924）年に青島飛行機研究所として設立。昭和7（1932）年からはライトプレーンの製造販売を手がけ、「青島模型飛行機」として店舗を構えていた。そして模型飛行機大会を主催するなど、静岡市に模型文化を定着させる基盤を作ったといっても差し支えない。「模型の世界首都」への道程はこのときに始まった。
　その青島模型飛行機に通い続けた乙哉は兄・勝呂も気づかなかった情報をもたらした。
　「増田さんという腕のいい建具師さんがいて、叔父の乙哉は棒材を作る交渉までして来たんです。叔父は、棒材は障子の桟と同じだからと言ってました。もしかしたら、叔父が出入りしていた青島さんの紹介だったかもしれないし、あるいはお客さん同士の知り合いだったかもしれませんね。当時は、家も焼けてしまっていたし、すぐには建具屋の出番がなかったので、模型飛行機の棒材を製作する時間があったのでしょう」と勝重は言う
　増田建具店の協力もあって、火災から8ヵ月後の昭和15（1940）年の秋頃から棒材の販売を開始。昭和16年、静岡駅に近い稲川町に自宅兼製造所を設け、一族20人程で、アッセンブリー（キットの梱包）も含めた作業を手がけるようになる。ここが戦後の一時期まで、長谷川製作所の "拠点" となる。
　しかし、商品には物資不足の影響もあった。動力となるゴムが配給品だったために、専門店から少しずつ切り売りしてもらうという状況だった。
　プロペラもミシン目入れて粗取りしたパーツだったが、これも外部に協力を仰ぐ。今でいえばアウトソーシング的な手法だが、当時は互助関係にあったのだろう。プロペラについて勝重は、
　「竹崎さんという方にうまく作っていただいて、完成部品を入れられるようになりました」（『静岡模型全史』）という。
　統制経済の物資不足の中だったが、模型飛行機は売れていた。それには理由があった。国が教育の一環として模型製作を授業に取り入れていたからだった。

模型飛行機事情

　『航空と文化』（Web版）の「歴史に見る模型飛行機の顔さまざま(3)全体主義国家の学童教材」（大村和敏）によれば、国による模型飛行機教育は第1次

ハセガワ本社の2階ホールに設置されている、創業者長谷川勝呂のブロンズ製胸像。志半ば、63歳で交通事故により急逝した勝呂だが、この胸像ではその晩年の姿を捉えたものになっている。初代社長は、こうして現在もハセガワを見守っているのだ

大戦後のドイツに始まるという。第1次大戦の敗戦後、ドイツはヴェルサイユ条約に盛り込まれた航空禁止条項によって、〝翼〟を奪われた。しかし、スポーツ航空は除外されていて、グライダーの飛行は認められていた。そこが抜け道となり、15歳以上はグライダーの訓練が始まり、それより下の年齢は模型飛行機教育を受けた。後に、日本もこのシステムを導入する。

昭和11(1936)年に日独防共協定が結ばれ日本とドイツは同盟関係となると、日本の文部省(当時)は昭和12年にはドイツを手本として、まず中等学校3年から滑空訓練、そして16歳未満には模型飛行機の製作の教育を施す方針を決めた。

その後、研究などの過程を経て昭和16年、まさに太平洋戦争開始直前、学制が小学校から国民学校となったその4月、本格的な模型飛行機教育が始まった。1年生の厚紙などで作った紙飛行機に始まり、学年が上がるに連れ、キビガラ、竹ひごなどを使った動力無しの滑空機で、国民学校4年の前期はグライダー、そして4年後期からいよいよプロペラが着いた動力機の製作となる。

当時の子供たちは好むと好まざるに関係なく飛行機作りを経験した。胴体は棒材を使い、翼の材料は竹ひごと紙である。棒材は檜から削り出すが、その生産の多くを請け負っていたのが、静岡市だった。

当時の子供たちのひとりにこんな少年もいた。
詩人の谷川俊太郎である。太平洋開戦翌年に「A-1」という作文を書いた。「A-1」とは初心者向けに設計された種別のことで、国民学校での工作に使われたのは、このA-1だった。

A-1を調べると、設計者に東大の航空研究所にいた木村秀政の名前が出て来て驚く。ご存知の通り、戦後の航空機設計の第1人者として、YS-11の開発では技術委員長も務めた航空界の〝重鎮〟である。しかし、将来、技術者となる人物が設計したとは知らずに、谷川俊太郎ら当時の子供たちは製作に勤しんだ。

一方、谷川俊太郎はラジオが好きでコレクションをしたりしており、メカ好き少年の一人だった。やがて小学校5年で「模型飛行機」という詩を書く。

これが、谷川自身の記録上初めての詩である。模型飛行機は詩心を持った少年をここまで魅了した存在だった。

それは国家の誘導もあったわけだが、そうした国の意図は、実は工作好きの少年には関係なく、面白いものは面白いものとして受け入れられたのだった。

かくて模型飛行機は全国に工作好きの少年たちを魅了していった。図らずも、田宮義雄(前述の通り勝呂と同い年である)の長男・俊作もその一人だった。先の『航空と文化』によれば、実機も新型機が次々と雑誌などで紹介され「飛行機ブーム」もまた模型飛行機の人気を煽る形となった。また、統制経済で玩具メーカーも製品に規制が掛かり、模型飛行機の生産に向かった。当時の模型飛行機ファンは1000万人にも膨らんだという。

長谷川勝呂一族の生活は一転、こうした時代を背景に長谷川商店は隆盛していく。商売替え進言をした乙哉は15才にして静岡の棒材が実家の〝再興〟を促すと確信していたのだろう。長谷川勝呂は昭和42年の『日本模型新聞』の紙面で、当時をこう振り返っている。

「戦前のこの時代は檜棒を中心にやっていたが、順調にいっていたようだ。生活に相当贅沢をしても、それ以外に毎月千円という金が、今では百万円にも相当するほどの金が残っていき、面白いようにもうかった。とにかく、この頃の印象はもうかって仕方がなかったという想い出があります。その頃はもちろん手形なんてものはなく、前金が殆どだったからね(略)」(日本模型新聞 記者掲載文のまま)

昭和42年当時の100万円。大卒初任給が約2万6000円、平成26年の大卒初任給は20万400円(厚生労働省賃金構造基本統計調査結果)という単純な比較だが、今の1000万となるから、それが戦前の長谷川商店の〝企業力〟だった。

たしかにこの頃の、静岡の模型メーカーは隆盛を極めた。では、なぜ静岡だったのか。

実は戦前、模型飛行機を静岡の産業として導いた人物がいる。水野木材製作所の水野鉄太郎である。水野がいなければもちろん長谷川商店の〝躍進〟もなく、ひいては「模型の世界首都」も誕生しなかったのだ。

水野産業

静岡県は県南が太平洋に面し、県北は長野県、岐阜県、山梨県と接し急峻な山々がそびえ立つ。もちろん、世界遺産となった富士山が頂を雲と接し雄大な姿を見せている。静岡市はそうした山々の南側にあることから、静岡県立静岡高校の校歌には「岳南」という言葉が入っている。こうした深い森から切り出される檜材は江戸期から、木工品、工芸が盛んな土地柄を生み出した。

静岡市出身の元操縦士の青嶋次郎が始めた模型飛行機製造は、やがて「静岡県模型航空機工業組合」「静岡県模型航空機産業報告会」などの組織が結成される。長谷川勝呂も理事を務める幹事等の要職にあったのが「ミヅノ教材社」社長の水野鉄太郎だった。先の『日本教材新聞』の主筆・山本篤は、昭和35年、同紙へのコラムでこう書いた。

「ミヅノ教材社長水野鉄太郎氏は静岡の模型界では最古参であり、静岡の模型教材界を今日あらしめたのも水野鉄太郎氏その人であると言っても蓋し過言ではなかろう」

水野は戦前、文部省が、模型の棒材を、静岡に少ない松材に指定しようとしたのを、再三文部省と掛け合って檜材を使うように押しとどめたのだった。腕の立つ職人に頼み込んで、檜の狂いのない棒材を作らせて、実際に官僚に見せて説得したのだった。

筆者は『静岡模型全史』の取材で、その依頼された職人永野昇一(取材当時100才)に会うことが出来、永野の話を寄稿した。永野は、「水野さんに急に頼まれて、夜鍋して作りました。(静岡の模型業界が)こんなに大事(大規模に)なことになるなんて思いもしなかったけど、うれしいことです」と話していた。

水野鉄太郎の存在は静岡模型界の隆盛に忘れてはならない人物だ。「ミヅノ教材」は現在「水野産業」として、次男の博男、妹の正子が継いでいるが、博男は静岡工業高校で勝重の後輩だ。

「組合のお使いを頼まれて、長谷川製作所に行ったことがありますが、勝呂社長は職人という雰囲気ではなかったですねえ。木屑を被っているイメージではないです」

博男が覚えている勝呂像の通り、長谷川家のアルバムに写る勝呂はほとんど背広にネクタイをきちっと締めている。若い頃に営業マンとして活躍したこととも関係しているだろうか。

乙坊

静岡大火で焼けだされ、途方に暮れる勝呂に模型飛行機の棒材製作を進言し、長谷川一家に希望をもたらした乙哉は、〝乙坊〟と呼ばれて勝呂を始め親戚中から可愛がられていた。

昭和16年4月、逓信省航空機乗員養成所の第九期の学生募集に合格。合格者110名のうち乙哉ら49名が仙台にあった乗員養成所にまた61名が米子で操縦士の訓練を受けた。

長谷川家にはたった1枚、仙台乗員訓練所時代、九五式練習機(通称・赤とんぼ)の前で撮った写真が残っているだけだ。

「歌手の五木ひろしに似た風貌でしたねえ。だから、五木ひろしがデビューした時、テレビを見てびっくりしましたねえ。父の兄弟のなかでは社交的で、操縦士になったからか、親戚の間でも人気者でした」

しかし、昭和19年3月7日、長谷川商店に復興の明かりを灯した弟・乙哉が静岡上空で郷土訪問飛行の最中、殉職する。

「中学校の期末試験が終わって学校の窓から見ていたんです。叔父さんが来ることは事前に知らされていましたから」

そして、勝重は一部始終を目撃することになる。

「西の方から飛んで来て、上空で宙返りをしてから、翼を振りながら東の方に向かって行ったんです。ああ、もう終って行ってしまうんだな、と思っていたら、引き返して来たんです。そして宙返りを初めて、1回だけじゃなく、もう一回廻っていたら、建物の陰に隠れたまま上がってこなかったんです。これは大変だと思いました」

乙哉の乗った機体は清水公園近くに墜落した。
「私の小中学校の友だちの家の目の前の道路に墜ちました」

民家の直撃は避けられたが、乙哉と同乗の搭乗員も殉職した。

勝重は慌てて帰宅し、乙哉が運ばれた柴田外科病院に駆けつけたが、包帯に巻かれた叔父の亡骸と対面することになる。

「もう、包帯をぐるぐる巻きにされてね……。一緒に暮らしていたから悲しかったですねえ。オヤジもショックなんてものじゃないです。とにかく、可愛がっていましたからねえ」

葬儀は静岡市内で営まれた。

「葬儀には仙台乗員訓練所時代の教官で中将も参列してくれました。島田市の大井沿いにあった陸軍の飛行場に呑şu会でやってきたんです。その当時の写真があった筈なんですが、見つからない。空襲で焼けちゃったのかなあ」

何故、一度は東に向かいながら、また戻って来たのかは分からない。予定

昭和15年1月15日に撮影された、静岡大火によって炎上中の静岡駅。一度は収拾したと思われたが、消しきれなかった火の粉によって再び再燃。当日の乾燥した空気と強い風により市内の繁華街の大半が炎上した（提供／毎日新聞社）

の飛行だったのか……。

勝重だけでなく、戦後、勝重の長男・勝巳も乙哉の話を聞かされて育った。
「サービス精神が旺盛だったとも聞きますから、もう一度引き返して来たのかもしれませんね。それでブラックアウトしてしまったのかなあ」

実は、この"郷土訪問飛行"はパイロットにとって、名誉であると同時に、気合いが入ってしまうようだ。

ノンフィクション作家の武田頼政の著書『零戦の子』（文藝春秋）にこんな記述がある。同書は日本で初めて空母に夜間着艦に成功した亀井凱夫海軍大佐（後に空母龍鳳艦長を経てグアム島で自決）の家族との書簡を手がかりに、その兄弟を描いた好著だが、その中で亀井が行った郷土訪問飛行について触れている。

鎌倉在住の作家久米正雄はその上空で派手な飛行を展開する三式戦闘機を見て、危なっかしいと思った。しかし、それが操縦士の母親が住む鎌倉への郷土訪問飛行と知って、「孝行飛行」という随筆を書いた。これが修身の教科書に掲載されるのだが、その郷土訪問飛行を果した操縦士が亀井凱夫だった。久米は、飛行は傍目に危なっかしいと思うほどだったが、それが親孝行だったのか、と納得したという。アクロバット飛行を演じてしまうほど、操縦士を燃え上がらせるものなのかもしれない。

乙哉は不幸にして旅立ってしまったが、長谷川商店は戦後プラモデルメーカー「長谷川製作所」となって後、"飛行機のハセガワ"として認知されたのだった。

勝呂の召集と静岡空襲

静岡市の模型業界、そして長谷川商店も模型飛行機が好況だったが、戦争は敗色が濃くなって来た。そんな昭和20年2月、長谷川勝呂に召集令状が届いた。勝呂は数えで40歳。今更兵役とはだれも予想していなかった事態に一家は驚く。

「若いころの徴兵検査で甲種合格だったのですが、"くじ逃れ"で兵役には行っていないのです」

「くじ逃れ」とは、当時の徴兵制度では甲種合格者も、実際には抽選で兵役に就くか就かないかが振り分けられていた。しかし、如何に甲種合格とはいえ満年齢で39歳、一家の大黒柱の勝呂に兵役が回って来たことは、"敗色"を暗に裏付けるものだった。兎にも角にも勝呂は三島市にあった砲兵隊に入隊する。

「でも、1週間か10日で戻ってきました。だって、中年になるまで特に運動もしていたわけじゃなくて、普通の生活をしていて、それがいきなり鉄砲担いで走れるわけがないって。使い物にならないから、帰れって言われたらしいです。入隊した部隊は、その後2/3が帰って来なかったそうです」

勝呂がもしそのまま戦場に行っていれば、日本の模型業界の歴史も変わっていただろう。

そして同年6月。静岡上空に米軍機の大群が押し寄せる。B-29、137機の大編隊が旧静岡市内（現静岡市葵区、駿河区）上空に飛来した。

勝呂の長男・勝重は、中学三年生で勤労動員に駆り出されていた。
「登呂遺跡の辺りに住友金属の工場があって、プロペラを作っていたんです。昼夜3交代で勤労動員で働いていました。その日は、夕方5時からの勤務で夜11時まで仕事をして、11時半頃帰宅しました。家に入ってゲートルを脱いで、寝ようかなと思ったら空襲が来たんです」

3時間の空襲で、落とされた焼夷弾は1万3000発を超えた。静岡駅に近かった長谷川商店も含め焼失家屋は約2万7000戸。そして2000人以上が犠牲となった。

昭和15年の静岡大火から5年で、今度は戦火に焼きだされた一家は東海道本線の静岡駅の一つ焼津寄りにあった用宗駅（いまの安倍川駅はなかった）に近い伯母の嫁ぎ先が持つ借家に転がり込んだ。

そして、ほどなく迎えた8月15日の終戦。勝重はこう回想する。
「不思議なことに、その前後1週間の記憶がないんです。たしかに8月15日は、12時から焼け跡になった工場で玉音放送は聞きました。工場の職員の方に、今日はもう帰れ、と言われて、登呂から三十分位かけて静岡駅に歩いて来たんですが、何があったか覚えていないんです。何しろ、駅の南側は4キロ先の海岸の松林まで見通せたんですから、なにもなかった。今じゃ考えられませんけどね」

十一月頃になり、稲川町の焼け跡にバラック小屋を建てた。
「建具の増田さんに家を建ててもらったんです。大工さんがいないし、あのころの職人さんは器用なんですね。八畳一間と十畳の板張りで、屋根は中学2年の私が葺きましたよ。オヤジが"勝重がやれ"って言われたからなんです。オヤジは秋田杉をスライスして、正目の板を用意してくれていたので、それを屋根に上がって葺きました。2、3日掛かりましたかねえ」

こうして長谷川家の"戦後復興"は始まった。静岡大火に続いて、増田建具の世話になったのだ。その増田建具は静岡市南町にあったが一代で終わったという。

戦後

一家は昭和22年から仕事を再開したが、そのまえに新円の切り替えや預金封鎖が行われた。当時の幣原内閣がハイパーインフレを抑制するためにとった緊急金融措置だった。紙幣等の現金を強制的に銀行に預金させ、ひと月の一世帯の預金引出額を500円に制限するなど、市民生活にも影響が出た。長谷川商店も例外ではなかった。

「再開時の資金的な心配はそれほどありませんでした。父親は戦争中も先のことを考えてライトプレーンの棒材で資金的にはかなり余裕があったようです。火災保険にも入っていたようです。しかし、円の切り換えで全てがパーになってしまいます。（略）一族が路頭に迷うぐらいのところに来ていました」（『静岡模型全史』）

しかも、戦前、戦時中に隆盛を極めたライトプレーンは、GHQの飛行禁止措置によって、同時に影をひそめた。

「そこで、オヤジのアイデアで一番始めは、ジープのキットを作りました。1/24ぐらいのスケールでしょうか。オヤジは器用だったので、駐留軍のジープを売り出しました。これはアオシマさんも売ってましたが、これが売れに売れたんですねえ」と勝重は振り返る。

奇しくもアオシマも進駐軍のジープに目を付け、発売。これもヒットして、青島文化教材の戦後復興を勢いづけた。

ようやく静岡模型業界も息を吹き返し始めていた。

長谷川商店の起死回生となったジープだが、しかし、このキットは現在、焼津の本社2階のショーケースには入っていない。

「このキットだけがないんですよ。あればお宝なんですけどねえ」

と、勝重は残念がる。

その後、筆立て、歯ブラシ掛け、状差しなどの木製教育教材も合わせて、製作販売するようになる。そのなかには勝重自身が設計した歯ブラシ立てもあった。コツコツと商品を増やしていった。

山本篤との対談

教材産業が定着し始めると、関連したメディアも登場した。
昭和24年に創刊された『教材新聞』はその後『日本教材新聞』と紙名を変え昭和40年頃まで発行が続けられた。

昭和31年2月号から始まった連載「対談めぐり」は社主の山本篤と各メーカーなどの社長との対談である。いわゆる「トップに聞く」といったインタビューものだが、その第1回は当時静岡教材社の社長でのちに「静岡模型教材共同組合」の初代理事長となる柴田喜一郎だった。その対談の最後に「本社では今月号から東西南北の業者対談めぐりを逐次発表して、参考と宣伝に

昭和22年から木製模型の販売を再開した長谷川製作所。当時はジープや艦船などの木製模型の他にもこの状差や歯ブラシ掛け、電灯カバーや葉書箱のような実用品の木工教材や各種の木製素材も販売していた。これらの商品はインジェクションプラスチックキットの発売以降もしばらくはカタログのラインナップに並んでいた

寄与したい（略）勿論どこ飛んで行くか、わかりませんが何卒よろしくお願い致します」と結んでいる。その対談記事の同じページ下に載っている広告が「長谷川製作所」の出稿だった。もちろんそれは偶然だが、「対談めぐり」の同年10月号が長谷川勝呂との対談だった。静岡訛りも飛び出し、静岡の土地柄が出ていて興味深い。二人はお互いに「君」と呼び合う仲で、当時の交流の深さを窺い知ることができる。

記事の冒頭、9月8日午後に当時、静岡市稲川町にあった長谷川製作所を訪ねたという記載がある。

山本篤は「台風12号が明日九州南端に上陸するという9月8日、静岡地方は残暑非常に厳しく気温は三二度という真夏同様の暑苦しい日」と綴り、「同じ市内に居てもお互いに忙しいので月に一度位の顔合わせである」と当時の交流の様子も記し、対談冒頭はその天候から始まる。以下の引用は些か長いが、当時の長谷川製作所の雰囲気、時代の空気を伝える資料として是非とも紹介しておきたい。

山　本　随分暑苦しいね
長谷川　ほんとにまた夏がぶり返して来たようだね、これは台風の影響ではないかね
山　本　そうかもしれないね。これから来る台風は大きいでね（原文のまま）。二百十日ももうすぐだし、また九州に上陸するようだが、被害は最小限度であって欲しいね。
長谷川　ホントにね、自然現象では仕方ないが、毎年この島国日本の悲しさで何とかならんものかね。君がいつか新聞に書いたことがあったが、南方で発生したときに原子爆弾でも落として台風を消滅させるということにはいかないかね、ワハハ……
山　本　そうだね、目下世界中の博士共が研究中であるから今に何とかなるだろう。ワハハ……
　　　　時に仕事はどうだね、忙しいでしょう。
長谷川　お陰でね、今年はとても忙しくて注文の約六割ぐらいしか出来なくて納めるのにホントに苦労ですよ。とにかく吾々メーカーはがだいたい一定しているから、忙しくなったといって他所から持ってきて出すというのではないからね、日曜を返上するのと、残業をやることに依っていくらか余分に能率が上がるだけでね、機械を使うといっても手仕事だからね。木工製品は金属のようにプレスでぽんぽん抜くということは出来ないし、他所の下請けに頼めば製品が悪くて納められないしね、どんなに忙しくても絶対に製品はないし、また私の性質がそれを許せないという性分でね、どちらかと云うと損の性分ですね。
山　本　そうだね　君のところの製品に付いては昔からまあ申し分ないから、これはほんとに性分だろうね、忙しいからといって少しくらい悪いものが入っても好いだろうということが出来ない。しかしそれであるから長谷川の製品は良心的というわけで忙しいときほど気を付けて良いものを出せば、他とくらべられてまた非常によく、それがメーカーの原因ともなり、好評を受けることは間違いないのですよ。おそらく返品などこれまで一個もないでしょう。
長谷川　そうです、それはありませんね。実際問題として私は原木から既に選定してかかり乾燥機にかけますからね、狂いがないですよ。
山　本　なるほどね、君が模型教材を始めたのは何年頃でしたかね。
長谷川　エーと、昭和十五年の静岡の大火のあった年の十二月です、ちょうど十五年になりますよ。
山　本　会社にしたのは？
長谷川　会社にしたのは二十八年の四月からですよ。
山　本　ああそう、それでは創業十五周年でも大いに祝うだね。ワハハ……
長谷川　その内にね。ワハハ……
山　本　今年の船はどうでしたか？
長谷川　そうですね、お蔭様で去年の五割増は出て居りますね。
山　本　ああそう、去年の五割増し、なるほどね、船はどんなものが多く出たですか？
長谷川　私のところは皆さんと違って御承知のように種類は少ないですが、やはり大きなヴァンガードと、それにレースヨットもよく出ましたね、とにかく種類がそんなところですからね。
山　本　ああそうですか　ソリッドものはどうですか
長谷川　イヤー　ソリッドものは発表しただけでまだ発売まで行かなくて、御注文に対してほんとに申訳が有りませんが、御覧の通り印刷は全部揃って山のようになっているですが（と工場の方へ指を差す）他のものに追われ通しでまだ手が付けられないような状態ですが近く手のすき次第に始めますから。
山　本　ああそうですか、今従業員は何人おりますか？
長谷川　目下男女で二十五人です。私のところではセットの袋詰めでも他へ出さないですよ。他所へ内職に出すとどうしても部品なぞが不足するので全部家で詰めて居りますが、日給ですから余り数は出来ませんよ、これをまた一個いくらでやらせると、また内職として他所へ出すのと違わないような状態になるので、しかし、もっと改善する余地は十分ありますから、私のところでも追々種々改善して行き、もっとお得意様に対して製品を間に合わせるようにして行く考えですが。
山　本　ところで種類の制限という言葉を問屋また小売店でよく聞くことであるが、メーカーの立場としてどう考えているかね。
長谷川　そうですね、確かに種類は多いですが、しかしどの程度の制限が必要であるか、またどんなものをへらしてよいか、という問題がありますね、これには各メーカーが各々立場も違う場合がありますので、中々簡単には行きませんね、そこにまた発展も向上もあるわけですから、それに種類の制限ということは教材ばかりでなく模型飛行機に付いても云える言葉ですね。近頃随分種々な飛行機もグライダーも出て来てほんとに種類は多くなりましたからね、なかなか問題ですね。
山　本　なる程ね、ところで何か新製品を出しますか？
長谷川　そうですね、問屋でも何か新しいよいものを出すようにと云われますが、中々思い付きのものがなくね、そしてまた今の問題の種類は殖えるし、困ったことですよ。
　　　　しかし絶えずそれは考えておりますが、教材としてふさわしいものをね。
山　本　組合の指定機は今年どんなですか。
長谷川　指定機は今年四種殖えて八種になりましたが、そのどれもが非常に成績が良くて、八月初旬から毎日どんどん出ており、この分だと相当追加しなければならないのではないかと、組合員は非常に張切っていますよ。一般に今年は出足が早くて君の予想通り去年の三割増しは確実のようだね、模型は最近所によってはポツポツながらほとんど一年中といってもよい程に発展して来たからね頼母しい限りだね。
山　本　そうね、今年は七月から動きはじめたが、こういう時はかなり遅くまで行きますよ。
　　　　さて、それでは最後に何か問屋さんに対して希望はありませんか。
長谷川　ありますね、沢山買ってくれて、沢山支払ってもらうことですね。ワハハ……
山　本　それは誰もが望むところだなあ。
長谷川　冗談はさておいて私のところの問屋さんは全部碓りしたところばかりですから別段希望はありませんで。
山　本　最近問屋の現金支払いが多くなったように聞きますが、どうですか。
長谷川　そうですね、勿論手形も有りますが、現金支払いも相当に多くなりましたね、一般には景気も上々のようですね。
山　本　そうですね、一般に景気は良好といって良いでしょうね、しかし現金で少しより手形で沢山買ってもらう方がよい場合もあるでしょう。
長谷川　そうですね、それはお説の通りですよ、問屋さんも中々大変ですがね、しかし吾々メーカーとしては、やはり問屋さんに対して十分満足の行くようにつもりでないといけませんよ、そこで先程云ったように種々と社の内外を改善して行き問屋さんに対して十分満足していただけるよう

に、やはり問屋さんがよくないと、メーカーも行き詰まりますからね、それはといっても製品をどこまでも良心的に且つ親切にやらねばね。
飛行機もグライダーも多いに新製品を出したいと思って居りますが、組合の指定機がありますので(略) 中々そうはやれませんよ(略) 大体私のところでは教材の方に主力を向けておりますからね。
山本　そうですね、どうも種々長いこと有がとう、まあ大いに儲けてくれたまえ。

さらに、勝呂と山本の親交を窺わせるこんなエピソードもある。
青島文化教材社の創業者、青嶋次郎は昭和24年、いまの静岡模型教材共同組合の"母体"ともなった静岡模型倶楽部の初代会長となったが、倶楽部の懇親会の席上、突然倒れ、深夜に帰らぬ人となった。
その翌日、山本に知らせに行ったのが、勝呂だった。昭和24年は『日本教材新聞』が『教材新聞』として創刊した年だった。『教材新聞』同年10月1日号に山本が追悼文を寄せている。
「(略)九月十一日の朝(略)今日は青嶋工場見学の為、カメラを肩に、社を九時に出た。途中「三松の寺」まで来ると、向こうからただならぬ顔で長谷川勝呂氏が自転車で走って来て、僕等の前で飛び降り「昨夜十二時に青島君が死んだ」と棒立ちになっての注進であった。(略)あまりとっぴな知らせに一時は茫然となり、何も言葉が出なかった(略)半信半疑で長谷川氏について青島君の家にとんだ」
青島次郎に起きた突然の事態に、慌ただしい様子が伝わって来る。長谷川勝呂は自宅から約2キロ半、自転車で飛ばし、取材に出かける途中の山本に知らせに来たのだった。
当時は日本の航空再開より先に模型飛行機が解禁となり、静岡でも戦前のように大会が行われようとしていた。青嶋次郎の死は、その矢先のことで、静岡の模型業界も大きな衝撃を受けた。
青嶋次郎の次男、青嶋正男によれば「酒もタバコもやらない父でした(略)長谷川製作所の長谷川社長(筆者注：勝呂のこと)が猪口をもったら父は長谷川社長にもたれかかるように倒れて来たそうです。死因は脳溢血でした。数えの53歳、まだまだ働き盛りでした」(『静岡模型全史』)。静岡の模型業界はこうした苦難を乗り越えながら、ライトプレーンを中心とする模型飛行機で"復興"していった。
だが、ハセガワはライトプレーンよりも、重きを木製模型に置き、"船の長谷川"としてのブランドイメージを構築した。
「もう教材が売れなくなって来て、次に何を商品化しようかというところで、船をスタートさせたわけです」と勝重は言う
そこに現れたのが、長島弘だった。長島は静岡市内の老舗モデラーズ倶楽部の「デルタクラブ」に所属するモデラーだった。
勝重は
「仕事をやらせて下さいと言って来られたんです。私と年が近かったこともありましたが、お願いしました」と振り返る。
長島の手腕は、やがて船の長谷川のブランドイメージを構築する。そのなかでも、当時最大の木製模型といわれた1/350の英国海軍そして世界で最後の戦艦「ヴァンガード」は長島のアイデアだった。
「長島さんに設計を全部お願いしていたんです。そのときイギリス海軍のヴァンガードは、戦後に作られた世界で最後の戦艦だということですし、これはいいと思いますからどうですか？　と聞いて来られたんです。僕らは分からないけど、やりましょうということで出したんです」と勝重はその経緯を話す。
勝重の弟、勝平は設計の長島が戦艦ヴァンガードの第1作を丸太から作っているところを見ていた。長島は自分で設計した艦艇を、丸太から鉋で削りだしたりして製作し、それを図面化していたのだ。
当時のラインナップを見ると、壮観である。いま、1/450で発売されているヴァンガードの全長は57cmだが、最近の1/350が主流になっている大型艦船模型にあっては大きめではない。先の『日本模型新聞』の「脈流」によれば、「大型木製艦船バンガード(1/350スケール＝700円)を発表。業界にセンセーショナルな話題を提供するとともに長谷川自体の方針が明確なラインに方向づけられることになった。今日もなお、艦船の長谷川といわれる所以はここから端を発したともいえるのである」(原文のまま)
その時代に1/350が登場しているのは意外だが、760ミリ＝76cmは、当時のソリッドモデルの主流が30cm程度だったことを考えると大型キットに類する。ちなみに同社の英国駆逐艦エスキモーが72cm、捕鯨船が43cmだった。この2年後の昭和33年には戦艦ミズーリを発売。これがヴァンガードを上回る82cmのビッグキットだった。34年には更に「特大」の1/250ヴァンガードが登場、1m2cm　単1電池九本でラジコン搭載も可能だった。
一方、戦後に製材会社から模型メーカーに転進を図って創業された田宮模型は1/200「デラックス武蔵」を発売、全長1m31cmという更に大きい船体を持っていた。
このように"建艦競争"は激しさを増していたようだが、しかし、昭和33年12月、東京のマルサン商店から国産初のプラモデルが発売されていた。木製艦船模型全盛の時代は、終焉を迎えようとしていた。

見本市

昭和30年に静岡市内の模型業者5社で結成された静岡模型教材共同組合(初代理事長・柴田喜一郎)は、同34年2月に卸業者を対象にした第1回生産者見本市を静岡市内で開いた。これがいまの静岡ホビーショーの始まりとなった。
柴田理事長は前年の「日本模型新聞」(33年10月25日号)の取材で「シーズン前に、静岡から出る新製品その他を一同に並べて、卸屋さんに見ていただき、シーズンの販売計画をたてる上に参考に供したいというのが今回の見本展示会の開催の目的」と語った。当初は卸業向けだけの展示会だった。
第1回の会場は割烹旅館の浮月楼。浮月楼は"最後の将軍"徳川慶喜が20年近く住まいしていた庭園付きの屋敷。もともとは代官屋敷だったが、明治維新が終わり慶喜が隠居するための住まいだった。明治24(1897)年に料亭「浮月亭」として民間で営業が始まった。のちに「浮月楼」と改称、静岡大火、静岡空襲で建物は焼失したが、復興して今に至る。静岡駅に近く、交通至便なこともあり、社交の場としても繁盛していた。浮月楼を会場としたのも、一方で「卸業者に一杯飲ませようじゃないか」という趣旨もあったという。実際、「生産者見本市」を伝える「日本模型新聞」(昭和34年2月15日号)には大広間での宴席の様子の写真が載っている。
組合加盟の今井商店、長谷川製作所、田宮模型教材社、フジミ模型社、青島文化教材研究所、渥美産業株式会社、静岡教材社、静岡理工社の9社が出展した。浮月楼の座敷一部屋ごとに各メーカーが陣取り、完成見本を展示した。
「呉服屋さんが展示会をするような感じでした。東西の問屋さんが一堂に会することはなかったので、喜ばれましたねえ」と勝重は回想する。
『日本模型新聞』によると長谷川製作所は、新商品として、護衛艦ゆきかぜ、大型空母ミッドウェイ、そして既に販売していた戦艦ミズーリ、ヴァンガードの他、大小の艦艇、そして動くソリッドモデルを展示した。同記事は「まさに軍艦造船所の感じである」と伝えた。"船の長谷川"の面目躍如だっただろう。ちなみにそのとなりの部屋が田宮模型教材社(当時)の展示室で、「1mを超える武蔵が目を引いた」(同記事)という。
第2回(昭和35年2月)からは、一般公開も含め、「第2回静岡模型船舶見本市」として静岡産業会館で行われた。業者招待日と一般公開日を分けた2日間開催には、卸業者からは2日も必要ないという批判もあったが、開催すると、ファンが多く来場して盛況となった。いまのホビーショーの形がこのときできた。
同年、長谷川勝呂は二代目の静岡模型教材共同組合の理事長に就任した。

昭和5年ごろの静岡県清水市内。大正13年までは入江町と呼ばれていた界隈である。現在でいう静岡市清水区の中心部にあたるエリアで、清水港の近くであることから輸出入業に携わる労働者などで賑わった(提供／静岡市)

プラモデルへの転換

一方、東京のマルサン商店は、次々とプラモデル商品を展開して行った。33年12月には『原子力潜水艦ノーチラス号』など4点を同時発売。さらに、34年7月から、マルサン商店はメディア戦略に乗り出し、フジテレビで人気落語家、三遊亭小金馬（現・4代目三遊亭金馬）を司会者に据えた『陸と海と空』の放送を開始した。日曜朝の30分の生放送で、陸海空の著名な技術者の中でも趣味人、模型ファンをゲストに呼び、また番組中にマルサンの新商品を紹介した。この番組は大ヒットし、日曜の午後には百貨店の商品がすぐに売り切れるという現象も起きたという。

そしてついにソリッドモデル文化の衰退は決定的なものとなる。

その様子は、長谷川勝呂と同い年の田宮模型社長・田宮義雄が書き残した苦悩でも知ることが出来る。ソリッドモデルが商品として全く動かなくなったことを、田宮俊作の『田宮模型の仕事』『伝説のプラモ屋』（いずれも文春文庫）のなかで明かしている。

乗り遅れた？

しかし、長谷川製作所の艦船木製模型は売れていたのである。

「模型は木製という思いもありましたし、プラモデルを見てもバラバラで、あれが模型とは思えなかったんです。まだ売れていたもんですから」と勝重は当時を語る。

静岡模型教材協同組合の社長たちの対応は様々だったが、いち早くプラモデルに転換したのが、今井商店、フジミ模型、そして田宮模型だった。

昭和35年にはツインスターのマークとともに、『戦艦大和』が昭和35年に登場している。

一方、ハセガワはまだ動かなかった。

「すぐにプラモデルに切り替えるには抵抗がありましたねえ」と勝重は正直に明かす。

だが、勝呂らは、どうやって生き抜いて行くか、という課題に取り組まなければならなかった。

長谷川製作所が初めてプラモデルを商品化したのは昭和36年。マルサン商店のスタートから2年半の時差があった。

「木製模型は企画も受注による生産も家内工業的に対応出来ますが、プラモデルはそうはいきません。金型製作、射出成形という工程が必要です。まずは金型製作ですが、静岡県にはもう金型屋さんのあてがありませんでした」（勝重）

幸い、ピーナッツシリーズという小さなサイズのプラモデルが人気を呼んでいた東京の三共の松尾時太郎社長と知己を得ていたので、東京・池袋の金型メーカーの紹介を受けることができた。

当時はまったくの〝売り手市場〟で、静岡のメーカーにとっては金型メーカーの強気の商売に悩まされることになる。これは長谷川製作所だけでなく、田宮模型も同様だった。田宮模型はこの教訓から自社の金型製作を目指すことになる。

「作ってやるよ、という態度で、引き受けてくれたものの、いつ出来上がって来るか分からない。行っても途中をちらりとみせるだけ。1年半も待たされました」と勝重は振り返る。

発売されたのは、ノンスケールのヨット「バリアント」、1/1300「戦艦ミズーリ」、そして1/50グライダーの「プライマリー」と「セカンダリー」だった。このうち「バリアント」は木製艦船模型で活躍した長島の設計だった。

その後、ハセガワは1/450の戦艦大和の大ヒットで、プラモデルメーカーとしての基盤を作る。この大和、そしてその他の飛行機プラモについては第2章で詳述するが、戦艦大和の発売は、勝重、そして勝呂の甥の勉の活躍無しにはなし得なかった。

実は、飛行機のイメージが先行して、「ハセガワの最初のプラモデルはグライダー」というのが〝定説〟になっていた。社長の勝重や専務の勝人自身もそう思っていた。しかし、『静岡模型全史』の取材中にあらためて開いた当時の金型台帳によれば、バリアントが先だった。プラモデル草創期はまだ〝船の長谷川〟だったのである。

〝飛行機のハセガワ〟への萌芽と悲劇

『日本模型新聞』昭和42年4月2日号に掲載された「脈流」には、昭和42年の長谷川製作所の経営方針にも触れている。企画部長だった勝重の従兄弟、長谷川勉は、同社の製品の70％がスケールモデルであることの意図について問われて、こう答えている。

「模型的色彩のイメージを充分に織り込んだ企画を考え、且つ、その商品による夢を与える。そういうものでなければならないと考えています」当社のジェット機1/72にしても四年前から企画し、製品化の時期を検討したものですが、模型が単なるホビーにとどまらず、教育性を兼備した商品であるという基本理念と最も新しいジェット機の開発は殆ど同業他社との競合がないという全体的な考えから、このシリーズを出したのです。当社はまた、艦船で示した実績でも分かるように、現在の二式大艇のような大作を年に数回手がけるという方針で臨んでおります」

この言葉の中にあるように、ジェット機の競合がないというところは、実は勝重の考えの〝肝〟なのだ。

既に、二式大艇という大型キットが発売され、模型ファンの目を引いていた。ふりかえればソリッドモデルでも〝大型キット〟を発売していたが、〝大型〟という共通点があるのは偶然だろうか。

さて、同記事は、当時専務だった勝重の言葉で締めくくっている。

「基本方針にあるように、良い模型を作るということが、我々の現在の仕事であり、また最終目的でもあります。つまり長谷川製作所というブランドが信頼されるということですね。これはなかなか大変なことかもしれないが、もっと厳密には、おそらく不可能なことかもしれません。しかし、オーソドックス商品は勿論、オリジナルにしても、良い模型を造り、世界の市場で親しまれる商品を生みだすのが、我々の、企業の目的であると思っています」

長谷川製作所という企業ブランドを確立しようとする時代。翌年、ハセガワはイギリスの老舗メーカー「フロッグ」からの誘いを受け、業務提携を行なう。キットの点数は飛躍的に伸びた。

昭和23年生まれで昭和41年に入社し、現在静岡市内でホビーショップシグマを経営する伝城秀夫は、勝重の母校・静岡工業高校時代にハセガワでアルバイトをした折り、勝重に入社を誘われた。すぐに設計室に配属され、1/72のF-104のキャノピーの設計に携わった後、二式大艇、F-86の設計を任された。

「僕が入社したころは、もう専務と企画部長（長谷川勉）が仕切っていましたよ。社長の姿はあまり見かけなかったですねえ。優しそうなおじいさんという印象でした。仕事は忙しくて、クーラーもない時代だったから大変でした」と振り返る。

東新田の工場には、次々とフロッグの商品が届き、また輸出されるハセガワのキットが積まれる。〝出船入り船〟がところを一つになっては手狭だ。もっと広い場所が欲しい。勝呂ら幹部は当然そう考えるようになった。

候補地を選定するうちに、焼津市に手頃な土地が見つかった。延伸を続ける東名高速道路もまもなく静岡市と愛知県岡崎市間が開通予定で、全通する見通しも出来てきた。国道1号線からは離れていたが、東名高速が開通すれば焼津インターチェンジを敷地までに5分ほどの距離だった。車でも至便になる。また東海道線焼津駅から車で5分。徒歩でも15分程で着いてしまう。

昭和44年1月、焼津工場の建前が行なわれた。そして、翌月2月1日、東名高速道路の静岡〜岡崎間が開通した。それ以前は、車で静岡市から焼津市内まで行くには1号線か、大崩海岸沿いに走る国道150号を走らなければならなかったが、静岡市内から焼津市までは東名高速道路の利用が便利だった。いまは、バイパス（78年開通）が東海道新幹線沿いに走っていて、東名高速道路を使わずとも静岡・焼津間の自動車交通は至便となっている。もし、このバイパスが先に出来ていたら、あるいは何かの運命もかわっただろうか。

勝呂は、焼津工場建設を楽しみにし、毎日のように焼津に行き、工事の進捗を確かめていた。

そして、着工から3ヵ月経った4月24日……。

ハセガワ初期のインジェクションプラスチックキットのひとつ、1/450ヴァンガード。1989年ごろまでカタログに掲載されていた、息の長いキットである

工事の視察の際は、勝呂と勝重は二人で出かけていた。しかし、その日、静岡市稲川町の自宅を先に出たのは勝呂だった。その後、勝呂は自宅から20分ほどの静岡市中心部と安倍川を挟んだ反対側にある東新田の工場に向かった。そして工場近くに暮らす次男勝平宅を訪ねた。

勝平の妻と2才になったばかりの孫娘に会い、勝平の妻に「これから銀行に行かなくちゃ」と言い残し東新田の工場の方に向かった。勝平の妻は「その後ろ姿が忘れられない」とのちに勝平に伝えた。

勝呂は愛車のマツダ・キャロルで安倍川を再び渡り静岡市の中心街方向に向かった。義娘への言葉通り、銀行に立ち寄ったのだろうか。直接東名高速にのるにしろ、いずれにしても安倍川、勝呂が運転するキャロルは静岡インターから東名高速に入った。

一方、先に焼津の工事現場に入っていたのは勝重だった。そして勝重は工事事務所で静岡県警からの電話を受ける。

訝る勝重は、勝呂の事故を知らされた。

「電話を切ったら、影が消えたというか、回りの空気がすーっとなくなった……そんな感じでした。（静岡に戻る）高速道路の下り車線に緊急車両が止まっているのが見えました。そこが父の現場でした」（『静岡模型全史』）

愛知県内から自動車部品を御殿場まで運ぶピストン輸送の大型トラックが追突したのだった。居眠り運転だった。大型トラックと軽自動車。ひとたまりもなかった。長谷川勝呂は63年の生涯を閉じた。

一方、本社で事故の知らせを受けた勝平は、身が震え、何が起きたかすぐには事態を掴めなかったという。

26日に静岡市稲川町の自宅で静岡模型教材共同組合葬が神式により営まれた。当日の写真には田宮義雄田宮模型社長、三輪太一冨士模型社長等、模型メーカー、問屋の重鎮が参列している。現役社長の葬儀には開式の数時間前から会葬者が集まり始め、自宅前の道路にまで列が溢れた。

それぞれの弔辞では突然の訃報に驚きを隠していないが、さらに衝撃を増したのは、その1週間前に、関係者の多くが福岡県小倉市（現・福岡県北九州市）で開催中の第3回九州プラモ博に出張していた勝呂と出会っていたからだ。

九州プラモデル博はモデルアート社の創業者・井田博が井田の地元である小倉市の遊園（到津の森公園）で昭和41年から毎年開催していた約60日にわたるプラモデルのビッグイベントだった。各メーカーがこぞって参加していた。

『日本模型新聞』第699号は、長谷川勝呂の追悼記事を大きく掲載した。3ページにわたり掲載し、また続く700号から702号まで、関係者の寄稿を掲載し、長谷川勝呂の遺徳をしのんだが、その追悼特集の前ページでプラモキャラバンを伝えている。閉会式の写真では、式壇上に立っている模型業界幹部の中で、長谷川勝呂は彫りの深い目鼻立ちですぐにわかる。そして居並ぶ背広姿で、ひとりだけダブルのスーツを身にまとっているのが勝呂だった。背広、そしてネクタイをきちっと締めているのが写真で知る長谷川勝呂の姿だった。

弔辞の中から、勝呂の人柄を述べた部分を集めてみた。

「高遠なる人格者として知られ、正は正、邪は邪としての正論を吐く論客（略）世話好きで、自分のことを顧みず人の面倒をみる。そんな長谷川さんのヒューマニストぶりと、厳しいほどの正義感、そしてダンディな一面と、いまそれらが交錯して悲しみとなって広がっていくようであります」（齋藤茂一静岡模型教材共同組合理事長＝フジミ模型社長）

「古い話では私が入営する時、寄せ書きを集めていただいたことがありました。（略）スケールの大きい物事をらい落に考える人でした。とてもモダンな人で、近代的な考え方を身につけておられ、機械もの、とくに車が好きな人でした」（青島一郎・青島文化教材社社長）

「故人は私にとってはこの上ない恩友であり、よき先輩でもありました（略）氏は組合の理事長として、あるいは専務理事として後輩の指導に当たり、とくに氏は〝業界の大久保彦左〟的存在でありました（略）温厚な紳士ながら反面、厳しい一面もありました」（田宮文若・田宮模型専務）

勝呂と宿の部屋を共にしたのは日本プラスチックモデル工業組合理事長の草野次郎だった。

「四月十七日、北九州市に於ける展示会の折り、偶々君と私は同室で一夜をおくりました。永い交友でしたが、一緒の室で語り合う機会に恵まれたのはこれが最初で不幸にして最後になりました（略）君はきびしい中に暖味を持った心から親しみ、語り合える得難き友であり、気骨の有る信念の人でもあった」と語った。

また九州から大阪まで同じ列車に乗ったのは、冨士模型社長で近畿模型卸

初期のハセガワ製インジェクションプラスチックキットである、バリアント、F-104J、セカンダリーグライダー。セカンダリーグライダーの組み立て説明図（右下）を見ても分かる通り、これらのキットは現在の目で見ると非常に簡素なものだ

商組合理事長の三輪太一だった。

「長谷川さんは四月十七日の九州キャラバンショーでお元気な顔を見ています。又、たまたま帰阪の際は乗る列車が「阿蘇」で一緒になり、色々四方山話をしました（略）小生も一緒に新工場の偉容を見る機会を失い残念に思いますと共に運命の残酷さを痛感致します。しかし、氏は二、三年以前より令息勝重氏に営業の全てを一任し、相談役の立場におられた様に拝察致します。その点、先見の明に感服すると共に羨望さえ感じます（略）突然の事で、今にも眼前にスマートな、にこやかな温顔でたたえるような気がしますが、現実はそれを赦しません」

他に、東京都科学模型教材共同組合・新島常吉理事長、名機会・酒井秀夫会長、そして日本模型新聞社社長・田村禎造も弔辞を寄せた。

田村は「あの温和な人情味に溢れた容姿が、もはや幽冥界にされていると思うと悲しい人生のはかなさがしみじみと感じられた」と嘆き、また勝呂が静岡模型教材共同組合の理事長就任時（昭和35年）に「私は静岡の業界が互に手をとりあって。皆んながよくなるよう全力を尽くしたい、そのためには、いろいろ組合としての事業も実施し、静岡製品を全国的に普及させたいと言うのが私の望みです」と語る熱烈な意欲の迸りを感じたエピソードを紹介した。

正義感、温和と厳しさ、モダン、ダンディこれが模型業界の面々が感じていた長谷川勝呂の共通した人柄だった。

一方、遺族席には憔悴した専務の勝重一家が座っている。小学校4年生の勝лー也もそこにいた。静岡大火、そして空襲、戦後の混乱期に一家を率いて来た長谷川勝呂は突然に姿を消した。

「頑固でもありました。まさに鶴の一声で決まっちゃう事が多かった。祖父が早くに亡くなったから、一家の大黒柱としての意識もあったでしょう。でも、祖母が言っていたのは、あの子（勝呂）はああだけど、ホントは心の優しい子なんだよ、と言ってました。とにかく大家族でしたから、人の言うことをいちいち聞いていたら、家の中のまとまりがつかなくなっちゃうからでしょうね。叔父の乙哉の友だちが来たときに、友だちが家の様子をうかがって〝親父いるか？〟って聞いて来るんです。いないというと、安心して入ってきました。煙たかったんでしょうね。でも、叔父や叔母もよく親父のところに来ていましたねぇ。それだけ頼られていたんです。私も子どものころは口答えをしたことはなかった。でも、仕事では親父が白と言えば黒と言ったり、言ってから、反省するんですけど、それは世代差ということだったと思います。いまは逆の立場かもしれません」

勝重はこう父を偲んだ。

長谷川製作所、長谷川家は大きな転換点を迎えた。

第2章
長谷川勝重と
"飛行機のハセガワ"
の誕生

　長谷川製作所の創業者・長谷川勝呂が突然、世を去るという事態によって、長男で専務の勝重は38歳で社長の椅子を引き継ぐことになった。勝重自身は、すでに社業は自分が背負っているつもりだった。
　そうした勝重の姿は、冨士模型社長の三輪太一が勝呂の葬儀の弔辞の中にも表れていた。三輪は「二、三年以前より令息勝重氏に営業の全部を一任し、相談役の立場におられたように拝察します」と語り、その言葉の通り、勝重を筆頭に、勝呂の甥で企画部長の長谷川勉が実質的に社内を取り仕切っていた。
　勝重も「企画、営業、その他帳簿まで、自分で出来ると思い込んでいました」と振り返るが、しかし、社長になると、そうした自負、自信は吹き飛んでいった。
　専務と社長では立場が大きく違うことを痛感する。資金繰り、税務対策……また取引先の態度が専務時代とは一転する。金融機関に行けば、お悔やみの言葉とともに、下にも置かない扱いを受けるが、それはまた社会的責任の大きさを物語るものだった。自分に背負わされたことの重大さを痛感する。そうした諸々が一気に覆い被さってきた。一方、焼津の工場はまだ骨格しか組み上がっていなかった。
　「こんなことになるなら、ここに工場を造るんじゃなかった」と勝重は後悔の念にもとらわれた。焼津の建設工事を視察に行く途中の事故だっただけに、そうした思いもことさら強くなった。
　工場が落成しても
　「2年ぐらいはなにをやっても楽しくなかったんです。オヤジが入るはずだった社長室も敢えて作らず、応接室になっています」
　しかし、その悲しみを乗り越え、気がつくと、社長就任から47年が過ぎ、会長職として、社長の椅子は創業75周年を前にした平成27年7月、長男の勝人が引き継いだ。その47年を振り返る……。

二代目の苦闘

　長谷川勝重は昭和5年9月、長谷川勝呂の長男として静岡市に生まれた。12人という大家族の中で育ち、そして飛行機好きな長谷川乙哉の姿を見ながら育った。子どものころから
　「私は、人がやっていないものをやりたかったんです」
というのが勝重の信念だった。飛行機のハセガワのブランドイメージを作ったのは、長谷川勝重に他ならないが、壁にぶつかることもあった。
　「問屋さんに行くと、プロペラが着いていない飛行機は売れないんだよって言われてしまいました」
　それでも勝重はF-4ファントム(1/72)など当時は他メーカーが手がけないジェット戦闘機の発売に漕ぎ着け、ヒット商品を生んだ。卸問屋の声は、当時の人気アイテムに対する最大公約数的意見だっただろう。安全な道を選ぶのが商売の常道でもある。長谷川勝呂が戦艦大和を決断した時も、"注文"がついた。しかし、勝重もその洗礼を浴びながら模型業界の重鎮として成長していった。

社会人野球の選手として活躍する

　昭和30年代、父・長谷川勝呂とともに模型メーカーハセガワの基盤を作って来た勝重には、実は意外な経歴がある。
　静岡県の社会人野球のスター選手だったのだ。
　長男の勝人がまだ小学生の頃、こんなことがあった。勝重と野球のバットを求めてスポーツ用品店に出かけた時のこと。その店の主人は勝重がかつて、社会人野球で活躍したことを知っていて、勝重に親しく声を掛けた。

長谷川製作所二代目社長となった長谷川勝重氏。若い頃は社会人野球で鳴らしたスポーツマンでありつつ、入社後は1/450大和などのヒットや海外メーカーとの提携を実現。現在のハセガワに至る発展期を築いた人物である(撮影／桜井健雄)

　「うれしかったですね。初めてオヤジが野球をやっていたことを知っている人がいたんです」
　勝人は父を誇らしく感じた。
　その話をすると、勝重は、
　「いやいや、そうでしたね」と照れながら言う。
　運動神経の良さは長谷川家の遺伝子かもしれない。叔父の乙哉は難関の通信省乗員養成所の入試に合格し、晴れて操縦士となった。また勝重の長男・勝人も小学校時代に水泳で静岡県大会に出場しているのだ。
　勝重は県立静岡工業高校(現・県立科学技術高校)野球部で県大会準決勝に駒を進めたことを見込まれた。高校3年生のある日、校長室に呼ばれて、コーチと二人で入室すると、そこには、日本軽金属の社員二人がいた。「是非、入部してくれということでした。就職難の時代でしたから」と勝重は言う。そして勝重は入部を決意する。まだ、家業もジープのキットがヒットしたものの安定していなかった。
　日本軽金属は1899年(明治32年)にアルミ器物メーカーとして創業。静岡県内には、蒲原工場と清水工場があり、野球部は清水工場で発足。昭和49年までに、都市対抗野球に4回出場している。
　勝重は昭和24年に入社し、午前中は仕事、そして午後は野球部の練習。1年半の選手生活。体重は80キロ。やせ形の勝重の風貌からは想像しがたい。主将も務め、人気もあったという。それが先のスポーツ店の話に繋がるのだろう。
　運動神経に恵まれた勝重がそのまま野球を続けていれば、プロ野球の世界に足を踏み入れていたかもしれない。
　しかし……。
　「体調を崩したもんで、診てもらったら結核だというんです。でも、休んでいられないと思って続けていました。シーズンオフには高校のコーチまでやってました」
　それがたたったのだろうか。そうした生活を1年間続けると、もう身体は持たなかった。みるみるやせ衰え、ついに結核療養所に入所した。静岡市から離れ、浜松市北部の山間にある国立療養所・天竜荘(現・国立病院機構・天竜病院)だった。蛇行する天竜川がそばを流れていた。
　天竜荘は昭和15年に軍事保護院所管で置かれた国立結核療養所で、昭和20年暮れに厚生省(当時)に移管された。8人部屋で、病棟は12棟ほどあり、1200人が闘病生活を送っていた。

そこで勝重は、最初の2年間は寝たきりの安静治療。食事もコッペパン1個、一杯のみそ汁を飲むのもやっとだった。勝重は食事が苦しくて仕方ない。医者から看護婦（当時）に対して勝重が食べ終わるまで膳を下げてはならないという通達も出ていた。とにかく食べて体力をつける。それが当時の結核治療には必要なことだった。だが、体重は更に落ちて38キロにまで減ってしまった。

「体重が減ると自分が透き通ってしまうような感覚です。来年生きていられるかどうか分からない。冬になるとシーンとしてしまいます。だから秋が深まり、冬に向かうころ夕陽がガラスに当たるようになると、それが命を吸い取られるような気になるんです。バイオリズムが悪くなるといいますか。同室の患者たちもみんなそんな思いでした」

ある者は離婚して妻子と別れ、またある者は死の床にあった。患者の中には、次第に見舞いの家族が少なくなる中、先代社長の勝呂と母・かね代は月に1度の見舞いを欠かさなかった。

二人は東海道線静岡駅から浜松駅で下車し、遠州鉄道に乗り換えるか、あるいは国鉄・天竜浜名湖線の西鹿島駅で降りる。そして徒歩で20分は掛かる道をやって来た。

「忙しいのに来てくれましてね。もちろん来てもらえるのはうれしいのですが、窓越しに二人が帰る後ろ姿を見るのが辛かったですねぇ」

スポーツ選手のように、日頃から体力があり、身体を動かすことが〝天性〟として備わっている人間が、運動を止められてしまう。すると、それが〝人生の終わり〟と考えてしまい絶望的になり勝ちだ。

だが、勝重はそれにも耐えて、ようやく2年経って寝たきりの状態から抜け出し、散歩も出来るようになった。しかし、単調な日々を5年やり過ごす。

一方、その間に結核医療界では外科的療法が発展して行く。

作家の吉村昭（故人）は勝重より3歳年上だが、昭和23年、21歳で結核に罹患。同年9月に胸郭成形手術を受ける。当時、数人にひとりしか成功例がないという、まさに乾坤一擲の治療だったのだ。

療養施設への入院から7年目の昭和29年、勝重はようやく手術の機会を得る。東京・池袋の矢苅病院（現・医療法人財団旭会・矢苅クリニック）に転院。このとき、東京で両親に変わって勝重の面倒を見たのは、5歳年下の弟の勝平だった。東京で学生生活を送っていて、毎日のように兄の見舞いに訪れたという。

勝重は同年8月に区域肺切除手術を行った。劇的な治癒の早さだった。これまでの6年越しの闘病が何だったのかと思わせるのほどに、術後はわずか3ヵ月で退院した。

勝重はすでに日本軽金属を退職しており、無職となっていた。「入院している間に好景気にはなってきましたが、病み上がりで青っ白い顔をしていたのでは、どこも就職先はなかったですよ」

一時は死に直面した病からはようやく逃れても、仕事に就いたりの社会復帰はまだ果せなかった。

家業に〝再就職〟

結局、勝重は実家である長谷川製作所に再就職したが、勝重の存在は、のちの戦艦大和のヒットや〝飛行機のハセガワ〟のブランドイメージを構築など、父・勝呂を支え、長谷川製作所を動かす存在となっていった。

「就職したころは、筆立てとかそういう文具、教材関係を発売してましたね」

当時の『日本教材新聞』には電灯笠や貯金箱や、勝重が考案したという歯ブラシ掛けなどの広告が載っている。

学校教材は好調だった。歯ブラシ掛けも100万個は販売したという。好況ではあったが、やがて学校教材も全体に行き渡れば、販売も落ちる。そのとき、艦船模型への転換を図ったのが勝重だった。

結婚

昭和33年5月、28歳の勝重は剣持槇と結婚する。

「清水時代に、従姉の友人と知り合いました。知り合ったけど、それ以上はとくになにも……。私が病気をしてしまいましたし」

だが、勝重と槇は結ばれることになり、その華燭の典の様子は、『日本教材新聞』6月10日号でも報じられた。昭和33年5月26日は、浅間神社で14組の挙式が執り行われ、その一組が勝重・槇の結婚式だった。

「長谷川製作所社長、長谷川勝呂氏の長男、勝重君（二十八才）と神奈川県箱根町の温泉旅館の剣持鋕太郎氏長女槇さん（二十四才）とのあいだに良縁がまとまり（略）新郎は、県立静岡工業学校卒業後日本軽金属工業株式会社に勤務、その間学校から会社の野球部ではキャプテンとして腕を振るった事は当時のファンの知るところであって、二十八年会社を辞して家業に従今日に至ったのであるが、同君は温厚篤実な青年である事は周知の通りであるが父社長をよく助け、最近船の長谷川として全国に知られている裏には同君の企画とその経営方針が多分に功を奏している事は見逃せない事である」（原文のまま）

と山本は勝重を賞賛している。

一方、新婦の槇について「清水市女子商業学校を秀才で卒業後、家事に従事するかたわらお茶生花、お琴等を身につけ美人の名が高いことである」（同）

義父剣持鋕太郎は元国鉄新宿駅長

長谷川家のエポックとなった勝重の結婚。一方、勝重の義父となった剣持鋕太郎の人物像は意外なものだった。剣持鋕太郎はかつて国鉄の新宿駅長でもあり現場のエリートだった。

勝重は剣持鋕太郎についてこう話す。

「将来は東京駅長になるとも言われていたのですが、部下の不祥事の責任を取って、国鉄を退職して箱根の温泉の主人になりました。筆の立つ人でしたね」

勝重の言葉通り、剣持鋕太郎は昭和39年（1964）に自らの半生を書いた『いまに見ておれ-元新宿駅長のはじっこ人生』（弘文堂・絶版）を上梓した。

人力車夫から機関士を目指した男の半生を綴ったこの一冊が思わぬ展開を見せる。これが「いまに見ておれ」という同名でテレビドラマ化されたのである。主役を演じたのは昭和40年代にテレビ俳優としても一世を風靡した作家の青島幸男である。その初主役がこのドラマだった。

構成作家からテレビタレントとなり、参議院議員、直木賞作家、東京都知事まで務めた男の転換点がこの「いまに見ておれ」だった。同作はTBS系列で同年5月から8月まで放映された。Webの「テレビドラマデータベース」によると、第1回から数回演出を務めたのは、あの特撮監督円谷英二の長男の円谷一だった。円谷一はテレビドラマ化された5話分を担当した。また、第1話の脚本は金城哲夫だった。あのウルトラシリーズの脚本家としても著名で、円谷特撮には欠かせない脚本家だ。

15年前にCS放送で再放送され、それを見た視聴者のブログによれば、関東大震災の特撮場面は円谷特撮だったようだ。

温泉旅館には柴田錬三郎、水上勉など文士も執筆のために逗留したという。

「義父は字もうまかったですねぇ。勝人は母方の剣持系に似たようです」

昭和40年代の特撮番組、あるいは特撮を使った戦争映画に映し出される戦闘機や艦艇は、プラモデルの売り上げを後押ししたことは間違いなく、家系をたどれば、特撮に関わる人物に繋がっていくとは……。余談めくようだが、人の縁の不思議さは興味深い。鋕太郎は昭和47（1972）年に他界したが、孫の長谷川勝人によれば葬儀には青島幸男も参列していたという。

勝人は祖父についてこう語る。

「私は体つき、顔つき、性格まで剣持家寄りと言われて育ってきました。私が美術を指向したのも、祖父の骨董好きが影響しています」

勝人の話を裏付けるように勝重は生前こんな話をしていた。

「勝人は、剣持家の血を引き継いでいるんですよ」

1/450戦艦大和登場

木製模型からプラモデルへの移行は長谷川製作所の木製キットが人気であったが故に、出遅れとなり、またようやく探し当てた金型メーカーの高飛車な態度に苦労した。しかし、なんとかヨットやグライダーの商品を揃え、市場に送り出した。これらは長谷川製作所にとってテストショットの意味合いがあったかもしれない。とにかくプラモデル商品化の経験値を上げることが先決だった。

そして、その遅れはヒット商品の登場で一気に挽回することになる。

戦艦大和の登場だった。

あるとき、社長の長谷川勝呂は勝重に

「〝船の長谷川〟でやって来たのだから、船をやるならもっと大きいのをやれ」と言った。

たしかに〝船の長谷川〟らしく、艦船のプラモデルは発売していた。しかし、ノンスケールのヨット「バリアント」は全長19㎝。戦艦ミズーリは

1960年代前半、初期のハセガワ製インジェクションプラスチックキットとしては最大のヒット作となったのがこの1/450 大和。当時のカタログには「走る大型オールプラスチックモデル」と書かれており、モーターライズされていて水面を航行すること、部品が全てプラスチック製であることが推されている。このキットは非常に息が長い商品だったが、2013年に同じ1/450でリニューアルされた

1/1300なので、戦艦とはいえ20.8cm、そして飛行機プラモデルであるグライダーも翼幅が20〜36cmで、金型も最小限の単位のひと組みで済む程度だった。

一方、長谷川製作所のメイン商品だった木製艦船キットは大型キットが多かった。全長76cmの1/350の戦艦バンガード、さらにその戦艦バンガードを1/250にスケールアップして1mのビッグキットを世に送っていた。

こうした商品展開からも勝呂は新ジャンル、新製品のプラモデルがわずか20cm程度では不満だったのだろう。勝呂の号令一下、全長58.55cmの1/450の戦艦大和の登場となる。設計は長島 弘だった。

しかし、問題は金型代が高騰してしまったことだった。

「もちろん、初期のプラモデルで金型代が掛かることは分かっていました」と勝重は言う。

金型代はバリアントで35万円、ソアラー等のグライダーで25万円だった。当時、木製模型の仕上げに使うプレナーという木工加工機の値段が20万円だったが、木製模型で隆盛していたさしもの長谷川製作所であっても、それを導入することは出来なかった。金型代は初期の部品点数の少ないキットですら、木工加工機の値段を軽く上回っていたのだ。

だが、勝呂、そして勝重はソリッドモデル以上に設備費が掛かっても、プラモデルに投資をすることを決断する。とはいえ、戦艦大和のような全長58.5cmとなるような大型キットとなると、金型の金額は勝呂の想像を超えていた。一桁多い200万円。型の数は13基に及んだからそれまで1基20万と単純計算してもその価格になる。

金型メーカーからの見積りを見た勝呂は、「なんだこれ！」と言ったまま、絶句してしまった。しかし、勝呂は自ら「もっと大きいのを作れ」と言った以上は引くことは出来なかったのだろう。

とにかく資金は勝呂が工面して支払うことになった。

「清水の舞台から飛び降りるなんて言うものじゃないぐらいでした。それで支払っても、なかなか金型が出来てきませんでした。とにかく早くなんとかしなくちゃと、生きた心地はしませんでしたねえ」

勝重は、なんとか大金を支払ったもののなかなか出来て来ない金型に気を揉む勝呂と金型メーカーとの板挟みになっていたのだ。結局、金型は改造などの追加の作業が加わり、請求額は215万円に膨らんだ。

出費は嵩んだが、待望の金型は出来上がった。しかし、金型が出来ただけでは、プラモデルは商品とならない。金型に樹脂剤を流し込む〝射出成形〟という行程が必要だった。出来上がった金型を金型メーカーの主人の弟が営む射出成形工場に金型を持って行った。そこで射出されたランナー状態の製品を静岡・東新田の工場まで運送する仕事は、勝重と勉の役割だった。こうした作業の一方で、定価の設定が行なわれた。

価格は1500円。ヨットや1/1300の戦艦が100円程度の価格だったから、これも破格である。当然金型代が反映されているのだが、当時の〝業界のご意見番〟と言われた大阪の卸問屋・冨士模型社長の三輪太一からは

「1000円以上するものが売れるか」

と、こんな叱責が飛んだ。

だが、勝重は、

「上代（販売価格）はそれぐらいじゃないと元が取れない」

と引かず、かくて、社運を賭けた「戦艦大和」は昭和37年2月に発売された。

一躍ヒット商品に

大卒初任給が1万7千円前後。カレーライスが100円……その時代に、〝船の長谷川〟が満を持して発売した定価1500円の1/450の大型キットが発売されると続々とバックオーダーが入るようになったのである。

大型木製キットを発売していた〝船の長谷川〟の信頼感もあったのだろう。「そうなると、冨士模型からもとにかく商品を送れ、送れの催促はありましたが、それ以上の文句は何もありませんでした」と勝重たちは周囲を沈黙させたのだった。

しかし、ファンが求める戦艦大和を送り出す側の苦労は並大抵ではなかった。勝重と勉は8月から9月までの45日間の連日、車で静岡と東京を往復したのだ。

「射出された製品を引き取りに行くわけですが、東新田で5時半に仕事が終わると、夕飯を食べてから8時ごろトラックで家を出るわけです。もちろん高速道路もバイパスもない時代です。旧道を御殿場を抜けたりしながら午前2時頃に羽田（東京都大田区）の成型工場に着いて、朝に東新田に持って帰る。途中は常務の勉と交代で運転して、寝たりしながらですが、寝るのは車の中でした。静岡に帰ったら、朝飯を食べて、また仕事……それが45日。1日2000ショットが当時の限界でした。私も病気をしたりしていたから自信がありませんでしたが、若いから出来たんでしょうね」

この努力もあって、戦艦大和は在庫を切らせることも無く売れ続けた。その結果、定価を1500円から1100円に下げる異例の〝逆スライド〟の余裕も生まれた。これは冨士模型の三輪の進言だった。

大型の1番艦が出来れば、2番艦の戦艦武蔵も必然的に発売され、そして3番艦として建造途中に空母に転換となった信濃も昭和38年のカタログには掲載されている。

戦艦大和は、プラモデルメーカー「長谷川製作所」を救い、そして中興の祖となった。平成25（2013）年に新金型のキットが登場までロングランを続け、また初期には「飛行機のハセガワ」を生みだす〝資金源〟となったのだった。

余談だが、なにかにつけメーカーの新商品の壁のように見えてしまう卸業の冨士模型の名誉のために。社長の三輪太一は新しい商品にいつも否定的な態度ばかりではなかった。昭和50（1975）年、今井科学のロボダッチの販売に際して、原作者の小沢さとる本人もいくつかの問屋に掛け合ったが、三輪だけが「面白い」と扱うことを決め、かくてロボダッチはヒット商品となったのだった。

飛行機のハセガワへの布石

戦艦大和のヒットは、長谷川製作所の経営基盤を強固なものに仕立てた。

昭和38年には新たに飛行機のプラモデルが登場する。新作キットは1/90のF-104Jスターファイター、1/70のP-51Dムスタングだった。

同年、アオシマから「精密1/72シリーズ」として烈風が発売され、またタミヤからは「1/50日本傑作機シリーズ」（旧パッケージ）の発売が始まり、更にフジミから、1/70ワンハンドレットシリーズの零戦21型やシズキョウ（静岡模型教材社）からも「1/50戦闘機シリーズ」のゼロ戦52型など日本機が続々とラインナップされていた。

しかし、長谷川製作所は敢えて日本機への道を選ばず、ジェット機、そしてアメリカ軍のムスタングを発売した。この独特のラインナップに至ったのは、勝重の人脈だった。

「私は人に恵まれていると思います。艦船模型の長島さんもそうですが、飛行機では日大理工学部で木村秀政さんの教え子だった小川利彦さんと知り合う事が出来て、小川さんが飛行機の設計図面を引いてくれました。私は飛行機が全然分からないから、設計をお願いしたのですが、小川さんにはこれからの時代はプロペラ機よりもジェット機の時代だと言われました。F-104を出したのは自衛隊がこれを採用するからという小川さんのアドバイスがあったのです」

それにもう一つ、勝重自身のポリシーがあった。

「もう各社がやっているから同じものを出すのは真似をするようでイヤだったんです。そこで小川さんがおっしゃるようにジェット機を作ろうと思って、やって行ったんです。ところが、三輪さんから"お前は何を考えているんだ。プロペラが着いていないのがなんで飛行機なんだ。こんなの売れない"と言われてしまいました」

再び冨士模型の三輪太一の"壁"が登場するが、ここでも勝重は引き下がらなかった。

「三輪さんには、"そういわずに、これからはジェット機の時代ですから置いてください"って、お願いをしました。するとこれも売れたんです」

"飛行機のハセガワ"の始まりである。

「私はひとがやらないものをやりたいと考えていましたから、大阪城攻めじゃないですが、一番メインの内堀じゃなくて外堀から埋めて行こうと思ったんです。内堀というのは日本機で、零戦、隼はみなさんが作っていましたので、ウチではそういうものをやらずにジェット機中心にやっていました」

日本機を出したのは昭和39年の「零式水上観測機」(零観)で、零戦、隼、紫電改が人気だった時代では、脇役で渋過ぎる商品選択だった。タミヤからあのホワイトパッケージで零観(1/50)が登場するのはそれから3年後の昭和42年のことである。

長谷川製作所はその前年の昭和41年、「1/72スケールジェット機シリーズ」を発売する。これが大ヒットして"飛行機のハセガワ"をファンに印象づけることになるが、ここで模型ファンに面白い意識が広がる。

「ジェット機で人気が出ると、今度はマニアの方からハセガワの零戦を作りたいんだ、と言って来るようになったんです。そのころは、他のメーカーでアイテムが出尽くしていたからですが、そういう声があって初めて"内堀"に入っていったんです」

こうして定着していったジェット機シリーズだが、勝重が当時を振り返ってとくに思い出に残るのは、F-86だという。

「F-86はジェット機でいう零戦というイメージがありますねえ」

F-86と零戦。第2次大戦機からジェット戦闘機の移行期にあって、まだ小型で大戦機に似たシルエットを維持していること、そして日本に於いては航空自衛隊でも長く活躍し、日本の航空界では、零戦とともにポピュラーな存在という共通項もあり、多分の意味で似たイメージもある。

一方、ジェット機シリーズの第1弾はF-4CファントムⅡで、これがヒットし、このキットが縁でモデルアート社の井田 博と繋がる事になる。それは後述するが、このジェット機シリーズに目を付けたのが、イギリスの老舗だった。

フロッグとの提携

"飛行機のハセガワ"への道を拓いたのは、ジェット機シリーズだった。その一方で二式大艇もリリースし、大型の日本機はプラモファンを驚かせ、さらにブランドイメージを印象づけた。ジェット機と日本機の"両翼"が揃いはじめていたのである。

そして昭和43年のある日、勝重は1本の電話を受ける。

「森村商事という老舗の商社からでした」

森村商事の創業は明治9(1876)年に遡る。森村市左衛門(六代目)が弟の豊とともに森村組を設立、のちに陶磁器を扱うようになった。それがきっかけとなり、陶磁器の輸出や窯業に進出。市左衛門は教育にも熱心で、日本女子大の設立支援を行い、また明治43年には自ら森村学園を設立した。

一方、大正6(1917)年に東洋陶器(TOTO)、同8年に日本碍子(日本ガイシ)を設立して、一大コンツェルンを形成した。

戦後は森村組を森村商事と改称。原材料輸入を柱に商社として現在も多くの海外もアジアを中心に欧米も含め14拠点持っている。

その森村商事が、イギリス大使館からの依頼を受け、長谷川製作所に電話をして来たのだった。

「話を聞けば、"飛行機のハセガワ"の評判を聞きつけたフロッグがハセガワを捜してくれ、といってきたというのです。フロッグは老舗ブランドでしたから、びっくりしました」

と勝重は言う。

フロッグは1931年に、ゴム動力の飛行機を皮切りにスタートした模型会社IMA社のブランド名だ。発足も長谷川製作所に似ているところもある。

そして1936年、プラスチックではなく、セルロースアセテートという合成樹脂製の飛行機の組み立てキットをフロッグ・ペンギンブランドで発売。一貫して飛行機を発売し、戦時中は識別訓練用の模型等も製作していた。

戦後は1955年からフロッグのブランド名でプラスチックモデルの発売を開始。主に1/72のイギリス機が中心となった。

こうした経緯を、航空評論家でプラモデルファンの横森周信が航空情報臨時増刊(1970年)」でこう"推論"している。

「フロッグとはもちろんプラモの商品名であって(略) 製作はインターナショナル・モデル・エアクラフト社が行ない、ロベックス・スケールモデルズ社が発売しているプラモ・キットであるわけだが、このロベックス社は世界的な玩具のメーカーであるダイモ・ブラザーズという大会社の一部門なのである。したがって、バックの資本や販売組織についてみれば、日本のメーカーなど足下にもおよばないわけだが、それが逆に弱みともなり、プラモ部門に関する限り、ライバルであったエアフィックスに押されつづけであった。これに対するダイモ・ブラザーズの巻き返しとして取られたのが、外国メーカーとの提携による機種の増加であり、そのため、大がかりな調査を行った結果、ハセガワに白羽の矢を立てた……というところではあるまいか」

ジェット機を中心に展開する長谷川製作所を知り、自社のイギリス大戦機とのバーターで"商売になる"と算段したのだろうか。

勝重は当時こう語る。

「どこかで(ハセガワの)情報が入ったんでしょう。フロッグがイギリス外務省に問い合わせて、イギリス大使館経由で森村商事に問い合わせが行って、森村商事からハセガワに来たのだと思います。本当に驚きました。海外で商売をしようなんて考えた事もなかったから。売っていただけるものならけっこうですと、私が段取りをしました」

そして、社業の進行は勝重は提携のためにフロッグの"総本山"を訪問する。

「大きな工場で驚きましたね。フロッグでは日本人と取引をするのは初めてだというので、アメリカやオーストラリア、スイスなど世界中からフロッグ傘下の社長がみんな本社に来ていました。それでフルコースの昼食会が会社の中の立派な食堂で開かれました。もう緊張なんてものではないですよ。僕はまだ40歳手前、森村商事の横山さんという部長さんが日本から全部着いて来てくれましたが、本当に驚くと同時に、こういう世界があるのかな、という感じがしていましたね」

英仏海峡に面した古いホテルに招待されたこともある。

「革張りの立派な宿帳を見るとエリザベス女王も宿泊されたホテルでした。しかも日本人が泊まるのは初めてというので、なにかと声をかけられましたね。宿帳のサインも漢字で書いてくれと頼まれました」

こうしてフロッグの商品が入ることによって、"飛行機のハセガワ"の商品はさらに拡張され、ブランドイメージはもはや決定的なものとなった。

「売れましたねえ」と勝重はいう。

とにかく、ロット数がこれまでと桁が違った。2000単位が一度に2万、3万ロットが入って来る。

「バルクで入ってきて、それが全部売れてしまうんです」

バルクというバラ売り状態なので、キットの箱は自前で仕立てられ、ハセガワ・フロッグの製品は店頭に並んだ。そこには航空機ファン垂涎のキットがイギリス機を中心にラインナップされた。例えば、ウェストランド・ガネット、アブロ・シャックルトン、デハビランド・モスキート、Bf110Gなどなど……。

そして一方、長谷川製作所のジェット戦闘機が20機種フロッグから発売されることになった。

「向こうが出していない飛行機を企画していたのが良かったんでしょうね。

1964年に発売された1/70「P-51D ムスタング」。クリアパーツで機体の外装が成型されており、エンジンや機内の床板、コクピットを外側からも見ることができるキットである。今見ると素朴な内容だが、キットの発想自体の先進性には驚かされる

でも、イギリスの飛行機は売れないと思っていたら、それが売れに売れた。それまでは鳴かず飛ばずでそれなりにやってきましたけど……」と勝重は謙遜するが、世界は見逃さなかった。

その前年、タミヤが初めてドイツのニュルンベルク国際玩具見本市(当時)に出展し、日本の模型メーカーの世界進出の芽は育ち始めていた。

フロッグが声を掛けて来なくても、いずれは長谷川製作所のキットも世界に出たかもしれない。しかし、それまで時間がどれだけ必要だったことか。あるいは製品のラインナップはどうだっただろう。

フロッグ製品の日本国内でのヒットは東新田の工場のキャパを超えた。それが焼津移転を促したわけだが、長谷川製作所は勝呂の悲劇を乗り越え躍進に向かっていたように見える。

『日本模型新聞』709号(1969年7月)には、長谷川製作所の新シンボルマークが紹介され、ホーカーシドレー・ハリアーの絵とともに、同社の"新時代"を伝えていた。

そして、714号には焼津の新工場のルポが掲載されている。紙面には社屋や工場内部の写真とともに「気分一新さあやるぞ」「長谷川製作所　新工場竣工稼働」の見出しが踊っている。

勝重は、先の横森の取材に当時、こう語っていた。

「私はいつも国内市場を制することが出来なくては、世界市場に進出できないといっているんですが、残念ながら当社としてはその逆からいっている感があります。しかし今後は国内でも、飛行機に関するかぎり、シェアの大半を制することが当社の目標で、また自信はあります」(航空情報別冊)

目標への力強い言葉だった。

一方、焼津の新社屋が完成すると、静岡市内に住んでいた社員たちも通勤路線の変化にも一苦労しながら、対応していった。

「最初は車で通ってましたが、東名はお金が掛かるし、1号線は遠回り。だから結局、東海道線の電車で焼津まで出て、歩いていましたよ。東新田の当たりに住んでいた社員たちは、バスで用宗駅まで出て東海道線に乗っていましたね」と新社屋に通った伝城秀夫は当時の社員生活を語る。伝城はF-86や二式大艇を手がけた設計マン(第1章参照)で、退職後は静岡市内で模型店「シグマ」を開業している。

弟・勝平

フロッグとの提携とともに、長谷川製作所は世界進出に向かう事になり、海外出張が多くなる勝重を支えたのが、5歳年下の弟・勝平だった。現在のハセガワ本社を訪れるとエントランス沿いに1階のオフィス内が見える。その左手に髭面の温厚そうな姿があった。昔の呉服屋なら番頭が座っているような、そんな雰囲気を醸し出していた。

先の結核療養でも勝重を支えていたが、しかし、勝平自身も兄同様に結核のために長く療養生活を送ることになる。入社したのは昭和39年。しばらくは完成見本を作る仕事に就いていた。父ゆずりで工作が得意。筆立てなどの教材も問屋に見せるために作っていた。プラモデルはエアブラシはもちろん、ピースコンもない時代で、もちろん塗装は筆塗りだった。

子どものころは、やはり兄と一緒に叔父である長谷川乙哉(第1章参照)が飛行機模型を作る様子を見ていた。戦後の教材作りは材料のヒノキ以外に、ブナ、ナラ、カツラなどの木材を家の前に並べて乾燥させていた。並んでいる板を裏返す作業は学校から帰った勝平の仕事だった。たまにサボり心が浮かんで、遅く帰ろうかと思った事もあるというが、それから

40年近く経ったとき、勝平は大手柄を立てた。その勝平の存在がなければ、長谷川製作所は経営危機に陥っていたかもしれなかったのだ。

昭和57年9月、大型台風18号が静岡県地方を襲った。しかも、静岡県御前崎付近に上陸したため、焼津市は直撃コースとなった。同市内でも土砂災害が発生し、死者3人を出した。被害家屋は床上浸水1077戸、床下1356戸。長谷川製作所の工場も被害を免れなかった。床上150㎝、損害額は多大なものとなった。

しかし、勝平は、災害に関する保険契約を結んでいたのだった。地震保険特約を結ぶ企業は多かったが、水害に関しては周辺企業では長谷川製作所だけが契約していた。この契約を強く推したのが、勝平だった。

実は、これには苦い経験が活かされていた。それに遡る昭和49年、静岡県地方に後に「七夕豪雨」と名付けられた豪雨災害が発生した。まさに同年7月7日、台風8号の影響で活発化した梅雨前線が静岡県地方に豪雨禍をもたらした。静岡市内では24時間雨量508㎜という2016年10月現在でも、静岡県で記録した最大雨量となっている。ちなみに同地方の30年間(1981〜2010)の7月1ヵ月の平均雨量は277・6ミリだから、たった1日でほぼ2倍の雨が降ったことになる。静岡県内で27人の死者を出すという人的災害も大きく、また長谷川製作所以外の川が近い今井科学、アオシマなどの模型メーカーも被害を免れなかった。

長谷川製作所は床上浸水被害を受けた。オフィスの机の下から2段目の抽出し辺りまで水が上がり、崩れた段ボールから出てしまった完成品のボートが浮いていたという。

この被害に勝平はある行動に出た。市役所に行き、この豪雨の規模や発生頻度等についての情報を集めた。そして、高い保険料だったが、火災保険の水害特約を結んだ。兄の勝重は高額な保険料に渋ったが、勝平は押し通した。

2度目の災害が起きたとき、勝重は欧米の見本市を巡る海外出張中だった。心配して帰国を急ごうとする兄に、留守を守る勝平は帰国する必要はないことを伝えた。

やがて勝重が帰国すると、勝重はその様子に驚く。

「事務所はきれいになっていて、何も起きてなかったんじゃないかと思ったら、被害の写真を見せられてビックリしました。なにしろ1億円近い被害でしたから。これだけじゃなくて、本当に弟には感謝しているんです」

勝平はこうして兄を支えていることに喜びを感じているが、やはり父・勝呂への思いも大きい。

「私も結核になってしまい兄弟で15年ほど両親に心労や経済的な負担をかけてしまいました。やはり父が苦労し、また兄とともにやって来た会社を一族以外に任せるのはどうしても出来ないと思いました。勝人には模型へのセンスがある事は分かっていましたし、せめて三代目までは、創業者である父を知る勝人までに、と思いました」

そして父の薫陶を受けた「身の丈に合った商売」という基本理念。

「石橋を叩いても渡らない。スーパーカー、ミニ四駆が流行ろうがハセガワは時流には乗りませんでした」

兄・勝重も同様の事を言っている。

プラプレーンコンテスト、そして井田博一家

話はジェット機シリーズを発売した昭和41年ごろに遡る。ほぼ同時期に創刊されたのが日本初のプラモデル専門誌『月刊モデルアート』(モデル

現在静岡県焼津市に建っているハセガワの本社社屋。この写真の中央に写っているのがオフィスやキットの設計を行なう、いわゆるデスクワークのための棟で、写真の右側より先には商品を備蓄しておく倉庫やパッケージングを行なう工場などが配置されている。模型ファンの想像からするともっと巨大な建物を想像しがちであるが、実際にはちょっと大きめの街工場といった風情の建物である。しかし、この本社社屋から数々のヒット商品が生まれているのが事実なのだ

アート社)だった。昭和41年11月15日発行の奥付けのある創刊号の表紙にはタミヤの日本機傑作シリーズの彩雲(1/50)、ハセガワのF-4ファントムⅡ(1/72)、フジミのクルセイダー(1/70)が彩雲を頂点に編隊を組んでいるように俯瞰で撮影されている。

編集長は、同社の社長である井田 博。井田は戦前から北九州市で模型店を営んでいたが、創刊後はプラモデルの状況を報じる雑誌ジャーナリズムの先魁として大きな影響を与える。当時の模型ファンは快哉をもってその登場を歓迎した。プラモデルを専門に扱う雑誌は『航空情報』(酣燈社)が別冊で刊行していたが、航空機のみならず、月刊総合専門誌として登場したのである。

井田博は大正9年(1920)年、福岡県の旧八幡市(現・北九州市)に生まれた。小学生の頃に見た、福岡県・北九州に生まれ、小学校の頃に見たゴム動力の模型飛行機に魅せられ、飛行機少年として育った。そして好きが高じて、実家である食用油屋である「井田油店」の一角に模型店を開業してしまった。19歳のことである。

その後召集されビルマに出征するが、負傷して内地に帰国。除隊となるが終戦直前に再召集され、そのまま終戦を迎える。昭和22年に模型店を再開して店舗は次第に拡大して行った。模型飛行機大会を開催する等、子どもたちに飛行機を教える事にも熱心だった。

一方で、飛行機好きではあるが、乗り物全般が好きだった井田は、長谷川製作所などの木製艦船模型の製作に役立つ図面を『世界の艦船』誌(海人社)に連載するようになる。

井田が直接、『世界の艦船』編集部に"プレゼン"したのだが、編集長の石渡幸二は連載を即決。連載は1年間続いた。

これが出版界と繋がるきっかけとなった。昭和36年に初めての著書『楽しい軍艦模型』を出版協同社から上梓する。木製模型の著書だったが、模型界はプラモデルが大流行し始めていた。

実は、その後、井田がプラモデルを扱うにあたっては、こんなエピソードがある。

昭和33年12月にマルサン商店からノーチラス号を始めとする発の国産プラモデルが発売された。しかし、井田の店では、既に、プラモブームが爆発していた昭和35年になっても、マルサン商店(以下マルサン)の商品を扱わなかったのだ。

マルサンはプラモデルを扱うにあたっては保証金のように5万円を払い込んだ小売店に卸していた。井田がそれに対する批判の意見を『日本模型新聞』に投稿すると、マルサンから"意見を聞きたい"と呼び出され、上京することになった。

社長の石田實を前に「契約金方式は地方の小売店には無理」などの反対理由を述べたあと、結局、それだけで、石田は反論するわけでもなく、「そうか」と返しただけ。

「天麩羅をご馳走になったことを覚えています。この人は役者が上だな、というのが私の印象でした」

と井田は自らの著書『日本プラモデル興亡史』(文春文庫・2006年)で書いているが、このエピソードは井田の硬骨漢ぶりを語っている。また、辣腕の石田實の人柄もわかる日本模型史の中でも興味深い一幕だ。ちなみに、その契約金制度は「マルサン以外のメーカーが参入して実効性を失った」という。

第1章でも触れたが、井田は北九州でプラモデル博を開催する等、模型飛行機イベント同様、プラモデルの普及のために腐心し、その行動に長谷川製作所、アオシマ、タミヤの模型メーカーの他、冨士模型など卸関係も協力体制を取っていた。

モデルアートの創刊は、エアフィックス等のプラモデルの組み立て説明図は塗装や工作のコツもなく、また飛行機等実物の説明もない事に飽き足らず、模型を楽しく作ることを目指した。プラモデルの面白さは「楽しく作ること」「出来上がってみて楽しむ」の2本柱であることが井田の持論だった。その楽しく作るための雑誌を作りたいと思ったのだった。井田の相談を受けた田宮模型(当時)の田宮義雄社長は「是非おやりなさい」と協力を惜しまなかった。

一方、『モデルアート』誌の創刊とハセガワのジェット機シリーズが本格的に動き始めた時期が"同期"していたのだ。モデルアート誌とハセガワの関係は表紙に使われたファントムやその後のキットの記事を通じて、親しいものとなった。やがて井田は模型店のショーウィンドーに完成品が並んでいる事にヒントを得て、ショーケース単位のプラモデルコンテストを開催する事を思い立つ。

冨士模型社長の三輪太一に相談し、賛同を得た。メーカーに持ちかけると、まずレベルの総代理店だった「郡是産業」(現・GSIクレオス)が参加し、ついでハセガワが参加を申し出た。結局、群是産業とハセガワの2社でスタートした。

そのコンテストは昭和45年に始まった。参加者は課題キットを組み立て、店舗のショーウィンドーに一定期間展示し、そこから優秀作の写真を撮ってコンテスト事務局に送る。事務局では写真を元に審査して100作品程度を選んで、作品を事務局に送ってもらい、そこで最終選考が行われた。

審査員には、木村秀政、マルサンの提供番組「陸と海と空」の司会だった三遊亭金馬、飛行機ファンで知られる漫画家のおおば比呂司、そして井田が務めた。

これが、のちのハセガワのJMCに繋がる。

「井田さんはなかなか頑固な九州男児というところがありましたが、なんか馬が合って、ずっと親しくさせてもらいましたけど、未だに井田さんの息子たちとは、自分の息子と同じような気持ちで付き合っていますよ。オヤジさんは酒が飲めなかったけど、息子たちは飲むねえ。井田さんを引き継いだ彰郎さんはなかなかな人物です。豪快な男です」と勝重は眼を細める。

その井田兄弟が息子の勝人の半生とも大きな関わりを持って来る。自由学園の先輩後輩の関係となるのだが、それは次章で詳述する。

「七光会」と「ウォーターラインシリーズ」

「親の七光り」というと、親掛かりの息子や娘というマイナスイメージでしかないが、それを逆手に取った静岡模型界の跡継ぎ息による親睦組織があった。『日本教材新聞』の主筆、山本篤が静岡模型教材共同組合加盟社の子弟たちに呼びかけて発足したのが「七光会」(しちこうかい)だ。

そして、昭和46年に登場したウォーターラインシリーズは、この「七光会」から生まれたのだった。

話は昭和44年頃に遡る。当時の静岡模型教材共同組合の理事長でフジミ模型の創始者・齋藤茂一が「七光会」の会員を自宅に呼んだ。当時は昭和30年代前半から続いたプラモデルブームが落ち着いてしまっていた。沈滞ムードを打ち破るための秘策はないかと思案していた。そこに当時タミヤの企画部長だった田宮俊作がその2年前のヨーロッパ視察でドイツ・ハンブルグの模型店で喫水線から上だけを模型化した1/1000ほどの艦艇を展示しているのを見ていた。

勝重は

「俊ちゃん(田宮俊作)が、そういうのがあるから、と話したのがきっかけでした」と回想する。

かくてアオシマ、ハセガワ、タミヤ、フジミの4社による画期的な合同企画である1/700の「ウォーターライン」シリーズが生まれたのだった。

タミヤの設計課にいた曽根雅信(現・タミヤ常務取締役)が、各社2名ずつが参加する「プロジェクト委員会」のまとめ役となり、パッケージデザインを田宮督夫が担当。ボックスアートは艦船絵画の第一人者の上田毅八郎が全てを担当し、シリーズの統一感を生みだした。

上田毅八郎は、艦船絵画のまさに"巨匠"である。1918年に生まれ、家業のペンキ屋で修行しながら画家を目指した。太平洋戦争が始まって応召し、陸軍の輸送船の乗組員となった。波の表現は乗り組みの間に見詰めた海原から学んだ。上官の目を盗んでスケッチすることも忘れなかった。乗り組んでいた船が撃沈される度に命からがら生き延びるが、最後には利き腕の右手の自由を奪われる重傷を負って復員。しかし、左手で絵を描き続け、その技量はまったく遜色もないところまで到達した。我々が目にする艦船絵画は全て大人になってから利き腕となった左手で描かれているのだから驚異的である。

上田と模型界とのつながりは、タミヤの草創期、田宮製作所(当時)に住まいが近かったことに始まる。田宮俊作の依頼でタミヤが発売する艦船模型の箱絵を描いた。タミヤが初めて発売し、ツインスターが付いた「戦艦大和」のプラモデルだった。それ以外に造船会社に依頼され進水を迎える新造船の絵も描き、また他のプラモデルの蒸気機関車や車などの絵も描いたが、上田毅八郎の名を一機に世間に知らしめたのは、ウォーターラインシリーズの艦艇絵画だった。

だが、問屋筋からの反応は厳しいものだった。しかし、艦種を増やして、コレクション性を高める事で納得させたという。昭和46年に最初のシリーズが発売されて以来、40年を経てまだ新たな艦艇も発売され、また過去の艦艇が新金型でリニューアルされるなど根強い人気を誇っている。

残念な事に、92年にフジミが静岡模型教材共同組合を脱退したため、3社企画となっているが、1/700では新規参入もあって独自の市場を形成している。ハセガワでは2014年、空母赤城をリニューアル、また、大型護衛艦の「いずも」も2015年に発売された。

ミグ25

勝重の思い出のキットは戦艦大和、F-104J、F-86、そしてミグ25の4種類だ。

昭和51年9月、日本、とりわけ政府・防衛関係者に衝撃を与えた事件がソ連(当時)空軍のベレンコ中尉亡命事件だ。

突然、ベレンコ中尉が操縦するミグ25が日本の防空網をかいくぐり、北海道・函館空港に着陸した。東西冷戦時代、ソ連の新型軍用機の模型化は困難だった。そこにまさに"棚から牡丹餅"のごとく、日本の空港に現れたのである。これを"商機"と勝重は判断した。

設計課の山本正義を社長室に呼び出した。

「いま手がけている設計を止めて、ミグ25に取りかかれと指示しました」

山本は年鑑、新聞、雑誌からあらゆる資料を集め、報道されるメディアに釘付けになった。そして、その年の暮れもいよいよ押し詰まった12月28日に金型が完成した。

年明けまもなくの1月、1/72スケールのミグ25は店頭に並んだ。メディアの取材攻勢もあり、昭和52年早々のヒット商品となった。

「"飛行機のハセガワ"だからこそ、他社に先駆けて出さなければならない商品でした」

その期待に山本は見事に応えたのだった。

経営とは

38歳で社長を引き継いだ長谷川勝重は、一時期経営セミナーに通ったことがある。

「生徒が5、6人のグループに分かれて講師から質問を受けるんです。パッと指差されて"長谷川さん、あなたは模型の仕事をしているけど、商売敵はだれですか？"と質問されるんです。即答出来ないと、隣の生徒に質問が飛ぶ。私は"同業他社"ですか？と答えたら講師はなんで"そんな考えだったらあなたは会社を潰すことになる"というんです」

では回答はなにか。

「"商売敵は時代の流れだ"って講師は言いました。時代の流れを見誤ったら、どんな会社も潰れてしまう。そのときはそうかなと思ったけど、まさしくそうですよね」

いま、専務の勝人が先頭に立って企画を上げている。そのひとつひとつが、勝重にとっては心配になる。

「ウチはスケールモデルメーカーとしてやってきました。しかも飛行機をずっとやってきましたから、車を出す時も抵抗がありました。"飛行機のハセガワがなんで車を出すんだ"って批判もある。でも、飛行機だけじゃダメなんです。しかし、キャラクター商品をやる時は、僕は本当に心配でした。ハセガワは堅いスケールモデルの会社じゃないか。アイマスの時も勝人に大丈夫かと言ったら、親父は何を言っているんだと言い返されました。そのときは本当に清水の舞台から飛び降りる気分でしたが、それが時代の流れなんですね」

かつて、勝呂の言う事に反発していた勝重は、いま逆の立場にいることになる。

「それも時代なんです。これからも模型は無くなりません。でも、そうかといって時代の2歩、3歩先に行っていてはダメ。1歩かせいぜい2歩の手前ですかねえ。時代を読み取りながら、飛行機を核として作りながら、また"枝葉"もやっていかなければならないのです」

そして、こうも言う。

「やはり、自分たちが持っている商品の企業規模ってあると思うんです。トヨタのような自動車会社の企業規模もあれば、模型業界の企業規模っていうものがある。やはり分相応というか、持っている商品の企業規模はあると思いますねえ。ときどき踏み外してしまいますが、そこを気を付けて時代の変化に対応しながらやっていけば、模型が無くなる事はないと思うんです」

奇しくも、弟・勝平が父・勝呂から継いだという「身の丈に合った経営」そのものだ。

そして、静岡の模型業界全体を心配してこんなことも話す。

「勝人は模型界から違うところから来ましたが、タミヤの社長(田宮昌行)も銀行から来ました。頭のいい方だし人脈もある。だから業界のリーダーになって欲しいです。業界の宝。もちろん俊ちゃんもなんですけどね」

アオシマ、ハセガワ、タミヤが別会社のようでいて、繋がれたなにかがある。それは歴史という流れのなかで揺蕩い隠れているが、ときに危機に際して現れる強い紐帯ではないだろうか。

世代交代の直後に

2015年7月1日、ハセガワに大きな人事異動があった。46年間、社長を務めた勝重が代表取締役会長に就任し、専務の長谷川勝人が代表取締役社長に昇格した。晴れて"三代目"の誕生であり、また初の会長職の登場でもあった。しかし、勝重の在任期間は2ヶ月足らずだった。

静岡ホビーショー前に、末期の肝臓がんと診断され、7月から全てを勝人に託した。8月22日は長男・勝人、長女・みどり、そして弟の勝平を呼び寄せた。4人で話をし、やがて3人の帰り際に「これでもいい、もういいんだ」と話したのが、勝人が聞いた生前最後の声だった。8月25日、逝去。享年84歳。その二日前の23日は最愛の妻・槇の命日だった。

◀2012年に開催した静岡ホビーショーにおいて、長谷川勝平(左)と長谷川勝重(右)

▶ミグ25の図面の青焼き(上写真)と、キットを設計するために集められた多数の資料類(下写真)。ミグ25は設計中、土壇場で"謎の協力者"による資料提供があり、そのおかげで機体の細部までデータを集めることができたという曰く付きのキットである。当然だがここに掲載したのはハセガワが所有している資料としてはごく一部である

第3章
長谷川勝人と
21世紀のハセガワ

現在のハセガワ社長である長谷川勝人氏。静岡・東京のホビーショーやかつて開催されていたJMC作品展などで見かけた読者も多いのではないだろうか。模型誌は元より、テレビ番組などへも積極的に出演する現在のハセガワのリーダーである

　2015年5月1日、静岡ホビーショー第54回静岡ホビーショーは晴天の空の下、例年通り静岡市駿河区のツインメッセ静岡で始まった。初日と二日目はバイヤーやメディアが目白押しとなる業者招待日である。多数のバイヤーが9時半の開館を待ちきれずに、入口前に行列を作っていた。
　ハセガワ専務の長谷川勝人は、父で社長の勝重、貿易部部長の高田芳博ら、ハセガワブースを担当するスタッフで南館入口近くに並んだ。クッションシートが敷かれた通路を挟み、近くのブースのアオシマ(青島文化教材社)の青嶋典夫社長らのスタッフも並んでいる。勝人は目配せの挨拶をしながら、笑顔で横にいるスタッフと二言三言をかわしている。
　やがて、開会を告げるアナウンスとともに、扉が開かれ、バイヤーたちが一斉に入場を始めると、勝人らは拍手で彼らを迎えた。3年前からオープニングには拍手で来場者を迎えることになっている。来賓を集めた仰々しいセレモニーはなく、より来場者との距離感が縮まった印象だ。
　来場が落ちつくと、各社の社員はそれぞれのブースに戻って、来客対応に入る。もちろん勝人もいつもの場所にある、いつものブースに向かった。勝人はこのホビーショーが専務として最後のホビーショーとなることをまだ知らなかった。そして、父・勝重の人生最後のホビーショーになることも。
　長谷川勝人は、昭和34年7月に生まれた。静岡ホビーショーの前身となる「静岡模型見本市」の第1回が開かれたまさにその年だった。そして長谷川製作所(当時)の3代目、ハセガワの役員として静岡ホビーショーに姿を現すのはそれから40年を経た1999年のことだった。
　初めて幹部として静岡ホビーショーを迎えた時、自社ブースで緊張した面持ちの表情で、しかも他の社員の後ろの方にいたのが、当時の長谷川勝

人だった。社員たちは揃いのシャツとパンツのスタイルだが、勝人は仕立てのいい背広に身を包んでいた。デザイナーズブランドにも見えたが、実は量販店の吊るしであることを後で知った。"普通"を違うものに見せるのは、その人の持つセンスだが、ある種の"空気感"を勝人は持っていた。
　数年経ち、その表情から緊張がやや融け始めた頃、勝人は「日本に昂ぶる」シリーズをスタートさせる。しかし、スタートさせる直前のプラモデル業界は、低迷が"常態"となってしまい、業界関係者が顔を突き合わせては、溜息を漏らすような状況だった。だが、戦艦三笠、駆逐艦雪風、南極観測船宗谷の1次、3次観測隊仕様、飛燕、戦艦長門を連続してリリース、これらの艦船、船団などのアイテムは模型業界の沈滞した空気を吹き飛ばした。
　業界雀たちは
「いま、ハセガワが元気だね」と噂するようになった。
　そのハセガワがリリースした戦艦長門はのちに、国内、海外のメーカー同士による"1/350海戦"と呼ばれる戦いの戦端を開いたのだった。
　当時、別の取材で筆者はそのハセガワの元気の源を探るため同社を訪ねた。そして、長谷川勝人と初めて会話らしい会話をすることになった。
　訪れたのは勝人がまもなく48歳の誕生日を迎える7月上旬。まだ梅雨明け目前だった。取材場所に充てられた2階の会議室に現れた勝人はウォッシュダウンの白いカットソーに黒いジーンズ姿だった。背広姿を予想していたが、その日の勝人はクリエーターという印象だった。老舗であり、他の社員が当時、制服代わりの作業着を着用している姿とは趣きが違っていたのである。
　取材を進めるうち、東京藝術大学出身と聞き、ホビーショーや取材当日の空気感が"アート系"に寄っていることがここでわかったが、その日の主眼は、ハセガワの歩む道だった。勝人は"ハセガワの元気"の源となった、「日本に昂ぶる」シリーズについて滔々と話し始めた。
「バブルがはじけて以来、日本は長期の不況に疲弊しかかっていました。そこで、日本人が元気だったころのことを思い出して欲しい、という思いで、"日本に昂ぶる"シリーズを考えたのです」
　その第1弾は戦艦三笠。同艦は、言わずと知れた日本海海戦の連合艦隊旗艦であり、知名度は高い。しかし、スケールモデルとしての商品的な価値を周囲は訝しんだ。だが、勝人の決意は固かった。なぜなら、単なるスケールモデルの商品に停まらず、それはハセガワにとって意義深いものであったからだ。
　勝人の祖父、長谷川勝呂の名前に由来する(第1章)。勝呂が生まれた年、そしてハセガワの社史とも一体なのである。それはハセガワのプライドであり、また、勝呂の存在は勝人の半生とも大きく関わっていた。その話を聞くうちに、勝人のハセガワ入社が40歳を過ぎていたこと、そして、若いころはハセガワの跡取りであることに反発していることを知った。
　その後ある編集者から電話があった。『Always style』という大人の模型ライフスタイルを提供する新雑誌の創刊号への執筆依頼だったが、驚いたのは、長谷川勝人のインタビュー記事を書いて欲しいというではないか。実は件の編集者は、模型業界とはほとんど縁がなく、編集者の能力を乞われ、新雑誌の創刊に関わったのだが、彼が言うには、あるイベントに出展していたハセガワのブースで、模型業界とは違う雰囲気の男が気になった、そこで、雑誌の創刊号に是非に登場してもらいたいと思ったという。その男こそが長谷川勝人であり、勝人が模型業界以外の人間からも注目される存在だったということの何よりの証だった。
　日を置かずして再びハセガワ本社を訪れることになった。そのときの記事は、ストレートに長谷川勝人の人物像に迫るもので、勝人が自ら用意したアロハシャツ姿の写真は、その後、業界でもかなり話題になった。この辺りから、メディア登場については"俎上の鯉"という気分が芽生えていたのだろう。ハセガワのため、延いては模型業界のためなら、自分は目立ってもいいという"覚悟"の始まりだったかもしれない。

東新田のマアちゃん

　静岡市駿河区東新田……。勝人にとっても思い出の場所だ。
　ある日、勝人が運転する四駆駆動車に乗せてもらい、その工場跡を訪ねた。焼津市から静岡市に向かい20分ほど。通りからは離れ、マンションと住宅に囲まれて佇まいは静かだ。
　工場前の道路の反対側に車を止めて降りると、倉庫の前に置いた椅子に腰掛けていた老人が寄って来た。
「なんか用かい？」と老人は勝人に向かって言う。声は緊張を含んでいて、

子供時代の長谷川勝人氏とその祖父である勝呂氏を収めたスナップ。当時すでに長谷川製作所を経営していた勝呂氏に当時の勝人氏は模型見本市などによく連れ回されており、数多くのプラモデルに触れる生活を送っていた

警戒している様子でもある。突然、見慣れない車が止まり、筆者も含め見慣れない顔の男どもが降りて来る。怪しんで当然だろう。
　話しかけられた勝人が
「いえ、ここに子供のころに住んでいたんですよ。ハセガワって模型の……」
　とそこまで言いかけると、老人は
「ああ、知ってるよ」という。
　勝人は
「僕は息子なんです」
　すると男性は、突然、柔和な表情になり、愛好を崩した。
「ああ、マアちゃん、そうかいそうかい」
　それまでの剣呑な空気は吹き飛んだ。男性は、
「工場があって、キャロルに乗っていたよねえ」と続ける。
「ああ、それはおじいちゃん……」
「ここも変わっちゃったよ。今はガンダムとかねえ、そんなのだろ。木製模型だったからね」
　当時のハセガワの従業員ではなかったが、"ご近所"だったようだ。老人は、我々が"関係者"であることに安心したのか、それ以上会話することなくまた椅子に腰掛けたが、下校する小学生たちが老人に挨拶して通るところをみると土地の"顔役"なのだろう。
　小学生を見て、「専務の後輩たち？」と問うと、「僕の小学校は森下なので」という。勝人は父の勝重と同じく静岡駅に近い静岡市立森下小学校に通っていたのだ。
　再び勝人の四駆車に乗り、幹線道路に抜ける路地を通る。
「ここに用水路があったんです。道路の下を土管で通していたのですが、戦艦大和がその土管に引っかかってしまって」と苦笑するが、一瞬、少年時代に戻ったように、目が輝いた。時は移り、その用水路は暗渠になっているが、少年・長谷川勝人の遊び場のひとつだった。
「物心ついた頃には、目が覚めると隣の部屋にはプラモデルのキットが積み上げられていました」
　それが東新田の家だった。
　創設者の長谷川勝呂は孫の誕生を喜び、勝人の成長とともに、静岡市内で行われるイベントに連れて行った。
「マアちゃん、マアちゃんと呼ばれていましたね。他のメーカーの社長さんからプラモデルももらったりしましたね。想い出にあるのは、駿府公園のお堀で開かれた模型のボート競争でした」
　今や"模型の世界首都"を標榜する静岡市だが、当時も既に模型の町としてにぎわっていた。長谷川勝呂、勝重の苦労を知らず、勝人はすくすくと育っていった。
　そのころのことを父・勝重はこう思い出す。
「オヤジが勝人を連れ出すもんですから、勝人はいつも家にいないんですよ。あれだけ甘やかしちゃって、僕まで甘やかしたらどうなっちゃうんだろうと思ってね。僕も仕事が忙しくて、身体もそんなに強くなかったから、子育てまで回らなくて、結局、妻に任せっきりでしたねえ」
　子育てには介入せず、母・槇が勝人の教育を一手に引き受けていた。後に勝人は彼の人生に大きな影響をもたらした東京の自由学園に入学することになるが、これも槇の教育方針だった。
　子どもがプラモデルを作るにあたって、一番の難関は親である。「プラモデルな・ん・か作っていないで勉強しなさい」は当時の親の"共通言語"だったかもしれない。しかし、模型メーカーを生業とする長谷川家においては「プラモデルな・ん・か」と叱る言葉はあり得ない。
　3歳ごろにして、勝人が企画室らしいところに遊びに行くと、プラモデルを渡してくれた。
「それが、海外の製品らしかったんです。子供がどこまで作れるかというのを試されていたのかもしれません」と勝人は記憶をたぐる。
　プラモデルづくりに飽きることはなく、今でも持っているのは、タミヤのⅡ号戦車だ。実家の商品以外のプラモデルを買っても特にとがめられるわけではなかった。しかも、勝呂にねだっていたのは、当時の大ヒット商品だった今井科学のサンダーバードシリーズだった。長じて勝人は一男一女を儲けるが、勝人は
「息子がガンダムを作ったりしているのを見ると、祖父の気持ちがどうだったか、今になってわかりますね」と苦笑する。
　先のⅡ号戦車はいまも大切に保管されている。『タミヤニュース』を見てボカシの技法を覚え、初めて試したのがこのⅡ号戦車だった。当時の小学生としては、先駆的技法を身につけていたことになる。
　家の中に保管されていた商品をこっそり持ち出して作って、怒られたこともあった。そのことに一番厳しかったのは、やはり母だったという。
　とはいえ、"マアちゃん"時代の勝人にとって、まさにプラモ天国だった。

擦り込まれて行くもの

　その一方で、模型メーカーの中で育った勝人ならではの厳しい現実を擦り込まれることになる。小さな家だったので、勝人は居間と襖越しの部屋に寝ていた。深夜に襖越しに祖父勝呂と父勝重の会話が聞こえて来た。
「あのメーカーがつぶれたといった話でした。子供心に怖い話として伝わって来たんです」
　電灯を消した部屋の闇、そこに聞こえる大人たちの低い声は子どもにとっては"恐怖"でもある。そして作り手の子どもにとっては楽しいプラモデルも経営する大人たちにとっては、一日一日が戦いであり、そして敗れ去ったメーカーも数多くある。そうした一面は、普通の子どもには切実な問題として伝わらない。たとえば、最初に国産プラモデルを商品化しヒットを続けたマルサン商店がマルザンと社名を変え、そしてついに倒産した時も、普通の子どもたちは、「なんで名前を変えたのだろう」と疑問に思っても、日々遊び暮らすうちに、すぐに忘れてしまう。倒産を知ることになるが、残念なあという思いはあっても、子どもは別のメーカー品を作ればいいだけの話だ。ましてや、両親が悲嘆に暮れるということはない。
　だが、勝人の場合はそうはいかない。父、祖父強いては祖母、母も巻き込んだ家族中の大問題となるのだった。極端なことを言えば、一家離散も覚悟しなければならない。もちろん、子どもの勝人がそこまでは具体的に想像はできない。しかし、大人たちの襖越しの声は無意識に"危機"に対する怖れを擦り込んだのだろう。
　それは、後にアニメキャラクター商品を導入したときに、ふいに思い出されることでもあった。
　静岡の模型メーカー今井科学の倒産である。静岡のプラモデル先行企業としてサンダーバードシリーズやサブマリン707で爆発的な隆盛を見せたが、過剰投資がたたって倒産。再建を果し今度はロボダッチシリーズでもヒットするが、が、同様の轍を踏んで倒産してしまい、社長の自裁という顛末で消滅する。

静岡プラモデル業界の〝裏面史〟をここで取り上げるのは、模型業界人にひとつの〝戒め〟としてこの事実があるからだ。勝人がハセガワに入社し、社員を統べる存在になったときに、口について出たのが子どものころのそのエピソードだった。

ただ、そういう裏側だけではなく、社員と一緒に航空ショーに行ったり、また勝重の従兄弟で当時常務だった長谷川勉がモデルアート社の井田 博との打ち合わせのために、九州まで空路を利用したとき、一緒に着いて行き、初めての空の旅を満喫したりした。

「あれは小学校3年の冬でした。常務だった父の従兄弟(長谷川勉)と一緒に九州を日帰りで往復したのが飛行機に乗った最初の思い出です。機種は727でした。ちょうどクリスマスイブだったので、機内でチョコレートと飛行機のミニチュアももらえてうれしかったですねえ」

プラモデルメーカーの三代目として期待され、静岡市のプラモデル業界の中にどっぷりと浸かっていた長谷川勝人の子ども時代。子どもはその環境の中で、無意識にその家の家業の〝本質〟を学んでいるのだろう。商人は商人の、サラリーマン家庭にはサラリーマン家庭の……。しかし、〝世襲〟は子どもにとって反発の種となることがある。勝人のその屈託は、中学・高校時代に爆発してしまった。思春期を迎えた勝人は、その反発のエネルギーを顕在化させたのだ。

祖父・勝呂が存命ならまた違ったかもしれないが、勝人が〝疾風怒濤〟の時代を迎えたのは、静岡を離れ、東京の自由学園在学中のことだった。

自由学園

東京郊外を走る西武池袋線の下り電車がひばりが丘駅を出発してほどなく左手に広いグラウンドを持った学校が見えて来る。ここが勝人の学び舎「学校法人・自由学園」(東京都東久留米市)だ。勝人は母の槙の方針で、自由学園の男子部に入学する。

自由学園はカトリック教徒であり、日本初の女性新聞記者となった羽仁もと子、夫の吉一によって1921年に東京・目白(現在の豊島区西池袋)に創設された。もと子は報知新聞で同僚だった吉一と結婚し、吉一は同紙を退職して二人で家庭生活月刊誌「家庭の友」を創刊する。『家庭の友』はその後、『婦人の友』として、現在も発行されている。

その一方、もと子は、娘の学校教育が知識偏重で考える力を育てないことに不満を感じ、ついに1921年『婦人の友』2月号誌上で、学校の創設宣言をするとともに、4月に開校。普通科26人、5月には高等科59人が入学した。いずれも女子で、最初は女子校としてスタートしたのだった。

翌年、帝国ホテルを設計したことでも知られるフランク・ロイド・ライトが学舎の設計にあたった。同じ教会で友となった建築家遠藤新が来日中のライトを紹介したのが縁だった。遠藤はライトの助手として帝国ホテル設計にも携わっていた。ライトが設計した帝国ホテルは今、明治村(愛知県犬山市)に移設されているが、また、ライトが設計した目白校舎は1935年に学園が東久留米村(現・東久留米市)に移転したのち「明日館」と名付けられた。現在は都会のビル群に囲まれながらも瀟洒な建物は保存され、1994年、国の重要文化財に指定された。1999年から2年半にわたる補修工事のあと、コンサートなどのイベントなどにも供されている。1935年の自由学園の移転の際、完成した新校舎は遠藤新の設計だった。

勝人が何故、自由学園を受験したか。父・勝重はこう語る。

「妻がモデルアートの井田さんの奥さんとも仲が良くて、井田さんの子どもたちは自由学園だったでしょ。妻も実際に自由学園に行って建学の精神に共感して、勝人に受験を勧めたのです」

当の勝人は静岡市立森下小学校で活発に育っていた。

「僕はサッカー部と水泳部に入っていて、特に水泳は県大会まで行けたので、中学校に入ったら絶対に全国大会に行こうと思っていました。自由学園の受験は、6年生の夏ぐらいかな。親に受験という目標を与えられたので、それを遂行すべく受験勉強もしたのですが、合格した後で、自由学園にはプールが無くて、プールどころか水泳部そのものがなかったんです。そんなこともあって自分のモチベーションの持って行き場が無くなってしまったんです」

当時、静岡市の小学校から東京の学校に行く生徒は少なかった。東京に行ったことがある児童すら少なかった時代だった。放課後には、担任の教師がつききりで受験のための作文の練習をさせられたという。

「みんな放課後にサッカーをやっているわけです。それがとても辛かったですねえ」

そして自由学園に入学後、勝人は、中学校から寮に住んだ。

「最初の五月の連休に帰省して、帰りの新幹線ホームでおふくろが涙ぐんでいたんです。僕は全然平気だったんですが、地元の駅に着いて学園通りという学校までの道を歩いていたら、急に涙が出始めて、これは人に見られたらマズいと思って、上を見ながら歩いていました」

まるで坂本九の「上を向いて歩こう」の歌詞そのもののようだが、

「それが最後のホームシックで、あとは夏休みも帰りたくなかったんです」

そしてある事態が勝人に影響する。

「中1が40人いましたが、夏休みから寮の建て替えで、通える場所がある人は外に出てくれと言われたんです。新宿に親戚がいたのですが、寮に残ったんです。他に5人残って、40人分の仕事を5人でやらなければならなくなったんです」

掃除や豚当番があった。2学期の途中でそれを見かねた高等科3年生の誰かが、これじゃあこいつら死んじゃうよと中等科2年に当番をやらせた。ところが中等科2年は1年の仕事が終わって清々しているところで、また仕事を押し付けられたものだから、反発を買った。

「そこでギスギスして5人が5人ともグレてしまいました」

ひとりまたひとりと学園を去る5人の中で最後まで残ったのが、勝人だった。

「僕は高2の終わりまで保ったんですね。おふくろは毎月東京に来ていましたね。何度も停学になって。高校に上がる時は仮進級。最後の方の孤独感は半端無かったですね。退学して静岡の私立高校2年に編入しました。だから高2を2回やったんです。自由学園のまじめな生徒たちが〝勝人を取り戻そう〟と言い始めたらしいんですが、当時の担任の先生から促されて、僕は大丈夫という手紙を書いて収まったようですが、彼らとは今でも付き合っていますよ」

学園生活は苦闘ばかりではなかった。

「美術関係は任されたりしていて楽しかったですよ。でも、やはり、将来が閉ざされているような気がして……」

芸術を目指していた勝人は、あれだけ好きだったプラモデルを自分の将来を閉ざすものとして捉えたのだった。

世襲のマイナス面が勝人を覆っていた。

「自分の人生を決められてしまっているように思ったんです。それが不満でした。いろんなことをやりましたね」

勝人は自由学園から静岡に戻るが、中退した自由学園の沿革まで詳しく書いたのは、ここでの経験が後の勝人を大いに助けることになったからだ。

東京藝大に入学

静岡に戻った勝人は地元の常葉学園橘高校の2年に転入した。ここで2年生を〝ダブった〟ことになる。

それが美術の道を志すきっかけとなった。

「僕にはそれしか残されていないと思ったのです」

東京藝大を目指す。他の美術大学は考えなかったが、やはり高校をダブった上に、3浪目で落ちた時は、さすがに親に対して申し訳ないという気持ちが勝った。

「それで桑沢デザイン研究所に受かっていたので、入学しました。でも、やはりもう一度だけ藝大を受けて、それで落ちたらあきらめがつくから、と4度目の藝大受験を頼みました」

桑沢デザイン研究所も一流の才能が集まる。ダイオラマモデラーの金子辰也はこの桑沢デザイン研究所の出身だ。また、東京藝大出身だが、タミヤのツインスターマークやパッケージデザインなど、同社のデザイン面を手がけた田宮督夫(田宮俊作会長の弟)は桑沢デザイン研究所の講師を務めていた。5度目の入試はもはや「藝大をあきらめるための」けじめを付ける意味での受験だった。

しかし、それが奏功したのかもしれない。勝人はついに入学を果した。4浪といえば、現役で大学合格していれば就職し社会に出る年齢だ。同い年が新社会人として新しいスーツを身に纏う季節に勝人は、大学1年生として大学生活を迎える。しかし、藝大は特殊な環境にあった。1浪、2浪は当たり前で、一度大学を卒業して新たに東京藝大で学ぶ学生もいれば、社会人から受験し合格した学生もいる。

「僕は高校で留年していますから、年齢的には5浪と同じですから、同じ学年でも年上の方だろうなと思っていました。ところが、5浪が一人いて、あと10浪っていう学生がいました。5浪の同級生はデッサンがすごくうま

東京の上野他4箇所にキャンパスを構える東京藝術大学（写真は上野キャンパス）。毎年数十倍に達する受験者倍率を誇る超難関校であり、国内の美術教育のトップにあたる大学だ。これまでに国内外で活躍する数多くの卒業生を送り出している

て、なんで早く受かってなかったんだろうって思いました」

芸術の前では年齢など関係ないのだ。脳科学者の茂木健一郎が書いた小説『東京藝大物語』には3浪、4浪の猛者が次々と登場し、また藝大の自由な校風を活写している。勝人もその"猛者"の一人だったが、更に上を行く者がいて、藝大の自由闊達な空気がまた勝人を刺激した。

東京・狛江市の下宿に暮らした（結局、ここに12年間住むことになった）。居酒屋のアルバイトも経験しながら、あるいは新宿の美大進学専門の予備校の講師も務めた。同じ講師に同じ東京藝大の学生だったCMクリエーターの箭内道彦もいて、一緒に酒を酌み交わしたこともあるという。

高校時代以来のあらためての東京暮らしだが、静岡の家庭では普通に出てくる、静岡名産の生シラスが当時の東京では殆ど口に出来ず、たまに見つけても、味は故郷とは違っていた。そうした生活環境の違いはあったものの、充実した学生生活を送った。

「大学は面白くて、それにあれほど勉強した時期はありませんね」と勝人は大学時代を振り返る。

特に世界的デザイナーの松永真の目に止まり、松永の薫陶を受けた。課題を突き進めて行くうちに、勝人はふと気づくことがあった。

「それは、組み立てるという発想です。彫刻やオブジェを"作る"人はいますが、僕のように"組み立てる"という発想の人はいなかったんです。その感覚が生まれたのはやはりプラモデルだったのかなあと思います」

"組み立てる"という発想に気づいたのは、たまたま勝人の製作中の様子を見た建築学科の教授が、建築の構造模型と勘違いされたことから感じたことだ。そんな勝人がとくに教授、講師陣に評価を得たのが、「3ミリ以下の金属の線材を使ってオブジェを作れ」という課題が出た時だった。周りの学生は単に棒を組み合わせた作品を製作していたが、勝人は"組み立てる"という独自の発想でテンション構造のオブジェを製作した。

その発想は大学院に進学してさらに"深化"していく。ことに、20代後半から30代までの7年間をひとつのテーマでグループ展を開催していた。それは「重力機械」。SF、またはファンタジーの世界のような期待感があるが、「機能を機械に置き換えて重力に対する機能をテーマに据えました」

抽象的だが、重力があるが故の不安定さを金属線の張力をコントロールして安定を得るというのが勝人の考える重力機械だ。もちろん架空のものだが、

「重力機械が存在してパーツがあったらという発想なんです。機械の中のかっこいい部分ってあるじゃないですか。男ならぐっと来ちゃうような。その形を強調するつもりでした。これはプラモデルを作っていたことが着想の根底にあります」

勝人の芸術的発想には、骨董趣味を持っていた母方の祖父の影響もあるという。

「そのせいかアールデコに関心がありましたね。それから社会とデザインとの関係からレイモンド・ローウィーに憧れを抱いていました」

アールデコは20世紀初頭に開花した芸術潮流であり、またレイモンド・ローウィー（1893〜1986）はまさにその時代の中で育った。フランス人で、工業デザイナーの先駆者ローウィーは、電気製品から自動車、蒸気機関車、電気機関車、航空機デザインまで幅広い。その中には、トランスワールド航空のデザインはアメリカ大統領専用機エアフォースワンのデザイン、さらにアポロサターンロケットのデザイン、コンコルドの機内デザインまで手がけた。

こうしたあらゆる工業製品に"デザイン"という概念を浸透させたのがローウィーだった。

「アールデコや1930年代の飛行機や車が好きなのは、機械が機械らしい時代だったからだと思うんです。いまは設計もコンピューターですが、あの時代は職人さんの経験則で形が決まっていて、あの時代の車や飛行機はきれいだなと思います」

なかでも飛行機についてはこう語る。

「やっぱり飛行機は機械としては究極です。自動車は素人が作っても動くと思うんです。でも、飛行機を素人が作って飛ぼうとすると、相当怖いことになりますよね。その意味で飛行機は素人レベルから既に特別な存在で、さらに工業製品としての飛行機はその時代の技術の中の究極の形であり続けるのかな、と思いますね」

かくて勝人は4年間で学部を卒業すると、大学院に進学した。

勝人は修士課程の大学院生として作品制作に勤しむ傍ら、非常勤講師も務めた。ここから勝人は教育者としての道を歩くことになる。そして、この教育の現場にいたことが、勝人を"長谷川勝人"たらしめている。教育の現場に長くいた経営者は珍しい存在である。

そして修士課程修了とともに、東京藝大の非常勤講師として本格的に教育の現場を歩く。

すでに28歳になっていた。妻の潤子とはこのときに知り合っている。

講師時代に学んだこと

1992年に結婚した勝人には一男一女がいる。

勝人は長男を自由学園に入学させた。先輩後輩の関係にもあるその長男が高校生3年の夏休みに寮生活を送っている東京から静岡に自転車で帰省した。そして静岡からさらに九州の友人の家まで自転車で旅をするという。

息子の行動を見て勝人自身も高校時代を思い出した。

「静岡から箱根湯本まで自転車で行ったことがあるんです。それも1週間に2回往復しました。今度は息子がそんなことをやってしまった。大人にはこういう発想がありません。若い頃は馬鹿げたエネルギーの使い方をして欲しいと思うんです。それが若者が自信を持つことにも繋がります。若いうちには大切なことです」

勝人がいまでも若者にこうした目を向けるのは、やはり講師として若い世代との交流があったからだ。後にこれは若い社員に対しての勝人が注ぐ"愛情"にもつながるが、講師時代の体験は、勝人が勝人自身を知る体験だったのではないか。今は、ハセガワの経営者として采配を振るう勝人だが、実は「人に教えることは天職と思っていました」という。

「人を教える魅力の一つは若者が数年のうちに別人のように成長することなんです。新兵が一人前の兵士になっていくような、そうした人の成長を見ることが好きなんです」

あるときこんなことがあった。

「講師時代のモットーは"真剣に叱って真剣に誉める"だったんです。僕は学生相手に"（学校を）辞めてしまえ"ぐらいのことは言っていました。ある時のことですが、課題で他人が作った作品を提出した学生がいて、ものすごく叱ったんです。本来なら退学ものです。でも、僕は他言しないから、自分で考えて学校を辞めるか辞めないか、道を決めろと言いました。そう

若き日の長谷川勝人氏のスナップ写真。20歳頃で、キャンバスを手に取っているところから藝大受験に向けて作品制作に勤しんでいるいち場面のようである。当時勝人氏は藝大入学を目指して浪人を重ねていた時期。見事に大学入学を果たすのはこの写真が撮られてから、さらに数年が経過した後のこととなる。まさに雌伏の時を過ごしていた頃だ

したら、そいつは学校に残ってものすごく努力をしました。最後はトリプルAを取っていましたよ。ものすごくうれしそうな顔をしてました。あれは僕もうれしかった。うれしそうな顔を見ると僕もうれしいんです」
　この話をしていた勝人の目は少し潤んでいた。ときには、そうした学生の姿に目頭が熱くなるが、自らについてもこう思うことがあった。
「自分の講義内容を年々磨いて、だんだんいい授業になっていくことにも惹かれているんです」
　一方で、研究的な仕事にも魅力を感じている。勝人にはハセガワの経営陣となってもいくつかの大学から非常勤講師への誘いを受けていた。多忙を理由に断ったが、なかには「週1回がダメなら集中講義でもかまわない」と"三顧の礼"のごとく熱意を見せる学校もあった。
「講義内容は、造形だったり、デザインとビジネスの関係といったものです。数年前に依頼された講義内容は調べれば一冊の本が書けるぐらいに中身が濃く、学術的にも成立する仕事だと思ったんです。先方には"隠居したら、こうした仕事をしたい"と話しましたが、だったら今から二足のわらじを履いて、学者社長という評判を取れば会社の宣伝にもなるとも言われてしまいました」
　たしかに事情が許せば"二足のわらじ"の日々が来るかもしれないという、そんな予感をもたせる勝人であるが、学生にはこんな言葉を送っていた。
「その日を120％の力を出せば、それが翌日には100％になる。それを繰り返して行けば成長出来る。それは今でもそう思っています」

ハセガワ入社への道　叔父、そして再び自由学園

　母・槙の看病のために夫婦で静岡に戻って来たのは1993年のことだった。静岡に戻りはしたが、ハセガワに入社することはなく、東京理科大工学部建築学科の非常勤講師として教壇に立ち、また地元静岡市内の、静岡デザイン専門学校の講師を務めた。
「教師こそ天職」の思いがそうさせていた。
　だが、ついにその日が来る。叔父であり副社長の長谷川勝平が説得に動いた。勝平はときには叱ったりしながら、気長に説得を続けた。そして、勝人にハセガワ入社を決意させる決め手となったひと言があった。
　勝人は言う。
「僕は、会社に入らなくても（外から）家業を手伝って行けると思っていたんです。でも、叔父さんは、社長も70を超えている。お前が継がなくてどうする、おじいちゃんが悲しむぞ……どう言い訳するつもりだ、と言われて、それはガーンと来ましたね。好きだったおじいさんのこと……僕は数ヶ月考えについに決意しました」
　1999年、かくて勝人は取締役として入社する。静岡に戻ってきて6年が過ぎていた。
　プラモデルメーカーを稼業とする家に生まれた勝人にとって、業界の雰囲気は子どものころからのなじみのものだ。しかし、業界の内と外ではまったくの別世界だった。戸惑う勝人の前に、現れたのが、自由学園の先輩である井田兄弟だった。
　モデルアート社創業者の井田博の次男井田彰郎と兄、弟の3人が九州から東京の自由学園に入学したのは、自由学園の建学の精神に共感した祖母の教育方針で、彰郎の母・光子の妹ら一族の多くが自由学園出身だ。
　自由学園のOB、OGの紐帯は、他の学校よりも堅い。
　井田彰郎は「一学年に40人しかいませんからね。先代の勝元社長とうちのオヤジ（井田博）との付き合いがありましたし、また勝重社長（当時）とも付き合いがあって、社長から勝人はどうなんだろうねえ、と遠回しに聞いてきました。僕は、戻るなら早い方がいいと思っていました。勝人は模型が好きなんだし、勝人を呼び出してはそんな話をしていました」
　入社の決意は、勝平のひと言だった。しかし、入社してから戸惑う勝人に業界人を紹介し、精神的にも支えていたのが井田兄弟、自由学園の絆だった。
　勝人は入社したばかりのころをこう語る。
「会社の雰囲気が悪くて、鬱々とした時期があったんです。史郎さん（井田家三男）と飲んだ後、夜中に歩道に座り込んで、缶コーヒーを飲みながら、話し合ったことがあります。"お前、抱えているものを全部吐き出してみろ"と言われて、随分楽になりましたね」
　自分が切り開き、生きてきた芸術や講師の世界とのギャップに悩んでいたのだった。
「自分が天職だと思っていた世界から入ってきましたからね。藝大では団体行動をしないことがいいことだ、人と違う価値観を持たなければダメだ

と6年間徹底的に植え付けられましたからね。ところが、会社組織は団体行動をしなければならない場所でした。自由学園時代は団体行動はありましたけど、常に自分が何を思っているかを試されていました。いろんなことを考えていなければなりません。そして自分の意見がない奴はけっこう軽く見られてました」
　入社時は会議で自分から意見を言う社員は少なかったが、15年以上を経たいまはうるさいほどになったという。
　これは、『静岡模型全史』でインタビューを受けた設計担当課長の久保山弘道の証言でもその変化が分かる。
「勝人専務（筆者注・当時）が入社して以降、社の雰囲気が変わって来たと思います。マルヨン（F-104J）やT-3が設置されたのもそうですが、新しい人材が入って来て、私が入社したころ（同・1982年）とは別世界のようです。設計室も入社したころは、静かでだれもしゃべらないし、たまに鉛筆の芯を削る音がするぐらいでした。それがいまは話し声も割とにぎやかです」（静岡模型全史）
　そして勝人はいう。
「個性を出しながら、なおかつ団体であるという際どさがプラモデルメーカーのいいところなのかな。その辺のバランスをうまく取っていかないと、いい会社にはならないと思います。それが今後も続いて行くのかな」
　企画会議でも、アイデアという「点」をどうやって「線」にしてつなげて行くか。たとえば「日本に昂ぶる」でも、戦艦三笠だけでは「点」でしかないが、「南極観測船宗谷」「戦艦長門」を発売することでこれらが「線」としてつながっていく。屋上に設置したF-104は宣伝効果もあるが、設計陣が、本物の飛行機の構造をすぐに確認出来るというメリットもあるのだった。
　とにかくハセガワの空気は変わった。
　海洋堂社長でセンムの愛称を持つ宮脇修一は専務時代の勝人を紹介するときに、「あのつまらないハセガワを面白くした専務です」と皮肉まじりで言っていたが、ハセガワの変化が業界に浸透していることの証左だろう。
　勝人は宮脇の言葉に面映い思いをしながらも、以前はそんなにつまらなかったかと感じながら、しかし、こうして話題になる事が大切だと実感している。

戦艦三笠

　ハセガワに入社した勝人にとって大きな転換点は、「戦艦三笠」のヒットだった。勝人が企画した「日本に昂ぶる」シリーズの嚆矢となる製品であり、また発売前から開発陣も「ハセガワのフラッグシップとなる」と公言していた。『モデルグラフィックス』誌2005年10月号は戦艦三笠を特集した。同誌では、勝人と企画開発部で商品企画を担当する国分智、同じく設計担当の納本立男の3人に座談会形式のインタビューを掲載した。
　その記事中で勝人は、2005年は日本海海戦から100年。勝人はそのメモリアルイヤーが取りざたされるようになった辺りから社内的にも、それに対応した企画の検討を始めた。まず、「戦艦三笠のプラモデルが日本にあるべきだ」と結論付けた。そして内容が伴った製品を作る機会は、「日本海海戦100周年」であり、「この絶好の機会を逃したら、もう二度とやれる機会を失ってしまう」と考えたのだ。
　更に、スケールも昭和37年の戦艦大和から続いていた1/450から1/350に移行した。艦船の大型模型は世界的にも1/350が主流となっていたことが決め手だった。
　大きなスケールなので、あれもこれもディティールを詰め込みがちになる。そこで国分は、
「要素を盛り込みすぎて作りにくい模型では意味がない。コツコツ作り続けていけば、1年後にでも完成させられるようなプラモデルにしたかった」
と考えた。国分は設計の納本と神奈川県横須賀市に保存されている戦艦三笠を念入りに取材した。要素を盛り込みすぎないことを意識しながらも、取材をおろそかにすることはない。納本は「やはり軍艦ですから、まずは迫力のある模型にしなくちゃいけない。飛行機模型に比べると凹凸の強弱を強調するようにしましたね」と語っている。
　取材は、戦艦三笠や資料をたぐるだけでなく、三笠の保存などにあたっている三笠保存会や東郷神社の祭事などを執り行なっている東郷会にも協力を仰いだ。勝人はそれがのちの人脈という財産につながったという。
　また、週に1回、戦艦三笠の開発だけの会議を開いた。それは、三笠の構造やディティールだけの話をするに留まらず、当時の政治思想、時代背景、海軍での運用などありとあらゆることについて調べていった。

『モデルグラフィックス』2005年10月号では「日本には三笠があるじゃないか！」と題し、同年に発売された1/350三笠を総力特集。三笠の各部解説や日本海海戦に参加した日露の全艦艇の作例が掲載されるなど、充実した内容だ

「単に『昔強かった兵器のキットです』ということだけでなく、この三笠を通じて、明治という時代、歴史を知って欲しかったんですね。初回特典の東郷平八郎さんのフィギュアやポスターはそのためのものでもあるんです」と勝人は語っている。

そして、この1/350戦艦三笠が、設計、企画、デザインの各部門の垣根を取り払って情報を共有し、意見交換するなど新たな商品開発への道を拓いた。

勝人はインタビューの中で、『「お金を出してでもコレが買いたいんだ！」と思わせるような製品とはいったいどういうものか、いままでとは違う、一段高いレベルで考えるようになったと思います。この経験は、船、戦車、飛行機などのジャンルに関係なく、今後商品を作っていくにあたっての、おおきな糧になったんじゃないかと思います』と語り、また国分は『私もまったく同じことを考えています（中略）いいキットを作るために自分がどん欲になることの大切さを、今強く感じています』と結んだ。

1/350戦艦三笠開発はハセガワにおおきな影響を与えたのだった。

そして、勝人は当時を振り返る。

「眠れない日も続きました。ホビーショーのときは、これがダメだったら、役員を辞めるつもりでいました」と辞表を胸に隠した〝戦い〟だった。そして、同時に勝人にはある思いがあった。

「祖父が生まれた年、勝呂という名前にも縁のある三笠なんです」

日本海海戦100周年、そして長谷川勝呂の生誕100周年でもあるこの年に放った三笠には、勝人の祖父へのオマージュが込められていた。

シュピールヴァーレンメッセ（ニュルンベルク国際玩具見本市）

ハセガワ入社後の勝人の活動は、国内だけに留まらない。毎年、1月末から2月にかけて、ドイツ・ニュルンベルクで大きな国際見本市が開かれる。今はシュピールヴァーレンメッセと呼ばれる見本市は、模型業界にとって静岡ホビーショーと並ぶ重要なイベントだが、その名の通り、玩具も含まれるため世界一の大規模イベントである。65年の歴史を持ち、出展社は世界60カ国から2800社以上。もちろんバイヤーを含む来場者も世界中から訪れ、その数は世界120カ国から4万人を集めトータルでは7万人規模となる。

長谷川勝人が初めてこの地を訪れたのは、東京藝大の講師を務めていた30代初めだった。

ドイツ南部に位置し、人口約50万人、現在の市域は186.38平方キロで、日本の東京・八王子市（186.38平方キロ・平成26年国土地理院）とほぼ同じ面積を持ち、ドイツでは14番目の都市だ。その歴史は古く、地名が出て来る最古の記録は神聖ローマ帝国時代の11世紀に遡り、13世紀には時の皇帝フリードリヒ2世によって、皇帝直属で、また自治も認められた「帝国自由都市」となった。また、手工芸品が秀逸で、複数の交易路が交差し、交通の要衝としても発展していった。現在は、ドイツ随一の印刷業が盛んな都市となり、農耕ではアスパラガスの一大生産地という。

世界史の中では第2次大戦後のニュルンベルク国際軍事裁判が開催された都市としても記憶されているが、1945年1月に連合軍から大爆撃を受け、都市は瓦解した。戦後復興に際して、城壁に囲まれた旧市街を〝現代建築〟を用いるのではなく、破壊される前の建物を建て、古い町並みを再現した。

勝人が訪れた会場のニュルンベルク・メッセは世界トップ20の見本市会場の中に数えられている。藝大の講師だった勝人がトイフェアを訪れたのは『日本模型新聞』が企画したツアーだった。

「父親（勝重）の勧めもあったのか、よく覚えていないんですが、最初の印象はとにかく広いなあ、ということでした」

ツアーには10人程が参加していた。ハセガワの社員も社業とは別に参加しており、ぬいぐるみメーカーの女性が一人いた。

初めて訪れる会場を勝人は精力的に見学した。

「全部回りましたね。高い金を出しているのだからちゃんと見なきゃダメだろうって。広い会場には通路の左右にブースがあって、それぞれを何かないかって、見て歩くんです。見続けているといろんな色があるから目が疲れてしまって。あの時は、全部見ようとして歩いていたから、逆に全体の印象が薄いのかもしれませんね」

と苦笑いするが、このときは後に、毎年訪れることになるとは、思っていなかった。プラモデルから関心が薄れていた時期、無意識にプラモデルを避けていたのだろうか。むしろ旅の印象はツアーで訪れた、ドイツのもうひとつの大都市、ミュンヘンのドイツ博物館見学の思い出が強い。

「中に入ると広いロビーにいきなり現れたという感じで、メッサーシュミット（Bf109）が置いてありました。子供のころから憧れた機種の本物で、そっちの印象の方が強かったですね」

それもそのはずで、ドイツ博物館は科学・技術の専門博物館。20世紀初頭に建設が提唱され1925年に開館。風力、水力、蒸気機関など原動力となる工業製品から、穴あけや仕上げの工具といった工業用具、そして、地上から宇宙までに至る〝輸送機関〟まで、ありとあらゆる〝技術〟が展示されている。ボンなどにある分館には航空機専門、移動輸送機関専門と更に分化した専門的展示がなされている。

ミュンヘンのドイツ博物館だけでもその所蔵数は10万点以上というから、少壮の勝人も興奮するのは当然のことだろう。しかし、実は当時の勝人はトイフェアでのプラモデルへの反応よりも、これらの展示物に関心を示すことの方が実は重要だったのではなかろうか。フェアの展示物は翌年に同じものはないが、ドイツ博物館の展示物は博物館が存続する限り、そこに収蔵される。本物があるからプラモデルがある、というものの順序を考えれば、勝人の根っこになるこの反応は、のちにプラモデルメーカーの幹部となるには重要なことだった。

このツアーには人の縁も生まれた。ツアーの添乗員がのちに中国で代理店を起業した辰巳雅幸で、後にハセガワとも取引を始めたのだった。

勝人がハセガワの幹部として〝ニュルンベルクデビュー〟を果たしたのは、ハセガワ入社から2年後の2001年。もちろん来場者ではなく、出展社の一員として、ブースに立った。

「世界にデビューという感じで、すごく緊張しましたね。代理店の方の顔はある程度知っていましたけど、正対して話すというのは初めてでしたから。入社2年目ぐらいで、経営、経済、貿易用語もまだ詳しくなかったんです。一通りわかるようになるまで5年掛かったかな。英語は今も苦手で、挨拶ぐらいだから僕の英語は30秒か1分でおしまい」

と苦笑まじりに話す。

静岡ホビーショーなど国内の見本市でさえ、入社したての勝人は緊張した表情に見えたから、ニュルンベルクでの緊張は想像に難くない。それ以来連続して通っているが、ニュルンベルクの前には準備で多忙となる。

「事前のスケジュールに関しては貿易部の人間がやってくれるので、僕はなにをどのように展示するかということから始まります」

展示方法も参加に連れて変えていった。以前は完成品を展示ブースに出来るだけ多く並べていた。しかし、勝人は一押しの売りたいキットを前面に出し、目立つような展示に変化させた。そうした案を練り、空路17時間かけてニュルンベルクに乗り込む。

「始めのころは荷物が届かないというトラブルがありましたが、いまはオフィシャルの運送業者に依頼しているので、そういうこともなくなりました」

荷物が届くと〝展装〟という展示ブース設営の作業が始まる。開会前の二日間を掛けて、いよいよ初日を迎える。

勝人の役割はここからが本番だ。開会時間は午前9時から午後6時まで。国内の見本市よりも1日の開会時間は長い。その中で代理店との商談など1時間刻みのスケジュールが待っている。

「スケジュールは事前に決まっていて、それが三日間ピッチリ詰まっています。それだけじゃなくて24時間、気が抜けないんです」

専務時代からこの10年以上は勝人がハセガワのトップとして応対して

いる。最初のころは名刺を渡し、社長の息子であることを伝えると、相手の態度も変わったという。
「でも、初めて訪ねて来た企業が代理店業務を申し込んで来る時、僕は最初から出て行きません。どんな会社かわかりませんし、トップが最初から出て行くと舐められたりするもんですから」
　国際舞台で学んだ交渉術。警戒することは必要なのだろう。
　そして午後6時の閉場で仕事が終わるわけではない。今度は接待したりされたりの"夜の部"が待っている。実はこれには、まさに"痛い思い出"がある。
　長旅を経て現地に到着すると、その脚で展装にも参加する。日本との時差に体調管理もままならない。疲労感が襲って来る。そんな状況下、5、6年前にこんなことが起きた。
「フルコースのディナーは午後7時半頃から零時過ぎまで掛かるんですが、途中で気絶しそうなぐらいの睡魔が襲って来たことがありました。ディナーのときには最後にタクシーに乗るまで油断するな、というアドバイスをもらっていたのですが、それをうっかり忘れてしまって途中のシャーベットが出たところでもう終わりだと思って油断してしまったんですね」
　睡魔は緩んだ間隙を逃さなかった。
「激しい眠気を払うために太ももをギュッとつねったりしていました。夜中にホテルに帰ったら、つねったところが内出血して真っ黒になっていました。睡魔との戦いはまるで"拷問"でした」
　と、これを話す勝人の表情はそれを思い出してか、少々歪んだから、よほど痛かったに違いない。
　出展の回数が多くなると、他の出展企業の社長や社員と顔見知りになったりするし、またいろんなバイヤーが顔を出す。
「1/350の空母赤城が海外でもヒットしたとき、通販会社の社長が握手を求めに来ました。空母赤城はディティールアップのエッチングパーツも併せてよく売れたんですよ」
　同様に、ロシア人の大男にハグされたりもしたという。
　だが、その一方、翌年に顔を見なくなる企業、社員もいるのが現実だ。とくに2009年に世界を襲ったリーマンショックの影響は、世界の模型業界にも浸透し、一時期出展社も少なくなった。
「出展を申し込んでいながら、来れなくなった企業がありました」
　出会った中に、某国某企業の美人社長がいたという。しかしその美人社長にも会えなくなってしまった。
　もちろん、バイヤーなどの"業界関係者"だけではない。一般の来場者の反応も様々だ。
「毎年、50がらみの男性3人組みがいるんです。マシーネンクリーガーの一連の展示品をじーっと見ながら、ぼそぼそと1時間ぐらい話していましたね。そうかと思うと、90歳ぐらいの老人が興奮した様子でファルケを指差しているんです。何かと思って通訳してもらったら、"これはナチスの秘密兵器に違いない"って話しているというんです。僕が"これはSFなんです"と言ったら、おじいさんはとてもガックリされてしまったんです。ホントのことを教えなければよかったなと思いました」
　勝人が経験的に感じることは、日本よりも海外の来場者の方が、展示品の感想を伝えて来ることが多いという。
「戦艦三笠を展示した時も、あの時代の船をきちんとやってくれた。非常にうれしいとだけ言って去って行った方もいました」
　もちろん、日本でも感想を語る来場者がいないわけではない。静岡ホビーショーでこんなことがあった。
「1/350の雪風を展示したとき、高齢の男性が僕の手をいきなり握って来たんです。親戚が雪風に乗っておられたそうで、キットの発売をうれしいと言ってくれました」
　その様子を見て勝人はこう思った。
「僕は誰かを幸せにするために仕事をしている」
　プラモデルを商品として世に送り出すことの意義を感じ取った一瞬だった。
「ただ、最近、ちょっと緊張感が足りないなと思うようになってきました」
　数年前にそう話していた出発直前、勝人は軽いぎっくり腰となったが、なんとかニュルンベルクにたどり着き、無事帰国した。「最近、緊張が足りない」と感じていた勝人は、腰を痛めたことによって「現地で失敗しないか」と不安を抱いたことが、いい緊張感を生んだようだ。

JMC

　JMCとは「Joyful Modeller's Convention」の略だ。かつてプラモデレーンコンテスト(第2章参照)の後継イベントとして、毎年、東京と大阪で開催され、22年間に渡り続いていた。イベントは「JMC作品展」と呼ばれ、コンテスト審査の通過作品が一堂に会し、前日に入賞作品が決まる。また、近隣のプラモデルサークルも集まり、自慢の作品を展示するなどモデラー同士の交流も盛んなイベントでもある。このイベントも長谷川勝人にとっても特別な存在だった。勝人がこのJMC作品展に取り組む姿を見たことがある
　2010年晩秋のある金曜。東京・港区の竹芝桟橋に近い産業貿易センターで、JMC作品展の準備が行なわれていた。
　バスケットボールコート2面分ほどの広い会場にテーブルが並べられ、ハセガワの社員たちが全国から送られた入選作品を梱包から取り出し、並べている。その中に、ポロシャツにカーゴパンツという動きやすい出で立ちで、テーブルの間をいそいそと歩き回る勝人の姿があった。一通り、並べ終わった作品を点検して廻る。場所が悪ければ、そっと作品を持ち、並び替える。そしてそっと作品を眺める。自分が産み出したオブジェを眺めるアーチストにも見える。もちろん、そこにあるのは勝人の作品ではない。だが、作者の思いがこもった作品を慈しむ。それは毎年の勝人の楽しみだった。
　それから2年半後の2013年4月、ハセガワファンに衝撃が走った。22年間続けられて来たJMC作品展の中止が発表されたのである。
　JMC作品展はファンイベントであり、ホビーショーを除くハセガワの次期商品の発表の場であった。もちろんファンだけではなく業界注目のイベントであった。そして、勝人にとっても大切な時間だった。しかし、長谷川勝人は敢えて、中止の決定を下した。
　出品点数が増加し、対応する社員への負担が大きくなった。実は、写真審査に続いて届く作品を開梱したり、輸送中に壊れた部品の小修理に当てるのは本来の業務に上乗せの仕事となる。
　作品点数が増えれば、対応する社員の数も増やさなくてはならない。イベントの土曜、日曜は休日出勤への人件費、そして作品が精密化したことによって、梱包、運搬方法、費用についても影響が出る。さらに東京、大阪への2会場の開催だから、焼津から東京会場との往復、焼津から大阪会場への往復の運送費も掛かる。
　一方、作品受付の窓口となる模型店をステーションと呼んでいたが、そ

毎年2月にドイツの、ドイツのニュルンベルクで開催されている世界最大級の国際玩具見本市であるシュピールヴァーレンメッセ。写真は2016年に開催されたシュピールヴァーレンメッセでのハセガワブースの様子である。またハセガワはこの見本市で発表されるモデル・デス・ヤーレスも度々受賞している。モデル・デス・ヤーレスは見本市の前年にドイツで発売されたキットを対象に、各ジャンルのベストキットを模型誌『ModellFan』誌が選定したもの。現在のハセガワの国際的な活躍を象徴するのが、この見本市への参加なのだ

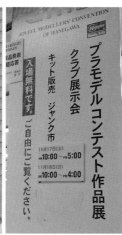

JMC作品展にて登壇、新製品発表を行なう長谷川勝人氏。年に一度、秋から冬にかけて東京と大阪の2会場での開催という、今考えれば相当に贅沢な開催スケジュールの展示会だった。勝人氏にとっては重要なファンとの意見交換の場であり、会場では積極的にモデラーからの提案を募る姿が印象的であった。また展示会の他ハセガワ製キットやジャンクパーツの即売会も並行して行なわれており、こちらを目当てに会場に足を運ぶモデラーも多かった。2013年に中止が発表されて以来、何らかの形での復活が待望されている

の肝心の模型店が減少し、出品希望者は応募する窓口を捜す不便な状況が生まれていた。

前社長の勝重も中止の判断についてはこう語っていた。

「JMCは持ち込みじゃなくて、作品を送って来てもらい、そして送り返すでしょ。やはりこちらに届いたときは、壊れていることも多くて、それをそのまま飾るわけにはいかないので、その修復をしますし、また返送する時は作品の一つ一つをきれいに梱包しますが、数が増えて、返送は1年がかりになってしまいます。そうした問題も起きて来ていたのです。今回、〝神輿〟を降ろしましたが、ファンの方のお気持ちもあるので、いずれ形を変えてと考えています。これまで20年以上、(社員は)とてもよくやってくれたと思いますよ」

JMC作品展に活かされたメモ帳

勝人はJMC作品展のみならず、イベント会場に出かけるときに必ず、背広のポケットにA7サイズの小さなメモ帳を忍ばせている。ちょっとしたメモをとるのはもちろんだが、出会ったファンからの声を書き留めていた。勝人のファンを大切に思う心は、こうした振る舞いにも表れている。自らも模型ファンであり、とりわけプラモデルと自らの人生を考えるとき、既に切り離せない存在である。

JMC作品展が休止となる直前の2012年、例年は翌年の新製品発表で沸き立つ会場だが、そのときは様子が違った。新製品の発表がないらしいことは、会場に詰めかけた100人余のモデラーたちも勘づき始めていた。

勝人はこう切り出した。

「来年の企画がまだ1/3しか確定していないんですね。先週も会議をやっていましたけど、グダグダと話しているよりも実際に皆さんが何を考えているのか聞いてからに決めようということで……」

一瞬、ためらう会場。しかし、ひとりから、ゲームソフトのキャラクターを求める声が上がると、これをきっかけに勝人の真意を汲み取ったファンの間からは、次々と意見が飛び出した。デカール、モールド、子どもたちにもっとプラモデルを作る機会を与えることが出来るような製品作りを……。勝人の隣りに座る企画担当の国分 智が応答する間に、勝人はそれらの意見をメモして行く。そろそろ意見も出尽くしたと思われた頃、ひとりのファンからこんな意見が出た。

「ハセガワさんで是非出して欲しい」と、ある第2次大戦機の名前を挙げた。期せずしてそれは、勝人も同じ思いでいた機体だった。

そして、勝人は正直にこう話した。

「実は企画会議で何回出しても通らないんですよ。でも、落ちても落ちても企画を出し続けますから」

すると、会場から自然と拍手がわき起こった。

勝人はこうして書き取ったメモを帰社してからパソコンに打ち込む。そして、記したメモを破りとって行く。打ち込めば、メモ帳は薄くなり、やがて役目を終える。こうして蓄えられる〝ファンの声〟。しかし、勝人はファンの声に潜む危険性も承知している。

「昔のことですが、お客さんの意見を製品に反映させてみたら、そのキットが全然売れないということがあったんです。要するに、大きな声で言う意見が、全ての人の意見ではないとうことなんです。それに気がついてからは、より慎重にマーケティングを進めるようにしています」

それでもJMC作品展で意見を聞いたのはこんなわけがあった。

「直接に要望、意見をことの重要さです。実はこういう会場では突飛な意見というのが出にくいのですが、それでも僕が考えている企画と同じ考えの人がいて、そこで拍手が起きるというのは、非常にうれしいことなんです」

メール、アンケートよりも、直接の対話。もちろんレスポンスも速いし、このときのように意見の一致を見ると、それは勝人にとって何よりの〝励み〟でもある。

JMCが持っていたもうひとつの側面

長谷川勝重の章でPPC(プレプレーンコンテスト)に触れたが、JMC作品展はそれに続く、ハセガワの全社的イベントとなっていた。

勝人は自ら考えるJMCの役割をこう語っていた。

「PPCは飛行機の正確さを表現することに心血を注いでいましたが、JMCはむしろ絵を描くように印象を表現している感じがしますね。JMCの敷居は決して高くありません。その目的の一つは人と人との繋がりを作って行くということなんです。例えば、ブログモデラーの人たちは普段はネットだけでほとんど会えないけれど、こういう機会に会えることを楽しみにしているんです」

そして、こんなエピソードを紹介してくれた。

会場を訪れた中年のファンが、ある作品のネームカードに小学校時代の友人と同じ名前を見つけた。問い合わせを受けたハセガワは、応募した本人に連絡を取り確認をしたところ、その友人本人であることがわかった。やがて二人は40年ぶりの再会を果し、友情が〝復活〟した。二人とも模型から離れていなかったからこその再会だった。

勝人にも、再会を果したい応募者がいる。JMC作品展に毎年応募して来た父と娘の姉妹だ。

「お姉ちゃんは高校受験で応募しなくなって以来、作品が来なくなりました。成長とともに他の趣味に言ってしまったのかもしれませんが、今はどうしているかな、と思うと懐かしい気持ちになりますね」

やがて結婚して子どもが出来たら、子どもに模型作りを教えているかもしれないというと。

「そうなったらいいですよね。JMC作品展で再会出来たら感激しちゃうよね」

そう語っていた勝人だったが、残念ながらJMCは休止となって、JMC作品展での再会は果せなくなった。しかし、彼女たちとの短い交流の中で、ハセガワ製品としてとして反映されたものがある。

「姉妹の妹さんが7、8歳ごろだったけど、〝たまごひこーきをもう一度出してください〟と言ったことがあったんです。それがきっかけのひとつとなってたまごひこーきがキャラクターパッケージになったんです。今度、お会いしたらお礼をいいたいですね。彼女も別の趣味に行っちゃったのかなぁ」

勝人はちょっと寂し気な表情を見せた。女性がプラモデル、模型を続けることは難しいのだろうか……。だが、それは杞憂のようだ。実は、この4、5年でプラモデル製作を趣味とする女性も増加傾向にある。2009年には女性だけのプラモデルサークル「Mokejo」も結成された。やがて、大人になった件の姉妹も再登場するかもしれない。

落とすことだけではなかった

　JMCは過去22回、近年では250点を超える応募があったが、そのなかから2次審査で受賞対象の50点を選ぶことになる。この審査の中で、勝人が東京藝大を始めとする教育の場所で多くの学生と接して来ていた経験が生かされることになる。第21回の選考のときのこと。
「問題は50人目をどうするか。実はそこは緩くしているんです。51でもいい、55までぐらいならいいかな。要するに落とすことではなくて、上げようよ、ということなんです。特にジュニアに対しては審査員の方も温かい気持ちで、上げる方向で考えています。減点ではなく底上げ。今回もジュニア大賞は本来2点ですが、4点になった。この子に大賞をあげたら喜ぶよって」
　大賞をとった喜び、そして子どもたちには自信となるに違いないのだ。
　教鞭を取っていた経験がそこに活きているのである。
　あるJMC作品展の最終日。モデラーや来場者で賑わっている会場に閉場時間がまもないことを告げるアナウンスが流れた。すると三つ揃いの背広姿の勝人は襟を整えると、会場出入り口に向かった。そして背筋を伸ばして、会場をあとにする来場者一人一人に「ありがとうございました」と声を掛け、頭を下げる。中には勝人にひとこと声を掛けて立ち去る者もいる。
　その間、作品は社員の手によって、また模型サークルの展示もそれぞれ撤収も始まっている。社員たちは一作品、一作品ずつクッション代わりの柔らかい紙が入ったボール箱に作品を丁寧に納めて行く。大切な作品だけに、その手もゆっくりになる。展示よりもむしろ時間の掛かる作業だ。丁寧さを欠くと、作品は傷んでしまう。傷んでいる場所を見つけると、すぐにその場で修理が行なわれる。自社の完成見本ならもう少し、扱いも違うのだろうが、応募者の気持ちを慮り、社員たちの作品に対する気遣いは〝模型愛〟に溢れている。
　最後に会場を後にする来場者を見送り終えた勝人は、背広を脱ぐと、撤収の手伝いを始めた。その日、撤収は3時間。社員たちが焼津で荷下しを終え、家路に就いたのは深夜を過ぎていた。

静岡ホビーショー

　本章の冒頭、静岡ホビーショーのオープニングで、来場者を出迎える勝人らの様子をご紹介したが、そこに至る勝人の思いがある。
　ハセガワの年間イベントはニュルンベルク国際玩具見本市に始まりそして5月の静岡ホビーショー、秋の全日本模型ホビーショー(東京)で、結ばれる。どれも大切なイベントだが、やはり静岡ホビーショーに対する思いは特別なものがある。祖父との思い出にもあるが、やはり、自分のデビューとなったのはこの静岡ホビーショーである。そこには出会いがいくつもあった。
　ホビーショー出展への準備には長い時間が掛かっている。2月のニュルンベルクから帰国すると、早くも静岡ホビーショーで使う注文書印刷の締め切りが迫っている。注文書にはホビーショーで展示中の商品が印刷されている。即ち、注文書の締め切りとは、ホビーショーで展示する商品の締め切りと同じなのだ。
　3年前、出展アイテムのポスターが初めて2枚になった。製品の広がりを示すもので、勝人は刷り上がりを見て、感慨をもって眺めていたという。一方、展示ブースの設計はすでに年明けから始まっている。そして、直前には展示ブースの組み立てリハーサルも行われる。
　仮組みされた発表台に発表予定の完成見本、パネルなどを載せていく。勝人を中心にして営業、企画のそれぞれの社員が集まり検討して行く。未完成の製品の場所は空けておく。テストショットがホビーショー直前に出来上がり、完成見本もギリギリに出来上がることもある。まさにライブ感覚である。
　その完成見本を主に製作しているのは戸部昇一だ。プラモ作りの腕を見込まれ40を過ぎて完成見本のためにハセガワに迎えられたというモデラーとしてはうらやましい人生を送っているが、しかし〝ワークスモデラー〟は甘い仕事ではない。試作品には組立説明図がなく、それでも組み上げて行く。もちろん締め切りもあるから、ホビーショー前は残業の連続となる。このところのハセガワの商品展開の広さもあり、戸部だけではなく、それぞれの商品の担当社員が作ることも多くなった。ホビーショーが始まれば、疲れも忘れて応対している。〝好きな仕事〟に就いている矜持だ

ろう。
　勝人は展示を任されるようになってから、自分なりの考えで指示してきた。ニュルンベルク同様、商品を均等に並べるのでなく、売り出したい商品を前面に出して行く〝集中方式〟だ。この考えは社員に引き継がれていて、いまは勝人が手を出さなくても展示ブースは完成して行く。照明は平成23年3月の東日本大震災以降、これまで使っていた白熱球やハロゲンランプから、LEDライトに切り替わった。そうした照明器具の変遷も含めて、毎年社員独自に展示に工夫を凝らしている様子が見受けられるのが、勝人にとってはうれしいことだった。今はもう、安心して構えていられるようにもなった。
　こうして、ホビーショーの準備は粛々と進められて行く。しかし、いくら念入りにシミュレーションをしてみても、実際に設営すると毎年同じ静岡ツインメッセの同じ場所なのに、イメージと違うこともある。そうした場合は、慌てずにトラブルは起きるものとして織り込み済みで解決して行く。
　ホビーショーが開幕した初日、二日目は業者招待日で、バイヤー、メディアの取材者らに各社の新製品が明らかになる。噂の商品がベールを脱ぐわけで、そこは来場者だけでなく、勝人らメーカーの社員同士も同じことだ。
　自慢の発表作もあれば、悔しさがにじむこともある。
「こちらが計画していた製品が展示してあったりすると、正直、悔しいですね」
　夜になれば、海外からのバイヤーも含めて接待もある。もちろん地元のイベントとはいえ、体力勝負であることには違いない。昼間の時間帯にも出会いはある。例えば、現在、ハセガワの箱絵イラストを手がけている加藤単駆郎とは2008年のホビーショーで出会った。それも最終日の閉場を告げるアナウンスも流れていた時だった。所謂、持ち込みだったが、加藤単駆郎の作品は勝人の目に止まり、すこしずつハセガワのパッケージを飾るようになった。やがて大きな作品も任される。
「持ち込みの画家が採用されるのは10人に1人いるかどうかなんです。単駆郎さんはこちらの要望にもきちっと応えてくれますし、そうしたことは箱絵のイラストレーターには大切なことなんです。氷川丸のときは、青い海原、青い空を背景にイメージ通りに仕上げて来てくれました」
　「氷川丸」はハセガワ創業70周年記念の1/350のキットだ。太平洋航路を航行する氷川丸の華麗な姿が描かれていた。その後、加藤単駆郎は「護衛艦いずも」のパッケージなどでも評判を得、いまやハセガワのパッケージイラストをリードしている。

静岡モデラーズクラブ合同展

　静岡ホビーショーの2日目の閉場とともに、それぞれの出展社は、社員総出でブースの模様替えが始まる。翌日から始まる一般公開に備えるためだ。
　出展社はそれぞれに展示ブースに物販コーナーを設ける。コーナーには各社のキットなどの割安品もあれば、半端品の部品だけを集めた〝ジャンクパーツ〟もある。
　プラモデルファンは新製品情報もさることながら、それらを求めてやってくるが、もちろん新製品を見ることが主目的。社員は新製品についてファンからの質問攻めに遭うこともある。開発スタッフ同様、勝人もそうした対応もするが、実は一般公開日に勝人が展示ブースにいる時間は多くない。重要な来客があると社員は勝人を携帯で呼び出すことになる。
　勝人が主にいるのはホビーショーと併催のモデラーズクラブ合同展の会場なのである。
　静岡モデラーズクラブ合同展は、1990年に始まったプラモデルを中心とした模型サークルが集まる展示会だ。静岡模型教材共同組合が第29回静岡ホビーショーの併催イベントとして主催し、第1回は14サークルを招待した。やがて申込み制となり、現在では北海道から沖縄まで全国から250近い模型サークルがひしめき合うように展示している。更に来場者も静岡ホビー

2008年に自ら売り込みに行き、写真の1/350氷川丸の箱絵を担当した加藤単駆郎氏。今や氏の箱絵はハセガワの顔のひとつとなっている

ショーと併せて大勢訪れ、ピーク時や人気の展示前は通行困難を来す事態になっている。この盛況に、もはや会場移転の話も出ているほどで、合同展も含めた静岡ホビーショー人気は止まる所を知らないように見える。

そうした人混みの中を勝人は嬉々として歩く。

「もう、楽しくて仕方ないです」と、根っからの模型好きのエネルギー全開である。4時間掛けて1周し、更に翌日も気になった作品を仔細に見て回る。二日間でいったい何周することやら。

「商品へのヒントになる作品があるんです」

もちろん、ビジネスへの意識も絡んでいるが、ハセガワの展示ブースの表情とは違い、単に模型好きの表情を見せる。背広を脱いでワイシャツを腕まくりした姿で回ることもあり、フランクに楽しんでもいる。

そうした勝人の姿を好感を持って見ている参加者も多く、記念写真に納まるよう頼まれることもある。もちろん、気さくに応じる勝人だ。

ホビーショーでは今やすっかりハセガワの顔となり、合同展ではファンの間に溶け込んでいる勝人だが、ようやく模型業界の内側に入っての〝やり甲斐〟を感じている。

若い頃、家業を継ぐことに反発した勝人だが、実は東京藝大講師時代から、ホビーショーを訪れていた。

「今だから、話せることですが」と勝人がそっと教えてくれたのはその東京藝大講師時代のことだ。合同展の会場の壁に帆船の絵などが7、8点架けられていた。勝人はその絵の見事さに引き込まれていた。するとそばにいる老人が〝いかがですか〟と尋ねて来た。

「僕は、思わず〝お上手ですね〟と言ってしまったんです。その方があとで上田毅八郎さんだったことを知って、巨匠に向かって、なんてことを言ったのかとものすごく後悔しました」と今でも神妙な顔で話す。勝人が合同展の壁面で見たのは帆船の絵画が中心で、しかもそこに上田本人がいるとは想像してもいない中での出来事だった。

もちろん、〝業界の外〟にいたからこそ話せる〝笑い話〟だが、

「思い出すと、心臓が飛び出しそうになります」と勝人。

2016年に94歳で他界した上田本人も模型好きの1人、所属するデルタクラブの一員として、当時、そこにいたはず。1人の来場者としての感想として受け止めていたに違いない。勝人がこうして過ごすうち、静岡ホビーショーの4日間はアッという間に過ぎる。

「最近、飛ばし過ぎかもしれません。4日目の3時頃になると魂が抜けたみたいになってしまうんです」

ふらふらになったころ、最終日閉幕とともに撤収が始まる。

「楽しかったなあ、という思いとともに、寂しさが湧いてきますね」

それは祭りのあとの寂寥感と同様だ。

静岡ホビーショーは勝人が生まれた1959年の「生産者見本市」に始まる。その様子は祖父・長谷川勝呂の章で触れたが、勝人の人生は静岡ホビーショーの〝成長〟と同期しているのだ。幼い頃、祖父に連れられ訪れた会場の一角にはビニールプールが設けられていた。そこに浮かぶ電動モーターボートで一日中遊んでいた思い出もある。大勢の大人もいた。かつて〝マーちゃん〟と呼ばれた男の子の血肉にはそうしたホビーショーという〝晴れの場〟の雰囲気が浸透して行った。長谷川勝人は、まさに〝静岡ホビーショーの申し子〟なのではないか。

東日本大震災と静岡模型教材共同組合

2011年3月11日に発生した東日本大震災。静岡県地方もその4日後の3月15日、静岡県東部を震源とする最大震度6強の地震が発生した。地震の規模はM6.4。「静岡県東部地震」と名付けられるほどの地震規模だった。

そして福島第1原子力発電所で相次いだ爆発事故は、静岡県民にも影響を与えた。中部電力浜岡原子力発電所を抱えているからだ。

静岡ホビーショーも開催されるかどうかの瀬戸際にあった。しかし、主催する静岡模型教材共同組合(静協)は開催を決定する。その一方、併催されるモデラーズクラブ合同展初日に開催されていた懇親会の費用を被災地に寄贈することを決定した。

そして、ある役目が勝人に回って来た。

復興支援事業として行うチャリティーとなる缶バッジのデザインの製作だった。勝人は日の丸のラウンデルに「愛」という一文字と「がんばろう日本」のメッセージを描いた。1個300円で会場で販売され、来場者はこぞって買い求めた。中には3、4個も胸につけているファンの姿もあった。

静岡模型教材共同組合は祖父・勝呂も理事長を務めた団体だが、勝人も

このデザインのプレゼンで、理事会に出席し、組合デビューを果した。

いつもは社長(当時)の重喜と貿易部長の高田芳博(現・常務取締役)が参加しているが、その日は勝人も参加したのだった。

「最初は緊張しましたねえ。初めて出席したときに缶バッジの話をしたので、随分無茶をしたと思いますが、田宮(俊作)理事長も面白がってくれて、やってみなさいと言ってくれました」

それがきっかけとなり、毎月1度の理事会に出席するようになった。

「やはり毎回緊張してしまいますね。僕はまだ理事でも何でもないからオブザーバー的立場ですが、たまに意見を求められることもあります」

いまや社長としての立場で共同組合に参加し始めたばかりだが、タミヤの田宮昌行社長を始め、第3世代の活動に注目が集まる。

伝統と挑戦と

創業者長谷川勝呂時代には「船の長谷川」のブランドイメージを作り、そして二代目勝重は「飛行機のハセガワ」を定着、発展させた。

では、勝人にとっての〝それ〟はなんだろう。その答えは勝人がこれまで手がけて来た〝仕事〟に見ることが出来る。

本章の冒頭、勝人がハセガワに入社して初めて陣頭指揮を執った「日本に昂ぶる」シリーズでは、祖父・勝呂への思いもこめた戦艦三笠を発売した。そして1/32の飛燕丙をキット化するときのことだ。勝人が意外に思ったのは、設計陣の実機取材が乏しいということだった。

「たまたま、鹿児島に親戚がいるという社員がいたので、彼を知覧に展示している飛燕を取材に行かせました。外板に、ほお擦りして来い、と言いました」

そこまで言い聞かせて、取材に出した。さらにこのシリーズで勝人は大きな企画を出した。

「零戦全型式コンプリートセット」である。

勝人は、講演を依頼されたときに、聴衆にこんな質問をするという。

「零戦って何機種あるかご存知ですか?」

すると、聴衆はこんな反応を示す。

「零戦を知っている世代の方は、指折り数え始めるんですよ」

なるほど、戦記物を読んだり、プラモデルをかじった中高年なら、52型や21型はすぐに思い出すだろう。だが、あらためて何機種かと問われたら、〝さて……〟と折っていた指が止まってしまう。

答えは試作機の十二試艦戦に始まり、54/64型までと、フロートを抱かせた二式水上戦闘機、零戦52型夜戦用まで含めて15機種。

その全てが文字通り「コンプリート」で一箱に収まっているのだ。零戦ファンにとっては〝こんなのがあればいいなあ〟という夢物語を実現させてしまった。

しかも、1/48という大きめのスケールというのもうれしいことだった。

「実は〝日本に昂ぶる〟で一番最初に出たアイデアだったんです。企画部の国分(智)に、1/48で出来るんじゃないか。という話をしました。既存のキットがない零練(複座の練習機)は新しい金型を作らなければならない他は、部品の追加などで出来るのではないかと思ったのです」

国分智は戦艦三笠でも登場したが、勝人の右腕だ。すると国分の答えは「それなら出来ます」だった。

勝人にとってこのキットはこういう意味合いがあった。

「〝飛行機のハセガワ〟というブランドイメージを持つのに、もし他社が先に商品化したら、絶対悔しい思いをすることでしょう。その意味でも、ウチが絶対やらなければならない商品でした」

〝絶対〟を背負ったセットだった。これまで零戦の各型を商品化していたという〝基盤〟があればこその企画でもあったが、確かに、勝人が言うように、もし他メーカーが先んじていれば、〝飛行機のハセガワ〟というブランドイメージは損なわれたに違いない。

もちろん、ただ単に各型の箱を並べて納めただけではない。パッケージはもちろん航空機イラストの世界的第一人者であり、当時のハセガワのトップイラストレーターだった小池繁夫の新たなイラストも添えられた。また、パイロットフィギュアも新たな人材が加わった。航空機プラモデルには、キットにパイロットのフィギュアを加えるメーカーと加えないメーカーがあるが、ハセガワのキットでは出来る限りフィギュアも一緒にパーツ化している。更に、別売りのフィギュアも用意している程だ。勝人はある人脈から竹一郎というフィギュアを得意とする人物を知った。

「僕が最初に画像で見たのはチャールズ・リンドバーグの1/48スケールのフィギュアだったのですが、精巧に作られていました。1/16と思ったら

1/48と聞いて、驚愕しました」
　早速、依頼したことは言うまでもない。さらにコンプリートセットのボックスデザインには勝人も加わった。
「やりがいがありましたね。結局、ラジコンのボックスみたいな大きさになりましたが……」
　その大きさ、そして本体価格は3万1500円＋消費税という高額商品。しかし、同社のヒット企画となった。
「出来上がって来るのが楽しみでしたねえ。ワクワクして待っていました。ところが、僕になかなかサンプルが回って来なくてね」
　勝人は祖父・勝呂を祀る自宅の神道殿に供え、お参りした。コンプリートセットは海外でも評判を取り、高額商品のため仕入れを控えていたバイヤーも実物を見て、慌てて追加発注を申し込んで来た。
　もちろんバイヤーだけでなく、ファンの声も届いた。
「こんなにすごいものだったのか、という評判もありましたし、お孫さんにプレゼントされたとか、プレゼントとして購入された方がけっこうおられました」
　一方で、これまでハセガワの零戦シリーズを作って来たファンは、例えば、新金型で梱包された零練を入手しようとすれば、コンプリートセットを買わなければならない。当然、セットのなかからバラ売りを求める声も出た。
　しかし、勝人はすぐには応じなかった。
「記念碑的な商品には、それなりの価値があるんです。それをすぐにバラ売りにしてしまったら、自分たちでその価値を否定することになってしまいます」
　別売りされたのは、販売から1年後のことだった。

零戦の思い出

　零戦というと勝人は学生時代を思い出すことがある。それはプラモデル作りに熱中した小学生時代ではなく、"疾風怒濤"の時代を過ぎ、東京藝大に通っている時だった。
　家業からは距離を置いても模型店に通っていた勝人は、あるとき、ふいに零戦のプラモを買い求めた。いつも通っている小田急線下北沢駅に近い老舗の「サニー」で、気がつくと零戦を手に取っていた。
「子どものころ、零戦はどこのメーカーを問わず、よく作りましたねえ。その時買ったのは52型でしたが、ハセガワ製品ではありません。自分の家の零戦には何故か抵抗感があったんです。でもどこのメーカーだったか覚えてない」と苦笑する。筆は部屋に帰れば、何本でもあったから塗料を買い求めるだけでよかった。
「久々の模型作りだったのに、身体が覚えているんですね。エンジンにドライブラシをかけたりするのは小学校で覚えていたし、面相筆で窓枠を塗ってみたり……。こんなことをやっていたから、美術の道を目指したんだろうか、と思いましたね」
　家業を避けても、結局自分の人生は模型によって道が出来たのかもしれない。しかし、ハセガワ入社までにはなお時間を要したが、それを思い出させたのが零戦だったことは興味深い。
　この「フルコンプリートセット」は一気に業界のハセガワへの視線を変えた。キットの"中身"もさることながら"企画力"の勝利だった。
「ハセガワって、こんなことをやるメーカーだったのか、というインパクトを与えることは出来たと思います」
　まさに"零の衝撃"だったのだろう。こうした企画力は、他社を呼び寄せる。コラボを求めるメーカーも現れた。エースコンバットなどで知られるナムコ（現・バンダイナムコゲームス）とのコラボはそうした成果のひとつだ。
　一方、勝人の零戦の"原体験"は少年時代に遡る。勝人が生まれた昭和30年代はマンガ雑誌を含め、戦記物が全盛だった。
「小学生の頃、自転車に乗って零戦のプラモを持って走っていたら、くるくる回るプロペラに気を取られて交通事故に遭ってしまいました。子どものころは、強さの象徴として絶対的な存在だった零戦ですが、大人になっていろいろな事実を知ると、かわいそうな飛行機に変わりましたね。哀れむのではないのですが、泣きたくなってしまいます」
　世代、年齢によって零戦への感慨はまたあらたなものになる。それがまた零戦の奥深さなのかもしれない。
　2015年明けにテレビ東京系列で放送された『永遠のゼロ』（原作・百田尚樹）に、すかさずコラボ商品を発売した臨機応変さもハセガワに備わった"戦略"として注目される。

全15種類の零戦のキットを1/48で収録した「零戦全形式コンプリートセット」。単なる既存キットの寄せ集めではなく、コクピットまわりは新規部品での再現となった零式練戦や竹一郎氏によるフィギュアなど多数の新要素を追加した内容だ

戦艦大和のリニューアル

　勝人が"ハセガワの伝統"に挑戦した仕事のひとつに戦艦大和のリニューアルがある。第2章で父・勝重が苦闘した戦艦大和のエピソードを紹介したが、このキットはハセガワがプラモデルメーカーとして躍進して行く基盤を作り上げた。発売から50年近く経ってもなお"現役"として店頭に並んでいた。また、模型店以外でも、2005年に開館した広島県呉市の大和ミュージアム（呉市海事歴史科学館）のミュージアムショップでも販売されていた。
「売れ筋商品でしたが、初めてプラモデルを作る人には難しいところがありました。ウチのサービスにも、作り方の問い合わせも多く寄せられるようになっていたんです。また、金型も経年劣化でくたびれてきていましたし……」
　作り方の問い合わせは、プラモ人口の減少も影響しただろう。また、金型の劣化はさしもの戦艦大和も時の流れには抗えないということか。
　1/450戦艦大和は、ただ単に売れただけではない。創業者・長谷川勝呂が「船の長谷川なのだから、大きいのをやれ」という号令一下、長男の勝重ら、社員が一丸となって取り組み、まさにハセガワの"伝統"を引き継いだキットだった。
　"船の長谷川"のDNAはもちろん、先の「戦艦三笠」や「南極観測船宗谷」などのキットとしても引き継がれている。それら1/350キットもヒットし、またコンスタントに商品が発売されて行った。
　そして勝人はこう考えるようになる。
「2008年の"空母赤城"で究極のところまで行きました。しかし、それはハイエンドモデラー向けで、普通の人が買い求めやすくて、作りやすい、ちょっとした楽しみとしての艦船模型が無くなり、敷居が高くなってしまいました。2万円の模型をお土産には買いませんよね」
　かくて勝人はリニューアルを決意する。
「比較的廉価で子どもも作りやすく、親子で製作を楽しめるキットを意識しました。部品点数も出来るだけ少なくしています」
　また「息抜きにちょっと簡単かつボリュームのあるものを作りたい」（モデルグラフィックス2013年9月号）というベテランモデラーにも向けた商品を目指した。
　2013年6月に発売されたキットは、組み立てにくいアンテナを組み立てる必要のない一体成型を使用するなど、初心者にも親切なキットとなっている。
　その決意の裏にはこんな思いがある。
「このリニューアルには、ハセガワの新たな挑戦なんです。これが成功すれば、新たに考えられることもあるのです」
　2014年10月にはおなじ1/450シリーズで初めて現用艦の「護衛艦あたご」を発売。これも初心者に組み立てやすさを意識した商品作りとなっている。続いて戦後70周年には空母信濃もリリース、充実したラインナップに育ちつつある。また、ミュージアムモデルシリーズにも新たなアイテムとして作りやすさを意識したソッピースキャメルを加えた。

アイマス事件

　「飛行機のハセガワ」のプライド、矜持も重要だが、一騒動起きた事態も生じた。"アイマス事件"である。

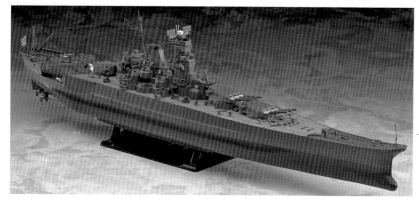

ハセガワの歴史的にも重要な大ヒット商品である1/450 大和。この旧版1/450キットの魅力がどこにあったかを突き詰め、ほどよいボリューム感と艦船モデラーでなくても「日本一有名な戦艦」を組み立てられるという点に着目し2013年にリニューアルされたのが1/450「日本海軍 戦艦 大和」である。初めてプラモデルを作る人でも組み立てやすい設計となっているのが特徴。各部のディテールには最新の考証を盛り込んでおり、艦船モデラーであっても納得できるものになっている点はスケールモデルメーカーの面目躍如である

"アイマス"とはアイドル育成ゲーム『アイドルマスター』の略である。家庭用ゲーム機Xbox360用のソフト『エースコンバット6 解放への戦火』でこの『アイドルマスター』のキャラクターが描かれたF-16、ミラージュ2000などの戦闘機が追加コンテンツとして配信され、それが俗にアイマス機と呼ばれていた。そしてハセガワは既に販売しているスケール機のキットにアイドルのデカールを貼るなどの特別仕立ての企画を立て、これらを「アイマスプロジェクト」と称した。

こうしたアイマス機が登場する前に、"痛車ブーム"というものがあった。痛車とは、自分が持つ車(本物だ)にアニメやゲームなどのキャラクターのステッカーなどを貼ったもの。"痛い"とは気の毒、見ていられない、痛々しい、という形容で、それが転じてそのまま"痛車"と呼ばれるようになった。これを静岡のメーカー、アオシマがキット化し、模型界でも"痛車ブーム"が始まっていた。それはあくまでキワモノ扱いで、痛車をリリースしたアオシマの社風は、こうした世の動きに俊敏に対応していた。例えば、過去にデコトラを発売しており、その流れに照らせば、痛車はいかにもアオシマらしい商品選択だった。

しかし、スケールモデルを主としアニメなどのキャラクター商品とは一線を画していたハセガワに"突如"登場した、萌え系のキット。しかもスケールモデルとの"コラボ"に、それまでのスケールモデラーから非難の声がわき起こった。とりわけ、米空軍の最新鋭戦闘機F-22Aラプターの1/48キット化で激しい反対の声がピークに達したが、それには理由があった。通常のスケールモデルとしてのF-22よりも先にアイマス機バージョンが発売されたのである。

ラプターのキット化は2007年から企画が立てられたが、厳重な機密保護の元に開発される米軍の最新鋭機だけに、機体の情報は得難かった。そのため、商品化出来るまでの材料が揃わなかった。すでに先行した海外メーカーもあったが、製品化する上で欠かせない資料がない以上、"飛行機のハセガワ"の矜持がそれを赦さなかった。ファンもラプターのキットがハセガワで開発途上にあることを知っており、期待感が"待たされる"ことに対して寛容になっていたのだ。

ところが、アイマスシリーズの春香機でラプターが先にリリースされた。これにはスケールモデルファンの批判が渦巻いた。ファンの反応はエスカレートし、JMC作品展開催を妨害するようなネット上の書き込みも現れた。それに備えて屈強な社員を配置するなどハセガワも臆せずに開催したが、脅迫や威力業務妨害事件として告発しようと思えば出来る状況だったのだ。

まさに"危機"だった。

『モデルグラフィックス』誌では、2010年1月号でアイマス機を大特集し、巻末にデカールも付録にした。また勝人へのインタビューも掲載した。メインタイトルは「俺たちのハセガワ」は"萌え"に頼らないと生き残れないのか!?」とスケールモデルファンの声を代弁しているようだ。さらに記事中の小見出しは「オレたちのハセガワは死んだのか?!」とよりセンセーショナルである。

少々長くなるが一部を引用する。ここにはハセガワ史上最大の"危機"であり、その転換点における勝人の本音が吐露されているからだ。聞き手は編集部。

──「09年9月にシリーズ最初の商品、1/72三菱F-2A亜美機を発売しましたが、セールスの方はいかがでしたか?」

長谷川 初回出荷分は即完売となりました。ここまで出足の早い商品は本当に久しぶりですね。

(略)

◆オレたちのハセガワは死んだのか?!

──「1/48F-22Aラプターに関してですが、元々ラプターの開発は進められていて、偶然(アイマスと=筆者注)時期が重なったんでアイマスの春香機から発売することになったんですよね?」

長谷川 「そういうことになります。」

(略)

──「そんな風に開発期間が長かった1/48ラプター、待ちくたびれていた人も多かったと思います。米軍機仕様よりも先にアイマス機が発売されるというまさかの展開に、批判や拒絶反応も多かったんじゃないですか?」

長谷川 「正直それはありました。手紙やメールで、なかにはかなり激しい論調のものもありましたね。ただ、そういうのは逆に、来てうれしかったですよ。もしそういう意見がまったくなかったとしたら『いままでウチがやってきたことってなんだったんだろう?』ってなっちゃいますから。」

──その、従来のファンからの批判意見ってどんな内容でしたか?

長谷川 「そうですねぇ……。『いままでハセガワを長く支えて来たオレたちをないがしろにするのは許せない』とか『ハセガワまで"萌え"で商売するのか!』とか。」

筆者注 中には萌え絵に対する拒絶反応からか、「エロ」「ポルノ」という指摘もあったという。それに対して勝人は「まあ、どう感じるかは主観の問題。僕自身はそう思わない」と語った。

──「戦闘機という命をかけて戦う乗り物に萌え絵を描いて遊んでいるなんて言語道断だ」とか?

長谷川 「はい。そんなカンジのお手紙もいただきましたね。いただいたお手紙やメールはすべてぼくが目を通していまして、そういった意見もありがたく参考にさせていただきますが、じつは社内での反対意見というのも大きかったんですよ。」

──当然米軍仕様が先でしょ?」と

長谷川 「そうです。なかには『それはやりたくありません!』と強く主張する者もいまして、もう根気よく説得していって。最後は賛成51%/反対49%みたいな状態で押し切った感じでしたね。もちろんぼくもいままでなら『(アイマス機を優先するなんて)そりゃないよ』と笑って流しているところですが、やはり模型業界全体の右肩下がりの状況はもはや無視できるレベルにはなくて、そろそろ普通じゃないこともしていかないと、飛行機のプラモデルなんて誰も見向きされないようなことになりかねない。そういう強い危機感がぼくにはあったんです。……いま模型業界はものすごい変化の時期を迎えていると思うんですよ。流通、業態、そういうのも含めて、急速に変わりつつある時期です。いままでどおり同じことを続けているだけでは、これから生き残っていけない。Makシリーズやマクロスシリーズなどもそうなんですが、ハセガワがこれからもハセガワとして生き残っていくのなら、ぼくらの世代にとっての零戦に相当するものを一生懸命これから見つけていかなくてはならないだろうし、新しいファンも獲得していかなくてはならない。そういう努力をやめてしまったら、あっという間に取り残されてしまう時代になってしまったと思うんです。市場が大きかったときはニッチな飛行機模型をやっていても大丈夫だったんですが、市場規模が小さくなってきたいまもニッチなものだけを続けていくのは危険ですよね」

――「確かにそうですね」

長谷川　「少し前の話になりますが、インターネットショッピングサイトのAmazonのホビー部門のベストセラーランキングに「ホイホイさん」がずーっとランキングインしてたんですよね。じつはこのホイホイさんっていうのが何なのか、ぼくはまったく知らなかったんですよ。ホビー部門でここまで長期間ランキングインしてたものを。白状すると、じつはアイマスも知らなかった。それまでぼくはスケールプラモデルは王道だと思ってたんです。絶対的多数というか、間違いない鉄板路線。ところがいつのまにかマイノリティになってた。ふとうしろを振り返ったらだれもいなかった。じゃあメジャー路線に乗り換えるかといえば、そういうわけにもなかなかいかない」

――「いままでハセガワが続けてきた硬派でかっこいいスケールモデルの文脈は簡単に放棄できない。」

長谷川　「はい。しかしもうそれだけでいいというわけにもいかなくなってきた。結局、総合模型メーカーに脱皮していかないと、むしろ好きな航空機キットが成立していかないんですよ。投資に見合う回収がないと商売は成り立たないわけで」

――「それでもなお「飛行機のハセガワ」でありたいと。

長谷川　「ええ。新製品リストに飛行機が1機もないなんてありえないですしね。

――「『飛行機のハセガワ』」を愛してくれる人のためにも、飛行機以外もがんばらないといけないわけですね」

長谷川　「そのとおりです。模型の世界から逸脱するということはないですが、その範囲のなかでは多角化を考えていかないとなりません。とは言ってもやみくもにキャラクターモデルに手を出していきたいというわけじゃないですよ。アイマス機にしたって、その「硬派でかっこいい」というイメージを大切にして、そこに軸足を置いているからこそ成立しているものですし。そうやってできることはまだまだあると思うんですよ。アイマス機でどれくらい新しいファンを獲得できるかはわからないですが、航空機のスケールキット同様にアイマス機も全力で開発していきます。ぼくらもこのアイマス機というコンテンツを使い潰すつもりはないし、出来るだけ長くお客さんに愛されるものにしていきたいんです。……アイマスを知らなかったとかホイホイさんを知らなかったとかね。とんでもない田舎者でしたと。あぐらをかいてたらじつはただの田舎者でしたと。社員みんなもハッとさせられる部分があって、今回アイマス機をリリースしたことは、ハセガワ社内の意識の部分にも変化が出るんじゃないですかね」

※引用終わり

この号では、アイマスから入った飛行機模型初心者への向けたであろう「飛行機モデルの基礎知識2010」という連動記事も掲載している。勝人の意を汲んだ編集部の回答だったのかもしれない。

この大特集に対して、読者の反応も率直なものだった。2010年が明けて、最初に発売された2月号の投稿欄「MGmate」に掲載された九通の投書のうち、五通がアイマス特集関連だった。もともとのアイマスファンが一通。デカールが付録が定価に跳ね返ったことへのクレーム（家族にも見せられないとも書いていた）。だが、3通はこんな内容だった。

「萌えなアイマス機とはいえ作り方はガチなスケールキットそのものですね」

「アイマスを敬遠して来た私にとって1月号はコペルニクス的転換。町から模型屋がどんどん消えて行く現状にあって、あのハセガワでさえ常に新しい未知を模索しているんですね。模型とはこうあるものという既成概念にとらわれて、マーケットを縮小させているのはむしろ私のようなユーザーなのでは」

「専務のお話も含めて模型界の在り方について考えさせられました。飛行機モデル中心のメーカーが、ともすれば脱線してしまうアイテムに対し、どう取り組み向き合うか？　まじめに行なった結果が、マクロスからアイマスまでの成功につながったんだと思う。自社の強みを最大限に活かす社風こそ、成長する企業のあるべき姿だと感じました（インタビュー記事は朝礼当番のネタに使わせてもらおうと考えています！！）」と、なかには勤務する会社の経営の参考にもなると感じた読者もいたのだ。

こうした読者の反応に勝人も胸を撫で下ろした。また、ＭＧの編集部員たちも特集を組み、勝人のインタビュー掲載が読者の理解を生んだ事にやり甲斐を感じ取ったのだった。

スケールアヴィエーション編集長の石塚 真は、

「あの読者の反応を見て、MGの特集が間違いではなかったことを確信しました」という。

かくて事態は沈静化して行った。しかし、インタビューの中でも答えていた事だが、こうした"特異"なコンテンツについては、勝人自身はスケールモデルメーカーとしての"限界"を感じていた。

「担当者からは、キャラクターコンテンツを使って"痛車"系の商品を作りたいという提案もありました。みんなが集まり企画会議も開かれましたが、僕はそっちには行けないと思いましたね。要するに飛行機マニアとしての"理性"はアイマスが限界だったということです。それ以上になってしまうと、着いて行けないんですよ。だからその企画については僕ははっきり反対を伝えて、それから更に話し合いました。最後は提案者が企画を取り下げました」

社内的にも騒動だったが、しかし、これが一段落したとき、勝人はある感慨を抱いていた。それは、社員が意見を述べられる環境が出来ていたというプラスの変化を実感出来たことだった。

「私が来た時は、こちらから意見を求めないと誰も何も言わなかったんです。だけど、いまはうるさいぐらい」と苦笑いする。社員の頼もしさも増した、ということか。

このスケールモデルとアニメキャラクター商品のコラボで起きた化学反応は、若い世代をスケールモデルに向かわせるきっかけになり、キットの売り上げも伸びたという。

一方で、全く独立した「S.F.3D」の分野にも挑戦している。

1982年にイラストレーターの横山 宏らが、「ニューミクロマン」（タカラ＝現・タカラトミーが発売したフィギュア）のパワードスーツに、スケールモデルのジャンクパーツを取り付けて改造した作品を模型誌『ホビージャパン』に発表したのがきっかけ。やがて、当時同誌の編集部員だった市村弘が架空未来戦記仕立ての原作を書き、フォトストーリーとして展開すると人気企画となった。日東科学がモデル化するも日東科学が85年に廃業するなど変遷はあったが、94年に復活した日東科学によって「マシーネンクリーガー(Ma.K.)」として再生産されると、ストーリーに登場するメカがモデルカステン、ウェーブなどからも発売されるようになった。

一方、のちにストーリーを書いていた市村が「モデルグラフィックス」誌

スケールモデルとしてのキットよりも先に「アイドルマスタープロジェクト」版が発売されるという前代未聞の試みがなされた1/48「F-22 ラプター・アイドルマスター 天海春香」。スケールモデラーを中心に「あのお堅いハセガワがどうして!?」と驚きをもって迎えられた

「モデルグラフィックス」2010年1月号に掲載された長谷川勝人氏のインタビュー。アイマス機発売にまつわる様々な戸惑いと決断が赤裸々に綴られている必読の内容だ

タミヤとのバッティングで話題となった1/20「ロータス79 "1978 ドイツGP ウィナー"」。滑らかな車体形状はもちろんのこと、V型8気筒DFVエンジンなど内部機構も徹底再現。組み立てることでマシンの構造を理解できるキット内容だ

に移ると、同誌でストーリーが不定期連載される。2008年には原作者である横山が日東科学から金型を譲り受け、横山が管理するようになった。そして、2009年、ハセガワからファルケが発売されると、いまやフィギュアも含め8商品が登場している。

勝人自身がパッケージデザインを手がけ、そして自らファルケを製作したり、モデラー趣味を満喫している。

「スケールモデルは考証が楽しかったりしますが、マシーネンクリーガーのようなキットは、表現するという作り方になりますね。キットによって自分の意識が変わることも面白いです」

これまでのハセガワにはなかったラインナップ。こうしてひとつひとつ切り開いて来た地平がある。

ハセガワが手がけるマクロス、バーチャロイドシリーズも根強い人気を誇っている。とりわけマクロスは天神英貴のパッケージイラストも注目を集めていて、こうしたアニメシリーズに対応する技術力は松本零士、小林誠らの「クリエーターワークスシリーズ」に繋がって行く。

とくに、飛行機模型にはうるさい松本零士が"スペースウルフ"を絶賛したことは、勝人の自信にも繋がっている。

「飛行機のハセガワで培って来た技術力が活かされたと思っています。松本先生のお褒めの言葉はうれしかったですね」

これがきっかけとなり、『戦場まんがシリーズ』の登場機種も模型化が進んでいる。これらもパッケージイラストとともに人気商品となった。

また、アニメ化された小説『とある飛行士への追憶』(犬村小六作・小学館)とのコラボも手がけた。

一方、スケールモデルにおいても、新たな展開を目論み、アイマスだけでなく、業界に話題を提供した。

それは、1/20F1のハセガワ・タミヤのバッティング騒動だ。

"アイマス騒動"が落ち着いた2010年4月6日、ハセガワに衝撃が走った。その前年、2009年11月のJMCで来年度(2010年)の新製品として発表したロータス79が、タミヤから同社のグランプリコレクションシリーズの新製品として加わることが発表されたのだ。

その顛末については、模型文化ライターのあさのまさひこが『モデルグラフィックス』2010年8月号に双方の開発担当者らへ直接のインタビューと、自らのロータス79への愛情を込めて詳細にルポしている。

それらを要約すると、タミヤは発表の7年前の2003年にすでにロータス79の企画が進行していたが、別のシリーズアイテムを優先するなかで"お蔵入り"となっていた。しかし、グランプリシリーズにおけるアイテムの取りこぼしを埋めていく過程のひとつとしてロータス79の発売が決まったのだった。

一方、ハセガワは、JMCで発表の仕方も2010年中の発売となっていて、あさの自身の印象ではゆるいスケジュールだった。しかし、タミヤの発表によって大きく事態が変化する。その慌てふためきぶりはあさのインタビューでもわかる。

営業部営業グループ次長(当時)の枡本泰人はタミヤの発表を耳にするなり「それはありえないだろう！」と感情を露わにし、すぐさま社外にいた勝人に携帯で連絡を取った。枡本の興奮した声を聞いた勝人も驚いた。およそ一ヵ月後に迫っていた静岡ホビーショーのメイン商材であり、開発担当の山梨友輔は試作に試作を重ねていたからだ。

勝人は電話を切ると、金型の担当者に電話をした。

「他の製品を全部遅らせてもいいから、ロータス79を急げないか？そこから全てがひっくり返ったというか、その後の予定は総入れ替えで」(あさのインタビューから)

すっかり興奮状態になっていた枡本は「専務はさすがにそのあたり冷静で、すぐに段取り作業に取りかかってくれまして」という。枡本がそんな状況になったのも、枡本自身が1/20F1シリーズの第2弾に据えたかったのがロータス79だったのだ。第1弾はフェラーリ312T2。これを他メーカーに先行されたくない思いがあって、ロータス79はあとまわしになる。しかもタミヤが新しいマシンであるフェラーリF60をリリースしたため、ロータス79という"ヒストリック"なマシンがリリースされるという予想はなかった。それだけにタミヤの発表に対する感情の溢れ方も理解できる。

ところが、このあさのインタビューで明らかになったことがある。実は枡本が第1弾に据えたフェラーリ312T2のリリースが、同じマシンのために資料を揃えていたタミヤ開発陣にショックを与えていたのだ。双方の開発者の思いと模型業界の厳しさが伝わって来る。

これが模型業界の現実である。このロータス79のバッティングに冷静に対処した勝人はこう回顧する。

「スケールモデルをやっていれば、こういうことも起きます。くろがね四起(九五式小型自動車)のときもそうでした。ロータス79の時は30年来の付き合いがある中国の金型メーカーのがんばりがあった。金型メーカーは、普通は5ヵ月掛かる金型製作を3ヵ月で終えてくれたので、そのがんばりのお陰で、タミヤさんの予定よりも一日早く出荷出来ることになったのです。担当者が中国に行った時は、金型メーカーの工場のひとたちを思いっきり誉めてくださいと伝えました。担当者が向こうで、そう話すと歓声が上がったと聞きました。それはうれしかったですねぇ」

開発担当者の思い、そして"不測の事態"に対する上層部の対応。それに応え困難な仕事をやり遂げた達成感、そして賞賛への反応に民族、国境の隔てはない。中国のメーカー社員たちの喜びがその証左だ。

実は、勝人はこの金型メーカーの担当者とこんなジョークを交わしたことがある。あのマシーネンクリーガーを商品化する時のことだ。原作者である横山宏が作った原型は出来映えがすばらしく、ディティールの仕上がりも丁寧に行われていた。しかし、この秀逸な原型が故に問題が起きた。

「精密な原型をどうやってコピーすればいいんだ、ということになったんです。でも、向こうの担当者はちゃんと金型にしてくれました。そのとき、現地で"やっぱりコピーは巧いね"と冗談を言い合ったそうですよ」

中国国内でコピー商品が度々問題になったことを逆手に取ったブラックジョークだろうが、取引上の長い付き合いが生んだ信頼が出来上がっている証拠だろう。外交上、あれやこれやと障害が多い中国だが、こうした民間レベルでは、揺るぎがないようだ。

そうした関係を背景として、スケールモデルの商品化も活発化している。

1/12のバイクはロードレーサーを中心に、精密なスケールで人気を博している。また、部品点数を少なくしたサイエンスシリーズも好評だ。有人潜水調査船「しんかい6500」や無人宇宙探査機「ボイジャー」も"科学心"を喚起する内容となっている。

もちろん、プラモデル以外の鉄道模型のMODEMOも堅調だ。MODEMO製品については、勝人は特別な思いがある。それは祖父・剣持銈太郎との思い出につながる。母・槇の父である剣持銈太郎は叩き上げの鉄道員だったが、新宿駅長で国鉄を退職すると、箱根の温泉旅館を開いた。しかし、元新宿駅長の"DNA"は強く残った。

「父も言っていたようですが、私は性格や体つきも含め、剣持家寄りと言われてきました。だからMODEMOをもっともっと大きなブランドに育てていきたいのです」静岡模型界唯一の鉄道模型ブランドの背景にはこんな遺伝子があった。

とはいえ現実は、過剰投資を控えながら、しかし新商品の展開も必要という悩ましい経営だが、先頭で旗ふりをするうちに、社員たちも勝人が言う前に行動が先に出ていたり、また"勝人の利用法"についてものみこんでいるらしい。アイマス機が商品化されたときも、ベースとなるキットを輸入商品のレベル製品をイタレリの代理店であるタミヤが扱っていないイタレリの一部商品を流用することになったが、タミヤ側への"断り"を直接、田宮俊作会長に求めたことも勝人の役割だった。

「社員がいろいろ自分たちで出来るようになって、僕が口出しすることも少なくなっています。書類に判子を押したり、サインしたり、やはりそういう仕事はつまらないですね」と苦笑いする。

"役回り"が変わって来ているということなのだろう。

プラモデルの未来のために

静岡ホビーショーモデラーズクラブ合同作品展(合同展)の広い会場を4時間掛けて回る。それが長谷川勝人の楽しみだが、しかし、業界の現実に戻ってみると、静岡ホビーショーの賑わい、合同展の喧噪が、業界の実態と一致していないところに悩みがある。
　プラモデル人口の減少は長い間のプラモデル業界全体に通底する問題である。プラモデルの購買層の多くを占めていた子どもの減少、所謂、日本の少子高齢化にも起因することもあるが、スケールモデルの精密化は商品の値段にも跳ね返った。また組み立て方法も複雑化し、子どもが欲しがっても、あるいは大人の手を借りても完成に至らない商品が増えていた。高度化したモデラーの要望もそうした商品が増えた理由のひとつでもあるが、送り手の精密な模型への志向も、よりよきものを求めることが前進であるという"善的"な方向性のはずだった。しかし、その方向性がともするとファンを置いてけぼりにしてしまうものとなっていた。もっともこれらは業界もとっくに気がついていて、本書でも、長谷川勝人の言葉として"作りやすさ"は何度も出て来る。
　しかし、実はもっと深刻な潮流が足下をすくっていたことにも業界は気づいている。他のメディアへの"移動"である。
　日本プラモデル協賛共同組合前理事長の内田悦広は、
　「世間や子どもたちは素材に敏感なんです。ノーチラス号が発売された昭和30年代はプラスチックという言葉に呼吸感、新鮮味があったんです。(略)例えば"コンピューターゲーム"も"コンピューター"という言葉に新鮮味があったから売れたとも言えるわけです。(略)業界はそうした素材が変わるたびに大きく変わっていったんです。そんななかで、プラモデルが50年も保っていることは有り難いことだと思います。しかし、これを将来にも繋いでいくのは、実は大変な仕事だと思っています」(アスキー新書『日本最初のプラモデル　未知の開発に挑んだ男たち』より引用)と語っていた。
　そうした子どもたちの興味の変遷は"遊び"から醸成された"ものづくりの伝承"の崩壊も意味していた。伝承を"維持"しようとすれば、それはもはや"学び"として伝えるしかない。
　こうした事実の前にハセガワは、率直に反応して、子どもたちとプラモデルの接点を産み出した。その先頭に立って子どもたちと向き合ったのは、執行役員を長く務めた山本正義だった。山本は2005年からハセガワや自治体などが主催する「親と子どものプラモデル教室」(イベントにより呼称が異なるが)で講師を務めて来た。当初は地元自治体だけだったが、だんだんと評判を呼び、静岡県内はもとより、周辺自治体、首都圏、北陸地方まで足を伸ばす。
　開催地には山本自らがライトバンを運転して赴く。その準備のために教材となるプラモデルをライトバンに黙々と積み込む姿を見かけたことがある。イベントによっては勝人も参加するが、教室を開く中で生まれた企画もある。今やハセガワ独特の企画となった「ジャンクプラント」だ。
　プラモデルには組み立てたときに余る部品が出ることがある。例えば、ある飛行機の機種で一部の部品を変えるだけでA型、B型のどちらかを組み立てることが出来るキットがある。これをコンパーチブルキットと呼んでいるが、キットには両方の部品が用意され、モデラーがA型を選んだ場合はB型のためのパーツが余る。あるいは、地上姿勢では脚が必要だが、飛行姿勢を選んだ場合は脚が余る。
　こうして余ったパーツをジャンクパーツと呼び、またメーカーでも製品の都合で部品が余ったりするパーツをそう呼んでいる。これをホビーショーなどで販売したりするが、それらを子どもとプラモデルの接点にしようと考えたのだった。キットにはない、創造の"何か"を子どもたちが産み出すのだ。
　その現場に立ち合った勝人は
　「子どもたちが目を輝かせて作っているんです。もう時間が来ているというのに、子どもたちは手を止めないんですよ」
　ものを作ること、これはあらかじめ人類の本能に埋め込まれたものではないかと思わされる証言がある。プラモデル教室の講師である山本がこう話す。
　「親御さんが、子どもがゲームをやっている時よりも集中度がすごい、と驚いておられるんです。子どもたちの新たな姿を見たんですね。こんな声をよく聞きました」
　また、
　「男の子よりも女の子の方が、熱中していたりしますね」とも言う。

　実は女性の方がものづくりに向いているという声をよく耳にする。思い返せば、古来から衣食住の衣、食は主に女性の仕事だった。もちろん農耕民族、狩猟民族では役割も異なるが、世界中の民族を見渡した場合、概ねこの分担だ。機織り、刺繍、あの壮麗なペルシャ絨毯にしろ女性が仕事の中心にいる。
　近年のプラモデル製作用のツールは、100円ショップの美容品のコーナーで大方揃えられる。また、タミヤから女性化粧道具を応用した塗装用具も生まれ、タミヤが始めたスイーツデコ用の素材を使ったシリーズは、講座を開くたびに主に女性で活況を呈している。
　プラモデルが国内で隆盛を極めた頃は、男の子が好む戦車、軍艦、戦闘機、自動車など乗り物系スケールモデルばかりが出回っていた。もちろん女の子は人形遊び、ままごとという振り分けが"常識"だった時代だったこともある。しかし、プラモデル教室に来る子どもたちは、そのような"常識"が関係ない時代に生きている。同じテーマを前にした時、ジェンダーを取り払っているにもかかわらず、男女で能力差が垣間見えるというのも興味深い。
　ここにこれからのプラモデル業界が活きる道のヒントもあるわけで、もっと子どもたちに食い込むことも出来るのではないか。商売だけではなく、人間形成においても"プラモデルづくりの効能"というのは、即効性があるわけではない。後の人生の局面で現れることが多いのだ。
　勝人は、プラモデルがなかったら僕の人生はどういうことになっていたんだろう、と述懐するが、講師となってこんな経験もしている。
　「静岡デザイン専門学校で講師をやっていたとき、すごく段取りがよくて発想力も豊かな学生がいました。その学生に子どものころ、模型を作っていたの、と聞いてみました。そうしたら、今でも作っていて、レインボーテン(静岡市内の模型店)のコンテストに応募していると言ってました。道理で段取りがいいと思ったんです。プラモデルって子どもにとっては遊びながら段取りは学べる、向上心や集中力も身に付いたりするんです。教育にいいことが多くあるんです。でも、そうしたことがわからない人がいます」
　ある日、勝人が目にして憤慨した新聞の投書があったという。
　「小学校か中学校の元校長が、子どものころにプラモデルが欲しくて親にねだったけど、買ってもらえなかったそうです。それはプラモデルは誰が作っても同じものしか出来ないから、そんなもので遊ばなくていい、というのが理由でした。元校長は今になっても遊ばなくてよかったと思っているという趣旨だったんです。その人は、遊んだりしたことがないのにプラモデルはそういうものだと決めつけているだけ」
　同じ考えを持つのはこの元校長だけではない。ある自治体の長もその回顧録でプラモデルについて同様の意見を書いていたという。実は、"教育的"な環境で育った人ほど、プラモデルにそういうイメージをもっているようだ。
　昭和30年代にプラモデルが流行したころ、プラモデルには「画一的」「簡単」というマイナスイメージに捉えられたことがあった。
　長くタミヤのアドバイザーを務めた田宮督夫の話によれば
　「実は当時、プラモデルというのはよい言葉として捉えられていなかったのです。例えば、『プラモデル的な安易な考え方』や『プラモデル的思考だ』という言い方をする風潮がありました(略)しかも、玩具と模型の区別も着いていなかった時代です」(『静岡模型全史』)
　田宮督夫はこうしたプラモデルの評判から、プラモデルの社会的地位を上げるために"苦闘"していたのであり、またハセガワにあってもそれは同

ハセガワ主催の「親と子どものプラモデル教室」にてキットを組み立てる親子。プラモデルという趣味を次世代に伝える試みとなっている

様だった。しかしながら、勝人が目にした新聞投稿のように現代でもそのようなマイナスイメージを払拭出来ない人たちがいる事実がある。
　俳優の石坂浩二は自らプラモデルを生涯の趣味として、2009年に中高年プラモデルサークル「ろうがんず」を結成したが、2010年に東武百貨店で開催されたタミヤモデラーズギャラリーに出展した際は、「プラモデルは誰が作っても同じだ」という考えに反発して、メンバー20人全員が同じキットを作った。そこにはキットは同じであっても、同じ仕上がりのものなど一つもなかった。
「一度でもプラモデルを作ったことがあれば、プラモデルは誰が作っても同じにはならないことがわかるはずです。段取りを考え、想像力、発想力で他の人と違うエッセンスを盛り込むんです」と勝人は反論する。
　勝人がその投書を読んだのは、ハセガワのJMC展が開催されていた頃のことで、勝人の憤りはこんな言葉になる。
「JMC展に出展している同じ零戦でも、子どもが作った作品、大人が作った作品、そしてグランドマスター（最上位クラス）が作った作品は全然違う。それを見てどう思うのかって聞いてみたいぐらいです」
　しかし、確かにこうした人びとも存在するにせよ、時代は動いている。教育の現場、そして親たちも気づき始めているのだ。
「最近、大学の先生方がお見えになって社内見学をされることがあります。見学の後で意見交換もするのですが、ある大学教授が、プラモデルを作った経験のない学生は平面図を見て立体を思い浮かべることが出来ないそうです。そうした学生と接していると我々がいかにプラモデルづくりを通じて育って来たかがわかりますと話してました」
　すでに、大学教育、あるいは静岡大学付属中学では中学校の教育の現場でプラモデルを取り入れている。
「いまは親たちが手を引っ張って、"プラモデルぐらい作りなさい"っていうから、いい時代です」と勝人は苦笑まじりに言う。

「でも、無理矢理やらせなくても、目の前にプラモデルがあれば、子どもは自然に作って行くものなのです」
　そのプラモデルとの接点を増やすこと。そのために勝人はメディアにも積極的に出る……腹をくくっているのだ。乞われれば、テレビや新聞、雑誌の各紙誌にも"露出"する。

　ハセガワ三代、もちろん彼らを支える社員たちの活躍があってこその企業であることは言うまでもない。しかし、組織という目に見えない枠組みの中心に常に存在するのが、創業者一族だろう。道を誤れば組織としての共同体は瓦解する。
「自動車のデザインは、お客さんの1.5歩先を行くそうです。2歩だとお客さんが着いて来る事が出来ないんです。いま、市場規模という枠の中で、枠が小さくなっているならそれに合わせて小さくならなくてはいけないし、またいまの枠のままでいくなら、今度は別の枠を開拓しないとやっていけません。僕はそう考えています」
　父や祖父の考えに似て、枠が小さくなるという"危機"があれば身の丈にあった勝負をする。そうしながらも、勝人はしかし、枠がそのままなら別の枠組みも開拓する。勝人が目指すのは、そうしたハイブリッドな経営なのかもしれない。
『スケールアヴィエーション』誌に連載した「勝人がゆく」（2011年9月号〜2013年5月号＝隔月刊）の最終回に、勝人はこんなメッセージを寄せた。
「『勝人がゆく』をいつも読んでくださった皆さん、誠にありがとうございました。
　私は『お客様に楽しんでいただきたい』その一心で仕事をしておりますし、社員一同も同じ気持ちだと信じています。
　経営者は利益を追求すべきである。私は、そういった意味では経営者として失格かもしれません。しかしその『楽しんでいただきたい』という姿勢がハセガワの根幹にある限り、私はハセガワを誇りに思いながら仕事をして行くことが出来ます。
　ホビーショーなどで私を見かけたら是非お声をおかけください。皆様の言葉の中に「もっと面白く出来るなにか」が隠れています。
　私も一人のマニアです。皆さんと一緒に楽しい模型人生を送りたいと考えています」
　勝人の偽らざる模型への思いがそこにある。
　そして、2015年7月、勝人は社長に就任した。しかし、2ヵ月も経過しないうちに、会長に就任していた父・勝重を見送ることになった。
　会葬者の前で勝人はこう語った。
「社長になってから2ヵ月経っていませんが、社長というのはこんなに大変なものなのかと感じております」
　まさに勝重が社長を継いだ時と同じ感覚をいだいたのだった。そして勝人は、時に声を詰まらせながら、こう続けた。
「父はこんなに大変なことを46年間もやり遂げた。すごい男だ、そう思います」
　5分近い挨拶の中で、勝人は
「父は、会社さえちゃんとしていれば。みんなで生きていける、といつも言っておりました。それは家族、親族だけではなく、模型業界も会社に関わる全ての人たちが"みんな"理解しております。私も、会社をちゃんとしていきます」
　と誓ったのだった。「生きていける」それは、苦闘の時代を乗り切った勝重の遺言だ。
　社長就任直後、勝人はこう語っていた。
「100周年までお前が社長を務めろって言われました」
　100周年に向けて、いま"船の長谷川"は出港し、"飛行機のハセガワ"は離陸したばかりだ。三代目長谷川勝人が見つめる先には、いったいなにがあるのだろう。（文中敬称略）

本社の屋上に設置されたF-104の前に意思的な表情で立つ長谷川勝人社長。創業75年を迎えてさらに意気軒昂。今後どのようなキットでユーザーを驚かせてくれるのか、大いに期待したい

AIRCRAFT MODELS

　ハセガワの飛行機プラモデルは50年以上にわたって発売されてきた。その商品点数はとにかく膨大で、全貌を把握している人間はこの世にいないのではないかというほどの点数が、長い年月のあいだにモデラーを楽しませてきたのである。
　いかに膨大とはいえ、これらのキットには一定の分類が存在する。まず「定番キット」と「定番外（限定キット）」という大きな区別。「定番キット」は毎年刊行されていたハセガワのカタログに掲載されているキットで、要は常に模型店の店頭に置かれた状態をキープできるよう常時生産されているキットのことである。それに対して「定番外（限定キット）」と呼ばれる商品はいわゆるバリエーション／デカール換えのキットを指す。これら定番外の商品は定番キットのデカールを変更して特別なマーキングを再現したり、一部の部品を追加／交換することで定番キットにはない特殊な機体が作れるようになっているキットである。この定番外キットは基本的には初回生産のみが行なわれ、一度流通した後に再販される可能性が低い商品だ。また定番外キットは長い年月の間に大量の商品が発売されており、これはハセガワの飛行機キットのラインナップを複雑怪奇なものとする一要因となっている。
　では、定番キットの全貌の把握は簡単かというとそうでもない。ハセガワは長い年月の間にこの定番キットのラインナップを拡張してきた。しかし飛行機キットの発売以来50余年、その中で幾多の新型機が登場し、また飛行機模型のトレンドも移り変わってきた。それに対応するべく、ハセガワはキットに振っている品番を幾度も改正し、また商品のカタログ落ち→再度復活、という流れを何度も繰り返しているのである。一例を挙げれば、キット全体の数が少なかった'80年代中期までは「A○○」という番号が振られていたキットが'80年代後期には500番台の番号を振られ、それが'90年代初期には「AT○○」という番号に切り替わり、現在ではまた「A○○」という番号に戻る、しかもそのナンバリングの切り替え時や年度ごとにカタログから落ちたキットもある……という具合で、定番キット自体のナンバリングの法則性や、どの商品がいつまで「定番」として扱われていたかの把握は相当に難しい。さらに言えば同じキットが名前とデカールを変えて別の商品としてカタログに掲載され続けていることも多数あり、定番キットは定番キットで複雑な変遷を重ねているのである。
　というわけで、本書に収録しているキットは全て過去にハセガワが発行したカタログに掲載されているものにスポットを当てている。掲載に当たってはまず2016年現在の最新ラインナップから順に過去に遡り、その時々でカタログ落ちした商品もそのカタログ落ちした時点での品番と商品名で掲載。同じ金型のキットがデカールとナンバリングを変更して再度定番入りしている場合、より新しいものを優先して掲載している。これでもハセガワの膨大な飛行機模型の商品点数からすればほんの氷山の一角ではあるのだが、少なくとも現在発売されている飛行機キットはここに掲載したキットいずれかのバリエーションではある。ハセガワの飛行機キットという迷宮を探索する手助けにはなるはずだ。

1/50~1/90 SCALE AIRCRAFT MODELS

■グライダー スカイラーク（ソアラー）

■グライダー セカンダリー

■グライダー プライマリー

■F-1　F-104J スターファイター

■F-2　P-51D ムスタング

■F-3　零式水上観測機

■F-4　F-4C ファントムⅡ

■MJ-01　F-4J ファントム

■MJ-02　F-104J スターファイター

■MJ-03　ノースアメリカン F-86F セイバー

■MJ-04　ノースロップ F-5A フリーダムファイター

■D-1　ロッキード F-104J 栄光

■D-2　ノースアメリカン P-51D ムスタング

■D-3　マクダネル F-4C ファントムⅡ

1/72 SCALE AIRCRAFT MODELS

■A1　中島 キ43-Ⅱ 一式戦闘機 隼

■A2　中島 キ44-Ⅱ 二式単座戦闘機 鍾馗

1/72 SCALE AIRCRAFT MODELS

■A3　川崎 キ61-Ⅰ丁 三式戦闘機 飛燕

■A4　中島 キ84 四式戦闘機 疾風

■A5　三菱 J2M3 局地戦闘機 雷電 21型

■A6　川西 N1K2-J 局地戦闘機 紫電改

■A7　中島 B5N2 九七式3号艦上攻撃機

■A8　P-47D サンダーボルト

■A9　P-40N ウォーホーク

■A10　F4U-1D コルセア

■A11　UH-1H イロコイ

■A12　A-37A/B ドラゴンフライ

■B1　F-16A プラス ファイティングファルコン

■B2　F-16C ファイティングファルコン

■B3　F-20 タイガーシャーク

■B4　ミラージュ F.1C

■B5　シーハリアー FRS Mk.1

HASEGAWA COMPLETE WORKS　051

1/50〜1/90 スケール 航空機

■グライダー スカイラーク(ソアラー)(1/50)
●1961年発売

マルサンが日本初のプラモデルとしてノーチラスを世に送り出した1958年の3年後、木製模型の製作に携わっていた長谷川製作所(以下ハセガワと略す)もプラモデル製作に着手した。最初のキットが、「ヨット バリアント」と「戦艦ミズーリ」、そして「戦艦大和」と「武蔵」で、同じ'61〜'62年に初めて航空機キットとしてグライダー3点を発売した。パーツ点数も少ない単純なキットだが翼幅36cmと意外に大きく、グライダーのキットとしては今の目で見てもさほど遜色のない仕上がり。当時主流での箱スケールではなく、1/50としているところにもこだわりを感じる

■グライダー セカンダリー(1/60)
●1962年発売

ハセガワ初のプラモデルとして発売されたグライダー3種のうち、なぜか本キットのみ1/50ではなく1/60とされ、一回り小柄に仕上がっている。後部胴体のトラス構造や主翼の支柱などの実感は高く、今から50年以上も前のキットということを考えると充分満足できる内容である。これは当時の模型少年もまた同じだったはずだ。他のキットともども1990年に復刻版として再発売された。また同様に2016年11月には他の2種類のキットとセットで「プライマリー&セカンダリー&ソアラー グライダー 復刻セット」として復刻版が発売されている

■グライダー プライマリー(1/50)
●1961年発売

他の2機種よりもさらにグライダー然としたスタイルで、一種のノスタルジーさえ感じさせる。キットの発売当時は今とは違って全国的にグライダー競技が盛んだったことから、ハセガワが初の飛行機模型の題材としてこれらを選んだこともわかるような気がする。パーツ点数は少なく驚くほど短時間で仕上がるが、主翼の上下に取り付けられている補強用の張線を自作する必要がある。発売当時はマテリアルが限られていたので再現するにはテクニックが必要だったはずだ。他の2種のグライダーと共に、1990年と2016年に復刻されている

■F-104J スターファイター(1/90)
●F-1 ●1962年発売

前年にグライダー3種をリリースしてプラモデルメーカーの途をたどり始めたハセガワだが、翌'62年には飛行機キットを2点を送り出した。この時グライダーに代わってハセガワ飛行機キットの顔となったのが、最後の有人戦闘機として華々しくデビューし航空自衛隊に配備が開始されたばかりの新鋭戦闘機、F-104Jである。いわゆる箱スケールの簡単なキットで、パーツ点数が少ない簡単なキットとするには当時の模型少年にとって1/70のキットとして発売したのが、大戦時の傑作戦闘機P-51D ムスタングであった。同じ年にリリースされたF-104Jと比べるとその完成度は高く、パーツ点数が少ない簡単なキットながら当時の模型少年が満足のいくキットであった。翌年以降ハセガワは本格的に数多くの飛行機キットをリリースするようになり、一躍飛行機プラモデルメーカーとして注目されるようになったのである

■P-51D ムスタング(1/70)
●F-2 ●1962年発売

フロッグとエアフィックスがいち早く先鞭をつけ、国際標準とした1/72スケールキット。これを意識しつつ日本の規格としてハセガワが独自に定めた1/70のキットとして発売したのが、大戦時の傑作戦闘機P-51D ムスタングであった。同じ年にリリースされたF-104Jと比べるとその完成度は高く、パーツ点数が少ない簡単なキットながら当時の模型少年が満足のいくキットであった。翌年以降ハセガワは本格的に数多くの飛行機キットをリリースするようになり、一躍飛行機プラモデルメーカーとして注目されるようになったのである

■零式水上観測機(1/75)
●F-3 ●発売時期不明

当時普及しつつあった1/72スケールに対して1/70というスケールを打ち出したハセガワだが、もうひとつの国内飛行機キット独自の規格として1/75というスケールも存在した。この零式水上観測機はハセガワ1/75スケールのキットとして発売されたもので、決して知名度の高くない本機をトップバッターに選んだあたりには心意気を感じさせる。当時としては充分に精密な仕上がりのものとなっているが、やはり零戦のキットとして非常に貴重なものであったため、後年までかなりモデラーに重宝されたキットである

■F-4C ファントムⅡ(1/90)
●F-4 ●発売時期不明

F-104Jに続く1/90スケールのジェット機キットとしてハセガワがリリースしたのが、当時まだまだ新鋭であったF-4C ファントムⅡ。1/90と表記はあるものの、F-104Jと同じく箱スケールのキットであった。この時はまだ実機が登場して間もない時期だったこともあり主翼と胴体には実機と異なる部分も見られたが、組み上げた状態では充分にファントムに見えるキットであった。このキットに続く形でハセガワはジェット機のキットをリリースしていくこととなるため、その意味ではエポックメイキングとなった製品でもある

■F-4J ファントム(1/72)
●MJ-01 ●1966年発売

当時から通常はグレイにモールドされていたハセガワのキットだが、こちらはパーツ全体に銀メッキを施した「メタルカラーモデル」と題されたシリーズのひとつ。実際には海軍型のファントムで全体が銀色のものは存在しないが、当時ハセガワは飛行機だけではなく軍艦などでもメッキパーツを使ったキットを発売しており、そういう意味では当時の時代性を反映したものと言える。このメタルカラーモデルはジェット機の初期飛行機模型を象徴する存在でもあり、本書では1/72キットながら初期製品と同じ区分としてここに掲載している

■F-104J スターファイター(1/72)
●MJ-02 ●1966年発売

パーツ全体にメッキが施された、メタルカラーキットとして、ファントムに続き発売されたのがF-104。以前発売されていたものは1/90スケールのキットであったが、こちらは1/72スケールの製品として再設計されたものである。後にこの1/72のF-104も同じくメタルカラー仕様で発売されているあたり当時のF-104に対する注目度が伺える。この「MJ」という品番が振られたメタルカラーキットのシリーズは1/72スケールで設計されたハセガワ最初期のキットであり、その意味でも記念碑的な製品と言えるだろう

■ノースアメリカン F-86F セイバー(1/72)
●MJ-03 ●1966年発売

上記のF-4J ファントムなどと同じく「メタルカラーモデル」の一環としてリリースされたキットで、機体全体のパーツが銀メッキで仕上げられた一作である。ファントムと異なりF-86は機体全体が銀仕上げなので、ユーザーにとってF-4Jのようには納得のいくものであった。F-86F セイバーは当時の航空自衛隊では戦闘機としてはF-104Jとの入れ替わりが始まった時期にあたり、まだ第一線の現役機であった。このあたりのラインナップから「日本で運用されている現用機をキット化する」というハセガワの意識が感じられる

■ノースロップ F-5A フリーダムファイター(1/72)
●MJ-04 ●1966年発売

ハセガワのF-5A フリーダムファイターは同社の初期飛行機キットの中ではかなりまとまりのよいキットであり、当時まだ運用が開始されて間もない状態だった実機をよく再現した内容と言える。特に完成後のプロポーションは現在の目で見ても遜色のない出来だ。このキットも「メタルカラーモデル」の一環として発売されたものであり、機体全体のパーツに銀メッキが施されたものであった。これらのメッキはパーツ同士の接着面にも施されていたため、部品を接着する際には接着面のメッキを落とす必要があったことは言うまでもない

■ロッキード F-104J 栄光(1/90)
●D-1 ●発売時期不明

今まで発売されていた1/90スケールのF-104Jのパーツに銀メッキを施し、「メタルカラーモデル」としてリリースされたキット。工作の難易度やユーザーの嗜好の変化から現在ではほとんど見られなくなったメッキ加工キットだが、当時は模型が今よりももっとオモチャ寄りに捉えられていたということもあってユーザーに受け入れられていた。そういった事情もあり、ハセガワに限らず多くのメーカーが銀メッキされたキットを世に送り出していたのである。今では考えられないことだが、これもまた当時ならではの事情である

■ノースアメリカン P-51D ムスタング(1/70)
●D-2 ●発売時期不明

1/90スケールのF-104とともに、ハセガワのごく初期の飛行機キットであるノースアメリカン P-51D ムスタングにも銀メッキを施し、「メタルカラーモデル」としたキット。ムスタングは実機でもベアメタルの機体が多かったこともあり、銀メッキにする必然性はあったと言えるだろう。ちなみにこの銀メッキによって定価は150円(当時)と若干高くなった。日本国内のメーカーで1960年代に起こったこの「銀メッキ」キットブームだが、やはり実感という点では塗装の方が勝ったことから数年でブームが終了することとなる

■マクダネル F-4C ファントムⅡ(1/90)
●D-3 ●発売時期不明

こちらも以前発売されていた通常版のF-4C ファントムⅡに銀メッキを施した「メタルカラーモデル」である。前述のように全体が銀色のファントムⅡというのは実機では存在しないものではあるのだが、当時はまだ国産キットの黎明期ということもあってそういったキットの存在を許す空気もまた存在していた。ムスタングのキットなどと同様に数年のうちにこれら銀メッキを施されたスケールモデルは国内の市場から姿を消していくことになるのだが、それこそが国産スケールモデルシーンの成熟を示すものだったのかもしれない

1/72 スケール 航空機

■中島 キ43-Ⅱ 一式戦闘機 隼
●A1 ●1982年発売

現在手に入るA帯の隼はすでに発売されていたキットの再販であり、基本的には同じ金型を使用してデカールのみ新規に作られたキットがセットされている。型式は2型がセレクトされているが、一部金型が追加されており、生産時に細部が異なる型式を製作することが可能となっている。主翼後縁などは薄く仕上げられており古さをあまり感じさせないが、パネルラインは動部を除いて凸彫りとなっている。主翼と胴体の接合面にわずかな隙間が生じるものの、これはマスキングテープなどで強制的に部品を合わせて接着すれば解決できる

■中島 キ44-Ⅱ 二式単座戦闘機 鍾馗
●A2 ●1973年発売

日本陸軍の量産型重戦闘機で、大出力エンジンならではの太い機首と、絞り込まれた胴体から「くまん蜂」と揶揄された。この頃からハセガワは、機体のパネルラインをそれまでの凸彫りに換えてシャープなスジ彫りのモールドで表現するようになった。キットは少ないパーツと合いの良さで短時間で完成させられる内容で、一種の爽快感さえ感じさせるものとなっている。外形も実機と比較してつじつまの合わない部分はほとんどなく、コクピットに追加工作を加える程度の改造で充分にリアルな仕上がりとなる

1/72 SCALE AIRCRAFT MODELS

■川崎 キ61-Ⅰ丁 三式戦闘機 飛燕
●A3 ●1973年発売

ダイムラーベンツ製のエンジンを搭載した、日本では数少ない液冷戦闘機。キットでは戦闘機らしからぬ女性的とまで言われた独特の機体のラインがよく再現されている。もちろん古いキットなので各部に手を入れる必要はあるものの、パーツ点数は少なく組み立ても簡単な秀作である。後にファインモールドから同じスケールでキットがリリースされたが、それでも価格の安さからこのキットの需要は高かったものと思われる。長らく販売されているキットゆえに金型が少々荒れている部分もあるので、組み立ての際には注意したい

■中島 キ84 四式戦闘機 疾風
●A4 ●1982年発売

1970〜1980年代当時のハセガワスタンダードといえる内容のキットだが、パネルラインはそれまでにリリースされた大半の日本機キットに共通するスジ彫りのモールドではなく、控えめではあるが凸モールドで表現されている。各部パーツの合いも比較的よく修正の必要も少ないため、短時間で完成にこぎつけることができるだろう。ただし別パーツとなっているカウリング前端部に生じる段差は完成後も目立つ部分なので、これはカウリング本体にプラ板を挟み込んでわずかに広げ、修正を加えたい箇所だろう

■三菱 J2M3 局地戦闘機 雷電 21型
●A5 ●1977年発売

日本海軍の新しい機種である局地戦闘機として開発されたが、海軍上層部の無理解と技術的な問題から、活躍の場があまりなかった不運な機体。紡錘形と呼ばれる日本機らしからぬパワフルなスタイルが魅力だ。こちらも1970年代後半のハセガワのキットらしくこざっぱりしたディテールと共に外見は本機の特徴をよく再現しており、組み立てやすさやパネルラインのスジ彫りなどと合わせて、現在でも充分通用するキットだろう。そのためか、2016年現在に至るまで1/72スケールで雷電の新規キットはリリースされてはいない

■川西 N1K2-J 局地戦闘機 紫電改
●A6 ●1977年発売

同時期に発売された1/72日本軍機のキットと同様にパネルラインはスジ彫りで表現されており、部品の合いもかなり良く仕上がりとなる。ただしディテールは必要最小限の内容となっているので、より完成度を高めたいならば追加で手を入れたいところだろう。2016年現在ではアオシマが新規キットをリリースしているものの、組み立てやすさと完成時のプロポーション、そして低価格というバランスが取れた秀作として現在でも販売され続けられている、息の長いキットだ

■中島 B5N2 九七式3号艦上攻撃機
●A7 ●1976年発売

同じ時期に発売された1/72 九七式司令部偵察機と同じく、旧マニアホビー製キットをハセガワがパッケージし直して販売している製品。その精密さで語りぐさになったマニアホビー社のキットらしく、コクピット内のディテールの充実ぶりは非常に優れている。かつて発売されていたキットは1号と3号のカウリングが入っていましたが、現行商品は3号のカウリングのみとなっている。各部の合いも一部にわずかな隙間が生じるものの修正はたやすい。また各部の小窓が面一ではなく、これも手を入れたほうがよい箇所だ

■P-47D サンダーボルト
●A8 ●1974年発売

先に発売されていたレザーバック型のキットの胴体パーツを新金型パーツに置き換え、バブルキャノピー型としたもの。なので胴体とキャノピー以外はレザーバックのP-47と同一だ。レザーバック型と同じくディテールの追加や機銃位置の修正など手を入れた方がよりよくなる箇所もあるが、総じて作りやすい秀作キットであることは間違いない。その後各社から1/72のP-47サンダーボルトのキットは発売されたが、このハセガワ版は現在でも価格、完成度、組み立てやすさのトータルバランスがとれたキットとして知られている

■P-40N ウォーホーク
●A9 ●1976年発売

同時期に発売されたキティーホークMK.Ⅰ Aのパーツを流用しながら、胴体とキャノピーを新規金型に置き換えてP-40Nの仕様を再現したバリエーションキット。同時期のハセガワ製キットらしくパネルラインも組みやすいキットであり、その特性を活かしてストレートに組み立てる事をおすすめしたい。手を入れるとすれば簡素なコクピットまわりへのディテール追加やインテークの形状の修正となるが、キットのサイズもあってそれらの工作はほぼ不可能。無視してキットそのものの持ち味を活かす方がよいだろう

■F4U-1D コルセア
●A10 ●1981年発売

コルセアでは先行して1/48キットをリリースしていたハセガワとしては第2作目となる1/72キットだが、1/48とは違い初期生産型の集大成ともいえる-1D型をセレクトしている。パネルラインは凸モールドでよく表現されており、パーツ点数は少なく合いも良好な内容。ディテールも1/72としてはほどよく盛り込まれているので、座席にシートベルトを追加する程度で充分な仕上がりとなる。ただしストレートに組むと実機に比べてカウリングが少々上を向いてしまうので、エンジンマウントを削って角度を調整してやるより実機に近いラインとなる

■UH-1H イロコイ
●A11 ●1971年発売

ハセガワが初めてリリースしたヘリコプターのキットで、当時のカタログなどでは機名がイロコイではなくイロコイスと表記されているのは時代を感じさせる。まるっきり現用のヘリコプターのキットで、また発売当時はヘリコプターのキット自体の数が少なく、その意味でも貴重な存在であった。また陸上自衛隊への配備が進められていたことも、ハセガワが初のヘリコプターキットとして本機をセレクトした理由だろう。現在はH型として販売されているが、テイルローターの位置がD型のままなので製作には注意が必要

■A-37A/B ドラゴンフライ
●A12 ●1970年発売

本キットもまたこのスケールでは世界初のキット化である。実機はアメリカ空軍としては珍しい軽量かつ安価な攻撃機だが、オリジナルは練習機ということでそれも納得できる。小ぶりな機体を少ないパーツ点数で再現したしっかりとしたキットで、組み上がった時のプロポーションなどの素性は良い。足りないディテールを足してやればさらに見映えがよくなるだろう。現在入手できるのは機首にミニガンと給油プローブを装着したA-37Bだが、他にもA-37の原型であり翼端に燃料タンクを装備したT-37Aなども発売された

■F-16A プラス ファイティングファルコン
●B1 ●1985年発売

当初発売された試作機YF-16のキットとはまったく異なり、すべてが新規金型で起こされたF-16A量産型のキットである。当時はこのスケールで各社から様々なF-16の製品がリリースされていたが、このキットはそれらを一蹴するような素晴らしい出来。多少ディテール不足はあるものの、部品の合いもよく正にプラモデルのお手本といっても過言ではない傑作キットだった。以後ハセガワはこのキットをベースにして、B型とC型、そしてD型と実機と同様にラインナップを拡張していくことになった

■F-16C ファイティングファルコン
●B2 ●1985年発売

F-16A/Bの能力向上型で、幅広い兵装の運用能力を持つようになった機種。キットは実機同様にすでにリリースされているF-16Aのキットのデカール替えとして登場した。そのため胴体や翼周り、そしてディテールパーツなどはAプラスの流用である。実機では発展過程で一部のパネルなどが変更されたので、そのあたりも手を加えてやればより完成度が高くなるだろう。発売当初はこのスケールでベストの実戦機F-16のキットとして知られていた存在だったが、現在でも入手しやすい製品として店頭に並んでいる

■F-20 タイガーシャーク
●B3 ●1984年発売

輸出戦闘機のベストセラーとなったF-5Eの発展型だが、ほとんどが新規開発とされたほぼ別の機体である。何しろ実機が3機のみの試作で終わったため、このスケールでは現在に至るまで唯一のキットとなっている。キット自体の出来は素晴らしく、繊細なスジ彫りのパネルラインに合わせた凸モールドも問題なし。ディテールもプロポーションもほぼ完璧という傑作である。タイガーシャークはコミック『エリア88』で主人公として登場した機体でもあり、人気の高い機種。マイナーな機体ながら非常に出来のいいキットが発売されたのもうなづける

■ミラージュ F.1C
●B4 ●1983年発売

ミラージュⅢシリーズのデルタ翼に換えて、クリップドデルタ翼を採用したミラージュシリーズのバリエーションだが、コクピット後方のスタイルは主翼も含めてF-8クルセイダーを彷彿させる。ハセガワの1/72キットは世界初の立体化で、少ないパーツ点数ながら巧みにまとめられており組み立てもたやすい。組み立ての際に注意したいのは差し込み式の主翼の角度。実機では下反角がついている箇所なのだが取り付ける際のガイドなどは特にないので、左右で角度が揃うように注意して接着したい。それ以外の組み立ては極めて容易なキットです

■シーハリアー FRS Mk.1
●B5 ●1984年発売

フォークランド紛争において完勝したことで一躍有名となった機体。ハセガワは機首などを差し替えることでハリアーシリーズの主要機種をキット化しており、このシーハリアーもその一環だ。外見はシーハリアー独特の位置が高くなったキャノピーや小さな主翼が再現されており見映えも悪くない。コクピットを始めとする各部への追加工作や、地上では上半分が開く補助インテイクの再現、主翼のボーテックスジェネレーターを薄くするなど各部に手を入れてやれば、より完成度の高い作品となるだろう

1/72 SCALE AIRCRAFT MODELS

■B6　ハリアー GR.Mk.3

■B7　クフィル C.2

■B8　A-7A コルセアⅡ

■B9　A-4E/F スカイホーク

■B10　AV-8A ハリアー

■B11　F6F-3/5 ヘルキャット

■B12　F9F-2 パンサー

■B13　X-29

■B14　YF-16/CCV

■B15　ライトニング F Mk.6

■C1　F-4EJ ファントムⅡ

■C2　F-4E ファントムⅡ

■C3　三菱 F-1

■C4　三菱 T-2

■C5　ブルーインパルス T-2

1/72 SCALE AIRCRAFT MODELS

■C6　F-15C イーグル

■C7　F-15J イーグル

■C8　A-6E イントルーダー

■C9　F-8E クルーセイダー

■C10　ミグ27 フロッガーD

■C11　F-106A デルタダート

■C12　F-16N トップガン

■D1　SH-60B シーホーク

■D2　ジャギュア GR.Mk.1/A

■D3　UH-60A ブラックホーク

■D4　MiG-25 フォックスバット

■D5　F-15D/DJ イーグル

■D6　AH-64A アパッチ

■D7　HH-60D ナイトホーク

■D8　F/A-18C ホーネット

HASEGAWA COMPLETE WORKS

1/72 SCALE AIRCRAFT MODELS

■ハリアー GR.Mk.3
- B6　●1984年発売

イギリス空軍向けの対地攻撃仕様のハリアーで、胴体と翼周り、そして細部パーツは1/72のシーハリアーと共通であるが、機首部分は専用の金型を起こして先端にシーカーを搭載した細長い独特のラインを再現している。各部の合いは少々調整が必要。地上姿勢では上半分が自重で傾く補助インテイクをモールドのみなので、この部分を開けてやればより完成度の高い作品になるだろう。加えて、排気ノズルの仕切り板も薄く修正してやれば、実機に近い雰囲気になるはずだ

■クフィル C.2
- B7　●1979年発売

イスラエルがスイスからトラック一杯のミラージュⅢに関する設計書類を盗み出し、ネシェルを開発したことはよく知られている。クフィルはその発展型であり、シリーズの集大成的な存在で、ハセガワ初のミラージュⅢ系でもある。パーツの点数は驚くほど少ないが、それゆえすぐに形になるキットでもある。ハセガワからは同じ金型を利用して、後にアメリカ海軍／海兵隊で仮想敵機として用いられた「F-21 ライオン」を再現したキットも発売されている

■A-7A コルセアⅡ
- B8　●1967年発売

キットの発売当時部隊配備が開始されて間もない新鋭機で、すでに海外メーカーからも同スケールのキットが発売されていたが、ハセガワ版はその半額以下という価格で発売されたため、当時喜んだモデラーも多かったことだろう。実機の運用直後から販売されている非常に息の長いキットで、現在でもことに品番を変更しつつ現在でも定番キットとして流通している。古いキットだがプロポーション自体はなかなか正確なので、そのまま製作するのをお勧めしたい

■A-4E/F スカイホーク
- B9　●1969年発売

このスケールではエアフィックスに次いで販売されたキットで、ベトナム戦に投入されていた頃のE型と、背中に電子機材のフェアリングを装着したF型の選択式となっている。キット自体は実機と比較してどことなくスマートな印象で、パーツ点数も少ないのですぐに組み上がることだろう。主翼の上にはリフトスポイラーのモールドもあるなど、当時としてはディテールも充実。主翼上面のボーテックスジェネレーターを薄く削り込んでやればさらに精悍な印象となるだろう

■AV-8A ハリアー
- B10　●1969年発売

シーハリアーやGR.Mk.3に大きく先駆け、アメリカ軍向けのAV-8Aとしてキット化された製品。なので、このキットは他のハリアーのバリエーションではない。価格も安く手頃なキットである。大きな特徴である推力偏向ノズルは胴体内部に円盤状のパーツを仕込んでおくことで完成後も可動させることができるようになっている。当時としてはこの排気ノズルの縁の部分も充分薄く仕上がっているキットである

■F6F-3/5 ヘルキャット
- B11　●1980年発売

大戦時のアメリカ海軍を代表する戦闘機だが、ハセガワとしては1972年に発売された1/32スケールキットに続く製品化となる。パネルラインは凸モールドではあるが、ハセガワの定番1/72キットとしては比較的後発の商品であるため、なかなか上品な印象。3型と5型のコンバーチブルとなっているので、好きなタイプで完成させることができるキットでもある。実機は太平洋戦争で広く運用された機体であるため、空母搭載機や基地航空隊の機体を含めてバリエーションキットが多数発売された

■F9F-2 パンサー
- C12　●1978年発売

アメリカ海軍の初期艦上ジェット戦闘機の傑作で、シャープなスジ彫りのパネルラインやほとんどパテなどを必要としない各パーツの合いの良さなど、小柄なキットながらそこはハセガワのお手本ともいえる内容で、1/72スケールのパンサー全てを見渡しても永らくベストと言えるキットである。そもそも最近まで他社製キットの存在しない機体ではあったが、現時点でも価格や入手しやすさなどを考えるとやはり本キットが最適だろう

■X-29
- B13　●1985年発売

前進翼は、後退翼と同じ特性でしかも翼端失速を起こしがたいことは以前から知られていた。しかしより高い強度を必要とするという問題もあり、複合材の実用化でようやく具現化されたアメリカの前進翼機がX-29である。ワンメイクの試作機ゆえに、コンポーネントやエンジンなどは他機から流用されたツギハギ機だが、キット自体の出来はかなり上質で、各部の合いも満足できる。前述のような出自の機体ゆえに他でのバリエーションは存在しない機体だが、コミック『エリア88』に登場したバージョンのキットが後に発売されている

■YF-16/CCV
- B14　●1976年発売

以前に発売され、生産型キットの登場により絶版となっていた試作型YF-16のキットに、空中における高機動を実現することを目的としたカナード翼をインテイク下面に追加して復活したキットである。もちろん尾翼に大書きされたCCVの文字など専用のデカールがセットされている。コクピットなどは生産型キットからパーツを流用してディテールアップするのもひとつの手だろう。細い機首など生産型とは似て非なる試作機を楽しめるキットだが、残念ながら現在は絶版となっている

■ライトニング F Mk.6
- B15　●1967年発売

イギリス初の超音速戦闘機だがキットの発売当時日本ではその知名度は低く、キット化されたこと自体に驚いた。しかも本家エアフィックスが、最初の生産型F.1のみなのに対し、迫力あふれるF.6を選んだことも評価できよう。キットのスタイルはなかなか再現度が高く、これにより現在まで安価でこのスケールのライトニングが販売されているということ自体が驚くべき事である。近年では銀色の無塗装の機体と迷彩の機体をそれぞれ再現できる2機セットのコンボキットも限定発売されている

■F-4EJ ファントムⅡ
- C1　●1972年発売

航空自衛隊に配備が進められたことで登場したキットだが、前作のパーツは一切流用されておらず、すべて新規金型で起こされた。もちろん各部に様々な問題は残るものの、当時ではこのスケール初のファントムⅡキットだったことは間違いない。この為機首を改造して、海軍型のJ型に変身させたモデラーも結構いたものと思われる。現在では新規金型の新キットが登場しているが、今でも低価格なキットとして販売が続けられている

■F-4E ファントムⅡ
- C2　●1972年発売

キットのパーツ自体は航空自衛隊向けのEJ型と同じキットで、デカールをアメリカ空軍仕様に変更した内容となっている。発売当時は日本でもよく目にすることができた機体であり、ブラウン、ブラック、ダークグリーンの3色で塗られた俗に呼ぶベトナム迷彩に心躍らせたモデラーもいたことだろう。その後新規金型のキットがリリースされるまではパーツの追加や改修が行われ、デカールを変更することで様々なバリエーションがリリースされている

■三菱 F-1
- C3　●1978年発売

近年プラッツから新キットがリリースされるまでは、T-2とともにこのスケール唯一のキットとして自衛隊機ファンには重宝された。キット自体はT-2とほとんど同じだが、後方のキャノピーに換えて同形状の電子機器室カバーが追加されたのに加えて、RHAWアンテナが設けられた垂直尾翼や武装パーツなどがセットされている。インテイク側面の補助インテイクが凸モールドのみというのは気になるが、手頃なキットとして今後もT-2ともども販売が続けられよう

■三菱 T-2
- C4　●1978年発売

日本初の超音速機だが、そのスタイルの類似性から外国では侍ジャギュアとも呼ばれている。キットは20mmバルカン砲を装備した生産機をセレクトしているが、これはバリエーションとして対地支援型のF-1をリリースするための配慮だろう。このキットは通常の練習機に見られるようなグレーの塗装を再現しているが、後に限定キットとして独特の雲形迷彩が描かれたアグレッサー仕様が再現できる製品なども販売されている

■ブルーインパルス T-2
- C5　●1982年発売

1980年代に活躍したT-2のブルーインパルス仕様機。先行してリリースされたキットのデカール替えではあるが、パーツの成型色はT-2ブルーをイメージした濃紺となっている。またキットにセットされたデカールは各部の特徴的な塗装を再現したもので、無塗装で組み立ててこのデカールを貼るだけでも割と実機のイメージに近いものとなる。各部のパネルラインは凸モールドで表現されており、現在でも手軽に入手できる素性のよいキットであることは間違いない

HASEGAWA CO

1/72 SCALE AIRCRAFT MODELS

■F-15C イーグル
●C6　●1974年発売

1974年に発売された、いわゆる旧版のF-15。1/72でも大柄であるF-15だが、そのアウトラインを比較的シンプルなパーツ分割で捉えたキットである。後のバージョンでは分割されている機首も胴体もこのキットではつながった状態で大きく上下に分割されており、F-15としては組み立ては簡単な方だ。また全体のパネルラインなどは凸モールドで成型されている。現在ではベテランの部類に入る製品だが現在でも販売されており、その価格の安さや組み立てやすさから、手軽にF-15を楽しみたい場合には重宝するキットと言える

■F-15J イーグル
●C7　●1982年発売

C6番のF-15が発売された当時にはまだ自衛隊で採用されていなかった。その後の第三次F-X選定作業によって航空自衛隊に採用され、自衛隊向けモデルであるF-15Jが1981年から運用開始された。それを受けていち早く発売されたのがこのキットである。基本的にはC6番のF-15Cのデカールを日の丸のついた航空自衛隊仕様に変更したもので、部品の分割などもそのまま受け継がれている。こちらも現役で販売中の商品であり、手軽に空自のF-15を製作する際には打って付けのキットとなっている。こちらのキットも現役の商品だ

■A-6E イントルーダー
●C8　●1968年発売

まだ本家アメリカでもキットがリリースされていなかったA-6 イントルーダーを、フジミとともに世界で初めてキット化したのが日本のハセガワだった。ちょうど実機がベトナム戦争に投入され出した時期の発売のため、かなりのヒット作になったことは想像に難くない。前述の通りベトナム戦争当時に発売された古いキットではあるが、実機が特徴あるスタイルのため現在の目で見てもスタイリングにそれほど問題はない。また海軍機らしく塗装のバリエーションの多い機体なので、度々デカール替えのキットが限定発売されている

■F-8E クルーセイダー
●C9　●1979年発売

アメリカ海軍の艦上ジェット戦闘機の傑作で、20mm機銃を4挺搭載しているところからラストガンファイターと呼ばれた機体である。この機体のキットはフジミの1/70キットとレベルの1/64しかなく、正統派の1/72キットの登場はモデラーを喜ばせた。この機体もハイビジ全盛の海軍ならではの多彩なマーキングで知られる機体であることから各種のデカール替えキットが発売された。また「エリア88」仕様のキットがアクトハセガワから発売されたことでも知られている

■ミグ27 フロッガーD
●C10　●1978年発売

先行して発売されていたMiG-23Sのバージョン替えキットで、実機の変更に合わせて機首やインテイクベーン、排気口などのパーツが新規金型で作られている。武装はソ連空軍型の爆弾とK-13ミサイルが付属しているのも対地攻撃機らしい点といえるだろう。定番キットとしてラインナップされたハセガワの1/72現用ソ連機としては当然なかなか貴重な存在であることは間違いない。また後に前述のMiG-23と組み合わせたコンボキットも発売されている

■F-106A デルタダート
●C11　●1969年発売

当初F-102Bの呼称で計画されていたマッハ2級のデルタ翼迎撃戦闘機で、急遽エリアルールの採用で何とか音速を突破したF-102Aとは異なり、当初からエリアルールを導入して設計されたために、バランスははるかに優れている。ウェポンベイの再現などF-102Aのキットに準じた内容で、本機の特徴である核ロケット弾ジーニーもちゃんと用意されており、最近新キットが登場するまではこのスケール唯一の存在だった。各リップ部分を薄く削り込んでやれば、現在の目で見てもシャープな作品となるだろう

■F-16N トップガン
●C12　●1987年発売

イスラエルから借りて異機種空戦訓練に供していたF-21Aライオンの後継機として海軍が採用した機体で、実機は基本的にC型のブロック30をベースにしているため、キットも当然ながらC型そのもので、飛行中の各種データを地上に伝達し、訓練評価に供する本型ならではの装備TACTSポッドのパーツが追加され、当然ながらデカールも専用のものに改められている。空軍の制空迷彩とはまったく異なる、独特の迷彩も魅力的だ

■SH-60B シーホーク
●D1　●1985年発売

空母搭載の対潜ヘリコプターSH-3Hの後継機で、陸軍がUH-1シリーズの後継として開発したUTTAS計画の勝者、UH-60 ブラックホークの海軍バージョンである。このキットが世界初のキット化であり、資料が少ないころの製品にも関わらずまとまりがよい逸品である。このキットを元にしたバリエーションとしてはレジン製パーツでAGM-119B ペンギン2 ミサイルとミサイルラックを再現したペンギン2搭載型などが限定発売された

■ジャギュア GR.Mk.1/A
●D2　●1984年発売

イギリスとフランスによって国際共同開発された攻撃機。それまでは出来がイマイチな海外製キットしか存在しなかったため、ハセガワ製のキット化は歓迎された。図面をそのまま立体化したような印象の精密なキットで、現在でも定番キットとして模型店の店頭で入手する事ができる一作。ジャギュアもヨーロッパの機体らしく色鮮やかな特別塗装や渋い漆黒の機体が多いので、そのあたりは限定版キットでフォローされている

■UH-60A ブラックホーク
●D3　●1985年発売

UH-60シリーズの基本型ともいえる本機は、実機の運用開始とほぼ同時期に発売されたキットとしては全体的にまとまりがよく、後に他社からも同スケールのキットが発売されたものの組み立てやすさは依然としてこのキットがベストだ。またコクピットだけではなく機体内部に配置された10席の兵員輸送用シートとドアガンナー用シートなどの機体内部も再現されており、キャビン左右のドアを開けた状態で組み立てても見応えがある。さらに同スケールの歩兵のフィギュアが4体付属しているのも嬉しいポイントだ

■MiG-25 フォックスバット
●D4　●1976年発売

ソ連の新型戦闘機として謎の多い機体だったが、函館空港への着陸でその実態が明らかとなった。この事件を受けてハセガワも急遽キット化を決め、極めて短時間でこのキットを世に送り出し、大成功を収めた。もちろん細部写真をあるわけではなく、外見も数少ない写真から判断されたため各部に実機との差も散見できるが、MiG-25のキットとしての正確さというよりも、当時の事件を受けていち早くリリースされた製品が今でも手に入るという点が貴重である

■F-15D/DJ イーグル
●D5　●1980年発売

以前それぞれが別のキットとして発売されていたF-15Cの複座型を、アメリカ空軍と航空自衛隊のデカールを同梱することで、コンバーチブルキットとしている。ただしこのキットは後にリリースされたパネルラインがスジ彫りのリニューアル版ではなく、最初に発売された凸モールドのD型キットをベースとしているので、気になる人は全面的にモールドを彫り直すとよいだろう。シンプルな内容のキットではあるが組み立ては新版よりも楽で、初心者にはおすすめできる内容である

■AH-64A アパッチ
●D6　●1983年発売

現在では金型が一部改修され、シリーズ中最強のD型ロングボウに生身変身しているが、その原型となったオリジナルがこのキットである。この頃からハセガワはパネルラインをスジ彫りへと切り替え始めたようで、このアパッチ以後のキットは大半がスジ彫り仕上げとなっている。前述のように金型が改修されたキットではあるが、この改修後のキットがイスラエル軍で運用されている機体や「イラクの自由」作戦で運用されたグレーの塗装にシャークマウスが描かれたバリエーションとして限定発売されている

■HH-60D ナイトホーク
●D7　●1985年発売

陸軍のUH-60Aを母体に、夜間飛行用の機材や空中給油装置、吊り下げ式の燃料タンクなどを追加した空軍向けの戦闘救難型。しかし高額ゆえに10機が改造されただけに終わっている。空中受油装置と燃料タンクを追加して再現しているが、当然ながらキャビン内は陸軍型と同じだ。また各部の特徴も前作の陸軍型と変わらない。ただし機首に長大な給油プローブを備えた姿は通常型のブラックホークと大きく異なり、また空軍型特有の迷彩も魅力的なキットである

■F/A-18C ホーネット
●D8　●1980年発売

スジ彫りのパネルラインでリリースされたF/A-18Aの金型を改修したキットで、A型と同じくパネルラインがスジ彫りで再現され、ハセガワとしては珍しく胴体とスタビレーターが一体成型されている。当時リリースされていた各社のキットよりもはるかに仕上がりは上だが、インテイク周りなど実機の複雑な外形により、再現のため必然的にパーツを細分化されることになった。この機体もおびただしい数の塗装バリエーションが存在するため、多数のデカール替えキットが限定発売されていることで知られる

1/72 SCALE AIRCRAFT MODELS

■D10　ブルーエンジェルス・F/A-18Aホーネット

■D11　川崎 T-4 "ブルーインパルス"

■D9　F/A-18D ホーネット

■D12　川崎 T-4 "航空自衛隊"

■D14　F-16B プラス ファイティングファルコン

■D13　SH-60J シーホーク

■D16　F-104J/CF-104 スターファイター

■D17　F-104S/F-104G スターファイター

■D15　F-16D ファイティングファルコン

■D18　F-16CJ（ブロック50）ファイティング ファルコン

■D19　AV-8B ハリアーⅡ

■D20　九州 J7W1 十八試 局地戦闘機 震電

■D21　三菱 A6M2b 零式艦上戦闘機 21型

■D22　三菱 A6M5 零式艦上戦闘機 52型

■D23　三菱 A6M5c 零式艦上戦闘機 52型丙

■D24　AV-8B ハリアーⅡ プラス

■D25　P-51D ムスタング

■D26　三菱 零式艦上戦闘機 22型/32型

■E1　F-117A ナイトホーク

■E2　F-14A トムキャット（ロービジ）

■E3　F-14A トムキャット（ハイビジ）

■E4　AH-1S コブラ チョッパー "陸上自衛隊"

■E5　AH-1S コブラ チョッパー "U.S.アーミー"

■E6　AH-64D アパッチ ロングボウ

■E7　S-3A バイキング

■E8　EA-6B プラウラー

■E9　A-10A サンダーボルトⅡ

■F/A-18D ホーネット
● D9 ●1980年発売

1/72のキットは先に発売されていたA型のキットから複座型へのバリエーション展開が考慮されており、すでに前席後方の開口部が用意されていた。そのため、複座型のキットとするのは新規金型のキャノピーとその後方に配されるフェアリングを追加するだけで済み、上部胴体を新規に製作する必要はなかった。各パーツの擦り合わせにさえ注意すれば、高い完成度の作品を手に入れられるはずである。海軍の機体の他、海兵隊で運用された機体の2機セットなども限定発売されている

■ブルーエンジェルス・F/A-18Aホーネット
● D10 ●1987年発売

アメリカ海軍のアクロチーム「ブルーエンジェルス」の機体を再現したF/A-18A ホーネットのバリエーションキット。成型色は通常のグレーではなくブルーエンジェルスの機体を思わせるダークブルーとなっており、新規にセットされたブルーエンジェルス仕様のデカールを使えば無塗装でもそれらしい仕上がりにすることができる。元となった1/72 F/A-18のキットと同様にエアインテーク周辺のパーツ分割は細かいため、この部分のパーツを接着する際には注意したい

■川崎 T-4 "ブルーインパルス"
● D11 ●1996年発売

完全新金型でリニューアルされたT-4のキットに専用のデカールをセットすることで空自のアクロチーム・ブルーインパルスを再現したキット。成型色が通常のグレーではなく白なので、塗装せずデカールだけを貼って完成させることも可能だ。特徴的な曲面に覆われた姿を過不足なく再現した優れたキットで、ストレート組みでもよし、ディテールに手を加えるのもまたよしと、万人向けのキットと言えるだろう

■川崎 T-4 "航空自衛隊"
● D12 ●1996年発売

完全新金型でリニューアルされたキットのバリエーションで、パーツ点数は少ないもののディテールなどは1/72スケールの水準以上に仕上がっている。組み立ては簡単なので、各パーツを取り付ける際に段差やすき間が生じないように気を使えば充分な仕上がりとなる。このT-4も他の空自機と同様に特別塗装機がかなり多い機体。特に2015年に見られた航空自衛隊60周年記念塗装は複数種が存在するため、それらをフォローするデカール替えのバリエーションキットが限定発売されている

■SH-60J シーホーク
● D13 ●1987年発売

アメリカ海軍が導入したSH-60Bの海上自衛隊向けバージョンを再現したキット。キット自体はSH-60Bとまったく同じで、デカールのみ専用のものに改められている。ハセガワはこのキットの他にも自衛隊で運用されているUH-60系の機体として救難機であるUH-60Jレスキューホークを同スケールで展開。航空自衛隊仕様と海上自衛隊仕様が発売されていたので、是非とも製作して本キットと並べたいところである

■F-16B プラス ファイティングファルコン
● D14 ●1987年発売

F-16Aブロック15のキットの胴体上面とキャノピー、後部コクピットなどを新規金型で追加した複座型。A型と同じくこのスケールでは最良の複座型キットであり、組み立てもやさしい。このキットの組み立ての際の注意点としては主翼と胴体が別パーツとなっている点がある。これを接着する際には完全に接合部分の段差を消し、表面を滑らかにしておけばF-16の特徴であるブレンデッド・ウイングボディが再現できるだろう

■F-16D ファイティングファルコン
● D15 ●1987年発売

単座のA型から発展した複座のB型と同様に、Cのブロック30のキットの胴体上面などを新規金型の部品に置き換えることで、C型と同等のディテールを持つ複座のD型に仕上げている。各社から新しいキットが発売されたC型と異なり、このD型はバリエーションとして展開された絶対数が少なく、またそれらの出来もこのキットに及ばないため現在に至るまで1/72ではほぼ唯一といっていいF-16Dの決定版キットとなっている。そういう意味でも貴重なキットと言えるだろう

■F-104J/CF-104 スターファイター
● D16 ●1989年発売

数百種にも及ぶハセガワ1/72キットの中でも、文句なしに最高傑作キットのひとつであり、外形は無論のことディテールも他のキットをはるかに凌駕するほど仕上がった。組み立ても容易だが、主翼は胴体への差し込み式のため、正しい下反角を左右でそろえることにのみ注意が必要だ。前脚収容部左側などのスリットが省略されているが、これは長期販売による金型の荒れを考慮したものと思われる。また自衛隊の全飛行隊を収めた付属のデカールは圧巻だ

■F-104S/F-104G スターファイター
● D17 ●1989年発売

先行して発売された1/72 F-104Jのキットと基本的には同仕様だが、実機の変遷に合わせて射出座席や幅広型の主輪、それに伴う膨らみが新設された主脚カバーなどが新規金型によるパーツで製作されている。このキットがあれば、デカールの調達さえかなえばNATO各空軍の機体を簡単に製作することが可能。発売当初は西ドイツ(当時)空軍のみのデカールが付属していたが、現在手に入る製品ではイタリア空軍のS型用デカールを加えて販売されている

---

*COLUMN
"飛行機のハセガワ"というブランドイメージを決定づけた小池繁夫氏のボックスアート

プラモデルを買うという行動はすなわち、箱の中に収められたパーツを手に入れると同時に、その完成形(=実機の活躍する姿)を示したパッケージイラストという「モチベーション」を入手することでもある。ハセガワ製品を買うということはすなわち、「小池繁夫氏のイラストレーションを買う」ということなのだ。小池氏のイラストが精緻であることが「ハセガワのプラモデルは精密である」という印象を根付かせることに大きく寄与していることに異論をもつ人はいないだろう。

戦後すぐに生まれた小池氏は飛行機好きの少年期を経て、デザインとイラストレーションのイロハを学び、デザイン事務所で働いたという。独立後にさまざまなクライアントから航空イラストの仕事が舞い込むようになり、ハセガワとの仕事は小池氏が売り込むことで始まった。かつてプラモデルのパッケージイラストに多かった、勇壮な撃墜/被撃墜シーンをはじめとする極端にドラマチックなシーンを嫌う小池氏はご存じのとおり、美しい空を飛行機が飛ぶ姿を冷徹とすら形容できるドライさで描き続けている。

空の色はブルーに限らず、機体が反映する光からそれが乾いた朝なのか湿った夕暮れなのか、その匂いや気温までもが伝わってくるよう、さまざまに描き分けている。機体ごとに似つかわしい地形や植生を描くために俯瞰で描かれたものもあれば、季節や土地柄を覗わせる気象現象を写し込むために空背景となるものもある。注目すべきは、「飛行機のカタチが伝わる角度」と「写し込みたい背景」を合わせたときに、飛行機にどんな"演技"をさせるかがイメージできなければ描くことはできない、ということである。操舵面や水平線に対する機首の角度がどんな関係にあるのかをシミュレートしてそれぞれの機体の性格や活躍エリアを想起させるよう描かれた小池氏のイラストは「静的な筆致でありながら、極めて雄弁な航空図鑑」でもあるのではないだろうか(もちろん、飛行機以外のモチーフについても小池氏は数々のパッケージイラストを描いている)。

小池氏によるイラストレーションワークは富士重工業から毎年『世界の名機カレンダー』として41年間に渡り出版され、多くのファンを獲得してきたが、2016年をもって刊行を終えるという。そこにはいまだ「ハセガワのプラモデル」としてこの世に生を受けていない機種も数多く含まれている。我々のイメージのなかで切っても切れない「ハセガワ製品と小池氏のイラスト」という関係性。氏のライフワークのすべてが「ハセガワ製のプラモデル」として結実してほしい、と願うのは勝手なファン心理というのだろうか。 ■

▲▲飛行機の工業製品的精緻さを極めて美麗に表現し、さらに「飛んでいるだけなのに極めてドラマチック」という要素をも持ち合わせた小池繁夫氏によるボックスアート。上の1/72「中島キ84 四式戦闘機 疾風」では美しいベアメタルの外板が表現され、1/72「川西 N1K2-J 局地戦闘機 紫電改」では夕焼けを背景にコルセアを迎撃するという劇的な構図を静的な雰囲気を潜えた筆致で捉えている。小池氏のイラストレーションは、富士重工のカレンダー(2016年度まで)、ハセガワのボックスアートの他、現在発売中の画集『フライング・カラーズ4』(ホビーリンク・ジャパン/刊)シリーズでも堪能できる

1/72 SCALE AIRCRAFT MODELS

■F-16CJ(ブロック50)ファイティングファルコン
● D18　● 2000年発売

既発売のF-16Cのキットをベースに、ワイドエアインテークを装備したブロック50の機体を立体化したバリエーションキット。大型化されたエアインテーク、形状の異なる排気ノズルが再現され、パイロットのフィギュアに加え武装にはAIM-120B AMRAAM先進型中距離空対空ミサイル×2発、AGU-36HARM高速対電波源ミサイル×2発が新規金型パーツで追加されている。デカールは第79戦闘飛行隊・部隊創設9周年記念(タイガーミート'97)、第35戦闘航空団・司令官機(三沢基地)が用意された

■AV-8B ハリアーⅡ
● D19　● 2001年発売

イギリスと共同で開発が進められたAV-8Aの能力強化型。機体レイアウトは従来のハリアーのものを踏襲しているが、エンジンと機体はまったく新規設計の別物だ。キットはAV-8Aより一回り大きくボリュームアップされた本型独特のラインを巧みに再現しており、表面仕上げや上方の補助インテーク・ドアも再現されているのも嬉しいところ。海兵隊で運用されている機体を中心にデカール替えのキットが発売されたが、珍しいところではイタリア海軍の機体を限定再現したものも存在する

■九州 J7W1 十八試 局地戦闘機 震電
● D20　● 1995年発売

1/48キットに続くスケールダウン版で、それまでこのクラスの震電はタミヤ、それも1/70のものしかなく、当時はこのキットの登場でひとつ穴が埋まった感があった。コクピットのディテールは1/48スケールキット譲りの詳細なもので、シートベルトを追加してやれば充分な完成度になる。またパーツの合いも良好で、組み立てに際して難しいポイントはさほど存在しないキットである。ただ後ろに重心が傾いている機体なので、組み立てる際にはなるべく機首に重りを入れるようにしたい

■三菱 A6M2b 零式艦上戦闘機 21型
● D21　● 1993年発売

1993年にリリースされた完全新金型の零戦である。発売から20年以上を経た製品ではあるが、やはり優れたキットであることは間違いない。基本工作をていねいに行なえば、すき間や段差が生じる事もないだろう。比較的新しいキットなこともあり、ストレートに組んでも充分な仕上がりとなる。デカールは有名機4種がセットされており、価格も手頃。小型のための海軍機と組み合わせたコンボキットとして登場することも多く、また真珠湾攻撃参加機や搭載された母艦ごとなどきめ細かいバリエーション展開もされている

■三菱 A6M5 零式艦上戦闘機 52型
● D22　● 1994年発売

零戦の代表格と呼べる機体がこの52型である。それまで発売されていた零戦各型の改定新版となる新シリーズのバリエーション第五弾として製品化された。パネルラインはシャープなスジ彫りで表現され、このスケールならディテールも充分なものとなっている。なにせこれも各部隊で多数の機体が運用された形式のため、エース機や飛行隊ごとの細かいバリエーション限定キットが多数展開された

■三菱 A6M5c 零式艦上戦闘機 52型丙
● D23　● 2001年発売

海軍の要求を受け52型から開発の進んだ52型丙。モデル化は既発売の52型をベースにパネルラインやエンジンカウル、主翼、増槽タンクなど大幅にパーツ変更を行なったバリエーションキット。防弾ガラスも再現され実感を高めている。一部、機体パーツの穴埋め作業を行なう必要がある。デカールは第203海軍航空隊所属機(1945年8月長崎県大村基地)と第252海軍航空隊所属機(1945年3月千葉県茂原基地)の2種から選択可能

■AV-8B ハリアーⅡ プラス
● D24　● 2001年発売

実機はイギリスが開発したハリアーをベースに、アメリカ海兵隊が近接航空支援能力や空中戦能力を高めた垂直離着陸ジェット攻撃機。機首にAN/APG-65レーダーを装備。キットは機体側面にある排気ノズルがポリキャップ接続で、組み立て後も向きを変えることが可能。補助インテークは上3ヵ所が開状態で固定。デカールはアメリカ海兵隊第542海兵攻撃飛行隊(VMA-542)"フライングタイガース"の隊長機「WH01」をメインに2機分が用意されている

■P-51D ムスタング
● D25　● 1994年発売

上で紹介している零戦のシリーズと同様に、P-51Dを新規金型で復活させた製品で、旧製品からの流用パーツはなくすべて新設計のパーツとなっている。外形やディテールなどは昔のキットと比較してはるかに向上し、組み立ても簡単で、現在におけるハセガワの1/72ムスタングの決定版と言える内容のキットである。キットにはウサギのマークとインベンションストライプが描かれた第3戦闘航空群 第3戦闘飛行隊 "464076/ジャンピン・ジャックス"などのマーキングが2種付属する

■三菱 零式艦上戦闘機 22型/32型
● D26　● 1993年発売

新金型で登場した零戦シリーズの一環で、以前はそれぞれ別のキットとしてリリースされていた22型と32型の両型の主翼とそれぞれのデカールを用意することで、コンバーチブルキットとした製品だ。22型と32型の胴体の形状は同じなので、理にかなったキットの統合であると言えよう。マーキングは22型が251海軍航空隊の西沢広義上飛曹機、202海軍航空隊所属機の2種類、32型が台南空所属の谷水竹雄上飛曹機の1種類となっており、22型の方が1種類多い

■F-117A ナイトホーク
● E1　● 1999年発売

以前リリースされたキットは、実機写真が1枚だけ発表されたことを受けて急遽製品化されたキットで、ディテールはともかく外見は全く異なるため、短期間で絶版となった。この新キットは当然ながらまったく異なる新金型で、他メーカーのキットとは一線を画す内容となっている。上下胴体に尾翼を組み合わせればすぐ形になるというパーツ分割だが、コクピットなどのディテールは充分な出来栄えだ。後に爆弾倉の内部を再現するための追加パーツを加えた限定キットもリリースされた

■F-14A トムキャット（ロービジ）
● E2　● 1977年発売

完全新金型キットが登場した後に、1977年にリリースされた旧作のF-14のキットを新規デカールに改めて2000年に新パッケージ化したしたもの。新規金型のF-14キットと比べるとさすがに設計の古さは否めない、反対にバリエーション展開が考慮されておらずフラップなども飛行状態のみなので、組みやすさという点では新作のキットをはるかに上回っている。加えてキット自体の価格もかなり安価で、手軽にF-14Aを作りたいという方には、まずおすすめできるキットだろう

■F-14A トムキャット（ハイビジ）
● E3　● 1977年発売

低視度迷彩版と一緒にリリースされたキットで、派手なマーキングで人気も高いVF-84とVF-111のデカールがセットされている。この旧キット版トムキャットの特徴としてエモールドによるパネルライン表現、可動式の主翼、兵装のパーツがキット自体にそのまま付属している点が挙げられる。内容はAIM-9 サイドワインダーが2発、AIM-7 スパローが同じく2発、AIM-54 フェニックスが4発で、胴体下面にフェニックスミサイルを4発搭載した典型的な艦隊防空任務時の兵装を別売りの武器セットなしでも完成させられる

■AH-1S コブラ チョッパー "陸上自衛隊"
● E4　● 1997年発売

陸上自衛隊が導入した初の攻撃ヘリで、実機が小柄な機体のため手のひらサイズであるが、キットはディテールともに充分な仕上がりでストレートに組んでも何ら問題はない。ただしそのままでは完成後に間違いなく尻餅をつくことになるので、コクピットの床下に重りを仕込んでおくことを忘れないよう注意したい。このキットをベースにバリエーション展開された商品で特筆すべきものとしては、木更津航空祭でオリジナルのキャラクターのペイントが施されて展示された「痛コブラ」の限定キットがある

■AH-1S コブラ チョッパー "U.S.アーミー"
● E5　● 1997年発売

先に発売された陸上自衛隊バージョンのデカール替えで、キット自体はまったく同一。アメリカ軍は基本となったS型をベースとして様々な派生型のコブラを運用しているので、それらを再現するためのベースとしても最適なキットである。また、限定版キットにてアメリカと同じくAH-1Sを装備しているイスラエル国防軍の機体を再現したものも存在する。こちらは米軍のものと打って変わってサンドカラーの迷彩色となっており、大きく印象の変わる一作だ

■AH-64D アパッチ ロングボウ
● E6　● 1992年発売

試作型AH-64の金型を改修して製作されたA型のキットをベースに、実機と同様ローターハブ部分に全周捜索用のレーダーを新規金型で追加している。このため完全なD型仕様を製作するには追加工作が必要だが、無視しても良いかも知れない。複雑な形状ゆえに排気口周りの製作は難が残るが、それ以外はすらすら作業を進めることができ、ディテールもまずは充分だろう。キャノピーが大きい機体なので機内がよく見えることから、シートベルトなどを追加するとより見映えがよくなる

■S-3A バイキング
● E7　● 1978年発売

2016年1月にアメリカ海軍では完全退役になった艦上対潜哨戒機の1/72キット。全体のモールドは凸モールドで、各部のパーツの合いも良好。組み上がったキットのプロポーションも実機のイメージをよく再現したキットである。このキットが世界初のS-3 バイキングのキットだが、当時としては充分な完成度と言えるだろう。フラップが別部品になっているのもポイントで。色鮮やかな塗装でファンの多いバイセンテニアル仕様のバリエーションキットも後に限定発売されることとなった

■EA-6B プラウラー
● E8　● 1979年発売

アメリカ海軍/海兵隊が運用する電子戦機プラウラー。このキットではパーツの全面にシャープなスジ彫りが施されており、発売当時は素晴らしいキットとして市場に受け入れられた。各部のディテールも的確で組み立ても簡単し、現在の目で見てもプラウラーのベストキットであることは間違いない。再現性を優先して前側のキャノピーは左右に分割されているので、接着の際には注意したい。アメリカ海軍機らしい派手なマーキングのCAG機からスパルタンな海兵隊のロービジの機体まで、多数のデカール替え限定キットが存在している

■A-10A サンダーボルトⅡ
● E9　● 1982年発売

当時のカタログで発売が予告されてから数年経って製品化されたキットであった。パネルラインは凸モールドながら全体にシャープな印象で、また機体の外形の再現度は非常に高い。端的に言って「実機に似ている」キットである。また別売りのエアクラフトウェポンセットシリーズによる武装再現が前提になるのがこのキットなので、豊富な各種爆弾やミサイルが付属。このキットだけで兵装を満載した状態を作る事ができたのも魅力だった。現在はA-10Cの1/72キットが発売されたことでこのA型のキットは絶版となっている

1/72 SCALE AIRCRAFT MODELS

■E10　F-15E ストライクイーグル

■E11　ミグ29 フルクラム ファーンボロー（武装付）

■E12　F-15J イーグル "航空自衛隊"

■E13　F-15C イーグル "アメリカ空軍"

■E14　F-14A トムキャット "大西洋空母航空団"

■E15　三菱 F-2A/B

■E16　B-25J ミッチェル

■E17　B-25H ミッチェル

■E18　F/A-18F スーパーホーネット

■E19　F/A-18E スーパーホーネット

■E20　三菱 G4M2E 一式陸上攻撃機 24型丁 w/桜花 11型

■E21　ハインケル He111H-6

■E22　ハインケル He111P

■E23　ランカスターB Mk.Ⅰ/Mk.Ⅲ

■E24　ランカスターB Mk.Ⅲ "ダムバスターズ"

■E25　ユンカース Ju88A-4

■E26　B-26B/C マローダー

■E27　B-26F/G マローダー

■E28　B-24D リベレーター

■E29　B-24J リベレーター

■E30　E-2C ホークアイ "航空自衛隊"

■E31　E-2C ホークアイ 2000 "U.S.ネイビー"

■E32　ユンカース Ju88G-6 "ナハトイェーガー"

■E33　ユンカース Ju188A/E

■E34　F-16I ファイティングファルコン "イスラエル空軍"

■E35　Su-33 フランカーD

■E36　F-4B/N ファントムⅡ

■E37　F-4EJ改 スーパーファントム

■E38　EA-18G グラウラー

■E39　F-15E ストライク イーグル

1/72 SCALE AIRCRAFT MODELS

■F-15E ストライクイーグル
●E10　●1988年発売

現在では新金型のキットが流通しているF-15Eだが、このキットはひと世代前のもの。F-15DのキットにコンフォーマルタンクなどE型用のパーツをセットした内容となっている。なので、完成時の形状はF-15Eというよりも正確にはTF-15Aなどの改造機に近いものとなっている。というわけで本作はD型とE型の細かい部分での差は再現されていないキットではあるものの、旧キットのD型はパーツ構成自体はシンプルなので組みやすさでは新金型のE型のキットよりも上である

■ミグ29 フルクラム ファーンボロー(武装付)
●E11　●1987年発売

長い歴史を持つイギリスのファーンボラ(これが正しい発音だ)航空ショーに参加した機体を、専用のデカールをセットしてキット化したものでプロポーションもよく似ているので重厚なスタイルに仕上がる。またキット発売当時は別売りで戦闘機などが存在しなかったソ連製のミサイルが付属しているのもありがたい。組み立ても容易なのですぐに完成させることができるだろう。旧東側を中心に多数の国で運用されたミグ29だけに、このキットを元にしてウクライナ、ハンガリー、ポーランドといった国の機体が限定発売された

■F-15J イーグル "航空自衛隊"
●E12　●1988年発売

既存のものも存在した1/72のF-15だが、その決定版を目指して完全新規金型でリリースされた製品。シャープなスジ彫りのパネルラインや適度に省略されながらもスケールに見合ったディテールなど、今でもF-15としては秀作キットとして存在している。ほぼすべてグレーのロービジ塗装である空自のF-15の特性を活かして、このキットでは機首の機番と垂直尾翼のマーキングを変更することで、日本全国の基地に配備された6種類の機体を再現する事ができるようになっている

■F-15C イーグル "アメリカ空軍"
●E13　●1988年発売

航空自衛隊向けのJ型と同じキットのデカールをアメリカ空軍向けとしたもので、J型と同様に排気口のアイリスカバーを取り外した現行型をモデライズしている。シャープなスジ彫りのモールドが売りなのはJ型のキットと共通の特徴だ。この製品も数多いアメリカ空軍F-15のバリエーション限定キットの母体となっており、その中には空軍で使われているアグレッサー機やゲーム『エースコンバット』シリーズに登場した機体といった変わり種も含まれている

■F-14A トムキャット "大西洋空母航空団"
●E14　●1988年発売

1988年に発売された新版(スジ彫り版)のトムキャットのデカールを、VF-84 "ジョリーロジャース" (CAG機と一般機の2種類)、VF-31 "トムキャッターズ"、VF-102 "ダイヤモンドバックス"の合計4種類の機体のマーキングに置き換えたキット。機関砲の周りやコクピット、エンジン周りなどが別パーツになっているなどB/D型からのバリエーション展開も考慮されたキットである。主翼のポジションは開・閉の選択式。各社から発売されているものを含めて現状では最高の1/72トムキャットと推す声も多い。まさに1/72 F-14の真打ちと呼べるキットだ

■三菱 F-2A/B
●E15　●1998年発売

以前発売された試作型のキットをベースに金型改修を行ない生産型としたもので、複座型の前部胴体とキャノピー、そして単座型との兼用コクピットを加えることで、A、B両型のコンパーチブルキットとしている。またこの時代のハセガワキットとしては珍しく、対空、対艦ミサイルがセットされているのはうれしい。基本的に胴体と主翼と胴体の接合処理さえ気を付ければ組み立ては簡単で、短時間で完成にこぎつける。何よりも、このスケール唯一のキットというのは最大のメリットだろう

■B-25J ミッチェル
●E16　●2003年発売

B-26とともに、アメリカの大戦期における双発爆撃機の雄だけあり、このスケールではかなりのキットがリリースされているなか、ハセガワは文句なしに最良のキットだろう。各型への発展を念頭に置いて各部が分割されているが、パーツの合いがよいので組み立てはやすい。また1/48スケールのキットをそのまま縮小したような機内のディテールは秀逸で、これをていねいに塗り分けることがポイントとなる。塗装とマーキングのバリエーションが多いのも、本機ならではだろう

■B-25H ミッチェル
●E17　●2003年発売

B-25Jをベースに新規パーツを追加したバリエーションキット。機首に4丁の12.7mm機銃と75mm砲1門を装備。コクピットの副操縦士席と機体両側面のガンパックはオミットされる。主翼は機体の爆弾倉から延びる桁で確実な強度で固定される設計で、強度と組み立てやすさを確保している。デカールは#43-4909 第12爆撃航空群第82爆撃飛行隊"EATIN' KITTY" (1943年10月)、#43-4357 同"Leroy's Joy" (1943年11月)、#43-4381 同"DOG DAIZE" (1943年12月)から選択可能だ

■F/A-18F スーパーホーネット
●E18　●2003年発売

ホーネットの発展型戦闘攻撃機「スーパーホーネット」の複座型18Fを完全新規金型で商品化。これまでのF-18と大きく形状の異なる角型のインテークや機首とストレーキの複雑なつながり方を大胆なパーツ分割で捉えたキットである。デカールは第103戦闘攻撃飛行隊"ジョリー・ロジャース"、第102戦闘攻撃飛行隊"ダイヤモンドバックス"が付属。また、搭載兵装としてAIM-120AMRAAM×2発、AIM-9Xサイドワインダー×2発、480ガロン増槽×4基が付属する

■F/A-18E スーパーホーネット
●E19　●2004年発売

F/A-18Cの航続距離延伸と、搭載量増大を図って大型化された機体で、エンジンなども異なるまったくの別機だ。当然ながらキットもまたすべて新規に金型が起こされており、C型とは似て非なるE型のスタイルを見事に再現している。C型では組み立てに若干気を使ったインテーク周りは、下面を一体としてこれに側面を合わせるというスタイルに改められ、はるかに簡単に組めるようになったのは大きな進化である

■三菱 G4M2E 一式陸上攻撃機 24型丁 w/桜花 11型
●E20　●1996年発売

1996年にリリースされた一式陸攻のキットに特攻兵器である桜花のキットを組み合わせたセット。1970年代にも同様に桜花が付属する一式陸攻のキットが存在したが、このE20番の24型は新規に開発されたもの(旧版は11型)。旧版と異なり機体内部や主脚、エンジンや排気管などよりも精密なディテールが盛り込まれたものとなっている。機首のキャノピーのみ形状の関係から透明パーツを3つ組み合わせることになるので、接着には注意したい

■ハインケル He111H-6
●E21　●2004年発売

意外にもハセガワでは初となるドイツ軍の双発爆撃機で、2004年に発売された。縦置きされた爆弾倉などの特徴的な機体内部も一部が再現され、この爆弾倉の扉は閉じた状態と開いた状態、さらにこの爆弾倉外の扉部分にも爆弾を取り付けた状態の3種の状態を選んで組み立てることができる。機関銃座が取り付けられているために少しひしゃげたような形になっている卵形の機首部分など、特徴的な機体の形状をよく再現したキットである

■ハインケル He111P
●E22　●2004年発売

既に発売されていたHe111H-6のバリエーションキットで、機首の形状、ダイムラーベンツ社DB601系が搭載され外観に差異のあるエンジン、プロペラの形状、胴体下部銃座、背面銃座など形状が異なるためこれらの箇所には新規パーツが用意された。爆弾を垂直に搭載する独特のレイアウトの爆弾倉内部も再現され、弾倉扉は開閉選択が可能だ。デカールは第55爆撃航空団所属機(フランス1940年秋)、第27爆撃航空団第3中隊所属機(1940年5月/標準迷彩)、第55爆撃航空団所属機(フランス1940年秋)から選択可能となっている

■ランカスターB Mk.I/Mk.III
●E23　●2005年発売

各社から発売されているランカスターのキットだが、価格や入手のしやすさを考えると総合的にトップクラスなのがハセガワの製品だろう。キットは定番としては比較的新しい部類に入るもので、長大な主翼を支えるために胴体から桁状のパーツを飛び出させ、これをガイドにしつつ主翼のパーツを取り付けるという工夫が盛り込まれている。また爆弾倉は開閉選択式で開けた状態にする場合は200lb爆弾18発と4000lb H.C. Mk.II爆弾1発を機内に取り付けることができる

■ランカスターB Mk.III "ダムバスターズ"
●E24　●2005年発売

ドイツ最大の工業地帯ルール地方の電力供給を行なうダム群の爆撃破壊作戦に使用した約3tの爆薬を詰めたドラム缶型の爆弾「アップキープ」を搭載するために機体下面を大きくえぐった形状に改修された機体を立体化。爆弾は機体中央部から延びる桁で接続され、充分な強度を得られるパーツ設計。デカールはイギリス空軍第617飛行隊"AJ◯G" (1943年5月)、第617飛行隊所属機"AJ◯S"、第617飛行隊"AJ◯C" (1943年12月)の3種

HASEGAWA CO

■ユンカース Ju88A-4
- E25
- 2006年発売

2004年に発売されたHe111に続き2006年に発売されたドイツ軍の双発爆撃機。外観の正確さは元より、適度な省略を加えつつも1/72スケールとしては水準を超えているディテールの再現度、さらにパーツ表面の仕上げなどは素晴らしく、文句なしに1/72のJu88としては最高水準のキットと言える。爆弾倉は開閉選択式に仕上がっている。主翼と胴体を接続するには専用の桁状パーツがセットされているので強度も確保できているのが嬉しい。主要な各形式をリリースするために機首やエンジンナセルが別パーツになっているので、この部分の接着は段差ができないようにしよう

■B-26B/C マローダー
- E26
- 2006年発売

B-25と共に大戦期のアメリカ軍を代表する双発爆撃機のひとつ。空気抵抗を軽減するため、流線型となったスタイルが斬新な機体である。キットでは見える範囲の機内のディテールをほぼ完璧に再現しており、外見の正確さや表面の仕上げと合わせて1/72では最良の一機と言える。文句なしの他のキットをはるかに超える、文句なしのベストキットと言えるだろう。かなりテールヘビーな機体なので、機首には忘れずに重りを詰め込みたいところだが、機内の再現度が高すぎてどこに入れるか迷うほどである

■B-26F/G マローダー
- E27
- 2007年発売

先に発売されたB/C型のバリエーションキットで、実機の変更に合わせて胴体の主翼取り付け部分の金型を差し替えることで、取付け角の増大した型式をキット化している。もちろんすべてのスケールを通じて正しいF/G型は初のキット化であり、機内のディテールなども水準を超えるキットであるのはこのスケールのベストキットであることは間違いない。第587爆撃隊所属機、第459爆撃隊所属機、第584爆撃隊所属機の3機のマーキングが付属。全体がシルバーの機体か上面をオリーブドラブで塗られた機体のいずれかを選択できる

■B-24D リベレーター
- E28
- 2007年発売

B-17、ランカスターに続く4発爆撃機のキット化で、外観やディテール、そして組みやすさとそれまでのキットを上回るものに仕上がっている。実機の独特なシャッター式ドアも正しく再現されている。部品の合いがよいので大型機ながら組み立ても難しくない。主翼を取り付けるために胴体の内部から飛び出すような桁パーツが用意されているので、加工のしかたによっては完成後も主翼を取り外しできるようにすることもできる。このスケールのベストキットと言える内容だ

■B-24J リベレーター
- E29
- 2008年発売

先行して発売されたD型の機首などを新規金型で差し替えることで、武装強化型を再現している。D型と基本的な設計は同一で、D型と並んでまずはこのスケールでは最高の出来だろう。D型との最大の差である回転銃座を備えた機首周りのパーツはまるまる新規部品となり、ランナーを追加して再現。キットはこれを見越して機首周りのパーツが分割されている設計で、この部分を取り付ける際には段差が生じないように注意したいところ。セクシーなノーズアートが魅力の第64爆撃飛行隊所属機など2種類のマーキングが付属する

■E-2C ホークアイ "航空自衛隊"
- E30
- 2008年発売

E-2Cホークアイも先発のキットが複数存在する機体だったが、2008年に発売されたこのハセガワ製キットが決定版となった。この時期に発売された他のハセガワ製大型機キットと同様に機体外形やディテールの再現度、各部パーツの合いなどキットの精度は申し分ない。またフラップはダウン状態を再現できるように別パーツとされ、胴体下面に取り付けられているアンテナ類を機体導入時と改修後の状態を選択して取り付ける事ができるというのも嬉しいところ

■E-2C ホークアイ 2000 "U.S.ネイビー"
- E31
- 2009年発売

航空自衛隊版に続いてリリースされたアメリカ海軍版E-2Cのキット。基本的には同一のキットだが、飛行効率の向上を狙って取り付けられた8翅プロペラや各部に追加されているアンテナなどのパーツとして用意されており、これらを取り付けることで改良型のホークアイ2000となる。航空自衛隊版と並んで機体外形やディテールの再現は申し分ないキットで、全幅約34cmとそこそこ大柄なキットながら組み立ても難しくない。そのままストレートに組み立てられる傑作キットである

■ユンカース Ju88G-6 "ナハトイェーガー"
- E32
- 2010年発売

先行して発売されたA-4型のキットをベースに、機首前方にレーダー用アンテナを装備したソリッドノーズ、大型化された垂直尾翼、延長型の水平尾翼、そしてシュレーゲムジークと呼ばれた斜め上方を向いた機関砲など、夜間戦闘機型ならではの特徴を新規パーツで盛り込んだキットである。特に機首の前方レーダーに関してはFuG220 SN-2レーダーより「鹿の角」、「モルゲンシュテルン」の2種とFuG218ネプツーンレーダーの「モルゲンシュテルン2」の形式が選択できる。国江隆夫氏による詳細な実機解説書が付属しているのも嬉しいキットだ

■ユンカース Ju188A/E
- E33
- 2010年発売

先に発売されたJu88のキットをベースに、発展型であるJu188をキット化。大きく形状が異なる卵形の機首と尖った主翼翼端は新規部品で再現されており、これまでのJu88とはかなり印象が違う。液冷エンジンを搭載したA型と空冷エンジンを搭載したE型とのコンバーチブルキットなので形状の異なるカウリングのパーツが2種類付属している。またキットで製作できる3種類の機体に合わせて機首上面の銃座の形状や有無、プロペラの形状、アンテナの有無や位置などが細かく選択できるのも特徴である

■F-16I ファイティングファルコン "イスラエル空軍"
- E34
- 2010年発売

先行して限定品として発売された1/48に続き、1/72でも発売されたイスラエル空軍のF-16。イスラエルのF-16には複数種類があるが、このF-16Iは複座の機体である。通常型F-16との大きな違いである機体背面のコンフォーマルタンクとドーサルスパインは新規のインジェクションプラスチック製部品をセットし、さらにインテーク付近に増設されているアンテナなどの細かな差も新規パーツで再現されている。武装はエアクラフトウェポンVIIなどからランナーを流用するなどするとよいだろう

■Su-33 フランカーD
- E35
- 2011年発売

1990年に発売された1/72 Su-27以来、21年振りに発売されたハセガワ製完全新作のフランカー。先行して限定品キットとしてアイドルマスタープロジェクト版が発売され、その後このロシア海軍版が登場した。実機の三次元的な曲面をよく捉えたキットで、機首の隆起のラインなどは非常に美しく仕上がっている。また、機体背面各部のパネルラインなどのモールドも以前のキットより実機に近いものとなった。さらにロシア製空対空ミサイルが大量に付属しているのも特徴で、このキットだけでフル装備状態を作ることができるのも魅力だ

■F-4B/N ファントムII
- E36
- 2011年発売

元々は1990年に完全新金型の1/72ファントムIIシリーズのうちのひとつとしてリリースされたキットで、続いて登場したJ型や空軍型とは異なる膨らみのない主翼と、幅が狭い主車輪など実機の相違部分を正しく再現している。また尾翼上端、レドーム下のIRスキャナーを複数セットすることで、実機の変遷を正しく再現している。一部に問題が散見できるものの、それまでの1/72キットを上回るベストキットであることは間違いない。地上には開いている胴体下面の補助インテイクドアを開口してやると実機に近いものとなる

■F-4EJ改 スーパーファントム
- E37
- 2011年発売

こちらも「E36」のファントム同様に、1990年にリリースされたF-4EJ改のキットをパッケージ変更の上、新たに定番キットのラインナップに加えたもの。元々は「KX4」の品番が振られていたキットである。このKXという番号は'90年代半ばごろまでファントムII系統のキットに振られていた番号で、このF-4EJ改と先のF-4B/N以外にもC/D、J/S、E、Gなどの各形式の機体がラインナップされていた。F-4EJ改の実機同様、非常に息の長いキットである

■EA-18G グラウラー
- E38
- 2011年発売

以前より発売されていたF/A-18F スーパーホーネットのキットに新規パーツを追加、電子戦用の機体を再現したバリエーションキット。大きな特徴であるAN/ALQ-99 戦術妨害装置ポッドとAN/ALQ-218(V) 2 戦術妨害装置ポッドは新規プラ製部品となり、さらに対レーダーミサイルもセットされた内容。細かい部分では胴体上面は「ブロックII」と言われる生産ブロックの機体に対応した、チムニーダクトと呼ばれるダクトを取り付けたバージョンの胴体パーツとなっている

■F-15E ストライクイーグル
- E39
- 2012年発売

複数のバージョンが発売されてきたハセガワの1/72ストライクイーグルの中でも最新バージョンのキット。この「E39」のキットでは既存の複座型F-15のパーツにF-15Eの量産型をより正確に再現した新規部品を追加した内容となっている。追加部品としてはコンフォーマルタンク、ロングタイプのパイロン、各部に追加されたアンテナがあり、さらに爆弾、航法ポッド、ターゲティングポッドもセットされた。是非とも別売りのエアクラフトウェポンセットと組み合わせてフル装備状態を再現したいキットだ。初回生産分のみ展示用スタンドが付属

1/72 SCALE AIRCRAFT MODELS

■E40　ユーロファイター タイフーン 単座型

■E41　MV-22B オスプレイ

■E42　F-35A ライトニングⅡ

■E43　A-10C サンダーボルト

■E44　Su-35S フランカー

■OO1　三菱 零式艦上戦闘機 21型

■OO2　三菱 零式艦上戦闘機 22型

■OO3　三菱 零式艦上戦闘機 32型

■OO4　三菱 零式艦上戦闘機 52型 丙

1/72 SCALE AIRCRAFT MODELS

■OO5 フォッケウルフ Fw190A-5

■OO6 フォッケウルフ Fw190A-8

■OO7 フォッケウルフ Fw190D-9

■OO8 スピットファイア Mk.Ⅰ

■OO9 P-51D ムスタング

■OO10 F-86F セイバー

■OO11 F-5A フリーダムファイター

■OO12 T-38A タロン

■CP1 空技廠 P1Y1 陸上攻撃機 銀河 11型

■CP2 空技廠 P1Y2-S 夜間戦闘機 極光

■CP3 川崎 二式複座戦闘機 屠龍 甲型

■CP4 川崎 二式複座戦闘機 屠龍 丙型 "飛行第5戦隊"

■CP5 三菱 キ46 百式司令部偵察機 Ⅱ型

■CP6 三菱 キ46 百式司令部偵察機 Ⅲ型

■CP7 三菱 G4M2 一式陸上攻撃機 22型

■CP9 三菱 G3M2 九六式陸上攻撃機 22型/23型

■CP10 中島 百式重爆撃機 呑龍 Ⅰ型

■CP11 九六式陸上攻撃機 22型/23型 "航空魚雷装備"

■ユーロファイター タイフーン 単座型
●E40　●2012年発売

イギリス、ドイツ、イタリア、スペインの四ヵ国が共同開発した ヨーロッパ産の最新鋭機を完全新規金型で再現したキット。胴体内部に桁を挟み込むことで強度と組み立てやすさを追求するなど、近年のハセガワが各種スケールの飛行機キットで培ってきた技術が盛り込まれた内容である。カナード翼も角度の変更が可能でエアブレーキは開閉選択式。さらに最近の1/72キットで見られる、脚庫カバーの開閉選択も盛り込まれており、駐機状態に加えて飛行中の状態も再現可能。初回生産分には飛行状態で展示できるスタンドも付属した

■MV-22B オスプレイ
●E41　●2013年発売

世界初の実用ティルトローター機オスプレイを、完全新規金型でリリース。実機の特徴であるエンジンナセルの角度変更はポリキャップを使った可動ギミックで再現。完成後も自由に角度を変えることができる。さらに主翼後縁のフラッペロンは別部品となっており、組み立ての際に取り付け角度を選択することができる設計だ。着陸脚は駐機状態のものに加え、飛行中の閉じた状態の脚庫カバー部品も付属するので、キット付属の展示用スタンドおよびパイロット2名のフィギュアと組み合わせて飛行中の状態を再現することができる

■F-35A ライトニングⅡ
●E42　●2014年発売

日本への配備が決まったことでも話題となった最新鋭機F-35。その空軍仕様であるA型を再現したキットである。ウェポンベイを閉じた状態とすることでパーツ点数は少なめになっており、慣れたモデラーであれば短時間で簡単に組み立てられる。キャノピーは透明部品の他、初回生産版のみ実機でも性能でもスモークのかかったクリアパーツが付属していた。近年のハセガワ1/72キットのスタンダードとなりつつある閉じた状態の脚庫カバー部品も付属しているので、付属のスタンドと組み合わせれば飛行状態の再現も可能だ

■A-10C サンダーボルトⅡ
●E43　●2014年発売

現在でも運用の続くA-10 サンダーボルトⅡのうち、最新のアップデートを受けた現行型を再現したキット。従来のA-10Aのキットに新規パーツを加えた内容である。追加されたのは大きくレイアウトが変更された計器盤とそれに伴って形状が変化したグレアシールド、さらに各部に追加された細かいアンテナ類や自衛用として取り付けられているAIM-9サイドワインダーとそのパイロンの部品。別売りのエアクラフトウェポンシリーズを用意すれば、A-10ならではの重武装を取り付けた状態を再現することができる

■Su-35S フランカー
●E44　●2014年発売

数多いフランカーファミリーの中でも最新かつ最強の機種であるSu-35の1/72キット。推力偏向式の排気ノズルなど、現代的な特徴を持った機体である。キットはこのSu-35専用に新規金型が起こされたもので、大柄な機体ながらパーツ点数を抑えた作りやすい内容となっている。フランカーならではの美しいプロポーションや細部のモールドも良好、また特徴的な推力偏向ノズルは水平と下向きを選択して製作できる。対艦ミサイルを含むロシア製兵装が豊富に付属するので、このキットだけでフル装備状態が再現できる

■三菱 零式艦上戦闘機 21型
●001　●1972年発売

これまで零戦を無視するかのように頑なに1/72キットをリリースしてこなかったハセガワが、1970年代の初頭に発売したキット。当時一気に21型、32型、22型、52型を揃えたことで一時期話題となった。現在の目で見るとやはり表現力が不足している部分もあるが、考証も進んでいなかった当時としては充分な内容だったろう。現在では1/72零戦はリニューアル版がD帯のキットとして発売されているので、このキット自体は絶版となっている

■三菱 零式艦上戦闘機 22型
●002　●1972年発売

翼端の切断とエンジン出力の強化により、航続性能が劣化した32型の対処として再び翼端の折り畳み部を追加した型式で、ハセガワから22型と銘打ってリリースされた最初のキットでもある。発売当時はまだ零戦自体の考証が進んでおらず、21型と22型の相違箇所が判明していなかったこともあって、キットは22型を再現するため主翼などに21型の部品がそのまま使われている。こちらも現在ではリニューアル版のキットが販売されている

■三菱 零式艦上戦闘機 32型
●003　●1972年発売

それまで零戦の弱点とされていた横転性能の向上と、速度増大を図って翼端の折り畳み部分を廃止し角張った形状の主翼が取り付けられた機体。主翼は当然ながら新規金型で起こされたが、胴体の部品は21型で、これに22型のカウリングを組み合わせたキットとなっている。現在は22型と32型のコンパーチブルキットとなったリニューアル版に置き換わっているキットだ

■三菱 零式艦上戦闘機 52型 丙
●004　●1972年発売

太平洋戦争の中頃から登場した、零戦の集大成的な存在である。形状が大きく異なる機体外形は、脚や尾翼、コクピットまわりを除いた全部分を新規に金型を起こして再現することとなった。一社によって統一されたスタイルの零戦が手に入るというのは当時のファンから歓迎された。他の形式の零戦と同じく、現在定番キットとしてラインナップされているのは後に発売されたリニューアル版キットで、この旧版は現在絶版となっている

"発色のいいマーキング"のありがたみを教えてくれた
海外製デカールという特別な存在

*COLUMN

その昔、基本的に飛行機模型のマーキングはキット付属のデカールを用いて完成させるしか選択肢がなかった。常に発色や精度がいいデカールが付属しているわけではなかったが、なんせ手描きでマーキングを仕上げるのは一種の高等技術である。誰もが手軽にトライできるわけではなかったのが事実だった。

そんな中で、筆者が中学生の頃に登場した世界初の別売デカールがフランスのABTデカールだった。すでに会社がなくなってから40年以上が経っているので、ほとんどの方はご存じないと思うが、現在60歳を超えるモデラーには貴重かつ懐かしいたての存在ではないだろうか。その後マイクロスケールをはじめとするアメリカ製デカールや、モデルデカールから始まるイギリスのメーカーより別売デカールが続々と登場して、それらは今ではキット製作に欠かすことのできない存在となっている。

ハセガワとデカールとの関係だが、1980年代に至るまでは他社と同様にキット付属のデカールでの製作しか選択肢がなかった。が、1/72でF-14A(旧版)をリリースして間もなく、F-14A各飛行隊の別売デカールを世に送り出したのである。そしてさらなるキットのグレードアップを図り、一部の製品に限定はされるがイタリアのデカールメーカーでも名高いカルトグラフ社に自社で作図した図面をベースにデカールを発注、多くのモデラーを歓喜させることになる。最初にカルトグラフ製デカールがセットされたキットはわからないが、恐らく1990年代半ばではなかっただろうか。

カルトグラフ社は1969年に設立された。当初はオートバイなどのステッカーを製作していたが1972年より模型用のデカールの印刷を請け負うようになり、同じイタリアの模型メーカー、イタレリとプロターのキットにセットされて以後現在に至っている。当初はさほどの仕上がりではなかったものの、ハセガワが導入した頃にはシルクスクリーンの採用からその発色はマイクロスケールを上回る素晴らしいものだった。一度「なぜすべてをカルトグラフ製デカールにしないのか」という問いに、厚いから使いにくいとモデラーからの声が多いからとハセガワよりお返事を頂いたことがある。確かにマイクロスケールなどよりは厚めだが、当時すでにマークソフターが一般化しており、そのセッティングに苦労したという記憶は一切ない。厚みがどうというよりも、例えばアメリカの国籍マークに使われている白、赤、青といった原色がばっちりと発色している

方が重要ではないかと思ったものである。またカルトグラフのデカールは中間色や、金、銀といった特色も申し分ない仕上がりだった。特に今でも記憶にあるのは、1/72 F-4Nのキットに付属したCVW-5バイセンティニアルのデカールで、個人的には一番美しいバイセン機と考えているVF-151所属機のマーキングを完璧に再現していた。最近はハセガワのキットにカルトグラフのデカールが付属することが少なくなっているが、これはぜひとも復活を望みたい。

カルトグラフに続き、アメリカのエアロマスター製デカールがセットされたキットにも存在する。発色や使い心地はカルトグラフとは大差ないが、やや薄いことで曲面部分にはさらによく馴染んだ。最近は日本でもシルクスクリーン印刷を用いる例が見られるようになったが、劇的な向上が見られるわけではない。理由をデカールメーカーに聞いたところ、海外製別売デカールと同程度の発色のデカールを印刷すること自体は可能だが、その場合のコストの上昇から発注がないとのことだった。またこれは噂なのだが、そういった印刷工程では工業排水の中に日本国内では認められない成分が含まれるという話もあった。しかしイタリアやアメリカでもそれは同様だと思われるので、これは模型伝説の類ではなかろうかと思う。

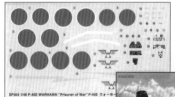
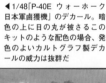

◀1/48「P-40E ウォーホーク 日本軍鹵獲機」のデカール。暗色の上に日の丸が被さるこのキットのような配色の場合、発色のよいカルトグラフ製デカールの威力は抜群だ

▶1/72「ターポン Mk.Ⅱ "ロイヤルネイビー"」にはエアロマスター製のデカールが付属。このようにハセガワのキットにはカルトグラフ以外にも各社のデカールが付属した例が存在した

■フォッケウルフ Fw190A-5
●OO5 ●1975年発売

Bf109と並ぶドイツ空軍の主力機で、このA-5型はハセガワが1/72スケールでは一番最初に発売したFw190のキットとなる。コクピットはバスタブ型でエンジン前部の冷却用ファンに隠れるため再現はなしと、1970年代のキットらしい簡素な内容。キット名はFw190A-5だが、機首上面のパネルを付け替えることでA-5型とA-7/R3型を選択することができた。デカールはヘルマン・グラーフ大佐が登場したA-5型と、JG3"ウーデット"所属のA-7/R3型のものが付属

■フォッケウルフ Fw190A-8
●OO6 ●1975年発売

A-8型は1944年に登場した強化型のFw190で、武装やエンジンが改良されたタイプ。キットは先に発売されていたOO5番のA-5型と基本的な設計は同一。70年代のレシプロ単発機のキットとしては標準的なパーツ分割の内容となっているが、機首上面のパーツは一種類だけなのでA-5型のキットのように他形式とのコンバーチブルにはなっていない。デカールはJG5のルディ・リンツ少尉搭乗機とJG300のエルンスト・シュローダー伍長の搭乗機のものが付属している

■フォッケウルフ Fw190D-9
●OO7 ●1975年発売

これまでのFw190のキットをベースとしつつ、液冷エンジンを搭載したD-9型を再現したキット。機首周りを中心に大きく形状の異なる胴体パーツは新規部品で再現され、実機の印象通りとなっている。この新規設計の胴体も左右を合わせた後に機首の上面部品を貼り付けるという組み立てプロセスはこれまでのFw190キットと同じ。ハセガワによるドイツ機のデカール替え限定キットは数多く存在するが、基本的にこの当時の部品を使用した限定キットは存在しないのが特徴だ

■スピットファイア Mk.Ⅰ
●OO8 ●1974年発売

ハセガワのオリジナルキットとしては初のスピットファイアで、バトル・オブ・ブリテンの立役者Mk.Ⅰをセレクトしている。以前発売された日本機とは異なり、パネルラインは凸モールドでの再現。Ⅰ型の特徴である動翼部の羽布張りはちゃんと彫刻で羽布の質感を表現しており、外観も充分にスピットファイアの姿を再現している。モールドが凸にすぎる部分に注意すれば、総じて組み立てに手間取ることもないだろう。Ⅰ型ということで、以後長らく蛇の目ファンには重宝されたキットである

■P-51D ムスタング
●OO9 ●1974年発売

現在はリニューアルされた新版のムスタングが販売されているが、これはその前に発売されていたキットにあたる。機体の外観には破綻もなくムスタングのプロポーションをよく捉えている。モールドもスムーズなキットで、特にD型の特徴であるバブルキャノピーの形状は当時のキットとしては異例なほど形がよいものだった。また価格が安かったのも魅力である。前述のように現在は新キットに移行しており、絶版となっている

■F-86F セイバー
●OO10 ●1967年発売

F-104Jの登場前に、長らく航空自衛隊の主力戦闘機として多用された機体で朝鮮戦争での活躍も知られる名機。意外なことに1/72スケールでのキットはそれほど多くなく、そういう意味ではこのハセガワ版のF-86も貴重な存在である。機首のインテークは肉抜かれ、パイロットのフィギュアはシートと一体……という感じでなんとも懐かしいテイストの古いキットである。ハセガワは後に1/32、そして1/48とF-86Fの秀作キットを発売するが、1/72ではこのキット以降リニューアルなどは行なわれていない

■F-5A フリーダムファイター
●OO11 ●1967年発売

アメリカにおける軽量ジェット戦闘機の旗手として知られる本機のキットは、このスケール初のものであり、その意味ではモデラーを喜ばせた。外形はしっかり押さえられつつとした仕上がり。各部のモールドは全て凸モールドとなっている。古いキットだけあってコクピットなどは簡素な内容だが、全体の雰囲気は悪くはない。輸出を意識して開発された機体らしく、キットにはオランダ空軍とカナダ空軍のデカールが付属していた

■T-38A タロン
●OO12 ●1967年発売

前作F-5Aの胴体パーツを新規金型で起こして複座型に改め、これにF-5Aの他のパーツをセットしたもの。T-38AとF-5では機体自体がそもそもほぼ別物のため、厳密にはT-38Aと言いがたいキットだが、外形は実機のイメージに近い。NASAで運用された機体としても有名だが、ハセガワはこのキットを元にして2013年と比較的最近に白地に青のラインが入ったNASA仕様の機体と機体全体が真っ黒で塗られた有名な第9偵察航空団の所属機のコンボキットを限定発売している

■空技廠 P1Y1 陸上攻撃機 銀河 11型
●CP1 ●1995年発売

搭載したエンジンの問題から稼働率が大きく低下し期待された戦力とはなり得なかった不幸な機体、銀河。ハセガワの1/72キットはそれまでの他社製品をはるかに上回る秀作キットで、出来栄えは充分なのに加えて組み立ても簡単。問題なくストレートで組み立てられる。後に夜間戦闘機型も発売された他、2015年にはクリエイターワークスシリーズのひとつとして松本零士氏の『戦場まんがシリーズ』に登場した機体のマーキングがセットされた限定キットも発売されている

■空技廠 P1Y2-S 夜間戦闘機 極光
●CP2 ●1996年発売

先に発売された双発爆撃機 銀河のバリエーションキットで、エンジン換装に伴って形状を変更されたカウリングや20mm斜め機関砲などを新規金型とした夜間戦闘機バージョン。橙色の試作初号機と量産機のデカールが用意されており、ていねいに接着すれば段差なども生じやすく、そしてスジ彫りの表現仕上げと組み立てやすさ、そして銀河とともにこのスケール唯一の存在としてその価値は大きい。2016年には成型色を試作機のオレンジ色に変更した限定キットも登場

■川崎 二式複座戦闘機 屠龍 甲型
●CP3 ●1995年発売

1930年代を通して欧米の航空技術者の間で一種のブームとなった双発万能戦闘機の開発。その日本陸軍版がこの屠龍である。キットはバリエーション展開を考慮したために機首など各部が分割されているがそれぞれの合いは良好。パーツ自体がやや肉厚なため組み立ては容易だ。外観やディテール、そして表面仕上げなど充分な出来なので、塗装とマーキングのバリエーションを楽しみたい

■川崎 二式複座戦闘機 屠龍 丙型 "飛行第5戦隊"
●CP4 ●1996年発売

先に発売された甲型のキットのバリエーションであり、カウリングなど各型を製作可能なパーツがセットされているが、機首のみ丁と丙としか選択できない。表面仕上げなどは問題なく、ていねいに組み立てを進めれば、問題なく完成にこぎつけられるだろう。ストレートに組んでもまず充分な仕上がりとなろう。この屠龍のキットはバリエーション展開を考えて機首まわりが別部品となっており、後にこの丙型をベースに機首に突出砲を装備したバージョンも作られた

■三菱 キ46 百式司令部偵察機 Ⅱ型
●CP5 ●2000年発売

スマートな機体で高速を発揮し、幅広い戦域で使われた偵察機。第一弾はⅡ型からのリリースとなった。非常にシャープな彫刻が目を引くキットで、Ⅲ型や防空戦闘機型への発展を考慮して機首と胴体背面が別パーツとなっている。これらの別部品となっている箇所も精度は高いので、ていねいに組み立てれば段差なども生じないだろう。この百式司偵も様々なバリエーションが販売されたが、珍しいところでは大戦終結後にオーストラリアに引き渡される際のいわゆる緑十字を描いた塗装を再現したものも限定発売されている

■三菱 キ46 百式司令部偵察機 Ⅲ型
●CP6 ●2000年発売

新金型で再現されたⅡ型のバリエーションキットとして、機首など一部パーツを新規にセットして商品化されたもの。組み立てやすさと精緻なディテール、フォルムの再現に注力した秀作キットでパーツの合いもよく、ストレスなく組み立てることができる。新規パーツとなったのは胴体、主翼を除く機首、エンジン、エンジンカウル、プロペラ、キャノピーなど。後に発売された「三菱 キ46 百式司令部偵察機 Ⅱ/Ⅲ型 "虎部隊"」などの限定キットではこのⅡ型とⅢ型のパーツを両方ともセットした内容のものも存在する

■三菱 G4M2 一式陸上攻撃機 22型
●CP7 ●1996年発売

ハセガワが以前にリリースした一式陸攻11型のバリエーションではなく、全くの新規金型キット。機首から尾部まで機内の床版が用意され、各部の機内装備品が収められている。繊細な外観と表面仕上げ、そして組み立てやすさなどキットの完成度は高く、ハセガワの数多いキットの中でもベストなもののひとつだろう。文句なしのおすすめだ。現在販売されている一式陸攻のキットは11型と22型が混在しているが、この22型もデカール替えのキットが発売されているので入手は比較的容易だろう

■三菱 G3M2 九六式陸上攻撃機 22型/23型
●CP9 ●1997年発売

中国に対する爆撃を渡洋爆撃と呼んでいた華やかなりし頃の陸攻。そこまで有名とはいえない機体のため1/72でも古いLSのキットが存在していなかったので、ハセガワがキット化してくれたことを素直に喜びたい。同じ三菱製の機体だが一式陸攻と比べると女性的なラインが優美さを感じさせるのも面白い。キットは総じて優れた製品であり、左右主翼の上反角を揃えたり、ていねいな窓枠の塗り分けといった基本工作を怠らなければ、充分な仕上がりとなろう

■中島 百式重爆撃機 呑龍 Ⅰ型
●CP10 ●1997年発売

この呑龍もキットに恵まれない機体である。その昔レベルの製品が販売されていたものの、このハセガワ版の発売当時はすでに絶版となっていたため、キット化を喜ぶモデラーは多かったはずだ。レベルのキットも決して悪い製品ではなかったがこのキットはそれをはるかに上回っており、ハセガワならではのシャープなモールドやディテール、見合ったディテールや各部の合いの良さなど見所も多く、今でもこの機体のキットとしては唯一無二のものであろう

■九六式陸上攻撃機 22型/23型 "航空魚雷装備"
●CP11 ●1998年発売

以前にリリースした爆弾パーツをセットした九六陸攻22型/23型のキットに、航空魚雷のパーツを追加したバリエーションキット。九六陸攻にかでも機体の持つ女性的とも評される優美なスタイルを再現することができる。発売された時期を考えると比べるのはあまりにも酷だが、ハセガワ版の他に唯一発売されているLS版キットはまさに世代の隔たりを感じさせるキットだろう。続く一式陸攻と並べて、その設計思想の違いを実感したい

1/72 SCALE AIRCRAFT MODELS

■CP12　百式重爆撃機 呑龍 II型 甲

■CP13　ボーファイター Mk.VI

■CP14　ボーファイター Mk.X

■CP15　フォッケウルフ Ta154V-3

■CP16　フォッケウルフ Ta154A-0

■CP17　モスキート B Mk.IV

■CP18　モスキート FB Mk.VI

■CP19　三菱 キ67 四式重爆撃機 飛龍

■QP1　三菱 MU-2A

■QP2　富士 T-1A

■QP3　T-33A シューティングスター

■QP4　三菱 MU-2J

■QP5　富士 T-3

■QP6　川崎 T-4 "航空自衛隊"

■QP7　三菱 XF-2A(FS-X)単座支援戦闘機

■QP8　三菱 XF-2B 複座支援戦闘機

■K1　グラマン S2F-1(S-2A)トラッカー

■K6　ロッキード P2V-7 ネプチューン

■K7　ボーイング B-47E ストラトジェット

■K8　新明和 PS-1/SS-2

■K9　マーチン SP-5B マーリン

■K10　ボーイング B-17G フライングフォートレス

■K11　ボーイング B-17F フライングフォートレス

■KA5　F-4D ファントムⅡ

■K15　P-3C アップデートⅡ/Ⅲ オライオン

■K16　ロッキード SR-71A ブラックバード

■K15X　ロッキード P-3C オライオン

■百式重爆撃機 呑龍 Ⅱ型 甲
●CP12 ●1998年発売

1998年に初版がリリースされたキットのバリエーションであり、ややスジ彫りが深く見えるものの、外観やディテールともにまずは充分納得できる優れたキットであろう。一部に隙間なども見られるものの、誤差の範疇でもあり基本工作で解決することが可能。この呑龍は爆弾倉がふたつ付属。爆弾倉は開閉選択式で、開けた状態を再現するための扉にとりつけるステーの部品もセットされている

■ボーファイター Mk.Ⅵ
●CP13 ●1998年発売

実機はイギリス軍において雷撃機、夜間戦闘機として大戦を通して活躍した双発の重戦闘機だが、意外にもこのキットが日本のメーカーが開発した初めてのボーファイターのキットということになる。海外製のボーファイターのキットは軒並み発売年次が古いため単純にこのキットと比較できるものではないが、やはり比較的新しいキットなだけあって完成度は高い。バリエーション展開を考えて機首や機体底面などが別部品になっているが、それらのパーツの合いも悪くない

■ボーファイター Mk.Ⅹ
●CP14 ●1998年発売

Mk.Ⅵのバリエーションとして発売されたキット。イギリスとは違って、日本では双発戦闘機でもモスキートの陰に隠れたマイナー機で、よくキット化したものだと驚くほどだ。しかも繊細なパネルラインやスケールに見合ったディテール、そしてパーツの合いのよさなどハセガワの製品でも上位にランクされるであろう、申し分ないキットに仕上げられている。このボーファイターのキットをベースとして、オーストラリア空軍で使われたMk.21などのキットも限定発売されている

■フォッケウルフ Ta154V-3
●CP15 ●1998年発売

実機は失敗作に終わったドイツ版モスキートのような機体で、本格的な生産まで進むことはなかったものの、その精悍なスタイルを彷彿させるのだろう。資料自体が少ない機体のため、各部に型式の混合も見られるが、キット自体は当時のハセガワスタンダードの仕上がりで、適度なディテール感や表面仕上げ、そして組み立ての容易さなどキットの完成度は高い。他にこの機体のキットが存在しないこともあるが、ベストキットと言えるだろう

■フォッケウルフ Ta154A-0
●CP16 ●1999年発売

実機は接着剤の不良で事故が相次ぎ、計画が中止された機体という説が根強いが、実際は空軍省の調査で強制労働者によるサボタージュであることが判明し、生産が望まれたものの接着剤の工場が爆撃で破壊されたため生産が中止されたというのが真相だ。キットは先行生産型A-0をモデファイズしているが、バリエーション展開のため一部に各型式の混同が見られる。外観や表面仕上げ、ディテール、そして合いなどは充分な仕上がりとなっている

■モスキート B Mk.Ⅳ
●CP17 ●1999年発売

驚異の木製機と呼ばれ、大戦期のイギリスを代表する機体として知られている。キットは最初の本格的な生産型であるMk.Ⅳで、機首に爆撃用の透明窓を備えるB.Ⅳ型をセレクトしている。バリエーション展開を図って機首などのパーツは分割されている。木製機らしい表面仕上げが施され、このスケールならばディテール表現も申し分ない。また爆弾倉内もパーツで用意されている。また主翼を接続するためのサポートパーツが設けられているのもハセガワの大型多発機ではおなじみの仕様だ

■モスキート FB Mk.Ⅵ
●CP18 ●1999年発売

実機はマーリンエンジンを2基搭載した双発機で機体構造の大半が木製の並列複座機。FB Mk.Ⅵは戦闘機型のMk.Ⅱをベースとした派生型としてもっとも多く2718機が生産され、機首にブローニング機関銃×4と胴体下にイスパノ20mm機関砲×4を装備。キットは爆撃機型のモスキートB Mk.Ⅳのバリエーションキットとして商品化。前述の武装などが新規金型パーツとして追加されている。デカールは418飛行隊(1944年6月)ほか計2種付属する

■三菱 キ67 四式重爆撃機 飛龍
●CP19 ●1999年発売

日本陸軍最後の制式爆撃機で、それまでこのスケールでは時代を感じさせる製品しかなかった機体だけに、新キットの登場は嬉しい限りだった。バリエーション展開のため各部が分割されていることはまずないが、組み立てはたやすい方だろう。コクピットから尾部まで機内の床がパーツ化されており、コクピットだけではなくその後ろの胴体内燃料タンク、機体中央に配置された銃座なども再現されているキットだ。なお、ブリスター型の銃座を開いた状態にするにはクリアパーツを切り取る加工が必要である

■三菱 MU-2A
●QP1 ●1991年発売

1974年に発売された航空自衛隊の救難機MU-2Sのバリエーションキットであり、民間向けとして開発されたMU-2最初の生産型をキット化している。コクピットや床板なども機内は簡単に再現されている。キット名はMU-2Aとなっているが、チップタンクの部品は長短2種類のパーツが入っているのでMU-2Sも製作できるキットである。救難航空版の仕様では後に救難航空団50周年記念塗装キットとして、UH-60Jとセットにしたキットが限定発売された

■富士 T-1A
●QP2 ●1971年発売

実機は戦後に開発された国産初のジェット機。発売は1970年代前半で、外観の形状はしっかりと押さえながらもパネルラインは凸モールド、ディテールはあっさりめ……といういかにも当時のハセガワらしい内容のキットである。実は後にデカール替えとしてA/B型としてリリースされる際に、コクピット内のディテールが付け足され、また主脚柱と車輪を別パーツとし、燃料ベントを追加するなどの改修が施され、わずかではあるが発売当初のキットよりも充実した内容に生まれ変わっている

■T-33A シューティングスター
●QP3 ●1969年発売

このスケールでは初のキット化であり、ごく最近まで1/72のT-33は発売されていなかったので存在価値は高かった。何しろ50年近く昔のキットなのでディテールなどはそれなりだが、そのスタイルはT-33Aを充分再現しており、手を加えて新たに完成度の高いものとする現在定番キットからは外れているが、限定として登場することもわりとあるので、今でも入手の難易度はそれほど高くない。また自衛隊で運用された機体と同時にアメリカ空軍で使われた機体として多数発売されており、中にはサンダーバーズの塗装を再現したものもある

■三菱 MU-2J
●QP4 ●

飛行点検飛行隊向けとして、民間向けに胴体をストレッチしてエンジンを強化型に換装したMU-2のキット。胴体を新規金型でストレッチ型に変更しており、外見の変化は無論のこと黄色を基調とするS型とは塗装面でも差が見られる。リリース当時は民間機仕様のデカールのみがセットされていたが、品番がQP4に改まった時に空自のマーキングを再現したデカールに改められた。また、その際にキットに同梱されていたトーイングトラクターのキットはオミットされている。現在は生産休止中

■富士 T-3
●QP5 ●1992年発売

航空自衛隊が初等練習機として使用していたT-34Aメンターのエンジンを換装し、各部に手を加えて国産化した機体。キットは以前にリリースされていたT-34Aの金型を改修して製作されたもので、パネルラインは凸モールドとなっている。コクピットなどにも手が加えられており、また単純なパーツ構成なので組み立ても容易。このT-3が配備されている静浜基地では一般公開の際にスペシャルマーク機が公開される機体だったこともあり、毎年のようにそのマーキングを再現した限定キットが発売されていた

■川崎 T-4 "航空自衛隊"
●QP6 ●1996年発売

浜松基地に展開する第1航空団第31教育飛行隊所属のデカールをセットしたキット。主翼と胴体、そしてインテーク周りは形状を正確に再現するため細かく分割されている。1/72スケールでのT-4はこの1996年に発売されたキットが新金型でのリニューアル版にあたり、フォルムや各部の再現性、組み立てやすさが全体に向上した。またこのキットの発売に伴い、1989年に発売された旧版のT-4は絶版となっている

■三菱 XF-2A(FS-X)単座支援戦闘機
●QP7 ●1998年発売

F-16Cの基本レイアウトを踏襲しながら、複合材製の主翼やフェイズドアレイレーダーなど日本独自の改良を加えた機体で、試作時代のFS-Xと呼ばれていた頃を再現している。キットは当然ではあるがF-16Cとの相違点を的確に再現しており、似て非なる試作型XF-2Aを見事に再現している。どこかYF-16を彷彿とさせるデモンストレーションの塗装パターンは、赤い塗り分け部分の大半をデカールで再現されているので、塗装作業を最小限で済ませることも可能だ

■三菱 XF-2B 複座支援戦闘機
●QP8 ●1998年発売

XF-2Aのバリエーションキット。複座型用の機首パーツが新規にセットされている。生産機の洋上迷彩とは異なる兄貴分のYF-16Aを彷彿させる白/赤/青の、いかにも試作機然としたカラーリングが特徴的だ。コクピットなどのディテールは、当時のハセガワスタンダードでまとめられ、スジ彫りのパネルラインや各部の合いの良さも見所。このスケール唯一のキットということを気にしにしても、やはり傑作といって差し支えないだろう。ただし前後胴体の接着には、段差などがないよう注意したい

■グラマン S2F-1(S-2A)トラッカー
●K1 ●1975年発売

小型の機体ながら強力な対潜用のレーダー類と、様々な武装を運用可能な能力を備えた対潜哨戒機。このキットの発売時には1/54スケールの他社製品しか存在しなかったため、初登場時にはファンを喜ばせた。パネルラインは凸モールドで、キャノピーは左右分割式である。その後もまともな1/72の新作キットが出ていない機体のため、今もって唯一無二の存在となっている秀作キットだ。キットは海上自衛隊バージョンの他にアメリカ海軍のS-2Aのデカールもセットされている

■ロッキード P2V-7 ネプチューン
●K6 ●1972年発売

大戦終了後に実用化された双発の対潜哨戒機で、わが国にも供与されライセンス生産も行なわれたことで知名度は高い。双発機とはいってもその両翼は44cm弱ありの大型の製品で、その出来は秀作以上のもの。手を入れることで素晴らしい作品に仕上がる。何しろ現在に至るまで、このスケールでのP2V(P-2H)はキット化されていないのだから、今もその価値が色褪せることはない。海上自衛隊、アメリカ海軍の機体の他、カナダ空軍やフランス海軍で使われた機体もバリエーションとして限定販売されている

■ボーイング B-47E ストラトジェット
● K7　●1968年発売

このキットがリリースされたときに、驚いたモデラーも多いだろう。何しろ1/72規格で翼幅50cm近い戦略爆撃機がキット化されるなど考えられなかったからだ。実機はアメリカの爆撃機がジェットに移行する過渡期の機体で、全幅は35mを超える大型機だ。さすがに50年近く前の古いキットなのでディテールは若干あっさりとしたものだが、機体形状の再現性は高く、細部に手を加えてやれば素晴らしい作品となろう。なにより1/72では代わりになるキットがないこともあり、現在でも存在感のある製品だ

■新明和 PS-1/SS-2
● K8　●1970年発売

戦後日本が初めて開発した4発の大型飛行艇で、現在に至るまでこのスケール唯一のキットだ。機首に設けられた波抜きの窪みはシャープに再現されている。また後にUS-1として制式化される機体の試作機時代SS-2を製作するための脚パーツも用意されている。このキット発売から50年近くが経過した息の長いキットだが、何度もデカール替えでバリエーションキットが発売されていることから近年でも比較的入手は容易。前述のようにこのスケール唯一のキットでもあるので貴重な存在と言えるだろう

■マーチン SP-5B マーリン
● K9　●1971年発売

ベトナム戦争の初期にも投入された対潜飛行艇で確かにキット発売当時日本にも展開していたが、決してメジャーな機体ではなく、キット化されたこと自体が驚かれる。当時の模型業界の勢いを感じる機種選定と言えるだろう。キット自体は当時のハセガワスタンダードで、外観の再現に主眼を置いている。合いは最上とはいえないがまずまずで、発売時期を考えると充分満足できるものだ。これもまたこのスケール唯一のキットであり、時折スポット生産されるので現在でも入手することは可能だ

■ボーイング B-17G フライングフォートレス
● K10　●1976年発売

言わずと知れた第二次大戦を象徴する大型4発爆撃機であり、このハセガワ版の発売までにも各社から1/72キットが発売されていた機体である。スタイルや組み立てやすさは当時としては高水準のもので、爆撃手席からコクピットにかけての機体内部や各銃座まわりなどの機体内部も再現されていた。数多くの秀逸なノーズアートで知られたキットでもあることから、デカール替えの限定キットが多数存在することでもよく知られており、過去に有名なB-17はほとんど発売されている

■ボーイング B-17F フライングフォートレス
● K11　●1976年発売

G型とともにハセガワ久々の4発機キットとして登場したキット。チンタレットの有無などG型とは異なる機体の特徴を再現したため、胴体パーツは新規部品となっている。今の目で見てもフォルムに破綻は感じられないキットで、追加工作を加えればさらに完成度の高いものに仕上げることもできるだろう。こちらもノーズアートが描かれた有名な機体が多数存在することから、デカールを変えて豊富なバリエーション展開が行なわれた。中にはドイツ空軍の試験部隊が使った、鉄十字の国籍マークが描かれたものもある

■F-4D ファントムⅡ
● KA5　●1990年発売

基本的には先に発売されたC型と同じキットではあるが、デカール再現の計器盤などD型における変更は再現されている。またレドーム下面のフェアリングもRHAWレシーバーのフェアリングが追加されたものも加えるなど、C型との差を再現している。またこれは同じタイミングで発売されたすべてのファントムのキットにも共通するが、胴体下面の補助インテークは開口して、やや開いた形でドアを再現してやれば、より実機に近いものになる

■P-3C アップデート Ⅱ/Ⅲ オライオン
● K15　●1986年発売

P-3C改良プログラムの具現として登場した機体で、機内の電子機材なども変更されたが、外見的な変化は各種アンテナ類に加えて、機首下面のカメラ窓を廃止して引き込み式前方監視赤外線機材を新設し、ハープーン対艦ミサイルの運用能力を付加したのが相違点だ。キットはこのあたりの変更を再現しているが、一部のアンテナは省略、対艦ミサイルはセットされていない。アメリカ海軍機らしく、近年でもマーキングのバリエーションキットが限定発売されているので入手は容易だ

■ロッキード P-3C オライオン
● K15X　●1979年発売

西側の対潜哨戒機のスタンダードとなった機体であり、アメリカ海軍の他海上自衛隊やドイツ、カナダといった様々な国で運用されたベストセラー。現代の4発機ながら全幅は1/72スケールで42cm強と短い。パネルラインは凸モールドでの再現。コクピットのディテール再現も最小限だが、完成するとほとんど見えなくなる部分なので特に問題にならないだろう。前述の通り各国で広く使われた機体だが、特に海上自衛隊で運用された機体は多くのバリエーションが限定発売されている

■ロッキード SR-71A ブラックバード
● K16　●1981年発売

世界初のマッハ3級偵察機で、その外観や真っ黒の塗装で強いインパクトを残した機体。シンプルな形状の機体なので、上下分割で主翼と一体で成型されている胴体パーツを貼り合わせればほとんど外観は完成、垂直尾翼や着陸脚を取り付ければそのままできあがってしまうというキット内容だ。基本的には真っ黒な塗装の機体であるがNASAの運用機や第1分遣隊を「ICHIBAN」のローマ字表記で表現した第9戦略偵察航空団所属機など、特殊なマーキングを再現した限定キットが意外にたくさん発売されている

突拍子もない先走りも愛嬌の内!?
"もしも"を具現化した未来予測キット

COLUMN

プラモデルは「実在するモチーフの縮尺模型」であると同時に、イマジネーションや洞察力を具現化するための手段でもある。ハセガワの飛行機モデルでも「実際に存在した機体」はもちろん「計画機／架空機」が数多く製品化されているが、ここ最近では「将来的に国内への導入が予測される機体」をいかにして製品化するか、というアクションがユニークな輝きを放っている。

古くはごくわずかな資料から実物とは似ても似つかぬ姿で立体化されてしまった1/72F-117（「アメリカ空軍ステルスファイター」の名称で発売された）やF-16のモデルに追加パーツを付け、制空迷彩の色指定を施したFS-X（次期支援戦闘機）など「先走りすぎたゆえの珍作」も見受けられた（そしていまもモデラーの居酒屋トークに「あるあるネタ」として使われる）が、近年では「ほぼ確実視されている未来」をいかにして説得力ある模型にするか、というところにフォーカスしているように思える。

2014年ドイツレベル製の1/72ラプターを使用した「F-22ラプター "航空自衛隊"」や「F-22ラプター "航空自衛隊洋上迷彩"」は実現可能性がゼロに近い"whatif"であるものの、続いて発売された1/72の「F-35A ライトニングⅡ "航空自衛隊"」はF-4EJ改の後継機として導入準備が進められているという事実に基づき「日の丸」マーキングも一足早くキット化がなされた。本アイテムは航空自衛隊の機体番号の決め方に則った想定塗装とマーキングが謳われていたが、2016年夏に実機が公開されるとまさかのロービジ（グレーの日の丸）塗装だった。こうした例は他にもいくつか存在し、米軍仕様のAH-64Dにデカールと塗装図をセットした1/48の「AH-64Dアパッチ "陸上自衛隊"」も、制式化の際には迷彩パターンが「茶×緑×黒」であることが判明する（こちらは後にアンテナやセンサー、前席用ディスプレイ部品およびスティンガー空対空ミサイルランチャー部品が追加され、正しいマーキングと迷彩パターンの指示が入った定番商品として発売されることになる）。B747型をベースとした想定マーキングを再現した1/200の日本政府専用機ボーイング777-300ERも2014年に発売されたが、こちらも2016年に実機が公開されると、大きく予想を裏切るマーキングが施されている。

陸上自衛隊および海上自衛隊向けのMV-22Bオスプレイなどもハセガワではリリースしているが、上記の例を見れば分かる通り、「事実はプラモデルよりも奇なり」ということで、実際の制式番号やマーキングがどうなるかはまだわからない。こうしたアイテムたちは、当然ながら実機登場後に再版される理由もなく、後に「こんな予想もあったよね」と語り合う資料的な側面が残るのみ。とはいえ、立体で未来予測をするのは模型だけに許された特権でもあるのだ。

▲こちらは1/72「航空自衛隊 次期支援戦闘機 FS-X」。実機のモックアップが発表された時点で発売されたもので、既存のF-16Nのキットにカナードを取り付けたものだった。塗装も含め、向こう見ずな勢いが感じられるボックスアートである

◀上の2点は近年発売された1/72「航空自衛隊 F-22 ラプター 洋上迷彩」と「MV-22Bオスプレイ "陸上自衛隊"」。それぞれの機体がもし自衛隊に配備されたら……という想定になったもの。また左写真は1/72「アメリカ空軍 ステルスファイター」。まだ不明瞭なF-117 ナイトホークの、一枚だけ公開されていた不鮮明な写真を元に立体化したキットである。おかげで全体の形状はちぐはぐなものになってしまい発売からほどなく絶版に。現在では正確な1/72キットが発売されている

1/72 SCALE AIRCRAFT MODELS

■K16X　SR-71A　ブラックバード/GTD-21B

■K20　ミル24 ハインドD

■K19　ミル24 ハインドA

■K21　ミル24 ハインドE

■K22　ミグ29 フルクラム

■K23　US-3A バイキング

■K26　F-15D/DJ イーグル

■K27　F-15E デュアル ロール ファイター

■K28　トーネード GR Mk.1

■K29　トーネード IDS (西ドイツ空軍)

■K30　トーネード IDS (イタリア空軍)

■K31　トーネード F Mk.3 (イギリス空軍)

■K32　F-111A アードバーグ "ジャイアント ヴォイス"

■K33　F-111C アードバーグ "オーストラリア空軍"

■K34　F-111D/F アードバーグ "戦術航空軍団"

■K35　FB-111A アードバーグ "戦略航空軍団"

■K36　F-111E アードバーグ "バイセン"

■K40　スホーイ Su-27 フランカー

■K41　A-3B スカイウォーリア

■K42　KA-3B スカイウォーリア

■KX1　F-4C/D ファントムⅡ

■KX2　F-4J/S ファントムⅡ

■KX5　F-4E ファントムⅡ

■KX6　F-4G ファントムⅡ

■KX7　RF-4B/C/E ファントムⅡ "リコン ファントム"

■AT7　P-47D レザーバック

■AT9　キティーホーク Mk.ⅠA

■AT14　OV-10A ブロンコ

■BT2　サンダーバーズ F-16A ファイティングファルコン

■BT9　AJ-37 ビゲン

1/72 SCALE AIRCRAFT MODELS

HASEGAWA COMPLETE WORKS　075

■SR-71A ブラックバード/GTD-21B
●K16X ●1984年発売

マッハ3級の偵察機として以前リリースされたSR-71Aのキットに、空中発進型の無人偵察機GTD-21Bを新規金型で追加して、併せて新たに作られた背面のパイロンに装着することで、現代版ミステルを製作することができる。キット自体はいずれも胴体の上下を合わせるだけですぐ形になるほど単純なものだが、外観は無論のこと表面仕上げも見事に実機を再現している。ただしこのスケールで45cmを超える細長い胴体をピタリ接着し、接合部をキレイに整形するのがこのキットを製作する上でのコツである

■ミル24 ハインドA
●K19 ●1986年発売

ソ連の代表的な中型ヘリコプターMi-8の駆動系を流用して開発された攻撃ヘリコプターだが、他国とは異なり兵員用のキャビンを備えて歩兵を収容することで運用に柔軟性を持たせているのが特徴。このキットは機首に乗員3名を収めた初期生産型で、パーツ点数も少なく部品の合いもよいので、短時間で組むことができる。パネルラインは繊細なスジ彫りで表現され、忘れられがちな天井板もちゃんと用意されているなど、近年までハインドAのベストキットだった

■ミル24 ハインドD
●K20 ●1986年発売

ソ連初の攻撃ヘリコプターMi-24シリーズの本格的な生産型で、機首が新設計で前後に座席を配するタンデム型へと改めたのが最大の変化だ。実機の変化に合わせて機首とキャノピー、そしてコクピットが専用のものに差し替えられており、爬虫類的な特異なスタイルを再現している。A型と同様、組み立てやすくて仕上がりもよい良質なキットで、各部のモールドは繊細なスジ彫りで再現されているのもA型ゆずり。後年E型とD型を統合したコンバーチブルキットとして再発売された

■ミル24 ハインドE
●K21 ●1987年発売

D型と並行する形で開発された発展型であり、新型の対戦車ミサイルやエンジン強化などの改良が図られている。キットは基本的に前作D型と同仕様だが、新型の対戦車ミサイル9M114 シュトゥールムと、機首右側に30mm連装機関砲GSh-2-30が新規金型で追加されている。キットにはハインド本体の他にソ連軍歩兵の1/72スケールフィギュアが4体付属。兵員を輸送するキャビンを備えたハインドらしいボーナスパーツである。このハインドEは後年D型とキットが統合された

■ミグ29 フルクラム
●K22 ●1987年発売

Su-25、Su-27とともにソ連の謎に満ちた新鋭機が、突如フィンランドに飛来したことでそのスタイルが明らかになったことを受け、急遽リリースされたキットだ。キットの発売当時には実機に関して不明な点も多く、推測に基づいて設計された部分も存在するが、プロポーション自体はMiG-29をある程度再現しているものとなっている。後年このキットを元にしてソ連軍の空対空ミサイルを追加したキットが発売されており、現在はそちらが入手できる（64ページ参照）

■US-3A バイキング
●K23 ●1987年発売

以前から発売されていた艦上対潜哨戒型のS-3Aをベースにして陸上基地と空母の間の輸送を行なうCOD（艦上輸送機）型を再現したキット。実機は同じくCOD機だったC-2Aの後継として開発されたものだが、結局改造の域を出ることはなく、大規模には運用されなかった機体である。貨物ポッドを新規設計のプラスチック製パーツで用意して、さらに新規のデカールを追加した内容。元々S-3Aのプロポーションを上手く捉えた秀作キットだったので、このUS-3Aも出来はよい

■F-15D/DJ イーグル
●K26 ●1988年発売

1988年にリニューアルされたF-15の複座タイプ。コクピットまわりを新規部品でセットしている。さすがにオリジナルのリリースから30年以上を経ているので最新キット並みのディテール……というわけにはいかないが、全体形は現在でも立派な一線級キットとして通用する。パネルラインもスジ彫りだし、一部に隙間などは生じるものの総じて組み立てやすいキットだろう。手頃な価格も魅力である

■F-15E デュアル ロール ファイター
●K27 ●1988年発売

先にリリースされている複座型のF-15Dをベースとして、胴体側面に装着するコンフォーマルタンクと各種兵装類をセットしたバリエーションキット。実機ではE型は各部の構造が強化されたのに加え、主輪幅が増えて脚カバーに膨らみが生じるなど、通常の複座型とは実質的には別機なのだ。なのでこのキットは、複座型の試作機TF-15Aから改造されたE型をモデライズしたことになる。すでに生産型のF-15Eがリリースされているが、上記のようなキットだと思えば価値はある

■トーネード GR Mk.1
●K28 ●1989年発売

ハセガワ久々の現用ヨーロッパ機として登場した本製品。発売当時はトーネードもまだまだ新鋭機といっていいタイミングだった。当初から胴体の短い阻止攻撃型と胴体を延長して視界外空対空ミサイルの運用能力を備えた迎撃型の2種類のキットが開発され、いずれのキットも胴体と機首の形状が異なる（このGR Mk.1は阻止攻撃型）。胴体側面に大きく開く主翼を収めるための開口部が主翼展開時に塞がるように主翼部品にカバーが一体となっているのも嬉しい。また本機ならではの新規武装パーツも付属する

■トーネード IDS（西ドイツ空軍）
●K29 ●1990年発売

トーネードのバリエーションとして登場したキットで、西ドイツで対地攻撃/要撃/艦艇攻撃などに供された機体を再現できる。一部にパーツの変更はあるものの基本的にはイギリス空軍のGR.1と同仕様の機体である。機首は左右分割、後部胴体は上下分割となっており、接合面は面積が大きいので確実に接着できるはずだ。胴体下部に搭載される大型のクラスター爆弾用ディスペンサーはイギリス軍のJP233ではなくちゃんとドイツ軍で使われたMW-1が付いているのも嬉しいポイントである

■トーネード IDS（イタリア空軍）
●K30 ●1989年発売

こちらはイタリア向けのトーネードを再現したキットで、武装パーツが一部異なる他は西ドイツ（当時）で運用された阻止攻撃型IDSと同じ。デカールは当然ながらイタリア空軍のものがセットされている。ハセガワの1/72トーネードシリーズは総じて組み立てが簡単なのだが、金型の都合上どうしても胴体側面のパネルラインが浅くなっているので、組み立てる前に彫り込んでおくとよりシャープな印象に仕上がるだろう。主翼下面のパイロンは主翼の角度に応じて向きが変わるので、いずれの角度でも機軸と平行になるよう注意したい

■トーネード F Mk.3（イギリス空軍）
●K31 ●1989年発売

イギリス空軍向け対空攻撃型トーネードGR.1のバリエーションキットで、翼周りと細部パーツを流用しながら専用の胴体前半分を新規金型で製作して、防空戦闘機型としている。垂直尾翼が異常なほど大きく胴体が短いGR.1と比べると、胴体が伸びた分スタイルも改められ、濃淡2色のグレイを用いた制空迷彩も魅力的だ。インテークの製作に注意すればそれ以外の組み立てはたやすく、F.3型を製作するなら現在でもやはりこのキットがベストの選択肢だろう

■F-111A アードバーグ "ジャイアント ヴォイス"
●K32 ●1989年発売

バブル期のハセガワを象徴するような豪華なキットであり、当初から全形式のリリースを前提にして開発されたものだ。主翼後縁に設けられている、三段階に分かれて下がるスプロテッド・フラップが別部品で再現されているのには驚かされた。ただしフラップを閉じた状態のパーツは付属していないので、主翼を閉じた状態で組み立てるためには多少の改造が必要となる。また、別パーツとなっている機首と胴体を接着する際には段差ができないように注意したほうがよいだろう

■F-111C アードバーグ "オーストラリア空軍"
●K33 ●1990年発売

F-111最初の生産型であり、ベトナム戦に投入されたものの短期間で3機を事故で失ったことでも知られるA型のオーストラリア空軍バージョンを再現したキット。キットでは主翼端を別パーツとすることで海軍型として開発されながら計画が中止されたB型と同じ延長翼を再現している。各部のパーツをキッチリと合わせるための調整が必要ではあるが、外見の正確さという点からは現在でもやはりハセガワの1/72 F-111シリーズは今もってベストの選択肢だろう

■F-111D/F アードバーグ "戦術航空軍団"
●K34 ●1989年発売

A型がエアインテイクの形状から、エンジン・コンプレッサーストールを発生しやすいという問題を解消するために、ベーンを新設した新しいインテークを装備したのがE型で、その電子機材強化型がこのD/F型である。特に最終生産型のF型は、さらなる電子機材の強化とペイブタック運用能力が付加されている。このためには、新規金型のインテークとウェポンベイ下面のペイブタック・ポッドを新パーツで用意しており、これが他のキットとの外形的な差となっている

■FB-111A アードバーグ "戦略航空軍団"
●K35　●1989年発売

FB-111は低空侵攻が可能な戦略爆撃機としてA型をベースに開発された機体で、B型と同じ延長主翼に、AGM-69A核ミサイルSRAMの搭載能力を備えているのが特徴だ。キットはC型をベースとして、風防前方の衛星航法機材を追加することで戦闘機から発展した戦略爆撃機を再現している。本機の主兵装であるAGM-69Aはセットされていないが、搭載時にはウェポンベイの内部に取り付けられる兵装なので特に問題にはならないだろう

■F-111E アードバーグ "バイセン"
●K36　●1989年発売

F-111AのエアインテークをトリプルプラウⅡに変更し、超音速でのエンジン性能の向上を狙ったのがE型。キットはこのインテークも含めてE型の各部の特徴を細かなパーツ分割で再現した内容。他の1/72 F-111シリーズ同様、80年代末期のハセガワ製飛行機模型の勢いを味わえる。キットは名前の通り、アメリカ建国200周年を記念したバイセンテニアル塗装を再現したデカールが付属。同じE型では、後に機首にネイティブアメリカンのノーズアートを描いた機体などの限定キットも発売されている

■スホーイ Su-27 フランカー
●K40　●1990年発売

その存在が明らかにはなったものの、まだ資料的には充分ではなかった時期のキットで、初期生産型である迎撃型Su-27Pをモデライズしている。当時そのアイテム選択と繊細なパネルラインなどには驚かされた。また旧東側を中心に多数の国の空軍で使われている機体でもあることから、ウクライナ空軍や中国空軍、ウズベキスタン空軍といった国籍の機体を再現したキットも発売された。またロシア軍機としても時期によって異なるマーキングやアクロチーム"ロシアンナイツ"のカラーリングを再現したキットもある

■A-3B スカイウォーリア
●K41　●1997年発売

核攻撃が可能な艦上攻撃機として開発されたスカイウォーリアのキット。このスケールでは初の製品化となった。実機同様にパーツ点数は少なく抑えられており、スジ彫りのパネルラインやそれらしく再現されたコクピット、そして各部の合いの良さなどで、サイズの割には簡単に組み立てられるキットである。実機同様、このキットをベースとして後に空中給油機型や電子戦型が発売された

■KA-3B スカイウォーリア
●K42　●1998年発売

艦上攻撃機A-3Bの派生機で空中給油機型として改修された機体の立体化。実機はA-3Bから83機が改修されている。キットは海軍ミサイルセンター(NMC)所属機と海軍兵器センター(NWC)チャイナレイク所属機から選択可能。NMC所属機は機体下面に設置された給油ドローグのホースリールユニットを組み付けるため開口の加工が必要。コクピットは12パーツで構成され密度も充分。主脚格納扉の裏面に施されたディテールも繊細で秀逸である

■F-4C/D ファントムⅡ
●KX1　●1990年発売

海軍のB型を基本とし、前線飛行場での運用を考慮して主車輪は低圧の幅広型に変更したことで、主翼の上下面に膨らみが設けられた。それに加え、機内の爆撃機材の強化や空中受油シセプタクルの新設など、様々な空軍仕様装備が導入された。キットはJ型と同じ主翼と主輪、そしてIRスキャナとホイールを専用のものに改めることで、C型を再現している。なお空軍の場合、海軍から借りたB型の運用によるIRスキャナーの能力不足から、機材は採用せずフェアリングのみを装着した

■F-4J/S ファントムⅡ
●KX2　●1990年発売

1/48スケールに続いて、1/72スケールでファントムⅡをシリーズ化しようとの意図のもとに登場したキットであり、F-4JはF-4B/Nに続くシリーズ第2弾となる。機首が伸びた空軍型の再現や、偵察型をもシリーズに加えるため機首などは別パーツとされているので、この部分を接着する際には段差が生じないように注意しよう。発売から時間は経っているが、現在でもこのスケールでベストのF-4キットであることは変わらない。多少手間はかかるがやはり一度は製作しておきたいキットである

■F-4E ファントムⅡ
●KX5　●1990年発売

固定武装を装備しないそれまでの型式から、機首下面にバルカン砲を新設したいわゆるロングノーズ型のファントムを再現したキット。本型を再現するため、機首のまわりは新規金型を起こして専用の機首に改められたのが最大の変化だ。また尾翼の上端や、バルカン砲の砲口フェアリングは新旧2種類が用意され、時期による変更を再現している。海軍型ではマーキングを絞られるが、空軍型では迷彩などで様々な塗装のバリエーションが存在するため、これらを揃えるのもF-4キットの楽しみのひとつだろう

■F-4G ファントムⅡ
●KX6　●1991年発売

海軍の自動迎撃データリンク装備型ではなく、ベトナム戦において重要になった地対空ミサイルのレーダーサイト攻撃機、いわゆるワイルドウィーゼルの集大成的な存在だ。キットはE型をベースに、機首下面のバルカン砲に換えて各種センサーを収めた専用のフェアリングと、垂直尾翼上端部を新規金型で起こし、さらにスラット付きの外翼と内翼下面にフェアリングを加えて、ソフトウイングと呼ばれるスラット付き主翼を再現している。シュライクやスタンダードなど、戦闘機型とは異なる武装も本機ならではだろう

■RF-4B/C/E ファントムⅡ "リコン ファントム"
●KX7　●1991年発売

B型のキットをベースに、機首を偵察カメラを収容する専用のパーツに差し替えることで、海兵隊向けの偵察型をモデライズしている。海軍では運用していないので飛行隊は3個に限られるが、主翼と主輪、そして排気口をJ型から流用した10機のRF-4B最終仕様を簡単に製作することが可能で、これも塗装とマーキングの幅を広げる一助であろう。なおAIM-7用の窪みは、専用パーツで埋める必要があり、接合部が残らないよう留意したい部分だ

■P-47D レザーバック
●AT7　●1974年発売

このキットの発売前にすでに海外メーカー数社から1/72キットが発売されていた機体ではあったが、本キットはシャープなスジ彫りのパネルラインと組み立ての容易さで、このスケールでは文句なしのベストの存在となった。組み上がった時には全体的に細身のプロポーションとなるが、その細身ゆえに、スマート感が強調されてこれはこれで納得できよう。主翼の前縁から飛び出している機銃の銃身を取り付ける際には角度に注意したい

■キティーホーク Mk.ⅠA
●AT9　●1977年発売

イギリス空軍仕様とアメリカ陸軍E型のコンバーチブル・キットだが、実際に異なるのはデカールだけだ。ディテールの省略はやや目立つものの、スジ彫りで再現されたパネルラインや組み立てのしやすさ、それまでリリースされていた各社のキットより格段に上質なキットである。イギリス本国だけではなく英連邦でも使われた機体であることから、ニュージーランド空軍で運用された機体などがバリエーションとして限定キット化されている

■OV-10A ブロンコ
●AT14　●1968年発売

当初対暴動(COIN)機と呼ばれる近接支援として開発された、ユニークな双胴形式機。その優れた視界から空軍はベトナム戦争で前線航空統制(FAC)機としての任務に多用した。発売はまだ国産インジェクションプラスチックキットの黎明期だった1960年代半ばで、さすがに古いキットなのでディテールの省略はあるものの、機体外形の完成度は高い。ボックスアートの体裁を変更して何度か再販されたキットであるが、2016年現在は生産休止となっている

■サンダーバーズ F-16A ファイティングファルコン
●BT2　●1985年発売

1/72スケールでの決定版となったA型の付属デカールを、戦術空軍(キット発売当時の呼称)のF-16Aからアメリカ空軍のアクロチームであるサンダーバーズ仕様に改めたものだ。F-16を運用したサンダーバーズとしては全機の機番とシリアルがセットされている。各部の3色ストライプや上下面に大きく描かれたサンダーバードのマーキングなどもセットされている。ていねいにデカールを貼れば鮮やかなマーキングをそのまま楽しむ事のできるキットだ

■AJ-37 ビゲン
●BT9　●1968年発売

開発されたばかりの新鋭機をキット化するのは、アメリカのオーロラやリンドバーグのお家芸だが、なんとハセガワも試作機による試験が行なわれていた当時に本機をいち早くリリースした。なにぶん実機の資料がまともに存在しない1960年代のキットなので色々と大らかな箇所も存在する。国産プラモデルの黎明期に日本でリリースされたビゲンということを素直に楽しむのが一番のキットだろう

1/72 SCALE AIRCRAFT MODELS

■BT11　F-100D スーパーセイバー

■BT12　F-105D サンダーチーフ

■BT13　OA-4M スカイホーク

■BT16　OV-1B モホーク

■BT19　F9F-8 クーガー

■CT3　F-4F ファントムⅡ

■CT11　ミグ23S フロッガーB

■CT13　F-102A デルタダガー

■CT15　RF-101C ブードゥー

■CT16　F11F-1 タイガー

■CT17　零式三座水偵

■DT3　ジャギュア E/T Mk.2

■DT5　RA-5C ビジランティ

■DT18　TF-104/F-104DJ スターファイター（アメリカ空軍/航空自衛隊）

■DT20　P-38J/L ライトニング

1/72 SCALE AIRCRAFT MODELS

■KT1　F-15E "シーモア ジョンソン"

■KT2　F-14A プラス トムキャット

■KT3　EF-111 レイブン

■AP1　ヤコブレフ YAK-3

■AP2　マッキ MC202

■AP3　フォッケウルフ Fw190A-8

■AP4　フォッケウルフ Fw190F-8

■AP5　フォッケウルフ Fw190A-8 ナハトイェーガー

■AP6　フォッケウルフ Fw190D-9

■AP7　フォッケウルフ Fw190A-5

■AP8　メッサーシュミット Bf109E-3

■AP9　メッサーシュミット Bf109E-4/7

■AP10　メッサーシュミット Bf109E-4/7 TROP

■AP11　P-51B ムスタング

■AP12　P-51C ムスタング

HASEGAWA COMPLETE WORKS

1/72 SCALE AIRCRAFT MODELS

■F-100D スーパーセイバー
●BT11　●1968年発売

世界初の実用超音速戦闘機であるスーパーセイバー。その集大成ともいえるD型のキットとしてはこのスケール初の製品だ。キットが開発された年代が古いゆえに組み立ての難易度はやや高いが、そのスタイルは意外なほど再現性が高く当時としては最良のキットだったことは間違いない。その後後発のキットがリリースされるまでは立派な第一線キットであった。古いキットだが時折スポット生産でその姿を見ることができる

■F-105D サンダーチーフ
●BT12　●1966年発売

このキットが発売された頃になると、「ジェット機のハセガワ」、「現用機のハセガワ」などと呼ばれるようになっており、ハセガワはその地位を確立したといえる。そしてセンチュリー・シリーズの第一弾としてセレクトしたのが本機で、当時横田基地に配属されていたため知名度も高かった。そのスタイル自体は、今見てもさほど引けを取るものではない。設計された年度が古いためキットの内容はシンプルだが、現在でも2機セットのコンボキットなどで限定販売されている

■OA-4M スカイホーク
●BT13　●1987年発売

海兵隊の前線統制機として複座型のTA-4Jから改造された機体である。キットは実機の通りTA-4Jから主翼まわりと細部のパーツを流用、胴体とキャノピー、インテークなどは新規部品で追加した内容で、これらの新規部品の部分はスジ彫りのモールドとなっている。これも古いキットではあるが、現在でも限定版としてロービジ塗装を再現した海兵隊のマーキングを同梱の上、2機セットのコンボキットなどの形で店頭に並んでいる

■OV-1B モホーク
●BT16　●1968年発売

先に発売されたA型のバージョン替えであり、実機の変更に合わせて機首右下面に側方監視赤外線機材を収めた長いポッドを新規金型で製作し、併せて内翼上面のチャフ/フレア発射器も加えたお買い得なキット。元々の設計が1960年代のため今の目ではその古さは隠しようもないが、各部に手を入れてディテールも再現したうえで、当時のオリーブドラブではなく、その後登場したライトグレイの塗装をしてやれば、その独特なスタイルと合わせて、目を引く存在となろう

■F9F-8 クーガー
●BT19　●1978年発売

F9Fパンサーの後退翼バージョンであり、実機では主翼以外はF9F-5に準じているが、当然キットは胴体も新規に金型を起こしている。F9F-2と同様にシャープなスジ彫りが施され、戦闘機型のA型と、パイロンを追加した攻撃機B型の選択が可能というのも嬉しい配慮だろう。パーツ点数も抑えめで組み立てはやすく、なにより現在に至るまで戦闘/攻撃機型は本キットしか存在しない。現在は定番キットではないがスポット生産により入手することも可能だ

■F-4F ファントムⅡ
●CT3　●1984年発売

以前に発売されたドイツ空軍向けF型のデカール替えで、キット自体は同一だがそれまでのグリーンとグレイのスプリット迷彩から、濃淡2色のグレイを用いた制空迷彩に改められ、そのイメージをがらりと変えたのが特徴だ。実際には西ドイツ(当時)向けの機体は航法士席部分が同型のE型とは異なるので、それらのディテールを盛り込んで製作するのもよいだろう。ただしこのスケールではあまり目立たない部分なので、これは無視しても大丈夫なポイントではある

■ミグ23S フロッガーB
●CT11　●1977年発売

発売当時はMiG-25に続く久々のソ連軍機のキットであり、対地攻撃型のMiG-27へのバリエーション展開を当初から考えて開発されたものでもある。現在ではMiG-27の方が定番キットとして販売を継続されているが、MiG-23もチェコ空軍の特別塗装機を再現したキットや、MiG-23とMiG-27をセットしたコンボキットの片方などの形で限定版キットが不定期に販売されることもある

■F-102A デルタダガー
●CT13　●1969年発売

F-104J、F-100D、RF-101Cに続くセンチュリーシリーズ第4弾で、このスケールでは世界初のキット化でもある。このキットが発売された時代を考慮すれば単純化されているが、実機の特徴であるウェポンベイが再現され、内部にはファルコン空対空ミサイル6発をセットできる。最近までこのスケール唯一のキットだった。限定版のバリエーションキットとしては各地の州空軍のマーキングを再現したものの他、F-106と組み合わせたコンボ限定キットが存在している

■RF-101C ブードゥー
●CT15　●1968年発売

海外メーカーが発売した箱スケールのA型などはこのキットの発売当時にも存在していたが、ハセガワが発売したのは日本に展開していて馴染みもあった偵察型のブードゥーである。つい最近まで1/72ではこの一のRF-101のキットとして重宝されていた。古いキットゆえにディテールなどはそれなりではあるが、機体のスタイルはしっかりと再現されている。変わったところでは1957年にロサンゼルス～ニューヨーク間のアメリカ大陸横断速度記録飛行である「サン・ラン」作戦に参加した機体を再現した限定キットがある

■F11F-1 タイガー
●CT16　●1980年発売

実機は世界初の超音速艦上戦闘機として知られている機体。以前別の品番で販売されていたF-11F-1のキットのデカールを変更してラインナップに加え直したキットである。このスケールでは唯一のキットであり、機体の知名度的にも今後リニューアルされる可能性は低そうなのでそういう意味では貴重なキットと言えるだろう。外観は凸モールドだが、機体の形状をよく再現したキットだ

■零式三座水偵
●CT17　●1971年発売

日本海軍の艦艇搭載水上偵察機の代表格。年代が古いキットでもあり、ディテールよりも外観を重視した、いかにも当時のハセガワらしい内容となっている。フロートと支柱の一部が一体で成型されているので、これをそのまま取り付ければ比較的簡単にフロートの位置を出すことができる。日本海軍の数多くの艦艇に搭載された機体なので、後に多くのバリエーションキットが発売され、また呉式二号射出機とセットになった限定版キットも存在している

■ジャギュア E/T Mk.2
●DT3　●1984年発売

先に発売された、イギリス空軍向けの単座型GR Mk.1の機首を新規金型と差し替えることで複座の高等訓練型をモデライズしている。実機の変更に合わせて、垂直尾翼もRHAWレシーバー未装備のタイプが追加されており、機関砲の砲口部分を2種類セットすることで、フランス空軍のE型としての製作も可能だ。変わったバリエーションキットとしては、DERA(イギリス防衛評価研究機関)で運用されたトリコロールカラーの派手な機体を再現できるバリエーション限定キットが販売されていたこともある

■RA-5C ビジランティ
●DT5　●1967年発売

ハセガワが「飛行機のハセガワ」と言われるようになってきて、ようやく脂ののってきた時期の製品で、既発売で箱スケールのレベルとモノグラムがいずれも背面の膨らみがない核攻撃型A3Jをキット化していたのに対し、ハセガワは現用の偵察型RA-5Cをモデライズしてくれた。古いキットなのは確かなのですがさすがにディテールは現在のキットには及ばないが、全体形のデッサンはしっかりしており、実機の雰囲気をよく伝えるものである。また1/72でも相当に大きい機体なので組み上げたときの満足感もあるキットである

■TF-104/F-104DJ スターファイター (アメリカ空軍/航空自衛隊)
●DT18　●1990年発売

当初から単座型に加えて、複座の練習機型の発売を考慮して機首が分割されており、キットはその複座専用の機首とキャノピーを差し替えたものである。基本的にはG型のキットをベースとして、航空自衛隊用の射出座席と幅の狭い主輪、そして膨らみのない主脚カバーを加えることで、NATO各軍のTF-104と空自のF-104DJとしている。アメリカ空軍のデカールが付属しているが、実機はアメリカ空軍では使用しておらず西ドイツ(当時)の機体を訓練のためにアメリカで運用しているものだ

■P-38J/L ライトニング
●DT20　●1977年発売

1977年にF型とJ型のコンバーチブルキットとしてリリースされたものに一部金型を改修、新規部品を追加することで、J型とL型のコンバーチブルキットに改めている。キットのモールドは凸モールドで、P-38としては比較的シンプルな内容の商品だ。大戦中の米軍機の例に漏れずP-38J/Lも魅力的なノーズアートやマーキングを施された機体が多く、これらの機体はデカールを変更したバリエーションキットで再現された。また近年では太平洋戦域で活躍したエース機を再現したコンボキットも限定発売されている

HASEGAWA CO

■F-15E "シーモア ジョンソン"
●KT1　●1988年発売

それまでのF-15Eのキットのデカールを、SJのテイルレターで知られるノースカロライナ州のシーモアジョンソン基地に展開する第4戦術航空団所属としたデカール替えバージョンで、湾岸戦争に参加した機体も選ばれている。パイロンなどを新規金型で用意した改訂版キットで、まずはこのキットが現時点のベストの内容であろう。ただし兵装類は大半がオミットされているので、これは別売パーツを使って再現するのがよいだろう

■F-14A プラス トムキャット
●KT2　●1988年発売

1988年に完全新金型でリリースされたF-14Aのキットをベースに、それまでのTF30エンジンから推力増大型F110に換装し、その変更に合わせて排気口の上面パーツを専用のものに改めた仕様を再現しており、後にその呼称もB型に変更している。なおF-14Bは、新造機と改造機ともに主翼グラブ前縁の可変式ベーンを廃止され、その開口部は外板で塞がれているので、キット製作に際してはこの部分にも留意されたい

■EF-111 レイブン
●KT3　●1989年発売

最初にリリースされたキットは各部に赤を配した試作型だったのに対し、このキットでは生産型(といっても実際にはA型からの改造機なのだが)として、実戦飛行隊のデカールがセットされている。キット自体は試作型と同じもので、ディテールはこのスケールを考えると素晴らしいもので、ちゃんと電子戦専用の計器盤デカールも用意されている。他の型式がたまにスポット生産されるのに対し、本型は再販されず現在は絶版状態となっている

■ヤコブレフ YAK-3
●AP1　●1991年発売

意外なことだろうがハセガワ初の第二次大戦中のソ連機のキット化である。パネルラインはきれいなスジ彫りで再現されている。キットは木製外皮仕様機を選んで立体化しているため、全体的にあっさりとした仕上がり。各パーツの合いもよくディテールも1/72の単葉レシプロ機としては充分に仕上げられ、機体自体の好みがあろうが組み立てやすい秀作キット。大量生産された割に製品化に恵まれていない機体のため、文句なしに本機最良のキットだろう

■マッキ MC202
●AP2　●1991年発売

日本では最後まで問題続きだったように見られている大戦中のイタリア航空機だが、少なくともドイツの液冷エンジンDB603の国産化には難なく成功しており、その再現が本機である。大出力により機首が振られることへの対処として左右の主翼長を変えるという独特のスタイルにまとめられた機体を、適度なディテールとスケールに見合うスジ彫りなどを用いた精度で再現している。ストレート組みで充分な再現度となるキットなので、そのまま組み立てて楽しみたいところである

■フォッケウルフ Fw190A-8
●AP3　●1991年発売

1975年にリリースされたA-8型とは、まったく異なる新規金型で起こされたキット。後に各社から新キットがリリースされているが、その外見と適度なディテール、そして組み立てやすさと価格など、総合的に現在でもベストキットだろう。手軽にストレート組みができるので、ドイツ機ならではの迷彩バリエーションとマーキングを楽しむのにも最適のキットだ

■フォッケウルフ Fw190F-8
●AP4　●1992年発売

Fw190A-8型の地上襲撃型で、キット自体は同一だが胴体と主翼下面に搭載した爆弾がセットされている。キット自体は文句なしの傑作だし、組み立てもたやすい。こちらのキットも多数を組み立てて塗装やマーキングのバリエーションを楽しみたいところだ。このF-8型は多彩な武装の変遷に伴う数多くの仕様が存在するので、各種キットからパーツを流用して様々な武装のバリエーションを楽しみたいところである

■フォッケウルフ Fw190A-8 ナハトイェーガー
●AP5　●1992年発売

他のFw190とほぼ同じタイミングでリリースされたバリエーションキット。ハセガワキットの中でも傑作として知られるFw190A-8をベースに、主翼前縁にレーダーアンテナを追加することで、夜間戦闘機型に変身させている。同時期に発売された他のFw190と同じようにキット自体はほとんど手を入れる必要もなく、各部の合いも秀逸なのでストレートに組んでも何ら遜色ない仕上がりとなる。現在は生産休止となっている

■フォッケウルフ Fw190D-9
●AP6　●1992年発売

空冷型のFw190Aとともに、完全新金型で作られたキットであり、その発売当時は多くのモデラーを喜ばせた。入手のしやすさと価格、組み立ての容易さでは現行キットと並んでもひけを取っておらず、申し分のない仕上がりを得ることができる。そういう意味では万人向けのキットであろう。過給器のインテークと垂直尾翼の形状を直してやるとさらに実機に近い状態となるだろう

■フォッケウルフ Fw190A-5
●AP7　●1993年発売

このスケールで、ハセガワが1975年にキット化したA-5型とは共通パーツが一切ない新規金型キット。機銃の換装により膨らみが追加された機首の機銃カバーを、膨らみのないA-5専用のパーツに改めている。製作のポイントとしては、A-5には搭載されていない外翼下面のMG151/20機関砲の弾倉バルジを削り落とす工程が挙げられる。できればここは削り落とした後にA-5型の大半が装備していたMG/FFの弾倉バルジを自作して追加してやるとより正確な形状となる

■メッサーシュミット Bf109E-3
●AP8　●1992年発売

1976年に発売されたE型シリーズからの流用パーツは一切なく、外観やディテールなども一新した新規金型キット。組み立てもたやすく手を入れる必要がほとんどないためストレートに組んでも充分な仕上がりとなる。現在では定番キットのラインナップからは外れているが、限定キットとしてリリースされることもあるので、入手自体は比較的容易である。2016年にはコンドル軍団が使用したBf109E-3とハインケルHe51Bをセットした限定キットでその姿を見る事ができた

■メッサーシュミット Bf109E-4/7
●AP9　●1992年発売

実機同様に、E-3型の新規金型キットをベースとして、上部が角ばった4型以降の新型キャノピーと増加タンクとそのパイロンなどを追加、E-4/7の仕様を再現している。このため主なキットの部品自体は先に発売されたBf109E-3と同一である。比較的新しいキットであることもあって、このスケールなら他社のキットに充分引けを取らない仕上がりだ。ディテールの再現度や組み立てのプロセスなどにも問題はないので、安心して組み立てる事ができるだろう

■メッサーシュミット Bf109E-4/7 TROP
●AP10　●1992年発売

新規金型で起こされたキャノピーとパイロン、そして燃料タンクなどのパーツが加えられたE-4/7型のキットに、北アフリカ方面に展開した飛行隊向けとして開発された、長方形の熱帯フィルターのパーツを追加したキット。当然ながらサンド系を基調とした熱帯迷彩を楽しむことを可能としているのが魅力なキットだ。「AP8」のBf109E-3をベースとした他のキット同様に、1/72としては充分なディテールと組み立てやすさを両立した内容で、塗装に注力できるキット。ヨーロッパとは異なる砂漠迷彩は、モデラーならばトライしたくなるはずだ

■P-51B ムスタング
●AP11　●1992年発売

1974年に発売されたP-51Dとは別物で、完全に新金型が製作されたP-51のB型を再現するキット。また通常キャノピーに加えてマルコムフードと呼ばれるバブル型のキャノピーがセットされた限定キットも発売された。数多く存在するノーズアートやマーキングに対応したキットが限定販売されているが、変わったところではスイス空軍で運用された機体を再現したキットやエアレースに出場した機体の塗装を再現したコンボキットなどが存在している

■P-51C ムスタング
●AP12　●1993年発売

キット自体はデカールが異なるだけでムスタングのB型そのものが入っているキット。それもそのはずで、実機ではイングルウッド工場で作られた機体はB型、ダラス工場で作られたものはC型として分類されている。つまりどちらも実態はまったく同じ仕様。だからB型とC型のキットのパーツも同じもの。現在は定番キットではないが絶版になったわけではなくたまにスポット生産や限定版キットとして発売されるので、比較的今でも入手しやすいという点はありがたいキットである

1/72 SCALE AIRCRAFT MODELS

■AP13　三菱 零式艦上戦闘機 11型

■AP17　メッサーシュミット Bf109G-6 "グスタフ6"

■AP18　メッサーシュミット Bf109G-14 "グスタフ14"

■AP19　モラーヌ ソルニエ M.S.406 "フランス空軍"

■AP21　P-51K ムスタング

■AP23　中島 二式水上戦闘機

■AP24　F4F-4 ワイルドキャット

■AP25　FM-1 ワイルドキャット

■AP26　F4F-3 ワイルドキャット "イエローウィング"

1/72 SCALE AIRCRAFT MODELS

■AP27　ポリカルポフ Ⅰ-16 タイプ18

■AP28　ポリカルポフ Ⅰ-16 タイプ24

■AP29　SBD-3 ドーントレス

■AP30　SBD-4 ドーントレス

■AP31　SBD-5 ドーントレス "USS レキシントン"

■AP32　SBD-6 ドーントレス "エース オブ スペーズ"

■AP33　TBF/TBM-1C アベンジャー

■AP34　TBM-3 アベンジャー "USS シャムロックベイ"

■AP35　川西 N1K1 水上戦闘機 強風 "前期型"

■AP37　川西 N1K1 水上戦闘機 強風 "後期型"

■AP38　ハリケーン Mk.Ⅰ 後期型 "バトル オブ ブリテン"

■AP39　ハリケーン Mk.ⅡC "ラスト オブ ザ メニー"

■AP40　九州 J7W1 震電 "東京防衛 1946"

■AP41　スピットファイア Mk.Ⅷ

■AP42　スピットファイア Mk.Ⅸ

■AP45　F2A-2 バッファロー "U.S. ネイビー"

■AP46　B-239 バッファロー "フィンランド空軍"

■AP47　ドボアチーヌ D.520 "フランス空軍"

■三菱 零式艦上戦闘機 11型
●AP13　●1993年発売

早急に生産を進めるために、艦上機としての装備である主翼折り畳み機構や着艦フック、そしてクルシー式帰投装置を外した陸上専用型がこの11型。キットでは中国戦線に投入された機体を、既存の零戦のキットのデカール替えで再現している。このためデカールを除けばキット自体は21型と変わらない。その初版の発売は1993年ともはや古参ではあるが、外見やディテールそして価格など、今でも充分に第一線キットとしてその価値は高く、プラモのお手本的な内容であろう

■メッサーシュミット Bf109G-6 "グスタフ6"
●AP17　●1993年発売

1992年に発売された新規金型のEシリーズに続き、これまた新たな金型を起こしてGシリーズをリリースした。本キットの特徴は、尾部を別パーツとすることで大型垂直尾翼仕様への発展を考慮したことで、1976年版のキットと比べて外見、ディテールともに大きく進化し、登場という点でも申し分なく、手頃なキットとしてお勧めできる。バリエーションキットとしては、エーリッヒ・ハルトマンの搭乗したG-6とG-14をセットした限定キットなどにこの製品と同じパーツが使われている

■メッサーシュミット Bf109G-14 "グスタフ14"
●AP18　●1993年発売

新規金型のG-6をベースに、別パーツの尾部を大型垂直尾翼のパーツに差し替えたキット。適度なディテール省略と組みやすさなどが魅力で、今でも秀作と言える内容である。別パーツに分割された尾部を接着する際には段差が生じないように注意するとよいだろう。このG-14は通常のキットの他、戦後フィンランド空軍で使われたマーキングを再現した限定キットやクロアチア空軍の機体を再現した限定キットなど、一風変わったバリエーション展開がなされている

■モラーヌ ソルニエ M.S.406 "フランス空軍"
●AP19　●1993年発売

ハセガワ初の大戦期におけるフランス機のキット化で、登場を喜んだモデラーも多いはずだ。キットは組み立てやすく、ディテールも充分盛り込まれているのでシートベルトの追加程度で他はストレートに組んでも遜色のない仕上がりとなる。後に同社からリリースされた、より近代的なドボアチーヌD.520と並べるのも一興だろう。フィンランド空軍で運用されたりポーランド空軍に配備された機体など、ややマイナーな国のマーキングを再現したバリエーション限定キットも発売された

■P-51K ムスタング
●AP21　●1994年発売

新規金型の専用キャノピーを起こし、また1994年に発売されたD型のキットでは不用パーツだったプロペラを使用して、ハミルトンスタンダードからエアロプロダクツ製に換装したK型を再現している。このスケールにすればその差は長さ4mm弱だが、ブレードの形状が異なるため無視することはできず、マーキングの選択肢が広がることを考えるとメーカーの意向も納得がいく

■中島 二式水上戦闘機
●AP23　●1994年発売

以前の零戦シリーズにはなかった型式で、基本的には原型となった21型のキットに準じるが、胴体と主翼下面、フロートの金型を新規に起こして再現している。比較的近年のキットであるため1/72二式水戦のキットとしてはベストの内容である。零戦自体のキットはこの二式水戦の後もいろいろとリリースされたが、二式水戦は出ていないため、製作に際しては現在このキットしか選択肢はない。ただしキット自体は素晴らしいものなので、現在でも通用する仕上がりだ

■F4F-4 ワイルドキャット
●AP24　●1994年発売

緒戦で零戦に敗退したとされていたものの最終的な撃墜スコアは零戦を上回っていることが判明し、近年再評価が進んだ大戦初頭のアメリカ軍艦載戦闘機。4型はそれまで採用されていなかった主翼の折り畳み機構が導入された型式で、適度なディテール再現と上品なパネルラインのスジ彫りなどが光る。当時におけるワイルドキャットのキットとして、文句なしにベストの存在であった。入手しやすさと組み立てやすさから今でも充分現役キットとしての存在感がある

■FM-1 ワイルドキャット
●AP25　●1994年発売

シリーズで初めて主翼折り畳み機構を導入したF4F-4をGM社で生産した機体がFM-1である。本製品は、アトランティックスキームの対潜仕様のデカールをセットしている。キット自体はシャープなスジ彫りで表現されたパネルラインや、適度な省略を織り交ぜつつ充分スケールの水準を超えるディテール表現、そして組み立てやすさなど、いずれをとってもそのリリースの古さを一切感じさせない傑作キットだろう

■F4F-3 ワイルドキャット "イエロー ウィング"
●AP26　●1995年発売

実機の登場時期とは逆の製品化で、キット自体は4型のパーツがそのままセットされており、専用のデカールで3型としている。しかしこのため、3型にはなかった主翼の折り畳み線がスジ彫りで大きく残されており、3型として製作するのであればこの線を埋めていねいに整形したほうがよいだろう。この際に周囲のモールドを消してしまわないよう留意することもポイントだ。キット名の通り、いかにも戦間期のアメリカ海軍機らしい黄色い主翼のマーキングが付属している

飛行機模型のボトルネックを解消する、オマケ付きキットに込められた創意工夫

*COLUMN

飛行機模型を作るのが楽しくても、「手間がかかるところをスキップできたらラッキーだな」と思う気持ちはどんなベテランモデラーでも抱くことがあるはずだ。ハセガワが時として発売する塗装済みキャノピー付きキットや自重変形タイヤ付きキット、メタル製の脚部パーツ付きキットといった、「ちょっと豪華なオマケの付いたアイテム」は、モデラーの「楽に作りたい」「ディテールアップを気軽に楽しみたい」という気持ちに応えてくれる粋な計らいと言えよう。

ハセガワにはユーザーから多くの意見や要望が寄せられており、スタッフもこれにきちんと目を通している。例えば初心者モデラーから「キャノピーを塗り分けるのが難しい」という意見があったときに、製品をまるごと作り直すのではなく、いまある技術でそれをクリアすることができないかどうか検討した結果生まれたのが「キャノピー塗装済みキット」だ。

ハセガワからはかつて「ワンナイトシリーズ」という「ボディパーツに塗装やタンポ印刷、デカール貼りなどがされたカーモデル」のラインナップが存在した。シャシーや内装を組み立てればあとはボディを載せるだけ、文字通り「ひと晩で完成させられる」というのがそのコンセプトである。また、旅客機モデルでもボディの基本塗装があらかじめ施してあるキットが発売されており、さらには鉄道模型ブランドのMODEMO(当然塗装済み完成品を扱う)も有している。こうした製品の実現に欠かせないのがマスク塗装(塗装したくないところを正確に覆うことができる治具を使った塗装法)による大量生産が可能な業者の存在だ。彼らとの間で、「こんなアイディアは実現できるだろうか」というハセガワスタッフからのプレゼンテーションや、業者からの逆プレゼンテーションが繰り返され、試行錯誤のなかから「キャノピーがきれいに塗装された状態の飛行機模型」が誕生した。こうした工夫は既存製品に対して新たな付加価値を付けることができる。レジンパーツやメタルパーツを追加して「より完成度を上げる」というベクトルの製品もあれば、「気軽に組み立ててより早く完成品を楽しめる」というベクトルの製品にもできるというのは「ひとつのアイテムを異なるチャンネルに届ける」という意味で、メーカーにとってもユーザーにとっても大きなメリットになっているはずだ。

▲1998年のカタログにて初めて登場したSSシリーズ。これが塗装済みキャノピーをセットした1/72のキットで、写真の「三式戦闘機 飛燕」「局地戦闘機 紫電改」「UH-1H イロコイ」「F-16C ファイティングファルコン」の他、20種類のキットが発売された。この時期のハセガワは1/400の塗装済み旅客機のシリーズや鉄道模型ブランドのMODEMOなど、塗装済みパーツを使ったキットの開発に意欲的だった

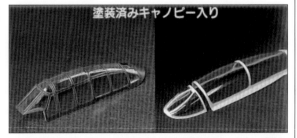

▲上の写真がSSシリーズのキットに封入されていた塗装済みのキャノピー。面倒なマスキング作業をスキップできるのはモデラーにとって嬉しいポイントだろう

■ポリカルポフ Ⅰ-16 タイプ18

●AP27 ●1995年発売

ハセガワ久々のソ連大戦機で、このスケールで翼幅わずか12.6cmという本当に手のひらサイズの小さなキットだ。実機は世界初の単葉戦闘機、かつ引き込み脚もこれまた世界初の試みというアヴァンギャルドな機体であった。キットはレーサー機ジービーを彷彿させるこの機体のスタイルを見事に再現しており、小粒ながら表面仕上げなどは素晴らしい製品だ。ストレートに組んでなんら問題はないが、惜しむらくは現在定番商品ではないため入手するのが難しいという点だ

■ポリカルポフ Ⅰ-16 タイプ24

●AP28 ●1995年発売

先にリリースされたタイプ18型のバリエーションキットで、主翼の7.62㎜機銃に換えて20㎜機関砲を装備した機体としているが、標準型のタイプ24はタイプ18と同じ武装なので、20㎜機関砲に換装した機体、もしくはタイプ28として製作するのがよいだろう。翼幅がわずか12.6cmと本当に小粒のキットだが、端麗な表面仕上げや適度のディテール省略など、素晴らしいミニチュアに仕上がられており、ストレートに組んでも充分な仕上がりとなる

■SBD-3 ドーントレス

●AP29 ●1995年発売

1/48に続いてハセガワがリリースしたアメリカ海軍の急降下爆撃機ドーントレス。基本的には1/48キットのスケールダウン版であるが、フィレット形状をより実感が増すように修正し、ディテールなどは適度に省略されている。1/72スケールながら結構パーツは多いものの、各部の合いはよく組み立てにストレスを感じることはないだろう。ダイブブレーキとフラップは一体の形で上翼にモールドされており、小孔がわずかに窪んだ状態となっているのでピンバイスでうまく開口してやりたいところだ

■SBD-4 ドーントレス

●AP30 ●1995年発売

前述のSBD-3と同様に、1/48でリリースされたドーントレスのスケールダウン版キット。基本的に1/48のディテール表現を受け継いでいるのはSBD-3と同様。表面仕上げの美しさやキャノピーのシャープさなどの見所も多いキットで、まずは水準以上の内容と言えるだろう。2013年にはこれらのSBD-3/4/5のパーツを組み合わせてコンバーチブルとした2機セットのコンボキットが限定発売されている

■SBD-5 ドーントレス "USS レキシントン"

●AP31 ●1996年発売

前作SBD-4から続くドーントレスのバリエーションキットである。SBD-5はエンジンが換装された機体であるため、カウル部分は新規金型に変更されている。また、それまでの型式で搭載されていた直接照準眼鏡に換えて光学式照準器が導入されたため、風防のパーツも新規に製作された。これまでのシリーズと同様に内容的には総じて良質なキットであり、ストレートに組んでも問題はない。キット名の通り、空母レキシントンに搭載されていた機体のマーキングが付属している

■SBD-6 ドーントレス "エース オブ スペーズ"

●AP32 ●1996年発売

先にリリースされているSBD-5のさらなるエンジン強化型だが、外見的な変化はなく、このためキットはSBD-5そのものがセットされており、SBD-6用の新規デカールがセットされている。現在はSBD-3/4/5を任意に選択可能なパーツとデカールを加えて2機の限定コンボセットとしてリリースされているが、このSBD-6は選に漏れている。ただし内容は前述したようにSBD-5そのものなので、デカールさえ用意できれば簡単にSBD-6を製作することが可能だ

■TBF/TBM-1C アベンジャー

●AP33 ●1995年発売

旧式化したデバステーター雷撃機の後継として開発され、ミッドウェイ海戦から戦闘に投入された、いかにもアメリカ的な雷撃機。実機は3座機ということでこのスケールでもボリュームがあり、コクピットや旋回式の銃塔、開閉選択式のウェポンベイなど再現性は高く組み立ても上々だ。ただし差し込み式の主翼と胴体の接合部は、取り付ける前に仮組みしてピタリと合うように調整したい

■TBM-3 アベンジャー "USS シャムロックベイ"

●AP34 ●1996年発売

大戦時におけるアメリカ海軍の代表的な攻撃機だが、意外なことに1/72キットは少ない。そのため前年にキット化されたTBM-1Cに続いて発売された、アベンジャーの集大成ともいえるこの3型は「ようやく出たか」の感がある。キット自体は表面仕上げや組みやすさなどの点では申し分ない。アメリカ海軍で運用された機体は当然ながら、黄色い縞模様が描かれたイギリス海軍機、海上自衛隊で対潜哨戒任務についた機体などもバリエーションとして限定発売されている

■川西 N1K1 水上戦闘機 強風 "前期型"

●AP35 ●1995年発売

紫電、その改良型紫電改と戦闘機に発展した機体のオリジナルが本機で、日本海軍機では珍しい中翼形式を採ったことで、大きなフィレットを備える独特のスタイルにまとめられた。キットはこのフィレットのまわりの曲面を的確に再現しており、部品の合いもよい。ストレートに組んでも充分な仕上がりとなる。最近では強風の前期型と後期型を組み合わせたり、二式水戦とセットにされた限定キットで目にする事も多い

■川西 N1K1 水上戦闘機 強風 "後期型"

●AP37 ●1996年発売

水上戦闘機という、貧しい国ならではの発想で開発された機体の最終形態であり、水上戦闘機としては秀作とはいいがたいものの、紫電と紫電改の原型になったという意義は大きい。表面仕上げや各部の合いなどは先に発売された前期型のキットと同様に総じて優れており、何よりもその特異なスタイルがよい。大きなフロートの分だけ陸上機よりも迫力が感じられ、2式水戦や紫電、そして紫電改と並べてその発展を確認したくなるキットである

■ハリケーン Mk.Ⅰ 後期型 "バトル オブ ブリテン"

●AP38 ●1995年発売

スピットファイアの陰に隠れ、さらにその武骨なスタイルから日本ではいまいち目立たなかった実機の印象ゆえか、ハセガワではこれが初のキット化となった。当初からバリエーション展開を考慮したことで、機首が分割されているが、各部の合いはよく、組み立てやすいキットであろう。機体後部の鋼管羽布張りの表現はかなりメリハリが効いており、1/72でも異素材であることが一見してわかるようになっている。フィンランド空軍機など、イギリス以外の国で使われた機体も限定品として発売された

■ハリケーン Mk.ⅡC "ラスト オブ ザ メニー"

●AP39 ●1996年発売

先行して発売されたMk.Ⅰに続いて発売されたMk.Ⅱ型。より強力なマーリンＸＸエンジンを搭載したタイプである。この差を表現するためにキットでは当初から機首周りの部品が分割されて設計された。そのため部品点数は1/72の単発機としては若干多めだが、パーツの合いは良好なので組み立ては難しくはない。幅広い戦域で使われた機体らしく、ヨーロッパ戦線の機体はもとより北アフリカや太平洋戦域でのマーキングを再現した機体もバリエーションとして限定発売されている

■九州 J7W1 震電 "東京防衛 1946"

●AP40 ●1995年発売

現在入手可能なこのスケール唯一の震電のキットとしてリリースされたものを、デカール替えで本土防空戦への実戦参加仕様とした完全なフィクションのキットである。キット自体の出来は素晴らしく、今でも古さを感じさせない。いわば仮想戦記的なノリの一作であるが、過去にもハセガワは「もしも」を形にしたキットを発売しているので驚くことではない。しかし、基本的にこのような題材のキットに定番品のナンバーを振ることは異例であり、このキットはその点で異彩を放っている

■スピットファイア Mk.Ⅷ

●AP41 ●1996年発売

Mk.Ⅷは総合的な飛行性能の向上を図り強化型エンジンに換装し、効率を高めるため4翅プロペラを採用した機体で、キットは背の高くなった方向舵などその特徴ある形状を完全新規金型で再現している。また実機同様に、続くⅨ型にもパーツの大半が流用されている。ディテールや表面仕上げ、そして外形と組み立てやすさから水準を超える秀作だ

■スピットファイア Mk.Ⅸ

●AP42 ●1996年発売

スピットファイア後期生産型の旗手となる機体で、実機の変更に合わせてⅧ型のパーツに標準タイプの方向舵と短いタイプの機首下面インテークのパーツを追加したバリエーションキット。さすが超有名機だけあって数多くのキットが存在するが、価格や入手のたやすさ、そして全体的な出来の良さなどから、このスケールでのⅨ型としては、まずはベストの存在と言えるだろう。普通に製作するならば特に問題はないので、ストレートに組んで充分な仕上がりとなるだろう

■F2A-2 バッファロー "U.S. ネイビー"

●AP45 ●1996年発売

その不格好なスタイルからもわかるように、緒戦において零戦に一蹴され早々に退役した機体として知られる。それまで様々なメーカーが同じスケールでキット化してきたが、さすがハセガワだけあり大きく水を開けた仕上がりとなっている。正確な外観や詳細な表面仕上げ、適度なディテール再現と併せて、各部の合いも良好という傑作であり、ストレートに組んでなんら違和感のない仕上がりとなる。良作だが現在は定番キットから外れているので、入手しづらい状態になっているのが残念だ

■B-239 バッファロー "フィンランド空軍"

●AP46 ●1996年発売

太平洋戦争では零戦や隼に一蹴された機体だが、なぜかフィンランド空軍との相性はよく、数多くのエースを輩出し高く評価されている。キットは前作のF2A-2がそのまま流用されており、機首の伸びたF2A-3のバリエーション展開のために機首が別パーツとなっているので、隙間や段差が生じないように注意する必要がある。実機の駄目っぷりとは裏腹に、水準を超える素晴らしいキットであり、ストレート組みで立派な作品に仕上げることができる

■ドボアチーヌ D.520 "フランス空軍"

●AP47 ●1997年発売

大戦期におけるフランス最良の戦闘機として名高い機体であり、同社の前作MS.406と並べてみるとはるかに近代的なスタイルに仕上げられていることがわかる。この時期にリリースされたハセガワの他のキットと同様に素晴らしい仕上がりで、もちろん組み立ての容易さと価格などを考えると間違いなくベストキットだろう。惜しむらくは入手が困難ということで、コンボキットとして限定発売された場合、買い逃さないよう注意したい。ただし絶版ではないので、気長に待てば入手は可能である

1/72 SCALE AIRCRAFT MODELS

■AP48　ドボアチーヌ D.520 "ビシー政府空軍"

■AP49　九州 J7W2 震電改

■AP50　メッサーシュミット Me262B-1a/U1 "ナハトイェーガー"

■BP2　J-35Ö ドラケン (オーストリア空軍)

■AP51　メッサーシュミット Me262A-1a/A-2a

■BP1　J-35F ドラケン

■BP3　J-35J ドラケン (スウェーデン空軍)

■BP4　F-86D セイバードッグ "航空自衛隊"

■BP5　F-86D セイバードッグ "U.S. エアフォース"

■BP6　A-1H スカイレイダー "U.S. ネイビー"

■BP7　A-1H スカイレイダー "U.S. エアフォース"

■NP1　川崎 九九式双発軽爆撃機 Ⅰ型（キ-48-Ⅰ）

■NP2　川西 九四式一号水上偵察機（E7K1）

■NP3　三菱 G4M1 一式陸上攻撃機 11型

■NP4　中島 G8N1 十八試 陸上攻撃機 連山

■NP5　川西 H8K2 二式大型飛行艇 12型

■NP6　川西 H6K5 九七式大型飛行艇 23型

■NP7　三菱 キ-15-Ⅰ 九七式Ⅰ型 司令部偵察機

■NP8　三菱 キ-51 九九式襲撃機/軍偵察機

■NP9　中島 キ-27 九七式戦闘機

■NP10　愛知 零式三座水偵 w/呉式二号射出機

■NP11　川西 九四式一号水上偵察機 w/呉式二号射出機五型

■NP12　中島 九七式一号艦上攻撃機 "中国大陸1939"

■851　メッサーシュミット Me262A

■852　メッサーシュミット Me262B

■C2　MiG-21 フィッシュベッド

■C3　F-104J スターファイター

■ドボアチーヌ D.520 "ビシー政府空軍"
● AP48 ●1997年発売

第二次大戦におけるフランス最良の戦闘機として知られるD.520。こちらは先に発売されたD.520のバリエーションで、ドイツの侵攻後にフランスに誕生したヴィシー政権下で運用された機体を再現している。フランス空軍版の迷彩とは打って変わって、機首の前後に描かれた派手な黄色と赤のストライプが特徴だ。フランス空軍版と同様、シャープなパネルラインや適度な省略が施されたディテール、組みやすさなどは文句なしにこのスケールでのD.520の決定版と言える内容である

■九州 J7W2 震電改
● AP49 ●1997年発売

1/72震電のバリエーションキットとしてリリースされたものだが、こちらは机上の計画にしか過ぎなかったジェットエンジン換装型をキット化しており、プロペラに換えて新規金型のエンジン排気口のパーツを追加してジェット化を再現している。こちらも架空の機体ではあるが、完成してみると特に違和感を感じさせず、コレクションに加える価値は充分にあろう。この震電改は後にイ号誘導弾を搭載した連山とセットで"本土防衛"と題されて限定キット化されたのは記憶に新しいところだ

■メッサーシュミット Me262B-1a/U1 "ナハトイェーガー"
● AP50 ●1985年発売

1985年当時行なわれた「モデラーからの公募によって次に発売する機種を決定する」というキャンペーンの結果発売されたキット。先に発売されていた単座型Me262の胴体とキャノピーなどを新規金型として新たにパーツ化し、さらに夜戦型のレーダーのパーツも付け足されたボリュームの入ったキット内容である。開発の経緯もあってか、気合いの入ったキット内容で、発売から時間を経た現在の目で見ても1/72のMe262としてはトップクラスの製品である。機首のリヒテンシュタインアンテナは金属線などでシャープに作り替えるとより完成度が高まる

■メッサーシュミット Me262A-1a/A-2a
● AP51 ●1985年発売

キット自体は1985年に発売されたもののリニューアル生産でパーツ構成に変更はない。戦闘機型のA-1aと戦闘爆撃機型のA-2aの選択式となっており、機首上面の30mm機関砲部分は4門と2門のパーツがそれぞれパーツ化されているほか、A-2aが胴体下に懸吊する250kg爆弾×2発も用意された。デカールはA-1aの第7戦闘航空団ハインツ・アーノルド曹長搭乗機、ヴァルター・ノヴォトニー少佐搭乗機、ヴォルフガング・シェンク搭乗機から選択可

■J-35F ドラケン
● BP1 ●1994年発売

古くはエアフィックス、エレールが1/72のドラケンを発表していたが、ハセガワの1/72キットはそれらと比べても総合的には優れたキットと言える内容。実機の主翼後縁はかなり分厚いのだが、それもキットでは再現されている。バリエーション展開を考慮して外翼が別部品となっているので、ここを接着する際には段差ができないように注意すれば妙に違和感を感じることなく仕上がる。キットにはスウェーデン空軍のマーキングがセットされているが、これとは別にスウェーデン空軍のノコギリザメが描かれた機体などのキットも発売された

■J-35Ö ドラケン（オーストリア空軍）
● BP2 ●1995年発売

キット名の通り、オーストリアに輸出された改修型のドラケンを再現したキットである。基本的には先に発売されたF型とキット内容は同じで、国籍マークなどマーキングの内容がオーストリア空軍のものに変更された。オーストリアではドラケンの平坦な機体形状を活かして大胆に赤白で塗り分けたり真っ黒に黄色のラインを描いたりした派手な特別塗装機を作成しており、後にこの塗装を再現した「オーストリア空軍 フェアウェルスペシャル」と題された2機セットも限定発売されている

■J-35J ドラケン（スウェーデン空軍）
● BP3 ●1995年発売

ドラケンシリーズで最初にリリースされたF型のバリエーションキットで基本的には同仕様のキットながら実機の変更に合わせてパイロンが追加された正しいJ型に仕上げられている。このJ型は「アイドルマスタープロジェクト」版としてデカールをプラスした「J35J ドラケン "アイドルマスター 四条貴音"」や、ゲーム「エースコンバット ゼロ・ザ・ベルカン・ウォー」に登場したエスパーダ隊の機体を再現した限定キットなど、一風変わったバリエーション展開がされた

■F-86D セイバードッグ "航空自衛隊"
● BP4 ●1996年発売

F-86Fの全天候バージョンで、アフターバーナーの導入や機銃に換えてロケット弾を装備するなど、レイアウトは共通だがまったく別の機体だ。これらの特徴を再現するためパーツはすべて新規金型で製作されており、別パーツとされたロケット弾ランチャーや尾部の境界層板などディテールも素晴らしく、現在でも文句なしにこのスケールのベストだ。2013年には空自でセイバードッグを実戦運用した部隊のマーキングを網羅したコンボキットも限定発売されている

■F-86D セイバードッグ "U.S. エアフォース"
● BP5 ●1996年発売

先行した航空自衛隊版に続いて発売された、アメリカ空軍版のキット。F-86セイバーの呼称を踏襲しているが実質まったく別の機体であることから、空自版同様に新規金型を使用している。少ないパーツ点数ながら締めるべきところはきちんと締めており、コクピットも充分なディテールが盛り込まれている。機首下面に設けられたロケット弾パックは開閉選択式で部品の合いもよく、ストレートに組んでも充分な完成度に仕上がる文句なしの傑作キットである

---

*COLUMN
ファンの欲求とがっちり噛み合った
航空機コミック『エリア88』とハセガワの関係

新谷かおる氏のマンガ『エリア88』で軍用機のイロハを覚えたというアラフォー以上の世代ならば、ハセガワが発売した同タイトルの限定モデルについて記憶している人も多いだろう。新谷氏の躍動的な筆致で描かれた軍用機の数々は、戦争活劇でありながら図鑑的な役割を果たしており、アクの強いキャラクターたちとそのパーソナルマークとのセットがイメージとして刷り込まれた人間にとって、「模型でもその姿を再現したい」と思う気持ちはいたって自然なもの。ハセガワにおけるエリア88関連モデルの歴史は1994年に遡る。前駆として『ファントム無頼』（同じく新谷かおる氏によるマンガ）に登場した1/72スケールのF-4ファントムIIが発売されたのが大きなきっかけになった。

続いて1995年、1/72スケールの「ドラケン」、「X-29」、「F-14」、「A-10」、「クフィル」の5アイテムがエリア88パッケージとして新規デカールとともに発売された。さらに、1/12スケールのレジンキャスト製フィギュアにドラゴン製のキット（1/144スケール）をセットしたシン・カザマ（F-5E）、サキ・ヴァシュタール（クフィルC2）、ミッキー・サイモン（F-14A）、セイレーン・バルナック（ハリアー）、津雲涼子（こちらはハセガワ製の1/400スケールB-747が付属）がアクトハセガワブランドで発売されている。

同タイトルのTVアニメ（全12話）が制作された2004年には1/48スケールにて「F-14A」と「F-8E」に新規デカールを追加し、特製DVDを組み合わせたスペシャルパッケージ版が発売され、モノグラム金型の1/48「F-5」にデカールを追加したものも製品化。また同年、1/72スケールの各種戦闘機および1/200の「B747-300」に使用可能なデカールセットも限定販売されたことも特筆すべき事項だろう（ハセガワからは発売されていない1/72の「バッカニアS.2B」なども再現可能なのには驚かされる）。

そして2016年、1/48スケールモデルのラインナップ充実を受けて、同社のエリア88関連アイテムはいわば"第三期"として再始動した。こちらは「クリエイターワークス」のシリーズに組み込まれ、1/48スケールの「ドラケン」、「F-8Eクルセイダー」、「F-14Aトムキャット」が立て続けに製品化。メディアや時期によって異なるパーソナルマークが新規デカールによって網羅されており、統一スケールで主要な機体を揃えたいというファンにとって垂涎の内容となっている。同シリーズでのさらなる展開も含め、ハセガワ製の飛行機モデルと『エリア88』との蜜月がこの先いつまでも続くことを願いたい。■

▲キャラクターモデル向けのブランドであるアクトハセガワよりリリースされた『エリア88』の主人公、風間 真の搭乗機、「F-20 タイガーシャーク」。ハセガワ製の1/72キットをベースに、特別塗装を再現できるデカールが同梱される

◀3期にわたってハセガワからリリースされ続けてきた『エリア88』関連キットの数々。2016年に発売される最新のものが左写真の「『エリア88』F-14A トムキャット "ミッキー・サイモン"」で、ミッキー・サイモン搭乗機の垂直尾翼用パーソナルマークも付属する

©新谷かおる

1/72 SCALE AIRCRAFT MODELS

■A-1H スカイレイダー "U.S. ネイビー"
●BP6　●1996年発売

それまでの艦上爆撃機と攻撃機を1機種に統合するという海軍の計画から誕生した機体であり、朝鮮戦争から実戦に参加しベトナム戦争まで使用されている。単発ながらかなりの大型機で、例のごとく表面仕上げやディテール、組み立てやすさなど申し分ないキットであり、もちろんこのスケールでは最高のA-1Hだ。海軍機のキットとしては、後に飛行隊によるマーキング違いをデカール替えで再現したキットや、主翼にロケット弾ポッドを追加した機体などがバリエーションとして限定発売された

■A-1H スカイレイダー "U.S. エアフォース"
●BP7　●1997年発売

先に発売された海軍型スカイレイダーの空軍型を再現したキットで、基本的なキット内容は同一のもの。表面の仕上げやディテール表現などは海軍型と同様に高いレベルとなっている。こちらもベトナム戦争期に空軍で運用された機体を中心として多くのデカール替えでバリエーションが発売されており、時期によって同梱されている兵装が異なる。2016年に発売された「A-1H/J スカイレイダー "ベトナム ウォー"」と題された限定キットでは当初は付属していなかったAN-M64 500ポンド爆弾が付属していた

■川崎 九九式双発軽爆撃機 Ⅰ型（キ-48-Ⅰ）
●NP1　●1977年発売

日本陸軍が日中戦争から大戦を通して運用した主力軽爆撃機。このキットは旧マニアホビー製であり、同社初の双発機キットとして製作されたためか、内部の詳細な再現は当時のモデラーを驚かせた。ただ、爆弾倉の内部はパーツ化されていないので、この部分は閉じた状態で製作するとよいだろう。なおハセガワは、エッチングパーツのエアブレーキを追加して、Ⅱ型乙の製作も可能とした限定キットも発売している

■川西 九四式一号水上偵察機（E7K1）
●NP2　●1970年発売

1970年に立て続けにリリースされた複葉機シリーズの第三弾と言えるキット。とにかく実機の知名度を考えると「よくキット化してくれました」という思いと「なんで出せたんだろう？」という思いが交錯する、当時の模型業界の勢いが伺えるキットである。何しろ古いキットなのでディテール表現やパーツの合いはそれなりだが、外観のデッサンはしっかりしている。後に呉式カタパルトをセットしたキットが発売されたが、こちらは現在でも比較的簡単に入手することができる

■三菱 G4M1 一式陸上攻撃機 11型
●NP3　●1969年発売

日本海軍を代表する爆撃機であり、ハセガワがキット化したのも当然だろう。キットは中国戦線から太平洋戦争の半ばまで、主力として多用された11型をモデライズしており、双発機でありながらこのスケールで翼幅34.5cmと、なかなかの大サイズとなる。古いキットではあるがパーツ同士の合いはよく、組み立てはやすい。カウルフラップは閉じた状態のみとなっているので、気になる人は加工を加えてもよいだろう。総じて出来の良いキットで、現在でも唯一の11型という存在でもある

■中島 G8N1 十八試 陸上攻撃機 連山
●NP4　●1967年発売

アメリカの4発爆撃機の対抗馬として開発されたものの、生産機の登場を見ることなく終わった機体。ハセガワは二式大艇と同じタイミングでキット化している。B-47などと並んで初期のハセガワの大型機シリーズを象徴する存在であり、非常に長期間販売が継続されている。その大サイズや橙色のモノトーン塗装と合わせて、コレクションの中でも目立つ存在となろう。現在もスポット生産で入手することが可能というのもありがたい

■川西 H8K2 二式大型飛行艇 12型
●NP5　●1966年発売

それまでは大きくても双発機どまりだったハセガワ初の4発機キット。その完成度は高く、現在でもこのスケール唯一の存在で、現在でもスポット生産の形ではあるが店頭に並んでいる。パネルラインのスジ彫りやディテールの追加など各部の手を加えれば、現行のキットと比べても遜色のない完成品となろう。旧作ゆえに、大型キットにもかかわらず、比較的安価なのも嬉しい。2016年末現在、全てのパーツを一新した完全新型キットの開発が進行中。2017年2月の発売を予定している

■川西 H6K5 九七式大型飛行艇 23型
●NP6　●1970年発売

実機は二式大艇に先駆けて実用化された大型飛行艇だが、キットの発売はその逆の順序となった。より新しいキットである分、ディテールなども二式大艇より向上がみられる。さすが4発機だけあって翼幅は54cmと大きく、その優美なスタイルと相まって人目を引こう。ただし高翼配置で補強支柱で支えるというそのスタイルから、支柱の接着や強度確保には気を使うとよいだろう。全面にリベットがモールドされているが、実機の登場時期を考えると彫り直しなどしないで、そのまま活かすのがベストと思われる

■三菱 キ-15-Ⅰ 九七式Ⅰ型 司令部偵察機
●NP7　●1976年発売

ハセガワブランドで発売されていたキットだが、こちらも旧マニアホビー製の金型を使用しているキットであり、同社の倒産に伴ってハセガワが金型を買い取って生産したもの。詳細なディテール再現をもって知られたマニアホビー製品だけあり、この九七司偵でもコクピット内部などは当時の限界であろうというくらい細分化されている。パネルラインもシャープなスジ彫りとなっており、内容的には発売当時の最高水準のキットと言える

■三菱 キ-51 九九式襲撃機/軍偵察機
●NP8　●1977年発売

本キットもまた旧マニアホビー製であり、一部のパーツ差し替えで襲撃機と偵察機とのコンバーチブルとなっている。ディテール再現の密度などは高く総じて優れたキットであり、また現在に至るまで他にこのスケールのキットが存在しないことからも、いまだに貴重なキットである。コンバーチブルになっているので、塗装に関してもライトグレーの偵察型と迷彩の襲撃型が選べるというのは嬉しいポイントだった。近年では定期的にコンボキットが限定発売されている商品である

■中島 キ-27 九七式戦闘機
●NP9　●1977年発売

日中戦争などで大活躍した、日本陸軍を代表する単葉戦闘機のキット。これまたハセガワのオリジナルではなく、当時一挙にリリースされた他の日本機キットと同様旧マニアホビー製のキットだ。パーツ構成は非常にシンプルで、組み立ては容易。これも長らく唯一の1/72キットであったことから（現在ではICM版キットも存在する）、価値の高いキットである。現在では数年ごとに「飛行第一戦隊」、「ノモンハン事件のエース」といったテーマを絞ったコンボキットが限定発売されており、比較的よく姿を見る事ができる

■愛知 零式三座水偵 w/呉式二号射出機
●NP10

1971年に初版発売された往年のキットに、新規に金型を起こして製作された戦艦・巡洋艦搭載用のカタパルトをセットしたもの。零式三座水偵は古いキットではあるがこのスケール唯一の存在で、外見は意外なほどしっかりしており、表面仕上げやディテールに古さはあるものの組み立てに際してさほどの違和感はない。これに対しカタパルトも非常にシャープな出来となっており、トラス構造の複雑な形状をよく再現したものとなっている

■川西 九四式一号水上偵察機 w/呉式二号射出機五型
●NP11　●1976年発売

愛知 零式三座水偵と同じ頃の1970年にリリースされたいたいしたキットに、新規金型で製作されたカタパルトをセットしたもの。九四式水偵のキットは古いものではあるのでコクピット内部などはあっさりとしたものだが、その外観は意外なほどしっかりとまとめられているので、この状態でも十分楽しめるはずである。カタパルトの方は前述の三座水偵に付属しているものと同じく非常にシャープな出来となっている。カタパルト目当てにこのキットを購入したモデラーも多かったのではないだろうか

■中島 九七式一号艦上攻撃機 "中国大陸1939"
●NP12　●1976年発売

天山が登場するまで日本海軍の主力攻撃機として多用された九七艦攻。これも搭載するエンジンの違いから一般的な円筒形のカウリングではなくそろばん玉型のカウリングが装着された最初の生産型、いわゆる"一号艦攻"を再現したキットである。キット名の通りその初陣となった中国大陸での姿が再現された内容で、緑と茶色の迷彩が描かれた姿を再現できるデカールが付属している。このキットも元はマニアホビー製のキットで、かなり古い製品だが充実したディテールなどで完成度は高い

■メッサーシュミット Me262A
●851　●1985年発売

ファンの人気投票で次作を決定するという、業界初のイベントから具現されたのがこのキットで、世界初の実用ジェット戦闘機というタイトルからもそのスタイルから、まずは納得できる選定だった。それまでリリースされていたこのスケールのキットは何句なしにベストの出来となっている。アドルフ・ガランドやハインツ・ベアといった有名パイロットの搭乗機や戦後チェコスロバキアで運用された機体など、このキットを元にして様々なバリエーションキットが限定発売されている

■メッサーシュミット Me262B
●852　●1985年発売

Me262Bの胴体とキャノピーを新規金型で製作し、加えて機首のレーダーアンテナもパーツで用意することで、複座の夜間戦闘機型と訓練型をキット化したものだ。コクピットはちゃんと夜間戦闘機型仕様となっているし、外見もこのスケールでベストだろう。レーダーアンテナは金属パーツが付属して、強度面を確保している。こちらのB型もA型同様、部隊ごとのマーキングの違いを再現した限定キットが多数発売されているのが特徴だ

■MiG-21 フィッシュベッド
●C2　●1966年発売

ジェット機とソ連機のキットは売れないという当時の常識を覆すかのように、1960年代のハセガワがF-4Cに続いてキット化したのがMiG-21であった。型式は記されていないが、小さなレドームと垂直尾翼から最初の迎撃型となったPF型、NATO呼称フィッシュベッドDであろう。こちらのフィッシュベッドも他ハセガワの古いキットと同様に2機セットのコンボキットとして度々生産されており、近年ではMiG-17とのセットで限定発売することが多いようだ

■F-104J スターファイター
●C3　●1966年発売

1/90キットに続いて、ハセガワは標準スケール1/72でもF-104Jをキット化した。デカールは航空自衛隊に加えて、アメリカ空軍と西ドイツ、そしてカナダのG型用がセットされている。1966年と年代の古いキットだが、デカールの追加やボックスアートの変更が数回にわたって行なわれている息の長いキットである。この「C3」の品番がつけられたのは1981年のことである。また国外向けにフロッグ、AMTなどハセガワと提携している海外メーカーからも何度か発売されている

1/72 SCALE AIRCRAFT MODELS

■D1　F-4K/M ファントムⅡ

■D2　F-4J ファントムⅡ

■RM11　メッサーシュミット Me109G

■A9　メッサーシュミット Me109E

■A10　メッサーシュミット Me109G

■A13　ハインケル He51A-1

■A14　カーチス SOC-3 シーガル

■B15　カーチス SOC-3 シーガル

■B16　ハインケル He51B-2

■C4　グラマン OV-1A モホーク

■C6　ホーカー シドレー ハリアー

■C8　ミコヤン MiG-17D/E フレスコ

■C11　ビーチクラフト T-34A メンター

■C14　バードケージコルセア

■D6　三菱 MU-2S

■D13　マクドネル ダグラス TA-4J スカイホーク・トレーナー

■D16　ブルーエンジェルス F11F-1 タイガー

■E10　マクドネルダグラス F-4E ファントムⅡ 5000th

■E19　マクドネルダグラス F-15B/D イーグル

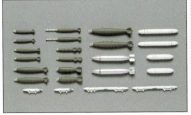
■X72-1　U.S.エアクラフトウェポンⅠ

■X72-2　U.S.エアクラフトウェポンⅡ

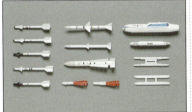
■X72-3　U.S.エアクラフトウェポンⅢ

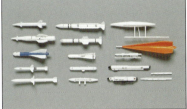
■X72-4　U.S.エアクラフトウェポンⅣ

■X72-5　U.S.武装搭載作業セット

■X72-6　U.S.地上機材セット

■X72-7　U.S.パイロット/グランドクルーセット

■X72-8　W.W.Ⅱパイロットフィギュアセット(日・独・米・英)

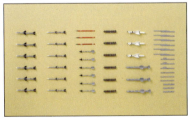
■X72-9　エアクラフトウェポンⅤ アメリカミサイル&ランチャーセット

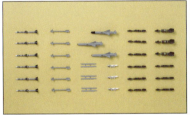
■X72-10　航空自衛隊 エアクラフトウェポン 1

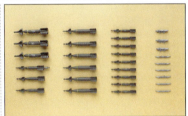
■X72-11　U..S.エアクラフトウェポンⅥ

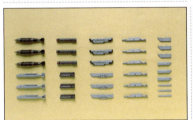
■X72-12　U.S.エアクラフトウェポンⅦ

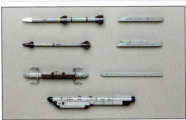
■X72-13　U.S.エアクラフトウェポンⅧ

■X72-14　U.S.エアクラフトウェポンⅨ

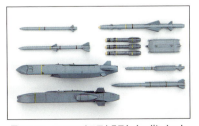
■X72-15　ヨーロッパ エアクラフト ウェポン セット

1/72 SCALE AIRCRAFT MODELS

■F-4K/M ファントムⅡ
●D1　●1966年発売

F-4JのエンジンをJ79から国産のスペイに換えたイギリス海軍仕様で、以前リリースされたF-4Cとは異なる新規金型のF-4Jをベースに排気ノズルを専用のものとしている。実機ではF-4JとKの胴体と主翼は大きく異なるのだが、エアフィックスやマッチボックスから相次いで新キットがリリースされ、続いてハセガワもキット化した。デカールはイギリス海軍のものが付属していたので、イメージ的には近いものとなった。現在では生産休止となっている

■F-4J ファントムⅡ
●D2　●1966年発売

前作F-4Cの改訂版としてリリースされたものであり、新規製作された金型で確かに胴体の形状は一新された。後に発売されたバージョンのファントムⅡは多数のバリエーション限定キットが存在するが、'60年代に発売されたこれらのキットはまだほとんどバリエーション展開がされていない。ファントムⅡの限定キットが存在するようになるのは「KA」帯のキットになってからである

■メッサーシュミット Me109G
●RM11　●1986年発売

1986年という、バブル期直前に発売されたダイオラマ仕立てのキット。「ラムパワー ディオラマ シリーズ」と題されているが、当時のカタログにはこの"ラムパワー"とは磁力線の特性を応用して、回転力の空中伝達を可能にしたハイテックな動力伝達システムとある。ベースの下面に仕込まれたピラミッド型の台座内に動力源ユニットが配置され、そこから発する磁気でプロペラや機体の横に立てられた旗などを動かすことができるというキットで、これは既存のBf109Gのキットを題材としたものである

■メッサーシュミット Me109E
●A9　●1976年発売

長らくこのスケールでのE型キットは古すぎるレベルしかなったのだが、エアフィックスやマッチボックスから相次いで新キットがリリースされ、続いてハセガワもキット化した。以前の1/72キットとは外形などは異なり、シャープな表面仕上げや組み立てやすさ、そして価格などの面で外国製のキットを上回っていた。ただし後部胴体など外観には難があり、その後1992年に完全新規金型でBf109Eの新キットが登場したため、このキットは役目を終えてすでに絶版となっている

■メッサーシュミット Me109G
●A10　●1976年発売

先んじてリリースされたE型の脚などを流用しながら、主翼と胴体を新規金型で製作して最多生産型のG-6をモデライズしている。表面仕上げや適度に省略されたディテール、組み立ての容易さなどに加えて安価な価格設定から、発売当時は高い評価を受け多くのモデラーがこのキットを製作したものと思われる。しかしE型のキットと同様に、胴体形状などに難が見られるのも事実だ。現在では1993年発売のBf109G型の新キットが登場したために絶版となっている

■ハインケル He51A-1
●A13　●1970年発売

再軍備から間もない時期のドイツ空軍を支えた機体で、スペイン内戦などへの参戦でも知られる。いささかマイナーな機体なだけあって1/72では世界初のキット化。ドイツ機というと当然ながらBf109やFw190となるのだが、なぜか大戦初期の複葉戦闘機という地味なアイテムを選んだのは、いかにもハセガワらしいということなのか。いずれにせよハセガワの複葉機でもあり、少ないパーツながらスタイルはしっかり押さえられ、組み立ても簡単な秀作キットであった。後に着陸脚をフロートに換えた水上戦闘機型B-2もキット化されている

■カーチス SOC-3 シーガル
●A14　●1970年発売

傑作機ヴォートOS2Uキングフィッシャーの前に、アメリカ海軍の大型艦に搭載された観測機だが、キングフィッシャーではなくなぜか本機のみキット化されたのか考えてしまう。古いキットだけあってディテールはあっさりとしたものだが、外見は正確にデッサンを捉えており、当時としては充分な秀作である。そもそも現在に至るまで1/72では唯一のキットなので、存在自体が貴重なキットと言える。なお後に、脚に換えてフロートを装着した本来の姿でリリースされている

■カーチス SOC-3 シーガル
●B15　●1970年発売

1970年に初版が発売されたキットのバリエーションで、戦艦や巡洋艦の観測機として多用されたフロート装備機をモデライズしている。40年以上前の旧作キットではあるが、ディテールはともかく機体形状などの外形の再現性は高い。他にキットが存在しないことも手伝って、今でも存在価値のあるキットである。ながらく生産休止となっていたキットだが、一度陸上版と水上版のコンバーチブルキットで復活したことがある。しかしその後の再生産はされておらず、現在手に入れるのはちょっと難しいかもしれない

■ハインケル He51B-2
●B16　●1970年発売

当初陸上型として発売されたキットの主脚パーツに換えて、専用のフロートを新規金型で起こした水上戦闘機型だ。当然ながらこのスケールでは唯一のキットとなっている。古いキットでありながら機体の形状自体は実機の雰囲気をよく捉えたものと言えるだろう。コンドル軍団仕様の機体として度々限定発売される陸上型と異なり、こちらはめったに再生産されないので、現在手に入れるのはやや難易度が高いキットである

■グラマン OV-1A モホーク
●C4　●1968年発売

地上部隊と共同して作戦にあたることのできる、観測、偵察、軽攻撃の機能を兼ね備えた機体で、アメリカ陸軍で運用された機体。愛嬌のある見た目の割には高性能な機体である。ハセガワは機体底面に大型のポッドを吊ったOV-1Bも製品化しているが、発売の順番としてはこのA型が若干先である。知名度的にも日本ではさほど高い機体ではないので存在すること自体が奇跡のようなキットである

■ホーカー シドレー ハリアー
●C6　●1970年発売

世界初の実用VSTOL攻撃機ハリアー初のキット化である。1962年にはエアフィックスがハリアーのキットをリリースしているが、これは試作型P.1127で、生産型はハセガワが最初となる。イギリス空軍のGR.1とアメリカ海兵隊のAV-8Aを選択可能だがデカールの違いのみで、実機に見られる厳密な両型の差は再現されていない。ハリアーのキットとしてはごく初期の製品なので細部はそれなりだが、日本のメーカーがこのエポックメイキングな機体をいち早くキット化していたという事実には驚かされる

■ミコヤン MiG-17D/E フレスコ
●C8　●1972年発売

MiG-21に続くハセガワのソ連機第2弾で、前作MiG-15の問題であった安定性の向上を図った改良型だが、MiG-15よりも知名度は低く、よくキット化されたものだと思う。少ないパーツ構成であっさりとまとめており組み立ても比較的やすい。主翼下面のRS-1U/RS-2U空対空ミサイル装備の有無、PFとその改良型PFUを選択することができる。現在では同時代のソ連機であるMiG-21とのコンボキットとして度々限定発売されているので、注意していれば入手はそれほど難しくないキットである

■ビーチクラフト T-34A メンター
●C11　●1973年発売

民生向けのベストセラー軽飛行機となった、モデル35ボナンザを軍用の初等練習機とした機体で、自衛隊に対する供与に続きライセンス生産も行なわれた。全体的なスタイルは過不足なく再現されており、機体の他にもトーイングカーがセットされた隠れた秀作キットである。しかし後に金型を改修してその発展型として国内生産されたT-3練習機のキットに変身したため、現在は絶版となっている

■バードケージコルセア
●C14　●1981年発売

-1D型の胴体を新規金型で起こし専用のキャノピーと、わずかに直径が小さなプロペラを追加したコルセア初期生産型のキット。この形式としては世界初のキット化でもある。型式が異なることを除けば-1D型と同じキットである。他のハセガワ旧キットと同じく最近では限定コンボキットの題材となっていたが、近年では大戦中の海兵隊所属エース機を再現した「F4U-1 バードケージ コルセア "パシフィック エーセス コンボ"」でもその姿を見る事ができた

■三菱 MU-2S
●D6　●1974年発売

三菱で開発されたターボプロップの民間双発機で、-2Sは民間向けの-2Dを母体とする捜索救難機だ。双発機ながら完成時の全幅はわずか16.6cmとかわいらしい手のひらサイズにまとめられ、スジ彫りこそ施されてはいないものの丸い機体形状を正確に捉えたその完成度は高い。キットには当初同スケールのウィリス・ジープがセットされていたが、後にアンテナを追加するなどキット内容の改修を施した際に省かれている

■マクドネル ダグラス TA-4J スカイホーク・トレーナー
●D13　●1978年発売

1/72スケールでは初となる複座型スカイホークで、単座型から主翼のパーツなどを流用。新規に胴体パーツやキャノピーなどを追加して複座型としている。単座型では実機に比べて長かった胴体パーツもこのキットでは正確なものとなっている。キットには通常の機体の他にブルーエンジェルスの機体を再現するための黄色いマーキングがデカールとしてセットされており、青色を青で塗ればアクロチーム仕様の機体を簡単に製作することができた

■ブルーエンジェルス F11F-1 タイガー
●D16　●1980年発売

F11F-1は、海軍実用戦闘機として初めて音速を超えた機体だが、その運用期間はより高性能なF8Uクルーセイダーの登場により短期間にとどまった。しかし海軍からはその運動性は最高と評価され、海軍の曲技チームとして知られるブルーエンジェルスで多用されたのである。キットはデカールを専用のものに差し替えてブルーズ仕様としている。ブルーズで使用したF11F-1は機首の短い初期生産型だがキットの機首はこれと形状が異なるので、この部分には手を入れてやりたいところだ

■マクドネルダグラス F-4E ファントムⅡ 5000th
●E10　●1980年発売

西側の戦後型ジェット戦闘機として、F-4ファントムⅡは初めてその生産機が5000機を超え、それを記念してトルコ向けのF-4Eにその記念塗装を施したのが本機だ。キット自体は従来のF-4Eと変わらず、実機の塗装に合わせ成形色を白として、機体上面の青塗装を始めとし各部のストライプなどをすべてデカールで再現している。このため細かいことを気にしなければ、ほとんどの部分を塗装することなくこの機体を再現することも可能だ

1/72 SCALE AIRCRAFT MODELS

■マクドネルダグラス F-15B/D イーグル
● E19　● 1980年発売

全規模開発機としてリリースされた前作とは異なり、完全な新規金型が起こされ、しかも本命であるC型よりも先に登場した。完全ではないもののコクピットの完成度も高く、当時販売されていたF-15の中でも最良のキットだった。現在の目で見ると物足りない箇所もあるキットだが、これはハセガワも承知しており後に全面改定の新金型キットを送り出している。ただしそれでも絶版とはならず、廉価版として新キットと住み分けているのもありがたい配慮だろう

■U.S.エアクラフトウェポン I
● X72-1　● 1983年発売

先に1/48でリリースされていたアメリカ軍仕様の通常爆弾セットの1/72版。内容はMk.81、Mk.82の通常型や延長信管装備型、Mk.83、Mk.84、M117といった通常爆弾に加え、BLU-27 ナパーム弾やLAU-3、LAU-10の2種類のロケット弾ポッド、さらに爆弾やロケットランチャーを多数搭載する際に使用されるマルチイジェクターラックとトリプルイジェクターラックをセットしたものとなっている。各兵装に対応した専用のデカールも付属している

■U.S.エアクラフトウェポン II
● X72-2　● 1983年発売

これまた1/48キットのスケールダウン版。米空軍で使われるGBU-10やGBU-12、GBU-15など誘導爆弾やSUU-23A 20mmガンポッドなどを立体化している。さすがに古いキットのため最近制式化された、JDAMなどの新型弾頭は含まれていないものの、最近年代の機体を製作するならば、間違いなく重宝するキットだろう。いずれもサイズは小さいが、パーティングラインを削り落としていねいに塗り分けてやれば、キットの出来にも大きく影響してくる

■U.S.エアクラフトウェポン III
● X72-3　● 1983年発売

アメリカ空、海軍で使用されている各種の空対空ミサイルを立体化したキット。セットされているのはAIM-9B/D/E/J/Lの各種サイドワインダーシリーズやAIM-7E スパロー、アムラームなど戦闘機を製作する際にいずれも欠かせない兵装ばかり。さらにAIM-4GファルコンやGPU-5/A ガンポッドなど変わり種もセット。このキットもまた、パーティングラインの整形といていねいな塗り分けで仕上がりがぐっとアップする。特にAIM-9シリーズ翼端のローレロンを、小さな個所ではあるが金属色で塗装してやれば効果的だ

■U.S.エアクラフトウェポン IV
● X72-4　● 1983年発売

ベトナム戦争時から湾岸戦争の頃まで使用された各種空対地ミサイルのセット。AGM-12B/C、AGM-78、AGM-84、AGM-88、AGM-62A、AGM-65といった、戦後広く使われた空対地ミサイルの代表格が揃う。さらにLAU-34A、LAU-77A、LAU-88Aといった各種のランチャー類やALQ-87、ALQ-101、ALQ-119、ALQ-13といったECMポッド、A/A37U トウ・ターゲット・システムといった標的曳航システムまで付属した充実の内容。なかなか個性的な兵装が揃ったキットと言えるだろう

■U.S.武装搭載作業セット
● X72-5　● 1983年発売

4種類がリリースされているウエポンセットとペアになるもので、飛行場から航空機への兵装搭載に際して使用される牽引車やドリー、そしてリフトドリーなどを収めたもの。兵装を搭載するための油圧リフトトレーラーや増槽専用のドリーなどに加えて、ハードポイントまで兵装を持ち上げるためのリフトトラックやトレーラーを牽引するためのフォード製トラクターも付属する。単体で組むのもよいが、やはりダイオラマ仕立てで機体と並べたくなる製品だろう。もちろん航空自衛隊や、NATO軍機への応用もできる

■U.S.地上機材セット
● X72-6　● 1984年発売

エンジン始動車、投光器など、基地における離陸前の準備作業で必要となる航空機地上支援機材類のセット。エアーコンディショナーや油圧テストスタンド、エンジン始動車や高圧コンプレッサーがセットされ、さらに工具のワゴンや消化器、フィギュア4体などが付属する。各種ウェポンセットや搭載作業セットと組み合わせて、現代の航空基地をダイオラマとして製作するに際しても欠かせないものだろう。それぞれ小さなキットではあるが、ていねいに塗り分ければさらに実感は高まる

■U.S.パイロット/グランドクルーセット
● X72-7　● 1985年発売

ウェポンセットや地上支援機材セットと同様、航空基地を再現できるアイテム。着座姿勢のパイロットや立ち姿勢のパイロットなど様々なポーズの地上員に加えて、移動用のピックアップバンやラダー、整備タラップなどがセットされている。1/72だと完成してもかなり小さなフィギュアとなるが、ていねいに塗り分けてやればダイオラマ仕立てにして製作した際の一助となることは間違いない。古い製品だが、現在でも入手が可能だ

■W.W.IIパイロットフィギュアセット(日・独・米・英)
● X72-8　● 1998年発売

以前発売された現用のパイロットセットに続いて、ようやく第二次大戦時のパイロットのセットがリリースされた。ドイツ軍パイロット4体、日本軍パイロット4体、アメリカ軍パイロット2体、イギリス軍パイロット2体の合計12体がセットされており、服装やポーズなどはそれぞれの国籍によって異なっている。ポージングは機体の傍らに立っていたり乗り込もうとしているものだが、ダイオラマの製作に際しては欠かせないアイテムだろう。モールドも充分に実感があるのでていねいに塗り分けて仕上げたい

■エアクラフトウェポン V アメリカ ミサイル&ランチャーセット
● X72-9　● 1999年発売

エアクラフトウェポンIIIの空対空ミサイルセットの続編的内容のキット。AIM-9L/M、AIM-7M、AIM-120B、AGM-84EG、GBU-87/Bクラスター爆弾、AGM-119Aペンギン対艦ミサイル、TACTSポッドと各種専用のランチャーがセットされており、もちろん各兵装専用のデカールも用意されている。前作同様に、このキットもアメリカ空海軍機の製作には欠かせないアイテムだろう。製作に際しては、接着面とパーティングラインの処理がポイントだ

■航空自衛隊 エアクラフトウェポン
● 72-10　● 1999年発売

航空自衛隊が装備する各種戦闘機の兵装をまとめたキットであり、AAM-3、AAM-4、ASM-1、ASM-2といった各種ミサイルと、レーザー誘導装置装着型Mk82やJM117爆弾、TER、LANPS-4ランチャーがセットされている。いずれも国産の兵装であり、他キットからの入手は不可能なので航空自衛隊の戦闘機製作には必要なアイテムばかりだ。いずれも複数発がランナーに収められているので、その使い道は極めて広い

■U.S.エアクラフトウェポン VI
● X72-11　● 2000年発売

ウェポンシリーズの第6弾で、「アメリカ スマート爆弾」のタイトルどおりGBU-10、GBU-12、GBU-16、GBU-24、AGM-123などのレーザー誘導爆弾類と、トリプルイジェクターラック、F-14用の爆弾搭載ラックが複数セットされており、ベトナム戦争から湾岸戦争まで幅広く使用することができる。特にF-14用の爆弾搭載ラックは貴重で、小さな部品ながらフェニックスミサイル用のパレットに"爆弾を搭載"する"ボムキャット"とするには不可欠な部品。シリーズの他キットと同様に、アメリカ海、空軍機の製作には欠かせない存在だろう

■U.S.エアクラフトウェポン VII
● X72-12　● 2000年発売

湾岸戦争以降のボスニア紛争や不朽の自由作戦などに適合するもので、AN/AAQ-13 AN/AAQ-14 ポッド、F-14、F-15、F-16用のポッド搭載ラック、AGM-154A、AN/ALQ-184がセットされている。近年の作戦に参加した機体を再現する際には欠かせないキットだ。最近のキットでは、これらの装備時が用意されていないので、手元においておきたいキットだろう。接合面とパーティングラインの処理、そしてていねいな塗装がポイントになる

■U.S.エアクラフトウェポン VIII
● X72-13　● 2011年発売

進化を続ける近年のアメリカ製空対空ミサイルを、完全新規金型で再現したセット。AIM-9X、AIM-120Cといった、現用機ではおなじみの現役ミサイルに加え、アムラーム用のLAU-127ランチャー、自衛用のAN/ALQ-184ジャミングポッド、アグレッサー機装備用AN/ALQ-188(V) 3ジャミングポッドといった電子戦用ポッド類も付属している。ロービジ塗装のF-15、F-14といった定番の機体の他、近年ハセガワがラインナップを拡張しているF-35やA-10Cのような様々な現用機キットにマッチする

■U.S.エアクラフトウェポン IX
● X72-14　● 2011年発売

近年の米軍による対地攻撃任務でますます重要度が高まっている精密誘導爆弾。その最新の装備を再現できるのがこのキットである。GBU-31 (V) 3、GBU-38といった精密誘導爆弾の他、AN/AAQ-28 ライトニングAT、AN/AAQ-33 スナイパーXR、AN/ASQ-213HTSといったターゲットポッド、さらにF-15での運用が見受けられるAN/AAQ-13 航法ポッドも付属するキット内容だ。いずれも現用装備なので、F-14、F-15、F-16、F-18、A-10、ハリアーII、F-22などに幅広く搭載可能なので、これらの機体を作る際には用意しておきたい

■ヨーロッパ エアクラフト ウェポン セット
● X72-15　● 2014年発売

ヨーロッパ各国で使用されている搭載兵装をセットした内容。仏・独・英・米の4カ国が共同開発したAIM-132アスラームやイギリスが開発した対レーダーミサイルのアラーム、同じくイギリスで開発された小型空対地ミサイルブリムストーン、ドイツ製短距離対空ミサイルのIRIS-T、ドイツとスウェーデンが開発した巡航ミサイルのタウルス KEPD350など、ヨーロッパ製の各種兵器が揃う。ユーロファイター タイフーン、グリペン、ラファール、トーネード、ミラージュ2000などを製作する際には手元に置いておきたいキットだ

1/48 SCALE AIRCRAFT MODELS

■PT1　SH-3H シーキング

■PT2　HSS-2B シーキング "海上自衛隊"

■PT3　F-18D ホーネット "ナイト アタック"

■PT4　F-4EJ改 スーパーファントム

■PT5　F-15J イーグル with/AAM-3 空対空ミサイル

■PT6　F-4J ファントムⅡ "ショータイム 100"/ワンピースキャノピー

■PT7　F-4EJ改 スーパーファントム/ワンピースキャノピー

■PT8　F-4E ファントムⅡ "30周年記念塗装"/ワンピースキャノピー

■PT9　F-4G ファントムⅡ "ワイルドウィーゼル"/ワンピースキャノピー

■PT10　F-4B/N ファントムⅡ/ワンピースキャノピー

■PT11　F-4C/D ファントムⅡ/ワンピースキャノピー

■PT12　F-14D トムキャット "CVW-14"

■PT13　F-86F-30 セイバー "U.S.エアフォース"

■PT14　F-86F-40 セイバー "航空自衛隊"

1/48 SCALE AIRCRAFT MODELS

■PT15　F-86F-40 セイバー "ブルーインパルス"

■PT16　川崎 T-4 "ブルーインパルス"

■PT17　川崎 T-4 "航空自衛隊"

■PT18　F-104J スターファイター "航空自衛隊"

■PT19　F-104C スターファイター "U.S.A.F."

■PT20　F-104G スターファイター "NATO ファイター"

■PT21　A-4E/F スカイホーク

■PT22　A-4C スカイホーク

■PT23　AH-64D アパッチ ロングボウ

■PT24　AH-64A アパッチ

■PT25　F-8E クルーセイダー

■PT26　F-8J クルーセイダー

■PT27　三菱 F-2A

■PT28　AV-8B ハリアーII プラス

■PT29　三菱 F-2B

1/48スケール 航空機

■SH-3H シーキング
●PT1 ●1992年発売

モデラー期待の新製品として発売されたキット。立体的な機体外面の表現や精密な印象のローター基部、細かく再現されたコクピット内部などが見所のキットである。また、機体のデッサンは非常に的確で、現在に至るまで1/48としては最高クラスの出来であり続けている。このキットも多数のバリエーション展開がなされたものだが、変わったところでは機体右側に吊られたサーチウォーター捜索レーダーを新規パーツで製作したイギリス海軍の「シーキング AEW.Mk.2A」を再現したものも限定版として発売されていた

■HSS-2B シーキング "海上自衛隊"
●PT2 ●1992年発売

イギリスに先駆けてアメリカ海軍の対潜ヘリHSS-2(1962年9月にSH-3Aと改称)をライセンス生産した海上自衛隊仕様。キットはSH-3Hと同様に尾翼を延ばしたのに加え、曳航式MADやソノブイランチャー、マーカーランチャー、そして捜索レーダーなどを追加装備した機体で、海自向けの最終型式でもある。このキットを元にして日本国内で運用されたシーキングも色々と立体化されたが、中には南極観測船の"しらせ"で運用されたグレーのS-61A シーキングを再現したものも限定発売された

■F-18D ホーネット "ナイト アタック"
●PT3 ●1993年発売

単座型のF/A-18Cの機首部分を差し替えることで複座型とし、海兵隊2種、海軍1種のデカールがセットされているキット。外観とディテールは水準以上の仕上がりとなっている。複雑な形状のインテイク周りはパーツが細分化されているので、接着する際には仮組みを念入りに行なうようにしたい。また、前、後縁フラップとドループエルロンが別パーツとされており、ダウン状態を選択することもできるのはありがたい

■F-4EJ改 スーパーファントム
●PT4 ●1994年発売

アメリカ空軍型のE型を航空自衛隊仕様とした機体を、さらに近代化改修したもの。最初にリリースされたJ型とC/D型とは異なり、当然ながら胴体は新規金型で起こされ、各部の差異が表現された。胴体、主尾翼ともにパネルラインをスジ彫りとし、前作からは一部のパーツを流用しているものの、実質的には新規キットとなっている。以後現在に至るまでほぼ同じ体裁での販売が続けられている、息の長いキットだ

■F-15J イーグル with/AAM-3 空対空ミサイル
●PT5 ●1994年発売

従来の定番キットに、新規金型で作られた国産の赤外線追尾短距離空対空ミサイルAAM-3を追加したバージョン替えキットだ。現在では古参キットだが、基本形はしっかりしているので各部のすき間や段差を修正するだけで充分な仕上がりになる。残念ながらこのバージョンのキットは現在生産休止中だが、複座型DJとのコンパチキットとして発売中

■F-4J ファントムⅡ "ショータイム100"/ワンピースキャノピー
●PT6 ●1995年発売

ハセガワが本格的に1/48でF-4ファントムⅡのバリエーションキット展開に乗り出した1980年代、そのトップバッターとなったキットがこれである。キットの初出は1982年。かつては前後で分割されたキャノピーのパーツが付属していたが、組み立ての利便性を考えて1995年から一体型のキャノピーが追加付属するようになった。当初パネルラインは凸モールドとなっていたが、1989年にスタイルを一新し、各部モールドもスジ彫りになった新しい胴体と主翼パーツに置き換わっている

■F-4EJ改 スーパーファントム/ワンピースキャノピー
●PT7 ●1995年発売

航空自衛隊が実施したF-4EJに対する寿命延長と近代化改修の具現であり、すでに1983年にリリースされているF-4EJのキットに対して、実機の変化と同様の翼端へのRHAWフェアリングの追加や、新規金型による主計器盤やHUDなど外形的な変化をクリアしている。キットの内容としてはPT4のキットにワンピースキャノピーを追加したもの。胴体から時間を経た製品ではあるが、このスケールでのEJ改としては今だに唯一の存在。当分新キットがリリースされるとは思えないので、実機同様に今後も現役の座にとどまるだろう

■F-4E ファントムⅡ "30周年記念塗装"/ワンピースキャノピー
●PT8 ●1995年発売

航空自衛隊向けのF-4EJからのバリエーション展開として開発されたキットである。キット自体の初出は1984年だが、ワンピースキャノピー付属版は1995年の発売。胴体部品はEJ改と同じだが、E型用のパーツがセットされているため以前のキットよりも全体形が実機に近いものに仕上がっているのもありがたかった。シャークティースが描かれた機体やサンダーバーズの派手なマーキングが施された機体など、様々なバリエーションキットが限定発売されていることでも知られる

■F-4G ファントムⅡ ワイルドウィーゼル/ワンピースキャノピー
●PT9 ●1995年発売

B型から12機が改造された海軍型ではなく、主翼前縁のスラットを装備し、F-4Eから発展した地対空ミサイルサイトへの攻撃専用機、いわゆるワイルドウィーゼル仕様機の集大成がこの機体である。実機における変更に合わせてバルカン砲部分が新規金型に換わり、尾翼上端のフェアリングや後席の主計器盤も専用のものが用意されている。なお本型ならではの装備であるシュライク、スタンダード両ARMと、ECMポッドは、別売のウェポンセットを用いる必要がある

■F-4B/N ファントムⅡ/ワンピースキャノピー
●PT10 ●1995年発売

基本的には凸モールドだったF-4Jのキットにセットされていた主翼を、上下の膨らみがない専用のものに換え、併せて主車輪も幅の狭いこれまた専用のタイプに改めたキット。ファントムのファンならしく、空母ルーズベルトや空母ミッドウェイといった各空母艦載機隊のCAG機や夕日をモチーフとした派手なマーキングで知られるVF-111サンダウナーズの機体など、ハイビジ全盛期の海軍機の塗装を楽しめるキットがバリエーションとして限定発売された

■F-4C/D ファントムⅡ/ワンピースキャノピー
●PT11 ●1996年発売

基本的には海軍型のJ型と同仕様で、車輪やコクピット、そしてパイロンなどを空軍専用のものに改めたキットだ。このために海軍型の特徴である機首右側にプローブ収容部のモールドもそのままで、凸彫りではあるが背面の給油リセプタクルのモールドも彫刻されている。ストレートに組んでもよいが、胴体部品が凸モールドなので、やる気のある方は新金型のF-4Jと組み合わせての改造をお勧めしたい

■F-14D トムキャット "CVW-14"
●PT12 ●1995年発売

F-14Bをベースに、レーダーとFCSを一新して多機能ディスプレイを多用するグラスコクピット化、新型の射出座席を備えるなど、各部に改修が加えられたD型を立体化したキット。これらの改修箇所は全て再現され、コクピットのデカールも新型コクピットに対応したものだ。このF-14Dも様々なバリエーションが存在する機体だが、それらに加えて「F-14D トムキャット "アイドルマスター 三浦あずさ"」のキット名でアイドルマスタープロジェクト版も限定発売されていた

■F-86F-30 セイバー "U.S.エアフォース"
●PT13 ●1996年発売

ハセガワにおける1/48スケール初のF-86Fキットで、MiG-15との遭遇により主翼付け根で前縁を6インチ、翼端で3インチそれぞれ延長してスラットを廃止し、境界層板を新設の-30型をセレクトしている。スジ彫りのパネルラインや組み立ての容易さ、そして価格と入手のしやすさから、このキットがいまでもベストな存在だ。キットにはAIM-9とそのランチャーがセットされている。派手なマーキングが多数存在するF-86なので、それらに対応したバリエーションキットも充実。中には台湾での運用機体を再現した限定キットもある

■F-86F-40 セイバー "航空自衛隊"
●PT14 ●1996年発売

F-86F-30から更に機動性の改善を図って、翼端を12インチ延長、前縁スラットを装備した機体。キットは実機に合わせて、新たな主翼のパーツがセットされている。表面仕上げや作りやすさからこのスケールではやはりベストな選択となる。またこのキットの特徴が、豊富にセットされたマーキング。機首の機番と尾翼に描かれたマークが多数セットされており、日本国内各地に展開していたF-86運用部隊の機体を10種類から選択することができる

■F-86F-40 セイバー "ブルーインパルス"
●PT15 ●1997年発売

6-3ウイングに前縁スラットを新設した-40型キットのバリエーションで、白と青の2トーンでまとめられた航空自衛隊のアクロチーム、ブルーインパルスのデカールがセットされている。他の1/48 F-86のシリーズと同様、相対的にはこのスケールではベストの存在だろう。機番「960」の機体の他、1981年に行なわれた入間基地のF-86ブルーの最終フライト時の各機番が用意されており、また数字のデカールがバラバラの状態で多数収録されているので、好みの機体を製作する事が可能だ

■川崎 T-4 "ブルーインパルス"
●PT16 ●1999年発売

このスケール初となる国産双発ジェット練習機T-4のキット。スジ彫りで再現したパネルラインや的確なディテールが向上しており、まさしくハセガワスタンダードと言える内容で、このスケールではベストキットだろう。キット名の通りブルーインパルスの塗装を再現したデカールが付属する。デカールは2002年に一度改定されており、現在は2002年度の機番と尾翼の番号が6機分付属している。また、各年度で最新のT-4ブルーインパルスのマーキングを再現した限定キットも発売されている

■川崎 T-4 "航空自衛隊"
●PT17 ●1999年発売

「川崎 T-4 "ブルーインパルス"」の航空自衛隊練習機バージョン。キャノピーは開閉選択式、着座姿勢のパイロットフィギュア2体付属。主翼のフラップはダウン状態がデフォルトでの立体化。水平尾翼はポリキャップでの接続となっている。翼下にはドロップタンク×2基を装備。デカールは第1航空団第31教育飛行隊、第32教育飛行隊、第13飛行教育団、第3航空団北部支援飛行隊、西部航空方面司令部支援飛行隊、飛行開発実験団など多数のマーキングが用意されている

■F-104J スターファイター "航空自衛隊"
●PT18 ●2000年発売

先行して発売された1/72の傑作キットの優れた内容を受け継ぎながら、サイズが拡大された分、さらに各部の表現やディテールが向上しており、すべてのF-104キットの中でも文句なしに最良の製品だろう。各部の合いもよくストレート組みで何ら問題はない。主翼と尾部に彫り込まれたリベットも、実機らしい迫力を増すのに一役かっている。また、デカールは航空自衛隊の部隊マークが多数セットされている

■F-104C スターファイター "U.S.A.F."
●PT19 ●2000年発売

既発売のF-104Jのバリエーションキットとして、機体後部から垂直安定板といった機体のメイン部分が金型新規型パーツで用意されている。主翼前縁スラット、フラップは別パーツ、機体後部のエアブレーキも開状態となっている。ウイングチップタンク付属。デカールは第479戦術戦闘航空団カリフォルニア・ジョージ空軍基地所属機より2種が用意されている

■F-104G スターファイター "NATO ファイター"
●PT20 ●2000年発売

実機は、アメリカ空軍から大幅にキャンセルされた機体を当時、大量発注が期待できる西ドイツに売り込み導入された機体である。戦術核攻撃を目的として配備され、機体構造は大幅に強化されている。モデルは既発売の傑作キットF-104Jをベースとしてシート、脚カバー、エンジンノズルなど西ドイツ空軍仕様であるG型専用部品を用意している。垂直尾翼とウイングチップタンクのチェッカー模様は大判のデカールにて再現される

■A-4E/F スカイホーク
●PT21 ●2000年発売

1/72、1/32とA-4のキット化を続けてきたハセガワが、その決定版としてリリースしたのがこのキットだ。各型への発展を考慮してパーツが細分化されているが、パーツの合い自体はよいので工作に苦労することはない。フラップは上がった状態と下がった状態を選択して組み立てることができ、エアブレーキも開閉選択が可能となっている。付属するデカールはアメリカ海軍 第192攻撃飛行隊 "ゴールデンドラゴンズ" 指揮官機などだ

■A-4C スカイホーク
●PT22 ●2001年発売

既発売のA-4E/Fのバリエーションキットとして商品化。コマ替えでC型のディテールを再現したボディ、機首、インテイクパーツなどが新規型パーツで用意されている。主翼前縁スラット、フラップは下げ状態の選択も可能。排気ノズルも2種択式、ドロップタンク×2基付属。エアブレーキは開閉選択式となっている。付属のマーキングは第15攻撃飛行隊 "ヴァリオンズ" と第153攻撃飛行隊 "ブルーテイルフライズ" の2種類から選択できる

■AH-64D アパッチ ロングボウ
●PT23 ●2001年発売

メインローターマスト頂部に火器管制レーダーを持つ全天候型攻撃ヘリコプターの姿を完全新規型で立体化。ローター基部や30mm機関砲、TADS(照準器)、主脚、コクピットのディテールに加え、機体各部のフックもパーツ化されているなどパーツを細分化し高い密度感を演出。各部のセンサーや灯火類にはクリアパーツがふんだんに使用され実感を高めている。キャノピーは開閉選択式で着座姿勢のパイロットフィギュアが2体付属する

■AH-64A アパッチ
●PT24 ●2002年発売

同社の前作、1/72キットが完全な量産型ではなかったのに対し、リリースの時期からもわかるように、この1/48キットでは完全な量産型となっている。いかにもハセガワらしいカチッとしたキットで、ディテールや表面仕上げ、組み立ての容易さなど、やはりこのスケールではベストだろう。コクピットサイドの手すりまでが別パーツとされる念の入れようで、特に機首下面の30mm機関砲は素晴らしい密度感に仕上げられている。また、機体表面のリベットのモールドも非常に立体感のあるものだ

■F-8E クルーセイダー
●PT25 ●2003年発売

1/48のクルーセイダーの中でも真打ちと言えるのがこのハセガワ製キットである。最大の特徴は主翼の上下角度変更箇所にポリキャップを入れ込んである点で、完成後も部品を取り替えることで2種類のポジションを変更することができるのは大きな魅力だ。フラップは上げ下げを組み立て時に選択することができ、武装としてズーニーロケットランチャーも付属している。各部のモールドもハセガワらしいシャープなスジ彫りのモールドとなっており、実機1/48でクルーセイダーを作るのならまずはこのキットを選ぶべきだろう

■F-8J クルーセイダー
●PT26 ●2003年発売

既発売のF-8Eをベースに主翼前縁スラット、水平尾翼を新規パーツとしたバリエーションキット。特徴的なツーポジション可変取付角の主翼はポリパーツを使用して組み立て後もポジションを差し替えで選択可、またフラップ角もアップダウンを選択して組み立てることができる。着座姿勢、サムアップポーズのパイロットフィギュア付属。武装はズーニーロケット弾×8発。デカールはアメリカ海軍 第24戦術飛行隊 "チェッカーテイルズ" 司令官のものなどが付属している

■三菱 F-2A
●PT27 ●2003年発売

単座のA型と複座のB型でそれぞれ胴体パーツが作り分けられており、このキットには単座型用の部品がセットされている。主翼前後縁のフラップが別パーツとなっているのも嬉しい。外観やディテール、組み立てやすさなどどこをとっても傑作と言え、各種ミサイル用のランチャーとAAM-3 空対空ミサイルも付属している。2014年にはシートベルトやミサイルのフィン、脚柱のパイピングなどのエッチングパーツをセットしたディテールアップバージョンが発売された

■AV-8B ハリアーII プラス
●PT28 ●2003年発売

ハリアーIIの1/48キットも先行しているのが古いキットばかりだったので、このキットはハセガワ版キットを待ち望んでいたファンも多いのではないだろうか。複雑なフォルムのハリアーだが、このキットではそれを正確にモデライズ。表面の仕上げや組みやすさなどの点は素晴らしく、総じて上質なキットとなっている。武装としては燃料タンクの他にAIM-9L、25mm機関砲ポッド、そして攻撃機らしい装備であるライトニングIIターゲティングポッドをセット。デカールは海兵隊の攻撃飛行隊のものが2機分セットされている

■三菱 F-2B
●PT29 ●2003年発売

既発売のF-2Aをベースに複座型のF-2Bを商品化。機体上面、複座座席用コクピット、キャノピーなどが新規金型パーツで追加された。キャノピーは開閉選択式で、着座姿勢のパイロットフィギュアが2体付属。主翼スラットやフラップは別パーツ。翼下の武装はAAM-3空対空ミサイル×4発、300ガロンドロップタンク×2、600ガロンドロップタンク×2基を用意。デカールは第4航空団第21飛行隊(松島基地)と第3飛行隊(三沢基地)から選択できる

1/48 SCALE AIRCRAFT MODELS

■PT30　RF-4E ファントムⅡ "航空自衛隊"

■PT31　RF-4B ファントムⅡ "U.S.マリーン"

■PT32　F-16CJ ファイティングファルコン "三沢ジャパン"

■PT33　A-4M スカイホーク

■PT34　AV-8B ハリアーⅡ ナイトアタック

■PT35　三菱 F-1

■PT36　ハリアー GR Mk.7 "ロイヤル エア フォース"

■PT37　三菱 T-2

■PT38　F/A-18F スーパーホーネット

1/48 SCALE AIRCRAFT MODELS

■PT39　F/A-18E スーパーホーネット

■PT40　TF-104G スターファイター

■PT41　J35F/J ドラケン

■PT42　AH-64D アパッチロングボウ "陸上自衛隊"

■PT43　TA-4J スカイホーク

■PT44　F-16F（ブロック60）ファイティング ファルコン

■PT45　F-22 ラプター

■PT46　F-14A トムキャット

■PT47　A-7D/E コルセアⅡ

■PT48　F-15E ストライクイーグル

■PT49　F-15C イーグル

■PT50　F/A-18A/C ホーネット

■PT51　F-15J/DJ イーグル "航空自衛隊"

■PT52　EA-18G グラウラー

■JT1　P-38J ライトニング "ヴァージニア マリー"

■JT2　P-38L ライトニング "ジェロニモⅡ"

■JT3　P-38F/G/H ライトニング "ビューティフル ラズ"

■JT4　スピットファイア Mk.Vb

HASEGAWA COMPLETE WORKS　099

1/48 SCALE AIRCRAFT MODELS

■RF-4E ファントムⅡ "航空自衛隊"
● PT30　●2003年発売

新金型の胴体部品を用意し、現在でも航空自衛隊において運用が続くファントムⅡの戦術偵察機を立体化。機首下面に取り付けられているカメラ窓にはクリアパーツが用意され、内部のカメラベイにはKS-87B前方偵察カメラ、KA-56E低高度パノラマカメラ、KA-91B高高度パノラマカメラがパーツ化されている。キャノピー開閉選択式、パイロットフィギュア2体付属。翼下にはAN/ALQ-131 ECMポッドと370ガロンドロップタンク2基と600ガロン・ハイGタンクのフル装備。デカールは航空自衛隊偵察航空隊第501飛行隊のマーキングが付属する

■RF-4B ファントムⅡ "U.S.マリーン"
● PT31　●2004年発売

F-4Jからスタートした、1/48ファントムⅡシリーズの掉尾を飾るとしてリリースされた海兵隊向けの偵察型で、胴体部品はRF用をセット。半埋め込み式のAAM-7ランチャー部分は、同梱されたパーツで埋めることで偵察型を再現している。機首やインテイクなどに生じる隙間を整形するために加えて、ランチャー部分は完全に接合線を消して胴体下面と面一にする必要がある。このキットは最後の生産バッチとなる10機を簡単に製作可能だ

■F-16CJ ファイティングファルコン "三沢ジャパン"
● PT32　●2004年発売

当時最新型のブロック50を装備して、日本の三沢基地に展開していた第35戦闘航空団所属機を、新規デカールで再現している。同隊は対地攻撃でもレーダーサイト攻撃に特化したSEADを主任務としており、イラク戦争にも投入された。キットは排気口をF110として、インテイクの開口面積を拡大した50型を再現しており、発売当時はこのスケールベストの存在だった。キットには三沢基地への配備時だけではなくサウスカロライナ州ショウ空軍基地に配備されている第20戦闘航空団司令官機のマーキングも入っている

■A-4M スカイホーク
● PT33　●2004年発売

海兵隊向けとして開発されたA-4シリーズの最終生産型であり、エンジンの強化に伴うインテイクの拡大や、新型キャノピー、各部への電子機材フェアリング追加といった実機での変遷を、胴体を始めとする新規金型で完全フォローしている。比較的新しいキットなので、シャープな表面仕上げと過不足なくスケールに見合ったディテールなど充分な仕上がり。組み立ての難易度も高くないので、スカイホークのキットとしては広くおすすめできる内容となっている

■AV-8B ハリアーⅡ ナイトアタック
● PT34　●2004年発売

オリジナルのAV-8Bに、前方監視赤外線(FLIR)などの機材を搭載することで夜間攻撃能力の強化を図った型式で、風防前方にFLIRを収めるフェアリングを新設している機体。キットは機首を新規金型とすることで実機の変化を再現している。その他の部分は以前発売されていた1/48のAV-8Bと同じとなっている。デカールは海兵隊の第311海兵攻撃飛行隊 "トムキャッツ" と第513海兵攻撃飛行隊 "ナイトメアズ" の所属機のものがセットされている

■三菱 F-1
● PT35　●2004年発売

ハセガワは先に1/72でF-1をキット化していたが、続いて1/48でも登場となった。ディテールや表面仕上げの完成度は1/72キットを大きく上回る出来となっており、加えて外観の再現度もより高いものとなっている。他の空自同様にスペシャルマーキングが多い機体でもあることから、航空自衛隊50周年記念塗装、第3飛行隊や第6飛行隊、第8飛行隊の戦競での特別塗装、さらには1989年に試験的に塗装された洋上迷彩のF-1など、様々な特殊塗装を再現した限定版キットが存在する

■ハリアー GR Mk.7 "ロイヤル エア フォース"
● PT36　●2004年発売

AV-8BハリアーⅡナイトアタックをイギリス空軍仕様とした機体を立体化。既発売のAV-8Bから機首や機体背面前部などが新規パーツにて用意される。機体側面のノズルはポリキャップ接続で可動。ジェット推力周囲の補助インテイクは上4枚が開状態で再現されている。付属武装はガンポッド×2基、AIM-9Lサイドワインダー×2発、300ガロン増槽×2基。デカールはイギリス空軍、第20飛行隊所属機と同第3飛行隊所属機の2種が付属している

■三菱 T-2
● PT37　●2005年発売

既発売のF-1支援戦闘機に複座用の計器盤、キャノピーを新規金型パーツで追加しT-2後期型の機体を再現したバリエーションキット。翼下に220ガロンの増槽×2基が付属する。デカールは航空自衛隊 第4航空団 第21飛行隊所属機「192」部隊マーク「青4」、第22飛行隊所属機「赤4」、第21飛行隊所属機「松葉に白」、第22飛行隊所属機「松葉に黄」、第8航空団 第6飛行隊所属機の5種で、充実した内容になっている

■F/A-18F スーパーホーネット
● PT38　●2005年発売

ソ連邦の崩壊と高額な維持費から、退役したF-14の後継として改修が進められた機体で、基本的なレイアウトはF/A-18Dを受け継いでいるが、機体のサイズや形状、エンジンと電子機材などまったくの別機だ。このためハセガワはすべてを新規金型で再現しており、ステルス性向上のためインテイク周りが角型に改められた分、組み立ては容易になっている。各パーツの擦り合わせに注意すればそれほど組み立ても難しくはなく、現在でも1/48ではベストのキットと言える内容だ

---

*COLUMN

現代戦闘機の複雑な入れ子構造を味わえる 1/48 F-22のアキュラシーとは

「モデラーにはハセガワ製1/48ラプターを組んだことのある人間とそうでない人間がいる」……と言いたくなるほど、ハセガワ製の1/48ラプターというのはプラモデル史において大きな意味を持ったプロダクトである。同社による「アイドルマスタープロジェクト」の一環として完全新規金型アイテムにこれほどの大物(なにせ最新鋭の米軍戦闘機である)が選ばれた旨は別途155ページで述べているが、こうした製品化に至る文脈的な意味さることながら、このアイテムの本質的な凄味はキットそのものの構成にあると言えよう。

ジェット戦闘機のプラモデルというのはレシプロ戦闘機と違い、インテークとエンジンノズルを再現することを強いられた存在である。その内部構造は軍事機密であったり、再現したところで完成後は見えなくなる部分であったりするため、「見えなくなるところを作り込むのが粋なのだ」というモデラーのメンタリティを満足させる計らいとして機能してきたところが大きい。しかし、ハセガワ製の1/48ラプターを組んだことのある人ならば「機体形状を再現するためにパーツを組んでいたつもりが、内部構造までまるごと把握していた」というあの不思議な感覚を理解することができるはずだ。

戦闘機は「翼とコクピットを備え、兵装を懸吊する装置があり、燃料タンクと大推力のエンジンをうまいこと組み込んだ乗り物」である。F-22という戦闘機がなぜ世界最強のドミナンスファイターとして存在できるのかといえば、そこにステルス性を付加するために、機体の構造と外形が一体となったムダのない設計によって形作られているからである。

ハセガワ製1/48ラプターはインテークを組み立て、コクピットを組み立て、ウェポンベイと脚収納庫を組み立てることによって機体内部が寄木細工のごとく埋まっていくのが視覚的に理解できるのだが、これが「プラモデルの設計の巧みさ」によるものなのか、「実機の設計の巧みさによるもの」なのかを判断することは難しい。機体設計の先進性と飛行機模型としての実直な再現性がこれほどまでに噛み合い、ユーザーに深い納得を与えてくれるプラモデルはハセガワのラプターをおいて他にない。そう、ラプターの「本当の実力」を知りたくば、ハセガワの1/48モデルを組み立てるのが最善の道なのである。■

◀'10年に発売された「1/48 F-22A ラプター」。先行したアイドルマスター版とは異なり、小池氏の筆による美麗なボックスアートが楽しめる"いつものハセガワ定番キット"のパッケージデザインとなった

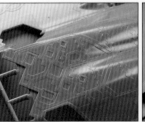

▲ウェポンベイ内も再現、特徴的な機体外板のモールドも美しいキットだ。左の写真の通り、インテークのチューブとウェポンベイ、コクピットが絡み合った内部構造が再現されている

1/48 SCALE AIRCRAFT MODELS

■F/A-18E スーパーホーネット
●PT39　●2005年発売

複座型F型のバリエーションキットだが、もともとバリエーションを考慮して金型が製作されたので、キャノピーとその後方のパーツを差し替えるだけで、簡単に単座型のE型に変身する。機首下面をレドームと一体として別パーツにするというスタイルが採られているが、一部に生じる隙間を埋めるのは何ら難しいものではなく、これは前作A/C型との大きな違いだ。Ω形のキャノピー上面のパーティングライン整形を怠らないよう注意しよう

■TF-104G スターファイター
●PT40　●2006年発売

当初から単座型と複座型のキット化が考えられており、単座型の機首を新規金型で作られた複座型のキャノピーと専用デカールをセットすることで、NATO各国で使用されたF-104Gの複座型を再現している。ハセガワキットの中でも最上級にランクされる傑作となっており、ストレートに組んで何ら問題はないが、胴体の接合部は内部にプラ板を仕込んで強度を確保しておくことと、主翼の下反角を左右とも正確に揃えることに注意すればより完成度の高い作品になるだろう

■J35F/J ドラケン
●PT41　●2008年発売

ハセガワの1/48キットの中でも文句なしに上位にランクされる一作。内翼下面に増設されたパイロンの有無で、J型とF型を作り分ける。増槽タンク×2が付属する。外観、ディテールともに非常に高い完成度を誇るキットだが、後部胴体と主翼の接合部を入念に擦り合わせての組み立てに注意が必要である。デカールはスウェーデン空軍の機体より、F10航空団 第3飛行隊所属機、F10航空団所属機の別マーキング、F10航空団 第2飛行隊所属機の3種類がセットされている

■AH-64D アパッチロングボウ "陸上自衛隊"
●PT42　●2009年発売

極めて精密かつ武骨な印象でアパッチを立体化した傑作1/48キットをベースに、ロングボウレーダーを装備したD型を再現したキット。新規部品は各部のアンテナやセンサーに加え、前席用のディスプレイ部品が付属している。数度に亘ってパッケージが変更されているが、現在手に入りやすいのは2009年に発売されたこのキットである。スタブウイングに搭載できるスティンガー空対空ミサイルランチャーのパーツもセットされた内容だ

■TA-4J スカイホーク
●PT43　●2009年発売

以前に発売されたA-4Fの翼周りなどのパーツを流用しながら、胴体とキャノピー、コクピットなどを新規金型で製作して複座型としてリリースされたキット。比較的新作のために、スジ彫りのパネルラインやスケールに見合った各部のディテール、そして開閉選択式のスラットとフラップなど、複座型スカイホークのベストキットと言っても良いだろう。バリエーションとしてアメリカ海軍航空75周年を記念した"ダイヤモンドジュビリー"や建国200周年記念塗装の"バイセンテニアル"、ブルーエンジェルスの運用機など派手な塗装も限定発売された

■F-16F(ブロック60)ファイティングファルコン
●PT44　●2009年発売

多数が存在するF-16の派生型の中でも現状最強の最新仕様機であり、アラブ首長国連邦での運用実績がある"ブロック60"の仕様を再現したキットである。既存の1/48F-16Dのキットパーツに機体背面のコンフォーマルタンク、ブロック60の外観的相違であるドーサルスパイン用エアスクープ、チャフパネルなどの細かなディテールや専用カメラポッドとその付随載用パイロン、機首のバルジなどを追加した内容だ。現在アラブ首長国連邦でしか使われていない機体なので、マーキングも同国空軍のものがセットされている

■F-22 ラプター
●PT45　●2010年発売

アメリカ空軍最新最強の制空戦闘機F-22の1/48スケールキットだ。胴体中央のウェポンベイ、エアインテークのチューブ、脚庫などが複雑に絡まり合った機体構造を上手く1/48に落とし込めた作品である。さらに電波吸収シートなどが張られそれまでの機体と大きく質感が異なる機体表面の質感再現にも注力。推力偏向ノズルは角度の異なる2種類のパーツを選択して取り付ける方式だ。ウェポンベイも開閉が選択でき、内部には2発のサイドワインダーと6発のAIM-120Cを搭載することができるようになっている

■F-14A トムキャット
●PT46　●1988年発売

満を持した形でハセガワがリリースしたキットで、それまでのキットにはなかった開閉選択式のフラップや、主翼の前後位置で形状が変化する胴体上面のエアバッグなど、大変意欲的な充実した内容で、今に至るまで販売されているキット。完成時のプロポーションも非常に実機に近く、1/48での決定版として現在でも広く知られている。現在に至るまで多数のデカール替え限定版キットが存在し、また定期的に新作のバリエーションも登場するのでそれらを入手するのも比較的容易である

■A-7D/E コルセアⅡ
●PT47　●1987年発売

数あるハセガワのキット群でも、本キットは最高の作品のひとつといえる傑作キット。コクピットや脚庫内のモールドは、モノグラムのテイストを意識した表現となっている。前、後縁フラップが別パーツとされ、エアブレーキもわずかに開いた地上姿勢を再現できるという念のいったキットで、必然的にパーツが多い分作業量は増えるが、組み立て自体はさほど苦労するというものではない

■F-15E ストライクイーグル
●PT48　●1989年発売

ハセガワが1/48F-15シリーズの一環として1985年に初めてリリースしたE型のキットに、アイリスカバーなしのエンジンノズルを再現するパーツとエッチングパーツを追加したものだ。ディテールは完全とはいかないまでもそれらしく再現されており、各部の合いもピタリとはいかないが、さりとて苦労するというものではなくハセガワスタンダードといった仕上がりだ。惜しむらくは登場後から間もなく、レベルの傑作がリリースされたことだろう

■F-15C イーグル
●PT49　●1985年発売

ハセガワは実機とは逆にまず複座型をリリースしてから単座型に移行した、本家アメリカ空軍仕様としたキットで、組み立てに際して注意するべき箇所なども変わらない。実際には各型でパネルラインなどが結構異なるのだが、この辺りは最大公約数的にまとめているので、正確を期すならば資料を参考に手を加える必要がある。またこれはJ型も同じだが、コクピット後方の電子機器室の側面パーツが厚く、完成後に違和感を生じるため、これは内側を薄く削ってピタリと合わせたい

■F/A-18A/C ホーネット
●PT50　●1991年発売

以前にリリースされた全規模開発型F-18Aに、C型とコンバーチブル化したバージョンとして2010年に発売されたもの。主翼前、後縁フラップは別パーツとされダウン状態も再現できる。ディテールもまずまずだが、何しろ実機のインテーク回りの形状が複雑なためキットもパーツを細分化しなければならず、そのため少々組みづらい箇所があるのは致し方ないだろう。ただし最近まで、このスケールでF/A-18のこれぞというものはなく、特にA型としての製作はやはりこのキットということになる

■F-15J/DJ イーグル "航空自衛隊"
●PT51　●1986年発売

コクピットのバスタブ部分を2種類とすることで、F-15JとF-15DJをコンバーチブルで立体化。アイリスカバーなしのエンジンノズルパーツとエッチングパーツが付属している。基本的にはPT48、PT49のF-15シリーズと共通した設計のキットとなっており、各部のモールドはシャープなスジ彫りだ。デカールは非常に充実した内容で、全国の航空自衛隊運用機からピックアップした合計11種類のマーキングから製作する機体を選ぶことができる

■EA-18G グラウラー
●PT52　●2011年発売

プラウラーに続くアメリカ海軍の電子戦機であるEA-18Gを、1/48スケールで立体化。発売のタイミングは1/72のグラウラーよりもこちらの1/48キットの方が4ヶ月ほど先行した。キット自体は既存のブロックIのスーパーホーネットを流用したもののためチムニーダクトをコマ替えで実現する部分や翼下の電子戦機を再現するためのポッドやアンテナフェアリング、対レーダーミサイルであるAGM-88E用部品の他に、実機同様に最新仕様のブロックIIに換装するためのアップデート部品もセットされている

■P-38J ライトニング "ヴァージニア マリー"
●JT1　●1993年発売

双胴形式を採用したアメリカ陸軍の戦闘機P-38シリーズの集大成がこの型で、ディテールの上品なスジ彫りで再現されている。ディテールの密度感も良好な秀作である。キット名の「ヴァージニア マリー」は第5空軍 第475戦闘航空群 第433戦闘飛行隊の所属機に描かれたノーズアートの愛称で、このヴァージニア マリーの他に同じ部隊の別の機体と、第364戦闘航空群 第383戦闘飛行隊に所属する機体の合計3種類のマーキングを選択できるデカールが付属する

■P-38L ライトニング "ジェロニモⅡ"
●JT2　●1993年発売

J型に続くP-38シリーズの生産型で、シリーズの最多生産型でもある。基本的にはJ型のキットに準じた内容。対地攻撃能力を付加するために追加されたパイロンと、その形状からクリスマスツリーと呼ばれるロケット弾ランチャー、さらにはロケット弾や爆弾などの部品も付属する。現在はJ型のキットと統合され"P-38J/L"として販売されているので、L型のみのキットは絶版となっている。また、このL型のキットには米軍のトップエースであるリチャード・ボング少佐の搭乗機もバリエーションキットとして限定発売された

■P-38F/G/H ライトニング "ビューティフル ラス"
●JT3　●1993年発売

P-38のキットというと、どうしてもエンジン下面のインテークが大きなJ型となり、それ以外の形式は唯一エアフィックスが1/72でキット化していたに過ぎなかった。そんな状況下、ハセガワがインテークの小さなF~H型をリリースしたのがこのキットである。元々ハセガワの1/48ライトニングシリーズはこれを見越してインテークの部分が別部品となっていた。このF~H型はのちにそれぞれ別のキットとしてバリエーション展開がなされ、中には山本五十六大将搭乗の一式陸攻をブーゲンビルで撃墜した機体なども限定発売されている

■スピットファイア Mk.Vb
●JT4　●1993年発売

ハセガワの1/48スケール初となるスピットファイアのキットで、初期生産型の代表ともいえるV型をセレクトしたのも当然だろう。当時のハセガワスタンダードといえるキットで、ディテール、外観、そして組み立てやすさなど秀作といえる。特にコクピットの周辺は少ないパーツ点数でうまくスピットファイアのコクピットらしい雰囲気を出しており、完成度は高い。後にバリエーションキットとして黒い塗装が特徴的な夜間戦闘機型も限定発売された

1/48 SCALE AIRCRAFT MODELS

■JT5　スピットファイア Mk.Vb TROP

■JT6　スピットファイア Mk.Vb "I.R.グリード"

■JT7　スピットファイア Mk.VI

■JT8　メッサーシュミット Bf109E-3 "エミール3"

■JT9　メッサーシュミット Bf109E-4/7 "エミール 4/7"

■JT10　メッサーシュミット Bf109E-4/7 TROP

■JT11　メッサーシュミット Bf109E "ガーランド"

■JT12　川崎 キ-61-I 三式戦闘機 飛燕 I型丁

■JT13　ユンカース Ju87B-2 スツーカ

■JT14　川崎 キ-61-I 三式戦闘機 飛燕 I型丁 "244戦隊"

■JT15　ユンカース Ju87R-2 "リヒアルト ツバイ"

■JT16　ユンカース Ju87B-2型 "デザート スツーカ"

■JT17　三菱 A6M3 零式艦上戦闘機 22型

■JT18　三菱 A6M3 零式艦上戦闘機 32型

■JT19　SBD-3 ドーントレス

1/48 SCALE AIRCRAFT MODELS

■JT20　SBD-4 ドーントレス

■JT21　川西 N1K2-J 紫電改

■JT22　九州 J7W1 震電

■JT23　三菱 A6M5 零式艦上戦闘機 52型

■JT24　中島 九七式戦闘機

■JT25　F4U-4 コルセア

■JT26　メッサーシュミット Bf109F-2

■JT27　メッサーシュミット Bf109F-4

■JT28　メッサーシュミット Bf109F-4 TROP

■JT29　メッサーシュミット Bf109G-2

■JT30　P-51D ムスタング

■JT31　P-51K ムスタング

■JT32　マッキ C.202 フォルゴーレ

■JT33　マッキ C.205 ベルトロ

■JT34　F6F-3 ヘルキャット "USS エセックス"

HASEGAWA COMPLETE WORKS　103

1/48 SCALE AIRCRAFT MODELS

■スピットファイア Mk.Vb TROP
●JT5　●1994年発売

先にリリースされたスピットファイア Mk.Vb型のキットに、北アフリカとイタリア戦線に展開した機体に装着された熱帯用フィルターをセットしたキットだ。このためフィルター部分以外のキット自体は以前のMk.Vbとまったく同じものて、通常翼と切断翼を選択できる翼端も以前のキットと変わらない。このキットをベースに、チュニジアでアメリカ陸軍航空隊によって運用された機体やマルタ島で激闘を繰り広げたイギリス空軍第249飛行隊の機体などのバリエーションキットが限定発売されている

■スピットファイア Mk.Vb "I.R.グリード"
●JT6　●1993年発売

アボーキーフィルターのパーツなどを追加して、地中海方面で活躍したイギリス空軍のエースI.R.グリードのデカールをセットしたキット。グリード中佐はフランス、イギリス、北アフリカで戦果を挙げたエースパイロットとして知られ、"ウィッジ"の相性で知られていた。一応定番キットとして"JT6"のナンバーが振られているが、どちらかというと定番外の商品っぽい性格のキットである。なお、このI.R.グリード少佐の搭乗機は後に1/32スケールのキットとしても発売された

■スピットファイア Mk.VI
●JT7　●1994年発売

ドイツ軍の高高度偵察機Ju86Rへの対抗馬として、V型から改造された高高度戦闘機バージョン。このため当然ながらキット自体はVb型と同じだが、エンジンが高高度仕様に換装され、機動性を確保するために翼端がとがった延長翼端を備えている。キットはこの翼端部と、エンジン換装に伴い導入された4翅プロペラを新規金型で再現している。現在このキットは休止となっており、また特殊な機体でもあることからバリエーションキットもあまり存在しなかったようである

■メッサーシュミット Bf109E-3 "エミール3"
●JT8　●1993年発売

ハセガワがこのスケールで初めてキット化するBf109であり、以後部品の追加などで様々なEシリーズキット化の走りともなった製品でもある。外見や細部など一部気になる箇所もあるが、パーツの合いも良く組み立ては極めてたやすい。また同社のキットとしては珍しく、シートベルトが座席にモールドされているのもありがたい。自作の必要がないというのもありがたい。ドイツ軍機のキットの常でバリエーションキットが多数存在するが、変わったところではルーマニア空軍が運用したE-3型を再現したキットも限定発売された

■メッサーシュミット Bf109E-4/7 "エミール 4/7"
●JT9　●1994年発売

基本的には前作の1/48 Bf109E-3型と同仕様だが、実機の変遷に合わせて丸みを帯びたキャノピー頂部をより生産性が高い角型に改めた新型のキャノピーを再現したパーツが追加された。これに加えて、E-4/7型で初めて導入された増加燃料タンクと、E-4後期に見られたキャップ付の尖ったスピナーが新規パーツでセットされているのもこのキットの特徴である。ハセガワの1/48 Bf109は相対的に見て優れた内容のキットであり、同スケールの他社製品と比較しても外観は一番似ていると評するモデラーも多いようだ

■メッサーシュミット Bf109E-4/7 TROP
●JT10　●1994年発売

先に発売されたE-4/7型のキットに、北アフリカに派遣された機体向けの装備である熱帯用防塵フィルターのパーツを追加したバリエーションキット。東部戦線やフランス展開部隊のカモフラージュとは異なる、いかにも砂漠方面における作戦機らしいサンド系を基調とした迷彩塗装を楽しむことができる。この1994年頃の時期は1/48 メッサーシュミットBf109のバリエーションが集中的に発売されたタイミングであり、1994年当時のドイツ機人気の高さを伺わせる

■メッサーシュミット Bf109E "ガーランド"
●JT11　●1994年発売

後に戦闘機隊総監の座まで上りつめたエース、アドルフ・ガーランドがバトル・オブ・ブリテン時にJG26の司令官を務めていた際の乗機E-4/Nを新規デカールで再現したキット。ZFR-4望遠鏡式照準器のパーツと前面風防を新規金型で追加している。キャノピーは丸みを帯びた旧タイプと角型の新タイプの選択式で、スピナーも2種入っている。この他にもドイツ空軍のエース機は多数が限定版として発売されていた

■川崎 キ-61-I 三式戦闘機 飛燕 I型丁
●JT12　●1994年発売

太平洋戦争時における日本唯一の制式液冷戦闘機として知られ、同系のエンジンを搭載したBf109とは似て非なる日本的なラインにまとめられたそのスタイルに、魅かれるモデラーも多いことだろう。このキット発売以前にも各メーカーから飛燕はリリースされていたが、さすが新キットだけあり一挙にそれらのキットを不要な存在とした。不必要なギミックはなくディテールも充分で、何より少ないパーツ点数と合いの良さで、簡単に組み立てることができる

■ユンカース Ju87B-2 スツーカ
●JT13　●1994年発売

ユンカースJu87 スツーカは電撃戦の立役者だが、バトル・オブ・ブリテンで馬脚を現し評価が一転した機体でもある。大きな機首インテイクを備えるB型の1/48キットは海外メーカーのキットがすでに出ていたが、ハセガワのキットは詳細なスジ彫りのモールドと高いディテールの再現度で、これらに大きく差を付けた内容となった。組み立ても比較的たやすく、大きな修正箇所もないだろう。実機に見られる特徴である、一部機内にもあるキャノピー枠のモールドは追加工作で再現したいポイントである

■キ-61-I 三式戦闘機 飛燕 I型丁 "244戦隊"
●JT14　●1994年発売

飛燕のキットに、首都防空の一翼を担って東京の福生基地に展開し、B-29の迎撃に奮戦した第244戦隊の隊長である小林照彦大尉の乗機で、側面に赤いストライプが走る派手な機体のデカールをセットしたバージョンだ。表面はハセガワらしい繊細なパネルラインで表現され、戦闘機らしからぬ女性的なラインの本機を再現している。今でも立派に通用するベストキットで、ストレートに製作するだけでも充分な仕上がりとなろう

■ユンカース Ju87R-2 "リヒアルト ツバイ"
●JT15　●1994年発売

既発売のB-2のキットに、増加タンクを新規パーツとして長距離偵察型としたバリエーションキットで、スジ彫りで表現されたパネルラインや各部のディテールなど、以前に発売された他社製品とは一線を画する現代風なキットといえる。独特のエルロンなどには一部実機と解釈が異なる箇所が見られるものの、総じて組み立てもたやすくやはり1/48のスツーカのシリーズとしてはベストの存在だろう。キャノピーの枠が実機では内外に分かれているので、この再現には注意が必要だろう

■ユンカース Ju87B-2型 "デザート スツーカ"
●JT16　●1994年発売

すでに発売されているB-2型のデカールを改めて、サンドを基調としてグリーンの迷彩が施された北アフリカ戦線向けとした機体をモデライズしており、新規製作のデカール以外には基本的にはJu87Bと同じキット内容だが、R-2型と同じく機種右側のエアインテークが角張った形状のサンドフィルター付になる。また、北アフリカのスツーカで有名な機体側面に巨大な蛇のマーキングが描かれた機体を再現するデカールが付属する「ユンカース Ju87R-2 スツーカ "デザート スネーク"」というキットも限定発売されている

■三菱 A6M3 零式艦上戦闘機 22型
●JT17　●1994年発売

ハセガワは1994年に新規金型で1/48零戦各型式のリニューアルを始めたが、そのトップバッターとして選ばれたのがこの22型だ。発売時はそれまでの1/48キットを凌駕する素晴らしい仕上がりにモデラーからも絶賛の声が相次いだ。実機の22型はエンジンを強化したのに加え、翼端を短縮して速度向上を図った32型が燃料タンク容積の削減で航続性能が悪化したため、32型の翼端に再び折畳部を追加、優美な姿を取り戻した型式として知られる機体である。20年以上前のキットではあるが、今でも充分な仕上がりだろう

■三菱 A6M3 零式艦上戦闘機 32型
●JT18　●1995年発売

1/48での32型のキットは実機の開発順序とは逆に、キットは22型の胴体とカウリングを流用し機首幅を短縮し翼端を角型に成形した主翼を新規金型で起こして追加している。ハセガワの難点であった主翼収納室は、この零戦シリーズの場合は充分な深さがあり、スケールに見合うスジ彫りと良好なディテールも再現しており、今でも立派なキットとして充分通用する。このキットをベースとして台南空の機体や204航空隊など、ラバウルで活躍した部隊の機体などのバリエーションキットが限定発売された

■SBD-3 ドーントレス
●JT19　●1994年発売

ミッドウェイ海戦の立役者ドーントレスだが、意外なことにハセガワでは初のキット化となる。それまでこのスケールのドーントレスは古いキットしか存在しなかったので、モデラーを喜ばせた。もちろんそれらのキットを凌駕するが特にコクピット内部とエンジンの再現度は高いといえる。後に発売された「SBD-3 ドーントレス "ミッドウェー"」などの限定キットではダイブブレーキ部分を再現したエッチングパーツが付属。キットの主翼パーツのダイブブレーキ部分を切り取ってこちらを取り付けるよう指示されていた

HASEGAWA CO[

■SBD-4 ドーントレス
●JT20 ●1994年発売

先に発売されたSBD-3とほぼ同じ内容のキットであり、アメリカ海軍の塗装がトライカラースキームに変更される前の、ブルーグレーとライトグレーの2トーンでのスキームで迷彩された、ミッドウェイ海戦時のマーキングを再現している。各部のディテールや表面の仕上げが水準以上の出来なのもSBD-3と同じ。こちらも後にダイブブレーキ部分をすべて新開発のエッチングパーツに置き換えた限定キットがバリエーションとして発売されている

■川西 N1K2-J 紫電改
●JT21 ●1980年発売

1980年代初頭、それまでハセガワでビジネスジェットをリリースしていたハセガワが、初めて1/48スケールでキット化した軍用機がこの紫電改であった。当時は紫電改自体のキットが少なく、しかもその出来も満足できるものはなかったので、本機を喜ばせたことは間違いない。現在の目で見ると多少難のある内容ではあるが、ハセガワにとって記念碑的な存在のキットであるのは間違いない。後発の新金型キットの登場により、すでに絶版となっている

■九州 J7W1 震電
●JT22 ●1981年発売

後方に配された推進式のプロペラや、機首の先尾翼などスタイルに先進性を感じさせるが、おそらく戦争が続けられていたとしても期待していた性能を発揮できたとは到底思えない機体。そんな機体なので、小スケールならばともかくよくも当時ハセガワが1/48でキット化したものだと思う。当時のハセガワスタンダードでパネルラインも凸彫りだが、コクピットは意外に詳細に再現され各パーツの合いもよいので簡単に完成させられるはずだ。何よりもその独特な外見こそが本機の魅力であろう

■三菱 A6M5 零式艦上戦闘機 52型
●JT23 ●1982年発売

ハセガワが1/48スケールのキットの発売を始めてから初となる零戦のキットであり、以前リリースした1/72キットと比べてもその外観はかなり正確になっている。ディテール、パーツの合いともに悪くなく、各部のモールドは凸彫りとなっている。ほぼ時を同じくしたタミヤからも52型丙がリリースされたのだが、両社ともにリサーチがキットに反映され、その仕上げも一長一短を感じさせてくれた。後に新金型でキットがリリースされた

■中島 九七式戦闘機
●JT24 ●1977年発売

同社の1/48キットとしてビジネスジェットを発売し、続いて最初の軍用機としてリリースしたのがこのキットである。と言ってもオリジナルではなく、以前倒産により同社が金型を引き取って販売した1/72日本機キットと同じく、旧マニアホビーの製品だ。このためスジ彫りのパネルラインとびっしりと打たれたリベットなど、ハセガワのキットとは一味違うキットになっている。バリエーションとして「ノモンハンエース」や「244戦隊」、「飛行第1戦隊」仕様のデカール付き限定版も発売されており、2016年現在も比較的入手しやすいキットだ

■F4U-4 コルセア
●JT25 ●1981年発売

ハセガワでは初となるF4Uコルセアのキット化で、後期生産型の走りとなる4型をモデライズしている。パーツ点数はこのスケールのキットとしては少なく、パネルラインは凸彫りで再現するという、当時における同社の1/48スタンダードともいえる仕上がりでまとめられている。ディテールも少々不充分だがこれは追加工作で済み、パーツの合いも良好なので組み立ては楽だ。ただし本型の登場時のアメリカ海軍の塗装はシーブルーのモノトーンのみなので、塗装面のバリエーションはあまりない

■メッサーシュミット Bf109F-2
●JT26 ●1991年発売

ハセガワが初めて手掛けたBf109F型であり、完全新規金型で起こされている。機首に武装を集中し、よりリファインした形状に改めたのが最大の変化で、キットもこのあたりのディテール表現なども充分な出来。エースが多く搭乗した機体でもあるので、バリエーションキットも非常に多くの機体がリリースされており、一部にはレジンキャストパーツや新規金型のプラスチックパーツで微細な違いを再現したものも限定発売されている

■メッサーシュミット Bf109F-4
●JT27 ●1991年発売

F-2のバリエーションで、プロペラとカウリング下面のオイルクーラーを新たに追加するなど、内容の一部を改めることでF-4型を再現している。'90年代半ばごろのドイツ機がよく売れていたころを象徴するような、濃密なバリエーション展開と言えるだろう。こちらもデカール替えのバリエーションキットがエース使用機などでかなりの数が限定発売されており、今もって人気機種であることがわかる

■メッサーシュミット Bf109F-4 TROP
●JT28 ●1991年発売

北アフリカに展開したF-4型を再現するバリエーションキット。熱帯用防塵フィルターもしっかりとパーツ化されており、従来のキャノピー部品とフレームが追加されたキャノピーの2種をセット。本機に搭乗したパイロットの中でも一番有名なエース、ハンス・ヨアヒム・マルセイユの搭乗機に装備されたG型仕様の大型尾輪も追加された。デカールはマルセイユ機を再現するもののほか、北アフリカのエース機が数種類付属する。こちらも他のハセガワ1/48 Bf109キットと同じく、ディテールの密度感も充分だし組み立ても簡単なキットだ

■メッサーシュミット Bf109G-2
●JT29 ●1991年発売

F-2からF-4TROPまでのパーツを流用して、G-2型を再現。Gシリーズの集大成といえる6型と並べることで、その発展を自分の目で確認することができるキットと言えるだろう。また、このG-2型は前述のマルセイユが帰投中に事故死した時の乗機である。デカールは第54戦闘航空団司令 ハンス・トラウトロフト少佐機、第52戦闘航空団 第II飛行隊長 ヨハネス・シュタインホフ大尉機の2種が付属する

■P-51D ムスタング
●JT30 ●1992年発売

このスケールにおけるハセガワ初のマスタングのキット。他社の同スケールのムスタングと比較しても、キットの組み立ては簡単でディテールも水準以上ということから、総合的に見れば実際にはこのキットの仕上がりで充分だと思える。キットには増加燃料タンク2種、500ポンド爆弾、5インチロケット弾、三連バズーカチューブが付属するなどアクセサリー類も豊富に付属する。デカールは第3戦闘航空群第3戦闘飛行隊、第352戦闘航空群 第487戦闘飛行隊、第354戦闘航空群 第353戦闘飛行隊の3種をセット

■P-51K ムスタング
●JT31 ●1992年発売

既発売のD型をベースとしたバリエーションキットで、D型が使用したハミルトン・スタンダード製プロペラの供給が間に合わなくなったため、エアロプロダクツ製で直径が約5.1cm短い約3.35mのプロペラに換えたK型での変化だ。デカールはアメリカ陸軍とイギリス空軍のものが合計3種セットされている。キットは、D型とK型の両方のプロペラが付属し、コンバーチブル化されている

■マッキ C.202 フォルゴーレ
●JT32 ●1995年発売

既にリリースされた1/72キットのスケールアップ版などが、単なる大型化だけではなく各部のディテールがさらに詳細となり、組み立ても簡単な秀作キットだ。左右で異なる主翼の長さなど、本機の特徴も正しく再現されている。エンジンをライセンス生産したC.205へのバリエーション展開のため機首周りのパーツが分割されているが、各部の合いもよくストレート組みで何ら問題はない。デカールはカルトグラフ製で、第363スクアドリリア所属機と第153グルッポ指揮官機の2種が付属する

■マッキ C.205 ベルトロ
●JT33 ●1995年発売

先にリリースされたC.202のバリエーションキットで、シャープなパネルラインのスジ彫りや、強力なトルクを打ち消すための左右で長さが異なる主翼など、過不足なしに実機を再現している。C.202との差異であるプロペラスピナーやエンジン周りなど、新規パーツで再現。主翼に20mm機関砲を装備したセリエIII仕様をモデライズした。胴体後部はコマ替えとなっており、フォルゴーレとベルトロの違いを正確に再現しているのも特徴だ。デカールはカルトグラフ製で、第8スクアドリリア所属機と、第360スクアドリリア所属機の2種が付属する

■F6F-3 ヘルキャット "USS エセックス"
●JT34 ●1995年発売

このスケールのF6Fヘルキャットはモノグラムとオオタキが存在していたが、いずれも古いキットなのでハセガワが1/48でリリースしたことをアメリカ海軍機ファンは喜んだはずだ。従来の同機キットをはるかにしのぐ仕上がりでスジ彫りのパネルラインもスケールに見合うものとなっている。このキットのバリエーションとして、レジンキャスト製のコクピットや方向舵、昇降舵、シートベルトのエッチングパーツなどを同梱したスーパーディテール版も限定発売されている

1/48 SCALE AIRCRAFT MODELS

■JT35　F6F-5 ヘルキャット "VF-17 ジョリーロジャース"

■JT37　中島 二式単座戦闘機 Ⅱ型甲 鍾馗 "85戦隊"

■JT36　中島 二式単座戦闘機 Ⅱ型丙 鍾馗

■JT38　川崎 五式戦闘機 Ⅱ型 乙

■JT39　マッキ C.202 "カバリーノ ランパンテ"

■JT40　P-47D-25 サンダーボルト

■JT41　P-47D-30/40 サンダーボルト

■JT42　三菱 A6M2a 零式艦上戦闘機 11型

■JT43　三菱 A6M2b 零式艦上戦闘機 21型

106　HASEGAWA COMPLETE WORKS

■JT44　五式戦闘機 I型 甲 "ファストバック"

■JT45　三菱 J2M3 局地戦闘機 雷電 21型

■JT46　三菱 J2M6 局地戦闘機 雷電 31型

■JT47　メッサーシュミット Bf109G-6

■JT48　メッサーシュミット Bf109G-14

■JT49　愛知 B7A2 艦上攻撃機 流星改

■JT50　愛知 B7A2 艦上攻撃機 流星改250kg 爆弾装備

■JT51　ハリケーン Mk.ⅡC

■JT52　ハリケーン Mk.ⅡD

■JT53　ユンカース Ju87D-5 スツーカ

■JT54　ユンカース Ju87G-2 スツーカ "タンクバスター"

■JT55　愛知 D3A1 九九式艦上爆撃機 11型

■JT56　愛知 D3A1 九九式艦上爆撃機 一一型 "ミッドウェー島"

■JT57　P-47D サンダーボルト "レザーバック"

■JT58　P-47D サンダーボルト レザーバック "南太平洋戦線"

■JT59　タイフーン Mk.ⅠB

■JT60　タイフーン Mk.ⅠB "水滴型風防"

■JT61　中島 B6N2 艦上攻撃機 天山 12型

■F6F-5 ヘルキャット "VF-17 ジョリーロジャース"
●JT35　●1996年発売

「F6F-3 ヘルキャット」のバリエーションキット。排気ガス整流用の覆いと平面ガラスタイプの前部風防、127mmロケット弾のパーツを新規金型で追加し、F6F-5型としたもの。主翼下面のパネルラインが-3型と異なるので説明書の修正箇所が記されている。また、着陸灯もないので埋めておこう。このキットのバリエーションとして、主翼にAN/APS-6レーダーを装備した機体を再現した「F6F-5N ナイトヘルキャット VMF(N)-541」や、ブルーエンジェルス所属機、フランス海軍所属機などを再現できるキットが限定発売されている

■中島 二式単座戦闘機 Ⅱ型丙 鍾馗
●JT36　●1995年発売

二式単座戦闘機 鍾馗はその独特なスタイルから、熊ん蜂と呼ばれた日本初の重戦闘機だ。その鍾馗をモデライズしたものだが、パーツ点数は少なくディテールも的確なスジ彫りのパネルラインなど、ハセガワスタンダードと呼ばれる仕上がりの秀作キットだろう。他にこのスケールでキットが存在しないことからも、やはり1/48スケールの鍾馗ではベストだ。デカールは飛行第70戦隊 第3中隊 吉田好雄大尉乗機と、飛行第47戦隊 第3中隊の2種が付属する

■中島 二式単座戦闘機 Ⅱ型甲 鍾馗 "85戦隊"
●JT37　●1995年発売

二式単座戦闘機 鍾馗のバリエーションキット。眼鏡付き照準器、胴体上面のガス抜き口が新規に追加され甲型としたもの。胴体・主翼などは丙型と変わらないため、こちらも総じてベストキットと呼べる存在だろう。組み立てもたやすく、ストレートに組んでも良し、各部の追加加工するのもよいとも楽しめるキットだ。バリエーションキットとして独立飛行第47中隊所属の鍾馗試作型や、ソフトメタル製のコントラペラと蜂の巣型潤滑油冷却器パーツが付属した鍾馗Ⅰ型などが限定発売されている

■川崎 五式戦闘機 Ⅱ型 乙
●JT38　●1995年発売

三式戦 飛燕の機体自体は順調に生産が進められていたが、肝心のエンジン生産が遅れたために、機首周りを改めて空冷エンジンを搭載したのが本機である。1/48スケールでバブルキャノピーを備えた五式戦のキットとしては初で、胴体やカウリングなどのパーツを新規金型で製作し、飛燕のパーツと組み合わせたものだ。Fw190Aを参考にした機首の独特の形状はなかなかの出来。デカールは飛行第111戦隊、第5戦隊所属機の2種が付属している

■マッキ C.202 "カバリーノ ランパンテ"
●JT39　●1995年発売

「マッキ C.202 フォルゴーレ」のバリエーションキット。C.202の初期型をモデライズしており、形状の異なる水平尾翼、フィルターなしエアインテーク、防弾ガラスなしの風防、排気管などが新規パーツとしてセットされる。胴体などはこちらもフォルゴーレと同じく、やや深めであるがシャープなスジ彫りのパネルラインや、スケールに見合うディテール表現など、空冷型のC.200にドイツから輸入したDB601を搭載した本機のスタイルを見事に再現している

■P-47D-25 サンダーボルト
●JT40　●1996年発売

それまでのD-23までと、カーチス製G型で用いられていたファストバック式キャノピーに換えて、後方視界の向上を図ったバブルキャノピーを初めて採用した型式がP-47D-25である。キットは適度なディテール省略とスケールに見合うスジ彫り、そして組み立ての容易さなど、ハセガワスタンダードといえるキットだ。爆弾、増槽も用意されており、アクセサリー類も充実しているのもうれしいところ。プロペラも2種類存在する。また、限定版として特別デカールが同梱されている「ターヒールハル」、「アメリカンエース」なども発売されている

■P-47D-30/40 サンダーボルト
●JT41　●1996年発売

30型と40型の選択キット。シャープなパネルラインや、細部のディテールの再現などもすばらしく、合いなども良好なので非常に組みやすいキットだ。また、30型初期のドーサルフィン未装着状態に組むことも可能なパーツ構成。コクピットなどのディテールも充分な出来で、秀作といえるだろう。レジンキャスト製のディテールアップパーツが追加されたスーパーディテール版も限定発売されている

■三菱 A6M2a 零式艦上戦闘機 11型
●JT42　●1996年発売

先に発売された22型のバリエーションで、早急な中国戦線への投入を目的に、主翼端の折り畳み機構や着艦フック、座席後方に装備されたク式帰投装置といった艦上機特有の装備を省くことで、生産性の向上を図った陸上機専用型だ。胴体、カウリング、プロペラ、後部キャノピーは新規パーツ。当然ながらデカールは専用のものに改められ、零戦神話が華やかなりし頃のライトグレイの機体を製作するのに欠かせないキットだ

■三菱 A6M2b 零式艦上戦闘機 21型
●JT43　●1996年発売

「零式艦上戦闘機11型」からのバリエーションで、11型とは異なる、後部キャノピーも正確に再現されている。この21型で主要な零戦各型が揃うことになった。デカールは「翔鶴」戦闘機隊 帆足 工大尉乗機、「加賀」第一中隊第11小隊1番機 志賀淑雄大尉乗機の2種が付属。このほかにも限定版キットとして、30kg空対空爆弾や爆弾架部品を新規パーツで追加した「第381航空隊」w/空対空爆弾や、ホワイトメタル製の尾部パーツを追加した「練習航空隊」仕様などが発売されている

---

*COLUMN
海外のキットを安く手軽に紹介した
ハセガワと国外メーカーの提携による恩恵

国産のプラモデルが販売されると同時に、日本国内に流れ込んだのが海外製キットである。1960年代にはすでにレベル、モノグラム、ホーク、エアフィックス、フロッグなどのキットが輸入されていたが、輸入キットを扱うのは大都市部の限られた模型店のみで、入手自体が困難な高嶺の花だったのである。

そんな状況下、ハセガワは1970年にイギリスのフロッグと業務提携し、互いのキットを自社ブランドの商品として販売を開始した。正確にはフロッグは社名ではなく、実際には1931年に設立されたインターナショナル模型飛行機(IMA)社が所有するプラスチックモデルのブランド名である。ハセガワのブランドで発売されたフロッグのキットは袋詰めされた海外製のパーツに国産のデカールを加え、これを国産の箱に収める形で販売されたので、ボックスアートとデカールは本国のものと異なっていた。この頃のフロッグのキットのラインナップはイギリス機を中心にドイツ、アメリカの機体が随所に挟まるというもので、エアフィックスよりもさらにコアなイギリス機が多かった。例をあげればシーヴィクセンの原型DH110やシミターの原型機であるタイプ554、1/96スケールの3Vボマーといった感じで、蛇の目ファンには外すことのできないメーカーだったのである。またハセガワのキットもかなりの点数がヨーロッパを中心に輸出され、同社の名を世界に知らしめる原動力となった。

1980年代にはハセガワはモノグラムの正規代理店となり、同社のキットを自社ブランドで発売。国産キットと同じ流通網にモノグラム製キットが乗ったことは地方のファンなどにとっても恩恵となった。この提携時代には1/48 A-7Eのキット化に際し、機体の基本設計をハセガワが担当し、ディテールの設計をモノグラムが行なうという共同開発が試みられたというエピソードもあり、2社間の交流はかなり濃いものであったようだ。1986年にモノグラムがレベルの傘下に入って以降はそれまでレベルの代理店だったタカラ(現タカラトミー)に代わってハセガワがレベルの代理店業務を担当。また一部のレベル製キットはそれまでの海外製キットと同様に国産のデカールと箱をセットすることでハセガワブランドとして展開された。近年でもハセガワはICM、RSモデルなど多くのメーカーの代理店として多角的に発展を続けている。■

▲モノグラム製品をハセガワのパッケージで販売した好例がこの1/48「ダグラス A-1H スカイレイダー [スペシャル ボム]」。洋式便器の爆弾を搭載した有名な逸話を立体化したキット。箱絵の左上には2社のロゴマークが並ぶ

▲1970年からのフロッグとの提携によって国内で発売された1/72「バルティー ベンジャンス」と「ウエストランド ワイバーン」。これらは当時の日本では手に入りにくいキットを手軽に入手できる手段だった。◀この1/72「ポリカルポフ I-153&I-16 "ソ連空軍"」のI-153はICM製だ

■五式戦闘機 I型 甲 "ファストバック"
●JT44　●1996年発売

太平洋戦争時において日本陸軍が運用した唯一の液冷エンジン装備戦闘機である飛燕。そのエンジンの生産が大きく遅延したことから急遽ハ112空冷エンジンに換装されたのが本機で、女性的なラインの飛燕と比べると一線を画す迫力あるスタイルにまとめられている。胴体は五式戦用のパーツが用意され、その他は飛燕のパーツがセットされるというキット内容。出来は水準以上で、ぜひ飛燕と並べてその違いを実感したいところだ。限定版として「飛行第244戦隊」、「明野教導飛行隊」、「飛行第59戦隊」仕様も発売されている

■三菱 J2M3 局地戦闘機 雷電 21型
●JT45　●1996年発売

空気抵抗の減少を図って胴体を紡錘形にまとめるという手法が採られたものの、延長軸の振動などの問題を解決できず、期待されたほどの活躍はかなわなかったが、その独特のスタイルに魅せられるモデラーも多いはずだ。それまでは1/48雷電と言えばオオタキのキットしかなかったことから、さすがに新作だけあり外観は無論のこと、表面仕上げとディテールなど決定版となった。デカールは第302海軍航空隊 第1飛行隊所属の機体から2種再現できるものが付属する。「元山航空隊」、「第352航空隊」を再現できる限定版も発売されている

■三菱 J2M6 局地戦闘機 雷電 31型
●JT46　●1997年発売

既発売の21型のバリエーションキットで、機首上面を削り込んで前方視界を高めたスタイルを機体前面グレアシールドとキャノピーを新規パーツとして再現している。実機同様、幅が広く大きなキャノピーからコクピット内部がよく見えるが、目盛りや針までも凸モールドで彫刻された計器盤のほか、23点ものパーツで再現されており、密度感も素晴らしい出来だ。旧作のオオタキなどのキットと比べると新しいので半ば当たり前なのだがその優位は揺るがず、このスケールで雷電を製作するならやはりこのキットとなろう

■メッサーシュミット Bf109G-6
●JT47　●1997年発売

ハセガワが満を持した形で送り出した1/48スケール メッサーシュミット Bf109Gシリーズの最多生産型で、それまでにリリースされた数多くのG-6型とは異なる次元のキットに仕上がっている。シャープなスジ彫りで表現されたパネルラインや、スケールに見合う各部のディテール、そして組み立てのよさなど、やはりG-6型のベストキットであろう。もちろんストレートに組んでもなんら過不足ない仕上がりで、ディテールアップのベースにも最適のキットだろう

■メッサーシュミット Bf109G-14
●JT48　●1997年発売

先にリリースされたG-6型のバリエーションキットであり、枠が大きく減らされて視界が向上した新型キャノピーのエルラハウベと、背の高い大型垂直尾翼装備の胴体などの専用パーツをセットして、Gシリーズ最後の生産型をモデライズしている。相対的に見て水準を超える優れた内容で、組み立てやすさや価格も間違いなく1/48 Bf109Gのベストキットであろう。デカールは第53戦闘航空団 第Ⅰ飛行隊 エーリッヒ・ハルトマンの搭乗機と、第7戦闘航空団 第Ⅲ飛行隊所属機の2種が付属。ただし現在はスポット生産でしか入手できない

■愛知 B7A2 艦上攻撃機 流星改
●JT49　●1997年発売

艦爆と艦攻を1機種でこなす新たなジャンルの機体として開発された機体。同じ思想のスカイレイダーが大戦への投入を果たせなかったのに対し、本機は太平洋戦争末期に実戦化されている。本機初の本格的なキットであり、3座の長いコクピットは細分化されたパーツで再現されており実感が高い。コクピットパーツの床面を利用して巧みに再現された爆弾槽や3パーツで構成されるエンジンカウリング、排気管などもこのキットの見どころのひとつだろう

■愛知 B7A2 艦上攻撃機 流星改 250kg爆弾装備
●JT50　●1998年発売

先行して発売された流星改のキットは魚雷搭載型の兵装だったが、このキットは250kg爆弾に改めたバリエーション。爆弾倉を開き、250kg爆弾2発を搭載した姿を再現できる。美しいフォルムの外見やディテール、そして表面仕上げも1/48スケール唯一の存在ということを割り引いても傑作キットだろう。第752海軍航空隊所属機のデカールが付属する

■ハリケーン Mk.ⅡC
●JT51　●1997年発売

以前リリースされた1/72に続くキットで、それまでハリケーンのキットというとエアフィックスと相場が決まっていたのだが、ようやくパネルラインがスジ彫りで再現されたキットを製作することがこのキットの発売で可能となった。バリエーション展開のために機首が分割され、パーツの点数も多いが組み立てやすい合いも良い。のちにはコレクターズハイグレードシリーズのひとつとしてレジンキャスト製ディテールアップパーツなどを同梱した「スーパーディテール」版も限定発売されている

■ハリケーン Mk.ⅡD
●JT52　●1998年発売

先にリリースされた「ハリケーン Mk.ⅡC」のバリエーションキットで、主翼に内蔵された12.7mm機銃を2挺づつにくらべ、主翼下面に40mm機関砲を収めたガンポッドを装着した対戦車攻撃型を再現。キットはガンポッドのパーツと機首下面の熱排フィルターなどの新規パーツ、そして専用デカールをセットしてシリーズの中でも特異な型式をモデライズしている。シャープなスジ彫りで再現された機首の金属部分と胴体後半の羽布部分の表現の差など、見どころも多い

■ユンカース Ju87D-5 スツーカ
●JT53　●1998年発売

B-2型の機首部分を新規金型で起こした専用のものに換え、さらに延長形の翼端や翼下面のパイロン、そして7.92mm連装機銃と後部キャノピーなどを追加して、能力向上型を再現している。D型を再現するためにあらたに追加された各部のパーツの合いも良好で、組み立ても容易だ。このキットのバリエーションとして魚雷を装備した「ユンカース Ju87D-4 "トーピード フリーガー"」、イタリア空軍使用機を再現した「ユンカース Ju87D スツーカ "レジア エアロノーティカ"」も限定発売されている

■ユンカース Ju87G-2 スツーカ "タンクバスター"
●JT54　●1998年発売

ドイツ空軍の戦車キラーとして知られるハンス・ウルリッヒ・ルーデルの乗機として人気が高い機種で、最初に発売されたB型の機首やキャノピー、延長型翼端や形状変更されたプロペラなどを新規金型としたD型を経て、あらたに37mm機関砲を追加したバリエーションキット。デカールは第2地上襲撃航空団 司令官機を再現できるものが付属する。レジンパーツを追加した「ユンカース Ju87G-2 スーパーディテール」、「ユンカース Ju87G-1 カノーネンフォーゲル」も限定版として発売されている

■愛知 D3A1 九九式艦上爆撃機11型
●JT55　●1998年発売

九九式艦上爆撃機は後継機の彗星登場まで主力艦爆として多用され、改良を加えながら終戦まで使用された。キットは本機のハイライトである真珠湾攻撃に参加した11型をセレクト。1/48スケールのキットでは存在したものの古いものばかりで、このキットの発売でようやく本機の秀作を製作できるようになった。完成後はあまり見えないコクピットやエンジンもていねいに再現されており、各パーツの合いも良好な素晴らしいキットである

■愛知 D3A1 九九式艦上爆撃機 一一型 "ミッドウェー島"
●JT56　●1998年発売

日本海軍の真珠湾攻撃からわずか半年で、太平洋戦争のターニングポイントとなったミッドウェー海戦に参加した機体を専用のデカールで再現し、新規パーツとして250kg陸用爆弾が付属。このスケールで現在入手可能な唯一のキットという点を割り引いても、ベストキットであることは間違いなさそうだ。後部旋回機銃は射撃・収納位置を選択して組み立てることが可能で、キャノピーは開閉状態を再現するために各々専用パーツが用意されている。表面仕上げや適度なディテール、そして組み立てやすさなど決して製作者を裏切らないキットだ

■P-47D サンダーボルト "レザーバック"
●JT57　●1998年発売

後方視界の向上を図り、P-47Dはバブルキャノピーと呼ばれる水滴型キャノピーを導入したが、キットはそのブロック25以前のレザーバックと呼ばれる、ファーストバック型キャノピーを備えたD型の初期生産型を選んでいる。両型でそれぞれ異なる胴体が製作されているので胴体部分の組み立てには問題はなく、組み立ては容易だ。レザーバック専用の胴体パーツなど機体全面のモールドも非常にシャープな出来で、そのほかにも計器盤、バルクヘッド、バックミラーを新規パーツとして追加している

■P-47D サンダーボルト レザーバック "南太平洋戦線"
●JT58　●1998年発売

南太平洋戦線で日本軍機と対峙したレザーバック型のデカールをセットするバージョン。こちらもスケールに見合ったコクピットディテールの再現や、脚収納庫など素晴らしい出来だ。ハセガワの1/48 P-47にはケンドル製レジンキャストパーツをセットした「P-47Dサンダーボルト スーパーディテール」版も1998年に限定発売された。これはコクピットフロアおよび側壁、計器盤、ガンサイト、シート、自重変形タイヤなどをセットしたもので、レジンパーツはハセガワの監修のもとに製作された特別版であった

■タイフーン Mk.ⅠB
●JT59　●1998年発売

キットはバリエーション展開を考慮して、コクピット後方までの胴体上面が別パーツとなっているが、各部の合いは良好なので、組み立ては容易だ。タイフーンはすでにモノグラムのキットが存在していたが、こちらのハセガワ版の方が比べものにならないほど秀作だ。実機の主翼は分厚い事で知られるが、キットでもその特徴をうまく捉えて立体化している。「タイフーン Mk.ⅠB "No.198 スコードロン"」、「タイフーン Mk.ⅠB 初期型 "第56飛行隊"」などの限定版も発売されている

■タイフーン Mk.ⅠB "水滴型風防"
●JT60　●1999年発売

「タイフーンMk.ⅠB」のキャノピーを水滴型に改めたバリエーションキットで、その無骨なスタイルとは裏腹にキットの表面仕上げや細部ディテールの再現、そして組みやすさなど、秀逸な内容だ。ただしカードアタイプのMk.ⅠBとの共通化のためにコクピット周りが別パーツとされたので、各パーツには隙間と段差が生じてしまった。比べるのはおかしいが、やはり古いモノグラムのキットとは一線を画した素晴らしい出来だ

■中島 B6N2 艦上攻撃機 天山 12型
●JT61　●1998年発売

97式艦攻の後継機として登場したが、その日本機らしからぬグラマラスなスタイルが災いしたのかあまり人気には恵まれず、このスケール初のキット化となった。現存する機体や実機マニュアルを元に設計されただけあり、その特徴的なスタイルを上手くとらえて立体化している。キットは火星エンジンを搭載した改良型12型だが、護エンジンを装備する最初の生産型11型への発展を考慮して、機首部が別パーツとなっている。蝶型フラップの別パーツ化やコクピット内部の再現、主翼の折り畳み機構(選択式)の再現など見どころの多いキットだ

1/48 SCALE AIRCRAFT MODELS

■JT63　メッサーシュミット Bf109K-4

■JT64　メッサーシュミット Bf109G-10

■JT65　ハリケーン Mk.Ⅰ

■JT66　ハリケーン Mk.ⅡB

■JT67　中島 キ84-Ⅰ 四式戦闘機 疾風

■JT69　中島 A6M2-N 二式水上戦闘機

■JT70　三菱 A6M5 零式艦上戦闘機 52型/52型甲

■JT71　ヘンシェル Hs129B-2

■JT72　三菱 A6M5c 零式艦上戦闘機 52型 丙

■JT73　川西 N1K2-J 局地戦闘機 紫電改 "前期型"

■JT74　川西 N2K2-J 局地戦闘機 紫電改 "後期型"

■JT75　F4U-5N コルセア

■JT77　F4U-7 コルセア "フランス海軍"

■JT76　中島 B5N2 九七式三号艦上攻撃機

■JT78　中島 B5N1 九七式一号艦上攻撃機

■JT79　スピットファイア Mk.Ⅸc

■JT80　中島 キ43 一式戦闘機 隼 Ⅰ型

■JT81　スピットファイア Mk.Ⅷ

■JT82　中島 キ43 一式戦闘機 隼 Ⅱ型 後期型

■JT83　アラド Ar234B-2 "ブリッツ ボマー"

■JT84　中島 C6N1 艦上偵察機 彩雲

■JT86　P-40E ウォーホーク

■JT87　川崎 キ61 三式戦闘機 飛燕 Ⅰ型丙

■JT85　アラド Ar234B-2/N "ナハティガル"

■メッサーシュミット Bf109K-4
●JT63　●1999年発売

ハセガワとしては、Bf109シリーズの最終生産型となったKシリーズ初のキット化であり、K-4型としてはやはり世界初の製品である。新規金型で、ASエンジン装備機とは異なる機首周りや、背の高い垂直尾翼、延長型の尾脚、そして幅広主車輪の採用に伴う大型化された主翼上面のフェアリングなどがパーツ化され、さらにK-4型独自のパーツとして計器盤、コクピット側壁、主車輪カバーもしっかり再現されている。1/48スケールでK-4型を製作するには、2016年現在でも最良かつ最適のキットだろう

■メッサーシュミット Bf109G-10
●JT64　●1999年発売

DB605Dエンジンを搭載し、幅の広いプロペラに大型の垂直尾翼、太い主車輪、主翼上面の長く膨らんだバルジといった特徴を再現し立体化している。全体的にパーツ点数は控えめで、機体左右パーツを貼り合わせた後、先に組み込み済みのコクピットブロックを挟み込める設計になっており塗装の利便性が考慮されている。主翼スラットとフラップは別パーツで用意され、また主翼上面の左右それぞれに1本ずつスジ彫りを追加するよう指示がなされているので製作の際は注意したい

■ハリケーン Mk.Ⅰ
●JT65　●1999年発売

シリーズ初の生産型で、すでに発売されたMk.Ⅱのキットをベースに機首、スピナー、主翼などを新規部品に改めて、本機のハイライトとなったバトル・オブ・ブリテンのデカールをセットしている。バリエーション展開のために機首と主翼付け根部分が別パーツとなっているので、組み立てに際しては隙間などを最小限に抑えるよう注意したい。コクピットの鋼管フレームや、胴体後半部の羽布張り部分表現なども見所のひとつだ

■ハリケーン Mk.ⅡB
●JT66　●1999年発売

各派生型を合わせるとシリーズ最多生産型で、プロペラと主翼の武装を改め爆弾部品を追加することでMk.ⅡBを再現している。主翼に7.7mm機銃を12挺装備したのが特徴で、総じて組み立てはたやすく、鋼管フレームを収めたコクピットもスケールに見合ったものだ。デカールはイギリス空軍 第274中隊所属機とイギリス空軍 第402(Canada)中隊の二種が付属。このほかにも1/48ハリケーンの限定版としてMk.Ⅰ Trop、ルーマニア空軍、南アフリカ空軍、フィンランド空軍仕様など非常に多くのバージョンが限定発売されている

■中島 キ84-Ⅰ 四式戦闘機 疾風
●JT67　●1999年発売

日本陸軍の戦闘機として有終の美を飾った機体だけに、様々なメーカーからリリースされている。しかしそれらいずれも古く、このハセガワのキットには多くのモデラーから期待がかけられた。キットはそれを裏切らない内容で、外見とディテール、そして表面仕上げが素晴らしく、それまでの同社製キットよりもスジ彫りが深くなっている。このスケールではパーツは多いほうだが各部の合いは問題なく、基本的な工作セオリーを守って作業を進めれば、誰でも充分な作品に仕上げることができる傑作だ

■中島 A6M2-N 二式水上戦闘機
●JT69　●1999年発売

前作である零戦21型のバリエーションキットではあるが、流用されているのはコクピットやエンジン、主翼上面、尾翼とキャノピー程度に過ぎず、胴体と主翼下面、60kg爆弾、そして本機の特徴であるフロートなど大半の部品が新規金型で起こされているので、ほぼまっさらな新作キットである。乗降用のラダー、凸リベットの打たれた専用のドリーがセットされているというのも嬉しい。デカールは暗緑色の第934海軍航空隊所属機と、明灰緑色の神川丸所属機の二種が付属する

■三菱 A6M5 零式艦上戦闘機 52型/52型甲
●JT70　●1999年発売

1982年にリリースされたキットの改定新版であり、甲型とのコンバーチブルとなっているのも嬉しい。主翼フラップは別パーツ、機首の7.7mm機銃部も別パーツとなっているなど、スケールに見合ったディテール再現や上質の表面仕上げ、そして相対的な組み立てやすさなど、やはり一級品だろう。デカールは第302海軍航空隊 赤松貞明少尉搭乗機 (52型甲/ヨD-126)、第653海軍航空隊 空母瑞鳳 小隊長機 (52型/653-131) が付属している

■ヘンシェル Hs129B-2
●JT71　●1999年発売

双発の地上攻撃専用機で、双発機キットとはいいながらもそのサイズは翼幅で29.5cmと、大型の単発戦闘機に毛が生えた程度しかない小柄な機体だ。ドイツ機以外にはあまりなじみがない機体だが、適度なディテールと表面仕上げ、相対的な組み立てやすさなどから同スケールのヘンシェルHs129の決定版といえるキット。コクピットに収まりきるが、エンジンナセル内側に設けられたメーター類や、防弾板付きシートも再現。75mm対戦車砲を搭載した「ヘンシェル Hs129B-3」も限定版として発売されている

■三菱 A6M5c 零式艦上戦闘機 52型 丙
●JT72　●2001年発売

戦闘能力の向上を図ったものの、重量増加に比してエンジン出力の不足で機動性が劣ってしまい、人気が分かれる型式だが、キットは52型をベースに主翼とカウリングを新規金型で製作して丙型を再現している。風防前方の機銃収容部パネルなどに隙間や段差が生じるが、適度なディテールや組み立てやすさなど、充分な仕上がりだろう。デカールは第203海軍航空隊 戦闘第303飛行隊 谷水竹雄上飛曹搭乗機 (鹿児島基地/1945年6月)、第302海軍航空隊所属機 (厚木基地/1945年8月) の2種付属

■川西 N1K2-J 局地戦闘機 紫電改 "前期型"
●JT73　●2000年発売

1/48零戦52型の新版に続いて、1981年にリリースされたキットのリニューアル版。日本海軍最後の生産型戦闘機だけに、これまで各社から同スケールでキットがリリースされているが、有名機だけにいずれも古いものばかりで、このキットと比べるのは酷だろう。表面仕上げは素晴らしく、コクピットなどのディテールも秀逸で各部の合いもよい。ただし後期生産機への発展のため尾部がコマ替えになっている。またフラップも別パーツだが、閉状態では少々隙間が出てしまうのでこれまた注意が必要だ

■川西 N1K2-J 局地戦闘機 紫電改 "後期型"
●JT74　●2000年発売

既発売の前期型モデルをベースとして、小さくなった垂直安定板と主翼下面の金型をコマ替えで再現し商品化したバリエーションキット。特徴である自動空戦フラップは上げ／下げ状態を選択可能。翼端灯、尾灯は削り取りクリアパーツへと変更可能。デカールは第343海軍航空隊・戦闘第701飛行隊長、鷲塚孝大尉乗機(1945年4月鹿屋基地)と第343海軍航空隊・戦闘第407飛行隊長、林喜重大尉乗機(1945年4月)から選択可能となっている

■F4U-5N コルセア
●JT75　●2000年発売

戦後型コルセアの決定版との呼び名も高い一品。実機は夜戦用の四角い消焔排気管、フラッシュハイダー、防焔フィンを装備しAN/APS-18レーダーを搭載している。ハセガワの1/48キットは完全新金型でオムスビ型機首の5N型を立体化。大変良好なプロポーションで機首形状も申しぶんなし。フラップを別パーツ化し、下げ状態としている。デカールは朝鮮戦争で5機撃墜、エースとなった第3混成飛行隊D分遣隊ガイ・P・ボーデロン大尉搭乗機を再現したものと他1機分が付属する

■中島 B5N2 九七式三号艦上攻撃機
●JT76　●2000年発売

真珠湾攻撃で雷撃・水平爆撃で活躍した九七艦攻を商品化。機内には九六式三号無線機や爆撃照準器、弾倉、コクピット側面などを別パーツで再現し、立体感あふれる仕上がりとしている。主翼フラップは上げ／下げ位置が選択可能。800kg徹甲爆弾×1発が付属する。キャノピーは開閉選択式。空母「赤城」第一次攻撃隊・指揮官機 (真珠湾1941年12月8日)、空母「蒼龍」第一次攻撃隊 (真珠湾1941年12月8日) から選択可能となっている

■F4U-7 コルセア "フランス海軍"
●JT77　●2000年発売

第二次世界大戦後、米国からフランス海軍へ軍事防衛援助計画により供与され94機が生産されたコルセアの最終量産型の機体を商品化。モデルは1956年のスエズ動乱に参戦した機体で、主翼と胴体に描かれた黄色と黒の識別帯はスエズ動乱でエジプト軍と対するイスラエル、イギリス、フランスの機体に描かれたもの。これまでのコルセアファミリーの機体同様フラップはダウン状態で立体化、プロペラ形状も良好、秀作キットと呼ぶに相応しい一品

■中島 B5N1 九七式一号艦上攻撃機
●JT78　●2001年発売

既発売の三号艦上攻撃機をベースとして「光」エンジン搭載、対地爆撃任務に就いた一号艦上攻撃機を立体化。キットは絞り込まれた機首形状、エンジン、形状再現のため左右分割となったエンジンカウルなどが新規金型パーツとして用意される。フラップは上げ／下げ位置の選択式、キャノピーは開閉選択可能。また機体下面に装着される装備は250kg爆弾×2発である。デカールは第3航空隊・空母「瑞鳳」搭載機と横須賀空の2種から選択可能だ

1/48 SCALE AIRCRAFT MODELS

■スピットファイアMk.IXc
●JT79 ●2001年発売

実機はFw190に対抗すべくマーリン60系エンジンを搭載したスピットファイアが必要とされ、既存のMk.Vに換装したMk.IXを配備。キットは主翼に20mm機関砲2門を搭載可能なCタイプ（ユニバーサル・ウイング）を再現。尾翼2種、主脚ホイールはカバー付きとカバー無し2種の計3種、翼端の整形カバーも2種それぞれ選択可能。翼下に爆弾×2発。デカールはイギリス空軍第316中隊(Mk.IX)と同第443中隊(Mk.XVI)の2種から選択可能

■中島 キ43 一式戦闘機 隼 I型
●JT80 ●2001年発売

すでにこのスケールではニチモの傑作キットが存在するが、かなり古い製品ということもありハセガワ製年の登場は広くモデラーに歓迎された。当初から主要型式への発展を考慮しているので、一部パーツは細分化が見られるが組み立ては問題なく進めることができる。ディテールや表面仕上げも素晴らしく、現在隼を製作するならばこのキットがベストだ。闇夜のカラスと称される海軍機とは違い、様々な塗装やマーキングが楽しめるのも魅力だろう

■スピットファイア Mk.VIII
●JT81 ●2001年発売

実機はマーリン60系エンジンを搭載、より汎用性を高めてMk.Vに続く主力戦闘機を目指したが、改良点の多さから生産化に手間取りMk.IXの生産が先行、主力の座を奪われた。キットのパーツ構成はMk.IXcと同じ、垂直尾翼方向舵は標準、主翼端は角形、翼桁は引き込み式といったパーツ類が選択されている。デカールはイギリス空軍第145中隊「ZX-W」(カンヌ1943年11月)と同第43中隊「FT-F」(南フランス1944年8月)が付属

■中島 キ43 一式戦闘機 隼 II型 後期型
●JT82 ●2002年発売

既発売の隼 I型をベースとして胴体、主翼端、エンジンカウルなどを新規パーツで用意したバリエーションキット。モデルは排気管形状、カウルフラップがそれぞれ2種から選択、蝶型フラップは別パーツ、翼下には増槽×2基。I型のエンジンにあった環状潤滑油冷却器は外された。デカールは飛行第54戦隊第2中隊長、北古賀雄吉大尉乗機(1944年6月柏原飛行場幌筵島)、同第3中隊長、奥石久大尉乗機(1944年春 柏原飛行場 幌筵島)の2種が付属する

■アラド Ar234B-2 "ブリッツ ボマー"
●JT83 ●2002年発売

ドイツ航空省の要望でアラド社が開発したジェットエンジン搭載の高速爆撃機を商品化。コクピットは密度感の高い仕上がり。機体下面内部にボーナスパーツとして偵察カメラが付属。胴体下面及び翼下にはSC1000爆弾、増槽×2基に加えヴァルターRi202補助ロケット×2基も装備。デカールは第76爆撃航空団第3飛行隊第8飛行中隊、同フレードリッヒ・ブルップロス曹長機、同第9飛行中隊ヨセフ・レグラー大尉機(冬季迷彩)から選択可能

■中島 C6N1 艦上偵察機 彩雲
●JT84 ●2002年発売

日本海軍最速の偵察機で、そのスタイルに魅せられるモデラーは多いがキットには恵まれず、1/48スケールで初のキット化となった。本機の特徴のひとつでもある前縁スラット、後縁親子フラップは作動状態を再現、胴体下面の偵察窓やカメラもパーツ化するなど、いかにも偵察機然とした特徴をうまくとらえ、日本機らしからぬスマートな機体をシャープな凹モールドで再現している。キャノピーは開状態と閉状態の2種類を用意。デカールは762空11飛行隊と、343空偵4飛行隊(奇兵隊)の2種が付属する

■アラド Ar234B-2/N "ナハティガル"
●JT85 ●2002年発売

Ar234B-2の夜間戦闘機型として開発された機体の立体化。パーツ構成はB-2をベースに機首レーダー、機体後部のレーダー手席、機体下面ガンポッドが新規金型パーツとして追加された。ベースキット同様、コクピット、脚庫扉、着陸脚などパーツの細分化で精緻なディテールを再現。デカールはクルト・ボノヴ中尉搭乗機(オラニーンブルク基地1945年3月)、ヨーゼフ・ビスピング大尉搭乗機(オラニーンブルク基地1945年1〜2月)

■P-40E ウォーホーク
●JT86 ●2005年発売

日本ではその鈍重なスタイルから今ひとつ人気のない機体だが、世界的にはメジャーな機体としてキットの数も多い。その中でも昨今のキットの中では端正な表面仕上げによるディテール、組み立てやすさなどから鑑みて最良のキットである。各型式へのバリエーション展開を考えて各部が分割されているが、組み立ては容易だ。デカールは、アメリカ陸軍第32戦闘航空群第76戦闘飛行隊長 エドワード・F・レクター少佐機、他1機分が付属

■川崎 キ61 三式戦闘機 飛燕 I型丙
●JT87 ●2005年発売

丙型用の短い胴体部分とマウザー砲のパーツを新規金型で用意したバリエーションモデル。パーツ点数は控えめだが、操縦席の方向舵ペダルや油圧操作箱など内壁のディテールも別パーツで再現される。翼下には200リットル増槽×2本付属。デカールは飛行第244戦隊長、小林照彦大尉乗機「295」(調布飛行場1945年1月)、飛行第56戦隊所属機「294」(済州島1944年)、飛行第18戦隊所属機「41」(調布飛行場1944年夏)の3種が選択可能

---

*COLUMN

ある意味全てがレアもの必至！
即ゲット推奨な「定番外」キットの創意工夫

　模型店の棚に並ぶハセガワ製品の数を見てから、同社のウェブサイトに掲載された製品一覧を見ると、「定番品」(=幅広い層から人気があり、常に店頭に並べられるよう継続的に生産され、カタログに掲載され続けている製品)が意外と少ないことに驚く。1/72スケールの飛行機モデルならA〜Eの帯、1/48スケールの飛行機モデルならJTもしくはPTの帯……とそのラインナップは決められており、新製品のほとんどはデカールやカラーリングの変更、一部パーツの追加などで作り出された「バリエーションキット」である。ハセガワはこれらの製品を「限定品」もしくは「定番外」と呼称しており、よほどの人気がない限りは短いスパンでの再販がない、ということをユーザーに伝えている。そんな「定番外」でも新旧各スケールさまざまな形で発売されているのはやはりBf109やFw190、零戦といったメジャー戦闘機のエース仕様機だろう。特定の機体や部隊マークがデカールで再現されるのはもちろん、ときとして作り起こしのレジン製パイロットフィギュアが付属するなどのスペシャルなバージョンが登場する。現用機ではドクロマークで有名な「ジョリーロジャース」や派手なマーキングのCAG機などがこまかく製品化されているし、アメリカ合衆国建国200年を記念したバイセンテニアル塗装のアイテムは機種を問わず人気がある。レジン製の改造パーツを同梱したイスラエル航空宇宙軍仕様の1/72スケール「F-16I」などは後にプラスチックパーツが新規設計で開発され、E帯の定番品に「昇格」するなど、その人気ぶりがうかがえる。また、非常に古く定番から外れたアイテムが突如「定番外」として再販されるのも見逃す訳にはいかない。「定番外」には小変更でバリエーションとなる機体もあれば、過激なモディファイでマニアックな機体を再現するという荒業も見受けられるのが特徴。1/72の「連山イ号誘弾搭載機&震電改本土防衛」といった架空機/架空マーキング大集合セットもあれば、ミステルやツヴィーリンクといった既存キットを合体させて新規パーツを追加するという夢のタッグも。さらには「コンボ」と呼ばれる2機以上のセットもハセガワのお家芸であり、オマケとしてワッペンやパッチといった「プラモデルではないグッズ」が入っているもがあったり……と、とにかく定番外の創意工夫には恐れ入る。繰り返すようだが、「一度見たら二度目はない」というのが定番外の大原則。アンテナをしっかりと張り、お目当てのアイテムはしっかりと手に入れるのが正しいハセガワファンというものだろう。

◀▲「限定品」には上段写真のふたつのようなドイツ空軍のスーパーエースの機体やF-14のバイセンテニアル塗装など、デカールやマーキングを変更したもの、「連山 イ号誘導弾搭載機&震電改」や「Mi-24/35 Mk.3 スーパーハインド」のようにインジェクションプラスチックやレジンキャスト、エッチングパーツなど各種新規パーツの追加で特別仕様を再現したものがある。中には左の「ハインケルHe111Z ツヴィーリング」のようにふたつのキットを合体させたものも。また空自のアグレッサー塗装や戦技競技会での鮮やかな特別塗装も人気のアイテムだ

1/48 SCALE AIRCRAFT MODELS

■JT88　P-40N ウォーホーク

■JT89　川西 N1K1-Ja 局地戦闘機 紫電 11型 甲

■JT90　フォッケウルフ Fw190A-3

■JT91　フォッケウルフ Fw190A-4

■JT92　P-400 エアラコブラ

■JT93　P-39Q/N エアラコブラ

■JT94　フォッケウルフ Fw190A-8

■JT95　川崎 キ45改 二式複座戦闘機 屠龍 丁型

■JT96　三菱 F1M2 零式水上観測機 11型

■JT97　中島 E8N1 九五式一号水上偵察機

■JX1　フォッケウルフ Fw190D-9 "パペガイ シュタッフェル"

■JX2　フォッケウルフ Ta152H-1 "JG301"

■JX3　フォッケウルフ Fw190A-8 "JG5 アイスメアー"

■JX4　フォッケウルフ Fw190A-4 "JG1 エーザウ"

■JX5　フォッケウルフ Fw190A-3 "シュラゲーター"

1/48 SCALE AIRCRAFT MODELS

■P2X　F-4EJ ファントムⅡ "龍" 飛行隊

■P7　F-4F ファントムⅡ

■P8　F-15E ストライクイーグル

■P9　F-15J イーグル

■P10　F-15C イーグル

■P11　F-15D/DJ イーグル

■P15　ブリティッシュ ファントム FG Mk.1（ロイヤル ネイビー）

■P16　ブリティッシュ ファントム FGR Mk.2

■P17　ブリティッシュ ファントム FG Mk.1（イギリス空軍）

■P20　F-14A トムキャット "ウルフパック"

■P23　F-14A プラス トムキャット

■P24　F-18A ホーネット"U.S.ネイビー"

■P25　F-18A ホーネット "USMC"

■V2　サンダーバーズ F-16A

■V1　F-16A プラス ファイティングファルコン

HASEGAWA COMPLETE WORKS | 115

1/48 SCALE AIRCRAFT MODELS

■P-40N ウォーホーク
●JT88　●2005年発売

先行して発売されていた1/48 P-40Eのバリエーション機であり、キットはコクピットのシート、計器盤、照準器、エンジンの排気管、胴体後部、キャノピーといったパーツが新規金型で用意される。着陸脚のホイール形状は2種付属、227kg爆弾か増槽を選択式で搭載可能。マーキングはアメリカ陸軍航空隊第15戦闘航空群第45戦闘飛行隊ブルース・キャンベル中尉乗機(1943年12月)、同第49戦闘航空群第8戦闘飛行隊ロバート・H・ホワイト大尉乗機(1943年11月)から選択可能だ

■川西 N1K1-Ja 局地戦闘機 紫電 11型 甲
●JT89　●2005年発売

水上戦闘機「強風」を局地戦闘機にする改造案から誕生した紫電を1/48スケールで初の商品化。通常の水平尾翼に加え、翼端形状が角形だった可能性もあったとの記録から双方のパーツが用意されている。翼端灯、尾灯はクリアパーツも用意されており、使用する際はパーツの一部をカットする工程が必要となる。マーキングは第201海軍航空隊(フィリピン・ルソン島1944年末)、谷田部海軍航空隊(筑波基地1945年)、試製紫電・海軍航空技術廠・飛行実験部(横須賀1944年12月)の3種が付属

■フォッケウルフ Fw190A-3
●JT90　●2005年発売

1995年に発売された品番JX5 Fw190A-3の胴体パーツを利用して、全パーツの70%ほどに相当する主翼、水平尾翼、エンジン、コクピット、プロペラ、増槽、キャノピーといった部分をすべて新規金型パーツで置き換えたキット。主翼エルロンや垂直尾翼のディテールはA-3型の特徴を正確に表している。操縦席計器盤は精緻な彫刻が施されるがデカールも用意される。マーキングはStabⅢ./JG2ハンス"アッシ"ハーン大尉乗機「223」(フランス1942年)と、8./JG2所属機「黒の13」(フランス1942年)が付属

■フォッケウルフ Fw190A-4
●JT91　●2006年発売

従来製品のバリエーションモデルとして商品化されたキット。A-4型用の主翼エルロンとA-4後期用の機首エア抜きパーツが新規に用意されている以外はA-3型のパーツ構成から大きな変更はない。精密な内部構造の再現ではなく、組み立てやすく確実なパーツの組み付けを念頭に置いた設計がなされているのが特徴のキットだ。デカールはハンネス・トラウトロフト少佐機(ロシア1942～43年冬)、フベルトゥス・フォン・ボニン少佐機(エストニア1943年)の2種から選択可能となっている

■P-400 エアラコブラ
●JT92　●2006年発売

イギリス空軍への輸出用に用意されたもののキャンセルされ、のちにアメリカ陸軍が引き取ることになった際、P-400の名称が与えられた機体。37mmモーターカノンから換装されたM1 20mm機関砲、排気管、プロペラなど形状の異なるパーツが専用部品で用意されている。付属のデカールは第67戦闘飛行隊所属機(ガダルカナル1942年)、第35戦闘飛行隊ユージーン・ウォール中尉機(ニューギニア1942年)の2種類

■P-39Q/N エアラコブラ
●JT93　●2006年発売

エンジンを機体の中心付近に配置、慣性モーメントの低減と運動性の向上を目指したという特徴的な設計の機体。キットはN型／Q型の選択式、機首上面や主翼下部パネル等ディテールの差異も再現し、またコクピット左右の搭乗ドアも開閉選択式。デカールはQ型がクランス・"バド"・アンダーソン中尉機(カリフォルニア1943年)、エドワード・S・チカーリング中佐機(カリフォルニア1943年)、N型がビル・フィドラー中尉機(ガダルカナル1943年)の3種が付属する

■フォッケウルフ Fw190A-8
●JT94　●2007年発売

それまでのトライマスター製キットとは異なり、完全なハセガワの自社開発による新規金型キットで、以前発売された1/32キットのスケールダウン的な雰囲気に仕上がっている。同社の1/48キットとしては部品点数も多く、しかも各型への発展のための機首などが別パーツとなっているが、各部の合いはよく組み立ては簡単だろう。このスケールのFw190ではすでにタミヤ、そして後発のエデュアルドが存在するが、相対的にはこのキットがベストだろう

■川崎 キ45改 二式複座戦闘機 屠龍 丁型
●JT95　●2008年発売

この屠龍をもってハセガワの1/48シリーズで日本陸軍の戦闘機が全て揃うこととなった。限定キットとしていずれもTX40給油車が付属した甲型が先に発売され、その後にこの丁型が発売された。胴体内部には主翼を保持するための桁が内蔵され、主翼の上半角もピタリと決まる。また、水平尾翼も簡単に水平を出すことができ、エンジンナセルもダボによって正確に接着できるのもポイントだ。コクピット内や主翼の脚収納庫内部も精密なディテールが詰め込まれており、近年のハセガワ製キットとして遜色のない出来である

■三菱 F1M2 零式水上観測機 11型
●JT96　●2009年発売

最新の考証と成型技術をつぎ込んで設計された零観の決定版的キットである。研究が進んだことで判明した後席の水しぶき避け風防は収納状態と展開状態の2種類のパーツで再現され、主翼や胴体のディテールも非常にシャープと、いかにも現行のキットらしい内容だ。主翼は展開した状態でパーツになっており、カウリングは後期型のものが付属している。プロペラは3枚が一体で成型されており、スピナーを外した状態も再現可能。搭載兵装として両翼下の60kg爆弾が付属し、さらに陸上用のドーリーもセットされている

■中島 E8N1 九五式一号水上偵察機
●JT97　●2015年発売

1/48日本軍機の最新作がこの九五水偵。羽布張りと金属部分を組み合わせた機体のため、各部のモールドで質感の差を表現。上翼と下翼の内部にはリブが設けられており、薄いパーツながら完成後の強度にも気を配った設計となっている。形状を正確に再現するため翼の前後縁と同様に3分割で再現され、内部のエンジンも細かく再現されている。形状を正確に再現するためメインフロートは上下に分割され、垂直尾翼のラダー部分は別パーツになっている。竹一郎氏原型製作の精巧なパイロットのフィギュアが2体付属しているのも魅力のキットだ

■フォッケウルフ Fw190D-9 "パペガイ シュタッフェル"
●JX1　●1994年発売

このキットはハセガワのオリジナルではなく、新興メーカーのトライマスターがリリースしたキットで、後に同社が営業を停止した際に金型がドラゴンに渡り、ハセガワブランドとして流通されたものだ。このため表面仕上げやデカールなどハセガワのキットとはかなりイメージが異なるが、スジ彫りのパネルラインやメタルパーツを用いたディテール再現などキットとしては素晴らしい。ただし、細分化されたパーツの金型技術的な問題から、部分的に隙間や段差が生じやすいので製作の際には注意が必要だ

■フォッケウルフ Ta152H-1 "JG301"
●JX2　●1994年発売

このキットもまた、旧トライマスターの製品で、1/48スケール初となるTa152Hのキットとしてリリースされ、ドイツ機ファンを大いに沸かせた。外観やディテール、そして詳細なスジ彫りで再現されたパネルラインなどは間違いなしに一級品といえる。エンジンもパーツ化されており、一部パーツを切り取ることで、エンジンカバーを開けた状態で組むこと可能。シートベルトやアンテナ類、コクピット後方のパネルなどはエッチングパーツが付属する

■フォッケウルフ Fw190A-8 "JG5 アイスメアー"
●JX3　●1994年発売

前作Fw190D-9のキットをベースに胴体やカウリングなどを新規金型で起こし、主翼にも追加パーツを加えることでA-8型を再現している。バリエーション展開や再現性のためパーツがかなり細分化されており、各部の合いは少々悪く、完成させるにはテクニックが必要である。なお現在これらの製品はドラゴンからメタルパーツがインジェクションプラスチックパーツに換わったバージョンとして発売されている

■フォッケウルフ Fw190A-4 "JG1 エーザウ"
●JX4　●1994年発売

トライマスター製A-8型のバリエーションとして、ハセガワが胴体を金型改修して換えることで、機首の短いA-4型を再現している。デカールは第1戦闘航空団 第1飛行隊 ハンス・エーラーズ少佐機、第2戦闘航空団 第9中隊長 ヨーゼフ・ヴュルムヘラー中尉機、第54戦闘航空団 司令官 ハンネス・トラウトロフト少佐機の選択式。ハセガワ製の新金型による胴体はともかく、トライマスター製のキットとして、外観の再現性は素晴らしいのだが、組み立てには少々テクニックが必要である

■フォッケウルフ Fw190A-3 "シュラゲーター"
●JX5　●1995年発売

ハセガワのオリジナルではなく、以前リリースされたトライマスター製のキットに新規デカールとハセガワ製胴体部品を加えて、機首の短いA-3型を再現している。デカールは第26戦闘航空団 本部小隊 ロルフ・ヘルミッヘン大尉機、第2戦闘航空団 第7中隊所属機、第26戦闘航空団 第Ⅲ飛行隊司令官 ヨーゼフ・プリラー大尉機の選択式

HASEGAWA CO

■F-4EJ ファントムⅡ "龍" 飛行隊
- P2X ● 1983年発売

現在はF-15Jに改変されて小松基地に展開する、第303飛行隊がF-4EJを運用していた頃の記念マーキング機を、新たに製作されたデカールで再現している。黒で塗られた垂直尾翼と特大のエンブレム、そして胴体を走る3色のストライプと、派手なマーキングに仕上げられている。発売から年月が経ってしまったのでどうしても金型がくたびれており、パーツの表面の荒れやパーツの合いのずれなどが散見されるので、そのあたりは丁寧に修正を加えてやりたい

■F-4F ファントムⅡ
- P7 ● 1984年発売

西ドイツ (当時) 空軍向けの機体で、当初後席を残しながらもレーダー操作員を降ろしてパイロット1名のみで運用する単座型として本機を考えていた。しかしのちに複座型のままとすることになり、このため後席のレイアウトはオリジナルと結構異なることになるのだが、キットは無視され通常の空軍型仕様のままとなっている。キットはスラット装着後のF-4Eと同じもので、デカールが第71戦術航空団 "リヒトホーフェン" に改められているのが相違点だ

■F-15E ストライクイーグル
- P8 ● 1985年発売

ハセガワは1/48 F-15シリーズの第1弾目のキットとしてF-15Dのコクピット後席の計器盤をグラスコクピットに改めF-111の後継として登場したF-15Eを再現している。表面仕上げやディテールなどはまずまずだが、古めのキットなので金型の痛みが目立つきらいがある。実機では機体各部の強度強化などにより、同じ複座型でもE型とD型とは各部に違いが見られるので、そのあたりの差も追加工作してやりたいキットである

■F-15J イーグル
- P9 ● 1986年発売

すでに発売されたキットのデカール替えであり、排気口のアイリスカバーを取り外す前のスタイルでキット化されているので、外した状態とするのは別売パーツを必要とするが、反対に改修以前の装着タイプを製作するにはそのままストレートに用いることができる。ただし現在では当然ながら絶版で、現行のキットは複座型DJパーツとデカールを追加したコンバーチブルキットとして発売されている。もちろんアイリスカバー改修機だ

■F-15C イーグル
- P10 ● 1986年発売

航空自衛隊向けのF-15Jと同様に、アメリカ空軍仕様F-15Cのデカール替えで、当然ながら航空自衛隊向けのJ型と同様でアイリスカバーを装着した旧タイプの排気口がセットされている。胴体と主翼の接合部などに多少ではあるが隙間が生じているものの、これは他のメーカーのキットでも同様で、普通の工作の範疇ではある。後に同スケールの他社製品も登場したが、入手の便や価格から1/48スケールではお勧めのキットである事には違いない

■F-15D/DJ イーグル
- P11 ● 1986年発売

既に発売されているF-15Eのキットをベースに、側面のコンフォーマルタンクなどの専用パーツを省き、各部のアンテナや計器盤などを新規に起こしたもので、実機の発展とは逆の形となる。デカールはアメリカ空軍第36戦術戦闘航空団 第53戦術戦闘飛行隊 1982年タイガーミート参加機、航空自衛隊第7航空団 第204飛行隊(百里基地)の2種が付属した。最近のキットでは単座型の機首なども同梱された、コンバーチブルキットとなっている

■ブリティッシュ ファントム FG Mk.1 (ロイヤル ネイビー)
- P15 ● 1988年発売

旧式化したシーヴィクセンFAW.2の後継機としてイギリス海軍はF-4Jの導入を決めたが、その際にエンジンなどを国産に換えたため、大型化されたインテイクと胴体などの変化を生じた。このためキットは翼周りをJ型から流用しているが、胴体やインテイク、主翼上面、排気口などを新規金型で製作し、ソフトメタル製の車輪ハブやラバー製のタイヤもセットされている。このスケールでは唯一のキットだが、現在はスポット生産のみとなり入手は難しいようだ

■ブリティッシュ ファントム FGR Mk.2
- P16 ● 1988年発売

イギリス向けファントムⅡの空軍バージョンで、基本的には海軍型FG Mk.1と同じだが、スロットなしスタビレーターやカメラのフェアリング、ガンポッドなどが追加され、姿または同じカタパルトフックなども正しく再現されている。アメリカのJ型とは異なるそのスタイルを1/48スケールで再現できる唯一のキットであり貴重。J型と同様に、数多い塗装とマーキングもこのキットの魅力だ

■ブリティッシュ ファントム FG Mk.1 (イギリス空軍)
- P17 ● 1989年発売

アメリカ海軍のF-4Jをベースに、胴体と主翼、排気口、そしてインテイク、インテイクベーンなどを新規金型で製作することで、エンジンを換装した仕様を再現している。この他、RHAWフェアリングや、偵察ポッドとガンポッドなどイギリス独自の装備も再現されており、オリジナルのF-4Jとは一味異なるスタイルを楽しめる。呼称からもわかるように海軍から空軍に移管された機体で、デカールさえ入手できればオリジナルのイギリス海軍型として製作することも可能だ

■F-14A トムキャット "ウルフパック"
- P20 ● 1989年発売

シスタースコードロンのVF-2とともにF-14A初の飛行隊となったアメリカ海軍第1戦闘飛行隊 "ウルフパック" を、飛行隊色である赤を用いた胴体と尾翼のマーキングが大判デカールで再現された、デカール替えキット。機首下のアンテナが選択式となっており、VF-2 トップハッターズ、VF-32 スウォーズメンのデカールもセットされている。

■F-14A プラス トムキャット
- P23 ● 1991年発売

F-14Aのエンジンをプラット・アンド・ホイットニーTF30-P-412/414から、ゼネラル・エレクトリックF110-GE-400に換装したF-14Aプラス仕様をモデライズしたキット。エンジン換装によって変化したノズル部分のほか、Aプラス仕様の変更点を新規パーツにて再現した。ソフトメタル製のホイールや、コクピット周辺のエッチングパーツ、ラバー製のタイヤパーツはF-14Aのキットと変わらず、こちらにもセットされている

■F-18A ホーネット "U.S.ネイビー"
- P24 ● 1991年発売

旧式化したF-4とA-7の両機を、1機種で代替することを目的に開発された戦闘攻撃機の旗手として登場した最初の生産型であるA型を再現したキット。機体全面にはシャープなスジ彫りがされた、主翼、垂直尾翼などの動翼はすべて作動状態が再現可能だ。脚庫のディテールも秀逸だ。脚柱はメタル製でコクピットにはエッチングパーツが付属するなど非常に豪華な内容となった。1991年の発売時には、ホーネットの全スケールキット中、最高の出来と称された

■F-18A ホーネット "USMC"
- P25 ● 1992年発売

先に発売されたアメリカ海軍仕様の1/48スケール「F-18A ホーネット」(まだ商品名にはF/A-18表記では無くF-18表記なところに時代を感じる) に遅れる事数ヶ月、1992年に海兵隊バージョンとして発売されたもの。キット自体は「F-18A "U.S.ネイビー"」と同じく、メタルパーツやエッチングパーツを同梱した仕様で、ほぼ同じ内容となっているが、デカールのみを新規に作ることで、海兵隊所属機としている。デカールはVMFA-312、531、333、の3機分が付属した

■F-16A プラス ファイティングファルコン
- V1 ● 1987年発売

1983年にリリースされた初版のF-16Aのキットをベースに、大型の水平尾翼などのパーツを新規金型で起こして、当時配備が開始されて間もないF-16Aプラス仕様としたキット。韓国の第8戦術戦闘航空団のF-16Aが、この仕様で日本にも飛来していたことで知名度も高く、オリジナルのA型とプラス仕様を製作するには、このキットしかないというのが実情だ。古いキットなので今の目で見ると少々見劣りする箇所もあるが、当時としては充分な出来と言えるだろう

■サンダーバーズ F-16A
- V2 ● 1989年発売

1/72キットと同様に、A型のブロック15仕様機のデカールをサンダーバーズ仕様に改めたもので、デカールは1/72キットでも結構大きいものだったが、当然ながらさらに大サイズとなった。成形色は白となっているため、コクピットや車輪を塗り分け後、デカールを貼って表面のコートをするだけでも充分にサンダーバーズ仕様のF-16を手にすることができた。ほかに1/48のサンダーバーズ仕様のキットとして2009年のサンダーバーズ来日時や、2010年バージョンの塗装を再現できるデカールが付属する限定版 (両方ともF-16C) も発売されている

1/48 SCALE AIRCRAFT MODELS

■V3　F-16C ファイティングファルコン

■V4　F-16C ブロック30（三沢）

■V5　F-16B プラス ファイティングファルコン

■V6　F-16D ファイティングファルコン

■V7　F-16N トップガン

■V8　F-16C ナイト ファルコン

■V9　F-16A プラス ファイティングファルコン "ノルウェー空軍"

■V10　F-16CJ（ブロック50）ファイティングファルコン

■U6　ヒューズ 500MD ディフェンダー

■U7　ヒューズ 500MD ASW

■U8　ヒューズ 500D CHP

■T1　ダッソー ブレゲー ファルコン10

■T2　セスナ サイテーションⅠ（セスナ500）

■T3　ゲイツ リアジェット 35/36

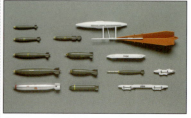
■X48-1　エアクラフトウェポンA

118　HASEGAWA COMPLETE WORKS

1/48 SCALE AIRCRAFT MODELS

■X48-2　エアクラフトウェポンB

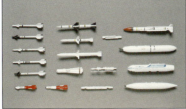
■X48-3　エアクラフトウェポンC

■X48-4　U.S.グランドクルーセットA

■X48-5　アメリカ空軍 パイロット/グランドクルーセットB

■X48-6　アメリカ海軍 パイロット/デッキクルーセットA

■X48-7　W.W.Ⅱパイロット フィギュアセット（日・独・米・英）

■X48-8　U.S.エアクラフトウェポンD

■X48-9　ドイツ空軍 パイロット＆装備品セット W.W.Ⅱ

■X48-10　航空自衛隊 ウェポンセットA

■X48-11　フォロー ミー ジープ

■X48-12　ジープ ウィリス MB

■X48-13　BMW 327（女性フィギュア付）

■X48-14　いすゞTX40型 給油車

■X48-15　いすゞTX40型 九七式自動貨車

■X48-16　九七式側車付自動二輪車（2台セット）

■X48-17　U.S.エアクラフトウェポンE

■X48-21　T-3 Jr.セット

■X48-22　ブルーインパルスJr.セット

HASEGAWA COMPLETE WORKS　119

1/48 SCALE AIRCRAFT MODELS

■F-16C ファイティングファルコン
● V3 ●1987年発売

今でこそより正確な外観と詳細な表面仕上げ、そして限界ともいえるディテール表現のタミヤ製キットが登場しているが、それまでは本キットがC型ではベストの存在だった。C型はA型と一部パネルラインが変更されているが、キットでも完全ではないもののそれらしく再現されている。翼関係や主計器盤以外の細部パーツはA型を流用しているが、実機もほぼ同様なので問題ない。組み立ても容易で、キット自体の素性も良いので脚収納庫をディテールアップするだけでも見違える出来になる

■F-16C ブロック30(三沢)
● V4 ●1988年発売

現在ではF110エンジンを搭載して、インテイクも拡大されたブロック50を運用する三沢基地の第35戦闘航空団が、配属された当初に装備していたブロック30型を再現している。オリジナルのF100エンジンを装備して、日本と三沢を合わせたテイルコードMJでキットを製作することができるのはありがたい。一部のパネルラインがわずかではあるが実機と異なるものの、C型完成当時の姿を製作可能なキットとしての価値はあり、やはり傑作キットだ

■F-16B プラス ファイティングファルコン
● V5 ●1989年発売

既にリリースされているA型ブロック15に対応する複座型で、胴体上面とコクピット、そしてキャノピーを新規金型で起こして再現している。他メーカーからもこのスケールで複座のB型がリリースされているが、本キットは比較的古い製品であるにもかかわらず、それらのキットと比べても引けを取らないどころか勝っており、現時点におけるF-16B製作において唯一の選択肢であろう

■F-16D ファイティングファルコン
● V6 ●1989年発売

F-16C ブロック30をベースに、複座型の胴体上面部品とキャノピーをセットし、D型としたものだ。他社からも同スケールのF-16のキットが多く発売されているが、アメリカ空軍向けの複座型を製作可能なのはハセガワのキットしかなく、貴重な存在だ。ディテールの追加工作など各部に手を加えれば、現在でも充分満足のいくキットだろう

■F-16N トップガン
● V7 ●1991年発売

1/72キットと同様、F-16C ブロック30のキットに異機種戦闘訓練に際して仮想敵役を演じるトップガンなどの専用デカールを追加したものだ。このため製作点数などは以前のキットと変わらず、そのままの形でアグレッサー仕様のN型を製作できるのはこのキットだけだ。「アメリカ海軍 第126戦闘飛行隊 "バンディット"」、「アメリカ海軍 戦闘兵器学校 トップガン」を再現するデカールが付属する。キット自体の仕上がりもよく、コレクションに加えたいキットではあるが、残念ながら1/72とは違って現在絶版となっている

■F-16C ナイト ファルコン
● V8 ●1991年発売

F-16Cの夜間攻撃能力向上を図ったブロック40/42のキット化で、ブロック52はエンジンをF100からF110に換えたことで、排気口と大型インテイクが導入されたが、キットには以前のエンジンノズルとインテイクしかセットされていないので、ブロック40として製作することになる。ただし主計器盤や拡大型HUD、そして夜間作戦に欠かせない暗視装置LANTIRNポッドなどの専用パーツを新規金型で追加している。残念ながら現在は絶版だ

■F-16A プラス ファイティングファルコン "ノルウェー空軍"
● V9 ●1993年発売

アメリカ空軍と同様に、F-16Aを導入した各国も多段階能力向上計画、いわゆるMSIPをそれぞれ独自に実施しており、ノルウェー空軍ではアメリカ空軍でのブロック15、Aプラスとして大型化された水平尾翼を備えるアメリカ空軍仕様のキットに、新規金型のドラッグシュート付垂直尾翼パーツを追加、専用のデカールをセットしてノルウェー空軍機としている。初版のリリースからかなりの月日を経てはいるが、外見や表面仕上げ、そしてディテールの良さに組みやすさと、今でもA型のキットとしては最良の存在だろう

■F-16CJ (ブロック50) ファイティングファルコン
● V10 ●2000年発売

開口部面積の増えた新型エアインテークのパーツを中心としてブロック50の特徴を再現。胴体後部のエアブレーキは開閉選択式、着座姿勢のパイロット1体付属。メインノズルは6分割されたパーツを円筒形に組み立てることでノズル表裏のディテールを再現。主脚や主脚庫のディテールも秀逸。キャノピーは開閉選択式でラダーも別パーツ化されている。AIM-9Lサイドワインダー×2発、AIM-120B先進型中距離空対空ミサイル×2発、AGM-88HARM高速対電波源ミサイル×2発、300ガロン増加タンク×1基、370ガロン増加タンク×2基が付属

■ヒューズ 500MD ディフェンダー
● U6 ●1982年発売

胴体やローターなどの主要パーツは他のヒューズ500シリーズと同一だが、対戦車攻撃バージョンとして機首左側に設けられた電子照準機材と、左右のTOW対戦車ミサイルの連装ランチャーなどのパーツを、新規金型で起こして差別化を図っている。限定版として「500MDディフェンダー "イスラエル空軍"」(イラストレーター横山 宏氏によるパッケージアート版では横山氏本人による、ディテールアップ解説書付き)や、「OH-6D "陸上自衛隊"」なども発売されている

■ヒューズ 500MD ASW
● U7 ●1987年発売

小型観測ヘリコプターとして誕生した機体を、発展型とはいえ対潜ヘリコプターとして運用していた稀有な存在が台湾海軍であり、その台湾海軍の対潜哨戒ヘリ仕様をモデライズしたのがこの「ヒューズ 500MD ASW」だ。主要パーツは他ヒューズ500の機体と共通するが、機首の捜索レーダーと胴体右側の曳航式MAD、そして胴体下面の対潜魚雷などの専用パーツを新規金型で再現している。キット自体の出来は良く各部の合いも問題がないので、コクピット内などへの追加工作を行なうだけで、後はストレート組みで充分だろう

■ヒューズ 500D CHP
● U8 ●1988年発売

ヒューズ500Dシリーズ唯一の民間バージョンとして、カリフォルニア州警察仕様がセレクトされた。黒と白といういかにも警察らしい配色で、当然ながら武装類は一切ないが、本キットではアメリカのハーレー・ダビットソンの警察バイクとハイウェイパトロールのフィギュアがセットされ、当時としては珍しい存在だった。合いも良好のために組み立てはやすいが、大きな透明窓から内部が丸見えなので機体内部に追加工作を行なうようにしたいところ

■ダッソー ブレゲー ファルコン10
● T1 ●1980年発売

黎明期におけるグライダーを除けば、長らく軍用機をキット化してきたハセガワが、初めて民間機としてキット化したのがこの「ダッソー ブレゲー ファルコン10」である。また意外なことに、同社における初の1/48スケールキットでもある。それまでこのスケールにおける民間ジェット機のキットはほとんどなく、知る限りではICMのリアジェットしかない。例のごとく細かい凸彫りでパネルラインが表現され、キャビン内の座席などはきちんと再現されており、実機の知名度はともかくキット自体の出来は秀作である

■セスナ サイテーションI (セスナ500)
● T2 ●1980年発売

ハセガワの1/48キット第2弾はこれまたビジネスジェットで、サイズと価格が見合うとの判断があったのだろうか、少なくとも日本での知名度は低かったはずの機体が題材となっている。「ダッソー ブレゲー ファルコン10」同様にキャビン内の座席などもちゃんとパーツで用意されており乗降ドアが開閉選択式ということも変わらない。総じて各部の合いはよく、組み立ても簡単で、ストレートに組んでも充分楽しめるキットだ

■ゲイツ リアジェット 35/36
● T3 ●1980年発売

ハセガワの1/48ビジネスジェット機シリーズ第3弾で、おそらく知名度という点では本シリーズ中、一番知られている機体ではなかろうか。前作と同様にキャビン内の隔壁や座席が再現され、乗降ドアが開閉を選択できることも変わらない。パーツの点数も少なくそれぞれ合いもまずまずなので、組み立ては容易だ。ただしこれは他のキットもそうだが、テイルヘビーなので機首に錘を仕込むことだけは忘れないように注意したい

■エアクラフトウェポンA
● X48-1 ●1983年発売

ハセガワでは機体以外の装備品や車両、フィギュアなどをエアクラフト イン アクションシリーズとして展開しているが、その1/48シリーズのNo.1としてラインナップされているのがこの「エアクラフトウェポンA」だ。これまで言っては悪いがおまけとして考えられてきた各種武装類を、体系立ててキット化するというハセガワらしい意気込みを感じる製品。爆弾セットには、Mkシリーズの低抵抗爆弾やスネークアイ、M117、TERとMER、訓練弾ラック、さらには曳航ダートとそのラックなどが納められており、何かと使い出があるキットとなっている

1/48 SCALE AIRCRAFT MODELS

■エアクラフトウェポンB
●X48-2　●1983年発売

「アメリカ特殊爆弾セット」と題されたキット。こちらはベトナム戦においてアメリカ軍が実用化した特殊爆弾や対地攻撃兵装とベイプシリーズと呼ばれる各種精密誘導爆弾のセットである。ブルパップB、C対地ミサイル、AIM-54A空対空ミサイル、各種ECMポッド、レーザー誘導爆弾2種、ロケットランチャーなど、対地攻撃を想定した1/48の機体の製作に際して重宝する兵装類がセットされている。もちろんそれぞれには、専用のデカールも用意され、さらに実感を高めている

■エアクラフトウェポンC
●X48-3　●1989年発売

戦闘機には欠かすことのできない長槍である、空対空ミサイルを中心とするセットで、AIM-9各型とAIM-7、2種類のAIM-4、シュライク、スタンダードなど各型の空対空ミサイル、そしてHARMといったARM、さらにはSUU-23AやGPU-5/Aというガンポッドが3種と、ボリューム感あふれる構成となっている。もちろんデカールもセットされているので、ミサイル各部に描かれたラインやコーションなども再現される。1/48の米軍戦闘機を製作する際には手元においておきたいキットだ

■U.S.グランドクルーセットA
●X48-4　●1987年発売

1/72でのグランドクルーセットと同様に、着座と立ち姿勢のパイロットや、様々なポーズの地上員、そして2輌の支援機材をセットとしたキット。1/48とサイズが大きくなったことでフィギュアの数は1/72よりも減っている。発売から時間が経っているため、現在の目で見ると造形の古さは否めないが、ちゃんと塗装すればそれなりの仕上がりとなるので、このスケールのファンならば充分満足いく内容だ。細かいことを気にしなければ、NATO軍などのフィギュアとしても応用が可能である

■アメリカ空軍 パイロット/グランドクルーセットB
●X48-5　●1990年発売

先に発売された1/72キットのスケールアップ版で、機材類などは付随していなく、様々なポーズのフィギュア18体がセットされている。着座姿勢のパイロットの他、機体に乗り込もうとしているポーズやヘルメットを抱えて立っているポーズ、ヘルメットバッグをぶら下げてギャリソンキャップを被っているものなど、スケールを活かしてパイロットの表現はより細かいものとなっている。またグランドクルーも機体を誘導するポーズや兵装のチェックをする者など、多彩なポージングのフィギュアが揃う

■アメリカ海軍 パイロット/デッキクルーセットA
●X48-6　●1990年発売

このスケールでF-14Aをキット化したことを受けて、アメリカ海軍のデッキクルーが1/48でキット化された。パイロットのジャケットや装備類はちゃんと海軍仕様となっているのが芸が細かい点。さらにアレスティングギア士官、カタパルト要員、プレーンダイレクター、プレーンキャプテンなど、色鮮やかなベストと独特の形状のヘルメットを身につけたデッキクルーのフィギュアなど計14体がセットされる。いずれも記録写真などで多数見かける定番のポーズで立体化されているのもうれしい

■W.W.Ⅱパイロット フィギュアセット（日・独・米・英）
●X48-7　●1998年発売

エアクラフト イン アクション シリーズから唯一の1/48スケール第二次大戦中パイロットフィギュアとしてラインナップされているキット。1/72バージョンのスケールアップ版として発売されたものではあるが、ポーズや服装などは1/72版とはまったく異なったものとなっている。キットの内容は日本陸軍パイロット1体、ドイツ空軍2体、アメリカ軍、イギリス軍のパイロットフィギュア各1体ずつがセットされる。日本陸海軍パイロットのフィギュアがしっかり東洋人の顔に彫刻されているのがすばらしい

■U.S.エアクラフトウェポンD
●X48-8　●2000年発売

アメリカ空、海軍戦闘、攻撃機が装備する、精密誘導爆弾とその誘導ポッドを集めたもの。内容はGBU-31 ジェイダムとGBU-10 ペイブウェイⅡ、GBU-12 ペイブウェイⅡ、GBU-24 ペイブウェイⅢ、AGM-123 スキッパー、AGM-84E スラムなどの各種誘導弾、AN/APX-95 TACTSポッド、AN/AAQ-13 航法ポッド、AN/AAQ-14 ターゲティングポッド、各種ポッド用のラックがそれぞれ複数と、デカールがセットされている。最近の現用アメリカ機製作に際して、欠かすことのできないキットだ

■ドイツ空軍 パイロット&装備品セット W.W.Ⅱ
●X48-9　●2001年発売

1/48スケールで、ラインナップにドイツ機が増えてきたことを受けて、現用機と同様にドイツ空軍に限定したフィギュアと地上員2体に加えて、SC50通常爆弾、SC250通常爆弾、SC250スパイク付き爆弾、SC500通常爆弾といった各種爆弾、W.Gr21.空対空ロケットランチャー2種、SC50スパイク付き爆弾とER-4ラック、さらに燃料用ドラム缶や爆弾運搬ドリー、機銃の弾薬箱などもセットされている。ドイツ機の製作にはこのキットが非常に重宝する一品だ

■航空自衛隊 ウェポンセットA
●X48-10　●2005年発売

先にリリースされた1/72キットのスケールアップ版で、AAM-3とAAM-4空対空ミサイルや、ASM-1、ASM-2対艦ミサイル、レーザー誘導爆弾装着を装着したMk82爆弾、そしてTERは同じだが、1/72にはセットされていなかったCBU-87クラスター爆弾と、CBLS200訓練弾ランチャーが用意され、反対にLAMPS-4ランチャーは除かれている。ASM-2対艦ミサイルのシーカーは1/48らしくクリアーパーツとしているなどなかなかの凝りよう。「F-1」や「F-2A/B」、そして「F-15J/DJ」への搭載には欠かせないアイテムだろう

■フォロー ミー ジープ
●X48-11　●2007年発売

第二次大戦から、飛行場での航空機誘導に多用されたフォローミー ジープのキット化で、ジープの代名詞的な存在であるウイリス社製のMBジープをベースとして、後部助手席への無線機搭載やジェリカンとスコップなどの車外装備品に加え、取り外しが可能な幌の後面にフォローミーのデカールが用意されている。また小さい部品ながら、ボンネットの内部にはちゃんとエンジンが収められており、ダイオラマ仕立てはむろんのこと単体でも充分楽しむことができる秀作だ。地上整備員2体とパイロットフィギュア1体が付属する

■ジープ ウイリス MB
●X48-12　●2007年発売

エアクラフト イン アクションシリーズとして発売されたキットで、「フォロー ミー ジープ」と車体などのパーツは同じもの。ボンネットは取り外しが可能で、中にはしっかりとエンジンが収められている。「フォロー ミー ジープ」と違い幌や無線機などはセットされていないが、車体の中央部に装着する12.7mm M2重機関銃とそのマウント部、ドライバーの陸軍兵士と助手席側の陸軍将校が1体ずつ新規パーツとして付属する。2016年現在は生産休止状態が続いている

■BMW 327（女性フィギュア付）
●X48-13　●2007年発売

連合軍のノルマンディー海岸上陸時に2機のFw190で攻撃を仕掛けたことで知られるヨーゼフ・プリラー中佐。その乗機となったFw190A-5の限定キットに付属していたBMWをバラ売りしたキット。プリラー中佐のフィギュアに換えて竹一郎氏原型の女性と犬のフィギュアをあらたにセットしている。軍用車輌ではなくスポーツカーを1/48スケールで立体化した稀有なキットであり、限定こそ再現されていないもののシャシー下面から見えるエンジン下部や変速機、サスペンションなどが正確に再現されており、異色の傑作だろう

■いすゞTX40型 給油車
●X48-14　●2008年発売

「いすゞTX40型 給油車」は太平洋戦争中に日本の陸、海軍に使用された燃料給油車で、外見や表面仕上げ、そしてディテールともに素晴らしいキットで、2体のフィギュアや消火器とドラム缶、工具箱、2種の車輪止めもセットされ、単体で仕上げるのもよし、キャリカンと組み合わせてダイオラマ仕立ても楽しめ、組み立てやすさも見逃せない。余談だが、このいすゞTX40型給油車、その昔に今井科学から1/144日本機キットにセットしてリリースされたことがあるので往年のモデラーには懐かしい存在なはずだ

■いすゞTX40型 九七式自動貨車
●X48-15　●2008年発売

「いすゞTX40型 九七式自動貨車」は、「いすゞTX40型 給油車」の原型となった貨物トラックで、陸軍からの要求に従って開発され1938年に制式化された。帝国陸海軍から重宝され、各戦線で活躍した日本軍で一番ポピュラーなトラックをキット化。内容は基本的に給油車と同じ仕様だが、シャシーの後方に載せられた燃料タンクに換えて、いかにもトラックらしい荷台と幌が載せられていることが相違点となっている。またフィギュアは、ドライバーとドラム缶を運ぶ整備員に改められ、陸軍と海軍両方のデカールがセットされている

■九七式側車付自動二輪車（2台セット）
●X48-16　●2009年発売

車名を日本語で書かれるとわかりにくいが、要はサイドカー付のオートバイのことだ。手のひらサイズの小型キットのため、車輪のスポークを始めとして各部に若干オーバースケールの感はあるものの雰囲気は充分。独特のスタイルは見事に再現されている。車体2台とフィギュア4体（ドライバー、側車手各2体分）のセット。デカールは陸軍用と海軍用のものが付属する。ボーナスパーツとして戦後の白バイ用仕様のスピーカーが付いてくる。このスケールでは唯一の存在だが、長らく生産休止が続いているのは惜しい

■U.S.エアクラフトウェポンE
●X48-17　●2011年発売

米空軍最新の搭載兵装を完全新金型キットで再現。AIM-9X、AIM-120Cなどの空対空ミサイル、GBU-31(V) 3、GBU-38の精密誘導爆弾、AN/AAQ-28、AN/AAQ-33の2種類のターゲティングポッド、さらにAN/ALQ-184自衛用ジャミングポッド、アグレッサー機用ジャミングポッド、F-16CJ/DJ用のAN/ASQ-213 HTSポッドが付属する。すべて最新の兵装となっているので、近年ラインナップに加わったF-22をはじめF-15、F-14、F-16、F-18、A-10など米軍現用機を製作するためには欠かすことのできない武装セットとなっている

■T-3 Jr.セット
●X48-21　●2006年発売

ブルーインパルスの華麗なる演技とともに、航空自衛隊静浜基地で6台のオートバイに隊員の手で自作されたT-3を模してディフォルメしたボディーを載せ、地上員たちによる地上での演技を披露するT-3Jr.チーム。そのキットがエアクラフトインアクションシリーズのひとつとして発売された。遊び感にあふれており、実車同様に元となった車両にはもちろん「ホンダDio」と専用のボディ3機分が、そしてパイロットならぬライダーのセットとなっている。2セット購入するとフル編成の仕様として完成させることができる

■ブルーインパルスJr.セット
●X48-22　●2006年発売

こちらも「T-3Jr.セット」と同様にエアクラフトインアクションシリーズのひとつ。ブルーインパルスJr.のキット。ブルーインパルスJr.は航空自衛隊松島基地をホームベースとしており、ブルーインパルスとともに各地の基地祭に遠征し巧みな地上演技を披露するチーム。キットはT-3Jr.と同じ「ホンダDio」とディフォルメされたT-4のボディとブルーインパルスのカラーリングをデカールで再現しており、当然ライダーも3名がセットされている。こちらも6名編成が標準なので、フルに揃えるには2セットが必要となる

1/32 SCALE AIRCRAFT MODELS

■ST1　メッサーシュミット Bf109E

■ST2　スピットファイア Mk.Vb

■ST3　中島 一式戦闘機 隼

■ST4　三菱 零式艦上戦闘機 52型 丙

■ST5　P-51D ムスタング

■ST6　フォッケウルフ Fw190A

■ST7　F6F-3/5 ヘルキャット

■ST8　Fi156C シュトルヒ

■ST9　F-104J スターファイター "204SQ. 20th アニバーサリー"

■ST10　F-86F-40 セイバー

■ST11　F-104G/S "ワールド スターファイター"

■ST13　A-4E/F スカイホーク

■ST12　F-5E タイガーII "アグレッサー"

■ST14　スピットファイア Mk.I

■ST15　フォッケウルフ Fw190F-8

■ST16　F-5E タイガーⅡ シャークノーズ

■ST17　メッサーシュミット Bf109G-6

■ST18　メッサーシュミット Bf109G-14

■ST19　フォッケウルフ Fw190D-9

■ST20　メッサーシュミット Bf109K-4

■ST21　フォッケウルフ Fw190A-8

■ST22　メッサーシュミットBf109G-10

■ST23　フォッケウルフ Fw190A-5

1/32 スケール 航空機

■メッサーシュミット Bf109E
●ST1　●1972年発売

'70年代初頭の世界的な1/32飛行機キットのブームを受けたタイミングで発売された一作。1/32スケールでは初のE型であり、この時点で先にリリースされていたBf109はレベルのF型のみだったため、異なるタイプが発売されたのはありがたい。初版では型式が表記されていなかった。パネルラインは凸モールドでの表現。リベットも凸モールドなのは発売時期を考えると妥当であろう。後にマッチボックスから1/32のE型が発売されるまで、このスケールでは唯一の製品だった

■スピットファイア Mk.Vb
●ST2　●1978年発売

大戦時におけるイギリスの代表的戦闘機だけに、ハセガワもやはりこのスケールで避けるわけにはいかなかったのであろう。初期生産型の代表ともいえるV型でb武装翼仕様をセレクトしているが、大きく張り出した熱帯用フィルターと2種の翼端がセットされたコンバーチブルキットでもある。当時の他のキットと同じくパネルラインは凸モールドとなっているが、ディテールも以前より向上しているので、ストレートに組んでも充分な仕上がりとなる

■中島 一式戦闘機 隼
●ST3　●1974年発売

海軍の零戦と並び、言わずと知れた陸軍の代表的戦闘機である。このスケールでは初のキットであり、また現在に至るまで唯一の1/32 隼のキットとなっている。形式はエンジンを強化型に換装したⅡ型だが、機首のパーツを一部変更することで甲型の前/後期生産型を選択することが可能だ。基本的には'70年代のハセガワ製1/32キットに準じる仕上がりで、全体に打たれた詳細なリベットなどからはスケールに準じた精密感が感じられる

■三菱 零式艦上戦闘機 52型 丙
●ST4　●1978年発売

ハセガワがこのスケールに取り組んだ際、最初のキットが本製品だと思っているモデラーも多いようだが、実は違うのだ。キットの設計に際しては防衛研究所に保管されている三菱製の零戦の図面を参考にし、すこしでも実機に近づけようという努力がなされた。この初回版1/32零戦は2013年に復刻再生産が行われたが、2016年現在では新金型の1/32零戦52型 丙が発売されている

■P-51D ムスタング
●ST5　●1972年発売

大戦に登場した最良の戦闘機として名高い機体ゆえに、1/32キットのラインナップとしては避けて通れないネタであったのだろう。機体の全面にはリベットの凸モールドが打たれており、クラシックな飛行機模型らしい雰囲気となっている。また機首にはエンジンが内蔵され、シンプルながら翼内機銃の機関部と給弾機構が再現されるなど、1/32らしい気合の入ったキット構成だった。ムスタングらしく多彩なマーキングを再現したバリエーションキットが数種類限定発売されている

■フォッケウルフ Fw190A
●ST6　●1970年発売

レベルが1/32キットを次々と開発するのに触発されてか、ハセガワが初めてこのスケールに乗り出しリリースしたのがこのキットである。1/72スケールと同様、1/32スケールでも外見の再現より組みやすさに主眼を置いているが、当時はディテールを重視しており、エンジンなどの再現性は高かった製品になっていなかったが、キット付属のデカールがハインリヒ・ベールの乗機で機番が23番ということからA-7となるが、これはA-8と外観は同じなのでまずは妥当だろう。

■F6F-3/5 ヘルキャット
●ST7　●1972年発売

このスケールでは初のF6Fのキットである。スジ彫りのパネルラインと凹彫りのリベットがモールドされている現代的なキットで、外観もF6Fのゴツい雰囲気をよく再現している。また機首のエンジンはシリンダーをひとつずつ合計18個取り付ける設計で、さらに複雑に曲がった排気管も全て別部品で再現されるという非常に凝ったものだった。後には主翼に取り付けられたレーダーも再現した夜戦タイプの5N型も発売されている

■Fi156C シュトルヒ
●ST8　●1979年発売

それまで手のひらサイズの1/72スケールしかキットがなかった機体を、いきなり1/32という大スケールでリリースしたことには驚いた。高いSTOL性を得るために採用された細長い主翼は45cm弱と大きく、そのスタイルとともに目立つ存在ではある。外見は無論のこと、羽布張りの表現や詳細なディテールなど同社の1/32キットの中でも出色の製品である。この機体を愛用したロンメルの搭乗機やグランサッソでのムッソリーニ救出作戦で活躍した機体などが限定品として販売されている

■F-104J スターファイター "204SQ. 20th アニバーサリー"
●ST9　●1975年発売

F-104としてはこのスケール初のキット化で、技術的にも向上が進んできた頃にリリースされた。モールドこそ凸モールドではあるが随所のリベットもスケールに見合った仕上がりである。1/72スケールと同様1/32でもF-104は航空自衛隊、アメリカ空軍、そしてその他の国々での運用機とバリエーションが展開された。特にドイツ海軍仕様の機体は専用のデカールをセットしたものがバリエーションとして発売されている

■F-86F-40 セイバー
●ST10　●1974年発売

ながらくこのスケールでは唯一のF-86として親しまれてきたキット。後にキネティックからも1/32のF-86が発売されたが、航空自衛隊の主力であった40型を製作しようと思うと、現在でもこのハセガワのキットしか選択肢がない。リベットの密度など全体の雰囲気はよく、時代を感じさせるところもあるが、同時代のハセガワの1/32キットの中では頭ひとつ抜けた存在である。またバリエーションとしてブルーインパルスのマーキングを再現したキットも限定発売された

■F-104G/S ワールド スターファイター
●ST11　●1973年発売

J/G型として初版が発売されたF-104。続いて発売されたのが、F-104を運用した各国でのマーキングを再現したこのキットである。パネルラインは凸モールドで、ガンパネル内部のバルカン砲やエアブレーキの内側など1/32らしい随所のディテールは先行したJ/G型ゆずりである。デカールはイタリア空軍 第5航空団 第23飛行中隊、台湾空軍 第3大隊 第7中隊、スペイン空軍 第104飛行隊と、バラエティに富んだ各国のものが付属している

■F-5E タイガーⅡ "アグレッサー"
●ST12　●1987年発売

海外供与向けの廉価版軽戦闘機として開発されたF-5Aの発展型で、もちろんこのスケール初のキット化でもある。もともとが小柄な機体のため、このスケールでも翼幅は25cm強と、1/72双発ジェット戦闘機と大差ないサイズだ。このスケールのキットとしては組み立てもたやすく、塗装のバリエーションが数多い。後には米軍以外にもスイスのアクロチーム「パトルイユスイス」のマーキングを再現したキットや、台湾空軍のマーキングをセットしたキットなどが限定発売されている

■A-4E/F スカイホーク
●ST13　●1976年発売

F-104Jに続く久々の1/32キットで、それまでの製品ではエンジンが再現されたり、ガンベイ内部が用意されていたりというギミックが存在したが、このキットはそれらのギミックを廃して外見の再現のみに傾注したのが特徴だ。このスケールのA-4キットとしては、1/32大戦時の双発爆撃機以下のサイズに加えて、各部の合いも良好なので、このスケールの入門キットとしても最適だろう。センターポッドとランチャーをメタルパーツで再現した、トップガンの運用する仮想敵機仕様の機体を再現したキットも限定品として発売された

■スピットファイア Mk.Ⅰ
●ST14　●2001年発売

キットは従来製品であるMk.Vbの機体パーツに、主翼部などを新規で追加したバリエーションキット。そのため凸モールドと凹モールドが混在するものとなっている。主翼と胴体に若干の段差が発生するので要注意だ。着座姿勢のパイロットフィギュア付属、コクピットの乗降ドアは開閉選択式。デカールはイギリス空軍・第74中隊アドルフ・G・マラン大尉搭乗機(1940年5,6月)と同第54中隊アラン・ディーア少尉搭乗機(1940年5月)が付属する

■フォッケウルフ Fw190F-8
●ST15 ●2001年発売

先行して発売されていたFw190のバリエーションキット。実機はA-8型を元にした戦闘爆撃型で、機首の機関銃が13mm機銃に変更され、主翼下面や胴体下の爆弾ラックが変更/追加されたものである。キットでは機銃の変更によって大型化した機首のバルジや胴体下面に増設された爆弾ラックとSC250爆弾をパーツ追加によって再現。デカールは所属不明の部隊のものがひとつと、第2地上襲撃航空団 第1飛行隊所属機のものが付属していた。現在は生産休止中

■F-5E タイガーⅡ シャークノーズ
●ST16 ●2001年発売

すでに発売されていた1/32スケールのF-5のデカール替えキット。機首部分が"シャークノーズ"と呼ばれる扁平な形状のものに変更され、アメリカ海軍の仮想敵部隊であるVFC-13のマーキングが付属する。また主翼前縁の部品も新規に付属した。このキットは元々番外のアイテムとして登場したものだったが、後に「ST16」の番号で定番として発売されたものである。しかし現在は生産休止となっている

■メッサーシュミット Bf109G-6
●ST17 ●2001年発売

外見の再現と作りやすさに主眼を置いた、ハセガワの新世代1/32キットのひとつ。他社の同クラスのキットと比べても充分スケールに見合った仕上がりで、翼幅31cm弱というボリュームにもかかわらず短時間で組むことができるのは、やはり一種の快感だろう。G-6以降の後期生産型への発展を考えて各部が分割されているが、合いはよく作業にストレスは感じない。またラジエーターフラップとフラップ、スラットが別パーツなので、動きを与えることができるというのも嬉しい

■メッサーシュミット Bf109G-14
●ST18 ●2002年発売

既発売のG-6をベースに新規金型パーツを追加したバリエーションキット。機体後部から垂直尾翼、キャノピー形状が変更となっている。前縁スラット、フラップは別パーツ。着座姿勢のパイロットフィギュア付属。コクピットは塗装、組み立て後に機体に収められるユーザーライクな視点で設計されている。デカールは第53戦闘航空団 第Ⅰ飛行隊エーリッヒ・ハルトマン中尉機、第52戦闘航空団 第7中隊・中隊長エーリッヒ・ハルトマン中尉機のものが付属する

■フォッケウルフ Fw190D-9
●ST19 ●2003年発売

2001年のBf109G-6からスタートしたハセガワの新世代1/32スケールキットのポリシーである外見再現と組み立てやすさに主眼を置いたキットで、完全新金型で液冷エンジンらしからぬ機体形状を持ったD-9を再現している。エンジンは内蔵していないが、主脚収納庫から見える下面部分がパーツで用意されており、違和感はまったくない

■メッサーシュミット Bf109K-4
●ST20 ●2003年発売

G-10の内部装備と細部の改修を行なったKシリーズ初の生産型K-4型の商品化。主車輪カバーと引き込み式尾輪の採用で空気抵抗を減じた速度性能向上型の機体。パーツ構成は既発売のG-6型をベースとして胴体、垂直尾翼、水平尾翼といった形状の異なるパーツ類を新規金型で用意している。デカールは第52戦闘航空団 W.Nr 332520(1945年5月)と迷彩パターンの異なる第52戦闘航空団(1945年5月)の2種が用意されている

■フォッケウルフ Fw190A-8
●ST21 ●2004年発売

ハセガワの新世代1/32シリーズでのFw190としては二代目にあたるキット。膨らんだ機体上面のパネルなどをはじめ、A-8型の特徴を余すところなく再現している。パーツ点数もさほど多くないのだが、コクピットや主脚収納庫などのディテールはこのスケールに見合った仕上がりで、そのまま組み立てても遜色無い仕上がりとなる。現在は生産休止中なのが惜しいキットである

■メッサーシュミットBf109G-10
●ST22 ●2004年発売

基本形は先行して発売されたBf109K-4のバリエーションと言えるキットである。形状が異なる後部胴体は新規部品をセットしての再現だが、なぜかK-4型では外されていたG-6/14の前部胴体がそのままランナーにくっついて残っている。第300戦闘航空団 第2中隊 エーバーハルト・グツィク曹長の機体と第51戦闘航空団 第3中隊所属機、1945年に運用されていた所属不明機の3種が選択でき、主翼上面のバルジはそれぞれの形式に応じて形状を選択できる

■フォッケウルフ Fw190A-5
●ST23 ●2004年発売

このスケールで先に発売されたフォッケウルフFw190A-8のバリエーションキットで、機首上面パネルや主翼の武装などの変化を、新規金型で再現している。他社の1/32キットとは異なり、過度なディテール再現を排することで組み立てやすさを念頭に置いて製作されたキットなので、このスケールとしては短時間で完成させることができる。もちろん各部へのリベット再現やディテールの追求など、モデラーの技量に応じて様々な楽しみが可能なベーシックキットだろう

---

*COLUMN
"ハセガワの模型を作る"という体験を支える屋台骨
脈々とリリースされるトライツールの存在意義とは

「プラモデルメーカーは良いプラモデルを作ればそれでOKなのか?」というと、おそらく答えはNOだろう。そのプラモデルをどんな人がどのように作るのか、までがトータルでデザインされていないと、ただただモチーフの人気やプラモデル自体の「出来の良さ」だけを取り沙汰されるだけになってしまう。つまり、スマートフォンを売るときにそのスペックだけをひたすら提示するのではなく、それをどんな風に使うと便利なのかを示すために、アプリケーションや使用するシーンをセットでプレゼンテーションするのが当たり前になったように、模型メーカーもまた、「プラモデルを作るためのツールやマテリアル」をセットで送り出すことにより、ユーザーの購買行動を「体験」へと昇華させることができるのだ。

ハセガワが展開するツールおよびマテリアルのブランドは「トライツール」と銘打たれており、その内容は多岐にわたる。特徴的なのは、きわめて専門的な作業のために細分化されたアイテムが多いことであり、「モデリングソースクライバー(模型用けがきノコギリ)」や「リベットゲージ2(曲面用)」といった「単一目的のための(しかも模型のために専用設計された)ツール」を精力的に製品化していることにある。各種ツールやマテリアルは当然ながらその分野に長けた製造業者とタッグを組んで開発されるが、そこで重要な役割をはたすのはユーザーである。日常的に寄せられる要望はもちろん、ホビーショーなどでは対面式のタッチ&トライブースを設置し、ユーザーと直接的にコミュニケーションを取ることで新たなニーズを探り出しているほか、ときには製品化段階に至っていないプロトタイプを展示することでユーザーに評価してもらうといったダイレクトなマーケティングが遂行されているのだ。

また、塗装では再現の難しいテクスチャーを貼り込むだけで手軽に手に入れられる各色のフィニッシュシリーズ(糊付きフィルム)のラインナップも豊富であり、飛行機やレーシングカーの模型を製作する際の仕上がりの綺麗さと作業効率を劇的にアップさせるこのシリーズは好評をもって迎えられている。

近年ではツールやマテリアルを専門とするメーカーも多数生まれてきており、模型店におけるこれらアイテムの専有面積は拡大する一方だが、ハセガワの長い歴史の中で培われてきた「実用的かつ専門的なツールやマテリアル」が充実したラインナップをみせるトライツールをいま一度注視してみてもらいたい。そこにはあなたの求める作業を助けてくれる、強力な相棒が必ず隠れているはずだ。■

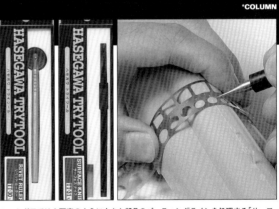

▲ハセガワでは上写真のように小さな部品のパーティングラインを処理する「サーフェスナイフ」や機体表面のリベットを彫刻するための「リベットルーラー」、モールドを彫るためのテンプレートやエングレーバーなど"単一の工作に特化したツール"を多数発売。キットを知り尽くしたメーカーならではのラインナップを展開している

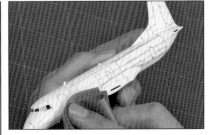

◀工具だけではなく部品表面や塗装後のツヤを美しく仕上げるための「セラミック コンパウンド」といったマテリアルも販売。製作の細かな工程に対応しているのだ

1/32 SCALE AIR PLANE

■ST24　中島 キ84 四式戦闘機 疾風

■ST25　ユンカース Ju87G スツーカ "カノーネンフォーゲル"

■ST26　ユンカース Ju87D スツーカ

■ST27　P-47D サンダーボルト

■ST28　川崎 キ61 三式戦闘機 飛燕 I型丙

■ST29　P-40E ウォーホーク

■ST30　中島 キ44 二式単座戦闘機 鍾馗 II型丙

■ST31　メッサーシュミット Bf109F-4 Trop

■ST32　三菱 J2M3 局地戦闘機 雷電 21型

126　HASEGAWA COMPLETE WORKS

1/32 SCALE AIR PLANE

■ST33　川西 N1K2-J 局地戦闘機 紫電改

■ST34　三菱 A6M5c 零式艦上戦闘機 52型丙

■S4　メッサーシュミット Me163B コメート

■S6　ボーイング P-12E

■S7　ボーイング F4B-4

■S8　ボーイング P-26A ピーシューター

■S9　カーチス BF2C-1

■S14　メッサーシュミット Me262A

■S16　ブルーエンジェルス・スカイホーク

■S17　F-104C スターファイター

■S19　スーパーマリン スピットファイア Mk.VI

■S20　ジェネラルダイナミックス F-16A

■S23　マクドネルダグラス F-18 ホーネット

■S24　TA-4J スカイホーク トレーナー

■S25　F-16A プラス/C ファイティングファルコン

■S26　F-16A ファイティングファルコン

■S27　F-16C ファイティングファルコン

HASEGAWA COMPLETE WORKS

■中島 キ84 四式戦闘機 疾風
●ST24 ●2004年発売

以前リリースされた同社の1/48キットも傑作だったが、本キットもまた組み立てやすさを念頭に置いた名作と言ってよい。キット内容は近年のハセガワ1/32スケールキットとしてはスタンダードなもので、四方を箱組みしてから機体に組み込む形式のコクピット、単純なパーツ構成ながら精密感のあるエンジン、組み立てやすさに配慮されたパーツ構成と、非常にユーザーフレンドリーなものに仕上がっている。本土防空戦参加機やプロトタイプ等のバリエーションキットも限定発売された

■ユンカース Ju87G スツーカ "カノーネンフォーゲル"
●ST25 ●2005年発売

タンクバスターとして対地攻撃に多大な効果を発揮したJu87Gキット。全幅47cm近い巨大な主翼は途中の逆ガル型に折れ曲がった位置で分割されているが、主翼の部分の内部には角度をつけた桁状のパーツが入っており、そのまま組み立てるだけでキレイに左右の主翼の角度を揃えることができる。マーキングは有名なルーデル中佐の搭乗機と戦車攻撃実験隊の所属機から選択でき、さらに説明書には迷彩をマスキングするための型紙も付属している

■ユンカース Ju87D スツーカ
●ST26 ●2006年発売

既発売のJu87Gカノーネンフォーゲルのバリエーションキット。タンクキラー、ルーデル大尉がJu87Gタンクバスターに乗る以前に搭乗していた機体を再現。SC1000爆弾、増槽×2本、主翼下面ラックが新規パーツとして用意される。デカールはD-5/ルーデル大尉機「T6+AD」（ロシア1944年春）とD-1/Trop StG3 司令官ヴァルタージーゲル中佐機「S7+AA」（エジプト1942年）。パイロットとガンナーのフィギュア付属。迷彩用マスキングシートも付属している

■P-47D サンダーボルト
●ST27 ●2007年発売

各社から発売されている1/32サンダーボルトだが、内容的には一番バランスが取れているであろうキットがこのハセガワのキット。胴体内から飛び出しているような桁状のパーツに取り付ける主翼や箱組みにして組み込むコクピットなど近年のハセガワ1/32キットで見られる特徴はおよそ備わっている。フラップはアップ状態とダウン状態の選択式で、形式によって形状の異なるプロペラが2種類付属する。数多くのノーズアートが存在する機体のため、それらに応じたデカール替えのキットも限定発売されている

■川崎 キ61 三式戦闘機 飛燕 I型丙
●ST28 ●2007年発売

外観の再現度、組み立てやすさともにハセガワの新世代1/32キットに共通する美点を持った製品であり、現在入手可能な唯一の1/32飛燕のキットである。部品構成自体は1/32の飛行機模型としては比較的シンプルでパーツ点数も抑えめだが、コクピットの内部や機体下面のラジエーターなど細部の再現度は高い。また付属のパイロットフィギュアは酸素マスクの有無を選ぶ事ができる。マーキングは飛行第244戦隊戦隊長 小林昭彦大尉の搭乗機の他2種類が付属する

■P-40E ウォーホーク
●ST29 ●2008年発売

1/48のキットに続いて製品化されたP-40E。機首のインテークの内部まで詳細に再現され、またバリエーション展開を考えて機体の尾部などは分割されている。機首側面の排気口はひとつひとつが上下分割となっており、組み立ててから機体に取り付ける方式です。また、胴体下面には爆弾か燃料タンクのどちらかを懸架できるようになっている。後にバリエーションとしてK、N、Mの各型が発売。また最も有名なウォーホークであろう第343戦闘航空群 第11戦闘飛行隊所属の"アリューシャンタイガー"も限定版としてキット化されている

■中島 キ44 二式単座戦闘機 鍾馗 II型丙
●ST30 ●2009年発売

陸軍を代表する重戦闘機、鍾馗が1/32の完全新金型キットとして立体化された。独特の頭でっかちなフォルムを正確に捉えたキットで、主翼と胴体は桁状のパーツで接続されることで強度確保や取り付け角度の調整を簡単にできるようになっている。中島の機体独特の特徴である主翼下面の蝶型空戦フラップはダウン状態も選択式に設計した。機体の他に増槽と小型パイロン、竹 一郎氏原型製作の着座姿勢のパイロットフィギュアも付属する。このキットを元にして、翼内に40mm噴進砲を搭載した乙型も後に限定版として発売された

■メッサーシュミット Bf109F-4 Trop
●ST31 ●2010年発売

著名エースパイロットである「アフリカの星」マルセイユが北アフリカで搭乗したBf109F-4を、主翼部品以外は全て新設計のパーツで立体化したキット（主翼は同スケールのBf109G-6からの流用）。新規部品は1/48や1/72の設計データは使用せず、最新の考証を元にした設計である。キットに付属する着座姿勢のパイロットフィギュアは、略帽、飛行帽、飛行帽+酸素マスクと3種の頭部パーツを選択できる物だったが、さらに初回生産版には限定特典として竹 一郎氏原型製作の1/32スケールのマルセイユの立像フィギュアも付属していた

■三菱 J2M3 局地戦闘機 雷電 21型
●ST32 ●2011年発売

戦時中の海軍を代表するインターセプター、雷電を完全新規金型キットとして1/32スケールで再現したもの。キットは主生産型である21型で、機体中央部には主翼と胴体を繋ぐサポートパーツを組み込んで強度と組み立てやすさを両立している。またエンジンやコクピットなどは1/32スケールならではの非常に緻密なモールドで再現されている。フィギュアの原型製作は竹 一郎氏で、頭部は飛行帽の耳当てや酸素マスクの有無した3種類のパーツが付属する。また初回生産版には漫画家滝沢聖峰氏の描き下ろしコミックが付属した

単なる成型色変更にあらず！
実はひと手間かかったクリア成型キット

*COLUMN

CSK研究所(CRI)が開発し、1999年から長きに渡って展開されたフライトシミュレーター『エアロダンシング』シリーズをご存じだろうか。本シリーズはいわゆるシューティングゲームとは一線を画す内容で、登場する各機体のモデリングや挙動の細やかさについても神経の行き届いた硬派なゲームとして人気を誇った。2002年に『エアロダンシングF』が発売されると、ハセガワからも本作に登場するマーキングをデカールで再現可能なコラボレーションモデルを発売。同年、『エアロダンシング4ニュージェネレーション』の発売に際しても、ハセガワからは3点のコラボレーションモデルが発売されている。「F-14トムキャット」、「AV-8Bハリアー II」、「AH-64Dアパッチロングボウ」（いずれも1/72スケール）だったのだが、これらはすべてのパーツが透明プラスチックで成形されているのが大きな特徴であった。

▲左が2002年に発売された、PlayStation2用ソフト『エアロダンシング4』とのコラボキット1/72「AH-64Dアパッチロングボウ」、右がドリームキャストソフト『エアロダンシングF』とタッグを組んだ1/72「富士 T-3」である。ボックスアートにもゲーム中のCGモデルが使われ、『エアロダンシング』シリーズのイメージを押し出したものになった

内部構造を完成後も覗き見ることができる知育玩具的な側面を持ったモノグラムのファントム・マスタングを例に出すまでもなく、クリアーで成形されたプラモデルの歴史は古い。見た目の爽やかさも手伝って、クリアーバージョンのプラモデルは「バリエーション展開の定番」という印象だが、全塗装したらその価値は損なわれてしまうし、接着や整形も特別に気を使うのがクリアー成形プラモデルの宿命。ユーザー的には「嬉しいけれど、どう楽しんだものか……」とコレクションアイテムにしてしまうことも多いのではないだろうか。

▲1/70「P-51Dムスタング」から1/48「中島 キ84 四式戦闘機 疾風"スケルトンバージョン"」に至るまで、ハセガワは黎明期から内部構造再現キットをリリースしていた。▼下写真は1/48「三菱 A6M5 零式艦上戦闘機 五二型"スケルトンバージョン"」。これらのキットはエッチングパーツで機内のフレームが再現されるなど豪華な内容だった

じつはメーカーにとってクリア成形はそんなに簡単なことではないのだ、とハセガワの企画担当氏は語る。通常であれば平滑である必要のないパーツ裏面にあたる金型（コア）をしっかりと磨き上げなければ透明度の高いクリアーパーツを得ることはできない。行き当たりばったりで磨くだけでは射出成形時に予期せぬトラブルが起きることもあり、本来であれば「クリアー成形のものは専用の金型設計をするもの」なんだとか。

ハセガワからはこれまでに限定アイテムとして1/48の「紫電改」や「疾風」、「零戦52型」などの航空機モデルはもちろん、「RA272」や「VF-1」といった他ジャンルでも「スケルトンモデル」を数多く発売してきた。もし手元にこうしたクリア成形のハセガワ製品をお持ちならば、ぜひともパーツの裏側をじっくりと観察し、そこに「単なる成型色替えにとどまらぬひと手間」がかけられていることを思い出してみてほしい。

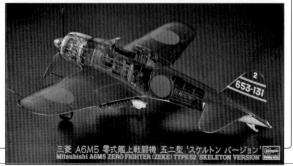

三菱 A6M5 零式艦上戦闘機 五二型 "スケルトン バージョン"
Mitsubishi A6M5 ZERO FIGHTER (ZEKE) TYPE 52 "SKELETON VERSION"

■川西 N1K2-J 局地戦闘機 紫電改
- ST33
- 2013年発売

大戦末期の海軍を象徴する局地戦闘機が、完全新規金型キットとして1/32大戦機シリーズのラインナップに加わった。キットは垂直尾翼の面積が広い前期型を再現したもので、胴体内部には主翼を接着する際の桁になるサポートパーツが入る現行のハセガワ1/32シリーズの標準的な設計。胴体と主翼の内部にはサポート用に桁状のパーツを挟み込むことで強度と組み立てやすさを確保、さらにエンジンやコクピット内部も最新の成型技術で精密に再現されている。にもかかわらず部品点数は控えめとなっており、大型キットながら組み立ては簡単で、盛りだくさんなキット内容となっている。カウルフラップの開閉、着陸脚の展開/収納は選択式になっている。パイロットのフィギュアは竹 一郎氏によるものなのも、近年のハセガワ1/32大戦機キットに準じている

■三菱 A6M5c 零式艦上戦闘機 52型丙
- ST34
- 2016年発売

1/32大戦機シリーズの最新作は零戦52型丙となった。胴体と主翼の内部にはサポート用に桁状のパーツを挟み込むことで強度と組み立てやすさを確保、さらにエンジンやコクピット内部も最新の成型技術で精密に再現されている。にもかかわらず部品点数は控えめとなっており、大型キットながら組み立ては簡単で、盛りだくさんなキット内容となっている。カウルフラップの開閉、着陸脚の展開/収納は選択式になっている。パイロットのフィギュアは竹 一郎氏によるものなのも、近年のハセガワ1/32大戦機キットに準じている

■メッサーシュミット Me163B コメート
- S4
- 1974年発売

このキットもまた1/32スケール初のキット化であり、翼幅9.30cmに満たない手ごろなサイズのキットは、ロケットモーターの再現や各部のディテールなど、同社の1/32キット群の中でも出色の仕上がりだ。主翼端の捩り下げやスロットの再現など、さすがスケール感を感じさせる仕上がりで、組み立ても簡単に出来ている。いくつかバリエーションの存在するキットだが、特徴的なところでは第16実験部隊に所属したヴォルフガング・シュペーテ大尉の真っ赤な機体を再現したキットがある

■ボーイング P-12E
- S6
- 1970年発売

ハセガワの1/32スケールでも初期にリリースされたもので、時をほぼ同じくしてアメリカの大戦間戦闘機4点がリリースされたが、日本では知名度がかなり低いこれらの機種をよく選択したものだと感心してしまう。このスケールでも翼幅は1/48単発戦闘機と大差ない小ささ。パーツ点数も少ないのに加えて各部の合いもよく、表面に打たれたリベットも時代を感じさせて違和感はない。古いキットではあるが、デカール替えのキットが何度か販売されているので入手は比較的容易だ

■ボーイング F4B-4
- S7
- 1971年発売

先に発売された陸軍航空隊のP-12Eの海軍版だが、オリジナルはこの機体で、後にこれを陸軍が採用したわけである。このためキット自体は前作のP-12Eと同じパーツがセットされているが、実機の変更に合わせて垂直尾翼は波板外皮の大型に改められ、着艦フックと主翼下面の爆弾架が追加されるなど一部にはデカール以外の変化も存在する。全面ライトグレイの胴体にオレンジイエローを配した当時の海軍機塗装は、P-12Eとは好対照をなしており合わせて揃えたい

■ボーイング P-26A ピーシューター
- S8
- 1971年発売

アメリカ陸軍航空隊の戦闘機として、初めて全金属製で単葉形式を採用した機体として知られており、より近代的なP-35やP-36に改変されるまで使用されている。キットはこのスケールでも小柄でパーツの点数も少ないので、組み立ては簡単だ。単葉ではあるが強度確保のために、胴体と主翼上面には張線が張られているので、キット製作にはこの張線が派手な塗装とともに最大のポイントとなる。古いキットではあるが完成度は高く、再販で入手も容易だ

■カーチス BF2C-1
- S9
- 1972年発売

名門カーチス社が製作した最後のアメリカ海軍戦闘機で、手動式ながら複葉戦闘機としては珍しく主脚を引き込み式としたのが特徴だ。このため機首下面が大きく膨れているが、その独特なスタイルを見事に再現しており、複雑な構成の主脚も少ないパーツで要領よくまとめている。また胴体と主翼表面の羽布張り表現もスケールに見合うもので、44年前に初版が発売されたことを考えると、その技術の確かさを感じさせる秀作キットだろう

■メッサーシュミット Me262A
- S14
- 1972年発売

Me262はこのスケールでは当時初の立体化である。外観の再現を優先する傾向があるハセガワの1/32キットだが、このMe262では機首の機関砲とその収容部、左右主翼に懸架したエンジンなどのディテールの再現が目立ち、また外観も実機に忠実にまとめている。といってもパーツ点数はさほど多くないので、ストレート組みならば比較的簡単に完成させられるだろう。バリエーションキットとしては有名パイロットであったアドルフ・ガーランドが搭乗した機体や空襲から製造工場を防衛するために編成された第1工場防衛隊の機体などがある

■ブルーエンジェルス・スカイホーク
- S16
- 1976年発売

先にリリースされたA-4E/Fのキットのデカールを変更、アメリカ海軍のアクロチームであるブルーエンジェルスのマーキングを再現した製品。ブルーエンジェルスは1974年から1986年の間A-4Fを使用しており、キットではその時期の塗装を再現している。パネルラインは凸モールド。当時1/32スケールではお約束だった各部の開閉などのギミックもなく、組み立ては単純な方である。ブルーエンジェルスのA-4Fはエンジン換装でインテークが大きくなっているので、そこを直してやるとより実機に近いものとなる

■F-104C スターファイター
- S17
- 1978年発売

前作F-104Jのバリエーションキットで、もともとエンジン再現のために後部胴体が別パーツとされていたが、これは部品の差し替えで当初からC型への発展を考慮していたからだろう。各部に問題は存在するものの総じて優れたキットであり、最近イタリアから同スケールの新作が登場したが、その価格や組みやすさなどから、依然としてその価値は減少することはない。それにこのスケール唯一のC型というのも、やはり貴重な存在だろう

■スピットファイア Mk.VI
- S19
- 1978年発売

V型をベースとした高高度戦闘機で、延長型の翼端パーツを追加し当然ながら熱帯用のフェアリングは省かれている。加えて先端が尖った延長翼により、V型とはイメージが異なるのもキットとしての価値を高めている。大サイズながに組み立てもしやすく、ストレートに組んでもよし、またディテールに充分手を加えるのもよしと、作り手を選ばない万人向けの優れたキットであることは間違いないだろう

■ジェネラルダイナミックス F-16A
- S20
- 1978年発売

そのカラフルな塗装からもわかるように、生産型のA型ではなく全規模試作機YF-16Aをモデライズしている。このため細部は異なるものの、面積が拡大化された主翼や大型に換わったレドームなど生産型と基本スタイルは共通しているので、ある程度の技術があれば改造することも可能だろう。またコクピットなどのディテールも秀逸で、追加工作の必要はあるものの、このスケールでA型初期生産機を製作可能な唯一のキットでもある

■マクドネルダグラス F-18 ホーネット
- S23
- 1979年発売

それまでのハセガワ1/32キットを上回る大型キットとしてリリースされた。白地にブルーのストライプの塗装とF-18の機体名からわかるように、生産型ではなく全規模開発機(FSD)をモデライズしている。このため後の生産型F/A-18Aとは各部に変化が生じるので、生産型に改造しようなどとは考えずに、ストレートに組むのがベストだろう。現在に至るまでハセガワ唯一の1/32ホーネットであり、また生産型のキットではないためバリエーションなども存在していない

■TA-4J スカイホーク トレーナー
- S24
- 1985年発売

1/72キットと同様に、胴体を新規金型を起こすことで複座版としたキットである。当然ながらキャノピーは専用のものに改められている。TA-4Jから射出座席が改変されているが、そのあたりのディテールを自作してやればより実機に近い特徴を盛り込んだものとなるだろう。付属のデカールは第126戦闘飛行隊"ファイティング・シーホークス"のアメリカ建国200周年記念バイセンテニアルマーキング機となっている

■F-16A プラス/C ファイティングファルコン
- S25
- 1989年発売

以前にリリースされたA型ブロック15のキットに、C型の主計器盤や機関砲周り、そして垂直尾翼などを新規金型で追加することで、A型とC型のコンバーチブルキットとしたものだ。後に他社から同スケールのキットが発売されたC型はともかく、A型の1/32キットとしてはやはりその価値は高い。1/32スケールの現用ジェット機のキットとしては手頃な価格というのもありがたいポイント

■F-16A ファイティングファルコン
- S26
- 1982年発売

すでにハセガワは同じスケールで全規模開発機をモデライズしていたが、生産型とは各部に変化が散見できる。そこで生産型で異なる部分を新規金型で改修し、さらに大型のスタビレーターも加えることで、当時最新であったブロック15を再現したのがこのキットである。そういった経緯のキットのため細部にはわずかな間違いはあるものの、当時としては最良のF-16Aキットだった。前作のギミックであるエンジンや、ガンベイ内部の再現もそのまま受け継がれ、ディテールも素晴らしい

■F-16C ファイティングファルコン
- S27
- 1993年発売

F-16Cのデカール替えキットのひとつで、西ドイツ(当時)のラムシュタイン基地に展開し、赤/白のストライプと傘下飛行隊エンブレムを尾翼に描いた第96戦術戦闘航空団の司令機をモデライズしている。キットは当初全規模開発機としてリリースされたものを、金型改修によりA型、Aプラス型、そしてC型としたもので、C型として製作するためには各部に手を加える必要がある。それよりもレドーム内のレーダーディッシュや、機関砲部などを見せる形で製作を楽しむべきだろう

1/8 & 1/16 SCALE AIRCRAFT MODELS

■CP1　R.A.F. S.E.5a（1/8）

■ZX2　ソッピース F.1 キャメル（1/8）

■ZX3　フォッカー Dr.I（1/8）

■ZX4　ライトフライヤーI（1/16）

■MU01　ソッピース キャメル F.1（1/16）

1/144 SCALE AIRCRAFT MODELS

■LK1　YS-11 "海上保安庁"

■LK2　エアーニッポン YS-11

■LK3　日本トランスオーシャン航空 YS-11

■LK4　日本エアコミューター YS-11

■LK5　日本エアシステム YS-11

■LK6　全日空 YS-11 "モヒカン"

■Le1　ジェイ・エア エンブラエル 170

■Le2　ジェイ・エア エンブラエル 170（新ロゴ）

1/200 SCALE AIRCRAFT MODELS

■1　日本航空 ボーイング 747-400

■2　ANA ボーイング 747-400

■3　日本航空 ボーイング 777-200

■4　ANA ボーイング 777-200

■5　日本航空 ボーイング 767-300

■6　ANA ボーイング 767-300

■7　ルフトハンザ ドイツ航空 ボーイング 747-400

■8　エールフランス ボーイング 777-200

■9　日本政府専用機 ボーイング 747-400

■10　ANA ボーイング 777-300

■11　日本航空 ボーイング 777-300

■12　北海道国際航空（AIR DO）ボーイング 767-300

■13　日本航空 ボーイング 767-300ER

■14　日本航空 ボーイング 777-200

■15　日本航空 ボーイング 777-300

■16　ANA ボーイング 787-8

■17　日本航空 ボーイング 787-8

■18　ANA ボーイング 777-300ER

■19　日本航空 ボーイング 777-300ER

■20　AIR DO ボーイング 767-300

1/8&1/16 スケール航空機

■R.A.F. S.E.5a
● CP1　●1981年発売

ハセガワが新たに立ち上げた1/8ミュージアム・シリーズのトップバッターとしてリリースされたキット。それまでの航空機キットとは異なり外皮を用意せず、普通は見ることができない桁や助骨で機体形状を再現する、スケルトンモデルという意欲的なキットとして世に送り出された。このため木製の部品も多数セットされており、それまでのプラスチック製キットの製作とは異なる技術を必要とすることも特徴だ。価格は高額なもののその圧倒的なボリュームと存在感は、当時のモデラー垂涎の的だったに違いあるまい

■ソッピース F.1 キャメル
● ZX2　●1982年発売

ハセガワ渾身の意欲作、1/8ミュージアムシリーズ第2弾は第一次大戦時のイギリスを代表する名戦闘機としてキャメルが選ばれた。前作のS.E.5aと同様、通常のプラスチック製パーツに加えて木材やメタルパーツなど様々な材質を組み合わせたハイブリットキットである。とにかくパーツの点数が多く、完成時の全幅は1mを超える大サイズのキットなので、まず製作可能な場所を見つけることから始めなければならない。机の上で工作していれば完成するというキットではないのだ。心してかかるべし

■フォッカー Dr.I
● ZX3　●1983年発売

外皮がないのでDr.1を代表するであろうリヒトホーフェンの真っ赤な機体を製作するのは難しいが、いかにも古典機然とした三葉という独特のスタイルは、コレクションでも異彩を放つ。翼幅は89cm強と全2作よりもわずかに小柄ではあるが、それでも他を圧する大サイズであることに変わりはない。大きいキットであるため複葉機のキットで問題となる張り線は作業しやすいが、反面その基部などを作り分ける必要があり、やはりそれなりの技術は必要だろう

■ライトフライヤー I
● ZX4　●1985年発売

すでに3作がリリースされたミュージアムシリーズの第4弾は、世界初の動力飛行機であるライトフライヤーだ。この機体はそれまでのSE.5やDr.Iなどと同じ1/8でキット化するとその翼幅は1.5mにも達するため、半分のスケールである1/16でキット化された。それでも翼幅は77cm弱と、決して小柄ではない。最古の飛行機だけあっては骨組みだけなので、強度の確保のためには張り線は絶対に必要だ。また主翼などに紙を貼るというのも、それまでのミュージアムモデルシリーズとは一線を画している

■ソッピース キャメル F.1
● MU01　●2013年発売

以前のミュージアムモデルシリーズの半分のサイズになって、2013年にリニューアルしたキットがこの1/16キャメルである。昔のミュージアムモデルシリーズと異なり、主要素材をプラスチックにすることで組み立ての難易度は格段に下がった。しかしシートの背もたれなどには軟質樹脂、主翼のタイヤにはゴム製部品がセットされるなどマルチマテリアルキットらしい面もある。木製部分や金属部分などで成型色が分かれているため無塗装でも質感を表現できるなど、以前のミュージアムモデルシリーズより親しみやすい内容だ

1/144 スケール航空機

■YS-11 "海上保安庁"
● LK1　●1999年発売

意外なことだがハセガワ初の1/144キットであり、機体のサイズからそれまでの1/200では小さすぎるという判断があったのだろう。何しろこのスケールでも翼幅は22cm強なので、それも当然か。キットはそれまでの張り線がない近来のハセガワ製旅客機に準じている。コクピットの窓はクリアーパーツで再現され、簡単な操縦席の部品が用意されている。飛行時用の脚扉とスタンドも含まれる

■エアーニッポン YS-11
● LK2　●1999年発売

ハセガワからの1/144 YS-11キット第二弾はこのエアーニッポン仕様。前作からのデカール替えキットである。このキットにはデカールはライブリーズアンリミテッド社製の高品質デカールが入っていたが、デカールの印刷自体はマイクロスケールとカルトグラフの二種類が存在した。キットは左右分割の胴体で客室窓はなく、デカールで仕上げるようになっている。これはおそらく自衛隊機等の窓の数の変化に対処した策と思われる

■日本トランスオーシャン航空 YS-11
● LK3　●2000年発売

こちらも1/144 YS-11のデカール替えキット。同じくトランスオーシャン航空のボーイング737等とお揃いのカラーリングのYS-11が作れるデカールが入っていた。そのデカールも先行したエアーニッポン版キットと同様にライブリーズアンリミテッド社製で、別売デカールのような細かいマーキングとカラーリングが特徴である。キットについては胴体は先述の通り他のYS-11と同様だが、コクピット窓はクリアーパーツとなっている。また、簡単なコクピットのモールドもあり、パイロットを乗せてみるのもよいかろう

■日本エアコミューター YS-11
● LK4　●2000年発売

YS-11のキットは実機と同様に国内の航空会社のカラーで充実して行くが、日本エアコミューターは真っ白な胴体に日本エアシステムと同じ色の尾翼と、白いJACの文字がスマートなYS-11であった。キットはデカール替えで、箱絵は実機の写真であった。のちに旅客型YS-11のラストフライトを行なったのも日本エアコミューターの機体であったことから、その時に機体に施された特別塗装を再現した限定品も後に発売された

■日本エアシステム YS-11
● LK5　●2000年発売

日本エアシステムの前身である東亜国内航空や、さらにその前身だった日本国内航空、はたまた東亜航空などで代々使用されたYS-11だが、社名が日本エアシステムに変更された時代まで使用された機体は少なかった。これも日本エアシステムのバリエーションキットで、カルトグラフ製のデカールが入っている。パッケージは写真で地上を滑走する姿であった。YS-11のキットはプロペラの固定にポリキャップを使用していて、取り付けもしっかりしている。シャープなプロペラは折れやすいので注意して組み立てたい

■全日空 YS-11 "モヒカン"
● LK6　●1999年発売

YS-11と言えばこれ、という、有名な全日空の塗装を再現したもの。デカール替えキットとしてようやくリリースされたモヒカンYS-11である。このキットにもカルトグラフ製のデカールがセットされたが、この頃ハセガワが旅客機キットにカルトグラフデカールをよく採用していた。のちに旅客機キットに、やはり人気のカラーリングであることを実感したものである。パッケージは実機写真であった。今までのところ、ANKのトリトンカラーはあるが、ANAタイトルのトリトンカラーは発売になっていないのが残念である

■ジェイ・エア エンブラエル 170
● Le1　●2010年発売

2010年に発売されたキット。ハセガワとしてはYS-11に続く二種目の1/144スケールキットである。このサイズの機体では1/200スケールより1/144のほうが見栄えもするであろうし、ワールドスケールとしての要求もあろうかと想像する。マーキングはJALの子会社であるJ-AIRタイトルであるが、カラーリングは当時のJALのままである。キットは胴体が左右分割であり、窓類はデカールで表現する方式を採用している。パッケージは合成写真と思われる

■ジェイ・エア エンブラエル 170（新ロゴ）
● Le2　●2013年発売

現在（2016年時点）、ハセガワから発売されているエンブラエル170はこの新生鶴丸のカラーリングのみ。Le1からのデカール替えキットで、こちらはパッケージにタキシングしている機体の写真を使用している。このほかには、限定版デカール替えキットとしてエンブラエルのデモカラー機仕様もあった。小柄ながらスタイリッシュな機体のイメージを的確に再現していると思えるキットである。今後の展開にも期待したい

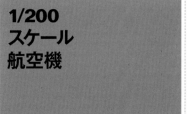

1/200 スケール航空機

■日本航空 ボーイング 747-400
● 1　●2003年発売

すでに日本航空から全機が退役したB747だが、本機をリリースするためにこのシリーズを開始したのではと思わせるほど堂々とした仕上がりのキットである。日本航空では100型から400型までの全シリーズを導入しており、最初にリリースされたキットはスタンダードといえる100型であった。翼幅30cm近いキットだがパーツは少なく、組み立ても簡単である。上部尾翼にフェアリングがモールドされているが、これは実機では膨らみだけで、実際に機材を導入することなく後に姿を消している

■ANA ボーイング 747-400
● 2　●2003年発売

LT1のJAL747-400「スカイクルーザー」に続いて発売になったANAの「テクノジャンボ」こと-400型のキット。旅客機モデラーにとっては待ちわびたキットであった。-300型とは違う差を的確に再現、今でも政府専用機のキットはこの金型である。デカールはトリトンカラーが手軽に再現できるようにと帯線は全てセット。当時就航していた機体番号を選択式にした。通常は国産デカールだったが、後に限定でカルトグラフ製がセットされた製品がわずかに発売になったことがある

■日本航空 ボーイング 777-200
●3 ●2003年発売

JALとJAS（日本エアシステム）が経営統合した際に変更されたカラーリングを再現したキット。JALは2代目鶴丸からの、JASはレインボーセブンからの変更で、以後はこのキットの「太陽のアーク」カラーで統一されていくことになった。統合によりカラーリングが統一されていくことでカラフルな機体がひとつになってしまい、当時のエアライナー好きからすると若干つまらないという感じもあったようだ。キット内容的には単純にJAL、JASの777-200キットのデカール替えである

■ANA ボーイング 777-200
●4 ●2003年発売

日本で最初に導入されたB777であり、キットはシリーズ初の生産型200型をセレクトしている。ハセガワの旅客機キットが一度廃止した窓の孔が復活しているが、窓のデカールも用意されている。この-200型と長胴型の-300型とは胴体部品は別の金型でパーツ化されている。エンジンナセルのスジ彫りのモールドも、スケールを考えると埋めて整形した方がより実機の雰囲気に近くなるだろう

■日本航空 ボーイング 767-300
●5 ●2003年発売

ボーイング777-200に続いて、新生JALの主力機となったボーイング767-300も新塗装版のキットがリリースとなった。こちらもこれまでのJALボーイング767-300キットのデカール替えとなっている。パッケージはこの統合カラー時代のものは全て空と機体を合成したもの。雰囲気的には航空会社の広報用の写真に近い感じのボックスアートである。デカールは機体番号を組み合わせて変えられるようにしているのは自衛隊機のキットなどでも見られる手法だ

■ANA ボーイング 767-300
●6 ●2003年発売

日本航空に続き、全日空版の767-300もリリースとなった。基本的にはキット自体は同じものであり、一部のマーキングが新しくなった全日空機をデカール替えして再現したものとなっている。パッケージは飛行中の実機を撮影したものだ。全日空の767-300としては、後に翼端のウイングレットを新規金型の部品を追加して再現した「ANA ボーイング767-300 w/ウイングレット」も限定発売されている

■ルフトハンザ ドイツ航空 ボーイング 747-400
●7 ●2003年発売

JAL、ANAに続いてリリースされた747-400のキット。キュムラスの間を縫って飛翔する機体の箱絵は素晴らしく格好よく、印象的である。デカールは尾翼とタイトル文字程度の小振りなサイズのものが入っていた。長きに渡って生産されていたキットだったが、デカールにオリンピック誘致のマーキングが入っていたせいだろうか、やがて製品番号が変更された際にデカールもリデザインされ、その際にパッケージも写真へと変更されることとなった

■エールフランス ボーイング 777-200
●8 ●2003年発売

世の航空会社の主力機が747から徐々に777にリプレイスされてくると、プラモデルもそれに合わせてキットが発売されることとなり、このエールフランスの777もその内の一機である。このキットもまだ日本には機体が飛来してこない頃にリリースされた機体であるという点は特筆すべきだろう。エンジンはジェネラル・エレクトリックのものが入っているので、この部分はちゃんと新規に金型を起こしている。短期間生産された製品だったようであり、すぐに見かけなくなったキットでもある

■日本政府専用機 ボーイング 747-400
●9 ●2004年発売

日本における政府要人の輸送、国際緊急時の邦人救出、災害援助など国際緊急活動、避難民輸送など国連平和協力、その他首相が必要と認めた場合の運行任務を与えられた航空機で、2機配備されている。従来発売されていた747-400のデカール変更によるバリエーションキットとして商品化。組み立てにあたって一部の窓のディテールを埋める加工が必要となっている。着陸脚は展開状態、展示用スタンドが付属。デカールによって1号機／2号機を選択可能だ

■ANA ボーイング 777-300
●10 ●2004年発売

双発旅客機としては世界最大の機体であり（大きさ自体は4発機であるB747に迫るほどである）、さらにボーイング製の機体としては初めてデジタル・フライ・バイ・ワイヤを搭載したのがこの777が、まずは全日空のカラーリングでキット化された。全日空で運用されている機体を再現するため、機体側面の窓はいくつか埋めておく必要がある。また、キットにはスタンドも付属しているため、完成後に飛行状態で展示することも可能だ

■日本航空 ボーイング 777-300
●11 ●2004年発売

カラーリングが「太陽のアーク」と呼ばれる赤い尾翼になったJALのカラーリングをキット化したもの。デカール替えキットである。赤い尾翼はデカールで再現。胴体の白は少しアイボリー系の白で、純白ではないまま塗装で再現することになる。それまでの2代目鶴丸でリリースされていた各形式のキットはこの太陽のアークカラーに変更されていく。パッケージは写真であるが、画像加工されたJAL公式のものとなっている

■北海道国際航空（AIR DO）ボーイング 767-300
●12 ●2008年発売

AIR DOは北海道に設立された航空会社。こちらも実機の登場にタイミングを合わせて早々にリリースされたキットである。キットはジェネラル・エレクトリック製エンジン搭載機のデカール替えとなっている。機体に描かれた黄色と水色の象徴カラーはエア・ドゥの象徴として、現在も使われているカラーリングで、シンプルなカラーで、模型を塗装する際にも塗りやすいというイメージも強かった

■日本航空 ボーイング 767-300ER
●13 ●2011年発売

新生JALの復活鶴丸キットのトップはボーイング767だった。キット自体はそれまでの「太陽のアーク」カラーのキットのデカール替えとなっている。パッケージは空撮イラストだが、これも日本航空側の提供イラストと思われる。新たなカラーはボディが純白で尾翼の鶴丸、タイトル文字は黒とシンプルなデザイン。あっさりしすぎとも思われるが、模型としては塗装が楽で助かる側面もあった

■日本航空 ボーイング 777-200
●14 ●2011年発売

767に続いて777も-200型から新鶴丸カラーになって再登場した。実機が徐々に塗り替わり、登場するたびにキットがリニューアルされていく形だったと思われる。単純にアークカラーのJALボーイング777-200のデカール替えキットである。パッケージは写真で羽田空港を滑走する姿を使用している。ボーイング777も初期の機体は20年を迎え、より性能のよい新型777が開発され始めており、-200型等は徐々に減っていきそうである

■日本航空 ボーイング 777-300
●15 ●2012年発売

「鶴丸」を復活させた日本航空のニューマーキング機を再現したもので、B767-300ERに続く新生JAL機シリーズのひとつとなる。キット自体は以前のB777-300と同一のもので、マーキングは日本航空の新ロゴ機「JA8942」と「JA8941」の2種類が付属する。新鶴丸マークは以前のものと比較して翼の切れ込みが深くなっており、「JAL」の文字の書体にも変更されているのが特徴だ

■ANA ボーイング 787-8
●16 ●2012年発売

燃費がよく長距離を飛行できる新世代の中型旅客機として登場した787をいち早くキット化。運用開始が2011年なので、非常にタイムリーに登場した製品である。胴体内部にはサポートパーツを組み込んで強度を確保し、エンジンのフィンや排気ノズル周辺も精密に再現されるなど、以前の旅客機キットから遜色のない内容となった。キットは3号機以降のトリトンブルーのマーキングを再現。展示スタンドも付属する

■日本航空 ボーイング 787-8
●17 ●2012年発売

全日空版の機体と並び、日本航空版の787も発売となった。キット自体の基本は全日空版と同じだが、全日空の機体にはロールスロイス製トレント1000エンジンが搭載されていたのに対して日本航空の機体にはジェネラル・エレクトリック製GEnxエンジンが搭載されている。その違いを異なるパーツをセットすることで再現している。この787のキットにはアンテナの予備部品も付属しており、そういった配慮も嬉しいポイントとなっている

■ANA ボーイング 777-300ER
●18 ●2013年発売

現代の国際線の主力機と言えるボーイング777-300ER。ハセガワからも777-300キットの主翼金型改修とエンジンの新規金型製作、そして新規製作によりキットがリリースされた。追加されたウイングレットのパーツを取り付けるため、これまでの777の翼端部分の形状が変更されている。エンジンはジェネラル・エレクトリック製のGE90系の-300ERの特徴とも言える大直径エンジンを搭載した状態のパーツを新規に作成、キットにはそれが付属している

■日本航空 ボーイング 777-300ER
●19 ●2014年発売

ANAカラーに続いて日本航空仕様の777-300ERもリリースされた。こちらもジェネラル・エレクトリック製エンジン搭載で、ANAのデカール替えキットと言える。パッケージはANAが写真であるのに対し、日本航空は写真ではあるが、画像を加工された日本航空からの提供画像のようである。このあたり、航空会社の考え方の違いがキットにも反映されていて興味深い。ウイングレットパーツは強度が保てるように翼側の切り欠き部分にウイングレット側の出っ張りを合わせるような仕組みになっている

■AIR DO ボーイング 767-300
●20 ●2014年発売

AIR DOの設立時からの横に二本、黄色と水色の帯を入れていたカラーリングから、波打つような流線の同じ色の二本の帯に変更された新塗装を再現したキット。内容的にはそれまでのAIRDOの767-300キットのデカールを変更、リニューアルしたものである。パッケージは写真となっていて、エンジン部分のパーツはこれまで通りジェネラル・エレクトリック製のものが入っている。デカールも新しくなり、よりカッコ良くなったAIRDOの機体が製作できるようになった

1/200 SCALE AIRCRAFT MODELS

■21　ANA ボーイング 787-9

■22　日本航空 ボーイング 787-9

■30　スペースシャトル オービター

■31　日本航空 エアバス A300

■29　スペースシャトル オービター w/ブースター

■32　ANA エアバス A320

■33　日本航空 DC-10-40

■34　ANA ボーイング 737-500

■35　ANA ボーイング 737-700

■36　日本航空 ボーイング 737-800

■37　ANA ボーイング 737-800 "トリトンブルー"

■38　日本航空 ボーイング MD-90

■39　JALエクスプレス ボーイング 737-800

■40　ソラシド エア ボーイング 737-800

■41　ピーチ エアバス A320

■42　AIR DO ボーイング 737-700

■43　バニラエア エアバス A320

1/200 SCALE AIRCRAFT MODELS

■LT3　カンタス航空 ボーイング 747-400

■LT5　ヴァージン アトランティック航空 ボーイング 747-400

■LT6　日本航空 ボーイング 767-300

■LT7　全日空 ボーイング 767-300

■LT8　日本航空 MD-11 "Jバード" Part.1

■LT9　日本航空 MD-11 "Jバード" Part.2

■LT10　日本航空 MD-11 "Jバード" Part.3

■LT11　大韓航空 MD-11

■LT12　スイス航空 MD-11

■LT13　大韓航空 ボーイング 747-400

■LT14　ヴァージン アトランティック航空 ボーイング 747-200

■LT16　全日空 ボーイング 777-200 "トリプルセブン"

■LT17　日本航空 ボーイング 777-200 "スタージェット"

■LT18　アンセット オーストラリア航空会社 ボーイング 747-300

■LT19　エール フランス ボーイング 747-400

■LT20　日本エアシステム ボーイング 777-200 "レインボーセブン"

■LT21　シンガポール航空 ボーイング 747-400 "メガトップ"

■LT22　日本航空 ボーイング 777-200 "スタージェット パート2"

■ANA ボーイング 787-9
●21 ●2015年発売

ボーイング787はまず基本形の-8から運用が開始されたが、すぐに胴体を延長した-9も開発され、日本でも早々にANAでの運航が始まった。ハセガワからも早速胴体のパーツを入れ換えた-9バージョンが発売になった。パッケージは写真で、デカールは機首の787文字がなくなったシンプルな機体のものがセットされている。作ってみるとわかるが、やはり-9は目に見えて胴体が長く、787がよりスマートに見える形式と言えるだろう

■日本航空 ボーイング 787-9
●22 ●2015年発売

ANAの機体に続いてリリースされた、日本航空版のB787-9のキット。発売年である2015年の7月に日本航空の国際線（成田・ジャカルタ線）に導入されたばかりであることから、これはなかなかタイムリーな製品化であった。ANA版と同様に、1/200スケールで6.1mm延長された胴体を新規パーツで再現。胴体の上面に設置されたインターネット用のアンテナもセットされている

■スペースシャトル オービター w/ブースター
●29 ●2004年発売

既発売のスペースシャトルオービターに外部燃料タンクと固体燃料補助ロケット、発射台のパーツを新規金型にて追加したバリエーションキット。オービターのカーゴ・ベイは開閉可能で内部のペイロードもパーツ化されており、またオービターのロケットノズルのジンバルは可動する。燃料タンクとの接続には胴体下面に接続用の穴を開口する加工が必要となる。付属デカールはエンデバー、アトランティス、ディスカバリーの3種から選択可能だ

■スペースシャトル オービター
●30 ●2003年発売

1981年から運用が開始されたスペースシャトルは多くのメーカーが立体化したが、ハセガワもまた旅客機シリーズと同じ1/200でキット化した。決して小柄な機体ではないが、このスケールになると翼幅14.4cm弱と手頃な大きさとなる。成型色は白黒の2色なので、無塗装でもそれなりに仕上がりになるのが特徴。デカールはコロンビア号、アトランティス号、ディスカバリー号、エンデバー号の機名がセットされている

■日本航空 エアバス A300
●31 ●2003年発売

日本エアシステムが日本航空と経営統合し、エアバスA300は初期のB2/B4型については順次売却、-600R型のみ新塗装に塗り替えていった。初めての「太陽のアーク」カラーの御披露目も日本航空の777-200とこのエアバスA300である。ハセガワから出ているA300は初期の形状で、このリリースされた機体は存在しないため金型を一部改修、主翼端にウイングフェンスを彫り足して-600Rタイプとした。エンジン形状や胴体形状、水平尾翼も実機と異なるがあくまで「タイプ」とし、商品名もA300とだけの表記となっている

■ANA エアバス A320
●32 ●2003年発売

ヨーロッパ初のワイドボディー旅客機であるエアバスA300/310に続いて開発した機体。拡大された胴体断面、最新の複合材を使った主翼、完全なコンピューター制御の操舵装置など、すべてが改められた新シリーズの機体である。このためキットも新規の金型で製作され、エンジンも同じCF製だが新型を装備していることで、これまた新規金型となった。胴体の窓孔は姿を消したが、他のキットと同様に接着前の処理として内部を黒に塗装したほうが、完成後の透けを防げる

■日本航空 DC-10-40
●33 ●2003年発売

日本航空が20機を導入した40型はシリーズの最終型式であり、以後は製造元であるマクダネル・ダグラスがボーイングに吸収されることとなりMD-11として生産された。40型を運航したエアラインは日本航空以外ではノースウエスト航空のみなので、その意味で貴重な機体である。最大離陸重量の違いなどはあるものの、外観は翼端が延長された30型と変わらないのでデカール替えでの商品展開にも支障はない。なお40型のエンジンは、30型のCF-6シリーズとは異なりJT9Dを採用しているが、キットもそのあたりは正しくフォローしている

■ANA ボーイング 737-500
●34 ●2005年発売

このキットも胴体は上下分割であり、B737-400の胴体金型とは別のものである。胴体の長さ以外は737-400と同じであり、翼などは同じ金型を使用。窓類はデカールで表現され、トリトンカラーもデカールになっている。実機は日本の地方空港を細かく繋ぎ、人々の足となってきた。コロンとした機体が可愛らしくも感じる。小柄ながら作りやすくコレクションしやすいので、展示会などでもよく見かける人気の機種である

■ANA ボーイング 737-700
●35 ●2008年発売

2000年を過ぎて、ボーイング737もロングセラーとなるなかNG（ネクスト・ジェネレーション）型を開発、主翼もエンジンも別物の新世代の737である。ANAはいち早くこれを導入、エンジンの小型化を図ることとなったが、その導入記念に導入1号機と2号機を通常のトリトンカラーから金色にしたANAゴールドジェットを就航させた。これはそれを再現した完全新規キットで、特徴あるウイングレットもシャープに再現されている。胴体は左右分割、窓はコクピットも含めてデカールでの表現となる

■日本航空 ボーイング 737-800
●36 ●2008年発売

800型は700型の胴体延長型であり、このためキットも700型の胴体パーツを差し替えることで800型を再現している。胴体は最近の1/200スケールキットと同様に窓の孔がなく、デカールで再現する方式を採っている。いずれにせよ胴体は左右接着前に内側を黒に塗装し完成後の透けを防いだほうが良いだろう。後は基本的な工作をていねいに行なえば問題なく完成させることができる。初期の200型と並べると、同じB737といってもその違いには驚くはずだ

■ANA ボーイング 737-800 "トリトンブルー"
●37 ●2008年発売

現在の737の主力機種である800型。ANA版の機体は日本航空からのバリエーションキットとして発売された。またこの800型は胴体の短い700型と同時期に発売された。800型と700型のキット内容は胴体のパーツが違うのみで、左右分割の胴体と左右一体型の主翼、キリッとしたモールドのエンジンと、どちらも最新の技術を惜しみなく投入したものだった。このキットの窓類もデカールで再現されている

■日本航空 ボーイング MD-90
●38 ●2009年発売

新世代DC-9シリーズの中で、最も胴体が長いのがこの機体だ。また主翼はMD-81から導入されたDC-9よりもロングスパンのために、キットは脚などの一部のパーツを除き新規に金型が起こされた、ほぼまっさらの新製品だ。日本の航空会社しかもたぬカラフルな塗装もよい。キットは胴体窓の孔が姿を消した第二世代仕様で、仮組みで合いを修正しておけば、各部を塗装した状態で最後に結合すればよい。これは旅客機キットならではの手法だろう

■JALエクスプレス ボーイング 737-800
●39 ●2011年発売

新生日本航空の最新鶴丸に塗り替えられた737-800を再現したためMD-11として「太陽のアーク」カラーからのデカール替えキット。JALエクスプレス仕様のタイトル文字になっているバージョンのデカールが入っている。パッケージは写真だが、本家日本航空版のキットには一切加工はされていない。JALエクスプレスの独特な顔付がより正確に再現されており、小さいながらも作ってみると満足感が得られる秀作キットである

■ソラシド エア ボーイング 737-800
●40 ●2011年発売

ハセガワのB737-800のバリエーション展開は日本でも737NGシリーズを使う航空会社が現れるようになりデカール替えでキット化が可能となった。ソラシドエアは旧スカイネットアジア航空で、ピスタチオグリーンの尾翼とウイングレット、胴体側面のみならず下面にも大きく書かれたタイトル文字等が日本の機体にはなかった色使いで模型としても気になるカラーリングとなっている。実機ではゆるキャラ「くまモン」を胴体に描いた機体もあり、そちらも人気を集めている

■ピーチ エアバス A320
●41 ●2012年発売

ピーチアビエーションは日本のLCC（ローコストキャリア）としての先駆け的存在でニュースでも話題となった。派手なピンク、パープルを使用したカラーリングの機体で、ハセガワからもデカール替えでキットが発売になった。定番商品だが、パッケージまでもがピーチカラーになっていて、この辺りも目立つ要因のひとつ。デカールは機体の白い部分以外を全て貼ってしまうという大胆なもので、若干コツが必要かと思うが、できあがれば大胆な配色が目を引く一作となるだろう

■AIR DO ボーイング 737-700
●42 ●2013年発売

AIR DOの新塗装はボーイング767のところでも触れたが、ANAから移籍された-700にもこの流線形の帯が入ったカラーが採用された。ハセガワからは早速このカラーでリリースされた。キットはANAの737-700キットのデカール替えといった内容だが、実際にANAのゴールドジェットも1号機はAIR DOに移籍され、このカラーになった。737-700は実は定番品が少なく、ANAのゴールドジェットとこのAIR DOくらいである。あとはANAの限定品ばかりで、日本では模型でも-700は少数派のようだ

■バニラエア エアバス A320
●43 ●2015年発売

ANAが母体となって設立されたLCCで、新造のA320とANAからの移管されたA320で運航されている。新造機は大型のシャークレットと呼ばれるウイングレットを装着している。ハセガワはこのシャークレット付のA320を主翼金型改修にてリリースした。金型の改修方法はボーイング777-300ERや767-300ERと同じ手法を採用している。黄色い胴体後半部分はデカールで再現できる他、黄色を塗装する場合のために、花模様のみのデカールもあるのはありがたいことである。パッケージは黄色で写真を使っている

■カンタス航空 ボーイング 747-400
●LT3　●1992年発売

このキットが発売された1992年から747-400のキットがリリースされる。ANAに続いてルフトハンザ、そしてこのカンタス航空も発売になった。特徴はこのキットのみのエンジン、ロールスロイスのRB211系パーツが入っていること。カンタス航空の747キットは300型以前にリリースしているが、こちらもハセガワ747キット唯一の旧タイプRB211エンジンをセットし、話題になった。デカールは機体後部の赤い塗り分けを貼るだけで再現できる。パッケージは離陸を後追いした構図でカンタス航空747の魅力が増幅するアングルであった

■ヴァージン アトランティック航空 ボーイング 747-400
●LT5　●1995年発売

747-400の外資系キャリアー第二弾はヴァージンアトランティック航空。当時は何かと話題の航空会社で新しい切り口で大手キャリアに斬り込む姿が若い人に受け入れられた。ハセガワもさっそくキットをリリース。機首に描かれた「スカーレット・レディ」のマーキングもデカールで再現された。ボディは白色ながら尾翼の赤も派手で、これが完成させると意外に映えた。この747-400に続き、後にクラシックジャンボや737-400等もリリースされて行く事となる

■日本航空 ボーイング 767-300
●LT6　●1994年発売

2代目鶴丸のボーイング767-300は金型が-200から改修(延長)されて発売となった。これでボーイング767-200は一時絶版となる。実機は初代鶴丸カラーで飛び始めたJALの767-300であるが、それは結局キット化されなかった。金型はもちろん767-200の金型をそのまま使用している。キットのエンジンはプラット&ホイットニーのJT9Dシリーズをセット。パッケージはイラストで、当時のJALボーイング747-400等と同じタッチのイラストである

■全日空 ボーイング 767-300
●LT7　●1994年発売

日本航空に続いて全日空版のボーイング767-300も発売になった。全日空の767としては先に限定品でマリンジャンボJr.が発売されているが、実質これがハセガワの767-300キットの始まりとなっている。箱絵はイラストで当時の標準とも言える。エンジンはジェネラル・エレクトリックのCF6系をセット。「全日空」という漢字タイトル文字のキットもANAロゴタイトルが実機に現れてくると生産もそちらに移行することとなる

■日本航空 MD-11 "Jバード" Part.1
●LT8　●1995年発売

それまでのDC-10の発展型として開発された機体で、その外観はDC-10に酷似する。が、胴体は延長され主翼もウイングレット付に改められた。キットはエンジンナセルや尾翼、窓周りなどをDC-10から流用しながら、新規金型で胴体を製作しウイングレットを追加することでMD-11への変身を図っている。キットには窓の孔が開口された胴体パーツが付属する

■日本航空 MD-11 "Jバード" Part.2
●LT9　●1995年発売

10機導入されたJALのMD-11、そのうちJA8583、8584、8585の三機のうちいずれかが作れるようにデカールがセットされたもの。パート1と同様にプラット&ホイットニーのエンジンが入っている。パッケージは写真で、機体の愛称名がデザインされたマークが印刷されていた。キットは客席窓が開いているハセガワのスタンダードスタイルだが、747-400までは凸モールドだったパネルラインがスジ彫りになった

■日本航空 MD11 "Jバード" Part.3
●LT10　●1995年発売

10機のJバードの残り4機のマーキングがセットされた、Jバード完結編。JA8586、8587、8588、8589である。JALのMD-11はわずか10年あまりで全機退役してしまったが、海外に売却され、ほとんどは貨物機に改造された。MD-11は他のスケールでもあまり見なかったため、ハセガワの1/200が一番手頃であった。実機と同じく旅客機から退役していくとキットもリリースされなくなったが、最後の最後に「太陽のアーク」カラーになった機体を限定品としてリリースしている

■大韓航空 MD-11
●LT11　●1995年発売

往年のMD-11華やかりし頃の製品。大韓航空もJALと同様、DC-10の後継にMD-11を導入した。キットの胴体と垂直尾翼は水色の成形色。デカールには胴体中央の銀色帯がセットされている他、箱絵はイラストになっている。この頃の数年がハセガワの旅客機キットリリースのピークとも言えようか、次から次へとキットが発売されていった。旅客機プラモデルの絶頂期とも言える時期を象徴するようなアイテムチョイスである

■スイス航空 MD-11
●LT12　●1995年発売

金型を使い回すのが非常に容易いのが旅客機プラモデルキットではないだろうか。この頃はMD-11キットがどんどんリリースされた。スイス航空のMD-11はそれまでの茶色い胴体の帯をなくなりスッキリした新塗装のものをモデル化している。パッケージは飛翔する姿を真横から描かれたものでいたってシンプルである。デカールも翼面のマークとタイトル程度である。モデラーが買うのは当然だが、この頃のキットは「コレクター」を強く意識したラインナップにも見て取れた

■大韓航空 ボーイング 747-400
●LT13　●1995年発売

大韓航空のキットはMD-11に続いて747-400も作られた。成形色はMD-11と同じく胴体は水色、他はグレーであった。実機はエンジンがP&WのPW4056であるが、キットでは形が大差ないと判断されたのか、GEのCF6系のものがそのままセットされていた。結局、いまだに-400型のPW4056エンジンはキットでは再現されていない。箱絵はイラストで飛行する姿が描かれている

■ヴァージン アトランティック航空 ボーイング 747-200
●LT14　●1995年発売

747-400に続けて発売になったヴァージンアトランティックの200型。カラーリングも400型と同じである。日本路線にヴァージン航空が就航した当時はこの200型であったが、カラーリングはこのタイプではなく、窓回りに赤い帯が入り、尾翼に文字がないデザインであり、日本にこのカラーの飛来は400型のみではなかったかと思う。そのような点でもかなりマニアックな機種選定と言えるだろう。箱絵は写真で地上を滑走する機体を真横から撮ったアングルであった

■全日空 ボーイング 777-200 "トリプルセブン"
●LT16　●1996年発売

日本におけるボーイング777の歴史はこのANAの「トリプルセブン」から始まった。キットも新金型で1996年に発売、キットは凹モールドのパネルラインが全てのパーツに入り、現代的なキットの特徴を印付けた。パッケージはイラストで、飛行中の機体を機首アップにしたアングル。デカールは尾翼の文字がトリプルセブン導入記念の777と通常ANAの二種類が入っている。のちに限定でカルトグラフバージョンのキットも少数発売された。もちろん、このころには漢字表記の「全日空」と英語表記の「ANA」バージョンがある

■日本航空 ボーイング 777-200 "スタージェット"
●LT17　●1996年発売

この頃に日本で就航し始めたボーイング777-200を早くもハセガワがリリース。キットはそれまでの747、MD-11等と同じ構造を踏襲している。胴体はパネルラインが凹モールドとなった。その他、主翼下面のフラップヒンジ収納コーンが別パーツとなり、主翼の塗り分けが格段にやり易くなった。ハセガワJAL777の初号機のシリウス、及び2号機のベガが選択できた。このキットも後に限定品でカルトグラフ製のデカールが入ったものも一時期出回った

■アンセット オーストラリア航空会社 ボーイング 747-300
●LT18　●1996年発売

歴史の古いアンセットオーストラリア航空。国内線を主として運航する会社だったが、国際路線(関空)を開設するにあたり、中古の747-300を導入した。スターアライアンスの創設時からのメンバーでもある。キットはP&WのJT9D系エンジンを搭載した姿を再現し、デカールは尾翼をまるまるカバーして表現するタイプである。のちに機材が747-400になるとそちらも限定品で発売された。さらにA320やB727もあり、ハセガワからはアンセット航空のキットが様々に展開されたが、会社が解散してしまい、キットも休止になってしまった

■エール フランス ボーイング 747-400
●LT19　●1996年発売

シンプルでありながらスタイリッシュ、それがエールフランスである。こと、ジャンボジェットならまさにお似合いのカラー。そんなエールフランスのボーイング747-400がデカール替でリリースされていた。エールフランスは当時は版権等に関して寛容なところがあったと聞くが、ハセガワでもボーイング777-200やエアバスA321、また、1/400スケールのボーイング747-400等もリリースしており、手軽なカラーリングもあり、人気であったと思う。パッケージは写真であった

■日本エアシステム ボーイング 777-200 "レインボーセブン"
●LT20　●1997年発売

実機は一般公募で選ばれたカラーリングの機体で、大変面白いカラーではあるが塗装は少し大変である。キットのデカールは綺麗に胴体に巻き付く虹を再現できていたのはさすが。キット自体はJALの777と同じ内容のデカール替えキットで、パッケージは空撮のレインボーセブンとなっている。この箱に印刷されたレインボーセブンの愛称の文字も航空会社指定の図柄であった。限定のカルトグラフデカール付属版も存在した

■シンガポール航空 ボーイング 747-400 "メガトップ"
●LT21　●1997年発売

日本への乗り入れにB747シリーズを使用しているシンガポール航空は、200、300、400各型を用いているので、これまた珍しい200型用のデカールの専用キットをセットしたものだ。組み立てに際しては、特に問題となる箇所はないが気になるのがデカールである。胴体の後端で左右のストライプを合わせるのだが、大きな曲率の部分だけに軟化剤などのマテリアルを駆使して、左右でずれないように注意する必要がある

■日本航空 ボーイング 777-200 "スタージェット パート2"
●LT22　●1997年発売

スタージェット第二弾はアルタイルとプロキオン。以前発売されていたスタージェットの単なるデカール替ではあるが、マニア心というかコレクター心をくすぐるリリース方法である。こちらはカルトグラフデカール付属版は発売されなかった。エンジンはこれら前述の2種も含めてプラット&ホイットニーのPW4000シリーズである

1/200 SCALE AIRCRAFT MODELS

■LT23　アメリカン航空 ボーイング 767-300

■LT24　アメリカン航空 MD-11

■LT25　全日空 ボーイング 777-300 "スペシャル・マーク"

■LT26　スカイマーク エアラインズ ボーイング 767-300

■LT28　日本アジア航空 ボーイング 747-200

■LT30　ラウダ航空 ボーイング 777-200

■LT31　エア・ドゥ ボーイング 767-300

■LT33　ラウダ航空 ボーイング 767-300

■LT34　スカイマーク エアラインズ ボーイング 767-300 "ディレク・ティービー"

■LT35　日本アジア航空 ボーイング 767-300

■LT36　日本トランスオーシャン航空 ボーイング 767-200

■LL12　日本エアシステム DC-10-30

■LL12X　日本エアシステム DC-10-30 "JAS ピーターパン フライト"

■LL13　日本エアシステム エアバス A300

■LL14　日本航空 DC-10-40 "NEW マーク"

■LL15　日本エアシステム MD-90 "1号機、2号機"

■LL16　エアーニッポン ボーイング 737-500 "スーパードルフィン"

■LL17　日本トランスオーシャン航空 ボーイング 737-400 "スカイマンタ"

1/200 SCALE AIRCRAFT MODELS

■LL18　日本エアシステム MD-90 "3号機、4号機"

■LL20　JAL エクスプレス ボーイング 737-400

■LL23　全日空 L-1011 トライスター "モヒカン"

■LL24　アンセット オーストラリア航空 ボーイング 727-200

■LL25　日本エアシステム MD-81/MD-87

■LL26　ヴァージン エクスプレス ボーイング 737-400

■LL27　全日空 エアバス A320

■LL28　全日空 エアバス A321

■Lc1　全日空 L-1011 トライスター

■Lc2　アリタリア航空 DC-10

■Lc3　英国航空 L-1011 トライスター

■Lc4　ノースウエスト航空 DC-10-30/40

■Lc5　キャセイパシフィック航空 L-1011

■Lc6　K.L.M. オランダ航空 DC-10-30

■Lc7　トランスワールド航空 L-1011 トライスター

■Lc9　東亜国内航空 A300

■Lc10　シンガポール航空 A300

■Lc11　タイ国際航空 A300

HASEGAWA COMPLETE WORKS　139

■アメリカン航空 ボーイング 767-300
●LT23　●1998年発売

同じアメリカン航空のMD-11キットに続いて767-300も発売になっている。このキットもカルトグラフ製のデカールがセットされていた。エンジンはゼネラル・エレクトリックのCF6系。パッケージは写真で、空撮されたものであった。このキットの発売と近いタイミングでアメリカン航空は777-200のキットも発売されている

■アメリカン航空 MD-11
●LT24　●1998年発売

ベアメタルの機体が空港でも眩しいアメリカン航空。キットのMD-11はエンジンをゼネラル・エレクトリックのCF6系にして、デカールもカルトグラフ製、胴体はグレー成形となった。あのアメリカンのカラーリングをどう再現するか、モデラーの腕の見せどころである

■全日空 ボーイング 777-300 "スペシャル・マーク"
●LT25　●1998年発売

全日空がボーイング777-300導入に合わせて施したスペシャルカラー機を再現したもの。このキットのために胴体金型が改修された。胴体が長くなり、箱もそれまでの777-200型のもの（747等と同じ）では入らなくなり長さのある箱に入っていた。パッケージは写真で格納庫棟に駐機している姿を写している。内容的には777-200には取り付けられていない離着陸時のしりもち事故防止のテイルスキッドパーツが新規につくられている。限定でカルトグラフ版のデカールが入ったものも発売されていた

■スカイマーク エアラインズ ボーイング 767-300
●LT26　●1998年発売

日本の大手三社に斬り込んだ旅行会社H.I.Sが母体の航空会社として話題となったスカイマークエアラインズ。当初実機の基本カラーリングになるはずだった塗装をキット化したもの。結局このカラーは実機には塗られず、機体を丸々広告に使うという塗装になっていく。キットはゼネラル・エレクトリック製のCF6系エンジンをセットし、パッケージは想像図を元に空を翔ぶイメージを描いたものだった。デザイン的には実機も見てみたかったと思う

■日本アジア航空 ボーイング 747-200
●LT28　●1999年発売

台湾等のアジア路線向けにJALが創設した子会社が日本アジア航空。当時主力であった747-200をデカール替えにてリリースした。他にも767-300や747の特別塗装機のキットも限定品として発売になっている。JALのカラーリングに近い尾翼のシンボルマークが独特でロゴマークはJAAとなり、プラモデルのバリエーションがさらに拡がる製品であった。JALの影に隠れるようなイメージもあったが、実機は747をはじめ、DC-10、767-300、以前はDC-8も使われた。貨物機もJALと共用で使われ、バリエーションは多かった

■ラウダ航空 ボーイング 777-200
●LT30　●1998年発売

レーシングドライバーであるニキ・ラウダがオーナーとなり設立された航空会社ということもあり話題になった。エンジンがゼネラル・エレクトリックで日本の航空会社のプラット＆ホイットニーのエンジンと違うため、それ目当てで購入したモデラーも多かったのでは。デカール替えキットではあるが上記の事情もあってか、模型店でもよく見かけた。パッケージは写真で空撮のものが使われていた

■エア・ドゥ ボーイング 767-300
●LT31　●1998年発売

北海道に設立された航空会社。こちらも実機の登場にできるだけ合わせるタイミングで早々にリリースされた記憶がある。キットはゼネラル・エレクトリック製エンジンが入ったボーイング767-300キットのデカール替えである。黄色と水色のカラーはエア・ドゥの象徴としてデザインが変わっても今でもその2色は使われている。当時のカラーリングはシンプルな直線の塗り分けで模型の世界でも塗りやすいというイメージが強かった。パッケージは写真である

■ラウダ航空 ボーイング 767-300
●LT33　●1999年発売

前述した777-200のラウダ航空のキットとほぼ同時期に767-300もリリースされた。パッケージは777とほぼ同じアングルの空撮写真で間違えそうになるくらいであった。デカールも777をそのまま少し小さくしたようなデザインであった。日本ではあまり縁の薄い航空会社だったのもあるが、いつのまにかラウダ航空自体は会社を精算してしまった。どちらかと言えばコレクターアイテム的存在のキットである

■スカイマーク エアラインズ ボーイング 767-300 "ディレクティーピー"
●LT34　●1999年発売

スカイマークは初期のカラーリングにおいてオリジナルなカラーは結局存在せず、767-300の機体全面に広告を入れて翔んでいた。その一機がこのディレクティーピー仕様で、著名人が数々えがかれていた。キットはデカール替えでエンジンはゼネラル・エレクトリック。実機はキットと窓配置、ドアの数が違う767-300を使っているのだが、そこはデカールで再現するように指示されている

■日本アジア航空 ボーイング 767-300
●LT35　●1999年発売

ボーイング747-100、マクダネル・ダグラスDC-10でも製品化されているハセガワの日本アジア航空にボーイング767-300も加わった。実機は日本航空からの移管で現れたものであるが、ハセガワでは日本航空のボーイング767-300キットのデカール替え製品である。パッケージは写真でエンジンは日本航空のキットと同じP&WのJT9D系をセットしている。日本アジア航空のキットは747、DC-10と共にこのカラーリングのみ発売されただけだった

■日本トランスオーシャン航空 ボーイング 767-200
●LT36　●2000年発売

観光シーズンの時期のみ、日本航空から借り受けたボーイング767-200で一時期運航されたカラーリングをキット化したものである。ボーイング767のキットは元々200型として金型を作ったが、途中で胴体を-300型に延長するために改修してしまい後は絶版状態に。だがE-767を開発の際に作った胴体を流用することで、再び-200型をリリースできるようになった。しかし当然ながら客席窓がないので、その点はデカールで表現することとなる。以後、限定品扱いで日本航空やANAの767-200も発売になった

■日本エアシステム DC-10-30
●LL12　

実機はレインボーカラーと呼ばれたエアバス社のデモンストレーターに塗られていたカラーリングをマクダネルダグラスの機体に塗った事で話題となった機体。2機導入された。キットはGEのCF6系エンジンパーツが入っており、JASが独自発注したエンジンも再現できる。デカールはレインボーカラーを手軽に再現できるように帯が胴体、尾翼とも入っていた。尾翼のデカール貼りに気を付けないとシワが寄るのでていねいに工作を進めたい

■日本エアシステム DC-10-30 "JAS ピーターパン フライト"
●LL12X　●1995年発売

短期間のみ機体に描かれていたスペシャルカラーリングのDC-10をキット化したもの。通常版LL12のデカールにキャラクターのデカールを追加したものでパッケージも合わせて変更されている。特別キットの意味で品番のあとにXがついている。この日本エアシステムのDC-10ではあまりスペシャルカラーリングがなかったが、このDC-10ピーターパンは当時流行りだしたスポンサーのキャラクターを機体に描く国内各社と合わせるように登場し、空港で人目を引いた

■日本エアシステム エアバス A300
●LL13　●1995年発売

東亜国内航空から社名変更した日本エアシステムの主力機材であったエアバスA300。実機は数種類のタイプが使われていたようだが、キットでは「A300」として初期のタイプをモデル化している。このキットはもともと東亜国内航空のキットとして発売になっていたもののデカール替えキットである。日本エアシステムのカラーは元々エアバス社のデモンストレーションカラーであり、それをそのまま航空会社が使ったという異例のカラーリングだ。パッケージはイラストで上空で巡航するイメージであった

■日本航空 DC-10-40 "NEW マーク"
●LL14　●1995年発売

JASのDC-10と同時期に発売された2代目鶴丸キット。初代鶴丸キットのデカール替えキットである。こちらはエンジンはP&WのJT9D系エンジンパーツが入っており、垂直尾翼の第2エンジンインテークが膨らんでいるのが特徴である。デカールは胴体前方のグレー帯とタイトル文字、ロゴマーク等が入っており、帯は塗装でも作れるようにロゴマーク等は帯とは別になっていた。この頃からパッケージに写真を使うことが多くなってくる

■日本エアシステム MD-90 "1号機、2号機"
●LL15　●1996年発売

日本エアシステムは東亜国内航空の時代からDC-9シリーズを使ってきたが、その後継として1990年代後半に導入されたのがMD-90である。黒澤 明がデザインした虹をイメージした7パターンのカラーリングを採用し、話題になった。ハセガワからは1号機と2号機がセットになったコンボキットが発売された。上下分割型金型で左右が繋がった主翼など、同時期にリリースされたボーイング737-400などと同じ手法のキットである。パッケージは写真で、黒澤MD-90はこのキットのみ、カルトグラフ製のデカールが入った限定品もあった

■エアーニッポン ボーイング 737-500 "スーパードルフィン"
●LL16　●1996年発売

長胴型の胴体と新型エンジンを組み合わせて400型をベースに、今度は胴体を短縮したのが500型で、当然ながらキットは胴体を新規金型で再現している。それまでの200型キットと比べると、主翼幅も延長されエンジンナセルも改められているので、脚などの一部を除いてほぼ新規に金型が起こされた。新世代仕様のため窓孔はなく、すべてデカールで表現されているというのもありがたい

■日本トランスオーシャン航空 ボーイング 737-400 "スカイマンタ"
●LL17　●1996年発売

このキットから胴体が左右分割ではなく、上下分割に変更された。よって、コクピット窓、客席窓がなくなり、それぞれデカール表現となる。胴体も左右が繋がっており、胴体下部で挟み込む方式となり、このあとに出てくるミニライナーシリーズの構造に近くなる。ディテールが以前より簡略化されたのは仕方ないところか。デカールは窓とカラーリング表現を分けていて、塗装でマーキングする人にも対応している

■日本エアシステム MD-90 "3号機、4号機"
● LL18 ●1997年発売

1号機、2号機のセットに続いて、3号機、4号機の2機セットもリリースされた。4号機は機首部分が緑色の独特なカラーリングで、この部分はさすがに塗装するようになっている。内容的にはLL15のデカール替えキットであり、パッケージはこちらも写真となっている。この他、限定品扱いで5号機、6号機、7号機が3機セットとなった製品も発売され、7パターンの黒澤ジェットは完結できるようになっていた

■JAL エクスプレス ボーイング 737-400
● LL20 ●2001年発売

ハセガワの737-400シリーズは実機のバリエーションに合わせるかたちでリリースされた。JALエクスプレスカラーもデカール替えで発売に。この時期、ハセガワは旅客機のデカールにカルトグラフを多用していた。このJALエクスプレスにもご多分に漏れずカルトグラフ製のものが入っていた。今考えるとなんとも贅沢であったと思う。パッケージは合成写真であった

■全日空 L-1011 トライスター "モヒカン"
● LL23 ●1998年発売

これは実質の再販キットと言えるものである。ANAのトライスターはトリトンカラーがかねてからリリースされていたが、それ以前にはモヒカンカラーのキットでリリースされていた。このキットは当時のモヒカンカラーのデカールを一切変更せずに再生産したもののようだ。パッケージは他のキットに合わせて写真に変更されているがモヒカンカラーが似合うANAのトライスターが再版されたことに嬉しくなったものである。後にトリトンカラーとモヒカンカラーのコンボキットも限定で発売されたこともあった

■アンセット オーストラリア航空 ボーイング 727-200
● LL24 ●1999年発売

現在は倒産して姿を消したオーストラリアの航空会社で、100型とコンボイ型100C型、そして200型を保有していたが本キットは200型でキットも同じだが、これは単に従来キットの流用である。このスケールならばディテール云々などは無意味で、丁寧に工作してパネルラインはすべて削り落とし、塗装で光り輝かせるかやせるというのが王道であろう。それぞれ別に塗装して、最後に組み合わせることが可能なのも旅客機ならではの

■日本エアシステム MD-81/MD-87
● LL25 ●1999年発売

ハセガワのMD-80系は胴体が上下分割、翼は左右一体。窓は全てデカールというスタイルである。簡単に組み立てられることを重視したキットである。スナップフィットとして、接着剤無しでも作ることができるようになっている。これは同時期リリースのボーイング737-400、-500も同じである。MD-81は胴体が長く、MD-87は短い。その他の差異は垂直尾翼の頂上部がMD-87の方が高くなっており、これは後にリリースされるMD-90と同じ型である。デカールはこれもカルトグラフ製のもので、2機分が1枚になっている。パッケージは写真であった

■ヴァージン エクスプレス ボーイング 737-400
● LL26 ●1999年発売

一連のヴァージンアトランティック航空のキット化の中で最後に出たのがこのヴァージンエクスプレスのボーイング737であった。通常のヴァージンアトランティック航空は白い胴体に赤い尾翼であるが、こちらは逆で赤い胴体に白い尾翼と、まるで「遊び心」ともとれそうな斬新なカラーである。キットは-400型キットのデカール替えで、パッケージはイラスト。胴体を赤く塗装し、デカールでマーキングを再現するようになっていた

■全日空 エアバス A320
● LL27 ●2000年発売

ハセガワのエアバスA320キットはこの全日空カラーリングから始まった。当時は全日空の漢字タイトル文字であり、デカールもその姿を再現している。完全新金型であり、左右分割の胴体は窓の開口はなく、コクピットも含め、全てデカール表現となった。主翼の裏側を見ると、フラップ部分に半分の深さの穴がいている。これは後にA321をキット化する際にA320にはない小型のフラップヒンジのカバーコーンを取り付けるための穴であり、A320を作る際には埋める必要があった。なお、パッケージは写真である

■全日空 エアバス A321
● LL28 ●2000年発売

ハセガワからはこれまでにA320がリリースされていたがこちらは胴体の延長されたA321で、胴体は新規金型である。主翼はフラップヒンジパーツが金型追加されていることを重視したキットである。エンジンはA320のCFM56系からA321ではインターナショナル・エアロエンジンズのV2500系エンジンになり、よりスマートな外観になった。日本での活躍が短かったのと、形がA320と似ていることもあり、実機はあまり目立たなかった。キットもパッケージの写真が似ていてついA320と間違うこともあった

■全日空 L-1011 トライスター
● Lc1 ●1980年発売

ハセガワが初めてリリースした旅客機キット。DC-9からB747までをラインナップにそろえるとなると、当時旅客機キットの標準スケールである1/144では大型機に難ありとの判断から、1/200という新しいスケールでキット化した。当初はどうなることかと思われたが、その後順調に機体をそろえ、軍用機までラインに加えずも成功といえよう。少ないパーツながら仕上がりは上々の一作である

■アリタリア航空 DC-10
● Lc2 ●1980年発売

トライスターと並ぶワイドボディー第一世代のもう一方の雄がこのDC-10で、尾部にエンジンを備えるのは変わらないが、その搭載法は好対照をなしている。旅客機ということでパネルラインは最小限の凸モールドとされた。客室窓は孔のみで上からデカールを貼る設計となっている。その後DC-10系の機体は多数がリリースされたが、このアリタリア航空版は現在生産休止となっている

■英国航空 L-1011 トライスター
● Lc3 ●1980年発売

イギリスの国旗に範を得た赤/白/青のシェブロンを尾翼に配したシックなマーキングがこのキットの売り。このマーキングはちゃんとデカールで用意されているが、胴体下面の濃紺塗装はきちんとマスキングして塗り分けてやる必要がある。丸い機首部パーツのマスキング処理がキットの仕上がりを左右するので、これはていねいに作業を進めたい箇所だろう。これさえクリアーできれば、あとはスラスラと作業を進めれば完成にこぎつける

■ノースウエスト航空 DC-10-30/40
● Lc4 ●1980年発売

胴体側面の青いストライプと尾部の赤色が目を引くカラーリングのノースウエスト機。キット自体は以前発売されたDC-10のバリエーションである。胴体のストライプと尾部にはデカールが用意されているキットだが、胴体上面の青はマスキングでの塗装である。胴体側面の青いストライプと色を揃えることを考えると、デカールではなく塗装で工作を進めた方がいいかもしれない

■キャセイパシフィック航空 L-1011
● Lc5 ●1980年発売

香港を代表するエアラインで、世界のエアライン・ベスト5に入るほどその評価は高い。キット自体は他の100型と同一で、シリーズ初期のキットだけに胴体には窓が開口されている。指定どおりに胴体の上下を塗り分けてから、側面と尾翼のストライプ・デカールをセットすれば完成となるのだが、機首部分もストライプと同じグリーンの塗装が施されているため、この部分の処理が仕上がりを左右する

●K.L.M. オランダ航空 DC-10-30
● Lc6 ●1980年発売

シリーズの他のキットと同様に、30型キットのデカール替えであり、胴体側面を走る濃淡2色のストライプは当然ながらデカールで用意されている。先端部は機首まで伸びているので、いっそのことマスキングで仕上げてしまうのもひとつの手であろう。このキットも現在は生産休止中となっている

■トランスワールド航空 L-1011 トライスター
● Lc7 ●1980年発売

ハセガワが新たにスタートした1/200エアライナー・シリーズの第一世代キットのひとつが本機である。トランスワールド航空(TWA)が導入したのはシリーズ初の生産型1型だが、キット化された200型との違いは燃料搭載量の増大など機内に関するものであり、外観はまったく同じなのでデカール替えでの商品展開に際しては特に問題はなかった。キット自体の出来は秀逸で、注意するとしたら曲面の機首部分にストライプのデカールを、隙間を生じさせずぴたりと合わせることだろう

■東亜国内航空 A300
● Lc9 ●1981年発売

ボーイングと並んで、ヨーロッパにおける旅客機産業の雄エアバス社が初めて送り出した双発ワイドボディー機で、日本ではTDA(現日本エアシステムズ)が最初のカスタマーとなった。もちろん全スケールを通じてA300初のキットであり、その意味でも当時としては注目を集めた。ハセガワ旅客機キットのスタンダードともいえる仕上がりで、合いも良好なのでていねいに組み立てれば追加工作の必要はないだろう

■シンガポール航空 A300
● Lc10 ●1981年発売

TDAが導入したA300がB2K型仕様であったのに対し、シンガポール航空ではB4型を選択しているが、機体自体の変化はほとんどなく当然ながらキットでもデカールを除いて同じものとなっている。ただしまったく同仕様というわけではなく、機内の燃料搭載量が増大したことで内翼前縁にフラップが新設されているので、資料を参考にこのフラップを作り込めばより実機に近い作品となる

■タイ国際航空 A300
● Lc11 ●1981年発売

タイ航空が導入したA300-600型は、胴体と主翼をそれぞれ短縮した乗客数200+席で中距離仕様のA310の発展型。A300B型と翼長は同じだが全長はこのスケールでいうと0.23mm延長されているのが特徴だ。このように現実的にはほとんど長さの差はないので、キットでは通常のA300と同じ胴体がセットされている。美麗なマーキングで知られる機体なので、ツヤを整えるためのクリアー吹きは念入りにしたい

1/200 SCALE AIRCRAFT MODELS

■Lc12　フィリピン航空 A300

■Lc13　全日空 ボーイング 767

■Lc14　デルタ航空 ボーイング 767

■Lc15　日本航空 ボーイング 767

■Lc17　スカンジナビア航空 DC-10

■Ld1　日本航空 ボーイング 747

■Ld2　エアインディア ボーイング 747 ジャンボ

■Ld3　フランス国営航空 ボーイング 747

■Ld4　ルフトハンザ航空 ボーイング 747

■Ld5　シンガポール航空 ボーイング 747

■Ld6　日本航空 ボーイング 747-300 ジャンボ SUD

■Ld7　全日空 ボーイング 747SR-100 スーパージャンボ

■Ld8　シンガポール航空 ボーイング 747-312 ビッグトップ

■Ld9　カンタス航空 ボーイング 747-300EUD

■Ld10　ユナイテッド航空 ボーイング 747 ジャンボ

■Ld11　KLM オランダ航空 ボーイング 747 ジャンボ

■Ld12　日本航空 ボーイング 747-200

■La1　東亜国内航空 DC-9

1/200 SCALE AIRCRAFT MODELS

■La2　全日空 ボーイング 737

■La3　ガルーダ・インドネシア航空 DC-9

■La4　英国航空 ボーイング 737

■La5　スカンジナビア航空 DC-9

■La6　アロハ航空 ボーイング 737

■La7　南西航空 ボーイング 737

■Lb1　全日空 ボーイング 727

■Lb2　アラスカ航空 ボーイング 727

■MX1　DC-3 "全日空(全日本空輸)"

■MX2　川崎 C-1 "チャーリーワン"

■MX3　川崎 C-1 "SKE バージョン"

■MX4　C-47 スカイトレイン

■MX6　昭和 L2D 零式輸送機

■MX7　E-767 エーワックス (航空自衛隊)

■MM11　KC-10A エクステンダー

■MM12　C-130H ハーキュリーズ

■MM13　C-130H ハーキュリーズ(航空自衛隊)

■MM14　AC-130H ガンシップ

HASEGAWA COMPLETE WORKS

■フィリピン航空 A300
●Lc12　●1981年発売

現在では全機が退役しているが、フィリピン航空では10機のB4型を路線に投入していた。キット自体は、以前にリリースされた東亜国内航空(現日本エアシステム)のB2型とまったく同じものであり、単なるデカール替えなので、B2型と異なるものの外観は同一なので、ストレートに組んでなんら問題はない。ただし基本的な組み立ての注意は必要だろう

■全日空 ボーイング 767
●Lc13　●1983年発売

世界的なベストセラー旅客機となったB727の後継機であり、キットは最初に生産された100/200型の長胴バージョン200型を選んでいる。もちろんデカールがセットされた全日空も当然ながら200型のユーザーだが、その発注は1985年のことであり、実機が日本で飛行する以前に早くもキット化したことになる。さすがにB747と比べると小ぶりだが、3発のDC-10やトライスターとサイズ的には匹敵する

■デルタ航空 ボーイング 767
●Lc14　●1983年発売

デルタ航空は200、300、300ER、そして400ERとB767の各型式を導入しているが、当然ながら前作のキットに専用のデカールをセットしたものなので、200型となる。エンジンもプラット&ホイッニーと、ジェネラル・エレクトリック双方を搭載した機体を導入しているのでこれまたストレートに組んで問題はない。ただし機首部分のデカールは、レドームの形状にピタリと合わせるのがやや難しく、この部分はデカールを切断して塗装で仕上げたほうが楽かもしれない

■日本航空 ボーイング 767
●Lc15　●1986年発売

鶴丸時代のカラーリングを再現したキット。デカールは日本製でシンプルな内容となっている。キットの胴体は、300型に金型改修される前のオリジナルの物で、客席の窓が開いている。2001年に同じパッケージで再版されるが、そちらは胴体がE-767のものを使用しているので別物となる。エンジンはプラット&ホイッニーのJT9D系のパーツが入っている。パッケージは小池繁夫氏で、ハセガワ旅客機キットのパッケージイラストの典型的な離陸シーンが魅力的だ

■スカンジナビア航空 DC-10
●Lc17　●1987年発売

スウェーデン、デンマーク、ノルウェーの3国共同の航空会社、スカンジナビア航空のDC-10は、エンジンがジェネラル・エレクトリックのCF6系パーツが入っている長距離型の-30ERをモデルとしている。胴体などは他のDC-10キットと共通。ホワイトボディが当時はスタイリッシュだった。パッケージは夜間のフライトをイメージしたイラストで旅客機の美しさを感じさせるもの。DC-10のスタイルが的確に再現された、秀作キットといえよう

■日本航空 ボーイング 747
●Ld1　●1980年発売

1980年に発売された、ハセガワの1/200 ボーイング747-200としては最初のキット。このキットを元にして後にエアインディア、エールフランス、ルフトハンザなどのバリエーションが発売された。胴体パーツは窓枠が開口されたものが付属。胴体パーツは白で成型されているが、主翼やエンジンまわりなどはグレーで成型されたパーツとなっている

■エアインディア ボーイング 747 ジャンボ
●Ld2　●1981年発売

インド航空はB747のカスタマーとして200、300、400型を導入しているが、キットは200型をセレクトしている。ただし同航空向けの200型はJAL向けと同一機体、エンジンとも同じなので、単なるデカールの変更のみで再現されている。これは大半の旅客機キットに共通することだが、特に胴体が長いB747の場合は胴体のストライプデカールをセットする際にきちんと直線に貼るよう留意する必要がある

■フランス国営航空 ボーイング 747
●Ld3　●1981年発売

エールフランスはB747-100、200、400各型を購入しているが、100型と貨物機仕様の200Fのみがプラット&ホイッニー製エンジンを選択しており、その結果としてパーツの変更を必要としない100型がキット化された。ということで、このキットはデカールのみが変更されただけであり、内容は同一だ。日本航空や全日空の400型キットからエンジンを流用すれば、200型への変身も可能である

■ルフトハンザ航空 ボーイング 747
●Ld4　●1981年発売

ルフトハンザ航空もまた他の航空会社と同様に100、200、400型を導入しているが、このうち100、200型はプラット&ホイッニー製エンジンを装着しており、これまた従来のキットのデカールを変更しただけの製品となっている。このため留意点は変わらないが、ジェネラル・エレクトリック製のエンジンを備えた200型も保有しているので、400型からのパーツ流用により改造することも可能だろう

■シンガポール航空 ボーイング 747
●Ld5　●1983年発売

日本への乗り入れにB747シリーズを使用しているシンガポール航空は、200、300、400各型を用いているので、これまた従来の200型キットの専用のデカールをセットしたものだ。組み立てに際しては、特に問題となる箇所はないが気になるのがデカールだ。胴体の後端で左右のストライプを合わせるのだが、大きな曲率の部分だけに軟化剤などのマテリアルを駆使して、左右でずれないように注意する必要がある

■日本航空 ボーイング 747-300 ジャンボ SUD
●Ld6　●1985年発売

以前にリリースされた日本航空向けのB747が200型を選んでいたのに対し、カンタス航空のキットで新規に金型が起こされた300型をキット化した。コクピット後方の延長部をカンタス航空ではESDと称していたが、ボーイング社ではSUDと称していた(いずれも延長型上部デッキを指す)。日本航空の300型はプラット&ホイッニー製エンジンを採用しているので、マーキング以外にカンタス航空との違いを生んでいる

■全日空 ボーイング 747SR-100 スーパージャンボ
●Ld7　●1985年発売

B747を導入した全日空と日本航空は、海外路線に加えて極めて短距離の国内路線に本機を投入した稀なエアラインで、その近距離専用機として100型をベースに各部に強化を施したのがSR(短距離)型だ。外観は100型と同じで、日本航空に続いて全日空も導入した。そのためキットは以前と同じパーツがセットされているが、エンジンにジェネラル・エレクトリック製を採用したので、この部分は専用型に差し替えられている

■シンガポール航空 ボーイング 747-312 ビッグトップ
●Ld8　●1985年発売

シンガポール航空のキットは以前に旧塗装(金色の部分が黄色でタイトル文字の字体も違う)のものがあり、間違えやすい。このキットはカラーリング変更されたあとのもので、デカールでも金色が再現されている。胴体はアッパーデッキが延長された「ビッグ・トップ」という愛称の-300型であり、当時は最新鋭機だったこともあってTVCMなどでも「ビッグ・トップ」の愛称が強調され、広く一般に知れ渡ったものである

■カンタス航空 ボーイング 747-300EUD
●Ld9　●1986年発売

それまでハセガワが1/200でキット化してきたB747は、基本的には外見が同一の100型と200型であったがこのキットはSUD、延長型上部デッキのタイトルからもわかるように、コクピット後方の張り出し部分をさらに後方に延長して、座席数を10%増加させた300型をセレクトしている。このため当然ながら胴体は新規金型が起こされており、加えてカンタス航空は、ロールス・ロイス製のエンジンを選択しているため、エンジンナセルも新規のものをセットしている

■ユナイテッド航空 ボーイング 747 ジャンボ
●Ld10　●1988年発売

キットは他の747と同一の内容、デカールはタイトル文字が小さい時代のもの。箱の全長一杯のデカールは、胴体の帯がそのまま再現されている。エンジンはP&WのJT9系でオーソドックスではあるが、日本ではおなじみなカラーのジャンボジェットだった。パッケージは着陸する瞬間をイメージしたもの。箱の側面には実機写真なども印刷されていて、今のようにインターネットがない時代にはちょっとした資料になった

■KLM オランダ航空 ボーイング 747
●Ld11　●1987年発売

こちらもアッパーデッキが延長されたジャンボジェットをモデル化している。エンジンがGEのCF6系パーツが入っており、ハセガワのB747-300型キットでの組み合わせはこのKLMキットのみであった。デカールは窓周りの紺色帯と文字類の組み合わせで、胴体上面の水色は塗装するようにデカールでも指示されている。パッケージは夜間飛行する姿が描かれており、目を引くイラストだった。当時は外資系航空会社のキットが一番リリースされていた時期でもあった

■日本航空 ボーイング 747-200
●Ld12　●1989年発売

こちらもJAL初代鶴丸747のデカール替えキット。まだまだ-200型のほうがJALのメイン機材だった頃のキットである。それまでの胴体に帯が回ったカラーリングから随分シンプルになったなと思ったものだ。デカールもシンプルでサイズも小さいものが入っていた。このデカールは通常デカールとして、後に発売になる初代ゾッチャ747キットにも入っていた。エンジンはプラット&ホイッニーのJT9Dが入っているのはJALクラシックジャンボのお約束。パッケージは写真ではなく、高空をクルーズする747を描いたイラストだ

■東亜国内航空 DC-9
●La1　●1980年発売

ワイドボディー2機種に続いてキット化されたのは、このスケールで翼幅14㎝足らずのDC-9-41であった。双発ジェット旅客機のベストセラーとしてB737とその座を競った機体で、小粒ながら確かな外見と組み立てやすさなどは既に発売されていた海外製のキットをはるかにしのぐ秀作だろう。知名度的にも東亜国内航空の機体がひとつめのキットに選択されたのは納得のいく選択であった

1/200 SCALE AIRCRAFT MODELS

■全日空 ボーイング737
●La2　●1986年発売

このB737はハセガワの1/200旅客機キットとしては比較的初期に発売された製品。後に発売されたキットではハセガワは客室窓の開口を廃しすべて塞がった状態でキット化したが、この当時はまだ窓の部分は開口されていた。他の旅客機同様に部品点数も少なく組み立てやすいキットである。キットは200型を立体化したものでエンジンナセルがパイロンのつり下げではなく主翼下面に密着しているため、製作に際してはこの部分にすき間が生じないように注意するとよいだろう

■ガルーダ・インドネシア航空 DC-9
●La3　●1980年発売

DC-9シリーズの第2弾であり、前作である40シリーズより全長が短い30シリーズの胴体を新規金型で起こし、日本で馴染みが深いインドネシアのガルーダ航空のデカールをセットしている。旅客機キットの華であるマーキングは2色のストライプのみというシンプルさであり、完成すればそれなりに目立つ塗装であった。出来や仕上がりなどは、以前からのDC-9のキットと同様である

■英国航空 ボーイング737
●La4　●1982年発売

英国航空は ボーイング737の200型と長胴型の400型を保有していたのだが、いずれもすでに退役している。キットは200型のデカール替えであり、トライスターと同様に尾翼を赤／白／青を配したシックなマーキングが施されている。もちろんこれはデカールで用意されており、エンジン周りのパーツの合いに注意すれば総じて組み立ては簡単だろう。このB737系のキットは大半が現在生産休止中で入手できないのが残念である

■スカンジナビア航空 DC-9
●La5　●1980年発売

東亜国内航空のDC-9キットのデカール替えキットであり、当時のスカンジナビア航空カラーリングをデカールで再現している。キットはパネルラインが凸モールドであり、1980年代初頭に開発された製品だけに時代を感じるものだ。パッケージはイラストで、飛行する機体のバックに北欧をイメージした様々な場面の風景、人などが描かれ、なんとも旅情をそそられるものであった

■アロハ航空 ボーイング737
●La6　●1980年発売

このキットもまたB737-200のデカール替え。もともと実機が小柄な機体のために手のひらサイズ。他のB737と同じく、エンジンナセルのパーツの擦り合わせには注意したい。また古いキットではあるので、主翼など平らなパーツのヒケにも注意したほうがよいだろう。尾翼のマーキングは下地の赤と一体なので、極力色を合わせて尾翼の後縁部分には最初に下地を塗っておいたほうが、後々の作業が楽になるはずだ

■南西航空 ボーイング737
●La7　●1984年発売

こちらも全日空のボーイング737-200のデカール替えで、オレンジ色が鮮やかな南西航空の737-200仕様である。このキットもDC-9と同様の年代にリリースされた製品で、パネルラインが凸モールド。ただし、主翼取り付け方法はDC-9が左右の主翼を胴体に差し込む形なのに対して737-200は主翼の胴体下面が一体の形状だ。パッケージはイラストで、離陸する姿を描いている。このカラーは737-200が飛んでいた時代のものだが、最近、リバイバルカラーリングとして737-400型の1機に塗られている

■全日空 ボーイング727
●Lb1　●1982年発売

3基のリアエンジン配置を採った旅客機としては世界的なベストセラーとなったのがこのB727。1/200シリーズ初のキット化となる。全日空では100型と200型を導入しているが、キットは200型を立体化したもので、機体背面にブルーのストライプを配したことでモヒカンルックと呼ばれたマーキングを再現している。パーツ点数は少なく合いも良好なので組み立ては簡単。仮組みで調整してやれば胴体と主翼をそれぞれ別に塗装して最後に組み合わせることができるほどである

■アラスカ航空 ボーイング727
●Lb2　●1982年発売

尾翼に大描きされたイヌイットの顔で知られる航空会社であり、貨物機とのコンボ型100Cと200型を保有しているので、当然ながらキット自体は全日空仕様と同じ。旅客機ファンならば、主翼を前後で合わせて3cm短縮したうえで、前部胴体の左側に長方形の貨物扉を彫り込んでやることで、コンボ型100C型への変身にトライするのも楽しいだろう

■DC-3 "全日空(全日本空輸)"
●MX1　●1994年発売

戦前から現在まで、飛び続ける名旅客機／輸送機である。決して小柄な機体ではないが、1/200では全幅14.5cmと小振りなサイズに仕上がる。パーツ点数も少なく、またDC-3のプロポーションを正確に再現した名作キットと言える内容である。主翼が外翼と内翼、下面と3つに分割されているので、これらのパーツを接着する際に段差が生じないように組み立てると後々擦り合わせを行っておきたい。後に海上自衛隊に供与された輸送機型であるR4D-6などバリエーションも限定発売された

■川崎C-1 "チャーリーワン"
●MX2　●1994年発売

国産初の中型ジェット輸送機として自衛隊で運用される機体。1/200では全幅15cm強となり、サイズ的にはDC-3とそれほど変わらない機体であることがわかる。パーツ点数も少なく総じて組みやすいキットで、実機の外形をよく再現している。製作に関してはエンジンナセルと一体化されたパイロンと、主翼との間にすき間ができないように注意したい。現在は定番からは外れているキットだが、たまに2機セットのコンボキットなどの形で再販されている

■川崎C-1 "SKEバージョン"
●MX3　●1994年発売

先にリリースされていたC-1のキットをベースに、全天候下での精密投下や編隊飛行を助ける航法支援機材を収めたフェアリングをコクピット後部に追加したキット(この航法支援機材がSKEと呼ばれている)。その部分以外は先行したC-1と同じである。このC-1をベースとしていくつかバリエーションキットが発売されたが、変わったところではF-2開発時に専用火器管制装置空中試験用に改造され、機首にF-15のレドームをそのまま取り付けた機体も立体化されている

■C-47 スカイトレイン
●MX4　●1994年発売

民間型DC-3のバージョン替えキット。もともとDC-3は戦後に軍用型から転用されたのが大半なので、当然ながらキットは全く同じパーツがセットされている。C-47への変化は、左側面に物資や空挺隊員を降下させるための大きなドアを備えていることだが、胴体は民間型と共有ということでドアはモールドではなくデカールで表現されている。スケールを考えるとこのデカールでも充分な仕上がりとなるが、モールドを彫り込んでやればよりリアルな作品となるだろう

■昭和L2D 零式輸送機
●MX6　●1995年発売

全日空のダグラスDC-3のデカール替えキット。1/200はなんとも小さいがスタイルはしっかりしている。零式輸送機は第二次大戦の旧日本海軍の輸送機だがダグラスDC-3をライセンス生産したもので、形状はほぼ同じ。エンジンが国産の金星エンジンであったことから厳密にはエンジン周りの形状が少し違う。しかし気にはならないサイズなのでそのまま楽しみたい。キットはバージョン展開も考えてと思われるが、コクピットと天測用のバブルウィンドウの窓のみクリアーパーツで、キャビン窓はデカール表現となっている

■E-767 エーワックス(航空自衛隊)
●MX7　●1999年発売

このキットは旅客機ではないが、のちにこのエーワックスの胴体を使用し、767-200がいくつかリリースされた。その意味では旅客機とも通ずる点が多い。キットは簡単に言えば旅客機のB767-200の背中にロートドームを加えたものである。マーキングは警戒航空隊 第601飛行隊 第2飛行班のものと飛行開発実験隊のものが選択できるようになっている。エンジンはジェネラル・エレクトリックのCF6シリーズ。ちなみにB767-200のキットでこの胴体が使われているものには客室窓が開口されていない

■KC-10A エクステンダー
●MM11　●1987年発売

E-4Bに続く1/200旅客機シリーズの軍用機版第2弾。DC-10の貨客コンボ型30CFをベースに空中給油母機とした機体を、既に発売された日本エアシステムなどの30型キットをベースとして再現している。ただし旅客機型とは異なり、側面の窓は最小限に減らされている専用胴体なので胴体は新規金型で成型され、従来キットに空中給油ブームを追加したというような安易なキットではない。組み立ては問題なしだが、側面の窓がわずかに窪んでいるので、面一に仕上げたい

■C-130H ハーキュリーズ
●MM12　●1987年発売

これまで1/200で旅客機と軍用機をシリーズ化してきたハセガワが、初めて手掛けたプロペラ輸送機。さすがにワイドボディ機などと比べるとその翼幅は20cm強と小粒だが、ベストセラー輸送機だけにそのアイテム選定自体が嬉しい。旅客機シリーズとは異なり、パネルラインはスジ彫りで再現されているのが特徴。ベルギー空軍の記念塗装機やアメリカの沿岸警備隊など、ちょっと変わったマーキングを再現したバリエーションキットも発売されている

■C-130H ハーキュリーズ(航空自衛隊)
●MM13　●1987年発売

アメリカ空軍向けのキットに付属しているデカールを航空自衛隊専用のものに改めたキットで、それ以外の内容はまったく同じ。自衛隊で広く運用されている機体だけにバリエーションキットも豊富である。過去にはいわゆるイラク派遣仕様の機体、新金型部品でテイルの延長と短めのスポンソンの形状そのままの海上自衛隊機、給油ポッドを追加した空中給油機などが発売されていた。また、小ぶりな機体であることから2機セットにしたコンボキットなども発売されている

■AC-130H ガンシップ
●MM14　●1987年発売

ベトナム戦争から生まれたガンシップという新しい機種の集大成的な存在で、キャビンの左側に20mmバルカン砲を2門、40mmボフォース機関砲を1門、105mm砲1門を装備したそのスタイルは、独特の凄みを感じさせる。キットは左側の胴体を新規金型で起こすことで、これらの火砲や機首の電子捜索機材なども再現しており、シリーズ中でも目立つ存在。塗装はガンシップグレイのモノトーンなので、火砲類の塗り分けには凝りたいところである

■MM15　ブルーエンジェルス KC-130F ファット アルバート

■MM21　E-4B エアーボーン コマンド ポスト

1/400 SCALE AIRCRAFT MODELS

■MR1　日本航空 ボーイング 747-400

■MR2　全日空 ボーイング 747-400

■MR3　日本航空 DC-10

■MR4　日本エアシステム DC-10

■MR5　日本エアシステム エアバス A300

■MR6　日本航空 ボーイング 747-300 "スーパーリゾート エクスプレス オキナワ"

■ML3　ヴァージン アトランティック航空 ボーイング 747-400

■ML4　フィンランド航空 DC-10 "ムーミン スカイ エキスプレス"

■ML7　ルフトハンザ ドイツ航空 ボーイング 747-400

■ML8　エールフランス ボーイング 747-400

■ML9　KLM オランダ航空 ボーイング 747-400

■ML11　ヴァージン アトランティック航空 エアバス A340

■ML13　ルフトハンザ ドイツ航空 エアバス A340

■ML14　全日空 エアバス A320

■ML15　エアーニッポン エアバス A320

EGG PLANE SERIES

■TH1　F-15 イーグル

■TH2　F-14 トムキャット

■TH3　F-16 ファイティング ファルコン

■TH4　F/A-18 ホーネット

■TH5　F-4 ファントムⅡ

■TH6　スペースシャトル

■TH7　P-51 ムスタング

■TH8　零戦

■TH9　P-40 ウォーホーク

■TH10　P-47 サンダーボルト

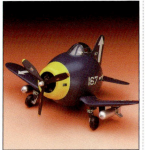
■TH11　フォッケウルフ Fw190A

■TH12　F4U コルセア

■TH13　T-4 "ブルーインパルス"

■TH14　F-16 "サンダーバーズ"

ブルーエンジェルス KC-130F ファット アルバート
- MM15　●1988年発売

航空自衛隊仕様などで販売されていたC-130Hを、アメリカ海軍の曲技チームブルーエンジェルスへの支援機として運用している機体(ちなみにこの機体の所属は海兵隊である)。キット自体は基本的には前作のC-130H型と同じだが、離陸促進用のRATOを新規パーツで追加し、機身上に大書きされたブルーエンジェルスの文字と黄のストライプなどの専用デカールがセットされている。軍用輸送機らしからぬカラフルな塗装が目を引く一作である

E-4B エアーボーン コマンド ポスト
- MM21　●1995年発売

1/200旅客機シリーズ初の軍用型。実機と同様に既発売のB747-200のキットをベースに、衛星通信アンテナのフェアリングを追加。空中受油リセプタクルなどの専用デカールをセットすることで、国家緊急空中指揮所のE-4Bを再現している。2014年にはこのキットをベースにさらなる改修を受けた姿を再現した「E-4B アドバンスド エアーボーン コマンド ポスト」も限定発売されている

1/400 スケール 航空機

日本航空 ボーイング 747-400
- MR1　●1998年発売

ビギナーや子供向けを狙って発売された小型キットシリーズで、胴体は上下分割、主翼は左右が一体となっている簡単なパーツ構成であった。成型色は胴体が白、主翼がグレー、タイヤのゴム部のみ黒で成型されていた。また付属のデカールは窓とマーキングが一体になったもので、こちらも貼ればすぐに完成させられる形になっていた

全日空 ボーイング 747-400
- MR2　●1998年発売

JALに続いて発売になったのは、ANAの747-400。キットの内容は基本的にはJALのMR1と同じもので、デカール替えのバリエーションとなっている。パッケージは1/200のキットで使用されたものをそのまま流用。小振りなキットではあるがプロポーションはよく、気軽に組み立てられるキットである

日本航空 DC-10
- MR3　●1998年発売

747に続いて1/400で登場したのはDC-10。日本航空が導入したのは40型だが、キットはエンジン形状が-30型のため、厳密なことを言えば「同じタイプの機体」くらいのぼやけ方での表記かと思う。が、完成後のサイズ、購入客層を考えれば特にそれで問題もないだろう。ゆえに製品名もあえて「DC-10」とだけ書いているものと思われる。まだまだ現役でDC-10が活躍していた頃の懐かしいキットである

日本エアシステム DC-10
- MR4　●1998年発売

日本航空に続いて日本エアシステムのDC-10も1/400のラインナップに並んだ。日本航空版のデカール替えキットだが、日本エアシステムのDC-10は30型なのでこちらもエンジン形状がキットと一致している。デカールでレインボーカラーを再現しているのだが、このミニライナーシリーズは購買年齢層を意識してデカールとシールが両方とも入っていた(一部には入っていないものもあり)

日本エアシステム エアバス A300
- MR5　●1998年発売

A300は日本で広く使われていた機体だけにミニライナーシリーズでもリリースされたのはさすがと思われた。ただし、エンジン形状や水平尾翼などは日本エアで使われた-600Rとは少し違っており、キット自体はどちらかというと初期のA300B2/B4型に主翼ウイングチップを取り付けたモデルに近い。こちらもキットの性質を考えるとこれくらいのイージーさでちょうどよいように思う。A300のキットはランディングギアがなく、飛行姿勢のみの再現となる

日本航空 ボーイング 747-300 "スーパーリゾート エクスプレス オキナワ"
- MR6　●1999年発売

先に発売されていたB747-400のデカール替えキットだが、主翼翼端のウイングレットは金型の差し替えで付いていない状態で、300型を再現したものとなっている。基本的には400型の金型を使用しているので、それ以外のエンジン形状や主翼のフィレット部分は400型と同一のものだ。デカールは胴体側面に大きく描かれたハイビスカスの模様と客室窓が一体となっており、簡単に大きなマーキングを再現できた

ヴァージン アトランティック航空 ボーイング 747-400
- ML3　●1996年発売

B747のデカール替えキットとしてヴァージンアトランティック航空の機体も発売となった。値段も手頃、ちゃんと塗装すればしっかりしたプラモデルとして通用するのはさすがハセガワ、と思ったものである。このミニライナーシリーズはすべてに小型のスタンドが入っており、飛行姿勢で展示することもできる

フィンランド航空 DC-10 "ムーミン スカイ エキスプレス"
- ML4　●1996年発売

こちらも基本構造は747-400とおなじであるが、ランディングギアは入っておらず、飛行姿勢のみの再現となる。非常にシンプルなパーツ構成ではあるが、こちらもプロポーションは良い。他のミニライナーシリーズのキット同様にデカールも貼りやすさを考えられており、若年層でも作りやすいキットを目指していたことが感じられる。パッケージはこちらは1/200のフィンランド航空のキットとは違う写真を使っていた

ルフトハンザ ドイツ航空 ボーイング 747-400
- ML7　●1996年発売

747-400のデカール替えキットである。シンプルなマーキングであることから、このキットの中でも簡単に完成できたイメージが強いのがこのルフトハンザ航空のキットであった。気楽に取り組めるキットであり、旅客機プラモを身近にしてくれたシリーズでもあったように思う

エールフランス 国営航空 ボーイング 747-400
- ML8　●1996年発売

こちらもデカール替えキット。当時はこのミニライナーは矢継ぎ早にリリースされており、次から次へと発売されるキットを追いかけるものにとっては息が切れるほどであった。こちらはシンプルかつスタイリッシュなエールフランスのホワイトボディがデカールで簡単に再現できるキットとなっている

KLM オランダ航空 ボーイング 747-400
- ML9　●1996年発売

青い機体が目を引くKLMもミニライナーシリーズに仲間入りした。これもB747のデカール替えキットである。胴体を塗装する手間があるが白が主流の旅客機にアクセントがつくカラーリングであった。このサイズのキットはデスクトップモデルにも最適なサイズであった

ヴァージンアトランティック航空 エアバス A340
- ML11　●1997年発売

一連のミニライナーシリーズのキットの中でA340は少数派ではあったが、そのような中でもヴァージンアトランティック航空仕様のキットも発売されることになり、ラインナップが華やかになった。A340はパーツも細かくてなかなか初心者にはかえって難しいと思われてしまいそうなほどのこだわりが感じられるキットではある。同梱のスタンド形状から、機体も含め金型がドラゴン社発売モデルの物と同一であることがわかる

ルフトハンザ ドイツ航空 エアバス A340
- ML13　●1997年発売

ヴァージン航空のA340と同時期にルフトハンザの機体も発売となった。これもドラゴン社の金型を使った製品で、デカールはハセガワオリジナルのものになっている。キットは大変シャープな出来で、謳い文句の通り15分で完成させるのは難しいかもしれませんが素晴らしい内容だった。これにはランディングギアもついており、さらにギアカバーパーツもあるので飛行姿勢でも製作可能である。ドラゴン社からはシンガポール航空やエアバスのデモカラー機仕様もリリースされていた

全日空 エアバス A320
- ML14　●1997年発

こちらもドラゴン社の金型使用のキット。1/400だとかなり小柄なモデルだが、プロポーションは大変良好である。このA320やA340シリーズにもハセガワオリジナルのデカールとステッカーの両方が入っていた。シリーズを通して言える事であるが、製品の各形式により金型の出来にそれなりに変化があり、それぞれの金型の使い方に差があったものと思われる

■エアーニッポン エアバス A320
●ML15　●1997年発売

全日空仕様のA320のデカール替えキット。ANAがあるならANKも出してしまえ、という意図かは不明だが、当時の勢いを感じるキットである。短期間しか見掛けなかったキットであるが、ちょうどこの頃からはダイキャスト完成モデルが台頭してきて、自分で組み立てる1/400キットの存在意義が薄れ始める頃でもあった

たまごひこーきシリーズ

■F-15 イーグル
●TH1　●2007年発売

2007年に約10年ぶりにリブートされた、新生たまごひこーきの第一弾。このF-15は過去の製品ではなく完全新金型のキットとなっている。機体のパーツ分割は上下割りに改良され(過去のたまごひこーきは左右の分割が多かった)、エアインテークは別部品になるなどキット内容的にも大きく変化したものとなっている。さらにパッケージは藤沢 孝氏によるイラストが配された現代的な絵柄になり、たまごひこーきのイメージに新風を吹き込んだキットと言える

■F-14 トムキャット
●TH2　●2007年発売

リブート版たまごひこーき第二弾となったのが人気機種であるF-14トムキャット。元は1990年代前半の「うみたてたまごひこーき」時代に発売されたキットだ。ちゃんと主翼とエアインテークが機体本体と別部品になっており、デフォルメされたキットであってもF-14の特徴は押さえている。このキットで特筆すべきなのが機首にはまるような形の重りの部品が付属している点。「機首に重りを入れないと機体が尻餅をつく」という点を知らないユーザーにも配慮した、たまごひこーきらしいポイントである

■F-16 ファイティングファルコン
●TH3　●2007年発売

2007年に新たにシリーズがスタートしたたまごひこーきの第三弾はF-16。旧たまごひこーきシリーズからの流用で、大きな胴体下面のインテークなどもデフォルメされ、非常にユーモラスな印象にアレンジされている。パーツ構成も当然ながら単純そのものだが、前述のインテークがわざわざ別部品になっている点や主翼のパーツ分割がそれなりに実機に似ている点などはスケールモデルを手がけてきたメーカーらしい。「魔女専用」などの文字が書かれたマーキングも楽しい一作だ

■F/A-18 ホーネット
●TH4　●2007年発売

たまごひこーき新シリーズ第四弾は現代のアメリカ海軍航空部隊の屋台骨、ホーネットである。元は1990年代前半に発売された「うみたてたまごひこーき」にて立体化されたキットである。機体自体は上下をくっつけて垂直尾翼を取り付ければ完成という非常に簡単なのはたまごひこーきらしいところ。だが前脚に取り付けられたカタパルトとの接続アームや着艦フックなど艦載機らしいディテールはちゃんとピックアップされており、このあたりからはハセガワのこだわりが垣間見える

■F-4ファントムⅡ
●TH5　●2007年発売

ナンバリングとしては新シリーズ第五弾にあたるF-4ファントムⅡ。キットには自衛隊のマーキングがセットされている。このファントムⅡはかつて発売されていた旧たまごひこーきシリーズからの流用で、機体全体がパイロットのフィギュアごと左右にまっぷたつになっているというパーツ分割となっている。旧シリーズと同様にファントムのキャラクターのフィギュアも入っているのが嬉しい。後に飛行開発実験団60周年記念のスペシャルマーキングを再現したキットも発売された

■スペースシャトル
●TH6　●2007年発売

第六弾となったのはスペースシャトル。こちらは旧シリーズでも発売されていた息の長いキットである。簡単ではあるが観音開きになる機体背面のカーゴベイも再現されている。シャトル本体と付属のステンレス線でつなげて、宇宙遊泳をしているようにディスプレイできる宇宙飛行士のフィギュアが付属。2014年にはバリエーションとしてボーイング747の背面に取り付けられて輸送中の状態を再現したたまごひこーきも発売されている

■P-51 ムスタング
●TH7　●2008年発売

新シリーズ第七弾は新規金型によるP-51ムスタング。ジェット機と異なり、左右分割の胴体に主翼と尾翼を取り付けるという、割と飛行機模型っぽいパーツ分割になっているキットだ。コクピットに乗せるパイロットのフィギュアはちゃんと大戦中のアメリカ軍パイロットっぽいものになっている。小さいながら排気管やプロペラのスピナー、主翼の上下面などは別部品になっており、ある意味ではかなりスケールモデルっぽい雰囲気のキットと言えるだろう

■零戦
●TH8　●2008年発売

第八弾となった零戦は1980年代前半に展開された旧シリーズのたまごひこーきでは第一弾だったキット。旧シリーズの特徴である左右分割のシンプルな胴体が特徴だが、カウルから見えるエンジンはちゃんと別部品で再現されており、スケールモデルっぽいこだわりが感じられる。マーキングは第261海軍航空隊の「虎-110」と、赤城搭載の「AI-115」という、どちらも21型に描かれたものが付属。たまごひこーきといえどマーキングがちゃんとしているのはいかにもハセガワらしい

■P-40 ウォーホーク
●TH9　●2008年発売

第九弾のP-40も旧たまごひこーきシリーズからの再販。P-40の大きな特徴である機体下面のオイルクーラーはちゃんと内部のディテールまで部品になっている。さらに機首上面のエアインテークやコクピットの後方左右にあるキャノピーなどにもデフォルメを加えつつ再現しており、実機を的確に捉えつつ絶妙にデフォルメしたものとなっている。また、イギリス軍仕様のマーキングも付属しているので、キティホークとして完成させることもできるキットだ

■P-47 サンダーボルト
●TH10　●2008年発売

元々まるっこい形をしているP-47なので、デフォルメもキレイに決まっている。カウルから見える範囲のエンジンは別部品でちゃんとセットされていたり、妙にディテールが細かかったり着陸脚が付属していたりと、ところどころにスケールモデルっぽい生真面目さが顔を出しているのが面白い。また、キットにはちゃんと主翼に取り付けることができるデフォルメされた爆弾のパーツも付属している

■フォッケウルフ Fw190A
●TH11　●2008年発売

こちらは旧シリーズふたつめに発売されたキット。新シリーズでは第11弾としての登場となった。空冷エンジン搭載機でシルエットが似ているため零戦やP-47と同じようなパーツ分割ではあるのだが、こちらはエンジンカウルが別部品ではなく、胴体パーツと一緒に左右に分割されるパーツ構成となっている。カウル内の冷却用ファンや機体側面に並んだ排気ルーバーなどFw190の特徴をうまくピックアップしながらデフォルメを効かせた一作だ

■F4U コルセア
●TH12　●2008年発売

このコルセアも旧シリーズからの再販で、当時は第六弾の製品だった。シンプルなパーツ構成ながら、逆ガル翼というこの機体最大の特徴は上下分割によってボリューム感を出しつつ盛り込まれている(ちなみにほとんどのたまごひこーきの主翼パーツは上下分割にはなっていない)。攻撃機的な任務にも使われたコルセアらしく、左右の主翼に搭載するための爆弾のパーツもついているのが嬉しい

■T-4 "ブルーインパルス"
●TH13　●2009年発売

各地の航空祭でおなじみのブルーインパルスカラーのT-4もたまごひこーき化。T-4の機体形状だと上下でパーツを割るのはちょっと難しかったのか、左右割りの胴体にコクピットやインテークリップの部品を取り付けていくパーツ構成だ。成型色は白とブルーで、塗装しなくてもイメージに近い仕上がりになる。注目はブルーインパルスのマーキングで、1番機から6番機までの全機の機体番号がセットされている。ここはひとつ、6つキットを用意してフォーメーションを完成させたいところだ

■F-16 "サンダーバーズ"
●TH14　●2009年発売

T-4に続きF-16もアメリカ空軍のアクロチーム"サンダーバーズ"のマーキングで登場。キット自体は先に発売されたF-16と同じ物だが、当然ながらセットされているデカールはサンダーバーズのトリコロールカラーをデフォルメしたものとなる。サンダーバーズのパイロットが着用されるヘルメットは赤と白で塗り分けられた派手なものだが、キットにはそれを再現するためフィギュアの頭部に貼るデカールも付属しているのも非常に芸が細かいポイントである

EGG PLANE SERIES

■TH15　F/A-18 "ブルーエンジェルス"

■TH16　F-86 セイバー "ブルーインパルス"

■TH17　F-22 ラプター

■TH18　SR-71 ブラックバード

■TH19　AV-8 ハリアー

■TH20　A-6 イントルーダー

■TH21　Su-33 フランカーD

■TH22　ミグ15

■TH23　ヒューズ500

■TH24　ヒューズ300

■TH25　MV-22 オスプレイ

■TH26　P-38 ライトニング

■TH27　F-2

■TH28　TBF/TBM アベンジャー

■ES4　F-86 セイバー

■EW1　ゴッドファイター

■EW2　ウルフパニック

■EW3　ファントムBOY

■EW4　ミッドナイト・ファルコン

■EW5　チャイナコネクション

■EW6　ファイアードラゴン

■EW7　ピットイン

■EW8　ハリアーCAB

COIN SERIES

■CO1　F-14 トムキャット

■CO2　F-15 イーグル

EGG PLANE SERIES

■F/A-18 "ブルーエンジェルス"
●TH15　●2009年発売

こちらはアメリカ海軍に所属するアクロチーム"ブルーエンジェルス"の紺色の機体色を纏ったホーネット。サンダーバーズのF-16と同様にキット自体は従来品のホーネットと同じである。キットの成型色はブルーエンジェルスの機体色と同様にネイビーブルーとなっており、指定通りにデカールを貼るだけでも実機の雰囲気を再現できる。尾翼の機体番号は1～6までがセットされているので、こちらも6つキットを用意してみたいところである

■F-86 セイバー "ブルーインパルス"
●TH16　●2009年発売

こちらも旧シリーズからの流用となるキットだが、アメリカ軍機のマーキングが付いていたかつてのキットと異なり、リブート後のF-86にはブルーインパルスのマーキングがセットされている。特徴的な機体各部の青ラインは全てデカールになっているので、簡単に初代ブルーインパルスのマーキングを再現できる。また、機番は1981年2月に入間基地で行なわれた最終フライト時のものが8種類付属する。8つ集めればフォーメーションを再現できるのだ

■F-22 ラプター
●TH17　●2011年発売

アメリカ最新の制空戦闘機もたまごひこーき化。カクカクとした独特のラインもそのままにデフォルメされているのはいかにもラプターらしいポイント。パイロットのフィギュアも最新型のヘルメットを装備したものがセットされているが、それとは別に箱絵に描かれている女の子のキャラクターをイメージしたパイロットのフィギュアも付いている。胴体全体を上下に分割したパーツ構成だが、特徴的な推力偏向ノズルやインテークは別部品になっているなど細かいこだわりも感じられる

■SR-71 ブラックバード
●TH18　●2011年発売

実機はご存知の通り相当に扁平かつ細長い形状をしているが、胴体をぎゅっと縮めることでSR-71もたまごひこーき化された。旧シリーズでは末尾にあたる15番目に発売されたキットであり、パーツ分割も上下割りの胴体パーツの左右にエンジンポッド部分を取り付けるという、たまごひこーきではおなじみのものとなっている。また、キットには沖縄の嘉手納基地に展開していた部隊のデカールが付属している

■AV-8 ハリアー
●TH19　●2011年発売

元は旧シリーズで八番目に発売されたキットがこのハリアー。キットは実機でいうとGR.1やAV-8Aにあたる第一世代のハリアーをイメージしており、付属のマーキングも米軍とイギリス空軍のものが1種類ずつ付属している。パーツ分割は胴体を大きく左右に割る旧シリーズではおなじみのもので、主翼の下に吊るす爆弾とロケット弾のポッドが付属しているあたりは、ハリアーの特徴をよく表現したものと言えるだろう

■A-6 イントルーダー
●TH20　●2011年発売

こちらのイントルーダーも旧シリーズからの再販で、元々は旧シリーズの七番目に発売されたキットである。いささか変わっているのが胴体のパーツ分割で、機体の前側が左右割りになっているところに一体成形の機体後半のパーツを取り付けるという、シリーズ内でも屈指の(といっても3パーツだが)細かいパーツ分割となっているのだ。さらにインテークも別部品になっているなど、機体形状をデフォルメするための工夫が随所に見て取れる。また、TERに付いている爆弾が再現されているのも攻撃機らしいポイントだ

■Su-33 フランカーD
●TH21　●2012年発売

近年人気のフランカーがたまごひこーきに仲間入り。こちらは完全新規金型のキットとなる。ボリュームのある胴体の内部を桁状のパーツが入るなど、構造的な強度にも気を配っている。またロシア製の空対空ミサイルも4発付属するのが特徴のキット。ラプターと同様にパイロットのフィギュアはロシア海軍風のヘルメットを被ったものと、パッケージのイラストにある女の子のキャラクターをイメージしたものが付属し、キャラクターの目は専用のデカールが付いている

■ミグ15
●TH22　●2012年発売

フランカーに続いて数世代前のソ連軍機が登場した。元々旧シリーズでは三番目に発売されたキットで、シリーズ開始直後の製品であることからパーツ分割はシンプルそのもの。大きく左右に分割された胴体に主翼と尾翼とキャノピーを取り付けたらもうほぼ完成という手軽さだ。とは言え、インテーク内中央にある仕切り板をちゃんと別部品で再現されていたり左右の主翼に吊るす燃料タンクが付属していたり……と、実機の特徴は細かく拾われている

■ヒューズ500
●TH23　●2012年発売

たまごひこーきでは珍しいヘリコプターのキット。このヒューズ500は旧シリーズでは13番目に発売された製品である。元々丸みたいな形をしたのでデフォルメされても違和感はあまりないが、特筆すべきはそのキット内容。正面が大きくキャノピーの透明部品なので、たまごひこーきであるにも関わらずちゃんとシートと操縦桿がセットされ、機体内部がある程度再現されているのだ。また付属のマーキングはケニア陸軍所属機という、いささかマニアックなチョイスとなっている

時代に合わせて「キャラパッケージ仕様」に生まれ変わった長寿シリーズ"たまごひこーき"

1978年から発売されているハセガワの長寿シリーズが「たまごひこーき」(スタート当初の表記は「たまご飛行機」)である。「飛行機をずんぐりむっくりにデフォルメする」というシリーズが時代に合わせて再販や仕様変更、新金型製品の追加などを積み重ねながらこれだけの長い期間を生きながらえてきたことも驚きだが、その歴史のなかでも大きな変革といえるのが2007年のリニューアルである。ボックスアートのイラストレーターに藤沢孝氏を迎え、「アニメルックの機体と可愛らしい女の子が同居する」というビジュアル(ハセガワではこれを「キャラパッケージ仕様」と呼称)でより多くのユーザーをキャッチアップすることに成功したのだ。今でこそ「メカと女の子」の組み合わせは珍しくもないが、バックグラウンドを持たないデフォルメ飛行機モデルに「女の子のイラストを添える」というのはハセガワの硬派なイメージからは想像しづらい手法であったはずだ。とはいえ、女の子のコスチュームの選択はきわめてハセガワらしく、マニアの心をくすぐるような、飛行機の魅力を引き出すための仕掛けが散りばめられている。パイロットスーツを国や時代ごとに描き分けているのはもちろん、アクロバットチームのパイロットの地上における姿や整備兵の姿を取り入れたり、「日本政府専用機ボーイング747-400」や「VC-25 "エアフォースワン"」では給仕する搭乗員の姿を描き分けたり、「スペースシャトル&ボーイング747」ではNASAの管制クルー姿が、「SR-71ブラックバード」では専用の与圧服がうまくデフォルメされたりと、その多彩ぶりには枚挙に暇がない。

これらのイラストをイメージしたパイロットフィギュアはいくつかのたまごひこーきのキットに付属。全身像がフィギュアとして添えられていれば……というのは贅沢かもしれないが(クリエイターワークスシリーズとたまごひこーきのダブル名義で発売された「輪廻のラグランジェ ヴォクス・アウラ」にはグッドスマイルカンパニーより発売された「ねんどろいど京乃まどか」の上半身を乗せられるというイレギュラーもありつつ)、昨今では同社の1/24スケール「フォルクスワーゲンタイプ2デリバリーバン」にこれらの女の子(たまごガールズ)が描かれたデカールを貼り込む仕様のアイテムも継続して発売されている。マスコット的なプラモデルのパッケージに添えられたマスコットガールのイラストが、キャラクターとしてカーモデルをラッピングしているいま、彼女たちが「超ハイコンテクストな女の子の立体物」になる日もそう遠くないのかもしれない。■

▲現代の"萌えミリ"的文脈に乗りつつ、パイロットスーツなどにマニアックなディテールを盛った近年のたまごひこーきのボックスアート。上の「F-22 ラプター」などではパイロットフィギュアもパッケージの女の子をイメージしたものが付属した

▲数度のリニューアルを重ねたたまごひこーき。左上の「こだわりタマゴ飛行機」(1988年発売)ではジェット機を中心に発売し、ボックスアートも完成品を実写の背景と合成したものだ。また右上の「うみたてたまごひこーき」(1993年)はハセガワのキャラクターモデルブランドのアクトハセガワから発売、下田信夫氏によるボックスアートとなっている。初心者向けキットという位置づけから、塗装済みキットも発売された。写真の「塗装済みたまごひこーき」(1997年)の他にも、塗装済みキットだけで複数種のバリエーションが存在する

■ヒューズ300
●TH24 ●2012年発売

ヒューズ500の前身にあたる機体の、さらにたまご感のある機体形状をデフォルメしたキット。元々の旧シリーズでは14番目に発売された製品だった。こちらもキャノピーの透明部品が大きいため、シートや操縦桿、計器盤がある程度再現されたもの。またヒューズ500と違い機体の外側に駆動部分が丸見えとなっている機体なので、それもうまくデフォルメしたパーツに落とし込んでいる。現状のたまごひこーきのヘリコプターはこのヒューズ300と500のみとなっている

■MV-22 オスプレイ
●TH25 ●2014年発売

フランカーに続く新規設計のたまごひこーきは話題のティルトローター機、オスプレイ。元々まるっこい機体だけにたまごひこーきになった後もあまり印象が変わらない。ポリキャップを使い、特徴的なエンジンナセルの角度変更もできるキットである。組み立てはたまごひこーき史上トップクラスのややこしさだが、それでも8工程で完成させられる単純さもある。最近のたまごひこーきの標準となっているパッケージのキャラクター風パイロットフィギュア(頭部だけだけど……)もちゃんと付属している

■P-38 ライトニング
●TH26 ●2015年発売

双胴で双発という、なかなかややこしい形状のライトニングもたまごひこーき化。元々は旧シリーズで12番目に発売された製品である。旧シリーズでも後期のキットのため、複雑な機体形状かつブーム状の双胴部分と主翼と中央の胴体がくっついた部分にわけることで見事に分割。さらに過給器やコクピット内部の防弾版、水平尾翼についているバランサーなど、実機のディテールも相当細かくピックアップされているのだ

■F-2
●TH27 ●2015年発売

自衛隊の支援戦闘機F-2もたまごひこーきとなって登場。なんと今まで発売されていたF-16のパーツにディテールが異なる垂直尾翼とキャノピーの新規パーツをセットしてF-2のキットにするという、たまごひこーきでなくては不可能なアイデアのキット内容となっている。成型色はF-2の洋上迷彩をイメージしたミディアムブルーとなっており、塗装しなくてもかなりお約束通りの仕上がりとなる。機体番号が異なる3種類の機体を再現できるデカールが付属している

■TBF/TBM アベンジャー
●TH28 ●2015年発売

元々旧シリーズでは五番目に発売されたキットであるアベンジャー。エンジンは胴体パーツに挟み込む形状での再現であるが、その他のディテールは実機のそれをよく拾っており、コクピットの後端から飛び出している機関銃座や主翼の下に懸架されたロケット弾など、攻撃機らしい雰囲気はたまごひこーきになっても健在。キットの成型色はネイビーブルーになっているので、デカールを貼るだけでも実機らしい色合いになる

■F-86 セイバー
●ES4 ●1978年発売

現在発売されているF-86はブルーインパルスのマーキングもたまごひこーきのものだったが、旧シリーズでは朝鮮戦争での米軍の塗装を再現したデカールで発売されていた。旧シリーズでは四番目に発売されたキットにあたり、そのためパーツ構成もシンプルそのもの。左右分割の胴体に主翼と水平尾翼、キャノピーを取り付けたらほぼ完成。しかしエアインテークのリップ部分は別部品となっており、実機のぽってりとした形をうまく表現しているあたりはさすがにスケールモデルでの経験が活きている

■ゴッドファイター
●EW1 ●1983年発売

初期たまごひこーきシリーズの発売から時間をおかずに発売された「たまごワールド」シリーズ第一弾キット。この「たまごワールド」はたまごひこーきと一緒に簡単なダイオラマベースとフィギュアが付属しており、当時のコミックやアニメに見られるようなノリを取入れたものとなっている。この「ゴッドファイター」は先に発売されていた零戦のたまごひこーきのキャノピーを大型化してフィギュアを乗せ、富士山と風神を模したフィギュアを添えたキットである

■ウルフパニック
●EW2 ●1983年発売

「たまごワールド」第二弾キットはこれも先に発売されていたFw190のキットを流用した一作。フォッケ"ウルフ"ということで、オオカミが乗った赤ずきんちゃんを追いかけ回す……という感じのコミカルなヴィネットとなった。Fw190は先に発売されていたキットをそのまま流用するのではなく、オオカミのフィギュアを乗せるためにキャノピーの形状がオリジナルのキットから変更されている

■ファントムBOY
●EW3 ●1983年発売

「たまごワールド」第三弾は空自のF-4EJ ファントムⅡと、ファントムと言えば……な帽子を被ったキャラクターが一緒に並んだヴィネットである。このファントムⅡは、この「たまごワールド」で金型が起こされたキットである。このころになるとハセガワもデフォルメの勘所を掴むのが上手くなっており、このファントムは初期たまごひこーきの中でも完成度の高いキットとなっている

■ミッドナイト・ファルコン
●EW4 ●1983年発売

「たまごワールド」第四弾はF-16ファイティングファルコンを題材としたもの。このF-16もファントムⅡと同様に「たまごワールド」で初めてたまごひこーきになった機体である。このキットではオランダ空軍のマーキングがセットされており、魔女のフィギュアと魔女の家がベースと共にセットされている。過去に何度も再販されているたまごひこーきだが、この「ミッドナイト・ファルコン」も含めてたまごワールドシリーズだけは再販がかかっていない

■チャイナコネクション
●EW5 ●1983年発売

「たまごワールド」第五弾キットは中国空軍のMiG-15をネタにした「チャイナコネクション」。こちらはわかりやすく万里の長城を模したベースにカンフーの使い手、青龍刀を振り回したコミカルな中国人っぽいフィギュアが配置されたヴィネット、機体のお国柄に因んだヴィネットのキットである。このMiG-15も「たまごワールド」ではキャノピーが大きくなっており、よりデフォルメがきつくなった印象である

■ファイアードラゴン
●EW6 ●1983年発売

「たまごワールド」第六弾キットはF-86セイバーを題材にしたヴィネット。朝鮮戦争で活躍した有名なF-86である「ハフ・ザ・ドラゴン」のマーキングをネタに、その「ハフ・ザ・ドラゴン」と火を噴く怪獣、そして原始人というなんともフリーダムなヴィネットとなっている。このF-86も以前よりたまごひこーきとして販売されていたキットだが、このたまごワールド版ではキャノピーが大きくなっている

■ピットイン
●EW7 ●1983年発売

「たまごワールド」第七弾はA-6イントルーダーをネタにした一作。雲の上のガソリンスタンドに"ピットイン"したイントルーダーのヴィネットである。イントルーダーの派生型として空中給油型も存在することを示すジョークだろうか。このイントルーダーも元々たまごひこーきとして販売されていたキットをそのまま流用したものだ

■ハリアーCAB
●EW8 ●1983年発売

「たまごワールド」最終弾となったのがこの「ハリアーCAB」。イギリスを代表する機体ということで、シャーロック・ホームズっぽいフィギュアが小回りの効くハリアーをタクシー同様に呼び止めているというコミカルなヴィネットとなった。'80年代初頭の空気感を濃縮したようなシリーズとなった「たまごワールド」だが、そのせいか現在に至るまで再販もされず、またヴィネット形式のたまごひこーきキットもこれら以外には存在しない。微妙に残念である

コインシリーズ

■F-14 トムキャット
●CO1 ●1980年発売

シリーズ名の通り、ワンコインの100円(当時)で買える低価格の製品。工具や接着剤なしで小さい子供でも簡単に作る事ができる、というのがコンセプトのエントリーキットである。第一弾となったのは当時最新鋭機として絶大な人気を博していたトムキャット。パネルラインは凸モールドで、コクピットはパイロットの頭だけが彫刻されているというものだったが、前述のように接着剤なしのスナップフィットで組み立てられるという特徴があった

■F-15 イーグル
●CO2 ●1980年発売

コインシリーズ第二弾となったのがF-15イーグル。こちらも接着剤不要で組み立てられるスナップフィットのキットとなっており、また発売当時の定価は100円だった。このシリーズはいずれもノンスケールのキットではあったが、このF-15とF-14に関しては、およそ1/176スケール程度の小さなものであったらしい。F-15もモールドは凸で、胴体は上下に分割されていた。これらワンコインシリーズのキットはその後数回パッケージとシリーズ名を替えて再販されている

COIN SERIES・FLYING MODEL SERIES

■CO3　F-16 コンドル

■CO4　F-18 ホーネット

■CO5　OH-6 カイユース

■CO6　OH-58 カイオワ

■CO7　ヒューズ 500

■CO8　ベル ジェットレンジャー

■CO9　零戦52型

■CO10　震電

FLYING MODEL SERIES

■P-51 ムスタング

■キ-61 飛燕

■メッサーシュミット Me109

■スピットファイア

■ピッツ スペシャル

■Bu 131 ユングマン

Hasegawa
HASEGAWA COMPLETE WORKS

*COLUMN

ハセガワの姿勢を一変させて余りあった、アイドルマスタープロジェクトという奇跡

2007年、Xbox360用ゲームソフト『エースコンバット6解放への戦火』における有料ダウンロードコンテンツとして同じバンダイナムコエンターテインメント製のアイドル育成シミュレーションゲーム『THE IDOLM@STER』(以下「アイマス」)のアイドル達が描かれた機体が配信された。実在の航空機に女の子キャラクターが大きく描かれ、派手な色彩とマーキングで彩られた姿は極めて模型映えするものであり、すぐさま熱心なユーザーたちによって、自作のデカールを駆使してこれら「アイマス機」を再現するムーブメントが起こる。プラモデルの世界ではアオシマに端を発する痛車モデルブームの全盛期であったこともあり、『月刊モデルグラフィックス』の誌上にアイマス機の作品投稿が掲載されたのをきっかけに、バンダイナムコエンターテインメントとハセガワのコラボレーションがスタートした。「アイドルマスタープロジェクト」と銘打って始まったハセガワの快進撃は、飛行機モデルの歴史を語る上で未来永劫語り継がれる奇跡の連続と言っていいだろう。

第一弾となった1/72「三菱F-2A "アイドルマスター双海亜美"」から第四弾の1/48「F-14Dトムキャット "アイドルマスター三浦あずさ"」までは既存製品のデカールおよびパッケージを変更したものだったが、第五弾の1/48「F-22ラプター "アイドルマスター天海春香"」は完全新規開発となることが発表された。実在する「米空軍仕様」の発売よりも先に「アイマス機仕様」として発売することについては社内でも賛否がまっぷたつに割れ、ハセガワに対して怒りをぶつける昔からのハセガワユーザーも相当数に上った、と長谷川勝人社長(当時の肩書は専務)は述懐している。しかし、結果として従来飛行機模型に触れたことのないアイマスユーザーやキャラクターモデルユーザーの絶大な支持を得て、シリーズは勢いを増していく。ゲームに登場するがハセガワが金型を保有しないスケール/機種の機体について、海外の模型メーカーから成形品を買い付け、自社で開発したデカールや説明書、パッケージをセットしたコラボアイテムが続々と実現するのだ。アメリカレベル、ドイツレベル、ズベズダ、イタレリと様々な国のメーカーと行なわれた交渉では「アイマス機とは何か」というのを勝人氏本人がイチから説明し、ひとアイテムずつ説得していったという。

かくして「アイドルマスタープロジェクト」シリーズは3年の間に35アイテムが新製品として市場に投入され、同社の新製品開発と過去製品の需要喚起に大きく寄与した。その後のハセガワがいかに柔軟な姿勢でキャラクターコンテンツとコラボレーションしているか、そしてアイドルマスタープロジェクトの前後にどれだけの新規アイテム開発がなされたかを見れば、その影響がどれだけ大きかったのか理解できるはずだ。見慣れた戦闘機や攻撃機がキャラクターコンテンツとコラボするというラッキーからスタートしたこのプロジェクトが、ハセガワというメーカーをある意味では救い、そしてある意味では成長させたということを覚えておいて損はないだろう。■

▲1stシーズン、2ndシーズン、3rdシーズンの3期で1/72、1/48の各スケールでシリーズを展開したハセガワのアイドルマスタープロジェクト。ゲーム画面でのメタリックな機体表面の質感を再現したパール仕様のデカールをセットした「アイドルマスターシリーズ パール仕様補完計画」、『エースコンバット アサルト・ホライゾン』のダウンロードコンテンツとして登場した機体を再現した「アイドルマスター2 シリーズ」、さらにエースコンバットチームによる模型用新規デザインとして立体化された「アイドルマスタープロジェクト 特別編」の3つのシリーズが存在し、合計すると35機となった。上に掲載したのはその内のごく一部である。大きな話題となったのが左の1/48「F-22 ラプター "アイドルマスター 天海春香"」と下の1/72「Su-33 フランカーD "アイドルマスター 星井美希"」である。この2種のキットは既存キットの流用や海外製キットの箱替えではなく、ハセガワによって新規に金型を起こされた機体。この新規金型キットがスケールモデルとしてラインナップに加わるより先に、限定キットとしてアイマス機バージョンのキットが発売されたことで話題を集めた。近年のハセガワの柔軟な姿勢を体現するようなエピソードである。スケールモデラーの一部からは反発も招いたが、全体的には概ね好意的に受け入れられることとなった

©窪岡俊之 ©BANDAI NAMCO Entertainment Inc.

COIN SERIES・FLYING MODEL SERIES

■F-16 コンドル
●C03 ●1980年発売

コンドルという、F-16のごく初期の愛称がつけられているこのキット。中身は正しくはファイティングファルコンである。以前発売されたF-14やF-15と異なりこのキットはおよそ1/140程度の大きさで、このことからもコインシリーズはいわゆる箱スケールのキットであったことがわかる。機体は胴体と主翼が一体成形となっており、これにインテークや尾翼、キャノピーを取り付ければほぼ完成という内容だった

■F-18 ホーネット
●C04 ●1980年発売

まだこのキットの発売当時は全規模開発機が存在しているだけで運用は開始されていなかったホーネット。このキットでは胴体上面と主翼が一体成形となっていて上下をくっつければ機体の形ができるようになっていたが、その全規模開発機を意識して機体上面は青、下面は白の2色のランナーで成型されていた。他の機体と同様にパネルラインは凸モールドだったが、勤翼など実機で可動する部分はスジ彫りになっていた。これも他の機体と同様の特徴である

■OH-6 カイユース
●C05 ●1980年発売

シリーズ初のヘリコプターのキットとなったのがこのカイユース。スケールは1/85といわゆる箱スケールとなっているが、特徴的なキャビンの窓はちゃんと透明パーツになっており、さらに主、副操縦席がモールドされた床板と計器盤がちゃんとパーツとして用意されていた。さらに計器盤用のデカールまでセットされるという凝った内容で、それまでのコインシリーズのキットとは一線を画するキットである。シリーズ中でも出色の内容と言えるだろう

■OH-58 カイオワ
●C06 ●1980年発売

OH-6とともにアメリカ陸軍の次期軽観測ヘリの座を争った機体。スケールはおよそ1/92となっており、こちらもいわゆる箱スケールのキットだ。キット自体の仕上がりはよく、OH-6と並ぶ内容といってよいだろう。このカイオワも含め、コインシリーズのキットは後の1987年ごろに「BASIC COLLECTION」というシリーズ名でシンガポールの会社が同じ金型を使って生産した商品が、日本に逆輸入される形で入ってきたと言われる

■ヒューズ 500
●C07 ●1980年発売

軍用型OH-6のバリエーションキットであり、成型色がオリーブドラブからブルーに変更されて専用のデカールが付属する以外は、先行して発売されていた軍用OH-6と同じキットである。マーキングはカリフォルニアのハイウェイパトロールのものが付属している点には、当時ハセガワが1/48で同じヒューズ500のハイウェイパトロール仕様のキットを発売していたことからの影響を感じる。軍用型同様、シリーズ中屈指の出来の良さで知られるキットである

■ベル ジェットレンジャー
●C08 ●1980年発売

カイオワの民間型で、スライドドアの形状もちゃんと民間型のものになっている。エンジンナセルのスリットなどもこのスケールとしては丁寧に刻まれており、出来のいいキットと言える内容だった。その後このコインシリーズのキットは1990年代に入ってからアクトハセガワから「ベーシックひこうき200シリーズ」として再販された。その際はシリーズ名の通り、ひとつ200円の価格で販売され、さらにパッケージは箱ではなく紺色のビニール袋だった

■零戦52型
●C09 ●1981年発売

コインシリーズ初の大戦機のキットとなったのがこの零戦52型。機体の知名度を考えると納得の機種選定である。この零戦は1/100スケールのキットとして販売されていた。当時のハセガワのキットはモールドが凸からスジ彫りに移行しつつあった時期でもあり、この零戦はそれまでのコインシリーズのキットと異なり機体全体のパネルラインがスジ彫りで表現されていたことも特筆に値する。こちらのキットも当時の定価は100円であった

■震電
●C010 ●1981年発売

コインシリーズふたつめの大戦機は震電。1/100スケールだった零戦と異なり、1/106という箱スケールのキットとなった。キットのモールドは零戦同様にスジ彫りとなっており、左右の胴体を組み合わせて主翼と先尾翼を取り付ければほぼ完成となるパーツ構成。この震電をもってコインシリーズのキットは最後となったが、1990年代の再販以外、1996年ごろには「ワンアワーコインシリーズ」として一部塗装済みキットの形で再登場した。このように、コインシリーズは数回形を変えて復活しているのである

フライングモデルシリーズ

■P-51 ムスタング
●1980年発売

1980年から展開された、ハセガワ製のフライングモデル。ゴム動力でプロペラが回転し、実際に飛ばして遊ぶことができるキットである。プラスチックの他バルサ、ヒノキといった木材に加え特製の手漉き和紙である雁皮紙などで構成されたキットで、カタログでは手巻き300回で100m以上飛行すると記述されている。見ての通りキットはP-51ムスタングをイメージした形状で、国籍マークなどもセットされていた

■キ-61 飛燕
●1980年発売

同じくゴムでプロペラを回し、実際に飛ばすことができる飛燕のキット。木材とプラスチックを組み合わせ、外板を和紙で再現したキット内容はこのシリーズで共通している。そのキットの構成ゆえに、当時のカタログによれば同時に発売されていた1/8ミュージアムモデルシリーズに挑戦する前のウォーミングアップにも打って付けと謳われていた。こちらも飛燕の形状をイメージしており、日の丸のマークなどもセットされていたようである

■メッサーシュミット Me109
●1980年発売

Bf109を模した、フライングモデルシリーズ第三弾。これらのキットが発売された1980年当時は子供の頃に木と紙でできた模型飛行機で遊んでいた世代の子供達が成長した頃にあたり、「たまのお休みに子供達といっしょにフライングモデルを作ってみてはいかがですか」という勧め方をされているのが時代を感じさせる。ちなみにこのBf109も含めムスタングや飛燕なども軒並み全幅が40cmを超える大柄なキットであった

■スピットファイア
●1980年発売

イギリスを代表する名戦闘機スピットファイアを模したフライングモデル。このスピットファイアをもって大戦機をモチーフとしたフライングモデルのシリーズは終了している。フライングモデルシリーズのキットにはプラスチック、木製、紙製の材料の他に簡易工作用シート、まち針、サンドペーパーなどの簡単な工具がセットされており、インジェクションプラスチックキットに慣れたユーザーでもできるだけ簡単に完成させられるように工夫が凝らされていた

■ピッツ スペシャル
●1983年発売

ムスタングからスピットファイアまでのフライングモデルは1980年に配布されたハセガワのチラシにて存在を確認できるが、このピッツスペシャルは1982年のカタログで初登場となる。ここから考えるとフライングモデルシリーズは数年間の間は流通していた可能性が高い。キット自体は他のものと同様にプラスチック、木材、和紙などを組み合わせたものだが、先行する4種の商品と異なる複葉機のため、組み立ての難易度はやや高かったのではないだろうか

■Bu 131 ユングマン
●1983年発売

先のピッツスペシャルと同じく、1982年のカタログで登場した複葉の軽飛行機。こちらは複座で、前後の席にパイロットが収まった状態を再現している。他のフライングモデルのキットと同様に木材と和紙、プラスチック製部品を組み合わせたキット内容である。キットには組み立て説明書の他、組み立て時の原寸図や三面図、より上手く飛行させるための手引きなどが同梱されており、インジェクションプラスチックキット全盛期のユーザーでも簡単に組み立てと飛行を楽しめるよう工夫されていた

SHIP MODELS

　元々は木製艦船模型をメインに販売するメーカーとして活動していたハセガワ。同社が一番最初にリリースしたインジェクションプラスチックキットも、当然のことながら艦船模型だった。このハセガワ製艦船模型で最初のヒット作、かつロングセラーとなったのが1/450「日本海軍 戦艦 大和」である。大きすぎず小さすぎずというほどよいサイズとバランスのとれた内容からハセガワ史上に残る大ベストセラーキットとなった。

　この1/450スケールシリーズと昔ながらの"水もの玩具"的モーターボート系キットをメインに展開してきたハセガワの艦船模型だが、大きな転機となったのが1971年に静岡模型教材協同組合に属する田宮模型、長谷川製作所(当時)、青島文化教材社、フジミ模型の4社共同で開始されたウォーターラインシリーズである。当初ハセガワは日本海軍の重巡洋艦や駆逐艦、さらに航空母艦などを担当していたが、1976年にシリーズが事実上の休止状態となってしまうのを受けてハセガワもリリースを中断。1/700「病院船氷川丸」などを断続的に発売しつつも、言わば"休眠状態"的な状況になってしまう。

　そんなハセガワの艦船模型がリブートするきっかけとなったのが、1992年に発生したフジミ模型の静岡模型教材協同組合からの脱退だった。これにより、フジミが発売していた艦のキットを残った3社で分担して発売することになり、結果的に当時停滞していたウォーターラインシリーズが再始動するきっかけとなる。1993年以降ハセガワも1/700「金剛型」をリリース、さらに旧キットのリニューアルや海上自衛隊の艦などの発売を重ね、近年の艦船模型の活況に合わせて1/350、1/700の主要スケールでのキット発売を旺盛に行なっている。その中からは1/350スケールの「三笠」や「長門」、1/700の「リニューアル版赤城」などのフラッグシップアイテムも生まれており、艦船模型を主力商品としていた1960年代当時を思わせるような姿勢を見せている。

　本項では、ハセガワのカタログを元にこれまでにリリースされてきたハセガワの艦船模型をスケール別に収録する。いずれの商品も基本的にリリース時の品番、商品名での掲載となっている。

1/700 SCALE SHIP MODELS

■410 日本駆逐艦 夕雲　　■411 日本駆逐艦 朝潮

■412 日本駆逐艦 峯雲　　■413 日本駆逐艦 秋霜　　■414 日本駆逐艦 荒潮

■415 日本駆逐艦 早波　　■416 日本駆逐艦 睦月　　■417 日本駆逐艦 三日月

■436 日本駆逐艦 樅　　■437 日本駆逐艦 若竹　　■432 日本潜水艦 伊370/伊68

■433 日本駆逐艦 伊361/伊171　　■449 日本駆逐艦 霞　　■450 日本駆逐艦 朝霜

■901 ドイツ 潜水艦 UボートⅦC/ⅨC　　■301 日本重巡洋艦 妙高　　■302 日本重巡洋艦 那智

■303　日本重巡洋艦 羽黒	■304　日本重巡洋艦 足柄	■305　日本重巡洋艦 青葉
■306　日本重巡洋艦 古鷹	■307　日本重巡洋艦 衣笠	■308　日本重巡洋艦 加古
■309　日本軽巡洋艦 天龍	■310　日本軽巡洋艦 龍田	■333　日本重巡洋艦 妙高
■334　日本重巡洋艦 那智	■335　日本重巡洋艦 羽黒	■336　日本重巡洋艦 足柄
■345　日本重巡洋艦 古鷹	■346　日本重巡洋艦 加古	■347　日本重巡洋艦 青葉
■348　日本重巡洋艦 衣笠	■357　日本軽巡洋艦 天龍	

1/700 SCALE SHIP MODELS

1/700スケール艦船

■日本駆逐艦 夕雲
●410　●1972年発売

静岡模型協同組合によるウォーターラインシリーズスタートの翌年、最初の駆逐艦キットとしてシリーズNo.27にラインナップ(1992年以降No.410に変更)されたのが、最後の艦隊型駆逐艦として人気が高い夕雲型(陽炎型とともに甲型と分類される)のネームシップである「夕雲」であった。模型全長170mm。1941年竣工時の状態を再現しており、側面型はよく特長を捉えていたものの、今日の目で見ると艦首部分の幅がやや不足している。続いてキット化された一連の夕雲型諸艦とともに、現在も流通している息の長いキットである

■日本駆逐艦 朝潮
●411　●1972年発売

夕雲型と同時期発売となるウォーターラインシリーズNo.28(1992年以降No.411に変更)にして朝潮型の第1弾である。キットが再現した年次は2番砲塔を撤去する前、1940年となっている。艦首まわりや砲塔の形状、ややオーバーな甲板部のモールドなどは夕雲型同様の修正するべきポイントと言えるがウォーターラインシリーズ当初のコンセプトを考えると致し方ないだろう。また、当時の艦橋窓や軍艦旗はシールでの再現がスタンダードであった。全長167mm。「朝潮」も現在に至るまで流通している

■日本駆逐艦 峯雲
●412　●1972年発売

ウォーターラインシリーズNO.42(1992年以降412に変更)、「峯雲」は、朝潮型駆逐艦の8番艦で、キットはその最終(沈没時)となる1943年3月の状態を再現したもの。全長167mm。朝潮型はネームシップの朝潮のほか「満潮」など4隻は大戦中に2番主砲塔を撤去して機銃を増備したが、「峯雲」は戦争中期の1943年3月に戦没しているため機銃や一三号電探は増備されなかったと推定される。こちらも現行商品として流通している

■日本駆逐艦 秋霜
●413　●1972年発売

ウォーターラインシリーズNo.43(1992年以降No.413に変更)となる「秋霜」は夕雲型の18番艦(19番艦の「清霜」が最終)で、後期建造艦に分類され、キットも竣工した1944年3月の状態を再現しており、増備された対空機銃のほか、電探なども付属している。完成時の全長は170mm。より完成度を高めきれない仕上がりは、船体形状の他、発射管やエッジがやや立っていない砲塔自体の修正も行なうと実感が増す。なお夕雲型など、大戦中に竣工した駆逐艦は舷側の艦名表記や、艦首の駆逐隊番号の表示をやめている。この「秋霜」も現行商品である

■日本駆逐艦 荒潮
●414　●1972年発売

ウォーターラインシリーズNo.47(1992年以降No.414に変更)の「荒潮」は朝潮型の4番艦だが、「峯雲」同様のキットのチェックポイントは「峯雲」同様で、マストやボートダビット、機銃のシャープ化などはアフターパーツやプラ材でおきかえると良いだろう。本艦も「峯雲」同様、大戦中期に戦没しているため2番砲塔は撤去されておらず、電探なども装備されていなかったと思われる。この「荒潮」も現行商品として流通中である

■日本駆逐艦 早波
●415　●1972年発売

ウォーターラインシリーズNo.48(1992年以降No.415に変更)の「早波」は夕雲型の12番艦(後期建造艦)であり、キットは1943年7月から1944年6月頃までの状態を再現している。後期建造艦の特徴でもある艦橋前部、および後部煙突左右の25ミリ対空機銃座や、前部マストトップに装備された二二号電探などの装備もパーツ化されている。マストなども金属パーツなしで十分に繊細となった。こちらも現行商品だが、発売時の100円から現在の1000円という価格の開きに、40年以上という歴史の長さが感じられてならない。完成時の全長170mm

■日本駆逐艦 睦月
●416　●1973年発

初期ウォーターラインシリーズ展開当時におけるシリーズ後半となるNo.77(1992年以降No.416に変更)は、近代化改装後となる1941年半ばから42年8月の状態を再現した「睦月」となっている。全長は149mmと小ぶりながら、プロポーション、精度ともに当時から評価は高く、初心者の入門用としても好適で、丁寧に作れば睦月型の装備を楽しむことができる。パッケージは軍艦色一色という日本海軍の艦艇にあって、珍しい迷彩塗装が施された様子を再現したもので、その塗装図もパッケージ裏に印刷されている。現在も入手が可能

■日本駆逐艦 三日月
●417　●1980年発売

ウォーターラインシリーズNo.94(1992年以降No.417に変更)として「睦月」から7年後に発売されたのが睦月型10番艦の「三日月」である。キットは1935年から1936年頃の姿を再現しており、この当時の特徴である角張った形状の艦橋やシールドなしの三連装魚雷発射管が新規パーツとして追加された。貴重な大正時代の姿を再現したキットであり、同社の赤城「三段甲板」と並べて楽しむこともできる。またウォーターラインシリーズでは「峯風型」「神風型」のキットは発売されていないためのベースキットとすることも可能だ。こちらも現在入手が可能

■日本駆逐艦 樅
●436　●1995年発売

シリーズNo.436の「樅」は当時は金剛型以来の新作、しかも二等駆逐艦というマニアックなセレクトで話題となったキットである。キットは1919年〜1932年の状態を再現、プロポーションもほとんど修正の必要がない良好なものだ。ただ、組み上がった状態がやや腰高な印象なので、艦底板は付けないで完成させたほうがバランスがいいだろう。大戦中はキャンバス張りの天蓋が金属性になり、機銃も増備されたはずだが実艦写真すらない不明な部分も多い。サービスパーツとして「第一号哨戒特務艇」も付いた良キットで、現在も流通している

■日本駆逐艦 若竹
●437　●1995年発売

シリーズNo.437は樅型の拡大・改良型の若竹型だ。とはいえ1/700では最大幅が0.2mm弱違うだけなので、パーツ自体は樅と同一の船体がセットされている。キットは1922年から大戦中期と思われる。「樅」同様に「第一号哨戒特務艇」が付属、現在も流通している。1997年には「樅/若竹withアクアラマ」として、透明レジン製の海面ベース付きで限定販売された。この限定版はベースには不時着水した九九艦爆も成型され、俗に言う「トンボ釣り」のシーンを再現した非常に楽しい内容のものだった

■日本潜水艦 伊370/伊68
●432　●1973年発売

シリーズNo.73(1992年以降No.432に変更)になって、ハセガワによる初めての潜水艦キットである「伊370」(丁型)と「伊68」(海大型)が登場。日本海軍の潜水艦は派生型が多くその系統も複雑だが、「伊370」は輸送潜水艦転じて回天を搭載した状態、「伊68」は海大Ⅳ型aの前期型の状態でキット化された。「伊370」が大戦後期、「伊68」は1934年7月から1943年7月の状態としている。どちらも当時から「水準以上の内容」と評され、良好なキットである。実際に模型雑誌の作例記事でも、細かな部分をシャープにするだけの簡単な追加工作が多い

■日本駆逐艦 伊361/伊171
●433　●1980年発売

ウォーターラインシリーズNo.95(1992年以降No.433に変更)は、輸送潜水艦(丁型)の「伊361」と、「伊171」を海大Ⅵ型aの後期型となるⅥ型bとしてキット化したもの。伊361の船体は伊370と共通で、回天搭載時に設けられた船体への張り出し部分を削り取って輸送時代を再現するようになっている。1943年頃の姿を再現した「伊171」は、後期型の12cm単装平射砲に加え、傾斜した艦橋後部もパーツ化された。2隻の前期、後期の差異は表現された好キットであり、発売当時と同じ内容のキットが現在も流通している

■日本駆逐艦 霞
●449　●2006年発売

1972年に発売となった旧来の朝潮型のキットパーツをベースに、1945年4月7日の天一号作戦(戦艦大和以下の沖縄水上特攻作戦のこと)参加時など、「霞」の大戦後期の姿を再現したキット内容である。このキットにはウォーターラインシリーズ共通パーツのWランナーが同梱されており(旧来のキットにも現在同梱されている)、船体後部に設けられている12.7cm連装主砲塔2番砲用の取り付けダボを削り取って、そのあとにWランナーについている3連装機銃2基とその台座を取り付けることで後期状態を製作するようになっている

■日本駆逐艦 朝霜
●450　●2006年発売

1972年発売の夕雲型のキットパーツをベースに、1945年4月7日の天一号作戦(戦艦大和の沖縄水上特攻作戦のこと)参加時など、朝霜の大戦後期の姿を再現したキット内容である。ただし、主砲仰角の大きな夕雲型は大戦後期にいたっても陽炎型や朝潮型のように12.7cm連装主砲塔2番砲を撤去していないので、大掛かりな改造をすることなく説明書通りの姿で完成させることができる。発売当初からウォーターライン共通パーツであるWランナーが同梱されているのは左で紹介している「霞」と同様だ

■ドイツ潜水艦 UボートⅦC/ⅨC
●901　●1976年発売

ウォーターラインシリーズNO.126(1992年以降901に変更)は、第二次世界大戦のドイツ海軍で活躍したUボートをキット化。大西洋戦線で活躍したⅦCとⅨCの2隻がセットされている。どちらも多くのバリエーションが建造されたUボートだが、キットの船体と艦橋および武装の差し替えで4種の艦が製作できるキットである。各部のモールドも非常にシャープで、完成度の高いキットと言える。魚雷による攻撃を受けて沈没する輸送船の船首と船尾のパーツも入った楽しいキット内容で、当時のパーツのまま現在も流通している

■日本重巡洋艦 妙高
●301　●1971年発売

記念すべきウォーターラインシリーズのNo.1(1992年以降No.301に変更)として発売されたキットがこの「妙高」。シリーズ開始時のコンセプトは静岡模型教材協同組合に参加の青島文化教材社、田宮模型、フジミ模型、そして長谷川製作所の4社が合同して1/700の統一スケールで艦船模型を開発、発売するような気宇壮大なものであった。第1回はアオシマが「高雄」、タミヤが「鈴谷」、フジミが「利根」をリリースし、各社重巡からスタートした。完成時の全長は290mm。発売以来長らく定番商品であったが2000年に新金型へ移行した

■日本重巡洋艦 那智
●302　●1971年発売

ウォーターラインシリーズNo.6(1992年以降No.302に変更)として発売。当時は実艦における細かい差異はほとんど表現されておらず、箱絵や組立説明書を除くと「妙高」「那智」は同一内容のキットとして発売されていた。完成時の全長は290mm。キット自体は1944年秋のレイテ沖海戦前後の状態を再現したもので、他社の艤装パーツなどなかった時代、当時の作例記事ではマストや武装のシャープ化や、「妙高」では分離した指揮装置と測距儀の再現を推奨している。こちらも2000年に新金型へ移行したため、現在入手難となっている

■日本重巡洋艦 羽黒
●303　●1971年発売

シリーズNo.18（1992年以降No.303に変更）として発売された当時はNo.1の「妙高」とほぼ同一内容である。そのため年次も1944年秋とされている。当初は羅針艦橋が防風板のない状態だったが、数年後に新たに防風板を装着したパーツが追加され、以後は両方の部品が入っていた。完成時の全長は290mm。機銃の配置も正確で、単装機銃や舷外電路の追加、マストや電探の作り替えなどがディテールアップポイントとされていた。当時は艦首にある菊花御紋章も省略されており、隔世の感がある。「羽黒」も2001年に新金型キットへ移行したため、本キットも現在入手困難

■日本重巡洋艦 足柄
●304　●1971年発売

シリーズNo.21（1992年以降No.304に変更）、当時の妙高型では最終となるキット。「足柄」最終時を再現したものだが事実上はすべて同一内容のキットであったため、僚艦と違う機銃配置やヤードの形状などの再現が必須となった。とはいえマストのシャープ化やボートダビットを追加（この項はよりシャープなキットも多かった）などの基礎的なディテールアップを丁寧に行なえば、見違える仕上がりになるとの評価が妙高型のキットにはなされていた。完成時の全長は290mm。「足柄」も2001年に新金型のキットが発売されたため、現在このキットは流通していない

■日本重巡洋艦 青葉
●305　●1972年発売

No.54（1992年以降No.305に変更）より、新たに古鷹型・青葉型が登場した。第1弾は改古鷹型となる「青葉」で、1944年10月のレイテ沖海戦時を再現している。古鷹型と船体は共用しながら、細かいパーツで僚艦との差異を出そうとしたものの、より正確に仕上げるためにはマストの形状や機銃配置の修正が必要とされた。どちらも完成時の全長は260mmである。艦橋もより実艦に近づけるには手を加える必要があったが、古鷹型・青葉型のキットはエッジをシャープにすればかなりの水準で仕上げることができた。2007年、新金型に移行した

■日本重巡洋艦 古鷹
●306　●1972年発売

シリーズNo.59（1992年以降No.306に変更）として近代巡洋艦の先がけとなる「古鷹」が、1941年から42年の状態で登場した。全長は260mm、砲塔や艦橋のエッジをヤスリがけでシャープにするとともに、マスト、武装、ボートダビットなどの各部をシャープにするとより引き立つ。これは本キットだけでなく、当時発売されたウォーターラインキットを語る際の共通した特徴である。このキットは厳密には艦橋の修正は必須だが、比較的アタックしやすい工作であった。「古鷹」も2007年に新金型キットに移行、ファンに歓迎された

■日本重巡洋艦 衣笠
●307　●1972年発売

シリーズNo.64（1992年以降No.307に変更）の「衣笠」は1940年から1942年の大戦前半の状態を、ある程度「古鷹」「青葉」と部品を共用しながら再現していた。完成時の全長は260mm。僚艦同様に基礎工作で見違えるようになり、菊花御紋章や舷外電路の取り付けぐらいしかやることがないとされていた。当時の模型雑誌ではそれらの工作や後部マストのヤードとステーの形状で「青葉」との違いを再現するのがよいと紹介されていた。2007年に船体を古鷹型と別設計としたキットへ移行、新キットのシャープな出来ばえにファンは驚いたのだった

■日本重巡洋艦 加古
●308　●1972年発売

シリーズNo.67（1992年以降No.308に変更）は古鷹型2番艦となる「加古」でこれにより古鷹型・青葉型が出そろった。キット内容自体は「古鷹」と同じである。艦首のフレアーは実艦よりも強調されているが丁寧に修正してやれば日本重巡洋艦の美しい艦首形状がよみがえる。「古鷹」との相違は艦首フェアリーダーや煙突まわり、小煙突の傾斜など再現したいポイントも当時は細かすぎるとして工作の対象にはならなかった。完成時の全長は260mm。この「加古」も2007年に新金型キットに移行したため、現在入手困難

■日本軽巡洋艦 天龍
●309　●1973年発売

シリーズNo.85（1992年以降No.309に変更）の「天龍」は、1942年春頃から12月頃の状態とされている。完成時の全長は203mm。大正時代の姿を再現した同型艦の「龍田」と同一の船体パーツが付属したため、より正確にするには初期に装備された移動式魚雷発射管のレールを削る必要があった。主砲の14cm単装砲は少々オーバーとされたが、マストなどはシリーズ中最もシャープと評された好キット。さすがに近年のレビューでは艦橋の修正やモールドの追加なども行なうよう紹介されるようになっていたが、2015年、新金型キットへ移行している

■日本軽巡洋艦 龍田
●310　●1980年発売

ウォーターラインシリーズNo.93（1992年以降No.310に変更）は、ひさびさの日本軍艦となる「龍田」を、前部マストを新規に追加することで1919年春頃から1920年末頃の状態でキット化したもの。どちらかと云うと簡易完成度だったが、この当時の艦橋の天蓋部分はキャンバス張りであったので、壁面を白やベージュで塗ることで大正時代の艦らしい雰囲気を楽しむことができる。2段継ぎになった後部マストなど「天龍」との差異も改造での再現は容易だった。この「龍田」も2015年に新金型キットへ移行している

■日本重巡洋艦 妙高
●333　●2000年発売

同社の「妙高」は栄えあるウォーターラインシリーズNo.1のキットであったが、2000年に入り新開発の金型のものにリニューアルされた。大きな特徴は大戦前半（いわゆる第二次改装後）、あるいは大戦後半の電探（レーダー）や対空機銃が増備された姿のどちらかを選んで製作することができることで、左右貼りあわせの船体パーツ構造が採用されたことにより、妙高型独特の船体形状やシアラインを正確に再現している点も大きな特徴となっている。現状手に入る「妙高」のキットはこのバージョンのものだ

■日本重巡洋艦 那智
●334　●2000年発売

「妙高」型2番艦の「那智」（本艦のほうが竣工がひと足早いので、戦前は「那智」型と称するケースもあった）も、2000年から2001年にかけて新金型のキットにリニューアルされた。「妙高」と「那智」ほかの3隻の同型艦は艦橋トップの主砲射撃指揮装置と方位盤の形状が異なる（「妙高」のみ分離式）。ほか3隻は1体式）が、新金型のキットではそうした違いも見事に再現されている。この「那智」も前述の「妙高」のキットと同じく大戦前半の状態か大戦後半の状態かのどちらかを選んで製作することができる

■日本重巡洋艦 羽黒
●335　●2001年発売

「妙高」型3番艦の「羽黒」は1944年10月のレイテ沖海戦におけるサマール島沖での敵空母攻撃で活躍したことでも有名だが、こちらも「妙高」のリニューアルを追いかける形で新金型のキットとなった。前述の「妙高」や「那智」と同じ内容の同型艦で、時期的な違いによるふたつのタイプのうちどちらかを選んで製作することができる。なお、「羽黒」は大戦後半に後檣のクレーンをホイスト型のタイプに換装しているが、キットにはこのクレーンを再現するパーツも同梱されているのが大きなポイントだ

■日本重巡洋艦 足柄
●336　●2001年発売

1937年5月にイギリスのスピッドヘッド沖で行なわれた英国王ジョージ6世戴冠記念観艦式に参加し、欧米の関係者から「飢えた狼のような姿をしている！」と評され、「妙高」型を一躍有名にした4番艦の「足柄」も、同型各艦に続いて2001年にリニューアルされた。時期的な違いによるふたつのタイプのうちどちらかを選んで製作できるという内容も同型艦と同じである。妙高型は実艦でもあまり個艦における大きな違い、識別点はないが、機銃配置などをリサーチすることで作り分けることができる

■日本重巡洋艦 古鷹
●345　●2007年発売

シリーズNo.345として、「古鷹」型1番艦が2007年にリニューアルされた。もともと初代のキットも評価が高かったが、この新規版は技術的な進歩や1/700の艦船模型における考え方の確立により見違えるような出来となった。キットは1937年12月から1942年8月の状態に設定されており、第一次ソロモン海戦で大活躍した勇姿を再現できる。厳密なことを言えば羅針艦橋の高さを調節する、13mm機銃を追加するなどの手を入れる余地はあるが、ストレート組みでも充分満足できるキットだ。当然のことながら現在でも流通している

■日本重巡洋艦 加古
●346　●2007年発売

ウォーターラインシリーズNo.346となるキットで、2007年に発売されたリニューアル版「加古」である。「古鷹」型2番艦「加古」は先に発売された「古鷹」とほぼ同一のキット内容だが、蒸気捨管の配置やヤードの高さの違いを別パーツで再現している。初代のキットが発売された当時では夢に近かった仕様が、この時期は当たり前になっていた。菊花御紋章の取り付け板の形状が「古鷹」と違うので、細かいが再現するのも手の入れどころと言えるだろう。「古鷹」「加古」とも完成時の全長264mm、全幅は25mmである

■日本重巡洋艦 青葉
●347　●2007年発売

改古鷹型となる「青葉」型は2007年にリニューアル版が発売された。実艦同様に古鷹型と異なる船体を新規パーツ化した点が特筆される部分で、シリーズの通し番号はNo.347である。艦橋など古鷹型と異なる部分は完全に新パーツで再現されており、「古鷹」「加古」とはまったく別のキットと言ってよい。だからこそ新しい古鷹型と青葉型こそ、一緒に作って違いを楽しむには好適となるキットだろう。「青葉」は大破着底ながらも終戦時はかろうじてその姿をとどめており、キットは大戦後半の姿となっている

■日本重巡洋艦 衣笠
●348　●2007年発売

2007年に発売されたリニューアル版で、1940年10月から1942年11月の「衣笠」をキット化。近年のキットであるが全体のパーツ点数は抑えめになっており、製作しやすい内容となっている。各部にはやはり専用パーツが用意され僚艦との細かな違いを表現しているが、省略された13mm機銃の追加など、より完成度を高めるための追加工作の楽しみは残っている。完成後のキット寸法などは古鷹型と同様。「青葉」「衣笠」はボックスアートが発売後に変更されており、現在流通しているキットは変更後のものだ

■日本軽巡洋艦 天龍
●357　●2015年発売

シリーズNo.357は、名キットと称された「天龍」を、2015年にCAD設計や金型技術の進んだ最新のフォーマットで完全リニューアル。新しい考証を盛り込んだ意欲的な内容となった。艦橋の形状やリノリウム押さえの横張り、形状の違うマストなど「龍田」との差異も細かく再現された。最新キットだけあって14cm砲の砲身や25mm連装機銃の銃身などは非常に細くシャープになっており、ウォーターラインシリーズでは現在のところトップクラスの水準にある超絶キットである。対空兵装増設後と開戦時を選んで製作できるのも特徴だ

1/700 SCALE SHIP MODELS

■358　日本軽巡洋艦 龍田

■502　日本特設病院船 氷川丸

■503　日本郵船 氷川丸

■522　日本特設潜水母艦 平安丸

■107　日本海軍 航空戦艦 伊勢

■108　日本海軍 戦艦 日向

■109　日本高速戦艦 金剛

■110　日本高速戦艦 比叡

■111　日本高速戦艦 榛名

■112　日本高速戦艦 霧島

■117　日本戦艦 伊勢

■118　日本戦艦 日向

■119　日本航空戦艦 伊勢

■120　日本航空戦艦 日向

■151　日本戦艦 三笠

■201　日本航空母艦 赤城

■202　日本航空母艦 加賀

■607　アメリカ海軍 戦艦 サウスダコタ

■608　アメリカ海軍 戦艦 アラバマ

■216　日本航空母艦 瑞鳳

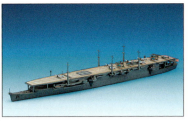
■217　日本航空母艦 祥鳳

■220　日本航空母艦 赤城 "三段甲板"

■227　日本航空母艦 赤城

■707　アメリカ海軍 航空母艦 エセックス

■708　アメリカ海軍 航空母艦 ハンコック

■709　アメリカ海軍 航空母艦 ヨークタウンⅡ

■710　アメリカ海軍 航空母艦 タイコンデロガ

■009　海上自衛隊 護衛艦 こんごう

■010　海上自衛隊 護衛艦 きりしま

■011　海上自衛隊 護衛艦 みょうこう

■012　海上自衛隊 護衛艦 ちょうかい

■013　海上自衛隊 護衛艦 あぶくま/じんつう

■014　海上自衛隊 護衛艦 おおよど/せんだい

■015　海上自衛隊 護衛艦 ちくま/とね

■日本軽巡洋艦 龍田
- 358　●2015年発売

「天龍」と同型艦の「龍田」もウォーターラインシリーズNo.358として2015年にリニューアルされた。機銃やボートなどは、1990年代に入って開発されたWパーツを使わずにこのキットに合わせて新開発する気合いの入れようで、最新の考証を取り入れてこのキットで初めて表現された縦張りのリノリウム押さえが新鮮に映る。このリノリウム押さえの方向のほか、「天龍」とは異なる艦橋や後マスト、内火艇などはそれぞれ正確に形状を作り分けているのもポイントだ。「天龍」「龍田」とも完成後は全長204.5mm、全幅22mmとなる

■日本特設病院船 氷川丸
- 502　●1979年発売

1970年代後半にかけて連続したウォーターラインシリーズの海外艦リリースもひと段落するタイミングで、久々に登場した日本艦船キットは、日本郵船の貨客船転じて特設病院船となった「氷川丸」であった。キットは1941年12月に徴用されたのちに小改装が加えられ、病院船を表わす「赤十字」の標識が各部に増えた1942年9月以降の姿を再現している。当時から変わらぬ高い評価のまま現在も流通しているが、1997年には「氷川丸 with アクアラマ」と称した、透明レジン製の海面パーツの付いた限定版も発売された

■日本郵船 氷川丸
- 503　●1980年発売

病院船に続き、本来の姿ともいえる日本郵船の貨客船時代のバージョンがキット化。1930年～1941年時の戦前の姿と、戦後の活躍を経て退役し、簡易宿泊施設(ユースホステル)となった1961年～1974年の時代が選択できる楽しい仕様だ(ただし戦後の姿を作るには、いくつかの加工が必要となる)。ブリッジ部分はやや複雑な形状のため、組み立ての際は仮組みと塗装の手順をよく考える必要がある。現在は戦前と同様に白黒ツートーンに塗装された姿で横浜・山下公園に繋留保存されているので、製作の際の「実物」資料にもこと欠かない

■日本特設潜水母艦 平安丸
- 522　●2000年発売

シリーズNo.522は日本郵船の貨客船を徴用、改造した「平安丸」であった。実艦は「氷川丸」と姉妹船なためキットも「氷川丸」と同じパーツの成型色をグレーとしたものにし、新規開発の砲座パーツなどを追加した内容である。1943年時を再現しており、キットの塗装指定は独特の迷彩となっている。同じく姉妹船の「日枝丸」も製作可能で、船底の船名も別のデカールが用意されている。この「日枝丸」については資料もすくなく、軍艦色で塗るのがいいようだ。この「平安丸」のキットは前述の2種類の「氷川丸」とともに現在も流通している

■日本海軍 航空戦艦 伊勢
- 107　●1971年発売

シリーズNo.11(1992年以降No.107に変更)として、レイテ沖海戦に出撃する1944年10月の航空戦艦の状態で発売されたキット。ウォーターラインシリーズ初期のキットのため、精密なキットを見慣れた目で見ると艦橋や飛行甲板など修正点は多いが、発売当時には詳しい資料などもなかったために致し方ないだろう。完成時の全長は396mm、同型艦の「日向」ともども2004年に新金型キットに移行した

■日本海軍 戦艦 日向
- 108　●1971年発売

ウォーターラインシリーズNo.15(1992年以降No.108に変更)として1941年頃の36cm連装主砲塔6基を搭載した戦艦時代の「日向」型がキット化。戦艦時代の「伊勢」型を作るならばこのキットを、逆に航空戦艦「日向」を作るなら左で紹介している「伊勢」のキットを使用する。完成時の全長は385mm。前部・後部の艦橋や両舷の差異となるマストの装備位置の改造などは航空戦艦時の「伊勢」と同様の工作とされた。「日向」は1942年に5番主砲塔の爆発事故を起こし、基部に蓋をして25mm3連装機銃を装備したため、キットを改造してこの状態で作るモデラーもいた

■日本高速戦艦 金剛
- 109　●1993年発売

1992年のウォーターラインシリーズからのフジミ脱退により、同社がリリースしていた金剛型戦艦はハセガワが開発、新たにNo.109として「金剛」が発売された。設定年次は1944年7月から11月としている。共通化、いくつかが省略された箇所もあるが、往年のフジミ製キットの欠点を極力廃して発売されたため、当時の艦船模型ファンは沸きかえったものである。このキットに関するディテールアップ箇所は飛行機作業台の修正や艦首部の木甲板の再現、高角砲弾薬補給所などの追加が定番だ。このキットは現在も流通している

■日本高速戦艦 比叡
- 110　●1994年発売

ウォーターラインシリーズNo.110として「金剛」に続いて登場したキットである。他の金剛型戦艦と相違点の多い「比叡」のために多くの専用パーツが用意され、1940年1月から1942年11月までの状態を再現し、「金剛」と同様、ナックルのついた形状を再現している。追加したほうがよい工作としては艦首の波切り板の再現、飛行機作業台の修正などは「金剛」と同様だ。「比叡」のみ大改装の時期が異なるため船体などもできれば手を加えたい。バルジを修正するだけでもそれらしくなる。「金剛」と同様に現在でも流通しているキットである

■日本高速戦艦 榛名
- 111　●1994年発売

フジミの脱退によってリニューアルされた「金剛」型の3番目となるのがこの「榛名」だ。1944年7月から1945年春頃を再現、主砲塔は「霧島」ともども角(ナックル)のない国産砲塔に変更して、後部艦橋や煙突など「榛名」専用の部品も新たに起こされた。防空指揮所も新規パーツだが、この部品は少し手を入れると見違えるものになる。この「榛名」を含めて「金剛」型のキットは主砲の防水カバーが表現されていないので、他社の戦艦キットと統一するためにもエポキシパテなどで再現したい。このキットは現在も流通している

■日本高速戦艦 霧島
- 112　●1994年発売

「霧島」は、同時期に発売された「金剛」型の修正必須箇所とされる飛行機作業台が1940年に撮影された同艦の写真を参考にされているようで、そのまま組んでも問題ない。キットは1940年半ばから1942年11月(つまり最終時)を再現したが、必要な修正工作が最も少ないのが「霧島」で、省略されているボートダビットなどはWランナー(兵装・艤装パーツ。ウォーターラインシリーズでは「大型艦兵装セット」として別売りもあり)から調達するなど、少し手を入れればより引き立つことだろう

■日本戦艦 伊勢
- 117　●2002年発売

ウォーターラインシリーズNo.117として、2002年についに「伊勢」がリニューアルされた。旧版の「伊勢」は航空戦艦のみだったが、リニューアルにあたっては先んじて戦艦時代がキット化された。キットでは1937年3月から1941年5月の状態を再現し、左右分割の船体などのキットに通じる仕様となった。この左右分割の船体の内部には補強用のリブが3本入るようになっており、完成後の強度も確保されている。また、バリエーション展開を考えて甲板などに組み立て前に穴を開ける箇所があるので注意したい

■日本戦艦 日向
- 118　●2002年発売

No.118として「伊勢」と同時発売された戦艦状態の「日向」。こちらも2002年のリニューアル版キットである。後部マストのトップ部分の取り付け位置を変更することで「伊勢」との違いを表現している。ストレート組みでも充分な見栄えだが、艦橋の遮風装置を削るなどの工作を行なうと考証的にも正しいものとなる。この頃にはハセガワによる純正エッチングパーツも発売されるようになっており、製作の際は是非とも活用したい

■日本航空戦艦 伊勢
- 119　●2002年発売

ウォーターラインシリーズNo.119で、伊勢型にとっては本命ともいうべき航空戦艦時代の再現がリニューアル。キットはレイテ沖海戦前後の姿を再現、搭載機は彗星と瑞雲を各8機付属する。航空甲板を取り付けるために船体側面にピンバイスで穴を開ける必要がある。このリニューアル版の「伊勢」は、パーツの合いなどがよく、複雑な面構成の格納庫と航空作業甲板が左右分割の船体とぴったり噛み合うところなどは見事である。レイテ沖海戦後を作るならば、一三号電探や見張り所が増設されたと言われているので考証して追加しよう

■日本航空戦艦 日向
- 120　●2002年発売

No.120は、ウォーターラインシリーズでは初めてのキット化となる航空戦艦時代の「日向」となった。伊勢型の第四航空戦隊旗艦は主に「日向」が務めたので、初のパッケージ化はうれしいかぎり。他のリニューアル版「伊勢」型と同様に左右分割の船体を取り入れたパーツ構成となっており、他の特徴もほぼ同じ。近年のキットらしく、パーツの合いなどはシリーズの他のキットと同様に素晴らしいものだ。マストの自作や別売りエッチングパーツの追加など、技量とこだわりに応じて作り込みを楽しめるキットだと言える

■日本戦艦 三笠
- 151　●2016年発売

ハセガワ創業75周年記念キットとなる「三笠」は、1/350キット開発時のノウハウはもちろん、さらに明らかになった事実も盛り込んだ最新キット。甲板などは水はけをよくするために付けられたキャンバーを再現している。武装や通風筒、ファイティングトップなど各部の艤装は日本海海戦時と黄海海戦時のどちらかを選択する方式で、ディテール再現用のエッチングパーツや木製甲板を再現するために開発された厚さ0.25mmの木製シートをレーザー加工したディテールアップパーツも発売されている

■日本航空母艦 赤城
- 201　●1972年発売

No.31(1992年以降No.201に変更)は初の大型艦艇となる「赤城」が登場。完成時の全長は371mmとなる。1942年の最終時を再現しており、発売10数年後の作例記事でも「現在でもトップクラス」の完成度と絶賛されていた。その気になればディテールアップポイントは多いものの、マストや武装のシャープ化、ブルワークや飛行甲板のフチを薄くするなどがメインとなるキットではあった。2014年に新金型版が発売されたが、アオシマより発売の「艦隊これくしょん」仕様のキットでは現在も本製品が同梱されており現役

■日本航空母艦 加賀
- 202　●1973年発売

ウォーターラインシリーズは18回のリリース、86点のキット化で当初の展開を完了したが、No.81(1992年以降No.202に変更)の「加賀」はこの時期の最後期の発売となる。当時から資料が少ないことで有名であったが、キットでは全通甲板に大改装後から沈没するまでの姿が再現された。ただし発売直前に、雑誌「丸」にきわめて鮮明な大改装後の写真が折り込みで掲載される不運に見舞われてしまった。現在も流通しており、各部をシャープにすれば全長353mmの巨体は満足のいく仕上がりとなる

■アメリカ海軍 戦艦 サウスダコタ
- 607　●1975年発売

シリーズNo.119(1992年以降No.607に変更)として発表されたハセガワ初の外国戦艦は、「サウスダコタ」であった。第三次ソロモン海戦では大破する憂き目に遭った不運な艦を、当時の最高峰とも言えるシャープな仕上げでキット化。明記されてはいないが1943年半ばごろの状態を再現したキットであり、年代を経てはいるがパーツの状態も良好。大量の対空機銃を取り付けるプロセスにさえ注意すれば初心者でも組み立てやすい部類のキットである。その対空機銃のパーツ精度も高めなので、完成後はなかなかに精密感のある姿を楽しむことができる

■アメリカ海軍 戦艦 アラバマ
●608 ●1975年発売

No.121(1992年以降No.608に変更)はサウスダコタ級4番艦「アラバマ」だ。完成後の全長は296mm。「サウスダコタ」と同一キットなのでシャープなモールドは変わらない。もともとハセガワのサウスダコタ級はウォーターラインシリーズのアメリカ戦艦の中でも出来がいいほうだったこともあり、現在の眼で見てもコンパクトな形状をよく捉えたキットであると言える。その後、他社からも同じ「サウスダコタ」級のキットは発売されているが、それと比較しても全体的な形状には決して見劣りしていない内容だ

■日本航空母艦 瑞鳳
●216 ●1999年発売

多くの海戦に参加しながらもキット化の機会に恵まれず、長い間レジンキットや最上型の船体を流用したスクラッチビルドで製作するしかなかった「瑞鳳」が、ついにシリーズNo.216としてキット化された。1944年10月のレイテ沖海戦を再現すべく、複雑な飛行甲板の迷彩もデカールで再現されている。部品点数も少なく完成させやすいキットである。また、2005年には限定版キットとしてミッドウェー海戦に参加した姿も立体化されている。搭載機は零戦五二型と天山がセットされ、現在も流通している

■日本航空母艦 祥鳳
●217 ●1999年発売

「瑞鳳」より少し遅れ、NO.217として「祥鳳」もキット化された。1942年1月から5月の姿なので、珊瑚海海戦時の艦隊編成が容易になったとファンに大歓迎された。船体も一体成型で部品点数も多くなく、作りやすいため、コレクションするためにはうってつけの内容である。搭載機は零戦二一型と九七艦攻が付属だが、珊瑚海海戦時は九六艦攻も搭載したので、アオシマのキットなどから調達して甲板に並べたい。現在の水準ではディテールなどはやや大人しめだが、技量に応じて手を入れればどんどん精密になる。現在も流通している

■日本航空母艦 赤城 "三段甲板"
●220 ●2008年発売

シリーズNO.220は、ファンを驚愕させた三段甲板時代の「赤城」である。キットの設定年次は1929年から1935年で、小型艦橋と機銃座のパーツを選択すれば1934年も再現できる。また搭載機として九〇艦戦と一三式艦攻が用意されている。甲板部には細かいモールドが入っており、そのまま製作しても満足感はあるはず。すでに緻密なディテール表現が行なわれるようになっていた時期だけに、エッチングパーツほかディテールアップ製品もいくつか製品化された。現在も流通しており、特異な姿が存在感を放っている

■日本航空母艦 赤城
●227 ●2014年発売

ついに発売されたとファンに大歓迎された、2014年発売の完全新金型リニューアルキット。先行して発売された1/350キットから得た考証も最新技術で盛り込みつつ、パーツを増やさないよう留意し作りやすさにも主眼を置いたキットである。初代の1/700も当時としてはシャープなキットであったが、リニューアル版は飛行甲板裏のトラスなど比較にならないほどに精密だ。左右分割の船体パーツに桁状のサポートパーツを挟み込む構造も取り入れられている。別売りエッチングパーツを使用した、徹底的な作り込みに挑戦するのもいいだろう

■アメリカ海軍 航空母艦 エセックス
●707 ●1974年発売

ウォーターラインシリーズとして18回にわたり86隻もの日本艦艇を開発したハセガワをはじめとする各社は、その後、外国艦艇シリーズをスタートさせた。ハセガワは米機動部隊の中核となったエセックス級空母1番艦「エセックス」をNo.108(1992年以降No.707に変更)として発表、キットはヘルキャット、コルセア、アベンジャー、ヘルダイバーなど多くの搭載機もセットされている。艦によって長短のあるエセックス級の船体を再現するため艦首部分が別部品となっており、これを付け替えることで同級艦の2種類の船体を作り変えることができるようになっていた

■アメリカ海軍 航空母艦 ハンコック
●708 ●1974年発売

ウォーターラインシリーズNo.113(1992年以降No.708に変更)はエセックス級の長船体である11番艦「ハンコック」であった。エレベーター付近のディテールなど「エセックス」で見せたキレのよい細部の仕上がりはそのまま持ち越されている。艦首パーツを変更して長船体を再現しているため、キット全長は「エセックス」よりも少し伸びて390mmとなった。「ハンコック」と「エセックス」に共通する特徴として他社の同型艦と比較して相当に部品点数が抑えられている点が挙げられる。それに伴って価格も低く抑えられているため、非常に良心的なキットと言える

■アメリカ海軍 航空母艦 ヨークタウンII
●709 ●1992年発売

10数年のブランクを経て久しぶりにハセガワから発売されたウォーターラインシリーズは、通し番号も新たに整理されてNo.709となった「ヨークタウンII」である。エセックス級2番艦(ミッドウェー海戦で沈んだヨークタウンの名を襲名)で、キットの内容も「エセックス」と同一なので、迷彩塗装や搭載機の内容で作り分けるといいだろう。ちょっと古いキットではあるが、「エセックス」と同様にボリュームのあるアメリカ航空母艦を安価かつ比較的簡単に入手できるという点で、現在でも充分に存在価値はある

■アメリカ海軍 航空母艦 タイコンデロガ
●710 ●1992年発売

こちらはエセックス級長船体型のトップとなる「タイコンデロガ」で、同型艦の「ハンコック」とはお互いの艦名を交換して竣工したモデル化されたキットだ。この「タイコンデロガ」はハセガワから4隻発売されている「エセックス」級では現状最後のキットとなっている。いずれにせよ本キットも「ハンコック」と同一内容だが、単色の塗装指示しかなかった「ハンコック」とは異なり、組立説明書には迷彩塗装の指定が掲載されている。エセックス級は同型艦が多いので、さまざまな迷彩塗装はもちろん、戦後の姿を再現しても楽しいだろう

■海上自衛隊 護衛艦 こんごう
●009 ●2003年発売

WLシリーズではハセガワ初の海上自衛隊護衛艦となる「こんごう」。特徴的な艦橋や中央・後部構造物は箱組みによる複雑なパーツ構成なので、接着する前に仮組みを丁寧に行ないたい。ラティスマストのトラス構造もストレート組みで充分な再現度だ。2016年版にはレドームのパーツや新デカールがセットされた「こんごう(最新版)」が流通しており、そちらの方が入手しやすい。甲板を中心にデカールを貼る工程の多いキットだが、完成時の見栄えに大きく影響する箇所なのでパーツにしっかりとフィットさせるように気を遣いたいところ

■海上自衛隊 護衛艦 きりしま
●010 ●2003年発売

ハセガワ初の海自護衛艦キットとして「こんごう」と同時に発売された。基本的には「こんごう」と同一のキット内容だが、艦橋と第一煙突の間にある甲板が専用のパーツとして付属している。現在は「こんごう」と同様に最新版が流通しているのでそちらの方が入手しやすいだろう。こちらではアンテナ類などの新規部品が追加されており、近代化改装後の姿を再現できる。さらに船体後部のヘリ着艦標識も最新の状態のデカールが付属。この「きりしま(最新版)」の発売によって初期バージョンのキットは絶版となった

■海上自衛隊 護衛艦 みょうこう
●011 ●2003年発売

こちらも基本的には「こんごう」と同一内容のキット。「みょうこう」の専用部品として、艦橋パネルと艦尾パネルが新規パーツとして追加された。デカールなども「みょうこう」専用のものがセットされている。この「みょうこう」も2014年にはアップデート版である「みょうこう(最新版)」が発売されており、アンテナなどの各部が現在の状態に近づけられることとなった。他のキット同様、アップデート版ではヘリの着艦標識のデカールが新しくなっているのも特徴で、このアップデート版の登場で旧版の「みょうこう」は絶版となっている

■海上自衛隊 護衛艦 ちょうかい
●012 ●2003年発売

3番艦「みょうこう」と同様のパーツ構成でキット化されたもの。護衛艦は通常帯の再現が難しいが、ハセガワ製品はデカールで簡単に再現できるようになっている。この「ちょうかい」も他の「こんごう」級と同様に2014年にアップデート版のキットが発売されており、アンテナ類などは現行の状態を再現したものとなった。その他のキットと同じようにヘリの着艦標識は最新の状態を再現したデカールが付属している。このアップデート版の発売によって旧キットが絶版となったのも他の同型艦と同じである

■海上自衛隊 護衛艦 あぶくま/じんつう
●013 ●2004年発売

完全新金型で、地方護衛隊用の小型護衛艦6隻を連続してキット化した新シリーズの第一弾。まずは日本海軍の長良型と川内型軽巡の名を受け継いだ1番艦「あぶくま」と2番艦「じんつう」が発売となった。角張った形状の艦橋や煙突などの構造物は板状のパーツの箱組みとなっており、それほど複雑な組み立ての工程がないパーツ構成である。この「あぶくま」と「じんつう」も他の海自護衛艦キットと同様に限定版のスーパーディテールキットが発売され、それには純正のエッチングパーツが2枚セットされていた

■海上自衛隊 護衛艦 おおよど/せんだい
●014 ●2004年発売

最後の連合艦隊旗艦「大淀」と、川内型の名を受け継いだ「あぶくま」型3・4番艦のセットである。左右分割の船体パーツにより、対レーダー・ステルス対策を施した舷側のテーパーを再現しているのに注目したい。また他の海自艦艇のキットと同様にウォークウェイのラインを再現するためのデカールが付属しており、複雑なラインを簡単に再現できるようになっているキットだ。艦橋の上に設置されているマストは複雑なトラス構造を繊細なパーツで再現しており、そのまま組み立てて設置しても充分満足のいく仕上がりとなるだろう

■海上自衛隊 護衛艦 ちくま/とね
●015 ●2005年発売

小型護衛艦「あぶくま」型最後のセットは、日本重巡の掉尾を飾った利根型の名を冠した「ちくま」と「とね」だ。シリーズを通して6隻すべて全長、全幅などはすべて同一で、竣工時の姿をキット化している。他の「あぶくま」型と異なるのはデカールで、ウォークウェイのラインなどは差がないものの、艦橋の上面に貼るデカールが異なり「とね」には"34"、「ちくま」には"33"の番号が振られており、艦尾に書かれている艦名のデカールも付いているのはうれしいところ。小ぶりな艦ながら1箱に2隻が入っているお得感もあるキットだ

1/700 SCALE SHIP MODELS

■027　海上自衛隊 護衛艦 こんごう

■028　海上自衛隊 護衛艦 きりしま

■029　海上自衛隊 護衛艦 みょうこう

■030　海上自衛隊 護衛艦 ちょうかい

■031　海上自衛隊 ヘリコプター搭載護衛艦 いずも

■514　アメリカ航空母艦 搭載機 セット

1/350 SCALE SHIP MODELS

■**Z22** 日本海軍 甲型駆逐艦 雪風 "天一号作戦"

■**Z21** 日本海軍 戦艦 三笠 "日本海海戦"

■**Z23** 南極観測船 宗谷 "第三次南極観測隊"

■**Z24** 日本海軍 戦艦 長門 "昭和十六年 開戦時"

■**Z26** 日本海軍 軽巡洋艦 矢矧 "天一号作戦"

■**Z25** 日本海軍 航空母艦 赤城

■**Z27** アメリカ海軍 護衛空母 CVE-73 "ガンビア ベイ"

1/700 SCALE SHIP MODELS

■海上自衛隊 護衛艦 こんごう
●027 ●2013年発売

海上自衛隊初のイージス艦として建造、配備された「こんごう」の最新の姿を再現したリニューアルキット。1993年の竣工から20数年たち、実艦が数回にわたる改修を行なったことによるキットとの差異が生じてきたため、2013年に最新状態のアップデート版として発売された。改修箇所のレーダー、アンテナ類などを新規パーツで追加し最新のものを再現している。さらに変更のあった後部ヘリ着艦標識のラインも、新規デカールにより新しいものに対応している。このキットの発売により旧版(009)は絶版となった

■海上自衛隊 護衛艦 きりしま
●028 ●2013年発売

「こんごう型」イージス艦の2番艦、「きりしま」の最新状態を再現できるリニューアルキット。こちらも「こんごう」と同じく、最新状態にアップデートされたアンテナ類などの新規パーツ約10点が付属し、デカールも艦名やハルナンバーのほか、甲板上の歩行帯や、ヘリ甲板の表示線など最新のものが用意されている。キット自体は特徴的な艦橋構造物などもシャープなパーツとなっており、ディテールも現在の目で見てもなんら遜色ない出来となっている。対潜哨戒ヘリコプター、SH-60Jが2機付属

■海上自衛隊 護衛艦 みょうこう
●029 ●2014年発売

「こんごう型」イージス艦の3番艦、「みょうこう」の最新状態を再現できるリニューアルキット。キット構成は他の同型艦と同じく、実艦がアップデートされた箇所の新規パーツとデカールがあらたに付属するもの。また、ハセガワから専用のエッチングパーツ、「こんごう級ディテールアップパーツA」、「こんごう級ディテールアップパーツB」の2種が発売された。こちらは旧版用として発売されたものだが、メインマストのトラス部分や、細かいアンテナなどのディテールアップはこのリニューアルキットにも、なんら遜色なく使用できる

■海上自衛隊 護衛艦 ちょうかい
●030 ●2014年発売

「ちょうかい」は「こんごう型」リニューアルキットの第4弾として2014年に発売。こちらも、アップデート内容は他の同型艦と同じで新規パーツとデカールが付属する。同型艦どうしの微細な違いも再現している。この「こんごう型」リニューアルに際して、パッケージのイラストはイラストレーター、加藤単駆郎氏による、非常に重厚なものに変更されているのも見所だ。4隻共にちがった各々個性のある美麗なイラストを堪能できるのもこのリニューアルキットの魅力のひとつだろう

■海上自衛隊 ヘリコプター搭載護衛艦 いずも
●031 ●2015年発売

話題を呼んだ最新鋭のヘリコプター搭載護衛艦を、全長356mm、全幅73mmでキット化。全通甲板は一枚板でパーツ化、艦橋はスライド金型で一体成型とするなど、ボリュームの割にパーツ数は少な目で作りやすい。73式トレーラーやリモコン式牽引車、フォークリフト、清掃車などの各種搭載車輛も10種近くが付属。艦載機はMCH-101とSH-60Kで、メインローターはそれぞれ展開/収納状態を選択できるようになっている。さらにおまけとしてMV-22も2機付属するなど充実の内容だ

■アメリカ 航空母艦搭載機 セット
●514 ●1973年発売

F6Fヘルキャット戦闘機、F4Uコルセア戦闘機、SB2Cヘルダイバー急降下爆撃機、TBFアベンジャー雷撃機と大戦中期以降の米艦載機が4種それぞれ10機、合計40機セットされるキット。現在の1/700艦載機モデルほどのハイディテールではなく、着陸脚なども棒状の素朴なものだが、機体ひとつひとつがワンパーツによる成型で手軽に製作できる気安さが魅力のキットである。米空母は搭載機数が多いので、本キットは複数必要なこともある。このキットは現在も流通している

ユーザーによる工作難易度の選択を可能にする自社製エッチングパーツという存在

*COLUMN

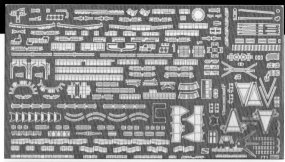

プラスチックでは再現が難しい細密な表現が可能で、その薄さや細さによって完成品の精密感がグッと向上するエッチングパーツは、(多少の工作スキルを求められはするが)艦船模型のディテールアップに最適な存在である。こうしたパーツはサードパーティー(第三者であるディテールアップパーツメーカー)によって製造販売されることがほとんどだったが、ハセガワはいち早く「自社製キットをディテールアップするためのエッチングパーツ」を自ら製造販売したことで、従来とは一味違うユーザーエクスペリエンスを提供することに成功している。

サードパーティー製と自社製エッチングパーツのもっとも大きな差は「キットの設計段階からエッチングパーツによるディテールアップを見越しているかどうか」にあると言えるだろう。既存品を観察し、より精密感を出せる箇所がどこかを現物合わせで(ときに製品のバリューを増すために過剰な表現も盛り込んで)見定めながら設計されるサードパーティー製のエッチングパーツと違い、ハセガワ製のエッチングパーツはキットの開発段階でディテールアップが効果的な部分をあらかじめ見定めておき、プラスチックパーツとエッチングパーツの双方が充分に威力を発揮するよう双方が設計されているのだ。そのため、エッチングパーツを使用するときにキットのプラスチックパーツを加工が必要な箇所や加工の難度を自ら決定することができるうえ、説明書についてもオリジナルのキットの図版を使用しながら、どの工程のどこでディテールアップをすれば作業がスムーズに行えるかをしっかりと示すことができる。これにより「ディテールアップパーツとは、難解な説明書を読みながら自分の裁量で作業工程を考え、繊細で高度な作業が必要とされるもの」というイメージを払拭できているのが自社製エッチングパーツの美点と言えるだろう。

2008年に発売されたの1/350スケールの「日本海軍 航空母艦 赤城」では、プラスチックパーツのみでも充分な精密さが話題となったが、同時にディテールアップパーツが6種展開されたことで「モデラーが望む満足の度合い」をメーカー側から細分化して提示するという試みがなされた。現在では「ハセガワの艦船模型の新製品に合わせて専用のハセガワ製ディテールアップパーツが販売される」というのが定番となっており、各人のスキルや予算に合わせて「望む完成度をどこに置くか」をユーザーが選べるという環境が整っているのだ。 ■

▲◀上は1/350「日本海軍 戦艦 長門 "昭和十六年 開戦時"」など1/350の長門型キットに対応した「戦艦 長門級 ディテールアップ エッチングパーツ ベーシックB」と、ハセガワ製エッチングパーツを取り付けた状態の長門。長門型だけでも甲板の手すりを中心とした基本的な内容の"ベーシックA"と艦橋、煙突など細部の手すりやや水上機揚収用のクレーンを再現したより詳細な内容の"ベーシックB"のエッチングパーツが存在しており、ユーザーの予算や技術に応じてどこまで手を入れるかを選択できる。これはハセガワ製エッチングパーツに共通した美点なのだ

1/350 スケール 艦船

■日本海軍 戦艦 三笠 "日本海海戦"
● Z21　●2005年発売

現在はすっかり定着した1/350スケールの艦船模型に先鞭をつけたのが、ハセガワが日本海海戦100周年を記念してキット化した「三笠」である。ビッグスケールながらも戦艦としては小ぶりであるため、手頃なサイズに精密なディテールが凝縮されている。東郷平八郎（初回限定）のメタルフィギュアや張り線ガイドなど、作る楽しさにあふれたキットだ。現在も流通しており、黄海海戦バージョンや日本海海戦110周年（東郷平八郎と秋山真之のフィギュア付き）などのバリエーションもある。ディテールアップパーツも数種類が2016年現在も入手可能

■日本海軍 甲型駆逐艦 雪風 "天一号作戦"
● Z22　●2006年発売

太平洋戦争に参加した日本海軍の戦闘艦艇としては初めてのハセガワ製1/350スケールキットは、数々の作戦に参加して生き残り、戦艦大和が沈没した天一号作戦からも生還した幸運艦である駆逐艦「雪風」。全長347.5mm、全幅33mmと1/700の戦艦に近い大きさとなる。船体が歪まないよう内部に桁を設けることで強度を確保。アンカーチェーンは金属製チェーン、スクリューはメッキパーツとなるなど、各部のパーツは贅沢な仕様だ。キットは2番主砲塔を撤去して対空機銃を増強した、苛烈な天一号作戦時の姿としている

■南極観測船 宗谷 "第三次南極観測隊"
● Z23　●2007年発売

ハセガワの創業65周年を記念したキャンペーン「日本に昂ぶる」を契機に開発されたキット。全長239mm、全幅48.5mmと、1/350スケールのキットとしては大きすぎない手頃なサイズで、戦後日本の再興を象徴した名船とはいえ、改めて「こんな小さな船で南極大陸を目指したのか！？」と驚かされる。キットにはDHC-2水上機1機とシコルスキーS-58ヘリコプター2機が付属。初回出荷分には1/32スケールのタロ・ジロと観測隊員のメタルフィギュア、さらに資料集も付いた豪華な内容となっていた

■日本海軍 戦艦 長門 "昭和十六年 開戦時"
● Z24　●2007年発売

「三笠」以降の1/350スケールの艦船模型の開発経験を生かし、ハセガワが満を持してリリースしたのが戦前から国民に連合艦隊旗艦として親しまれてきた「長門」であった。完成すると全長643mm、全幅110mmというビッグスケールと精緻な出来映えに、発売当時には「ハセガワ最高のキット」との呼び声も出た名キットで、文字通り同社のフラッグシップとなった。組立説明書のほか実艦解説書、塗装指示兼張り線指示書など組立ての案内も3部構成。当時の趨勢に則り、複数のディテールアップパーツも発売された

■日本海軍 航空母艦 赤城
● Z25　●2008年発売

戦艦「長門」のリリースで艦船模型ファンを沸かせたハセガワが、さらにそのワンサイズ上をいって関係者たちを圧倒したのが1/350スケールの航空母艦「赤城」だった。もちろん、ただ大きいだけではなく、ウォーターラインシリーズ発売後に新たに判明した考証を取り入れ、すさまじい完成度でもファンを驚愕させた意欲作で、全長745mm、全幅157mmにもなる大ボリュームキットだ。1万円（税込）を超える「エッチングパーツ スーパー」など、豪華なディテールアップパーツも話題となり、まさに大人のための贅沢なホビーと言えた

■日本海軍軽巡洋艦 矢矧 "天一号作戦"
● Z26　●2009年発売

5500トン型に代表されるように、煙突が3本も4本もある日本海軍の旧態依然とした軽巡洋艦群のなかにあって、無骨な連装主砲塔や流麗な集合煙突が大きな特徴を見せる阿賀野型3番艦の「矢矧」をキット化。パッケージには天一号作戦と銘打たれているが、時代的には対空兵装が増備された1944年秋のレイテ沖海戦時以降を再現したものと言える。これまでに培われてきた左右貼りあわせ船体の位置決め法などは手慣れたもので、純正エッチングパーツも充実を見せている。完成時の全長は498.5mm

■アメリカ海軍 護衛空母 CVE-73 "ガンビア ベイ"
● Z27　●2010年発売

1944年10月25日のレイテ沖海戦におけるサマール島沖海戦で、戦艦「大和」ほか日本海軍の艦隊に捕捉、撃沈されたカサブランカ級護衛空母「ガンビアベイ」をキット化したもの。ハセガワの米護衛空母のインジェクションプラスチックキットとしても非常に貴重な存在である。米艦艇特有の複雑な迷彩パターンを再現するため、キットには原寸大のカラー塗装図が付属。これをガイドにマスキングすることができる。初回特典には生頼範義氏の特大イラストポスターが用意されていた。完成時の大きさは全長447mm、全幅94mmとなる

フィギュアメーカーとの共闘によって生まれた新時代の艦船模型"1/350 島風"

*COLUMN

塗装済み完成品フィギュアメーカーとして多くのユーザーから支持を集めてきたマックスファクトリーが『太陽の牙ダグラム』というタイトルを引っさげてプラモデルの世界に参入したのが2014年。それからわずか1年後、TVアニメ『艦隊これくしょん -艦これ-』の初回放送と同じタイミングで「PLAMAX KC-01 駆逐艦×艦娘 島風」の製品化が発表され、大きな話題となった。

艦船模型はおろか、スケールモデルすら初めて手がける同社がその製品化を決断した理由は「ハセガワとの共闘」にあったという。「PLAMAX KC-01 駆逐艦×艦娘 島風」は1/350スケールの艦船模型と1/20スケールの艦娘（艦船を擬人化された女の子）のプラモデルを組み合わせたものである。得意分野であるフィギュアはマックスファクトリーが原型製作から製造までを手がけ、艦船模型についてはハセガワに考証と基本設計、製造を任せる形で企画はスタートした。とはいえ、これは単なる両社のコラボレーション企画ではなく、ハセガワの設計担当とマックスファクトリーの企画担当がすべてのパーツについて「どう分割するか」「どこで色分けするか」「どうすれば接着しやすくなるか」などさまざまな側面から意見を交わし、毎日複数回に渡って図面と修正指示をやり取りしながら開発は進められた。

結果として生まれた1/350島風は「ハセガワらしい端正なフォルムとディテール再現」と「マックスファクトリーが培ってきたキャラクターモデラー向けの製品仕様」が一体となった革新的な内容となっている。5色成形のパーツは無塗装派も満足できるよう採用されたものであり、繊細なパーツにも位置決めや接着強度のしやすい大きめのダボが設けられ、説明書も塗装と組み立ての手順を考慮したフルカラー印刷。艦船模型に初めて触れるユーザーも恐れることなくチャレンジできるという触れ込みは現実のものとなったのだ。

本製品の駆逐艦部分は後にパーツの小変更をされてハセガワ製品である「日本海軍 駆逐艦 島風 "最終時"」としても発売され、さらに同社製1/700スケール「日本軽巡洋艦 天龍、龍田（完全リニューアル）」や1/450「日本海軍 航空母艦 信濃」といった艦船モデルにも島風と共通した設計思想が取り入れられている。いささか毛色の異なる両社のシナジーによって生まれた「新しい世代の艦船模型」は、スケールモデルファンにこそ手に取ってもらいたい一品として、今後も長らく語り継がれていくだろう。

▲▼世界最速の速力40ノットを誇り、五連装魚雷発射管3基を搭載した重武装の駆逐艦である「島風」。ハセガワ版の1/350キットでは艦娘島風の1/20フィギュアはオミットされ、同社のラインナップに沿った純然たるスケールモデルとしてリリースされた。とはいえ設計はマックスファクトリー版と共通しているため、部分によって5色の成型色を使い分けたパーツや組み立てやすいパーツ構成は同一のもの。ハセガワ版は25mm三連装機銃や電探を増設した1944年11月の最終時の姿を再現したキットとなっている。▼旧キットを2015年に刷新した1/700「日本軽巡洋艦 天龍」。1/350島風と同様の設計手法と金型技術を用いて開発された、シャープなキットである

1/350・1/450 SCALE SHIP MODELS

■Z28　日本郵船 氷川丸

■Z29　日本海軍 駆逐艦 島風 "最終時"

■Z30　日本海軍 航空母艦 隼鷹

1/450 SCALE SHIP MODELS

■Z3　ドイツ戦艦 ビスマルク

■Z4　ドイツ戦艦 テルピッツ

■Z7　航空母艦 信濃

■Z11　日本海軍 戦艦 大和

1/450 SCALE SHIP MODELS

■Z8　日本海軍 航空母艦 赤城

■Z14　アメリカ海軍 戦艦 ミズーリ

■Z2　日本海軍 戦艦 武蔵

■Z15　イギリス海軍 戦艦 ヴァンガード

■Z02　海上自衛隊 イージス護衛艦 あたご

■Z01　日本海軍 戦艦 大和（2013年リニューアル版）

■Z03　日本海軍 航空母艦 信濃

■日本郵船 氷川丸
● Z28　● 2011年発売

日本郵船の貨客船にして、現在も山下公園に繋留されて、もはや横浜の風景の一部ともなっている「氷川丸」は、戦時中は徴用されて特設病院船として活躍したことでもお馴染み。1/700のウォーターラインシリーズでもキット化している「氷川丸」を1/350で開発したのが本キット。全長466.5mm、全幅57.5mmの大型の船体は桁で接着され、外からも見える内部もしっかり再現されている。原寸大の塗装図が付属し、デカールは日本郵船の貨客船時代とシアトル航路時代、いずれかが選択できる。2016年現在も流通するハセガワ70周年記念キットである

■日本海軍 駆逐艦 島風 "最終時"
● Z29　● 2016年発売

日本海軍最速の駆逐艦であり、艦の中央部に備えられた専用の五連装魚雷発射管3基が力強く感じられる「島風」の1944年11月の最終時の姿を再現したキット。ハセガワがそれまでに培ってきた1/350スケールの艦船模型のフォーマットそのままに、組立てやすさや塗装のしやすさに力点を置いて開発されたことが充分に伝わってくるキットである。パーツ点数も少なめで入門者向けといえる内容だが、別売りの純正エッチングパーツをふんだんに盛り込むことで、より解像度の高い仕上がりを見せることとなる

■日本海軍 航空母艦 隼鷹
● Z30　● 2016年発売

商船改装空母でありながら、そのサイズに裏付けられて中型の正規空母顔負けの活躍を見せた「隼鷹」が1/350スケールで開発された。キットは1944年6月のマリアナ沖海戦時を再現しており、搭載機も零戦52型、零戦21型(爆戦再現可能)、彗星12型、天山12型とその当時の機体を再現。なんと1/350ながら、彗星が製品化されるのはハセガワはじまって以来のことという。全体をディテールアップさせる純正エッチングパーツも同時にリリースされている

1/450 スケール 艦船

■ドイツ戦艦 ビスマルク
● Z3　● 1965年発売

すでに発売されていた大和型に続き、ドイツ海軍のビスマルク級戦艦が開発され、「世界有名艦船1/450シリーズ」のレーベル名を与えられて登場した。完成当時世界最強と詠われ、イギリス海軍の戦艦や航空機との猛烈な戦いののちに撃沈されたネームシップの「ビスマルク」は、完成模型全長560mm。少ないパーツ点数で全体の特徴を再現するのはこの時代のインジェクションプラスチックキットの特徴といえ、成型色も軍艦色の灰色と艦底色の2色モデルとなっていた。完成見本写真では手すりなども確認できる

■ドイツ戦艦 テルピッツ
● Z4　● 1965年発売

ネームシップの「ビスマルク」に続き、2番艦「テルピッツ」も「世界有名艦船1/450シリーズ」にラインナップされた。同艦は実質的な作戦行動を一切行なわなかったものの、フィヨルドに潜伏することでイギリスの海軍兵力への抑止力となったことで存在感のある戦艦だ。内容は基本的に「ビスマルク」と同仕様だが、完成見本写真では簡素ながら船体に迷彩が施されている。この時期の1/450スケール艦船は使用する乾電池が単二電池2本となっており、「大和」とマブチモーターおよびマブチ乾電池を一緒に紹介したチラシも確認されている

■航空母艦 信濃
● Z7　● 1963年発売

発売された際に、「何分にも資料が少なく完全なる資料のもとに造った物ではありませんので正確なる信濃のモデルとは云えませんが大体此の様であった事を御伝へ致します」との但し書きをしていたが、その当時、写真も発表されていなかった「信濃」までキット化したハセガワの熱意は脱帽ものといえ、細かな考証はさておき「信濃」の特徴を良く捉えていたことがわかる。パーツは茶、赤、灰、黒、緑色の5色成型で、緑は迷彩色と思える。使用するモーターや電池は「大和」「武蔵」と変わらないが、全長は600mmと「信濃」がわずかに長い

■日本海軍 戦艦 大和
● Z1　● 1962年発売

「走る大型オールプラスチックモデル」として堂々の発売を果たした1/450スケールの戦艦「大和」。機銃の増備状況を見ると1944年10月のレイテ沖海戦時をキット化したものとわかる。小売価格は米戦艦「ミズーリ」の100円に対し1500円と破格だが、全長585mmの巨体は2軸反転ギヤーボックスとモーターで航走もできる。使用する電池は単三が4本と少なく見えるが、プラスチック製で軽量化できたゆえであろうか。後年のカタログでは「耐侵水防止装置付」(侵は原文そのまま。浸水であろう)の記載も認められる

COLUMN

ハセガワの戦後10数年を支えた 木製艦船模型という文化

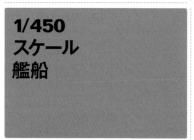

戦後、GHQによってそれまでの主力商品だった模型飛行機の製造が禁止され、木製模型メーカーとして再スタートを切ったハセガワ。その主力商品となったのが大型の木製艦船模型である。ハセガワに現存する最古の商品カタログである1952〜1953年の商品目録にはすでに「駆逐艦エスキモー」や、その後各種類の木製模型が発売される「戦艦ヴァンガード」(ちなみにヴァンガードはその後1/450スケールでインジェクションプラスチックキット化、1980年代後半まで販売されることになる)などが並んでおり、1958年のカタログではさらにラインナップを拡張。大戦中の日本軍艦艇からレジャーボートに至るまで、今日では想像できないほどの点数の木製模型が発売されていたのである。

これらの木製模型はインジェクションプラスチックキットの上陸によってすぐに駆逐されたかに見えるが、実際には少々様相が異なる。ハセガワではプラスチック製キットと木製模型のカタログを分冊とすることでプラモデルの生産を始めた1961年以降も問屋に対して木製模型の営業をかけていた形跡が見受けられるのだ。まだまだ未知のホビーだったプラモデルに対し、商材としても実績のあった木製模型には一定の需要があったのだろう。しかしプラモデルは数年の間に一気にシェアを広げ、1965年ごろにはハセガワのカタログ上からも木製模型は姿を消すのだった。 ■

▲1958年のハセガワのカタログ。並んでいるのは全て木製の艦船模型だ。右上の「原子力船 サバンナ」のキットが時代を感じさせる。▼1/160「イ-401」のような大物キットも存在した。このイ-401は'80年代初頭に一度再販されている

▲「ミズーリ」「金剛」「警備艦ゆきかぜ」と、バラエティ豊かなラインナップが確認できる当時の木製模型。「特大」や「A級」というのは模型の大きさをあらわし、文字通り特大→A級(大型)→B級の順にサイズが小さくなる。当時はスケール表記自体が厳密なものではなかったため、カタログにも完成時の全長が書かれているだけのことも多い

■日本海軍 戦艦 武蔵
- Z2 ●1962年発売

大和型2番艦の「武蔵」も同スケールで登場。当時の完成見本写真を見る限り高角砲の数など「大和」と形状の異なる部分を再現しているようだ。「大和」の金型総数が13型に対し、「武蔵」は14型と記されている。さらに「4色にて着色成型致してありますので塗装の必要はありません」という、当時の多色成型キットの先駆的存在にもなった。その内訳をカタログから引用すると「吃水線下赤色、甲板コゲ茶色、マスト黒色、部品灰色」とのことだ。製品化にあたり「武蔵」「大和」とも「全力をあげて資料を集め」たハセガワの意気込みが頼もしい

■イギリス海軍 戦艦 ヴァンガード
- Z15 ●2011年発売

長谷川製作所が木製模型を製作していた時代にも複数のキットが商品化されたイギリス戦艦「ヴァンガード」も「1/450世界有名艦船シリーズ」に加わった。全長570mm、単二電池を2本使用する。第2次世界大戦後、近代戦艦として最後に竣工した「ヴァンガード」は、イギリス戦艦独特の塔型艦橋やクルーザースターンの艦尾形状などが特徴で、1940年代後半まで同社による木製艦船模型の商品化が続いたアイテムであったが、実艦のほうはようやくその役目を終えて、本キットがリリースされた頃にはすでに解体されていた

■日本海軍 航空母艦 信濃
- Z03 ●2015年発売

予想だにしない突然の発表で、2015年に多くの艦船模型ファンたちを驚かせたハセガワ1/450スケール空母「信濃」のリニューアル。同型艦である「大和」の船体を流用しない完全新金型で、パーツ点数を抑えながらもハイディテールを再現したモールドとなっており、1/450シリーズの同社キットの特徴である「初心者に優しい本格スケールモデル」を実現した。付属の艦載機は6種で、着艦フックを付けた艦載機型の紫電改がうれしい。スケールを問わず、現在手に入る最高の空母「信濃」のキットと言えるだろう

■日本海軍 航空母艦 赤城
- Z8 ●1972年発売

1972年は1/450シリーズの第8弾として航空母艦「赤城」も発売となった。「ハセガワが貴店の年末商戦をお手伝いします」と記された当時のチラシでも1/32のF-86FやP-51Dとともに期待の新製品として上段に掲載、「ウォーターラインシリーズで自信を得た空母」との裏付けにより開発されていることを紹介している。完成模型は全長580mm、全幅73mmと巨大で、マブチRE-26モーターを使用して航走が可能。搭載機は零戦二一型、九九艦爆、九七艦攻の3種22機がセットされていた。2016年現在も流通しており入手可能

■日本海軍 戦艦 大和（2013年リニューアル版）
- Z01 ●2013年発売

2013年に、かつてハセガワが精力的に開発していた「1/450世界有名艦船シリーズ」を、新たなかたちで復活させることとなった第1弾が、最終時の戦艦「大和」で、全長585mm、全幅91mmというサイズは、ウォーターラインシリーズのキットほど小さくもなく、1/350スケールほど大きくもないという手頃な大きさ。パーツ点数をおもいきって減らし、初心者でも手軽に製作できるように配慮された内容だが、最新の考証も反映されておりベテランモデラーからも支持されている

■アメリカ海軍 戦艦 ミズーリ
- Z14 ●2011年発売

「1/450世界有名艦船シリーズ」に、木製キット全盛時代からの長谷川製作所のラインナップでおなじみとなっていたアメリカ戦艦「ミズーリ」も加わった。戦艦としての全長は世界最長と謳っているだけにこのスケールでも全長は603mmと大和型より長く、逆に全幅は73mmとなっている。単一乾電池1～2本で走るようになっている。なおこの年のカタログには新発売となる「ハセガワ／ブラック エアスプレー」が記載されており、黒、銀、オリーブドラブ（すべてつや消し）の3色がラインナップされていた

■海上自衛隊 イージス護衛艦 あたご
- Z02 ●2014年発売

新1/450シリーズの第2弾は、世界最大クラスの海上自衛隊イージス護衛艦「あたご」となった。組み立てはきわめて容易で、全長372mm、全幅52mmと大きすぎず小さすぎないサイズも魅力的だ。1/450スケールの大柄な船体は左右に分割されているが、内部にサポートとなるパーツを挟み込んで組み立てる構造となっており、強度的にも安心できる設計。また中央部の甲板パーツは艦橋や煙突、ヘリ格納庫といった構造物を一体成型でパーツ化しているのも見所のひとつだ。艦載ヘリのSH-60Kが1機付属する

Hasegawa
HASEGAWA COMPLETE WORKS

「マイナー艦艇を形にしたい」という思いが生んだ 1/350秋津洲という野心的な冒険
*COLUMN

2006年、ハセガワの創業65周年企画として発売された「1/350 駆逐艦 雪風 昭和十五年 竣工時」の初回特典として開発されたのが同スケールの「二式大型飛行艇 12型」である。「そのとき、『二式大艇といえば秋津洲だろう』と思ったんです」と長谷川勝人社長は振り返る。とはいえ、金型費用も莫大にかかる1/350スケールの艦船模型において補助艦艇である水上機母艦（しかも同型艦が存在しない）を製品化するのはかなりの冒険。「インジェクションプラスチックキットで開発しても、ビジネス的に成立する勝算はほとんどなかった」と語る勝人氏だが、なんとかして製品化したいという思いは消えなかった。

同時期に数々のコンテストで賞を獲得し、模型誌でも多くの作例を発表していた凄腕艦船モデラーが矢萩登氏であった。キットを使用した作品はもちろん、スクラッチビルドの実力を兼ね備えた彼の活躍を見て、秋津洲の製品化を諦めていなかったハセガワのスタッフが「彼なら秋津洲の原型を作ることができるのではないか」と思い至ったのは自然な流れと言えるだろう。

こうして2008年、矢萩氏による原型をベースに開発された1/350スケールの秋津洲が製品化されたのであった。船体や上部構造、艤装などをレジンキャストパーツで用意し、一部艤装は既存キットからプラスチックパーツに流用、さらに細かい部分はエッチングパーツを新規に作成したマルチマテリアルキットとして仕様が決定。生産数を500個限定として「Limited 500」というシリーズ名を冠し、2万6800円(税別／販売経路は通販のみ)と設定された本製品は多くのユーザーから賛否両論を浴びた。

発売当初、国内でのセールスは生産数の半数ほどで頭打ちとなったが、海外（とくにチェコやポーランドと言った東欧圏）のユーザーから熱烈なオファーがあり、海外向け通販の準備を整えるとそれからあっという間に500個を売り切ってしまったという。同シリーズの続作は企画こそ立ち上がれど資料収集や原型製作の手配が困難なモチーフが多く、秋津洲が最初で最後の製品となった。極めて実験的な試みではあったが、インジェクションプラスチックキットでは難しいアイテムをハイクオリティな製品にして「本当に欲しい人」に届けるという意味では大きな手応えがあった、と語る勝人氏。ハセガワらしいアイテムをプラスチックモデルとは異なる形で提供するこうした手法が「アリ」だとしたら、あなたはどんなモチーフの模型を見てみたいだろうか。■

▲▼2008年の第47回静岡ホビーショーで発表され、ハセガワのWebサイトにて注文を募る形で発売されたリミテッド500の1/350「日本海軍飛行艇母艦 秋津洲」。中段左の写真はこの秋津洲発売のきっかけとなった1/350「日本海軍 甲型駆逐艦 雪風 昭和十五年竣工時」初回特典キットの二式大艇だ。全長30cm足らずと駆逐艦雪風よりも小さいサイズに密度感のあるディテールを盛り込んだ意欲的なキットである。リミテッド500シリーズは艦船だけでなく飛行機やカーモデルも展開する予定だったが、2016年現在は休止中だ

OTHER SHIP MODELS

■バリアントⅡ世

■シートピア

■ウイング・オブ・ヤマハ

■A-1 米国戦艦 ミズーリ

■A-2 米国戦艦 アイオワ

■A-6 米国戦艦 ミズーリ メタルカラーモデル

■日本海軍 特型潜水艦 伊号401

■B-1 外洋ヨットクルーザー バリアント

■B-2 スポーツフィッシングクルーザー

■B-3 キャビンライズドデッキクルーザー

■B-4 ジェットアロー

■B-5 シーファイター

■B-4 スポーツランナーボート スポーツマン7

■B-5 スポーツクルーザー クイーンセブン

■B-6 モーターボート・レースバード30A ピンキイ

■B-7 モーターボート・レースバード30B ジュピター

■B-8 スポーツクルーザー ビーバー

■B-9 スポーツランナーボート スワロー

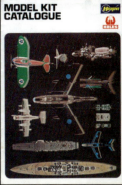

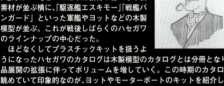

現存する最古のハセガワのカタログは'52年のもので、これはザラザラした紙一枚に刷られた簡素なもの。「歯ブラシ掛け」「状差し」「電灯カバー」といった木工教材や様々な木製素材が並ぶ横に、「駆逐艦エスキモー」「戦艦バンガード」といった軍艦やヨットなどの木製模型が並ぶ。これが戦後しばらくのハセガワのラインナップの中心だった。

ほどなくしてプラスチックキットを扱うようになったハセガワのカタログは木製模型のカタログとは分冊となり、商品展開の拡張に伴ってボリュームを増していく。この時期のカタログを眺めていて印象的なのが、ヨットやモーターボートのキットを紹介しているページにほぼ毎年掲載されている、パイプをくわえた船長さん（？）のイラストである。この船長さんのイラスト、途中に消えたこともあるが断続的にハセガワの軍艦以外のキットのページに'60年代中盤から10年ほどずっと登場しており、作者は不明ながらやたらと当番率の高いものとなっている。残念ながらハセガワの艦船キットがウォーターラインシリーズを中心で固まった'76年ごろには消えてしまったのが惜しい。また'80年代初頭にハセガワが販売していたヨット「ウイング・オブ・ヤマハ」のキット紹介ページではこのヨットに乗って太平洋横断を成し遂げたあの戸塚 宏氏も誌面に登場。カタログには氏のサインも掲載されていた。

'76年頃にはカタログの体裁が全体に大きく変更されて正方形に近いものに。その流れを受けてカタログに掲載されるのもキットの完成写真がメイン（その前の'70～'75年ごろは箱絵などのイラストでキットを紹介する形だった）となり、さらに模型と小道具を組み合わせたイメージ写真（例えばビジネスジェットのキットだったら紳士用の旅行鞄や時計などの小道具が写り込んでいたり、レオポルド列車砲のキットの後ろに昔のドイツ国旗が写り込んでいたりする）もカタログ内の随所に入るなど、"かっこいい"と思わせる工夫が随所に見られる内容になる。また同時期にハセガワはプラモデルの作り方を解説した冊子も出版している。

'80年代に入るとフラッグシップアイテムであるミュージアムモデルシリーズが登場するのだが、さすがにこの大型アイテムはハセガワも気合いが入ったと見えて、カタログとは別にこのキットを宣伝するために作られたチラシも現存している。その内容は終始「近年の私たちは便利さに溺れてなにか大切なものを忘れてしまっていませんでしょうか」「たまには手間ひまを掛けて、木や金属といった昔ながらの素材に手を加えてみませんか」といった調子で、アナログな模型作りの本質をアピールするもの。まさにミュージアムモデルにふさわしい力の入ったものだが、このキットと同時代にはすでにガンプラブームが発生していたわけで、ちょっとこれでいいのかという感じもある。ただ、ハセガワも手をこまねいていたわけではなく、若年層向けのイージーキットとして「コインシリーズ」を開発しカタログではラインナップを発売以来数年間にわたって掲載し続け（コインシリーズを紹介するオリジナルキャラクターも登場している）、ライトなユーザーに向けたアピールも行なっている。

このようにインジェクションプラスチックキットに参入して以来様々な変転を重ねて来たハセガワのカタログだが、1984年には判型をA4判に改め、近年まで流通していたおなじみのカタログの体裁に収まることになる。この'84カタログからは表紙が全て飛行機モデルの完成品となることから、"飛行機のハセガワ"のブランドイメージがユーザー間で完全に確立されたのはこのあたりの時期と見ていいだろう。■

その他 スケール 艦船

■バリアントⅡ世
●1975年発売

ヨール型と呼ばれる外洋ヨットを、1/24スケールでキット化。強度が必要な箇所には金属部品を使用、セイルは布製とするなどさまざまな素材のパーツがたっぷり用意されていた。舵輪やラダーなどは可動式。当時のカタログでは「ヨットシリーズ」として掲載され、各部のディテール写真もふんだんに掲載されていた。完成すると全長782mm、全高964mmのビッグサイズとなる。現在は流通していない

■シートピア
●1982年発売

「シートピア」はマストの低い、「ヨール型」と呼ばれる外洋クルーザーだが、発売当時はその数を減じていたため、せめて机上にだけでもその姿を残して欲しいというハセガワの願いを込めてキット化された。金属、ソフトメタル、木製、そしてメインのプラスチックと、今でいえばマルチマテリアルなさまざまな素材による部品構成で、スキルにあった工作が楽しめた

■ウイング・オブ・ヤマハ
●1977年発売

1975年7月の沖縄海洋博覧会開催を記念して、同年9月に行なわれた太平洋横断シングルハンドレース(乗員1人でサンフランシスコから沖縄まで航走する)で優勝した「ウイング・オブ・ヤマハ(WING OF YAMAHA)」を、ヤマハ発動機の監修により「あなたの部屋の装飾におすすめします」とキット化したもの。完成全長564mm、全幅171mm、全高734mmとハセガワ製品のなかでも最大級を誇った。内部なども再現され、このサイズながら船体は一体成型。本格派には省略されたロープの再現がポイントと言われた。現在は入手難

■米国戦艦 ミズーリ
●A-1 ●1961年発売

いよいよインジェクションプラスチックモデル時代を迎えた1960年代当時、ハセガワでも木製キットと「プラ商品(当時の表記のまま)」と2種に分けたカタログが作成された。商品一覧表では11種類が確認できるが、飛行機は3種類であるのが意外に思える。1961年のカタログのトップを飾るのは「A-1」といういかにも新しい品名の1/1300スケールの戦艦「ミズーリ」(広告では「ミゾーリ」表記)」だった。完成全長208mmで60点近いパーツには25番までのナンバーが振られている。フルハル製でディスプレイ台も付属する

■米国戦艦 アイオワ
●A-2 ●1961年発売

先に発売された1/1300スケールの米国戦艦「ミズーリ」に続き、同型艦の「アイオワ」もラインナップされた。60点近いパーツは基本的に「ミズーリ」のキットと同一で、いわゆるパッケージ替えの製品であったが、当時はそれで充分にユーザーが楽しめる環境であり、好みの名前のほうを購入すればよかった(こうした考えはウォーターラインシリーズ草創期にも受け継がれている)。ディスプレイ台もアメリカ戦艦はすべて同一のものとなっている。なお、本商品A-2の次のA-3は、1/450スケールシリーズの嚆矢となった戦艦「大和」である

■米国戦艦 ミズーリ メタルカラーモデル
●A-6 ●1962年発売

前掲の1/1300スケール米国戦艦「ミズーリ」のパーツを、金色に着色(あるいは真空メッキか?)した商品で、キットNo.A-6として、A-5の1/450スケールシリーズの空母「信濃」よりも前に発売されたもの。当時のカタログやパッケージに印刷された「素晴らしいオールメタルカラーモデル」のキャッチコピーも誇らしげだ。色以外のパーツの追加や変更などはないようだが、当時の販売価格は通常版の「ミズーリ」が100円のところ、150円となっていた

■日本海軍 特型潜水艦 伊号401
●1973年発売

日本海軍潜水艦の建造技術の結晶ともいえる特型潜水艦の伊号第401(よんまるいちではなく「よんひゃくいち」と読む。漢字で書くと「四百一」)潜水艦を1/160スケールでキット化したソリッドモデル最後期の産物といえる。船体や上甲板部分などの主要部は朴(ほう)の木による木製パーツ17点からなり、艦橋やカタパルト、クレーン、潜望鏡、電探、14cm砲、25mm三連装機銃装備などは金属部品で構成されていた。そのため、船体断面の型紙や原寸大の二面図など、インジェクションプラスチックキットにはない心くばりがなされていた

■外洋ヨットクルーザー バリアント
●B-1 ●1961年発売

木製キットでは豪華仕様だったバリアント号が、ノンスケールの全長190mm、全高250mmというお手頃サイズでインジェクションプラスチック化。ビニール製の帆、転写マークなどの素材もさまざま。組み立て説明書には船体に砂などのバラストを詰めることで水に浮かべて楽しむ方法も紹介。あいかわらず「詩は英雄の朝の夢より(ロバートラブマン)そのバリアント号(英雄)が皆さんの夢と希望をはてしなく運んでくれることでしょう」という商品紹介がロマンに満ちている。当時の同社の広告では「爆発的人気!」と謳われている

■スポーツフィッシングクルーザー
●B-2 ●1961年発売

インジェクションプラスチック製で、全長340mm、全幅110mmと、完成すればそのへんの軍艦以上のビッグサイズとなるフィッシングクルーザーのノンスケールキット。単三電池2〜4本を用いての航走が可能。カタログには「(実物は)我々にはとうてい手の届くものではありません。せめて模型に夢をたくして軍艦、商船等に見られない独特なスタイルを賞味しましょう」という言葉に続き「愛嬌ある姿で走る様子を皆さんも楽しませてくれるでしょう」と紹介されていた。後年、「フィッシングボート」と改名されて販売されていた

■キャビンライズドデッキクルーザー
●1961年発売

前掲の「フィッシングクルーザー」とパーツの一部を共有して販売されていたインジェクションプラスチックキット。「キャビンライズドデッキクルーザー」と銘打ち、船体や船室などの基本構造を同一にしつつ天蓋やマストなどの細部のパーツを置き換えることで違いを演出している。完成全長は360mmと、フィッシングクルーザーに比べてやや長いが、これは船体後部に搭載するボートゆえであろう。マブチモーターNo.13と単三電池により航走する仕様なども「フィッシングクルーザー」と同様であった

■ジェットアロー
●B-4 ●1973年発売

1964年に発表された「スポーツクルーザー クイーン7」のパッケージ替えキットである。ただし、当時の完成見本写真を見ると金型を変更したのか船体後部の表現などが違うにも見える。カラーリングも刷新され、全長も265mmと若干長くなっている(舵のためか?)。マブチNo.13モーター、単三乾電池2本により航走するギミックは「クイーン7」と変更なし

■シーファイター
●B-5 ●1973年発売

「シーファイター」も1966年の「スポーツランナーボート スポーツマン7」が前身のようで、2隻揃ってパッケージ替えがなされた様子。こちらも「スポーツマン7」から船体後部などが変更されているようだが、マブチNo.13モーター、単三乾電池2本により航走する仕様は「ジェットアロー」と同様に変更なかったようだ

■スポーツランナーボート スポーツマン7
●B-4 ●1966年発売

ノンスケール、全長260mm、全幅90mmのモーターボート。マブチNo.13モーター、単三乾電池2本で走るが、「水中モーター使用可」とも紹介されている。翌年(1965年)のカタログには幌のない状態の完成見本写真が掲載された。しかし同年の別のカタログではまったく同じ外形に幌を付けた完成品の写真が「サンライナー」の商品名で掲載され「スポーツマン7」では250円だった価格が300円となっている。さらに後年の1967年のカタログには「スポーツマン7」が掲載されている。ごく短いスパンで別商品としたのであろうか

■スポーツクルーザー クイーンセブン
●B-5 ●1966年発売

左記の「スポーツマン7」と共通の船体パーツを用いて発売されたインジェクションプラスチックキットで、船体後部のディテールに違いが確認できるのがこの「クイーンセブン」(こちらの商品名では「7」を「セブン」と表記している)。そのため全長260mm、全幅90mmという寸法やキットの仕様は変わらない。「スポーツマン7」と同様、やはり同社の別のカタログでは「スターライナー」として幌付きの完成見本写真が確認できるほか、1967年のカタログではこの「クイーンセブン」のみ掲載されているという顛末も変わらない

■モーターボート・レースバード30A ピンキイ
●B-6 ●1967年発売

ハセガワひさびさのモーターボート商品となった「レースバード30A ピンキイ」は新開発の船体となり、全長300mm、全幅85mmとなっていた

■モーターボート・レースバード30B ジュピター
●B-7 ●1967年発売

前掲の「ピンキイ」と同時に発売された「レースバード30B ジュピター」は、カタログ掲載のイラストからはカラーリングと左右のハンドルなどの細部が変更されている模様。流通期間は1、2年だったようだ。キット内容は「ピンキイ」と同じ

■スポーツクルーザー ビーバー
●B-8 ●1969年発売

こちらも上記の「スポーツランナーボート スポーツマン7」のパッケージ替えキットのようだが、細かな変更部分については不明

■スポーツランナーボート スワロー
●B-9 ●1969年発売

こちらも上記の「スポーツクルーザー クイーン7」のパッケージ替えキット

AFV MODELS

　ハセガワのAFVモデルの歴史は意外に古く、1964年のカタログにはすでに当時の少年達に人気を博していたモーター走行の戦車キットの名前が確認できる。スケール表記すらない素朴なキットではあるが、「ブルドッグ戦車」(元にしているのはM41ウォーカーブルドッグであろう)と「M-42ダスター」(こちらは名前の通りM42ダスターのキット)はそれぞれシングルモーターライズ版とリモコン版が販売されており、それに加えてシングルモーターライズの「M4シャーマン」も発売、という合計5台のラインナップでハセガワの戦車模型の歴史は始まった。

　それからの10年あまり、ハセガワは飛行機や艦船のキットのラインナップ拡張を計り続けていたが、1970年代頭のミリタリーキットブームを受けて再度インジェクションプラスチックキットとしてAFVモデルを展開することになる。1973年のカタログには「ミニボックスシリーズ」として1/72スケールでのAFVモデルが発売される告知が掲載され、これ以降一気にハセガワはミニスケールAFVの商品点数を増やしていく。当初から車両単体のキットがメインではあったが、それと同時にシリーズ発足当初はベースと車両、フィギュアがセットになって手軽にダイオラマ製作が楽しめるものも存在していた。

　1/72スケールということで当初から飛行機キットとの連携が視野に入れられていたのもハセガワ製AFVモデルの特徴で、前述の「日本軍南方作戦」では零戦22型がセットに含まれており、さらにシリーズの初期から航空機用の燃料補給車やエンジン起動車が立体化されていたのは飛行機模型を軸に据えた模型メーカーらしい特徴である。また1/72の強みを活かし、「カール自走臼砲」や「レオポルド列車砲」(正確にはクルップK5)など1/35スケールではキット化が難しい巨大なアイテムも製品として販売した。ハセガワのAFVキットは、小スケールの強みを活かした意欲的なシリーズだったのである。

　ハセガワの1/72AFVモデルは飛行機と違い、1973年から現在まで「1/72ミニボックスシリーズ」のシリーズ名で展開されている。その意味でも発売当初から一貫したコンセプトが貫かれているシリーズといえるだろう。

1/72 SCALE AFV MODELS

■MT1　ウィリス M.B.ジープ/カーゴ/37㎜砲

■MT2　M2 155㎜ カノン砲 ロングトム

■MT3　M3 スチュアート Mk.Ⅰ（軽戦車）

■MT4　M3 リー Mk.Ⅰ（中戦車）

■MT5　M3 グラント Mk.Ⅰ（中戦車）

■MT6　M3A1 ハーフトラック

■MT7　M4A1 ハーフトラック

■MT8　6号戦車 タイガーⅠ

■MT9　5号戦車 パンサーG

■MT10　88㎜ 対空砲 Flak18

■MT11　Sd.Kfz 7 8トン ハーフトラック

■MT12　キューベルワーゲン/B.M.W.サイドカー

■MT13　シュビムワーゲン/ケッテンクラート

■MT14　8トン ハーフトラック 20㎜ 4連装砲

1/72 SCALE AFV MODELS

■MT15 M4(A3E8) シャーマン

■MT16 いすゞ TX-40 燃料補給車

■MT17 トヨタ GB エンジン起動車

■MT18 8トン ハーフトラック 37mm 対空砲

■MT19 M24 チャーフィー

■MT20 GMC 兵員輸送車

■MT21 GMC タンクローリー

■MT22 GMC ダンプカー

■MT23 M5 ハイスピード トラクター

■MT24 ダイムラー Mk.II

■MT25 ハンバー Mk.II

■MT26 クルーセイダー Mk.III

■MT27 チャーチル Mk.I

■MT28 メルセデス ベンツ G4型

■MT29 アメリカ歩兵 コンバットチーム

HASEGAWA COMPLETE WORKS

1/72 スケール AFV

■ウィリス M.B.ジープ/カーゴ/37mm砲
●MT1　●1973年発売

「小さな精密派」と称してスタートしたハセガワのミニボックスシリーズは、当時こそ1/72でのAFVモデルということで新しいスケールにとまどうファンもいたが、高いクオリティと入手のしやすさ、豊富なラインナップでしだいに定着、現在でも流通する息の長いシリーズとなった。その第1弾はジープの代名詞とも言えるウィリスM.B.で、全長48mmとまさにミニサイズ。ジープだけではなく牽引できるカーゴと37mm砲、フィギュア8体も付属しており、このキットだけでダイオラマが展開できる内容となっている

■M2 155mm カノン砲 ロングトム
●MT2　●1973年発売

その形状ゆえに完成時は全長141mmとなかなかの大きさとなる155mmカノン砲だ。ミニボックスシリーズのラインナップ第1弾7種は、イギリス貸与のグラントを含むアメリカ製戦闘車両で構成されていた。キットは1/72ながら大砲の模型の見せ場である砲架や尾栓、仰俯角の調整機器などを精密に再現。小さなパーツの省略はあるものの現在の目で見てもなかなかシャープな印象のキットである。後に発売されるM5ハイスピードトラクターと組み合わせれば砲を牽引中の状態を再現することもできた

■M3 スチュアート Mk.I（軽戦車）
●MT3　●1973年発売

M3スチュアートは、当時において世界初のキット化であった。その出来映えもなかなかで、実車の特徴であるサイドスカート部分のリベットなどは立体感のある仕上がり。さらにキットには馬1頭とそれに乗った騎兵および戦車兵のフィギュアが1体ずつ付属する。スチュアートの配備当時のアメリカでは戦車が騎兵連隊に属した時期もあり、ダイオラマの題材としても面白く配慮の行き届いたキット内容だ。全長76mmながらモールド表現もなかなかのもの。現在も流通しているので、「世界最初のスチュアート」をぜひ作ってみよう

■M3 リー Mk.I（中戦車）
●MT4　●1973年発売

M3リーは車体右側に配置された75mm砲、上部の回転砲塔には37mm砲を備え、さらにキューポラなどに多数の機銃を搭載した特徴的な姿を的確に立体化している。当時のアメリカ製戦車によく見られる車体表面のリベットは凸モールドで再現され、車体のエッジに沿ってきっちりと彫刻されているのは嬉しい。いかにもオールドスタイルのアメリカ製戦車らしい印象を楽しめるキットである。さらに車体側面にあるハッチは開いた状態で組み立てることも可能。砲塔から上半身を出した戦車兵のフィギュアも付く

■M3 グラント Mk.I（中戦車）
●MT5　●1973年発売

リーとともにグラントも登場。アメリカ軍のM3リーがイギリス軍に供与されたもので、キット内容も箱絵や塗装指定以外はほぼ同一だが、砲塔の形状が大きく異なる。キットではこの大型化した砲塔も的確に再現。こちらのキットもリー同様に現在も流通しているが、近年の製品はパッケージデザインなどが当時から変わっている。グラント、リーとも全長83mm。リー同様に立体的なリベットのモールドが特徴で、フィギュアは2体が付属する。マーキングはグラントが最も活躍した北アフリカ戦線のものとなっている

■M3A1 ハーフトラック
●MT6　●1973年発売

当時の自衛隊でもおなじみの米陸軍のハーフトラック。大戦中は各種戦線で活躍した縁の下の力持ちを、運転席横に.50口径ブローニング重機関銃のマウントを付けたタイプで立体化。運転席と後部の荷台の上面はオープントップかキャンバストップを選択できる。組み立てプロセス自体は単純な箱組みだが車体形状の再現は的確。運転席側面のドアは開閉できないが、モールド自体はドアの縁が深く彫り込まれており立体的な出来映えた。履帯は軟質樹脂製のものを焼止め、または瞬間接着剤で取り付ける方式

■M4A1 ハーフトラック
●MT7　●1973年発売

M3A1と同時に発売されたM4A1は、後部に車内から発射できる迫撃砲を取り付けたいわゆるモーターキャリアと呼ばれるタイプで、81mm迫撃砲を搭載していた。車体前部の構造はM3A1とほぼ同じだが、後部はこの迫撃砲を搭載した状態に作り替えられている。実車のほうは当時すでに歩兵支援用の兵器として自走砲が発達したため、生産は少数にとどまった。組み上がった全長は89mmとコンパクトで、これにフィギュアが5体付属する。このキットは現在も流通中なので、店頭で手に入れることができる

■6号戦車 タイガーI
●MT8　●1973年発売

定番にして人気のドイツ戦車、6号戦車タイガーIE型である。完成時の全長は115mmと同スケールの戦車ではかなりの大きさで、当時の模型誌では大スケールのキットと評された（しかし当該記事では車載機銃の太さが指摘されている）。車体は単純な箱組みで砲塔も左右分割の側面に上面のパーツを取り付ける形式で組み立てる構造。主砲の砲口はマズルブレーキ部分のみ左右に分割されており、左右に空いた穴と砲口の部分は無加工で開口した状態を再現できるようになっている

■5号戦車 パンサーG
●MT9　●1973年発売

パンサーG型はタイガーと同時発売。当時の雑誌広告では「ミニボックスは1/72ミリタリーの新しいかたち」とハセガワの意欲を感じるキャッチコピーに続いて、アメリカAFVに続く「第2弾！ドイツ機甲軍団！」と銘打たれている。転輪は別部品となっており、車体下側面の転輪を取り付ける箇所は全体が別部品になっており、転輪や起動輪などを取り付けたあとに車体に貼り付ける仕様。全長は123mmとタイガーより長く、戦車兵2体が付いている。現在も入手可能だ

■88mm 対空砲 Flak18
●MT10　●1973年発売

当時の広告で「多数精鋭のミニボックスに情景も楽しめる」と謳われた88mm砲。砲そのものは台車との分離も可能で、さまざまなポーズのフィギュア6体に加え、弾薬箱、弾薬、薬莢などアクセサリーも豊富。対空／対戦車砲のコンバーチブルが可能な楽しいキットに、喜ばしいことに現在も流通している。88mm砲自体の出来もさることながら、台車の出来も秀逸で、別売りの8tハーフトラックと組み合わせることもできる。ダイオラマを製作する際には粘土で砲の周囲の土嚢を作ってみるのもいいだろう

■Sd.Kfz 7 8トン ハーフトラック
●MT11　●1973年発売

第二次大戦のあらゆる戦線でドイツ軍兵士を運んだ8トンハーフトラック。全長97mm、「兵員輸送」と銘打たれているようにフィギュアが7体も付く。この時期の広告には「ミニボックスは航空機ファンにもおすすめ下さい。」とのアナウンスで、「空との対比が楽しめる1/72スケール」を謳っている。キットは複雑な足周りをよく再現した内容で、履帯部分は軟質樹脂製のパーツが付属。車体の上部の幌は広げた状態と畳んだ状態のパーツが付属し、別売りの88mm対空砲を後ろにつなげることもできるキットだ

■キューベルワーゲン/B.M.W.サイドカー
●MT12　●1973年発売

全長50mmと小さなキューベルワーゲン。大戦中にドイツ軍が参戦したほとんどの戦域で偵察や連絡に活躍した働き者だ。古いキットながら車体の中央部に取り付けられたMG34のモールドもとても実感あるもので、フロントガラスに透明パーツを採用している点も好感が持てる。ドイツ軍で多用された軍用サイドカーであるB.M.W.R75サイドカーも付属。骨は折れるが、B.M.W前後輪のスポーク周りをピンバイスを使ってくり抜くといいディテールアップになる。キューベルワーゲンとR.75のドライバーと将校のフィギュアが付属

■シュビムワーゲン/ケッテンクラート
●MT13　●1973年発売

利便性の高い水陸両用車として全戦域で使われたシュビムワーゲン。丸みを帯びた独特のフロント周りをよく再現している。また、ドイツ軍の足としてあらゆる戦場にその姿を見せたケッテンクラートが付属し、さらにシュビムワーゲンとケッテンクラートのドライバーとコート姿の将校、ケッテンクラートに同乗している兵士のフィギュアが4体付く。ドイツ軍のダイオラマ作成にはなくてはならないキットといっても過言ではない

■8トン ハーフトラック 20mm 4連装砲
●MT14　●1973年発売

8tハーフトラックのバリエーションで、車体後部に4連装の20mm機関砲を搭載した対空用の車両を再現している。さすがに1/72の4連装対空機関砲はオーバースケール気味だが、これを改造するだけで見栄えは全然違ってくる。先に発売されていた兵員輸送用のモデル同様、ハーフトラック自体の出来はなかなかだ。またフィギュアは20mm機関砲の操作をする兵士が7体も付属する豪華ぶり。ちょっとしたベースにこのキットを乗せるだけで立派なダイオラマになる。ドイツ軍関連のリリース第1弾は、このNo.14でいったん終了

■M4(A3E8)シャーマン
●MT15　●1974年発売

米戦車を代表するM4シャーマン。キットは長砲身を装備した「イージー・エイト」と呼ばれるタイプを再現している。第二次大戦末期から朝鮮戦争にかけてアメリカ軍で活躍したほか、戦後は自衛隊でも使用されていたため、キットには日の丸のデカールも付属した。キットは古いこともあってか砲身周りなどややもっさりした感もあるが、全体のフォルムは悪くない。細部の立体感も充分なので、ドライブラシで鋲などのモールドを浮き上がらせるようにしてやると、見栄えが良くなるだろう。全長107mmでフィギュアが2体付属

■いすゞ TX-40 燃料補給車
●MT16　●1974年発売

日本軍アイテムが初登場。航空機用のタンクローリーであるいすゞTX-40には、補給車そのものにくわえてドラム缶5個、ドラム缶運搬用の台車、ドライバーと周囲で作業をしている整備兵2体のフィギュアが付く。当時の広告に躍る「なつかしい日本軍トラック登場。」という見出しは、1974年が戦後から四半世紀過ぎて間もないことを実感させてくれる。実際に本車を扱ったことのあるモデラーも、発売時は少なからずいたのであろう。このキットは現在でも流通しているので、1/72スケールの日本軍機に添えるのには最適と言える

■トヨタ GB エンジン起動車
●MT17　●1974年発売

燃料補給車と同時発売となった、エンジン起動車。航空機のプロペラとエンジン起動車の荷台に搭載されたシャフトを接続し、プロペラを回転させることで航空機のエンジンを始動させるための車両である。キットには車両本体以外にも250kg爆弾4個、爆弾運搬用の台車、ドライバーと整備兵のフィギュア3体が付属。単純ながら車体裏面のシャフトの構造なども再現されていた。ミニボックスシリーズでの日本軍関連キットはこの2種にとどまったが、飛行場の風景を再現する際には不可欠な製品として現在も流通している

■8トン ハーフトラック 37mm 対空砲
●MT18　●1974年発売

再びドイツ軍アイテムとなる37mm対空砲。対地攻撃にも活躍された、8tハーフトラックのバリエーションだ。当時の成型技術の限界もあって砲身が太過ぎるので、ここに手を入れるだけで見栄えが段違いになる。またできれば側面・背面の薬莢を受けるための網も作りなおしたいところ。完成見本写真では車体後部の37mm砲をドイツ軍兵士が操作しており、小さなヴィネットのようだ。全長99mm、指揮官や砲の操作、弾薬の装填をする兵士のフィギュア7体が付属。このキットは現在も流通している

■M-24 チャーフィー
●MT19　●1974年発売

戦後自衛隊でも使用され、当時は馴染み深かったM24をキット化。全長78mm、フィギュアも戦車兵を再現したものが2体付属しており、現在も入手可能だ。キットは各部パーツの合いもよく、小柄な車体も手作ってすぐに形になる設計。当時のハセガワ製戦車キットとしてはオーソドックスな箱組みの車体に転輪を取り付ける構成で、各部のリベットなどの立体感も充分。避弾経始を取り入れて斜めになった砲塔の構造を再現するため、砲塔全体は上下2パーツに分割されている

■GMC 兵員輸送車
●MT20　●1974年発売

1973年と74年はトラック関連のキット化が著しい。実車は「イーガービーバー」や「デュース・アンド・ハーフ(2t半の意味)」の愛称で知られるGMC CCKWカーゴトラックのうち、ロングホイールベースのCCKW-353を立体化したものだ。キットは荷台の左右にベンチを取り付けた状態と、運転席の幌は取り付けずに組み立てることも可能だ。また荷台のベンチに座った状態のアメリカ兵のフィギュアが3体付属。車体の裏面も簡単ではあるが再現されている

■GMC タンクローリー
●MT21　●1974年発売

CCKW-353カーゴトラックのバリエーションとなるタンクローリーだ。1/72飛行機とも組み合わせやすく、同時期に発売されたGMCトラック3種のうちでは最も出来がよいと評され、ハセガワの広告にも「トラックだけでも充分に迫力を味わえる異色作」と紹介されていた。キットは先に発売されていたGMCトラックの荷台部分に上下2分割の燃料タンクをふたつ搭載。簡単な構造ながら実車の雰囲気もよく伝わる。キットにはタンクの周囲で作業をしている整備兵と、タンクローリーのドライバーフィギュアが付属する

■GMC ダンプカー
●MT22　●1974年発売

353カーゴトラックバリエーションの最後となるのは、アメリカ陸軍工兵隊の使うダンプカーだ。全長95mm、完成見本写真のように、実車同様荷台を斜めに傾けた状態にすることもできた。荷台以外の部分は先に発売されたふたつのキットと同様の内容である。車体本体に加えてドラム缶やジェリカンなどの燃料輸送用のアイテムが付属。実戦では工兵隊による飛行場の造成などでも活用された車両でもあるので、飛行機模型と組み合わせやすいキットである

■M5 ハイスピード トラクター
●MT23　●1975年発売

アメリカ軍において野砲などの牽引に活躍したことで知られるM5トラクターが登場。当時の広告からは「複雑な足周りや、エンジンまわりのメカニズムも正確に再現した小さな精密派」とハセガワの自信が伺える。その広告の通り複雑な構造の足周りや車両前面〜側面の細かいモールドもよく再現された名キットで、車両に乗り込んだ兵員2体と周囲の立ちポーズのフィギュア2体が付属している。ミニボックスシリーズNo.2の155mm砲ロングトムと組み合わせれば、牽引中の状態を再現することもできる

■ダイムラー Mk.II
●MT24　●1975年発売

武骨なスタイルが特徴的なイギリスの装甲車。小柄ながら2ポンド砲を搭載しており、北アフリカで活躍した車両である。ダイムラーMk.IIは先行のMk.Iを改良したもので、全長56mmの手のひらサイズながらフィギュアも1体付属。パーツも約50個となかなか細かい分割だ。実車の特徴である、装甲の縁に沿った大粒なリベットも立体感豊かなモールドで再現。主砲の砲口をピンバイスで開口してやればより精密な印象になる。特に北アフリカの戦場をダイオラマとして作るなら、ぜひ用意しておきたい車両だ

■ハンバー Mk.II
●MT25　●1975年発売

「イギリスのごつい装甲車」と紹介されながらダイムラーMk.IIと同時期に発売された。傾斜した装甲による複雑な車体形状だが、ダイムラー同様にスラスラ組み上がるキットである。砲塔に装備された15mmと7.92mmの機銃は水平を向いた状態のパーツと斜め上を向いたパーツが付属している。なお当時の模型誌で「塗装の説明はコリすぎだが、なかなか参考にはなる」とレビューされるほど丁寧な内容の説明書が付いていた。車体のサイズ自体はダイムラー Mk.IIよりやや長い全長68mmとなっている

■クルーセイダー Mk.III
●MT26　●1975年発売

イギリスAFVを盛んにリリースしていたこの時期に製品化されたキット。歩兵戦車と対を成す、イギリスを代表する巡航戦車だ。3タイプのうち砲塔を強化したのが、キットにもなったMk.IIIであった。ミニスケールながらクルセイダーの特徴である砲塔のリベットや車体後部の燃料タンクなどが程よい精密感で再現されている。また大きくよく目立つ転輪の出来もいい。パーツ同士の合いの良さなどは当時から評判が良く、今に至るも名作のひとつといえるだろう。現在も流通しているキットである

■チャーチル Mk.I
●MT27　●1975年発売

イギリスならではの歩兵戦車、チャーチル。架橋戦車や自走砲も含めて多くの派生型が生産された車両だが、ここではベーシックなタイプMk.Iをキット化、複雑な形状の砲塔もよく特徴を捉えている。車体側面のハッチの周囲や各部のリベットなどの再現も見事。小さくて数の多い転輪のバリ取りは必須工作だが、完成時の精密感はなかなかのものなので、手間をかける甲斐はある。腕に覚えのある人は、各種改造型に挑戦してみるのも面白いだろう。全長104mmで、車両自体の他に戦車兵のフィギュアも付属している

■メルセデス ベンツ G4型
●MT28　●1975年発売

メルセデスベンツG型は、ヒトラーが乗車したことで知られている車両。完成写真の銀色塗装が目に眩しい。当時販売されていたキットでは、ボックスアートにも得意気なヒトラーと思える人物が描かれていた。キットにもドイツ高官のフィギュアが5体付属している。説明書の解説にもあるように、ルーフ付きに改造するのもいいだろう。フロントグリルやボンネット上部のスリットのモールドもシャープな仕上がり。組みやすさと完成後の雰囲気ではミニボックスシリーズでもトップクラスのキットだ

■アメリカ歩兵 コンバットチーム
●MT29　●1980年発売

久々のミニボックスシリーズは、第二次大戦のアメリカ歩兵。M1ガーランドやM1カービン、トンプソン短機関銃など戦中のアメリカ兵の定番といえる小火器を携えた姿で歩兵24体を立体化。.30口径機関銃やバズーカ砲などの銃火器を扱っている兵士や倒木、さらに岩場にもたれかかったポーズで射撃している兵士のための岩場を模した台座なども付属しており、車両と組み合わせることで戦闘中の情景を再現できる。説明書には軍服のシワの部分にエナメル塗料を流し込んで立体感を出す技法が紹介されていた

1/72 SCALE AFV MODELS

■MT30　ドイツ歩兵 アタックグループ

■MT31　検問所セット

■MT32　野営セット

■MT33　M-1 エイブラムス

■MT34　レオパルト2

■MT35　M-1E1 エイブラムス

■MT36　Ⅵ号戦車 タイガーⅠ "後期タイプ"

■MT37　Ⅴ号戦車 パンサー G型 "スチール ホイール"

■MT38　88㎜ 対空砲 Flak36

■MT39　Ⅵ号戦車 タイガーⅠ "最後期型"

■MT40　Ⅴ号戦車 パンサー F型

■MT41　Ⅳ号戦車 F1型

1/72 SCALE AFV MODELS

■MT42　Ⅳ号戦車 F2型

■MT43　Ⅳ号戦車 G型

■MT44　Sd.Kfz 251/1 D型 装甲兵員輸送車

■MT45　Sd.Kfz 251/22 D型 "バックワーゲン"

■MT46　Sd.Kfz 251/9 "シュツンメル"

■MT47　37㎜ Ⅳ号対空戦車 "オストヴィント"

■MT48　20㎜ 4連装 Ⅳ号対空戦車 "ヴィルベルヴィント"

■MT49　Sd.Kfz.162 Ⅳ号駆逐戦車 L/48 "初期型"

■MT50　Sd.Kfz.162/1 Ⅳ号戦車 /70(V) ラング

■MT51　Sd.Kfz.162 Ⅳ号駆逐戦車 L/48 "後期型"

■MT52　Sd.Kfz.234/2 8輪重装甲偵察車 "プーマ"

■MT53　Sd.Kfz.234/1 8輪重装甲偵察車

HASEGAWA COMPLETE WORKS　183

■ドイツ歩兵 アタックグループ
● MT30　● 1980年発売

アメリカ歩兵同様に、各種の攻撃姿勢にあるドイツ兵が10種のポーズで24体セットされる。Kar98K小銃やMG34、MP40といったドイツ軍の定番小火器と歩兵のフィギュア24体がセットされ、中にはドイツ版バズーカともいえるパンツァーシュレックを装備した兵士も含まれている。「アメリカ歩兵 コンバットチーム」と同様に倒木や兵士が遮蔽物として使っている岩場を模した台座なども付属。説明書にはドイツ兵の装備とその塗り分けに関する解説も収録している

■検問所セット
● MT31　● 1977年発売

「検問所」に特化したジオラマ専用と言うべきキット。車両にもフィギュアもない。模型雑誌内の当時の広告にも「情景ファンに欠かせない」と記されていた。内容としては丸太を組み上げて作った監視塔と木製の柵、検問所、遮断機、電信といった、まさに検問所の周囲にありそうなストラクチャーの他に、さらにドラム缶やジェリカン、道路標識（看板自体は説明書に印刷されたものを切り取って使う）が付属していた。まさに当時の情景模型ブームを物語る商品であるが、現在でも購入できる

■野営セット
● MT32　● 1977年発売

検問所セットと同時発売された野営セット。セット内容としては木製の橋とテント、斜めに崩れたブロック塀や電柱が大きなストラクチャーとしてセットされ、さらに道路標識やドラム缶、鉄骨を組み合わせた対戦車障害物、柵、土嚢、弾薬箱といった情景作りには欠かせない脇役的なパーツ類が同梱されている。箱絵ではイギリス軍の戦車隊が後ろに描かれているが、ドイツ軍を題材とした情景を作る際にも役立てることができるキットである。こちらも '70年代の情景模型の勢いを感じる製品といえるだろう

■M-1 エイブラムス
● MT33　● 1986年発売

数年のブランクを経て発売された1/72AFVキットは現用戦車となった。1986年のカタログでは第1弾にMA1の通し番号が与えられたM1エイブラムスと商品番号MA2のレオパルトIIが確認できる。この現用戦車のシリーズはのちにミニボックスの姉妹シリーズとして「アーミー イン アクション シリーズ」と名付けられた。エイブラムスは全長135.5mmと1/72とはいえそれなりの大きさとなり、価格も500円（発売当時）に設定されていた。ちなみに現在ではミニボックスシリーズのひとつとして、MT33の番号が振られている

■レオパルト2
● MT34　● 1986年発売

レオパルトはエイブラムスと同時期に発売された。全長133.5mmとこのスケールでは最長クラス。すでに1990年代のハセガワカタログでは現用戦車のMAシリーズはMT34、35、36の通し番号が付与されてミニボックスシリーズのラインナップとされている。履帯と転輪は全て最初から成型されており、かつてのミニボックスシリーズとは異なる表現がされている。完成見本にも見られるように潜水用の大型キューポラも付属。キット自体は簡便なパーツ構成で、スルスルと組み立てられる内容だ

■M-1E1 エイブラムス
● MT35　● 1986年発売

M-1E1は2016年現在、現用戦車最後のラインナップとなっている。このE1型は複合装甲と120mm砲の試験を行なった珍しいタイプで、現状ハセガワのキットでしか立体化されていない。現用車両らしくシンプルな車体を再現するためにパーツ点数も少なめで、組立ては楽だろう。エイブラムス系のキットの履帯は一部連結式の平らなパーツになっており、起動輪の巻き付けは「裏面からカッターで切り込みを入れて手で曲げる」という荒っぽい方法が指示されていた。こちらも現在ではMT35という品番が振り直されている

■VI号戦車 タイガーI "後期タイプ"
● MT36　● 1997年発売

かつて発売されていたタイガーIに新規の鋼製転輪を再現したパーツ、砲塔まわりのパーツ、車体中央に移設されたボッシュライトなどを追加して後期型のバリエーションキット。完成写真では砲塔や車体の側面にはツィンメリットコーティングがモールドされているが、キットでは以前発売されたタイガーIのままなので、これは自分で加工する必要がある。スケールを考えると、各種のパテとレザーソーを使った昔ながらの方法が有効であろう

■V号戦車 パンサー G型 "スチール ホイール"
● MT37　● 1997年発売

こちらは従来発売されていたパンサーのキットに、スチールリム付きの転輪が新規パーツとして付属、鋼製転輪試験車が再現できる。鋼製転輪とは、大戦後期のドイツ軍がゴム資源節約のため転輪を鋼製、すなわちスチールホイールとしたものとのこと。砲塔上のキューポラ部分は少々野暮ったい感じがするので、エッジを立たせるように少し手を入れてやりたい。また車体後部へのアンテナの追加は簡単なうえに雰囲気も変わるのでお薦め。現在も流通中である

■88mm 対空砲 Flak36
● MT38　● 1997年発売

Flak36はFlak18の改良型となる高射砲で、対空兵器のみならず、戦車に対する強力な切り札として対戦車砲としても使用されるようになる。これを可能にしたのがキットにも付属している砲の前後に取り付けられた新型の201型専用トレーラーで、これによって移動中から射撃姿勢への移行の時間が大幅に短縮、より対戦車性能を高めることとなった。キットは新規パーツのFlak36用砲身が複雑な砲尾まわりをあますことなく再現している

■VI号戦車 タイガーI "最後期型"
● MT39　● 1997年発売

既発売のタイガーI後期型に、クルップ社の開発した専用砲身をパーツとして追加したキット。実車では装填手用ハッチ、マズルブレーキがキングタイガーと同一の規格となっている。後期型同様、転輪も鋼製転輪に変更されているが、起動輪については従来のタイガーIと同一のものがついている。また後部のエンジングリルについても、一度切りかいてから他メーカーのエッチングパーツ等でディテールアップするとよりリアルさが増す。とはいえ、一車種でバリエーションが増えたことは素直に評価したい。現在も流通している

■V号戦車 パンサー F型
● MT40　● 1997年発売

こちらも従来品に新パーツとして砲塔、砲身、防盾などを加えた。多くのモデラーがスクラッチビルドに挑んだ幅狭砲塔を搭載した試作車が簡単に再現できる。最大の特徴となっている主砲防盾の出来はよく、また新規パーツの砲身も細部までよく再現されている。ただしベースとなる車体は昔のままなので、追加工作を行なえばより砲塔との違和感のないものになるだろう。キット付属のベルト式の履帯パーツは瞬間接着剤で止めることができれば、耐久性もよい優れたものである。このキットは現在も流通している

■IV号戦車 F1型
● MT41　● 1999年発売

この時期ミニボックスシリーズからは既発売のカール用弾薬運搬車の車体をベースに、車体上部まわりのパーツを新規に起こしたIV号戦車のバリエーションが連続して発売された。中でもF1型は短砲身が特徴の一台である。むしろこれまでハセガワの設計による1/72スケールのIV号戦車がリリースされていなかったことのほうが不思議だが、これは以前シリーズにラインナップされていたためだろう。新規パーツとなった砲塔部分は後発のメリットを活かし、無骨なフォルムをよく再現している。現在も流通している

加熱する第二次AFVブームに対応するべく次々にリリースされた限定版AFVキット

いわゆる「89年組」と呼ばれる出戻りモデラーたちが模型に復帰し、AFVモデルシーンがにわかに活況を取り戻し始めた1990年代前半〜中盤。大人になった彼らが求めたのは、より正確で緻密なAFVモデルであった。精密な再現のためエッチングパーツやレジンパーツの投入は当り前となり、AFVモデルは車両一台ずつの個体差を考証するのも当り前という領域に突入したのだ。

ハセガワもそのようなトレンドに対応するべく、この時期にはバリエーションキットという形で特別仕様のキットを発売。1/72というAFVモデルのメインストリームからは距離のあるスケールでの展開ながら気を吐いている。当時圧倒的に人気のあったドイツ軍の車両については、かねてより販売していたティーガーやパンサーといった戦車のキットに鋼製転輪やツィンメリットコーティングなどをプラスしたキットをリリースすることで運用時期ごとの差を再現。さらにカール自走臼砲に付属していたIV号特殊弾薬運搬車の車台を利用してドイツ軍のワークホースであるIV号戦車のシリーズをスタートさせる。このIV号戦車シリーズは途中からほぼ全て新金型と言ってよい内容になり、元がカール自走砲のオマケだったとは思えないキットと化したのは実車の変遷を思い起こさせるものがある。その他にも1994年にはノルマンディ上陸作戦50周年記念キットを発売するなど、'90年代を通してハセガワの1/72AFVモデルには限定版という形でリリースが相次いだのである。

▲2015年に限定発売された"ライン川突破作戦"。大戦末期のライン川周辺での戦闘に参加した4種の車両がセットされた。◀1997年に限定発売された「V号対空戦車 ケーリアン」。V号戦車パンサーの車体パーツにレジンキャスト製のターレットが付属したマルチマテリアルキットだ

1/72 SCALE AFV MODELS

■IV号戦車 F2型
- MT42　●1999年発売

F2型はソ連のT34に対抗するために長砲身の75mm砲に換装したタイプだ。大戦中盤以降のドイツ軍の実質的な主力でもあり、IV号戦車といえば真っ先にF2型を思い起こす人も多いだろう。履帯は軟質樹脂製で、接着してたるみ表現も再現できる。新設計の砲塔は各部がシャープに成型でそれぞれパーツ点数で実車の印象をよく再現している。またサスペンションは一体にして車体側面部品にくっついているので、転輪の多い車両だが組み立ての煩わしさも少ないはずだ。このキットは現在も流通している

■IV号戦車 G型
- MT43　●1999年発売

一連のIV号戦車バリエーションで最初に発売された。G型はF2型の装甲強化型で外観はほとんど変わらないためキットの内容もほぼ同じである。だが、車体の左側面に増設された予備転輪のラックや砲塔のディテールなどF2型とは異なる点もある。車体及び足周りは古いキットをそのまま使用しているので、同じIV号戦車系列で後発のヴィルベルヴィントやオストヴィントの起動輪のパーツが余るので、それを流用するのも手だろう。こちらのキットも現在も購入が可能だ

■Sd.Kfz 251/1 D型 装甲兵員輸送車
- MT44　●1999年発売

ドイツ軍の代表的な装甲兵員輸送車で、D型は生産性の向上のために形状を簡素化したタイプだ。D型には数多くの改造型があるが、このキットはその最初のタイプでもっとも基本となる兵員輸送型である。このキットをベースとして、他に2車種もリリースされている。キットは直線的で独特な車体形状を程よく再現しており、細かいパーツは多いものの比較的組みやすいキットと言える。また装甲表面に施されたリベットやハッチ類のモールドも繊細で、非常に出来がいい。2挺付属するMG42のモールドも細かく、特徴をよく捉えている

■Sd.Kfz 251/22 D型 "パックワーゲン"
- MT45　●1999年発売

Sd.Kfz 251/1 D型の数多いバリエーションのうち、対戦車砲である75mm PaK40を搭載した「パックワーゲン」をキット化。実車は歩兵の対戦車火力の向上を期待して設計されたが、戦果はいまひとつだった。PaK40はパーツ数13点からなっており、Eパーツとしてまとめられている。そのPaK40はモールドも細かく、完成後も砲尾周辺を見ることができるオープントップの車両のキットとしては充分な出来。なお、MG42がひとつ余るので、他に流用できるのも嬉しい

■Sd.Kfz 251/9 "シュツンメル"
- MT46　●2000年発売

数多いSd.Kfz251のバリエーションから、余剰となったIV号戦車の短砲身を装備した「シュツンメル(切り株)」をキット化。既発売のキットに、K51短砲身75mm砲と戦闘室装甲板を新金型でパーツ化した。その75mm砲はパーツ数14点からなり、Jランナーにまとめられている。エンジンハッチや後部ハッチが閉じた状態なので、開状態に改造するのも悪くない。全長85mm、全幅25mmとコンパクトな車体ながら、精密感も手軽に楽しめるキットである

■37mm IV号対空戦車 "オストヴィント"
- MT47　●2000年発売

ドイツ語で「東風」を意味するオストヴィントは、強力な37mm対空機関砲を搭載した対空戦車である。キットではその独特な形状の砲塔部分を見事に再現している。砲塔が上下2分割で組みやすくなっているのが嬉しいところ。その一方で車体上面はOVM類が別部品ではなくモールドで再現されている。また、このキットはIV号特殊弾薬運搬車用の車体下部パーツを使用するが、起動輪・転輪が新金型パーツになっている。組み上がった時の全長は83mm、全幅は40mmとなっている

■20mm 4連装 IV号対空戦車 "ヴィルベルヴィント"
- MT48　●2000年発売

ユニークな砲塔と攻撃的な4連装機銃で人気の高い「ヴィルベルヴィント(ドイツ語でつむじ風の意味)」を、IV号戦車G型のバリエーションとしてキット化。目玉となる4連装機銃部分は面倒でもピンバイスで穴を開けてあげると見栄えがだいぶ違ってくる。オストヴィント同様、起動輪・転輪パーツは新金型で再現性の高いものになっている。組み上がった時の全長は83mm、全幅41mm。現在も流通しているいるので、模型店などで購入できる

■Sd.Kfz.162 IV号駆逐戦車 L/48 "初期型"
- MT49　●2001年発売

前年度に続き、IV号戦車ファミリーの登場だ。このあたりになると弾薬運搬車の部品はほぼ使われておらず、履帯のみが共通となる。IV号戦車の車体から砲塔を取り去り、対戦車砲を取り付けて駆逐戦車としたものだが、長砲身版はパンターが優先配備となったため初期型は48口径砲を搭載していた。ハッチは開閉選択式だが、裏側は残念ながらのっぺらぼうなので、開状態にするなら手を加えるのもいいだろう。完成写真のように車体表面にツィメリートコーティングを施してみるのもいい。現在も流通中だ

■Sd.Kfz.162/1 IV号戦車 /70(V) ラング
- MT50　●2001年発売

初期型から主砲を長砲身に変更、前面装甲も強化された。ちなみにラングとは「長槍」を意味する。初期型との相違点は主砲の他に、第1、第2転輪が鋼製になったことで、キットではこの点を反映している。また予備転輪も鋼製になっている。トラベリングロックやシュルツェン用ステーの追加、ラング用の照準器カバーなど、ラングの改修箇所を押さえたキット内容。各部のモールドも繊細で、1/72で偽装フックまで表現されているのには唸らされる。完成時の全長は100.5mm、全幅44mmで、現在も流通している

■Sd.Kfz.162 IV号駆逐戦車 L/48 "後期型"
- MT51　●2004年発売

L/48の後期型もバリエーションキットとして発売。この時期のIV号戦車のキットは、転輪など足周りを中心に新規パーツが2000年に開発されており、ミニボックスからスタートにした、円熟の域に入った感がある。キットでは車体後部に予備履帯ラックを設け、側面にはシュルツェンステーを装備した姿を再現。また前面の照準器カバーの形状などは、ちょうどラングへ移行する中間的なものとなっている。そのため、IV号駆逐戦車シリーズの3作を並べてみれば、L/48からラングへ至る形状の変化が楽しめるようになっている

■Sd.Kfz.234/2 8輪重装甲偵察車 "プーマ"
- MT52　●2004年発売

公式の呼称ではないが、プーマ(ピューマのドイツ語読み)もキット化。50mm砲のマズルブレーキは左右で2分割するなど、ディテール重視だ。簡単ではあるが車体内部の操縦席やハンドル、砲塔内部が再現されているのもポイントである。ドイツ軍らしい砲塔形状も見事に再現されており、またこれもかと用意されたジェリ缶やOVMが嬉しい。その一方で左右フェンダーなどはスライド金型で再現されており、1/72AFVスケールの進化を実感できるキットで、作りやすさも評価された。全長98.5mm、全幅34.5mm、現在も流通している

■Sd.Kfz.234/1 8輪重装甲偵察車
- MT53　●2005年発売

Sd.Kfz.234シリーズの中でも、この重装甲偵察車が最多の生産タイプとなる。砲塔に搭載された20mm機関砲が最大の特徴で、対空射撃も可能である。キットはドライブシャフトとサスペンションが組み合わさった複雑な足周りを見事に再現しているほか、当時の模型誌では機関部まで再現された20mm機関砲や砲塔正面のメッシュなど、ディテールが評価された。また車体側面のモールドも立体感がありなかなかいい感じである。タイヤ部分はゴム素材ではないが、モールドがしっかりしているので塗装すれば充分それっぽく見える

*COLUMN

▲上段の3個のキットは既存のパーツと表面にツィンメリットコーティングが施されたレジン製車体パーツを足したキット、下段の3個のキットは通常のパーツに加えてコーティングを再現したエデュアルド製エッチングパーツをプラスしたキットである。いずれも'90年代に発売された限定版キットだ。当時から圧倒的人気コンテンツだったドイツ軍車両だが、1/72でツィンメリットコーティングをいかに再現するかは大きな課題であり、それをクリアするためにハセガワが知恵を絞っていた様子が伺える。限定キット

1/72 SCALE AFV MODELS

■MT54　Sd.Kfz.234/3 8輪重装甲偵察車 "シュツンメル"

■MT55　VI号戦車 タイガーI "ハイブリッド"

■MT56　54cm 自走臼砲 カール w/IV号特殊弾薬運搬車

■MT57　60cm 自走臼砲 カール 量産型 w/運搬貨車

■MT58　ドイツ列車砲 K5(E) "レオポルド" w/フィギュア

■MB28　ドイツ 列車砲K5(E) レオポルド

■MB32　ドイツ 600mm自走臼砲 カール 貨車付

■MB33　ドイツ 600mm自走臼砲 カール 4号特殊弾薬運搬車付

1/72 SCALE AFV MODELS

■E1　ドイツ・Ⅲ号戦車M型

■E2　ドイツ・ハノマーク兵員輸送車

■E3　ドイツ・Ⅱ号戦車F型

■E4　ドイツ・自走榴弾砲ベェスペ

■E5　ドイツ・Ⅲ号突撃砲戦車G型

■E6　ドイツ・自走対戦車砲マルダーⅢ

■E7　ドイツ・駆逐戦車ヘッツァー

■E8　ドイツ・自走榴弾砲フンメル

■E9　ドイツ・Ⅲ号戦車N型

■E10　ドイツ・ハノマークロケットランチャー

■E11　ドイツ・重駆逐戦車エレファント

■E12　ドイツ・Ⅵ号戦車キングタイガー

■E13　ドイツ・Ⅳ号駆逐戦車

■E14　ドイツ・Ⅵ号駆逐戦車ヤークトタイガー

■E15　ドイツ・オペルブリッツ救急車

■E16　ドイツ・3トンハーフトラック

■E17　ドイツアフリカ軍団歩兵セット（人形21体）

■E18　イギリス第8軍歩兵セット（人形19体）

■Sd.Kfz.234/3 8輪重装甲偵察車 "シュツンメル"
●MT54　●2005年発売

現在までのところ、Sd.kfz.234系列の8輪装甲車としては最後のリリースとなっているのが短砲身75mm搭載タイプのシュツンメルである。その75mm砲のパーツはSd.Kfz251/9のものを流用しているが、台座部分などはもちろん新規パーツとなっている。砲自体も基部から再現されており、密度感は充分だ。これまでのSd.Kfz.234シリーズ同様、サスペンションとドライブシャフトから成る複雑な足周りを再現。オープントップの車両なので、車内もある程度パーツ化されているのは嬉しいポイントだ

■VI号戦車 タイガーI "ハイブリッド"
●MT55　●2005年発売

初期型のタイガーIに、ゴム材節約のために製造された鋼製転輪を取り付けた状態を再現したキット。初期型の車体と後期型の足周りを併せ持てたタイガーIなので、「ハイブリッド」という名称になっている。大戦末期、ルール地方で包囲された友軍を救出するべく編成されたフェールマン戦隊の車両を再現できるキットで、ドイツ軍車両としては珍しいオリーブグリーン塗装のF13号車か、三色迷彩のF01号車を選択できる。キットには戦車兵のフィギュアが2体付属。現在も流通している

■54㎝ 自走臼砲 カール w/IV号特殊弾薬運搬車
●MT56　●2005年発売

ミニボックスシリーズ最大級のキットのひとつがこのカール自走臼砲。現在も流通しているこのキットは旧キットのカールをリニューアルしたもので、54㎝臼砲が長砲身型になっているのが最大の特徴。足周りのパーツは量産型が再現されており、旧キットでは一体成型になっていた車体型の転輪がリニューアル版では改修されているまた、IV号特殊弾薬運搬車の足周りも近年のIV号戦車系列と同様に新パーツとなっている。砲の駐退機には金属のスプリングが仕込まれており、完成後も砲身を前後させることができる

■60㎝ 自走臼砲 カール 量産型 w/運搬貨車
●MT57　●2006年発売

こちらも旧キットのカール自走臼砲をリニューアルしたもので、現在MT57の品番で売られている。MT56のカール自走臼砲と異なり、こちらは60㎝砲を搭載した車両を再現している。ミニスケールながら総パーツ数414点は圧巻の一言。リニューアルにあたって新規にセットされたのは、収納状態の量産型サスペンションと60㎝砲用の装填台支柱部品で、線路型の台座も付属しているので貨車に乗った輸送状態を再現することができる。自走砲の前後に取り付けられた貨車の出来も精密で、まさにハセガワの1/72AFVを象徴する逸品である

■ドイツ列車砲 K5（E）"レオポルド" w/フィギュア
●MT58　●2015年発売

全長444mm、全幅42mmと、カール自走臼砲と並びミニボックスシリーズ最大クラスの列車砲が2015年に改めて定番商品となったもの。それまでレオポルドのキットは長らく生産休止状態だった。旧キットとの最大の相違点は列車砲本体に加えて24体のフィギュアがセットになった点で、これにより組み立てるだけでダイオラマ的な雰囲気を楽しめるようになった。ちなみにこのフィギュアはMT56のカール自走臼砲に付属している物と同じセットである。デカールは塗装パターンに合わせ、3種類のマーキングが付属している

■ドイツ 列車砲K5（E）レオポルド
●MB28　●1975年発売

現在MT58として流通しているレオポルドの旧版キットで、当時はミニボックスシリーズ No.28の番号が振られた。シリーズでも最大級のドイツ軍列車砲のキットで、発売当時ほとんど150円〜200円だったミニボックスシリーズにおいて1000円という定価で売り出されたことからもそのボリュームが伺える。キットには28㎝砲はもちろんのこと前後台車もセットされており、砲、クレーン、台車の車輪などが可動するというプレイバリューたっぷりの内容だった。なお、この時点ではフィギュアは付属していない

■ドイツ 600mm自走臼砲 カール 貨車付
●MB32　●1977年発売

現在MT57の品番で売られている60㎝自走臼砲の旧版キット。現在販売されているものとの最大の差が足周りで、この旧版キットでは試作型が再現されて、二対ある転輪のうち車体側のものは車体側面の部品と一体で成型されていた。それ以外の部分は現在売られているキットとの大きな差はなく、精密な自走砲本体と運搬用の前後の貨車、レールを模した台座などのセットとなっている。当時のミニボックスシリーズではこのカール自走砲が最も高価なキットとなっており、発売時の価格はレオポルドをしのぐ1400円というものだった

■ドイツ 600㎜自走臼砲 カール 4号特殊弾薬運搬車付
●MB33　●1977年発売

現在MT56の品番で流通しているカール自走臼砲の旧版キットで、発売当時はミニボックスシリーズ No.33の番号が振られた。現在のMT56とは異なり短砲身の60㎝砲を装備したカール試作型（要は運搬用の貨車付のキットと同じ種類の車両である）のキットとなっているが、IV号特殊弾薬運搬車と砲弾が付属する点は現行の商品と同じである。後にハセガワはこのキットに付属しているIV号特殊弾薬運搬車を元にしてIV号戦車のバリエーションを多数展開しており、そういう意味でも重要な製品と言えるだろう

第一次AFVブームの勢いを感じさせる
幻の1/72スケールダイオラマ製作キット

*COLUMN

AFVモデルの第一次ブーム期であった1970年代初頭、戦車模型といえば情景で楽しむものという土壌ができあがりつつあった。その時流に乗ってハセガワがAFVモデルのリリースを始めた際、提示したのが小スケールのキットによるダイオラマ製作である。それはごく初期に発売された6つのキットによくあらわれている。1974年のチラシに掲載されているのは「日本軍南方基地」「トブルク作戦」「モンテ・カッシーノ」などと題されたダイオラマ製作キットだ。これは車両数点とフィギュア、ベースをセットしたもの。

これらのキットは全て1/72スケールに設定され、すでにハセガワから多数発売されていた飛行機のキットと組み合わせてディスプレイすることができるようになっていた。実際、初期ラインナップのひとつである「日本軍南方基地」では1/72の零戦二二型がセットされており、エンジン起動車や燃料補給車と組み合わせて南方の飛行場を再現できた。残念ながら6つのキットでシリーズが終わってしまったハセガワの1/72ダイオラマキットだが、飛行機模型と組み合わさって進化を続けていたらどのような製品になっていたのか……、実に見てみたかったシリーズではある。■

▲左が「トブルク作戦」、右が「日本軍南方基地」のボックスアート。箱の「DIORAMA」の文字のレイアウトからわかる通り、情景全体のキットであることを推している。これらのほかにも似たような内容のキットが4種類発売された

◀▲1970年代初頭のカタログに掲載されている、ハセガワ製ミニボックスシリーズ（同社のAFVモデルのシリーズ名）を使用した情景作品の作例。野戦砲や牽引車両、戦車や多数のフィギュアなど、複数のキットをベースに並べての大型情景作りを提案している。ハセガワのミニボックスシリーズは開始から数年で現在販売されているキットの大半を発売しており、これらのような規模の大きい情景作りにも対応できた

■ドイツ・Ⅲ号戦車M型
- E1
- 1975年発売

イタリアのエッシーとハセガワが提携、ドイツの戦闘車両を中心にハセガワが提携したミニボックスEシリーズだ。そのシリーズのトップバッターとなったのがこのⅢ号戦車M型である。当時はなかなかキット化に恵まれないアイテムでもあったが、キット自体は実感をつかんでいるとの評価がされた。ただ、防盾部分がやや厚ぼったいので、ここは少し手を加えてやりたいところだ。また、砲塔後部の工具箱や部品の側面を軽く削って少しエッジを立たせてやると見栄えがするだろう。現在は流通していないキットである

■ドイツ・ハノマーク兵員輸送車
- E2
- 1975年発売

エッシーとの提携キット第二弾はポーランド侵攻から活躍を続けたハノマーク兵員輸送車だ。後にハセガワがキット化したSd.Kfz.251/1 D型と異なり、大戦初期から活躍したモデルを立体化している。小スケールのキットながら履帯部分は軟質樹脂製の部品での再現となっており、タイヤのトレッドもモールド立体的。本家エッシーからは救急車仕様など後に様々なバリエーションが発売されているが、このE2番のキットはオーソドックスな兵員輸送型で、機関銃を撃つポーズと立ちポーズのフィギュアが付属する

■ドイツ・Ⅱ号戦車F型
- E3
- 1975年発売

EシリーズNo.3は電撃戦の中核となったⅡ号戦車F型だ。完成後の全長は65mmと実車同様に小ぶりな車両である。当時は1/35スケールでタミヤがキット化していたものの、1/72のミニスケールとしてはこのキットが初めての立体化である。組み上がった時のプロポーションも実車の雰囲気をよく捉えており、リーフスプリング式のサスペンションを再現した足周りの出来もよい。こちらも現在流通していないキットとなっている。当時は他に同スケールのキットがなかったこともあってモデラーに歓迎されたキットである

■ドイツ・自走榴弾砲ベェスペ
- E4
- 1975年発売

Ⅱ号戦車のバリエーションとなるベェスペ（余談ながら発売翌年のカタログからは「ベスペ」表記だ）。当時のカタログでは1/72にキット化を紹介していた。Ⅱ号戦車の車台を流用したキットなので足周りの出来は当時としてはなかなかシャープ。同じく砲周りの出来も良好。完成時の全長70mmと、自走砲ながら小ぶりなキットである。他のEシリーズのキットと同様に、現在は流通していない

■ドイツ・Ⅲ号突撃砲戦車G型
- E5
- 1975年発売

Ⅲ号戦車の車体にⅣ号戦車の主砲を積んだⅢ号突撃砲G型だ。全長102mmとこの時期リリースの製品としてはなかなかの大きさ。多面体形状の車体形状をよく再現したキットで、キューポラから体を出した戦車兵のフィギュアが1体付属する。さらに予備の転輪やジェリカン、予備履帯など、車体後部に積むことができる荷物類の部品も豊富に付属している。古いものに各部のエッジは丸まっているところもあるので、組み立てる際には加工したほうがよいだろう。現在は流通していないキットだが、中古などで入手できなくはない

■ドイツ・自走対戦車砲マルダーⅢ
- E6
- 1975年発売

現在は「マーダー」表記の多いマルダーⅢ。実車はチェコの38(t)戦車の車台に75mmまたは76.2mmの対戦車砲を搭載、小ぶりながら（キットは全長76mm）なかなか強力なタンクキラーであった。足周りはややもっさりした感じがあるが、オープントップの車両の見所である主砲後部やいかにも急造という感じのあるガタピシとした外見も当時としてはよく再現されていたキットである

■ドイツ・駆逐戦車ヘッツァー
- E7
- 1975年発売

ヘッツァーは38(t)戦車の車台を流用して製造された、強力な駆逐戦車である。組み上がった時の全長は86mm、キット自体はなかなかの出来と評価された。ディテールアップのポイントとしては、車体上部の機銃のディテールをハセガワ製のものへと交換するとよくなる。また、ダークイエローでの単色塗りも良いが、できれば大戦末期に見られた迷彩塗装に挑戦したい。ところでこの一連のEシリーズには履帯の部品が固く、車体が浮くようなら瞬間接着剤で車輪に接着するのもひとつの作り方であった

■ドイツ・自走榴弾砲フンメル
- E8
- 1975年発売

フンメルはⅣ号戦車の車体に榴弾砲を搭載した自走砲。このスケールでは初となるキット化だった。複雑な主砲のディテールがよく再現されており、さらに駐退機など実際に取り付けてあったパーツも充実した内容のキットだった。ただ、誘導輪のスポークの数がおかしいので、他のⅣ号戦車などからパーツを流用するといいだろう。また上部転輪と履帯が剥離しているので、できればこれもなんとか直したいところだ

■ドイツ・Ⅲ号戦車N型
- E9
- 1975年発売

短砲身が特徴的なⅢ号戦車N型。組み上がった時の全長は80mm。Eシリーズ発表の時点でミニボックスシリーズは約35点に達しようとしていたが、その中にはこのⅢ号車のようなバリエーションも含まれていた。車体左右と砲塔の周囲にシュルツェンを取り付けた状態を再現している。ただしこのシュルツェン、スケールのわりに厚みがあるので、金属板などで使用し作り直すと解像度がぐっと上がる

■ドイツ・ハノマークロケットランチャー
- E10
- 1975年発売

ハノマークのロケットランチャー装備型。通常のハノマークの車体の側面にロケットランチャーを吊るすためのステーを取り付けた状態を再現したキットで、車内の兵員も付属した内容となっている。そのフィギュアには躍動感があり、情景を作る想像力が掻き立てられる。また、運転席のメーターパネルまでモールドされているのは芸が細かい。全体にみて出来の良い好キットである。当時の模型雑誌には本キットで第一弾リリースと謳われた広告が入った

■ドイツ・重駆逐戦車エレファント
- E11
- 1976年発売

Eシリーズは翌年もE11のエレファントからリリースを続行。このシリーズは海外メーカーとの提携ゆえか、価格はミニボックスシリーズより100円高めの300円で統一されていた。キットは7.92mm機銃を装備した改修後の姿を再現しているが、先祖返りでフェルディナントに改造するのも悪くない。また、独特の主砲基部や砲室側面の溶接も再現されている点に好感が持てる

■ドイツ・Ⅵ号戦車キングタイガー
- E12
- 1976年発売

ドイツ最強戦車キングタイガーが登場。このキットはオーソドックスなヘンシェル砲塔を再現したタイプである。この時期のハセガワの広告には「1/72ミリタリーをすっかり定着させた」と自信満々の文言が認められるが、それだけのラインナップとなっていた

■ドイツ・Ⅳ号駆逐戦車
- E13
- 1976年発売

低い車高が精悍なⅣ号駆逐戦車である。現在は流通しておらず、後年にハセガワが自社開発した製品が現在も入手可能。海外メーカーと提携したEシリーズではよくある例だ。キット自体はとても古いが全体のフォルムは悪くない。今の目でディテールアップを施すのであれば、車体側面のワイヤーやトラベラロックには手を入れたいところだ。また、シェルツェンを自作して履帯の直線部分を隠してしまうのもひとつの手かもしれない

■ドイツ・Ⅵ号駆逐戦車ヤークトタイガー
- E14
- 1976年発売

ヤークトタイガーはドイツ戦闘車両としては最強の攻撃力を誇る。現在は流通していない。キットは戦場を再現したかのごときダイナミックなイラストがミニボックスと違い、白バックの瀟洒な印象のボックスデザインであった。本キット発売時、ティーガー関連のキットを集めた「虎をコレクションしよう」という心躍る広告が作成されている

■ドイツ・オペルブリッツ救急車
- E15
- 1976年発売

「ドイツミリタリーの有名車種を、ほとんどモデル化している」と自負するエッシーだけに、オペルブリッツの救急車仕様もリリース。元となったオペルブリッツは大戦中のあらゆる戦場で姿が見られた万能のトラックで、キットでは側面に大きな赤十字を描いた姿を再現している

■ドイツ・3トンハーフトラック
- E16
- 1976年発売

ハノマーク社製の3tハーフトラック。同社の8tトラックは数種がミニボックスシリーズからリリースされているので、ハーフトラックのコレクション補完としても貴重な存在である。また、各種の改造型が存在するので、このキットをベースとして自作してみるのもいいだろう。キット付属の幌をティッシュペーパーなどで作るとより実感が増す。また、ドア部分の開閉にチャレンジしてみるのも一興だ。改造意欲を掻き立てられるキットである

■ドイツアフリカ軍団歩兵セット（人形21体）
- E17
- 1976年発売

このキットよりしばらく、「とても行動的な動作をうまく再現した人形セットです」と称して歩兵のセットが続く。完成見本写真では7体の掲載だが、実に21体もセットされていた。兵士が手にするのは小銃や機関銃、迫撃砲など武器やポーズのバリエーションも豊かだ。弾薬箱などのアクセサリーも付属する

■イギリス第8軍歩兵セット（人形19体）
- E18
- 1976年発売

北アフリカ戦線で活躍したイギリス第8軍だ。その数は19体と他の歩兵セットよりわずかに少ないが、存在感抜群の6ポンド対戦車砲が付属する。歩兵セットはほかのEシリーズよりいくぶん安めの250円で発売された。このキットのフィギュアはなかなか躍動感があり、ジオラマに配置するにはうってつけである。また、歩兵が手にしている銃もトンプソン短機関銃にSMLE小銃、拳銃と、なかなかツボを押さえているといえるだろう

■E19　アメリカ海兵隊歩兵セット（人形22体）

■E20　ソビエト親衛隊歩兵セット（人形26体）

■E21　ドイツ 野戦砲セット

■E22　ドイツトラックオペルブリッツ

■E23　アメリカ・M4A1シャーマン

■E24　アメリカ・155mm重自走砲M-12

■E25　ドイツⅣ号戦車H型

■E26　ドイツⅤ号駆逐戦車ヤークトパンサー

■E27　ドイツⅤ号戦車・パンサーA型

■E28　イタリア・戦車カーロアルマート

■E29　イタリア・自走榴弾砲セモベンテ

■E30　イギリス・歩兵戦車マチルダ Mk.Ⅱ

■E31　ソビエト重戦車KV-1/C型

■E32　アメリカM3A1スカウトカー

■E33　アメリカ・ウイポンズキャリアー

■E34　アメリカ・ダッジ 37mm砲トラック

■E35　イギリス・クォード ガントラクター

■E36　イギリス・25ポンド野戦砲/砲兵6体

■E37　ドイツ・ハーフトラック250/3

■E38　ドイツ・3トンハーフトラック250/9

■E39　ドイツ・ハーフトラック250/10

■E40　ドイツ・Ⅰ号戦車B型

■E41　ドイツ・Ⅰ号指揮戦車B型

■E42　ドイツ・Ⅰ号47mm対戦車自走砲

■E43　ソ連戦車 T-34/76（1942年型）

■E44　ソ連戦車 T-34/76（1943年型）

■E45　ドイツ戦車 スコダ35(t)

1/40 SCALE AFV MODELS

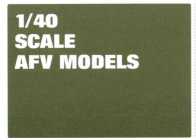
■T1　M-41 ブルドッグ戦車

■TR-1　リモコン ブルドッグ戦車

■T-2　M-42 フラックワゴン戦車

■TR-2　リモコン フラックワゴン戦車

■T-3　M-4 シャーマン戦車

1/35 SCALE AFV MODELS

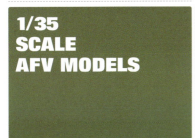

■HB1　キューベルワーゲン タイプ 82

■HB2　キューベルワーゲン "ドイツ アフリカ軍団"

1/72 SCALE AFV MODELS

■アメリカ海兵隊歩兵セット（人形22体）
●E19 ●1976年発売

海兵歩兵のセット。装備品は小銃はもちろん、火炎放射器、バズーカにM1919ブローニング機関銃など米軍らしい装備が付属。セットされているフィギュアは全部で22体だ。当時発売されていた他の歩兵セットには ない地雷探知機を持つ兵が付属しており、魅力的な内容だったと言えるだろう。他のフィギュアセットもそうだが、台座が付いているのでミニチュアゲームのコマとしても使用できた

■ソビエト親衛隊歩兵セット（人形26体）
●E20 ●1976年発売

親衛隊歩兵セットは26体入りと最多となる。この時期、ミニボックスはEシリーズも含めると約50種類に達する一大ラインナップが形成されており、ニットーやフジミの1/76も含めるとミニスケールAFVは完全にひとつのジャンルとなっていた。ミニボックスシリーズのラインナップにソ連軍車両はないが、このキットのほか、エッシーのKV-1やT-34が発売されたことでシリーズの幅が広がったといえる

■ドイツ 野戦砲セット
●E21 ●1976年発売

37mm対戦車砲および75mm対戦車砲と、20mm4連装砲によるドイツ野戦砲セット。匍匐の姿勢で機関銃を撃つフィギュアセットも含め、実に楽しいキット内容となっている。20mm4連装砲はさすがに砲身が若干太いが、古いキットでもありこれは致し方ない。ただ、作る時にはせめてピンバイスで砲口に穴を開けたいところだ。豊富な内容なので、ジオラマ作りの際のわき役としてぜひ活用したいところである

■ドイツトラックオペルブリッツ
●E22 ●1976年発売

救急車に続く通常型の輸送タイプとして登場。バリエーションなので車体部分などは先行する救急車型と同じ内容なのだが、後部は幌付きの荷台パーツに変更されている。歩兵の足として、また後方部隊の車両としてドイツ軍を支え続けた縁の下の力持ち的存在だけに、ジオラマ製作には欠かせない。幌部分はティッシュペーパーなどで自作するとよりそれらしい雰囲気を出すことができる

■アメリカ・M4A1シャーマン
●E23 ●1976年発売

久しぶりにリリースの戦車は、エンジンも再現したシャーマンとなった。イージー・エイトはミニボックスシリーズで発売されているので、ノーマルのシャーマンを補うかたちとなる。1976年のカタログではEシリーズを含め約50種に達したミニボックスによる、「発達の歴史」「バルジの戦い（に代表される有名な戦車戦）」「輸送部隊」「戦車連隊本部」などコレクションのテーマはさらに広がりを見せている

■アメリカ重自走砲M-12
●E24 ●1976年発売

M3中戦車の車体を利用して155mmカノン砲を搭載した重自走砲で、貴重なキット化だった。当初はドイツ軍アイテムオンリーで開発されたEシリーズだが、この時期にはドイツはもちろんだが米英伊ソのアイテムもリリースされ、より広がりをみせつつあった。シャーマンとともに12月の新作として発表されたこのキットは、パーツ点数も多目で、なかなか作り甲斐があった。迫力のある実車をよく再現した好キットである

■ドイツⅣ号戦車H型
●E25 ●1976年発売

ある意味でドイツ軍の真の主力戦車とも言えるⅣ号戦車H型となる。長胴身の7.5cm砲を搭載した姿での立体化となっており、予備履帯や予備転輪も搭載した大戦後半のドイツ戦車らしいディテールも再現されている。車長のフィギュアの他、車体前部のハッチから体を出しているクルーのフィギュアが付属しているのも特徴である

■ドイツⅤ号駆逐戦車ヤークトパンサー
●E26 ●1976年発売

重駆逐戦車大隊の主力として、タイガーⅠ型と同等の88mm砲を搭載した駆逐戦車がヤークトパンサーだ。傾斜した前面装甲が特徴的な姿をよく捉えており、また車体のエッジ部分の溶接跡なども立体的な成型となっているのが特徴のキットだ。ワイヤーロープなどを自作するなど、少しの手間でリアリティが増す

■ドイツⅤ号戦車・パンサーA型
●E27 ●1976年発売

ミニボックスのG型を補う存在となる、パンサーA型。G型は車体前面にボールマウント式の機銃を装備し、砲塔上部のキューポラを変更した改良型であるが、A型は最初の本格的な量産タイプであった。ちなみにエッシーの完成見本写真はいかなる理由か後ろ向きのため機銃が見えない。現在では同スケールで極初期の量産タイプであるD型が他社から発売されているが、敢えてこのキットをベースにD型に改修するのも一興だろう

■イタリア・戦車カーロアルマート
●E28 ●1976年発売

現在、再評価の気運が高まっているイタリア軍の主力戦車、カーロアルマートだ。ミニスケールでのインジェクション・キット化は珍しい存在。モールドは比較的シャープで、リベットの表現も良好である。セモベンテと並んで北アフリカのジオラマ作りには欠かせない存在だ。覆帯上部がピンと張ってしまうので、できればピアノ線を使うなどしてたるみを持たせるとよりよくなるだろう

■イタリア・自走榴弾砲セモベンテ
●E29 ●1976年発売

強力な戦車を持ち得なかったイタリア軍は、セモベンテ自走榴弾砲で劣勢を補った。キット自体の出来は良く、とくに複雑な形状の車体後部はよく再現されており、リベット表現もこの年代のものとしてはきちんと再現されている。塗装する時はエッジを立たせてやるとよいだろう。なお、この頃になるとミニボックスとEシリーズ合わせて日独伊米英ソの6カ国、約70種という一大ラインナップが形成されていた

■イギリス・歩兵戦車マチルダ Mk.Ⅱ
●E30 ●1976年発売

イギリス軍ならではの歩兵戦車、マチルダMk.Ⅱだ。速度は遅いものの高い防御力で拠点攻撃などに有効な存在だった。このマチルダを含めこれらEナンバーのキットは1976年のカタログ作成時には完成品写真が存在していなかったようで、イラストのみの掲載となっている

■ソビエト重戦車KV-1/C型
●E31 ●1976年発売

シリーズ初となるソ連戦車、KV-1だ。キット化されたのは、新型の76.2mm砲を搭載したC型だった。特徴のある主砲防盾と、車体下部の足周りの出来はなかなか良い。パーツ構成も標準的で、組み上げるのも楽だろう。ただし、実車のためか仕方ないが、転輪のパーツが多いのでバリ取り作業はやや苦痛だが、作業が終わった後の爽快感は最高だろう

■アメリカM3A1スカウトカー
●E32 ●1976年発売

M3A1スカウトカーは、米軍の装甲偵察車両として最も有名なもののひとつ。連合国の各軍にも供与され、各地でおおいに働いた。ミニボックスシリーズではすでに本車を改造したM3A1ハーフトラックが出ていたため、このキットの登場で、並べて飾る楽しみが増えた。パーツ点数もほど多くなく、直線的な造型なのでストレスなく組めるだろう。また、ドアパーツが開閉選択式になっているのが嬉しい。フィギュアが2体付属する

■アメリカ・ウェポンズキャリアー
●E33 ●1976年発売

ダッジ3/4トラックは、ジープとともにあらゆる戦線で使用された。なお、カタログでは「ウイポンズキャリアー」と表記されているが、「ウェポンズ・キャリアー」が正解だろう。ミニスケールでは当時としては珍しいインジェクション・キット化で、コレクター的にもありがたかった。幌のパーツも付属しているが、どうせなら後部荷台にこれでもかと弾薬箱やら装備品を満載させてみたい

■アメリカ・ダッジ 37mm砲トラック
●E34 ●1976年発売

ダッジ3/4の派生型で、広めの車体後部を利用して37mm砲を搭載したタイプ。しかし、さすがに威力不足で実戦で目立つ活躍はなかった。シャーシ部分はもちろんE33と共有しており、車体下部の足周りはかなり細かくできている。もっとも古いキットなのではめ合わせは若干厳しいところもあるが、根気があれば問題ないだろう。こういったキットの完成した時の満足度はなかなかのものだ。ミニスケールながら、存在感のあるキットである

■イギリス・クォード ガントラクター
●E35 ●1977年発売

朝鮮戦争にも使用された、25ポンド砲の牽引車として知られるクォード・ガントラクター。キットのモールドはなかなかで、直線的なフォルムということもあり出来上がりはシャープな印象を受ける。足周りも細かくパーツ分割されており、組み上げるのは大変ではあるが、そのぶん出来上がりには満足がいく設計。別売りの25ポンド砲と合わせて北アフリカ戦の一幕を再現したい

■イギリス・25ポンド野戦砲/砲兵6体
●E36 ●1976年発売

ガントラクターと組み合わせるのに最適な、25ポンド砲。砲兵フィギュアも6体付属する。25ポンド砲のモールドもミニスケールながら細かく施され、好感の持てるキットである。25ポンド砲は射撃状態と輸送状態を選択可能だ。また弾薬用リンバーも付属しており、ガントラクターに牽引された状態の横長のジオラマに仕上げるのも面白い。工夫次第で楽しみ方が広がるキットである

■ドイツ・ハーフトラック250/3
●E37　●1977年発売

「ぜひ作り比べていただきたい兄弟たちです」として、一挙に3種が発売されたSd.Kfz250シリーズの第1弾が、無線指揮装置を搭載したロンメルの乗車となる250/3グライフだ。転輪のバリ取り作業は少し大変なものの、全体としてはパーツ数も少なく、組立ては比較的容易なキットだ。細部のモールドはそのわりに良好である。ただしアンテナ・パーツの切り取り時には破損しないように注意したい。後部に設置する無線機のモールドが嬉しい。フィギュア3体も付属する

■ドイツ・3トンハーフトラック250/9
●E38　●1977年発売

250/9デマーグは、回転式砲塔を備え20mmkwk38砲1門を装備した重武装タイプ。主に装甲偵察車として使用された。車体部分のパーツは250/3、250/10とも共通のものが同梱されている。したがって、付属するフィギュア3体も同じものだ。デマーグの特徴でもある砲塔上部のネットはプラバリューの為残念ながら抜けていない。可能なら真ちゅう線とメッシュ素材で作りなおすと実感が増すのでおすすめの工作である

■ドイツ・ハーフトラック250/10
●E39　●1977年発売

250/10は、3.7cm対戦車砲を搭載したタイプで3種の型式がある。本キットでドイツ軍のハーフトラックはリリースを終え、250/1から250/12まで12種のうち、3種がキット化されたことになる。250/10には主武装の3.7cm対戦車砲のほか、車体側面の形状違いを再現するための別パーツも付属している。車体との合いは悪くないが多少整形してやる必要があるだろう

■ドイツ・Ⅰ号戦車B型
●E40　●1977年発売

E40～42まではⅠ号戦車のバリエーションが続く。実車同様、付属フィギュアが巨人にみえるほど小型の車体だが、細部のモールドはそのわりに良好である。車体上部パーツの後部が若干だが実車と異なるので、右側の張り出しを削ってやるとさらに見栄えが良くなる。また履帯はとても細いので、焼き留め処理を行なう時は注意を要する。エンジンルームのハッチは別パーツになっているので、中のエンジンを作り込んでみるのもいいだろう

■ドイツ・Ⅰ号指揮戦車B型
●E41　●1977年発売

Ⅰ号B型に無線機を搭載、戦車部隊の指揮を執る装甲車両とした。戦車としては性能の不足したⅠ号B型も、指揮車タイプは部隊の先頭に立ち電撃戦で活躍した。キットは箱型の戦闘室の構造をよく再現しており、そこに接着するパーツだけで16点にもおよぶ。上部ハッチは開閉選択式だが、さすがにこのスケールなので開状態における取っ手は再現されていない。説明書には写真が掲載されているので、取っ手部分を削り取って作りなおすのも良いだろう

■ドイツ・Ⅰ号47mm対戦車自走砲
●E42　●1977年発売

Ⅰ号47mm対戦車自走砲はチェコ製の47mm対戦車砲を搭載した車両である。ベースとなったⅠ号B型が今ひとつの性能であったものの、本車両はそこそこの働きを示した。特徴でもある主砲周りも出来は悪くない。防盾の合わせが難しい場合もあるが注意深く作業すれば問題ない。肝心の主砲はややモールドが甘い印象だが、このスケールなら許容範囲内。ただし砲口部はピンバイスで穴あけ処理をすることで、見栄えが大きく異なるだろう

■ソ連戦車 T-34/76（1942年型）
●E43　●1977年発売

ようやくソ連戦車の真打ちが登場。1942年型と呼ばれるタイプをキット化。EシリーズはⅠ号戦車関連とT-34関連6種が同時に発売された以後の新製品は、カタログでは認められない。砲塔部分は左右2分割だが、表面処理により鋳造の雰囲気はよく出ている。特徴的な大型転輪のほか足周り全般のモールドも良く、全体的に実車のシャープさが滲み出た良キットと言えるだろう。車外燃料タンクのダメージ処理にも芸が細かい

■ソ連戦車 T-34/76（1943年型）
●E44　●1977年発売

T-34/76は次々と改良が加えられたが、1943年型はハッチをコマンダー・キューポラとして視界の改良が施された。車体部分のパーツは1942年型と共用で、砲塔と転輪が別枠となっている。その砲塔パーツは一体成型となり、そこに上下パーツを貼り合わせるかたちとなる。そのため、合わせ目の処理は比較的楽だ。また主砲防盾の特徴もよく捉えている。跨乗歩兵の付属がなかなか嬉しい

■ドイツ戦車 スコダ35(t)
●E45　●1977年発売

ナンバーとしてはEシリーズ最後となるE45は、占領したチェコスロバキアで、ドイツが工場ごと手に入れたスコダ35(t)である。現在は流通していない。この時期、模型誌には「AFV物の動きがメッキリ弱くなって久しい」という寂しい記述が認められ、次のハセガワAFV製品は3年後、2種が発表されるのを待たねばならなかった

1/40スケール AFV

■M-41 ブルドッグ戦車
●T1　●1965年発売

1965年発売の戦車プラモデルはすべて1/40で統一、シングルとリモコンの2系統に大別され5種類の商品が発売された。カタログでは最初に記される「M-41 ブルドッグ戦車」は全長24.5cm（砲を含む）、全幅11cmで、モーターは「TKKマブチ25」(いわゆるマブチモーターのNo.25) に単二電池は2本を使用する。この年の『日本模型新聞』1月15日号は年末年始の総決算として「戦車独走の好調」と報じている。しかし、ハセガワのさらなる本格的な戦車キットは、1973年のミニボックスシリーズからとなる

■リモコン ブルドッグ戦車
●TR-1　●1965年発売

こちらはリモートコントロール仕様で、寸法などは変わらずコントローラーが付いた。「履帯は特殊材料を使い本物と同じようにギヤーによって回転させて走ります」とのことで、当時の少年モデラーは胸踊らせたと想像できる

■M-42 フラックワゴン戦車
●T-2　●1965年発売

自衛隊にも貸与され「ダスター」とも言われた対空自走砲の、SF感覚あふれるフォルムを再現。全長19cm（砲を含む）、全幅11cm。電池やモーターはM41と同じだ

■リモコン フラックワゴン戦車
●TR-2　●1965年発売

こちらもリモコン化したキットである。当時のカタログには「模型づくり26年」と題したハセガワのメッセージが添えられており、「今やプラスチックの時代」「まだ小さなメーカー」と時代が偲ばれるが、「理想だけは何時も世界一大きなものを持っているつもりです」というハセガワの意気込みが伺える

■M-4 シャーマン戦車
●T-3　●1965年発売

当時も多くが運用されていたシャーマンは、なぜかシングルモデルのみ。電池は同じだがモーターは「TKKマブチ13」と他キットと違う。当時のカタログには創業時から扱った棒材や学校教材、木製キットなどが消え、「艦船」「レーシングカー」「モデルカー」「飛行機」「戦車」と約40点のキットが掲載されている

1/35スケール AFV

■キューベルワーゲン タイプ 82
●HB1　●1993年発売

スケール工房ベゴ（現アスカモデル）が開発し、ハセガワがパッケージングと販売を担当したキット。マルチマテリアルキット全盛の時代に、「インジェクションプラスチック製パーツの限界に挑戦する」というアティチュードを掲げた商品で、一部がエッチングパーツとなっているがほぼその目標通りエンジンや細かいフック類に至るまでがプラスチックパーツで再現された。当時の1/35 キューベルワーゲンとしては決定版と呼べる内容だった。キットには展開した状態の幌も付属している

■キューベルワーゲン "ドイツ アフリカ軍団"
●HB2　●1993年発売

決定版として歓迎されたハセガワ版キューベルワーゲンだが、続く第二弾キットは北アフリカの砂漠で運用されたタイプを再現。特徴的なのは砂漠などの軟弱地を走破するためのバルーンタイヤを装着している点で、それ以外の部分で通常のキューベルワーゲンとの外観上の差はない。またキットには畳んだ状態の幌を製作するための布がセットされている。これは第一弾のキットと同じパーツで、幌を畳んだ状態で製作できるようになったのは嬉しいポイントと言えるだろう。ややフロントが沈み気味なのも精悍な印象を高めている

■HB3　キューベルワーゲン タイプ82
w/ワッフェン SS

■HB4　キューベルワーゲン タイプ82
w/アフリカ軍団将校

■HB5　キューベルワーゲン タイプ82
w/トレーラー

1/24 SCALE AFV MODELS

■MV1　ジープ ウイリスMB

■MV2　ジープ ウイリスMB
50口径 M2機関銃装備

■MV3　Pkw.K1 キューベルワーゲン 82型

■MV4　Pkw.K1 キューベルワーゲン 82型 "ドイツ アフリカ軍団"

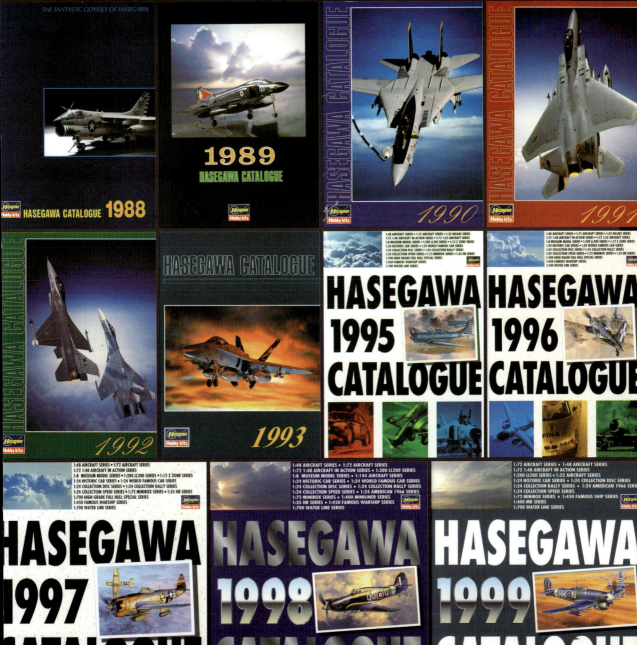

"飛行機のハセガワ"として知られるようになった'80年代半ば以降のハセガワだが、この時期の動きとして代表的なものは1/48スケール航空機モデルの台頭だろう。かつては「1/72→1/32→その他」という順番で掲載されていたカタログだが、1985年ごろから「1/48→1/72→1/32」という順番に変化。'80年代から'90年代前半にかけて新たな主力商品としてラインナップを拡張していた1/48航空機モデルの勢いが見える。

また、F-1ブームを受けてカーモデルに割くページ数が一気に増えたのもこの時期のカタログの大きな特徴。年を経るにつれてグループCカー、F-1、ラリーカーおよび市販車とカーモデル商品が増えていく様子は壮観である

■キューベルワーゲン タイプ 82 w/ワッフェン SS
- HB3　●1996年発売

前述のものと同じキューベルワーゲンのキットに、座席についている武装親衛隊員のフィギュア2体とMG34機関銃など各種アクセサリーを追加したアップグレード版キット。ハセガワ製1/35キューベルワーゲン最大の改善点だった畳んだ状態の幌の部品がより実感あるものに交換され、ステアリングポストの長さ不足も改善されるなど、キューベルワーゲンのキット自体にもより改修が加えられた。付属している武装親衛隊員のフィギュアは、革製のベストを羽織り迷彩ズボンを着用するという武装親衛隊らしい変則的な服装だ

■キューベルワーゲン タイプ 82 w/アフリカ軍団将校
- HB4　●1996年発売

バルーンタイヤを履いたアフリカ軍団仕様のキューベルワーゲンのキットに、ロンメル将軍をイメージしたアフリカ軍団将校のフィギュアと、マップボードを手に指をさすポーズの将校のフィギュアの2体を追加。さらにボンネットの上に取り付けるカバー付のスペアタイヤ、精密な三脚に取り付けられた砲隊鏡などアクセサリーも充実したキット。以前発売していたアフリカ軍団仕様のキューベルワーゲンを補完するような内容である

■キューベルワーゲン タイプ 82 w/トレーラー
- HB5　●1997年発売

以前発売されていた「キューベルワーゲン タイプ82 w/ワッフェン SS」のキットに小型カーゴトレーラーを追加した内容のキット。開閉選択式の幌部分は布製パーツを含めて3種類が付属。タイヤはノーマルのものに加えてアフリカ軍団のキットに付属していたバルーンタイヤも付いている。さらにウインドシールドもカバーの有無が選択できるなど、今までリリースされてきたハセガワ製1/35キューベルワーゲンの総集編的内容のキットだ。この内容なのに発売時の定価は2300円と、通常型と変わらない値段だった

1/24スケール AFV

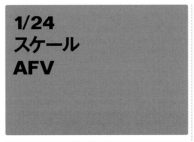

■ジープ ウイリスMB
- MV1　●2003年発売

1/24スケールのカーモデルで培った技術を投入して設計された、米軍を代表する小型軍用車ジープのキット。車内のエンジンやトランスミッションとドライブシャフトの接続、特徴的な縦スリットのエンジングリルの内部に配置されたラジエーターなどの構造を立体的に再現し、組み立てるだけで構造を理解できるキット内容となっている。さらに車体後部の銃架に据え付けられた30口径機関銃とドライバーのフィギュア1体が付属。このドライバーの頭部はヘルメットを着用したものと略帽とサングラスを着用したものが選択できる

■ジープ ウイリスMB 50口径 M2機関銃装備
- MV2　●2003年発売

先に発売されていた通常版のジープに、.50口径のM2重機関銃を装備したものがこのキット。車体後部に取り付けられる機関銃がより大型のM2重機関銃になり、さらにブービートラップ対策としてバンパーの前によく立てられているのが確認できるワイヤーカッターもプラスされている。頭部を2種類から選択できるドライバーのフィギュアが付属しているのも先に発売された1/24ジープと同じである。ドイツやイギリスといったエリアで運用された車両に加えて、終戦後日本の山口市に展開したMPが使ったマーキングも再現できる

■Pkw.K1 キューベルワーゲン 82型
- MV3　●2004年発売

1/35キットに続き、1/24スケールでキューベルワーゲンがリリース。キットは車体後部にレイアウトされたエンジンやフロントパネルの裏面に搭載された燃料タンク、板状のシャシーなど特徴的なキューベルワーゲンの構造をよく再現したものだ。さらに同スケールのドライバーのフィギュア1体の他、モーゼルKar98K小銃、MG34機関銃、パンツァーファウスト60、ジェリカンなど1/24スケールのアクセサリーも豊富に付属。カーモデルの標準スケールではあるが、ちょっと変わった題材にトライしたいAFVモデラーにもオススメだ

■Pkw.K1 キューベルワーゲン 82型 "ドイツ アフリカ軍団"
- MV4　●2005年発売

先行した1/35スケールキットと同様に、1/24でも通常型のキューベルワーゲンの発売後にアフリカ軍団で使用されたタイプが登場した。キットは軟弱地走破用にバルーンタイヤを装備したタイプを立体化したものとなっている他は、先行の通常型キューベルワーゲンと同様の内容である。付属のフィギュアは運転席に着座したものから車体後部のエンジンを整備中のポーズに変更されたのも特徴で、エンジンルームの内部まで再現されたキットならではのフィギュアと言える。モーゼルKar98K小銃などその他の付属品も豊富に付属している

HASEGAWA COMPLETE WORKS

CAR MODELS

　ハセガワのカーモデルの歴史は1960年代のスロットカーブームとほぼ同時に始まっている。このブームにハセガワも参入、初期のキットである「ビュイックワイルドキャット」などは全てこのスロットカー用の走行可能なモデルとスタティックモデル形式との二本立てとなっている。AMTなど舶来のボディを使用するのが慣例だったスロットカーにおいて国産で安価なキットの発売は歓迎され、ハセガワはうまくブームに乗った形となる。しかし加熱したスロットカーブームは急速に終焉を迎え、それと共にハセガワのカーモデルは数十年の休眠に入る。一方、ハセガワのバイクモデルは1970年代初頭に突発的に市場に表れる。「ヤマハトレール250DT1」など1/10スケールのキットがいきなり登場したが、これ以降の新作は続かず、こちらも長い沈黙が続くジャンルとなってしまった。

　ハセガワ製カーモデルの復活は1980年代後半。当初は1/24スケールで「ジャガーXJ-S V12」、「フェラーリ328GTB」などのキットをリリースしていたが、1989年ごろからグループCカーのキットを発売。折からのF-1ブーム、モータースポーツブームに乗って多数のキットをリリースすることとなる。また、ラリーカーはシーズンごとの優勝車をメインにしつつ展開が続き、こちらもハセガワのカーモデルを支える大黒柱的シリーズとなっている。そして'91年、'92年にはカーモデルのフラッグシップモデルたる、1/12「ニッサン フェアレディ Z ツイン ターボ」と「アンフィニ RX-7 タイプR」が発売された。

　90年代後半〜00年代からは「トヨタ 2000GT」や「マツダ コスモスポーツ」、「ニッサン フェアレディ 240Z」などの往年の日本車をリリースしていたのも特徴だ。また、近年のハセガワ製カーモデルで大きなトピックとなったのは2010年の「ロータス79」発売だろう。ながらく休止状態だったハセガワのF-1が復活、スケールもあらたに1/20とし、「フェラーリ 321T/T2」も発売され、今後のラインナップも気になるところだ。

　一方近年ハセガワ製バイクモデルも復活を果たした。2010年に発売された「ホンダ RS250RW」を皮切りに2016年現在までに4種のキットが定番としてラインナップに並び、こちらも発売時には大きな驚きを持ってシーンに迎えられた。

　カーモデルの世界では元々、同じ車種でもそれぞれに違うワークスやレース仕様を楽しむという側面が強い。本書でもそれに倣い、ハセガワのカタログに見られるキットのカテゴリーごとにかつて定番として販売された商品をピックアップ。F-1ブーム時の商品など今ではカタログ落ちしているキットも多いが、品番、商品名は発売当時のものを掲載している。

1/24 SCALE CAR MODELS

■CR1 三菱 ギャラン VR-4 ['91 モンテカルロ/スウェディッシュ ラリー]

■CR2 三菱 ギャラン VR-4ラリー [1991 1000湖ラリー]

■CR3 ランチア デルタ HFインテグラーレ 16V [1991 1000湖ラリー]

■CR4 スバル レガシィ ['1992 スウェディッシュ ラリー]

■CR5 ランチア デルタ ['91 サンレモ ラリー]

■CR6 三菱 ギャラン VR-4 [1992 サファリ ラリー]

■CR7 スバル レガシィ [1991 RAC ラリー]

■CR8 ランチア デルタ HF インテグラーレ 16V [1989 サンレモ ラリー]

■CR9 トヨタ セリカ ターボ 4WD "1992 ツール・ド・コルス"

■CR10 トヨタ セリカ ターボ 4WD [1993 モンテカルロ ラリー]

■CR11 セリカ ターボ 4WD [1993 サファリ ラリー]

■CR12 三菱 ランサー エボリューション [1993 モンテカルロ ラリー]

■CR13 レプソル ランチア "スーパーデルタ" [1993 アクロポリスラリー]

■CR14 スバル レガシィ RS [1993 ニュージーランド ラリー 優勝車]

■CR15 ランチア スーパー デルタ [1992 WRC メイクス チャンピオン]

■CR16 三菱 ランサー エボリューション [1993 ポルトガル ラリー]

■CR17 スバル インプレッサ [1993 RACラリー]

1/24 SCALE CAR MODELS

■CR18　三菱 ランサー【1994 サファリ ラリー】

■CR19　三菱 ランサー GSR【1995 スウェディッシュ ラリー ウィナー】

■CR20　三菱 ランサー GSR エボリューション III【1996 スウェディッシュ ラリー ウィナー】

■CR21　三菱 ランサー エボリューション III【1996 サファリ ラリー ウィナー】

■CR22　三菱 ランサー エボリューション IV【1997 アクロポリス ラリー】

■CR23　三菱 ランサー エボリューション V【1998 アルゼンチン ラリー ウィナー】

■CR24　トヨタ カローラ WRC【1998 モンテカルロ ラリー ウィナー】

■CR25　トヨタ カローラ WRC【1998 ラリー オブ グレート ブリテン】

■CR26　三菱 ランサー エボリューション VI【1999 ラリー ニュージーランド ウィナー】

■CR27　フォード フォーカス WRC【1999 サファリ ラリー ウィナー】

■CR28　フォード フォーカス WRC【1999 ラリー オブ グレート ブリテン】

■CR29　フォード フォーカス WRC【2000 モンテカルロ ラリー】

■CR30　ランチア 037 ラリー【ツール・ド・コルス ラリー ウィナー】

■CR31　ランチア 037 ラリー【1983 モンテカルロ ラリー ウィナー】

■CR32　ランチア ストラトス HF【1977 モンテカルロ ラリー ウィナー】

HASEGAWA COMPLETE WORKS　199

1/24 スケール 自動車

■三菱 ギャラン VR-4【'91 モンテカルロ/スウェディッシュ ラリー】
●CR1　●1991年発売

ハセガワの記念すべきラリーカーキット第一作に選ばれたのはグループA仕様の三菱ギャランVR-4。ボディやシャシーは市販車のキットと共通だが、内装や足回りはラリー仕様専用のパーツが用意されている。シートベルトの金具やエッチングパーツ、ビニール製のシートベルト、ゴム製のマッドフラップとここから続く同シリーズのフォーマットが形成されていた。モンテカルロかスウェディッシュの参戦車を選択可能である

■三菱 ギャラン VR-4ラリー【1991 1000湖ラリー】
●CR2　●1991年発売

フィンランドで行なわれた1991年WRC第9戦1000湖ラリー参戦車。カーNO.3はケネス・エリクソン/ステファン・パルマンダー組、カーNO.5はティモ・サロネン/ヴォイト・サイランダー組で、どちらかのマシンを選んで作ることができる。ちなみに同ラリーではケネス・エリクソンが3位に入賞している。キットはデカールの変更だけにとどまらず、ボンネット上に新設されたエアアウトレットのモールドも追加されている

■ランチア デルタ HFインテグラーレ 16V【1991 1000湖ラリー】
●CR3　●1991年発売

1987年から92年まで6年連続でWRCマニュファクチャラーズタイトルを獲得したランチアの91年シーズン参戦車両で、ラリーファンにとっては待望のキット化だった。まずは1000湖ラリー仕様が発売され、優勝したユハ・カンクネン/ユハ・ピロネン組のマシンを再現することができた。パーツ構成は前作のギャランを踏襲しているが、ルーフベンチレーターがモールドされるなど、より一層ラリーカーとしての再現度が高くなった

■スバル レガシィ【1992 スウェディッシュ ラリー】
●CR4　●1992年発売

ラリーカー3車種目はスバル・レガシィ。92年のスウェディッシュ・ラリー仕様のキットからリリースされた。このラリーで2位に入賞したコリン・マクレー/デレック・リンガー組のデカールがセットされている。当時マクレーはまだ若手で、91年に初めてこのスバルでワークスドライバーとなっている。ちなみにマシンはグリーン、ブルー、ピンクとカラフルなカラーリングだったが、もちろんこれらはデカールで再現されている

■ランチア デルタ【'91 サンレモ ラリー】
●CR5　●1992年発売

ランチアのセミワークスチーム、ジョリークラブから91年のサンレモ・ラリーに参戦、優勝したディディエ・オリオール/ベルナール・オチェッリ組のマシン。パーツ構成は先に発売されたマルティニカラーのキットと変わらないが、オイルメーカーFINAのカラーリングとなり印象はがらりと変わっている。また和田隆良氏の描くボックスアートも素晴らしく、キットの価値をさらに高めていたことも付け加えておこう

■三菱 ギャラン VR-4【1992 サファリ ラリー】
●CR6　●1992年発売

いつの時代も人気の高いサファリ・ラリー仕様。ギャランのキットでも92年のサファリ仕様がラインナップに追加された。通常のラリー仕様のキットにプラ1枠、エッチングパーツ1枠を加え、アニマルガードやウイングランプなどサファリ特有の装備が再現されている。ドライバーは前年のラリー・コートジボワールで日本人として初のWRC優勝を果たした篠塚建次郎。このラリーでは一時24位まで順位を落とすも最終的に10位で完走した

■スバル レガシィ【1991 RACラリー】
●CR7　●1992年発売

1991年のWRC最終戦、イングランド北部を中心に行なわれたRACラリー参戦車。レガシィはこのラリーでは通常とは違ってロスマンズカラーを纏って出走。タバコ広告の規制がありロゴはロスマンズからラリーイングに変更されている。スバル・ラリーチームからはマルク・アレン、アリ・バタネン、コリン・マクレーの3人がエントリーしたが、キットのデカールはその中から5位に入賞したバタネン車をセレクトしている

■ランチア デルタ HFインテグラーレ 16V【1989 サンレモ ラリー】
●CR8　●1992年発売

デルタHFインテグラーレ16Vのデビュー戦となった89年サンレモ・ラリーのみに登場した赤いボディカラーのマシンで、通称「赤マルティニ」。ミキ・ビアシオン/ティジアーノ・シヴィエロ組がランチアの地元で見事にデビューウインを果たした。キットは専用のドアミラーや、赤いボディに貼っても綺麗に発色するように2シートに分けられたデカールが用意され、記憶に残るこの1台を存分に再現することができる

■トヨタ セリカ ターボ 4WD "1992 ツール・ド・コルス"
●CR9　●1993年発売

WRCに参戦していたトヨタ・チーム・ヨーロッパが1992年に投入したグループA仕様のラリーカー。このシーズンもライバルのランチアと熾烈なバトルを繰り広げ、マニュファクチャラーズタイトルは逃したものの、カルロス・サインツが2度目のドライバーズタイトルを獲得している。キットは第5戦ツール・ド・コルスでのターマック仕様。当時スペシャルステージで用いられていたスリックタイヤがセットされている

■トヨタ セリカ ターボ 4WD【1993 モンテカルロ ラリー】
●CR10　●1993年発売

WRC2シーズン目を迎えたST185セリカはカストロールがメインスポンサーとなりカラーリングも一新。レギュラードライバーにはユハ・カンクネンとディディエ・オリオールを迎えた。キットはオリオールが優勝した開幕戦のモンテカルロ仕様。ルーフベンチレーターや5本スポークのOZホイールなどが新規パーツでセットされた。デカールは2シートに分けられ、基本のカストロールカラーをまとめたシートはカルトグラフ製だ

■セリカ ターボ 4WD【1993 サファリ ラリー】
●CR11　●1993年発売

1993年のサファリラリーはトヨタが圧倒的な強さを見せつけて1-2-3-4フィニッシュを達成。ダブルタイトル獲得に向け大きくポイントを加えた。キットはアニマルガードやウイングランプ、シュノーケルの外ダクトなどのパーツを追加し、サファリラリー仕様を再現している。デカールは優勝したユハ・カンクネン/ユハ・ピロネン組と、3位に入賞した地元ケニアのゲストドライバー、イアン・ダンカン/イアン・マンロ組をセット

■三菱 ランサー エボリューション【1993 モンテカルロ ラリー】
●CR12　●1993年発売

三菱は1993年のWRC開幕戦モンテカルロでランサー・エボリューションをデビューさせた。ケネス・エリクソン/ステファン・パルマンダー組とアルミン・シュバルツ/ニッキー・グリスト組に託された2台のマシンは、それぞれ4位と6位に入賞を果たしている。キットはこの2車のどちらかを選択して製作することが可能だ。またマシンのカラーリングは結果的にこのモンテカルロのみで見られた仕様で、デカールが再現される

■レプソル ランチア "スーパーデルタ"【1993 アクロポリスラリー】
●CR13　●1993年発売

1993年、ランチアのWRC参戦はセミワークスチームだったジョリークラブに託された。マシンのカラーリングも見慣れたマルティニカラーからレプソルカラーに変わり、エースドライバーにカルロス・サインツを迎えてシーズンを戦った。しかしメーカーからのサポートは十分とは言えず苦しいシーズンを送ることになってしまう。キットはそんな中サインツが健闘を見せ2位に入賞した第6戦アクロポリス仕様となっている

■スバル レガシィ RS【1993 ニュージーランド ラリー 優勝車】
●CR14　●1993年発売

次戦からマシンを新型のインプレッサにチェンジすることになっていたため、レガシィにとっては最後のWRC参戦となった1993年の第8戦ニュージーランド。ワークスチームが勢揃いし激しいタイムバトルが繰り広げられたが、コリン・マクレーが大健闘し、自身そしてレガシィにとっても初めてのWRC優勝を達成したのである。キットはそのメモリアルなマシンを再現、加えて第5戦のツール・ド・コルス仕様も作れるようになっている

■ランチア スーパー デルタ【1992 WRC メイクス チャンピオン】
●CR15　●1994年発売

結果的にランチアのワークスとしてのWRC参戦最後のシーズンとなってしまった1992年。有終の美を飾るべく開幕戦のモンテカルロから新型のデルタHFインテグラーレ、通称「スーパーデルタ」を投入。年間8勝を挙げ見事6年連続となるメイクスタイトルを獲得した。キットはディディエ・オリオール/ベルナール・オチェッリ組の第5戦ツール・ド・コルス仕様。ホイールベーンとスリックタイヤもセットされている

■三菱 ランサー エボリューション【1993 ポルトガル ラリー】
●CR16　●1994年発売

1993年のWRC全13戦中、唯一のミックスサーフェイス、すなわちターマックとグラベル両方の路面のスペシャルステージが待ち構える第3戦ポルトガル。デビュー2戦目となるランサー・エボリューションは開幕戦のモンテカルロと同じくケネス・エリクソンとアルミン・シュバルツの2台体制で参戦。シュバルツは残念な結果に終わったが、エリクソンは5位に入賞し連続してポイントを獲得した。キットはターマック仕様

■スバル インプレッサ【1993 RACラリー】
●CR17　●1994年発売

1993年WRC第8戦ニュージーランドを総合優勝で締めくくったレガシィに代わり、第9戦1000湖ラリーでデビューしたのが、このスバル・インプレッサWRXだ。設計段階からチームを運営するプロドライブ社の意見が取り入れられたインプレッサはWRC参戦車両としての素性が高く、アリ・バタネンがいきなり2位に入賞したのを皮切りに大活躍を見せることになるのである。キットは1993年最終戦RACラリーの仕様を再現、グラベル仕様となっている

■三菱 ランサー【1994 サファリ ラリー】
●CR18　●1994年発売

1994年のWRC第3戦サファリラリーに参戦した、ただ1台のランサー・エボリューション。マシンはラリーアート・ジャパンが製作し、日本の三菱ディーラーチームからエントリーした。ドライバーは篠塚建次郎で、この時点でサファリラリーでの日本人最上位記録となる総合2位に入賞した。キットにはサファリではお馴染みのアニマルガードやシュノーケル、ウイングランプ、他にも専用のルーフベンチレーターなどのパーツが追加されている

■三菱 ランサーGSR【1995 スウェディッシュ ラリー ウィナー】
●CR19　●1995年発売

1995年のWRC第2戦スウェディッシュラリーにおいて初優勝をワンツーフィニッシュで決めた三菱ランサー。エボリューション2と呼ばれたモデルでWRC参戦はこのラリーが最後だった。レギュラー商品ながらフロントスポイラーとリアウイングはレジン製のパーツが用意され、デカールもカルトグラフ製のスペシャルな内容となっている。優勝したケネス・エリクソン車と2位のトミ・マキネン車を選んで作ることができる

■三菱 ランサーGSR エボリューション Ⅲ【1996 スウェディッシュ ラリー ウィナー】
●CR20　●1996年発売

1996年、WRCの開幕戦はスウェーデン。前年の同ラリーで2位に入賞したトミ・マキネンはランサー・エボリューション3を駆って序盤からラリーをリード。後半マシントラブルに悩まされながらも首位を堅持し、見事優勝に輝いたのである。キットは新金型でエボリューション3の名が刻印されたサイドシルや、迫力の増したフロントバンパー、リアウイングを再現。カラーリングやマーキング類にはカルトグラフ製デカールが用意された

■三菱 ランサー エボリューション Ⅲ【1996 サファリ ラリー ウィナー】
●CR21　●1996年発売

1996年第2戦のサファリラリーに三菱からはトミ・マキネンと篠塚建次郎がエントリー。ランサー・エボリューション3にとっては初めてのサファリラリーだったが、マキネンが見事に優勝。篠塚も6位入賞と健闘を見せた。キットはホワイトメタル製のアニマルガードもセットされ、カルトグラフ製のデカールにはカーナンバー7と8の両方が用意され、どちらかを選んで作ることができる

■三菱 ランサー エボリューション Ⅳ【1997 アクロポリス ラリー】
●CR22　●1997年発売

1997年WRC第8戦のアクロポリスを前にこのシーズン3勝を挙げていたエースのトミ・マキネンは、ここでも優勝を狙うがタイムが伸びずに苦戦。最終日にチームオーダーが発令されリチャード・バーンズに譲ってもらう形で3位に入賞した。このシーズンは最終的に1ポイント差でマキネンがドライバータイトルを獲得。重要な1戦だったと言えるだろう。キットはカルトグラフ製のデカールがセットされ、そのマキネン車を再現できる

■三菱 ランサー エボリューション Ⅴ【1998 アルゼンチン ラリー ウィナー】
●CR23　●1998年発売

1998年、三菱はWRC第5戦カタルーニャでニューマシン、ランサー・エボリューション5を投入。優勝こそ逃したものの2台揃って入賞し、そのポテンシャルの高さをうかがわせた。迎えた第7戦アルゼンチンでは第2レグでトップに立ったトミ・マキネンがそのままリードを保って優勝、リチャード・バーンズも4位に入賞する活躍を見せた。さらに迫力の増したボディは新金型で用意され、カルトグラフ製のデカールもセットされている

■トヨタ カローラ WRC【1998 モンテカルロ ラリー ウィナー】
●CR24　●1998年発売

トヨタは車体の大きなセリカに替わり、カローラをベース車としたWRCマシンを開発。デビュー翌年の1998年の開幕戦のモンテカルロラリーでトヨタのサインツがWRCのドライブで総合優勝を果たした。ボディはバンパーやウイングの一部まで一体成型されている。デカールはカルトグラフ社製。シートベルトやマッドフラップ用にエッチングパーツやビニールシートなど様々な素材が同梱された内容だ

■トヨタ カローラ WRC【1998 ラリー オブ グレート ブリテン】
●CR25　●1999年発売

トヨタVS三菱の僅差の争いで迎えた最終戦のラリーGB。三菱のマキネンは早々にリタイアしてしまったが、最終SS15でコースアウト、あえなくシーズンをブロー。ゴール直前でチャンピオンを逃す惜敗の一戦。キットは内装までしっかり再現されており、ラリー車の見せ場である車内の複雑なロールケージやシートベルトの取り回しなど実車ながらの密度感が味わえる。外装の牽引フックやボンネットピン等はエッチングパーツでの再現だ

■三菱 ランサー エボリューション Ⅵ【1999 ラリー ニュージーランド ウィナー】
●CR26　●1999年発売

1999年、ライバルチームのWRカーに対抗するために三菱がWRC開幕戦のモンテカルロから投入したのがランサー・エボリューション6だった。前年のチャンピオンマシン、エボリューション5をさらに熟成し、フロントスポイラーの形状を変更。そしてFIAから規制を受けるほど効果が期待できる2段タイプのリアスポイラーを装備したのも外観上の特徴だ。キットはカルトグラフ製デカールでニュージーランド仕様に仕上げられる

■フォード フォーカス WRC【1999 サファリ ラリー ウィナー】
●CR27　●2000年発売

1999年のWRC第3戦サファリ・ラリー優勝車。フォードにとってシーズン初優勝であると同時にフォーカスWRCのファーストウィンでもあった。もはやハセガワのラリーキットでは定番となったカルトグラフ製デカールでコリン・マクレー／ニッキー・グリスト組のマシンを仕上げることができる。サファリ仕様ならではのアニマルガードや近代的な小型のウイングランプ、再現度の高い足回りなどのパーツは全て新金型で用意された

■フォード フォーカス WRC【1999 ラリー オブ グレート ブリテン】
●CR28　●2000年発売

1999年WRCの最終戦はラリー・オブ・グレートブリテン。ここまで予想外に苦しいシーズンを送ってきたフォードとコリン・マクレーは有終の美を飾りたいところ。しかしSS15でコースアウト、あえなくシーズンを閉じることになった。結果としてリタイアに終わったが、フォードとマクレーにとって地元開催のラリー参戦車はコレクションに加えたい1台である。発色の良いカルトグラフ製デカールがセットされているのも嬉しい

■フォード フォーカス WRC【2000 モンテカルロ ラリー】
●CR29　●2000年発売

フォードは2000年シーズンのWRCをコリン・マクレーとカルロス・サインツの2人のドライバーで戦った。マシンはエンジンの吸気系システムが一新されたのにともないフロントバンパーの形状を変更、リアスポイラーも小型化されるなど熟成が進んだ。キットはボディパーツの形状変更に加え、ターマック仕様の足回りやナイトステージ用のライトポッドパーツも追加された。このキットもカルトグラフ製デカールが付属している

■ランチア 037ラリー【ツール・ド・コルス ラリー ウィナー】
●CR30　●2000年発売

ストラトスの再来と言われた037ラリー。ピニンファリーナデザインによる美しいボディラインはグループB車両の中でも人気が高い。実車の発表デビューから20年近くの時を経て、ようやくのインジェクションキット化に歓喜したファンも多い。カウルなどの開閉機構は無いも、リアウインドウから覗くエンジンやフロントのラジエター形状なども作り込まれている。専用のエッチングパーツも発売された

■ランチア 037ラリー【1983 モンテカルロ ラリー ウィナー】
●CR31　●2001年発売

グループB2年目のシーズン、037ラリーは開幕戦のモンテカルロで1・2フィニッシュを果たす。このシーズンは着実に優勝を重ね、ランチアはメイクスタイトルを獲得した。キットではリアにバンパーの付いている市販状態に近いスタイルの037ラリーが再現できる。パーツは細かいものもあるが、シートベルトはデカールにするなど組みやすさも考えられている。アンテナの線材や泥よけのビニールシートも同梱されている

■ランチア ストラトス HF【1977 モンテカルロ ラリー ウィナー】
●CR32　●2002年発売

今もお語り継がれる伝説のマシン。ラリーを前提として設計された車体は軽量・高剛性・コンパクト・ハイパワーで機能的にも優れる。デザインはベルトーネ。キットはカウルなどの開閉機構は無いが、エンジンルーム等は外から見える部分のみ限定的に再現されている。ラリー装備などのディテールもキッチリ出来ており、その再現度は過去のインジェクションキットを振り返ってもトップクラスであろう

1/24 SCALE CAR MODELS

■CR33　ランチア ストラトス HF 【1975 サンレモ ラリー ウィナー】

■CR34　フォード フォーカス RS WRC 03 【2003 フィンランド ラリー ウィナー】

■CR35　スバル インプレッサ WRC 2005 【2005 ラリー メキシコ ウィナー】

■CR36　ランチア ストラトス HF 【1977 サファリ ラリー】

■HR1　トヨタ 2000GT "1967 富士24時間 耐久 レース 優勝車"

■HR2　トヨタ 2000GT "1967 鈴鹿500km レース 優勝車"

■HR3　マツダ コスモ スポーツ "1968 マラソン・デ・ラ・ルート"

■HR4　ホンダ F1 RA272E "1965 メキシコGP 優勝車"

■HR5　ホンダ F1 RA272E "1965 アメリカGP"

1/24 SCALE CAR MODELS

■HR6　ブルーバード1600 SSS "1970 サファリ ラリー 優勝車"

■HR7　トヨタ セリカ 1600GT "1972 日本グランプリ"

■HR8　ダットサン フェアレディ 240Z "1971 サファリ ラリー ウィナー"

■CD1　三菱 ギャラン VR-4

■CD2　ランチア デルタ HF インテグラーレ 16V

■CD3　スバル レガシィ GT ツーリングワゴン

■CD4　スバル レガシィ RS

■CD5　トヨタ カローラ レビン GT APEX

■CD6　ホンダ シビック SiR Ⅱ

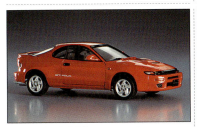
■CD7　トヨタ セリカ GT-FOUR RC

■CD8　三菱 ランサー GSR エボリューション

■CD9　ランチア デルタ HF インテグラーレ "エボルツィオーネ"

■CD10　ホンダ シビック VTi/ETi

■CD12　スバル インプレッサ WRX

■CD13　ホンダ シビックフェリオ VTi

1/24 SCALE CAR MODELS

■ランチア ストラトス HF [1975 サンレモ ラリー ウィナー]
●CR33 　●2002年発売

1975年よりWRCに本格参戦するストラトスは前年のマールボロからカラーリングを一新。航空会社のアリタリアがメインスポンサーとなる。特徴的な4連ライトポッドやリアスポイラーもこの年から装備された。第8回サンレモラリーの優勝で2年連続のメイクスタイトルを獲得した。キットの内容は'77モンテカルロ仕様と同じであるが、初期のアリタリアカラーはカルトグラフのデカールで一通り再現できるようになっている

■フォード フォーカス RS WRC 03 [2003 フィンランド ラリー ウィナー]
●CR34 　●2004年発売

フォーカスは2003年に大幅な改良が加えられる。空力性能の向上と徹底的な軽量化・低重心化によって戦闘力を高めた。キットはバリエーションを考慮して、ボディとバンパーが別体となっている。グリル開口部にはメッシュが付属。ボディーカラーはカルトグラフのデカールと塗り分けにより再現。シートベルトはデカールでの表現に、ボンネットピンは小さなプラパーツとし、初心者にも作りやすいよう考慮されている

■スバル インプレッサ WRC 2005 [2005 ラリー メキシコ ウィナー]
●CR35 　●2005年発売

スバルは2005年の第3戦メキシコに新型マシンを投入。スタートからフィニッシュまで一度も首位を譲ることなく総合優勝を果たす。キットは2003年にモデルチェンジした実車を完全新金型で再現。左右パターンの異なるグラベルタイヤもしっかりと再現。窓のマスキングシール付き。ボンネットピンは小さなプラパーツである。誰にでも気楽に組み立てられる内容となり、コレクションしやすいものとなった

■ランチア ストラトス HF [1977 サファリ ラリー]
●CR36 　●2006年発売

ストラトスは'75年のサファリラリーで、スペアタイヤをリアカウルに搭載、その重みでリアカウルごと振り落としてしまうという失敗をしている。その後はルーフラックにタイヤを搭載する事となった。キットではそのルーフラックやスペアタイヤ、車体を取り囲むアニマルガードなど、サファリ独特の装備を新規パーツで追加。苛酷なラリーを走破する為に武装した、なりふり構わぬストラトスの姿を再現している

■トヨタ 2000GT "1967 富士24時間 耐久レース 優勝車"
●HR1 　●1993年発売

トヨタ2000GTは美しい車というだけではなく、様々な記録を打ち立てたり、レースにおける戦績も残している。1967年4月8日、富士スピードウェイで開催された日本初の24時間レース「富士24時間耐久レース」にも参戦。見事に優勝を勝ち取り、性能の高さはもちろん耐久性の高さも実証して見せた。キットはその個体を再現。ボディ中央に走るラインやゼッケン、ステッカーなどのデカールが付いている

■トヨタ 2000GT "1967 鈴鹿500㎞ レース 優勝車"
●HR2 　●1994年発売

トヨタ2000GTは美しい車というだけではなく、様々な記録を打ち立てたり、レースにおける戦績も残している。「1967 鈴鹿500㎞レース」もその一つ。堂々の優勝を果たし、速さと耐久性の高さを見せつけた。キットはこの個体を再現したもの。パッケージアートはリアからの迫力あるショットとなっている。タイヤ交換がスピーディーに出来るよう、ホイールはセンターロック式で3爪のスピナーが付く

■マツダ コスモ スポーツ "1968 マラソン・デ・ラ・ルート"
●HR3 　●1994年発売

ロータリーエンジンは、その構造故に、耐久性に難有りと言われていた。コスモスポーツは、1968年8月にドイツのニュルブルクリンクで行なわれたマラソン・デ・ラ・ルート84時間レースに参戦。ポルシェ911やランチアフルビアを相手に見事4位完走を成し遂げ、ロータリーエンジンの信頼性をアピールした。キットはその個体を再現したもの。耐久レース独特の装備やデカールを追加したものとなっている

■ホンダ F1 RA272E "1965 メキシコGP 優勝車"
●HR4 　●1996年発売

ホンダのF1参戦第一期、2年目のシーズンに投入されたのが、RA272である。エンジンは規定により1500CCに満たない排気量ながら、何とV型12気筒4バルブDOHCという驚愕のメカニズムを持っていた。多気筒エンジンは高回転型で13000回転で最高出力を発揮したという。キットはリッチー・ギンサーがホンダに初勝利をもたらしたメキシコGP仕様。精密機械のようなエンジンももちろん再現される

■ホンダ F1 RA272E "1965 アメリカGP"
●HR5 　●1996年発売

ギンサー／バックナムの両ドライバーが揃って完走を果たした母国アメリカGP仕様。キットの内容としては、先に発売となったメキシコ仕様とほぼ同じようではあるが、マーキングの差異やエンジンカウルの小変更など、しっかりとリサーチが行われており、ディテールへの拘りが感じられる。また、実車と同様にトレーリングアームの取り付け位置を変更してアメリカGPでのセッティングを再現するなどはマニアックな感じだ

---

*COLUMN

バブルの残り香を感じられる充実したキット内容の「ホンダ F1 RA272 "スケルトン"」

かつて1980年代後半から'90年代初めまで、なぜか意味なく日本中が好景気に浮かれまくったバブルと呼ばれる時代が存在した。この好景気を受け、模型メーカーもキット自体の細分化に加えて、エッチングパーツなどを同梱する複合キットをリリースした。それらバブル景気の余波で産み出されたキットは数多いが、ハセガワの場合それは1/72の「F-14A」や「F-111」、そして各種の豪華なカーモデルであった。そしてバブルが弾けた後もその余波はしばらく業界に残っていたのである。ここで紹介する1/24 ホンダ F1 RA272 "スケルトン" はそんな好景気の雰囲気を感じられる逸品だ。

このキットはバブル期真っただ中にリリースされたわけではなく、まず1996年に通常版として1965年メキシコGP優勝車が発売され、その後デカールなどを改める形でアメリカGP、イタリアGPバージョンでリリースされた。その後1997年に車体を白の成型色から透明に改めたスケルトンバージョンが発売となった。このスケルトン版は当然ながら車体内部が見えるのが売りであり、そのためエンジンと排気管などをホワイトメタル、ノーズとエンジンカウルの金網やラジエーターアーム、サブフレームなどをエッチングパーツで再現。さらに透明素材でエンジンのディテールアップには欠かせないインジェクションパイプも用意するという念の入れようだった。まさに1980年代末から1990年代初頭にかけて業界を席巻した、マルチマテリアルのカーモデルの再来だったのである。

この金属製パーツの効果は高く、特にトランペットと呼ばれる吸気管は金属ならではの実車感を醸し出している。またデカールは通常版のキットとも同じカルトグラフ製のもの。このデカールは発売から20年近く経過した今現在見ても変色などはまったくなく、さすがカルトとうならせてくれる。透明素材で成型された車体パーツは当然ながら当時のRA272のアイボリーホワイトで塗装できるが、せっかくなので半分を透明として残すのも面白い。サスペンションアームなどはやや太めだが、強度などを考えると細くせずに組み立てるべきだろう。

様々な素材が入り交じったハイディテールなキットのため、決して組み立ては簡単とは言いがたいが、完成した時の喜びは緻密な内部再現キットならではのもの。現在は生産休止となってしまっているが、カーモデルの元気がよかったあの頃の雰囲気を感じ取れる製品なので、もしどこかで見つけたら是非ともトライしてみていただきたい。■

▲ 上の「ホンダ F1 RA272 "スケルトン"」の他、レースに合わせて変更されたデカールが付くアメリカGP版(中段右写真)、豊富な金属パーツを用いたスーパーディテール版(中段右写真)、最初に発売されたメキシコGP版(左写真)と、RA272は様々なバリエーションが存在する

■ブルーバード1600 SSS "1970 サファリ ラリー 優勝車"
●HR6　●1999年発売

日産は1970年のサファリに4台のブルーバードを投入。序盤から上位を独占し、並み居る強豪を押さえて、1位、2位を獲得。総合優勝、チーム優勝、クラス優勝の3冠制覇を成し遂げる。キットは、市販車のパーツを使用しつつ、補助灯やサスペンションにタイヤ等、新規パーツを追加してサファリ仕様を再現している。フロントガードの網などはエッチングパーツを用いて繊細に表現している

■トヨタ セリカ 1600GT "1972 日本グランプリ"
●HR7　●2003年発売

セリカ1600GTはその開発段階からレース仕様車が検討された。空力パーツの追加、エンジンの改造、そして足回りパーツにも手を加えられた。1972年、日本グランプリのTSレースでは1・2フィニッシュを飾った。キットでは箱絵の2台ともう一種類のカラーリングを選択できるようになっている。新規追加の外装パーツはボディーにピッタリフィットし、迫力あるスタイリングを再現。内装も大部分が作り替えられている

■ダットサン フェアレディ 240Z "1971 サファリ ラリー ウィナー"
●HR8　●2005年発売

コース変更による高速バトルを想定し、日産は'71年のサファリにフェアレディZを投入。前年のブルーバードの圧勝に引き続き、この年も1・2フィニッシュ、総合、クラス、チーム優勝の3冠を達成した。Gノーズの無い通常部ボディーは新規金型。特徴的なボンネット上のライトポッドを始め、ロールバー、バケットシート、ブロックタイヤとそのスペアなど、内外装の装備が細部まで再現されている

■三菱 ギャラン VR-4
●CD1　●1990年発売

1987年に登場した6代目ギャラン。先代はどちらかというとスペシャリティーカー的な雰囲気だったが、オーソドックスでボクシーなセダンに生まれ変わった。VR-4はモータースポーツのベース車であり、大人しめのスタイルながらボンネットに設けられたふたつのエアアウトレットがただならぬ雰囲気を醸し出す。ハイパワーDOHCターボエンジン+FFをベースにした4WDレイアウトは、期待通りラリーフィールドで活躍した

■ランチア デルタ HF インテグラーレ 16V
●CD2　●1991年発売

元は1979年に発表されたFF5ドアハッチバック車。デザインはジウジアーロによるもの。その後4WDモデルが登場するが、プロトタイプの発表は037ラリーと同時であったという。Gr.BのS4を経て、'87年からはGr.A仕様でWRCに参戦。6年連続でタイトルを獲得する事となる。'88年にブリスターフェンダーを持つインテグラーレが登場。キットは'89年に登場した16バルブ200馬力にパワーアップしたモデルだ

■スバル レガシィ GT ツーリングワゴン
●CD3　●1992年発売

スバルというと、それまでは軽自動車という印象であったが、レガシィはそれをハイパワー4WDワゴンというブランドイメージに切り替えた1台だ。ツーリングワゴンというスタイルは、もともと海外での需要があったものなのだろうが、気軽に荷物を詰め込んで、目的地まで快適に高速移動ができるという性能は、日本でも多くの支持を集める。この後、同様な車が他メーカーからも多数発売されたが、レガシィは別格であった

■スバル レガシィ RS
●CD4　●1992年発売

レガシィは、1989年にレオーネより一回り大きなアッパーミドルクラスの乗用車として登場。完全新設計のプラットフォームに、エンジンも新開発のEJ型を搭載。低重心で強力な水平対向エンジンと、シンメトリーな四輪駆動レイアウトが特徴で、高速安定性には定評がある。独特なエンジンフィーリングにもファンが多い。デザインには、同時期にSVXをデザインしたジウジアーロの影響があったとも言われている

■トヨタ カローラ レビン GT APEX
●CD5　●1992年発売

1991年7代目カローラのスポーティーバリエーションがカローラレビン。クーペスタイルでGT-APEXは上級のグレード。エンジンは4AGの5バルブエンジンが搭載。また足回りにはスーパーストラットサスペンション装着車を設定。旋回、車線変更、緊急回避など総合的に性能を向上させた。キットのボディーはバンパーまで一体となった作りやすいもの。一風変わったサスペンションの様子も再現されている

■ホンダ シビック SiR Ⅱ
●CD6　●1992年発売

1991年、シビックはモデルチェンジして5代目EG型となった。愛称はスポーツシビック。サスペンションは4輪ダブルウィッシュボーンを採用している。エンジンは3種類のVTECエンジンを用意し、グレード別に使い分けている。SiRⅡに搭載されているのは、最もホットな1.6リッターのVTECエンジンで、出力はネット170馬力である。ハセガワのシビックは2種類あり、この赤いボディーのパッケージはSiRⅡである

■トヨタ セリカ GT-FOUR RC
●CD7　●1993年発売

1989年、5代目セリカが登場。フロントマスクに先代のイメージを残しつつ、車体は丸みの強いものとなる。更に'91年、WRC用のホモロゲーションモデル、GT-FOUR RCが発表された。フェンダーが拡幅され、ボンネットには大きなエアアウトレットを設けている。冷却性能が安定する水冷式のインタークーラーや、耐久性の良い金属ブレードのターボチャージャーなど、より実戦的な改良が施されている

■三菱 ランサー GSR エボリューション
●CD8　●1993年発売

ギャランVR4で実績のあるエンジン、足回りをコンパクトなボディーに詰め込み、モータースポーツを見据えた高性能版がランサーエボリューションだ。1992年に登場し、'94年にはⅡ型、'95年にはⅢ型と改良を重ねて発売していたが、現在はⅠ型、Ⅱ型は入手が困難となっている。一説では初期の金型を改修して使用してしまったので、もう製造不能であるとも言われている

■ランチア デルタ HF インテグラーレ "ボルツィオーネ"
●CD9　●1994年発売

実車は'92年に登場。基本的なボディー剛性が見直され、各部の強度がアップした。外観では前後のブリスターフェンダーが更に大型化し、フロントフェンダー後端にはエアアウトレットも備わる。全幅が1770mmで3ナンバーサイズとなった。フロントマスクは灯火器類を小型化し、エアインテークを拡大。ルーフ後端には角度を調整出来るリアスポイラーが付き、競技車では看板のように立ち上げて走る姿も見られた

■ホンダ シビック VTi/ETi
●CD10　●1994年発売

1991年にモデルチェンジした5代目シビックは3種類のVTECエンジンを用意していた。ひとつは1.6リッターでネット170馬力の高出力エンジン。ふたつ目はこのVTiに搭載される馬力と低燃費を両立したエンジン。1.5リッターでネット135馬力でかつ10モード燃費15.4km/lである。3つ目はETiに搭載される10モード燃費は20.5km/lの低燃費エンジン。青いボディーのパッケージのこのキットはVTi・ETiが再現できる

■スバル インプレッサ WRX
●CD12　●1994年発売

インプレッサは1992年にレオーネの後継車として登場した。WRCのベース車両として開発されたのがWRX。レガシィのエンジン足回りをより小さく軽量なボディーに搭載。運動性能が高められ、3年連続でチャンピオンを獲得するに至る。キットは実車の持つ雰囲気を良くとらえている。内装はバスタブ式。サスペンションもしっかりと再現。ウインドウマスキングシールも含まれ、作りやすくなっている

■ホンダ シビックフェリオ VTi
●CD13　●1994年発売

1991年シビックはモデルチェンジして5代目EG型となった。このバリエーションであるノッチバックセダンはフェリオと呼ばれた。VTiは1.5リッターのSOHCのVTECエンジンを搭載したモデル。ネット130馬力の出力と低燃費を両立した。形式名はEG8。'94からは日本ツーリングカー選手権に参戦した。インテグラやプレリュードのエンジンを搭載するも、車体が軽すぎてパワーが生かし切れず苦戦を強いられた

■CD14　BMW 320i

■CD15　スバル インプレッサ スポーツ ワゴン WRX

■CD16　BMW 318i

■CD17　三菱 ランサー GSR エボリューション Ⅲ

■CD18　三菱 ランサー GSR エボリューション Ⅳ

■CD19　三菱 ランサー GSR エボリューション Ⅴ

■CD20　三菱 ランサー GSR エボリューション Ⅵ

■CD21　ミニ クロスオーバー

■HC1　トヨタ 2000GT（前期型）

■HC2　マツダ コスモ スポーツ L10B

■HC3　フォルクスワーゲン ビートル "1967"

■HC4　フォルクスワーゲン ビートル "1966"

■HC5　フォルクスワーゲン ビートル "ファイアー パトロール"

■HC6　スバル 360 ヤング SS "1968"

■HC7　スバル 360 デラックス "1968"

■HC8　ニッサン ブルーバード 1600 SSS "1969"

■HC9　フォルクスワーゲン タイプ2 デリバリーバン "1967"

■HC10　フォルクスワーゲン タイプ2 マイクロバス 23 ウィンドウ

■HC11　フォルクスワーゲン タイプ2 ピックアップ トラック

■HC12　トヨタ セリカ 1600GT

■HC13　ランボルギーニ ミウラ P400 SV

■HC14　ランボルギーニ イオタ SVR

■HC15　ランチア ストラトス HF "ストラダーレ"

■HC16　トヨタ セリカ 1600GT "レース仕様"

1/24 SCALE CAR MODELS

■BMW 320i
●CD14 ●1994年発売

3シリーズの3代目E36型は1990年に登場する。フロントマスクはスラントタイプとなり、車体全体を見ても空力特性の良さそうなフォルムへと変化した。サスペンションはフロントがストラット式。リアは従来のセミトレーリング式からセントラルアームと呼ばれるマルチリンク式に変更された。キットは部品点数を抑えつつもバリエーション展開を考えた設計がなされている。ウインドウマスクシールも含まれるなど作りやすい

■スバル インプレッサ スポーツ ワゴン WRX
●CD15 ●1995年発売

インプレッサは1992年にレオーネの後継車として登場した。レガシィのエンジン等を移植しWRCのベース車両として開発されたのがWRXであるが、ワゴンスタイルのものも用意された。車格が小さいのでレガシィほどの余裕は無いと思われるが、逆にインプレッサの小気味良い走りに、多くの荷物を気軽に積み込めるハッチバックの便利さをプラスした車と言えるだろう。キットは内外装ともセダンのパーツをうまく流用している

■BMW 318i
●CD16 ●1995年発売

BMWの主力モデルである3シリーズの3代目E36型の一員。基本的な構造は320iと同様で、フロントがストラット式、リアがセントラルアーム式であるサスペンションなどは共通している。318iと320iの差は搭載しているエンジンにあり、318iでは直列4気筒系のエンジンを積んでいる(320iは6気筒系)。レース仕様のキットも各種が存在するが、このキットは市販車仕様となっており、抑えめな部品点数などの特徴は320iと共通する

■三菱 ランサー GSR エボリューション III
●CD17 ●1996年発売

ギャランVR4で実績のあるエンジン足回りをコンパクトなボディーに詰め込み、モータースポーツを見据えた高性能版がランサーエボリューションだ。1992年に登場し、'94年にはII型、翌'95年にはIII型が登場する。エンジンの冷却性能や空力性能の向上を目的に開発され、結果として戦闘的であり力強いスタイルとされている。もちろんエンジンもチューンナップされている。WRCには'95年第4戦から参戦し数々の戦績を残している

■三菱 ランサー GSR エボリューション IV
●CD18 ●1997年発売

1997年のWRCに向けて開発されたのがランサーエボリューション IV。基本的にはランサーのフルモデルチェンジを受けての変更であるが、新しい構造と新しいデバイスにより戦闘力は格段に向上した。アクティブヨーコントロールによる回頭性の向上や、ツインスクロールターボによる出力アップ、インターミディエイトギアの廃止による駆動ロス軽減、空力特性も見直された。'97年はマキネンがドライバーズチャンピオンを獲得した

■三菱 ランサー GSR エボリューション V
●CD19 ●1998年発売

1998年のWRCに向けて開発されたのがランサーエボリューション V。WRカーのライバルに対抗すべく、タイヤサイズを拡大。それに伴いフェンダーも拡幅しワイドボディーとなった。ホイールもインチアップし、ブレーキの強化も行なっている。先代での問題点も解決し、更なるチューンナップが図られている。'98のWRCでは、マニュファクチャラーズチャンピオン、ドライバーズチャンピオン、グループN優勝を獲得した

■三菱 ランサー GSR エボリューション VI
●CD20 ●1999年発売

1999年のWRCに向けて開発されたのがランサーエボリューション VI。ライバルや新規参入チームがWRカーの開発をする中、グループAに拘り、より強く、そしてしなやかなチューニングが施される。キットは新形状となったフロントバンパーやリアフェンダーをボディーと一体成型としている。特徴的な2段ウイング形状のリアスポイラーは新規にパーツを追加。シャシーなども先代のパーツを利用しつつ、新規パーツを加えて再現

■ミニ クロスオーバー
●CD21 ●2012年発売

クロスオーバーは2011年にニューミニに加えられたバリエーションモデル。イメージは踏襲しつつも車体を大型化して5ドアとし、ルーフレールも備えたSUVであるまたBMWは、2011年からこの車をベースにWRCにも参戦しており、好成績を収めている。キットは市販車の仕様。個性的なスタイルはもちろんの事、内外装から足回りまで精密に再現されている。運転席が左右選べる他、ホイールも2種類から好みで選択できる

■トヨタ 2000GT(前期型)
●HC1 ●1993年発売

日本の名車といえば筆頭に出てくるのがこの車。それは車体の美しさや品質の高さはもちろんの事、戦後の復興と日本の技術力を世に知らしめたという意味合いがあり、そんな車がヒストリックカーシリーズの第一弾として選ばれた。流麗なボディーラインや内装は詳細に再現され、メッキパーツやメタルインレットも効果的に使用される。ホワイトメタルエンジン付きの上級バージョンも存在した

■マツダ コスモ スポーツ L10B
●HC2 ●1993年発売

ロータリーエンジンは、燃焼エネルギーをそのまま回転運動に変換する未来の機関として研究されていたが、これを自動車用エンジンとして実用化に成功したのがマツダ・コスモスポーツだ。キットはその低く宇宙的なボディーフォルムや車体下面の造作、内装の細部に至るまで再現される。ボディー各部のエンブレムやバックミラー鏡面はメタルインレットを採用。ホワイトメタルエンジン付きの上級バージョンも存在した

■フォルクスワーゲン ビートル "1967"
●HC3 ●1994年発売

戦前から生産が始まり、やがて世界中で愛され大ベストセラーとなった。今もって根強いファンは多い。キットではその可愛らしいスタイルを、特に誇張や省略など手を加えずに素直に表現している。エンジンの再現こそ無いがシャシーの構造も良く分かる。メッキパーツも多く用いられボディー各部にアクセントを与えている。エンブレムにはメタルインレットが用いられ手軽に繊細な印象を与える事ができる

■フォルクスワーゲン ビートル "1966"
●HC4 ●1994年発売

戦前から生産が始まり、やがて世界中で愛され大ベストセラーとなった。今もって根強いファンは多い。キットではその可愛らしいスタイルを、特に誇張や省略など手を加えずに素直に表現している。エンジンの再現こそ無いがシャシーの構造も良く分かる。1966年までの特徴である傾斜したヘッドライトや、この年からから採用となる1300のエンブレムなど、詳細なリサーチのもと製品化がなされている

■フォルクスワーゲン ビートル "ファイアー パトロール"
●HC5 ●1994年発売

フォルクスワーゲン ビートルは、戦前から生産が始まり、第二次世界大戦中は軍用車両のバリエーションも生み出した。こういった信頼性の高さもあり、やがては世界中で愛され大ベストセラーとなる。警察や消防などの車両として使用される例も多くある。この「ファイアー パトロール」仕様のキットではパトライトやサイレンのパーツを追加し、パッケージ写真のように数種類のバリエーションに仕立てる事ができる

■スバル 360 ヤング SS "1968"
●HC6 ●1997年発売

スバル360が登場して丁度10年、世の中は軽自動車のスポーツモデルがブームとなっていた。ヤングSSはスバル360のスポーティーバリエーションだ。36馬力にチューンナップされたエンジンと軽量ボディー、強化サスペンションの組み合わせで120kmの速度をマークしたという。キットは、特徴的なヘッドライトカバーが専用パーツとして付く他、ボンネットやルーフのラインはデカールが用意されている

■スバル 360 デラックス "1968"
●HC7 ●1997年発売

国民車構想を受けて作られた軽自動車。コロンと丸く小さな可愛らしい姿は、生産終了した後もファンも多い。一方で国産車初のモノコックボディーを採用したり、パッケージングを突き詰めた設計思想は普通自動車に引けをとらない。キットは完成しても手のひらサイズの小さな模型だ。ボンネットやルーフなどが別パーツとなっておりバリエーション展開も考慮している。フロントウインドウは段差の目立たない外ハメ式だ

1/24 SCALE CAR MODELS

■ ニッサン ブルーバード 1600 SSS "1969"
● HC8　●1997年発売

歴代ブルーバードの中でも高い人気を誇る510型。スーパーソニックラインと言われる直線基調のスタイリングに、エンジンは1600CCツインキャブで100馬力。サスペンションは当時セダンとしては画期的な四輪独立懸架を奢られている。SSSはスーパースポーツセダンの頭文字だ。キットはパーツ数を抑えた組みやすい内容である一方、ラリー仕様などのバリエーション展開も視野に入れた構成となっている。

■ フォルクスワーゲン タイプ2 デリバリーバン "1967"
● HC9　●1997年発売

ワーゲンビートルのコンポーネンツを使ったバン。ビートルがタイプ1なのに対しタイプ2という名がついている。運転席をキャブオーバータイプにすることで、広い室内空間を実現したこの車は、さまざまな用途に用いられ派生モデルも多く生まれた。キットは実車と同様ビートルのパーツを一部流用しているところが面白い。愛嬌のある顔つきを生かし、好みの色でボディを塗装して、個性的に仕上げるのが楽しいだろう。

■ フォルクスワーゲン タイプ2 マイクロバス 23 ウィンドウ
● HC10　●1998年発売

ワーゲンビートルのコンポーネンツを使ったバン。ビートルがタイプ1なのに対しタイプ2という名がついている。23ウィンドウはこのバリエーションの一つ。バスのように周囲にぐるりと窓が付き、更に窓の上の天井部分にも窓が付く。明るく開放感のある室内にはシートが3列に並ぶ。キットではウインドウパーツは殆どの部分でいくつかのセットで成型されており、それをボディーの裏から貼り付ける事で簡単に組み立てられる

■ フォルクスワーゲン タイプ2 ピックアップ トラック
● HC11　●2000年発売

フォルクスワーゲンタイプ2のバリエーションモデル。顔はタイプ2ながら後半はピックアップトラックのちょっとコミカルなスタイル。高床でフルフラットな荷台の下は、エンジン、タイヤ以外の部分をロッカーとして活用しておりユーティリティーを高めている。キットのボディは一体成型で再現されている。単品作品とするのも良いが、情景の一部として活用すると、よりキャラクターが活かせそうだ

■ トヨタ セリカ 1600GT
● HC12　●2003年発売

'70年にデビューした「ダルマ」の愛称で親しまれる初代セリカ。エンジンや装備など様々なオーダーに応えられたという。キットは本格的なディスプレイモデルであり、プロポーションも正しく捉えられている。ディテールも細部まで再現され、各部にはメッキパーツも効果的に用いられている。ホイールはあえて（ワタナベの）アルミホイールとする事で、この車の走りのイメージを強調している

■ ランボルギーニ ミウラ P400 SV
● HC13　●2004年発売

1966年にジュネーブショーで発表されたスーパーカー。V型12気筒エンジンをミッドシップに横置きレイアウトしている。ベルトーネデザインの低く曲線的なボディーラインやポップアップヘッドライトが特徴。キットは最もホットなグレードであるSVを再現。グラマラスなボディーラインが楽しめる。簡易的ながらエンジンも一部再現。メッキパーツやメタルインレットも効果的に用いられている

■ ランボルギーニ イオタ SVR
● HC14　●2004年発売

幻のプロトタイプレーシングカー「イオタ」の開発コンセプトを継承し、ミウラをベースに製作したワンオフモデル。外観上は固定式ヘッドライトやエアアウトレットなどが異なる。イオタレプリカはその後も顧客の注文で幾台かが作られたという。スーパーカーブームの花形の一台であり、かつては多くのメーカーから玩具が発売されていたが、このキットは正確な考証をもとに設計された本格的なスケールモデルである

■ ランチア ストラトス HF "ストラダーレ"
● HC15　●2004年発売

ラリーで名を馳せたストラトスの、ベース車両となる市販状態のモデル。ラリー装備を持たない単色のボディにもピュアな魅力がある。キットは先に発売されていたラリー仕様からホイール、タイヤ、ダッシュボードなどを市販状態のものと差し替える形での商品化。もともとボディーパーツはストラダーレの状態であるので、開発当初からバリエーションとして計画されていたものと思われる

■ トヨタ セリカ 1600GT "レース仕様"
● HC16　●2004年発売

セリカは改造パーツが豊富でプライベーターも好んでレースに使用した。このキットは特定の仕様を再現したものではなく、作り手の感性で自由に仕上げられるもの。外装パーツは鈴鹿500kmと同じ形状のもの。デカールは、日本GPと同じ3種類のゼッケンが付く。なお、スポンサーデカールは一切無い。ホイールはトムスの井桁タイプ。バンパーや外装パーツはメッキされているので、ストリート仕様にもなりそうだ

開発者の愛が産み出した奇跡のキット
君は「のりピー♡シビック」を知っているか

*COLUMN

　ハセガワのカーモデルを語る上で、はずすことができない1台……それが『のりピー♡シビック』であることに異存はないだろう。ないはずである！　この車両は人気の高かった国内レース『全日本ツーリングカー選手権』に参加していたわけではなく、市販の量産車に小規模の改造を施した「N1耐久シリーズ」参戦のマシンで、当時アイドルだった酒井法子をチーム監督に据えシリーズに参戦した『のりピー♡ハウスレーシング』のマシン。商品化に際しては、同社カーモデル担当氏の『のりピーに会いたい！』という愛情が実った一作である。実際はきちんとリサーチをして販売予測など「大人の事情」をクリアしての商品化であるのは言うまでもないが。

　そんなのりピー♡シビックの商品化には、ちょっとした"事件"があった。当時、恵比寿にあった、モータースポーツと模型が大好きなスタッフが集まってできた模型専門店「Mr.クラフト」。このMr.クラフトはその"好き"が高じて『モデラーズ』という自社ブランドを興し、カーモデルに適したカラースプレーやマテリアル、ディテールアップパーツを次々に商品化。ついにはF-1のプラモデルもリリースし、ユーザーから『プラモデルメーカー』として認知されていたのである。

　このMr.クラフトには実車のレーシングマシンなどのマーキングをカッティングシートで施工する部門が存在した。そして国内の著名なチームが顧客として名を連ねる中に『のりピー♡シビック』の名前もあったのである。なのでこの「のりピー♡シビック」にはミスタークラフトのロゴが割と目立つ位置に貼られている。そしてハセガワが『のりピー♡シビック』の商品化でサーキットに取材に来ると聞いたMr.クラフト側は「じゃあライバルメーカーのロゴが入ったマシンにしちゃえ」とばかりに、チームに話をつけて自社ブランド『モデラーズ』のロゴをマシンに貼り付けた。取材当日、現場でニヤニヤするMr.クラフトのスタッフにハセガワの担当氏は「いや、うちはスケールモデルメーカーですから！　実車通りに商品化しますから！（やや震え声で）」と宣言したのである。「え？　じゃあ明日のレース本番までにモデラーズロゴをマールボロに、ミスタークラフトロゴをキャメルにしておいてもいい？」と悪ノリするMr.クラフトスタッフの発言にハセガワの担当氏は「わぁ、もう勘弁してくださいよぅ」と涙声になったのだった。

　そんな意地悪をくぐり抜けたキットにはモデラーズロゴは入っていたものの、ライセンスの都合で『平和島競艇』ロゴが入っていなかったのである……。■

▲▲当時アイドルとして絶頂期にあった酒井法子。そのファンであったハセガワの担当者の熱意が実ったのがこの1/24「のりピー♡シビック」だ。上写真のボックスアートはいかにも急ごしらえな初版キットのものだが、後にアクトハセガワから販売された際にはデザイン的にも手の入ったものとなった。中段左写真がそれである。当時は模型誌『モデルグラフィックス』にて1/24酒井法子フィギュアまで作成されるほどの加熱を見せた「のりピー♡シビック」、その後1/24「のりピー♡RX-7 トランスマテリアル」（下段左写真）としてデカールと改造パーツのセットも発売された点を考えると、売り上げは悪くなかったのであろう

1/24 SCALE CAR MODELS

■HC17　ニッサン フェアレディ 240ZG

■HC18　ニッサン フェアレディ Z432R

■HC19　フェラーリ 250 テスタロッサ

■HC20　ニッサン サニートラック（GB121）ロングボデー デラックス

■HC22　スズキ ジムニー（JA11-5型）

■HC21　ホンダ N360（NⅡ）

■CS1　富士通 テン トムス カローラ AE101

■CS2　アドバン カローラ AE101

■CS3　出光 無限 シビック EG6

1/24 SCALE CAR MODELS

■CS4　ランドマーク カローラ

■CS5　Jジャックス シビック

■CS6　カストロール ホンダ シビック

■CS7　JTCC ジャックス シビック

■CS8　JTCC カストロール 無限 シビック

■CS9　JTCC 綜合警備 BMW 318i

■CS10　JTCC PIAA シビック

■CS11　JTCC チーム シュニッツァー BMW 318i

■CS12　JTCC STP 圭市 シビック

■CS13　JTCC オートテック BMW 318i

■CS14　JTCC BP トランピオ シビック

■CS15　チーム シュニッツァー BMW 318i "BTCC チャンプ"

■CA1　ジャグワー XJ-S V12

■CA2　ジャグワー XJ-S H.E. TWR

■CA3　フェラーリ 328 GTB

■CA4　フェラーリ 328 GTS

■CA5　ポルシェ 944 ターボ

■CA6　ジャグワー XJ-S TWR スポーツ

■ニッサン フェアレディ 240ZG
- HC17
- 2005年発売

1971年に国内販売を開始したフェアレディZのフラッグシップモデル。輸出用だった2400CCのエンジンを搭載し、Gノーズと呼ばれる空力パーツとオーバーフェンダーを備える。ハセガワらしい精緻で端整なプロポーションは数あるフェアレディZのキットの中でも決定版的存在。最大の特徴であるGノーズとオーバーフェンダーは別パーツになっている。エンブレム等はメタルインレットで再現される。室内や足回りも精密再現

■ニッサン フェアレディ Z432R
- HC18
- 2006年発売

1970年に登場したフェアレディZのスポーツ専用モデル。空力に優れたフェアレディZのボディにレースで実績のあるスカイラインGT-RのS20型エンジンを搭載。車名の432は4バルブ・3キャブレター・2カムシャフトを意味する。車名の最後にRの付くグレードは車体を極限まで徹底的に軽量化しているストイックなマシンだ。カラーリングはオレンジのみ。ボンネットは黒くアンチグレアが施される

■フェラーリ 250 テスタロッサ
- HC19
- 2008年発売

テスタロッサは'58年にレース用に開発されたフェラーリのスポーツカー。ル・マン等で活躍し、このシーズンを圧勝で終える。独特なボディ形状は巧みな部品分割で作りやすく設計され、メッキパーツを効果的に用いることで、実車の持つ気品のある雰囲気を表現している。ボンネットは着脱式で、名前の由来ともなったエンジンを精密に再現。別売で専用のエッチング製ワイヤースポークホイールも用意される

■ニッサン サニートラック（GB121）ロングボデー デラックス
- HC20
- 2014年発売

サーキットでも名を馳せたB110型サニーのバリエーションとして'71年から製造されたピックアップトラック。当初は普通に商用車として使用されていたが、ごく近年まで製造がつづけられていた為、新車状態で入手できる実用的で遊べる旧車として人気を博した。キットは足回りなどを再現しているほか、車高が標準とローダウン、ホイールも2種類から選択でき、実車と同様、幅広い使い方に対応できるようになっている

■ホンダ N360（NⅡ）
- HC21
- 2016年発売

1967年に発売を開始したホンダ初の軽乗用車。キャビンをできるだけ大きく、メカニカル部分はできるだけ小さくまとめる設計がなされている。他メーカーが構造が簡単で比較的パワーのある2サイクルエンジンを多く採用している中。ホンダは耐久性に優れ、出力効率の良いOHC4サイクルエンジンを採用。ただし多少なりとも機構を単純化する為、オートバイのような空冷式としている。キットでは2種類のグレードに対応してい

■スズキ ジムニー（JA11-5型）
- HC22
- 2016年発売

軽自動車でありながら本格的クロスカントリーマシンであるスズキジムニー。キットは1995年に登場した2代目ジムニーの最終型のバンタイプをモデル化。ホイールは2種類から選択可能。テールゲートに背負ったスペアタイヤもカバーの有無を選択できる。シャシーはラダーフレームが別パーツとなっており、そこにサスペンションや4WDのドライブトレインを構築する構造になっている。エンブレム類はメタルインレットが付く

■富士通 テン トムス カローラ AE101
- CS1
- 1992年発売

1985年から1993年までFIAの定めるグループA規定のマシンで争われた全日本ツーリングカー選手権。排気量によって3つのクラスに分けられたが、カローラは排気量1.6リットル以下のクラス3を戦った。AE101カローラは1991年の最終戦インターTECでデビュー。富士通テン・チーム・トムスからエントリーした2台のマシンのボディカラーは、それまでのブルーから一転してレッドとなった。翌92年にはクラス優勝も果たしている

■アドバン カローラ AE101
- CS2
- 1992年発売

全日本ツーリングカー選手権クラス3でライバルのシビックと死闘を繰り広げたカローラ。カローラ勢の中でもとくに気を吐いていたのが、土屋エンジニアリングが走らせていたアドバン・カローラだ。グループAマシンは規定で改造範囲も決められていたが、その範囲内で独自のノウハウを詰め込んでパワーをアップ。92年の第2戦オートポリスでは優勝を飾っている。ドライバーは鈴木恵一と新田守男が務めた

■出光 無限 シビック EG6
- CS3
- 1993年発売

1992年7月の全日本ツーリングカー選手権第4戦鈴鹿スーパーツーリングカー500kmレースでデビューしたEG6シビック。中子修と岡田秀樹のドライブでこのシーズン2度のクラス優勝を挙げ、ドライバーズタイトルとホンダにとっては6度目となるメーカーズタイトルを獲得した。キットはグループA仕様となる内装パーツやタイヤ、ホイールがセットされ、鮮やかな出光カラーは大判のデカールで再現することができる

"あの時代"だから成立したフラッグシップモデル ハセガワの1/12 カーモデルとは何だったのか

*COLUMN

現在、1/24スケールのカーモデルを展開しているハセガワだが、過去には1/12スケールのカーモデルを展開していたことは、ちょっと古株のスケールモデラーであればご存知のことだろう。モデルがリリースされたのは1991年。その当時といえばまだバブル華やかなりし頃……ホンダはマクラーレンとタッグを組んで第2期のF-1シーズンフル参戦。紅白のマールボロカラーのマクラーレンホンダはセナ×プロストという稀代のドライバーコンビで連戦連勝。くわえて中嶋悟が'87年からF-1フル参戦で日本は空前のF-1ブーム。それに押されるかたちで、日本のカーモデルというジャンルが一気に盛り上がった時代であった。国内のプラモデルマーケットはモータースポーツ人気で国内外のレースカーを中心に好調な売れ行きをみせ、ハセガワをはじめ各メーカーはカープラモのメインスケールである1/24を中心にしつつ、その上位のフラッグシップモデルとして1/12スケールキットを展開していく。そうして発売されたのが、国産スポーツカーの代名詞フェアレディ300ZXである。

この当時はそういった商品展開が可能なほどプラモデルが売れていたということもあり、またモデルをはじめとする『クルマ』という存在そのものが、ユーザーの憧れであり楽しみのひとつだった時代。1/12キットの題材がフェアレディであったのはそれゆえのアイテム選択といえるだろう。そしてフラッグシップモデルである以上、単なるスケールの拡大版では意味がない。キットではインテリア、エンジンの再現、ドアや各ハッチの開閉ギミックはもとより、シャシー部は重量感を演出するためにダイキャスト製で塗装済みパーツを用意。エンジンブロックも金属製で組み立て済み。他にも多様なマテリアルの使用やスナップフィットの一部採用など、普段はあまり模型を組み立てないユーザー層の存在も考慮した、かなりトライアルなアイテムであった。

しかし'90年代初頭からカーモデル市場には手ごろな価格とサイズで精密感の高いダイキャスト製ミニチュアカーが台頭し始め、出来のいい完成品が手軽に入手できるようになった。決してそれがすべての原因ではないが、組み立てや塗装という工程が必要な"クルマのプラモデル"の市場規模は徐々に縮小をはじめ、現在ではビッグスケールの国産カーモデルの新製品はほぼ存在しない。ハセガワの1/12カーモデルは、"あの時代"だからこそ登場したキットであったことは間違いないだろう。■

▲「Zゾーン シリーズ」と銘打たれ、ハセガワのカーモデルの最上位シリーズとなった1/12キット。エンジンやインテリアの再現、各部の開閉が盛り込まれたスペシャルな内容だ

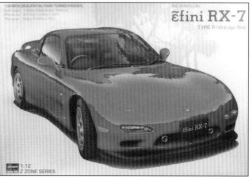

◀写真の「アンフィニRX-7」のバリエーションが2種発売されたところでシリーズは打ち止めとなる

1/24 SCALE CAR MODELS

■ランドマーク カローラ
● CS4　●1993年発売

1992年の全日本ツーリングカー選手権に参戦していたランドマーク・カローラは第3戦菅生でAE92から新型のAE101にマシンをスイッチ。そのデビュー戦で6位入賞を果たしている。そして迎えた第4戦、雨の鈴鹿で行なわれたスーパーツーリングカー500kmレースで見事に優勝を飾っている。ドライバーは横島久と和田久久のコンビで、トランピオブランドで知られたトーヨータイヤを履く。カラフルなカラーリングはデカールで再現できる

■ジャックス シビック
● CS5　●1993年発売

ムーンクラフトから全日本ツーリングカー選手権に参戦していたシビックは信販・クレジットカード会社のジャックスのスポンサードを受け、サーキットでもひときわ目立つカラーリングが施された。1992年シーズンの第7戦ハイランドグループA 300km選手権レースでは新型のEG6を投入し、見事にデビューウインを飾っている。ドライバーは服部尚貴と金石勝智の2人で、年間ドライバーズランキングでも3位の好成績を残した

■カストロール ホンダ シビック
● CS6　●1994年発売

日本ではシビックのカップレースが多くのエントラントを集めて盛況に開催されていたが、それとほぼ同仕様のマシンがイギリスのナショナル・サルーンカー・カップでも走っていた。1993年の同レースに参戦していたジェームス・トンプソンは若干19歳ながら全14戦中9戦でポールポジションを獲得、7戦で優勝を飾り総合優勝している。キットはそのマシンを再現したもので、カストロールカラーで彩られたマシンは王者の風格すら漂っている

■JTCC ジャックス シビック
● CS7　●1994年発売

1993年までグループA規定によって争われていた全日本ツーリングカー選手権は、1994年より新しいレギュレーションによって開催されることになった。車両はFIA付則J項で規定され、4ドア以上、4座席以上のセダンがベースとされた。レース自体も耐久色が薄れスプリントの2レース制となり、ドライバー交換も無くなった。ムーンクラフトからエントリーのジャックス・シビックは服部尚貴のドライブで活躍を見せた

■JTCC カストロール 無限 シビック
● CS8　●1994年発売

1994年全日本ツーリングカー選手権参戦車両。ドライバーは中子 修で、第9戦美祢サーキットでは4位入賞するも、このシーズンでは結局それが最上位となり、年間ランキングは11位にとどまった。キットは複雑になったロールケージなども再現し、当時ニューツーリングカーと呼ばれたマシンを再現している。カストロールがスポンサーだがボディカラーはライトブルーメタリックで、これは当時の商品、RSシリーズにちなんだものだ

■JTCC 綜合警備 BMW 318i
● CS9　●1995年発売

FIA付則J項のクラス2ツーリングカーで争われることになった1994年の全日本ツーリングカー選手権。レギュレーションで車重がFF車よりも100kg重くなるが、BMWはFR車の優位性を生かし318iで実績を残してきた。チーム・テイク・ワンはその318iを投入し、ドライバーに中谷明彦を迎えシーズンを戦った。キットは18インチのホイールや低く抑えられた車高などでレーシングカーらしさをうまく表現している

■JTCC PIAA シビック
● CS10　●1995年発売

中嶋悟監督率いるPIAAレーシングチームは1994年から新しいレギュレーションで開催されることになった全日本ツーリングカー選手権、JTCCに参戦。マシンはシビック・フェリオを投入した。ドライバーには田中哲也を起用し、第13戦、雨の筑波サーキットでは2位表彰台を獲得している。キットには大判のデカールが用意され、基本的にはボディをホワイトに塗装しデカールを貼れば、シックなPIAAカラーのマシンが再現できる

■JTCC チーム シュニッツァー BMW 318i
● CS11　●1995年発売

1993年の英国ツーリングカー選手権のチャンピオンチームであるBMWのワークスチーム、チーム・シュニッツァーの参戦により、1994年の全日本ツーリングカー選手権は俄然熱を帯びることになった。ドライバーはスティーブ・ソーパーとレオポルド・プリンツ・フォン・バイエルンの2人。参戦初年度にしてチームタイトルを獲得した。キットのデカールはカルトグラフ製で両ドライバーのカーナンバーがセットされている

■JTCC STP 圭市 シビック
● CS12　●1995年発売

高橋国光率いるチーム国光から1994年の全日本ツーリングカー選手権に参戦したマシン。ドライバーはドリキンの愛称で人気の土屋圭一。操るマシンがFFになってもアグレッシブかつクリーンな走りは健在だ。STPがスポンサーに付いたマシンはさながらNASCAR参戦車両を思わせ、サーキットでもひときわ目立つ存在だった。そのマーキングには発色の良いデカールが用意され、模型の世界でも注目される1台を仕上げられる

■JTCC オートテック BMW 318i
● CS13　●1995年発売

1993年までの全日本ツーリングカー選手権ディビジョン2クラスのチャンピオン、オートテック・レーシングチームは、1994年も引き続き同選手権に参戦。レギュレーション変更に合わせてマシンをBMW318iにスイッチした。ドライバーは前年ドライバー部門ディビジョン2クラスのチャンピオン、アンドリュー・ギルバート・スコット。オートテックのイメージカラー、イエローに身を包んだマシンは全18戦中8戦で入賞を記録している

■JTCC BP トランピオ シビック
● CS14　●1995年発売

1993年、それまでのグループAマシンによる全日本ツーリングカー選手権は富士スピードウェイでのインターTECで幕を閉じた。その最終戦で優勝したのはチーム・オブジェクトTからエントリーのスカイラインGT-Rだった。明けて1994年、チームはマシンをシビック・フェリオにチェンジして新たなレギュレーションで生まれ変わった同選手権に参戦。ドライバーは原貴彦、マシンのカラーリングは前年を踏襲している

■チーム シュニッツァー BMW 318i "BTCC チャンプ"
● CS15　●1995年発売

英国では1990年より排気量2000cc以下の自然吸気エンジンを搭載するマシンでのツーリングカーレースが始まっており、それを基にFIAは新しくツーリングカーの世界統一規格を定めたのである。1993年の英国ツーリングカー選手権はこの規格に合わせたマシンで参戦したBMWがドライバーとマニュファクチャラーの両タイトルを獲得した。キットはそのチャンピオンチームであるシュニッツァーの1994年仕様をモデライズしている

■ジャグワー XJ-S V12
● CA1　●1986年発売

久しぶりに発売されたカーモデルキット。車種選択についてはもちろんあったら嬉しい1台だが、意外性があったのもまた事実。しかし後のグループAマシンなどへの展開を考えると先見の明があったと言えよう。キットの内容はV型12気筒エンジンまで再現されたフルディスプレイモデルで、カーモデルのブランクを感じさせない上品なタッチでまとめられている。ボックスも他とは違う独自のサイズで新しい時代を感じさせた意欲作である

■ジャグワー XJ-S H.E. TWR
● CA2　●1986年発売

ジャガーXJ-Sのバリエーションとして最初に登場したのが、トム・ウォーキンショー・レーシングからヨーロッパツーリングカー選手権に参戦していたグループA仕様。タイヤ、ホイールを始め各部に専用パーツが用意され迫力あるレーシングカーとして仕上げることができる構成だ。エッチングパーツは後のラリーカーシリーズにつながる構成だ。オレンジ色のブレーキ冷却用チューブやキルスイッチのモールドなど細部にも嬉しいこだわりが見られる

■フェラーリ 328 GTB
● CA3　●1986年発売

カーモデル復帰参入後の第2弾は多くのファンが待ち望んでいたであろうV8フェラーリ。実車は1985年フランクフルトショーでデビュー。キットではその3.2リッターV型8気筒エンジンもしっかり再現され、開閉選択式のエンジンフードにより完成後も眺めることができる。エッチングパーツが採用されているのも特徴で、フェラーリ伝統の格子グリルやエンジンフードのメッシュ、各エンブレム類などがセットされている

■フェラーリ 328 GTS
● CA4　●1986年発売

328GTBのバリエーションとして登場したタルガトップモデル。当時実車はGTBよりこのGTSの方が多く販売されたようだ。キットのパーツ構成は当然ながら328GTBに準じている。GTSのSはスパイダーを意味するわけだが、デタッチャブルルーフもきちんとパーツ化されているので、完成後はルーフを取り付けた状態と外した状態を選択できる。しっかり再現されているインテリアも楽しめるような作りになっている

■ポルシェ 944 ターボ
● CA5　●1986年発売

1985年ジュネーブショーでデビューしたFRポルシェをキット化。グラマラスな前後フェンダーも見事に表現されている。リトラクタブルヘッドライトは可動式。CAシリーズの他車と同様の構成でエンジンも再現されボンネットが開閉する。このキットで特筆すべき点としては内装のカーペット用シートがセットされていること。シール式になっていて、貼るだけで塗装とはまた違った素材感を楽しむことができる

■ジャグワー XJ-S TWR スポーツ
● CA6　●1987年発売

赤いボディの箱絵が印象的なXJ-Sのバリエーションモデル。ネーミングから察せられるとおりトム・ウォーキンショー・レーシングがプロデュースした特別仕様車だ。シックな印象のノーマル仕様とはうって変わり、力強さを感じるエアロパーツを纏ったヨーロピアンチューンドカーに仕立てられている。キットではタイヤ、ホイール、前後バンパー、サイドシルカバー、テールウイングなどが新規パーツで用意された

1/24 SCALE CAR MODELS

■CA7　フェラーリ 348 tb

■CA8　フェラーリ 348 ts

■CA9　ポルシェ 968

■CA10　ジャグヮー XJ-SC V12 カブリオレ

■CA11　ポルシェ 944 ターボ レーシング

■CA12　ポルシェ 968 CS

■CB1　キャデラック クーペ ド ヴィル

■CB2　ビュイック ワイルドキャット

■CB3　ポンティアック ボンネヴィル

■CB4　シボレー インパラ

■CB5　フォード サンダーバード

■FS1　フェラーリ 640

■FS2　ザクスピード ヤマハ ZK891

■FS4　エスポ ラルース ランボルギーニ ローラ LC90

■FS3　フェラーリ 640 ハイ インダクション

214　HASEGAWA COMPLETE WORKS

■FS5　ベネトン・フォード B190

■FS6　ベネトン・フォード B190B（1991カラー）

■FS7　フェラーリ 642

■FS8　ウィリアムズ ルノー FW14

■FS9　ウィリアムズ ルノー FW14B（1992年型マンセル5連勝）

■FS10　ジョーダン ヤマハ 192

■FS11　ティレル ヤマハ 021

■FS12　ティレル ヤマハ 021 "1993 日本グランプリ"

■CF3　伊太利屋 レイナード 89D

■CF4　エディー・ジョーダン・レーシング レイナード 89D

■CF5　ワコール 童夢 レイナード 89D

■CF7　キャビン レイナード 89D

■CF8　ワタナベ ダンロップ レイナード 89D

■CF11　サントリー ウエスト ローラ T90-50

■CF12　プラス ローラ T90-50

■CF14　キグナス トーネン ローラ T90-50

■CF15　キャビン ローラ T90-50

■CF16　ポール スチュワート レーシング T90-50

■フェラーリ 348 tb
●CA7　●1990年発売

328GTBの後継モデル。V8・4バルブDOHCエンジンは縦置きに変わり、スモールフェラーリの転換点となったモデル。駆動力はエンジンから一旦車体後部にあるクラッチを介し横置きトランスミッションに戻される形を採っている。キットにはエンジンも再現されているので、その辺りの形状も作りながら理解できる。ルーフにはなぜかトップを分割するスジ彫りがあるのでパテ埋め処理が必要だ

■フェラーリ 348 ts
●CA8　●1990年発売

348tbのタルガトップモデル。解放感に安全性も兼ね備えたボディースタイルだ。模型としても内装が見せやすいメリットがある。キットの内装はシートバックが裏打ちされていたり、ドア内貼りも独立したパーツで、更に取っ手を別部品とするなど、立体的で美しい仕上がりになるよう工夫されている。その他ボディの仕様などはtbと同様。ボディー各部のエンブレムは同梱のエッチングパーツにより繊細に表現される

■ポルシェ 968
●CA9　●1992年発売

'91年に928の後継モデルとしてデビューしたのが968。928のデザイン要素を取り入れたマイナーチェンジと思われがちだが、細部まで更新の手が入り、ほとんど別物のクルマになっているという。とはいえ模型として見てしまうと共通点は多い。このキットでもボディー関係やエンジンなどはもちろん新規パーツだが、シャシー、内装などは944のパーツをそのまま流用しており、カーペット表現も継承された

■ジャグワー XJ-SC V12 カブリオレ
●CA10　●1987年発売

XJ-Sのバリエーション4番目はオープントップのカブリオレ。いかにも英国車らしい上品なスタイルが魅力のモデルだ。実車は1985年から88年にかけて生産された。B、Cピラーが存在するいわゆるタルガトップのボディ後部は、XJ-Sの特徴とも言えるリアウインドウ周りのフィンも取り外され、クーペとは全く異なった趣を見せる。キットではその辺りも的確に表現され、独特の存在感を机上に再現することができる

■ポルシェ 944 ターボ レーシング
●CA11　●1987年発売

当時行なわれていたワンメイクレース、ポルシェ944ターボカップ参戦車。実車は現在でもドイツのポルシェ博物館で見ることができる。先に発売されたロードカーのバリエーションではあるが、シートベルト用のビニールやエッチングパーツ、新規に作られた内装パーツなどによって、しっかりとレーシングカーとしての姿が再現される。特徴的なカラーリングにはボディ全体に貼られる大判のデカールが用意されている

■ポルシェ 968 CS
●CA12　1993年発売

CSはクラブスポーツの意。サーキット等のスポーツ走行を重視した硬派な仕様。エアコンが無いといえばその本気度が理解できるだろう。エンジンスペックはスタンダードのままながら、後部座席やパワーウインドウなど贅肉を削ぎ落とし、バケットシートを装着。足回りもサスペンションの強化やLSD採用などチューンナップされている。本キットも内装を中心に変更が加えられている。バケットは、何と他のラリー車からの流用だ

■キャデラック クーペ ド ヴィル
●CB1　●1987年発売

モデルは、キャデラック クーペ ドゥ ヴィルを再現したもの。ボディはプロポーションが良く、スケール1/25も正しい。ラジエターグリルやバンパーなどはメッキパーツとなっておりディテールも細かい。ボディーの肉厚は薄く、またボンネットなどは開口しない。内装はシートも含めた簡易なバスタブ式。ダッシュボードやハンドル・シフトノブは一応別体になっているもののインパネはデカール表現される

■ビュイック ワイルドキャット
●CB2　●1987年発売

キットは初期型。アッパーミドル層をターゲットに作られたフルサイズカー。コンバーチブルトップのモデルも存在するが、キットに使用されたのはハードトップモデル。エンジンはV8型425キュービックインチ。(6.9リッター)。キットはボディーをスロットレーシングカーと共用するもの。縮尺は正確でプロポーションも良い。ラジエターグリルやバンパーなどはメッキパーツでディテールも細かい。エンジンの再現は無い

■ポンティアック ボンネヴィル
●CB3　●1987年発売

キットは'63年にモデルチェンジしたボンネビルのハードトップクーペモデル。ボディーをスロットレーシングカーと共用するもの。プロポーションが良く、ラジエターグリルやバンパーなどはメッキパーツとなっておりディテールも細かい。ボディの肉厚は薄く、またボンネットなどは開口しない。縮尺は、後の再販で1/24スケールと表記されているようだが1/25が正しいようであるシャシーや内装は簡易的なものとなっている

■シボレー インパラ 1966
●CB4　●1987年発売

初代のインパラは、ボディーに丸みや装飾的要素が多かったが、60年代に入ると四角張ったスッキリしたスタイルへと変化していく。イメージリーダーであるインパラSS(スーパースポーツ)は409キュービックインチのV8エンジンを選べた他、サスペンションやブレーキ周りの強化チューニングも施された。キットはボディーを1960年代に販売されていたスロットレーシングカーと共用するもので、肉厚は薄く、またボンネットなどは開口しない

■フォード サンダーバード
●CB5　●1987年発売

初代から数えて4代目となるサンダーバード。スポーティーな印象は薄れたがカーオーディオやクルーズコントロールまで備えていたというスペシャリティーカーだ。エンジンは427キュービックインチを特別オーダーできた事もできた。キットはボディーをスロットレーシングカーと共用するもので、肉厚は薄く、ボンネットなどは開口しない。またランド・トップも一体成型のクーペスタイルである

■フェラーリ 640
●FS1　●1989年発売

規定でターボが禁止となり、新型のV12エンジンを搭載したマシンが、この640。開幕戦ではデビューウインを果たし注目を集める。車体はジョン・バーナードの設計で、美しくまとまっており、その後のF1の基礎となったと言っても良い。新しい技術も積極的に用いられ、パドルシフトによるセミオートマチックはF1に革命をもたらした。ただしまだまだ信頼性は薄く、完走すれば表彰台だが、白煙を吹いてリタイアという状況が多かった

■ザクスピード ヤマハ ZK891
●FS2　●1990年発売

ヤマハといえばF3000エンジンを製造していた事もあり、搭載されたOX88エンジンはそのノウハウで設計されたものと思われる。だが実際は、他チームと比べると非力で、信頼性も低かった。予備予選を通過できたのは数回で、鈴木亜久里はついに本戦出場は叶わなかった。そんなヤマハエンジンと鈴木亜久里という話題性から製品化されたと思われるキット。この時代は、メインスポンサーであったタバコのロゴも堂々と付属している

■フェラーリ 640 ハイ インダクション
●FS3　●1990年発売

640は第4戦メキシコGPよりエンジンの吸気がハイインダクションとなる。開幕時に用いていた、前年来のヘッドレスト両脇にインテークのあるスタイルより、吸気効率が格段にUPしたことは容易に想像できる。キットもこの変更に対応し、金型の修正および新規部品の追加により、後期型も発売される事となった。前期型と同様、シャシー内部まで詳細に再現されており、まるで上位スケールのキットを縮小したかのような内容だ

■エスポ ラルース ランボルギーニ ローラ LC90
●FS4　●1991年発売

'90年、鈴木亜久里が日本GPで3位彰台を獲得したマシン。ボディーカラーは青を基調に、東芝、TDK、エスポ、ゲオなど、日本のスポンサーが賑やかに彩り、バブルで浮かれまくっていた当時の日本が偲ばれる。キットは実車と同様の分割ラインでカウルを着脱する事ができる。ランボルギーニ/クライスラーのV12エンジンや足回り、それに周辺の補器類など、当時の実車の様子を伺い知る事が出来る

1/24 SCALE CAR MODELS

■ベネトン・フォード B190
● FS5　●1991年発売

'90日本GPでピケ/モレノがワンツーフィニッシュを果たしたマシン。設計はジョン・バーナードとロリー・バーンの共作。サスペンションをプッシュロッド化して大きく盛り上がったノーズは、今にして思えば、翌年から採用されるハイノーズへの布石だったのかもしれない。キットはサスペンションモデルはグリーンで成型されている。白の下塗りと、こまめなマスキングによる塗り分けで、鮮やかなカラーリングを再現したい

■ベネトン・フォード B190B（1991カラー）
● FS6　●1992年発売

'91年のレギュレーション変更に対応し、序盤2戦に使用された。メインスポンサーはキャメルとなりボディーカラーは黄色が基調のやや大人しめなものとなる。その他外観はフロントウイングの形状が変化し、タイヤはグッドイヤーからピレリを履くようになる。キットはB190のバリエーションモデルでB型への変更点はもちろん押さえられている。但し、タバコのロゴが全くオミットされているので、少々寂しい仕上がりとなる

■フェラーリ 642
● FS7　●1991年発売

642は'91年シーズンに向けて用意された640の進化発展型。一見するとあまり変化が無いようだが、空力面など細部が煮詰められている。出走したのはわずかに6戦のみで、プロスト/アレジの母国フランスGPでは、ニューマシンが投入された。キットではボディーカウルやモノコックを新規に用意しつつ、640のパーツも一部流用した構成となっている。この時代の特徴であるボーテックスジェネレーターも上手く再現している

■ウィリアムズ ルノー FW14
● FS8　●1992年発売

FW14はエイドリアン・ニューウェイの設計で、'91年に投入される。序盤戦にリタイアが続きチャンピオンは逃がしたが、マクラーレンを凌ぐ速さを見せつけた。イギリスGPでマンセルが、セナを乗せてウイニングランした姿は印象深い。キットはカウルが着脱可能でエンジン等のメカニズムまで再現される。タバコスポンサーのデカールは無し。メタルパーツを使ったスーパーディテールタイプもあった

■ウィリアムズ ルノー FW14B（1992年型マンセル5連勝）
● FS9　●1993年発売

'92年シーズン16戦中10勝という圧倒的な強さを見せたマシン。アクティブサスペンションをはじめ、セミオートマ、フライバイワイア、トラクションコントロールなど多数のハイテク制御を採用しているのが大きな特徴。外観は前年のFW14と似ているが、フロントサスのプッシュロッド基部にヒレのようなカバーが付いている。キットは実車同様FW14を一部更新したもの。資料を片手に、徹底的に追加工作をしてみたくなる1台だ

■ジョーダン ヤマハ 192
● FS10　●1993年発売

美しいボディーラインはそのままに、エンジンをフォードV8からヤマハV12に乗せ換えた'92年型マシン。他チームのようなハイテク制御はほとんど見られないが、シーケンシャルギアボックスが採用となった。前年の好調から更なる飛躍を期待したが、結果は車体バランスを崩し、そのオーバーヒートに苦しむこととなる。キットはリアカウルが着脱できるようになっており、ヤマハエンジンや足回りなどの様子が再現されている

■ティレル ヤマハ021
● FS11　●1994年発売

'93年の第9戦から投入されたマシン。エンジンはヤマハのV10を搭載。先代モデルの020ではコルセアウイングが特徴的であったが、この021では多少の形状は残しているものの、比較的オーソドックスなノーズへと変更された。キット化されているのは初期のもので、サイドポンツーンにはティレルのロゴが付いている。たばこスポンサーのロゴは若干アレンジされた形で再現されているようだ

■ティレル ヤマハ021（1993 日本グランプリ）
● FS12　●1994年発売

日本製のエンジンと日本人ドライバーという組み合わせで、このマシンの製品化が決定されたものと思われるが、更に母国日本グランプリでの勇姿を再現できるというこのキット。少し延長されたノーズコーンやフロントウイングが新規に起こされた他、変更になったマーキング、ホワイトメタル製のオンボードカメラなどが追加されている。レースの結果はどうであれ、思い出を形として手元に再現できるというのは、ファンとして嬉しい

■伊太利屋 レイナード 89D
● CF3　●1990年発売

1987年より国内トップフォーミュラレースとして始まった全日本F3000選手権。国内でのモータースポーツ人気の高まりもあり、1989年のシーズンの参戦車両、レイナード89Dのキット化に至ったのである。キットはカウル着脱式でエンジンも再現。第一弾として伊太利屋ニッケイ・チーム・ル・マンのマシンがリリースされた。デカールはジェフ・リースとエマニュエル・ピロの両ドライバーの仕様が用意されている

■エディ・ジョーダン・レーシング レイナード 89D
● CF4　●1990年発売

レイナード89Dの第二弾はインターナショナルF3000選手権参戦車両。後にF1チームとなるエディ・ジョーダン・レーシングのマシンだ。ドライバーも後にF1に昇格するマーティン・ドネリーとジャン・アレジ。アレジは89年同選手権のチャンピオンに輝いている。メインスポンサーはキャメルで箱ではラクダのマークしか描かれていないが、少なくとも日本国内での発売分には別シートでキャメルのロゴデカールが封入されていた

■ワコール 童夢 レイナード 89D
● CF5　●1990年発売

童夢から1989年の全日本F3000選手権にエントリーしたマシン。ドライバーはF1ドライバーだったエディ・チーバーの弟、ロス・チーバー。第2戦富士、第3戦西日本で優勝するなどの活躍を見せたが、年間成績は惜しくも2位に終わった。キットはワコールカラーのデカールが用意され、ホイールもスピードスターレーシングのものに変更されていて他車との違いが再現できる。タイヤデカールもダンロップ用が入っている

■キャビン レイナード 89D
● CF7　●1990年発売

キャビン・レーシング・チーム・ウィズ・ヒーローズから1989年の全日本F3000選手権にエントリーしたマシン。ドライバーは鈴木利男。このシーズンでは同じキャビン・レーシング・チーム・ウィズ・インパルの星野一義がローラ製シャシーを、鈴木がこのレイナードを使った。年間成績は星野が勝ったが、鈴木のレイナードには当時日本では少数派だったコスワースDFVが積まれていたことも加味したい

■ワタナベ ダンロップ レイナード 89D
● CF8　●1990年発売

2台体制で1989年の全日本F3000選手権にエントリーしていた童夢の89Dのうち1台。ドライバーは松本恵二。スポンサーはワタナベ・ドライバーズ・スクールだ。マシンはホワイト、イエロー、2色のグリーンのカラーリング。2色のグリーンはデカールが用意されているので、ホワイトとイエローを塗装してもい良い。無限MF308エンジン搭載、タイヤはダンロップを使用。全8戦中4戦で6位に入賞している

■サントリー ウエスト ローラ T90-50
● CF11　●1991年発売

バブル景気の影響もあり、多くのエントリーを集めた1990年の全日本F3000選手権。チーム・テイク・ワンも2台体制で参戦した。そのうちの1台がこのサントリー・ウエスト・ローラT90-50だ。ドライバーは前年ルーキーながら活躍を見せた中谷明彦。全10戦中で5位と6位に1回ずつ入賞している。キットはエンジンも再現され、ローラT90-50の特徴でもあるサイドポンツーン一体型の大きなエンジンカウルは着脱式となっている

■プラス ローラ T90-50
● CF12　●1991年発売

1990年の全日本F3000選手権に2台体制で参戦したチーム・テイク・ワンのマシンのうちの1台。文房具でお馴染みのプラスがスポンサーに付き、マシンは鮮やかなブルーとホワイトで彩られた。エンジンは無限、タイヤはブリヂストンを使用。ドライバーはF1の経験もあるドイツ人、フォルカー・バイドラー。激しい走りでペナルティーを受けることもあったが、第9戦の富士では初優勝を飾り、シリーズ6位の成績をおさめた

■キグナス トーネン ローラ T90-50
● CF14　●1991年発売

ステラインターナショナルから1990年の全日本F3000選手権にエントリーしたマシン。チーム名はチーム・キグナス・トーネンでドライバーは前年の同選手権チャンピオン小河等と全日本F3選手権チャンピオンの影山正彦。キットは基本的に90年仕様ではあるが、91年仕様も作れるデカールとなっていた。チームは91年シーズンもローラT90-50を使用していたので嬉しい配慮である。ホイールはBBSのメッシュタイプがセットされた

■キャビン ローラ T90-50
● CF15　●1991年発売

1990年の全日本F3000選手権もインパルとヒーローズの2チームで臨んだキャビン・レーシングチーム。インパルは引き続き星野一義、ヒーローズは片山右京を起用。エンジンは無限とコスワースDFVの違いがあったが、このシーズンは両チームともローラT90-50を採用した。全10戦中6勝を挙げた星野がシリーズチャンピオンを獲得。キットでは2種類のエンジンヘッドパーツを用意。コクピット周りも新規パーツで再現された

■ポール スチュワート レーシング T90-50
● CF16　●1991年発売

ローラT90-50でもインターナショナルF3000選手権参戦車両がキット化された。セレクトされたのはポールスチュワートレーシング。3度のF1チャンピオンに輝いたジャッキー・スチュワートの息子、ポールが率いたチームだ。ラバッツビールがスポンサーで、マシンはラバッツブルーと呼ばれたブルーに塗られた。ドライバーは92年にフォンドメタルからF1デビューすることになるアンドレア・キエーサとジョン・ジョーンズ

1/24 SCALE CAR MODELS

■CF18　ワコール ダンロップ T90-50

■CC2　ミノルタ トヨタ 88C

■CC1　ジャグワー XJR-8LM（ル・マンタイプ）

■CC3　ジャグワー XJR-8（スプリントタイプ）

■CC5　ミノルタ トヨタ 88C（'88 ル・マン タイプ）

■CC4　タカキュー トヨタ 88C

■CC8　ジャグワー XJR-9（'88 ル・マンタイプ）

■CC6　タカキュー トヨタ 88C（'88 ル・マンタイプ）

■CC7　ジャグワー XJR-9（イムサタイプ）

1/24 SCALE CAR MODELS

■CC9　オムロン ポルシェ 962C

■CC10　フロムA ポルシェ 962C

■CC11　ヨースト ポルシェ 962C

■CC12　ザウバー メルセデス C-9（1989仕様）

■CC13　ケンウッド クレマー ポルシェ 962C

■CC14　レプソル ブルン ポルシェ 962C

■CC15　ザウバー メルセデス C-9（1988仕様）

■CC16　アドバン ポルシェ 962C

■CC17　Y.H.P. ニッサン R89C（JSPC）

■CC18　チャージ マツダ 767B

■CC19　カルソニック ニッサン R89C

■CC20　フィニッシュライン マツダ 767B

■HF1　レーシング フィギュア セット

■HF2　レーシング キャンペーンガール セット

■HF3　レーシング メカニック セット A

■HF4　レーシング メカニック セット B

■HF5　フォーミュラ レーシング ドライバー セット

■HF6　スキー フィギュア セット

HASEGAWA COMPLETE WORKS

1/24 SCALE CAR MODELS

■ワコール ダンロップ T90-50
● CF18 ●1991年発売

ローラは1991年シーズン用にローラT91-50をデリバリーしたものの、サスペンションに問題を抱え、同年の全日本F3000選手権においてはT90-50をモディファイして使用するチームが多かった。このシーズン童夢は自社製シャシー童夢F102を3台投入、そしてルーキーの古谷直広にはこのローラT90-50を与えてシリーズに挑んだ。ワコールカラーは一部塗装が必要になるが、主要部分はデカールがカバーしてくれる

■ジャグヮー XJR-8LM（ル・マンタイプ）
● CC1 ●1988年発売

新たにスタートしたコレクションカーシリーズの第1弾。エンジンレスのプロポーションキットだが、グループCカーのように台数を揃えて並べたいという、まさにコレクションするためには的を射たパーツ構成と言えるだろう。86年にスポーツカーとしてル・マンに復帰したジャグヮーが87年のルマン制覇のために送り出したのがこのXJR-8LM。結果は残念ながら3台中1台のみが完走し5位入賞に終わった

■ミノルタ トヨタ 88C
● CC2 ●1988年発売

コレクションカーシリーズの第2弾は待望の国産グループCカー。全日本スポーツプロトタイプカー選手権を主戦場に活躍したマシンだ。ミノルタカラーに彩られた36号車はトヨタのワークスチームであるトヨタ・チーム・トムスからのエントリー。ドライバーはジェフ・リース、関谷正徳、鈴木恵一が務めた。パーツ構成はXJR-8LMのキットを踏襲しエンジンレスだが、リアからチラッと覗くギアボックスはパーツ化されている

■ジャグヮー XJR-8（スプリントタイプ）
● CC3 ●1988年発売

ル・マンでの優勝こそ逃したものの、1987年の世界スポーツプロトタイプカー選手権全10戦中8戦を制しドライバーとチームのダブルタイトルをもたらしたマシン。丸目1灯のヘッドライトやリアタイヤを隠すスパッツ、リアウイングがル・マン仕様との目立った違いだが、実はフロントカウル、リアカウル、リアルーフの形状まで大きく変更されており、バリエーションキットと言うより全くの別キットと言っても過言ではないだろう

■タカキュー トヨタ 88C
● CC4 ●1988年発売

2台体制で1988年の全日本スポーツプロトタイプカー選手権にエントリーしていたトヨタ・チーム・トムス。37号車は服飾販売会社のタカキューがメインスポンサーとなり、マシンは耐久レースではお馴染みの黄、白、黒にカラーリングされた。ドライバーはパオロ・バリラ、ティフ・ニーデル、小河等、そしてステファン・ヨハンソン。プラパーツの内容はミノルタと同じだが、選択式のパーツで2車の違いを再現している

■ミノルタ トヨタ 88C（'88 ル・マンタイプ）
● CC5 ●1989年発売

ジェフ・リース、関谷正徳、星野薫の布陣で臨んだ1988年ルマン参戦車。カーナンバーは全日本と同様36番。予選ではこれまでの日本車の最上位となる8位、決勝でもこの年の日本車最上位である12位完走と健闘を見せた。キットのパーツ構成は全日本仕様とほぼ変わらないものの、ヘッドライトが片側3灯となったことでヘッドライトスペースが広くなり、カバーの形状も変更された。デカールもル・マン仕様のものに追加、変更されている

■タカキュー トヨタ 88C（'88 ル・マンタイプ）
● CC6 ●1989年発売

タカキューカラーの37号車は全日本同様バリラ、ニーデル、小河の3選手で88年のル・マンに参戦。予選10位、決勝8位で完走を果たしている。キットはミノルタと同様にル・マン仕様のヘッドライトに変更され、他にサイドのパネルやテールライトの違いもフォローされている。デカールもル・マン仕様に変更されているが、37号車には84、85年にル・マンを制したヨースト・ポルシェのメインスポンサーだったNEWMANのロゴも追加されている

■ジャグヮー XJR-9（イムサタイプ）
● CC7 ●1989年発売

XJR-9のキットはまずデイトナ24時間レースウィナーから登場。1988年からIMSAキャメルGTシリーズにも参戦を開始したTWRジャグヮーチームはいきなりその初戦で大金星をあげたのだ。キットはパーツの一部にXJR-8のパーツが使われるが、当然ながらボディを始めその殆どが新規パーツ。メインスポンサーはカストロールで、ボディのカラーリングには大判のデカールが用意される。優勝した60号車の他に61、66号車も作れる

■ジャグヮー XJR-9（'88 ル・マンタイプ）
● CC8 ●1989年発売

1988年、5台のXJR-9を投入して必勝体制でル・マン24時間レースに臨んだジャグヮー。ワークス・ポルシェとの激戦の末、実に31年ぶりに優勝を飾ったのである。キットの内容は先に発売されたIMSA仕様とほぼ変わらないが、パーツを選択することでル・マン仕様を再現している。箱絵ではシルクカットのロゴが伏せられているが、発売当時は別シートでシルクカットのデカールも封入されていた

エンジンレスとマルチマテリアル＆フルディテール……
"振り幅の大きさ"をみせたハセガワのGr.Cカー

*COLUMN

ハセガワが80年代後半から90年代前半にリリースしていたカーモデルはF-1のみならず、ラリーやGr.C、F-3000に至るまで、数多くのカテゴリーにわたる。キットのパーツ構成は、F-1などのフォーミュラマシン系はエンジンまで再現されたフルディテールキット、ラリーカーなどの所謂"箱車"系はエンジンはオミットされたプロポーションキット、の2種に大別されていた。

この当時、カーモデル市場はプラモデルやダイキャスト製ミニカーのみならず、本当に数多くの商品が模型店の棚を埋め尽くしていた。欧州のメーカーによるレジンやホワイトメタル製のGTやラリー、Gr.Cなどといった多種多様な年代、カテゴリーのアイテムが次々に日本国内に上陸。またこれらキットだけでなく、エンジンルームのパイピングを再現するためのコード類、ワイパーやボンネットキャッチピン、グリルメッシュやブレーキディスクといった繊細さを求められるディテールの再現に適したエッチングパーツなど数々のディテールアップパーツがリリースされ、モデラー諸氏はプラモデルと一緒にパーツを買い求めては『これでいつでも雑誌作例のようなディテールアップができるぜフフン♪』と、根拠のない安心感に浸るとともに、プラスチック以外の異種素材に触れる機会を得ることになったのだ。

話を戻そう。ハセガワのGr.Cの大半はエンジンのオミットされたプロポーションモデル。当時は「レースカーなのにエンジン再現されないなんて！」とモデラーから理不尽な評価も受けたが、これはポルシェなど「同じ形だけどカラーリングの異なるマシンをいっぱい並べようぜ」という1/43レジンキットなどのコレクションモデルに近い考え方だろう。同じエンジンを何度も組み立てるのはちょっとした拷問だからね。かと思えばオールホワイトメタルパーツのエンジンやエッチングパーツをどっちゃり盛り込んだ『コレクターズ・ハイグレードシリーズ』と銘打った日産R89Cみたいなアイテムも発売。この「こんだけ市場に異種素材が溢れているんだから、これくらい大丈夫でしょ？」という、これひとつでお腹いっぱいなキットとイージーなコレクションモデル、という両極端に振ったシリーズを提案する企画力は、「ちゃちゃっと作って並べたい」派も「じっくり取り組みたい」派もいる多様なモデラーたちの趣向に、かなり歩み寄っていたものだったのではないだろうか。 ■

▲エンジンなどが再現された1/24「ニッサン R89C [スーパーディテールタイプ]」。ここまで詰め込んだ内容は、ハセガワ製キットとしては例外。▼白と紫のマーキングが眩しい1/24「ジャグヮー XJR-9 LM（ル・マンタイプ）」。ハセガワのカーモデルからはこのような鮮やかな車体を"集めて楽しむ"という方針が伺えた

■オムロン ポルシェ 962C
●CC9 ●1989年発売

ついにコレクションカーシリーズにポルシェ962Cが加わった。最初に登場したのは89年の全日本スポーツプロトタイプカー選手権を戦ったオムロン・ポルシェ。実車は元ワークスカーで88年のル・マンにも参戦したシャシーで、ドライバーはバーン・シュパン、エイエ・エルグ、松本恵二の3人。第2戦のJAFGP富士1000kmレースで優勝するなど活躍を見せた。本キットはこれまでと同様に少ないパーツ数でうまくまとめられている

■フロムA ポルシェ 962C
●CC10 ●1989年発売

1989年全日本スポーツプロトタイプカー選手権参戦車。フロム・エー・レーシングは前年の同選手権チャンピオンチームで、このシーズンはドライバーに中谷明彦、ハラルド・グロースのコンビを迎えた。開幕戦の全日本富士スピードウェイ500kmでもいきなり優勝を飾っている。センターマウントにモディファイされたリアウイングも再現。製作の際はリアカウルのフィンをカットする必要があるが、実車同様の新しいスタイルが楽しめる

■ヨースト ポルシェ 962C
●CC11 ●1989年発売

名門プライベート・チーム、ヨースト・レーシングから世界スポーツプロトタイプカー選手権に参戦したマシン。ヨースト・レーシングは1978年に設立され、1984、85年にはポルシェ956でル・マン24時間連覇を達成。1998年からはアウディと契約し事実上のワークスチームとなっている。パーツ構成はオムロン、フロム・エーと変わらないが、ホイールはスピードラインの6本スポークのものに変更されている

■ザウバー メルセデス C-9（1989）
●CC12 ●1990年発売

1988年、実に33年ぶりにモータースポーツに復帰したメルセデス。世界スポーツプロトタイプカー選手権にはスイスのコンストラクター、ザウバーと共に参戦。翌89年にはマシンのカラーリングを全面シルバーに変更し、伝説のシルバーアローが復活、全8戦中7勝をあげ、チームとドライバーのダブルタイトルを獲得している。キットはこれまでのシリーズ同様、エンジンレスのプロポーションキットとなっている

■ケンウッド クレマー ポルシェ 962C
●CC13 ●1990年発売

ポルシェの有力プライベーターの中でも、独自のモディファイを得意としていたのがドイツのクレマー・レーシングだ。エルビンとマンフレッドのクレマー兄弟のレース活動から始まったこのチームは、79年にポルシェ935をモディファイした935K3でル・マンを制したことで世界的にその名を知らしめることになる。962Cに於いても独自の開発は続き、このキットでも他とは違ったリアウイングのパーツが追加されている

■レプソル ブルン ポルシェ 962C
●CC14 ●1990年発売

ヨースト、クレマーと並びポルシェの3強プライベーターに挙げられるブルン・モータースポーツ。ドライバーであり、オーナーでもあるワルター・ブルンが世界選手権参戦のために1983年に設立したチームだ。1986年にはプライベーターながら世界スポーツプロトタイプカー選手権のタイトルを獲得するという快挙もなしとげている。キットは大判のデカールでレプソルカラーを再現し、BBSのメッシュホイールが新たにセットされた

■ザウバー メルセデス C-9（1988）
●CC15 ●1990年発売

メルセデスが33年間の沈黙を破り1988年にワークスとしてモータースポーツ活動再開を宣言、世界スポーツプロトタイプカー選手権にはザウバー・メルセデスとして参戦を開始した。前年より開発が進められていたC9は開幕戦のヘレスでいきなりポール・トゥ・ウィンを決め完成度の高さを披露した。スポンサーはドイツの電機メーカーAEGでボディ全面がプリント基板柄で覆われた。キットでは大判のデカールが用意されている

■アドバン ポルシェ 962C
●CC16 ●1990年発売

日本のモータースポーツシーンではお馴染みの黒／赤のアドバンカラーは全日本スポーツプロトタイプカー選手権でも活躍を見せた。このカーNO.25は1989年にアドバン・アルファ・ノバからエントリーしたマシンで、ドライバーは高橋国光とスタンレー・ディケンズ。台風のため12月に延期になったインターナショナル鈴鹿1000kmで優勝するなど活躍を見せた。リアウイングはフロム・エー同様センターマウントになっている

■Y.H.P. ニッサン R89C（JSPC）
●CC17 ●1990年発売

1989年の全日本スポーツプロトタイプカー選手権シリーズ第3戦、長谷見・オロフソン組は予選1位を獲得。デビュー早々に性能の高さを発揮した。キットは基本的にエンジンレスのプロポーションモデルだが、シャシーには内部のダクトの様子や、ラジエター、ギアボックス、それにターボのウエストゲートバルブまで再現されている。ただホイールから覗くブレーキローターに、キャリパーが再現されていないのが残念だ

■チャージ マツダ 767B
●CC18 ●1990年発売

767Bはロータリーエンジンを積むマツダのGr.-Cレーシングカー。通常の2ローターの前後に1ローターづつ加えた特殊な4ローターエンジンを採用している。キットは残念ながらこれもエンジンレス。アパレルメーカーのレナウンがスポンサードしている事もあり、車体全面に蛍光オレンジを基調としたアーガイル模様が施してあるのが楽しい。ル・マン24時間耐久レースでも完走を果たしている

■カルソニック ニッサン R89
●CC19 ●1991年発売

1989年の全日本スポーツプロトタイプカー選手権シリーズ第3戦、星野一義、鈴木利男のドライビングで、予選は2位、本戦ではトップを快走し、その性能の高さを発揮した。キットは皆エンジンの再現はないが、リアカウルは別パーツとしている。ボディの特徴であるエアダクトは、巧みな部品分割でダイナミックな形状を再現している。トリコロールのボディカラーは白・青を塗り分けとし、キャビンの赤い部分はデカールが付く

■フィニッシュライン マツダ 767B
●CC20 ●1991年発売

ル・マン24時間耐久レースでル・マンGTPクラス優勝、総合7位を果たしたマシン。白地にブルーのさわやかな印象のカラーリングはマツダのワークスカラーだ。後の787とは異なりサイドポンツーンはほぼ左右対称形をしており、左にオイルクーラー、右にラジエターの冷却構造を持つ。エンジンのエアインテークはリアカウルの上方に設けられている。ロータリーエンジンは排気音が大きいので排気管にはサイレンサーも備えている

■レーシング フィギュア セット
●HF1 ●1990年発売

6体のフィギュアのセット。乗車姿勢のドライバー、立ち姿のドライバー、キャンペーンガールの3種類が2体づつ入っている。乗車姿勢は基本的にCカーに合わせたもののようで、車種によってフィッティングは必要となるだろう。立ち姿のドライバーはヘルメットを抱えた決めポーズ。キャンペーンガールは水着姿でパラソルをさしている。このようなフィギュアを車にちょっと添えるだけでも、作品の世界観がグンと深まるものだ

■レーシング キャンペーンガール セット
●HF2 ●1990年発売

6体のフィギュアのセット。お嬢様風のロングのストレート、ボーイッシュな刈り上げショート、アイドル風のポニーテールと3種類のヘアスタイルのお姉さんが、水着姿でそれぞれ2体づつ入っている。プロポーションは皆スレンダーなもの。ポニーテールの子が持っているパラソルはバキューム成型のパーツである。レーシングフィギュアセットに付属したお姉さんより、ポーズも表情も少し柔らか目に感じる

■レーシング メカニック セット A
●HF3 ●1990年発売

8体のフィギュアのセット。作業着姿でしゃがんだ姿勢で作業をしている人4種類が2体づつ入っている。こういうポーズは、いろいろ使えて重宝だ。タイヤ交換はもちろん、その傍らでニュータイヤを準備している人、車中のドライバーと対話をしている人、ブレーキのメンテ、エンジンスターター、破損個所の修復、外した部品のチェックをする人、果ては、キャンギャルに群がるカメラ小僧まで……使い方はアイディア次第

■レーシング メカニック セット B
●HF4 ●1990年発売

8体のフィギュアのセット。ヘルメット姿で給油をしている人2種類、腰をかがめて窓を拭いている人、記録を取っている人、その他給油ノズルやタンクなどをセットにしたランナーが2枚入っている。耐久レースにおいては、それぞれ重要な役どころである。人形はプラ無垢で、AFVモデルのように手足が別々に成型されている。ポーズにはぎこちなさが無く、臨場感あるピット作業の様子が再現できそうだ

■フォーミュラ レーシング ドライバー セット
●HF5 ●1991年発売

6体のフィギュアのセット。乗車姿勢のドライバー、立ち姿のドライバー、チーム監督、その他トランシーバーなどをセットにしたランナーが2枚入っている。乗車姿勢のものは、フォーミュラマシンのタイトなコックピットに収まった状態を再現している。立ち姿のドライバー共にヘルメットは別であり、セッティング中の情景にも対応できる。初期のレーシングフィギュアに比べ、ポーズが少しラフな、表情のあるものとなっている

■スキー フィギュア セット
●HF6 ●1992年発売

4体のフィギュアのセット。それぞれ異なるポーズで、男性2名、女性2名、その他人数分のスキーとストックが入っている。'80年代から'90年代にかけて、スキーが大きなブームになった時代があった。このキットも、当時流行ったスキー映画を意識してか、それと感じさせる表情をしているポーズがある。同社のホンダシビックやランチアデルタなど、カーモデルとセットで限定販売されていた事もあった

1/24~1/25 SCALE CAR MODELS

■RM-25 レーシングカー フェラーリ 250 ル・マン

■RM-26 レーシングカー アルファロメオ GTZ

■RM-27 レーシングカー フェラーリ ディーノ 166P

■SR-01 ストックカー ワイルドキャット

■SR-02 ストックカー サンダーバード

■SR-03 ストックカー インパラ

■RM-28 モデルカー フェラーリ 250 ル・マン

■RM-29 モデルカー アルファロメオ 1600GTZ

■RM-30 モデルカー フェラーリ ディーノ 166P

1/12 SCALE CAR MODELS

■ZZ1 ニッサン フェアレディ Z 300ZX ツイン ターボ

■ZZ2 アンフィニ RX-7 タイプR

■ZZ3 アンフィニ RX-7 タイプX

1/20 SCALE CAR MODELS

■FG1 フェラーリ 312T2 "1976 モナコ GP ウィナー"

■FG2 フェラーリ 312T "1975 モナコGP ウィナー"

■FG3 ロータス 79 "1978 ドイツ GP ウィナー"

1/10 SCALE BIKE MODELS

■MS-010 ヤマハ トレール 250DT1

■MS-011 ヤマハ スポーツ 650XS-1

■MS-012 BMW R75/5 750CC

■MS-015 サイドカーGS1

■MS-016 サイドカーGT75

1/24〜1/25スケール 自動車

■レーシングカー フェラーリ 250 ル・マン
●RM-25　●1964年発売

ボディー・シャシー共にハセガワ独自に開発したスロットレーシングカー。全く新しい機構であるサイドワインダー方式を採用し「鋭いダッシュ」を謳った。モーターを横置きマウントしたこの方式は、その後は特に継承されなかったようで、構造的に走行性能に癖があったとか、搭載できるモーターの種類に制限があるとか、あるいはシャシーが幅広になってしまうなど、何らかの理由があったのだろう

■レーシングカー アルファロメオ GTZ
●RM-26　●1964年発売

1960年代中盤から後半にかけて相次いで発売されたハセガワ製スロットレーシングカーの内の一種。下で解説している「モデルカー」版と車体は同じで、シャシーはフェラーリ250LMと同じものを使用している。当時大ブームとなっていたスロットカーだが基本的には高価な海外メーカーのキットしか存在していなかったため、ハセガワ製の安価な国産キットは当時爆発的に売れたというが、ブームの終了とともにこのキットも姿を消している

■レーシングカー フェラーリ ディーノ
●RM-27　●1964年発売

通常のスロットレーシングカーが1000円前後するのに対し、比較的安い価格で発売されたキット。シャシーは、250LMやカングーロで採用されたサイドワインダー式の駆動は用いられず、オーソドックスなモーター縦置きのクラウンギアを用いた方式。構造面や材質などで価格を抑えた廉価シャシーということなのだろうが、入門者、とりわけ年少者の参入を容易にしたという点では有意義な1台だろう

■ストックカー ワイルドキャット
●SR-01　●1964年発売

米レベル社によって日本に持ち込まれたと言われるスロットカーだが、同時にアメリカのモータースポーツシーンも併せて広く紹介された。当時日本でレーシングカーというと、欧州のF1やスポーツカーなどが好まれていたようだが、このストックカーのようなスタイルのものも現れる。ストックカーでスロットレースをしたい場合、アメリカのキットを使用せざるを得なかった中、このキットの発売は歓迎された

■ストックカー サンダーバード
●SR-02　●1964年発売

これも1960年代に発売されたハセガワ製スロットレーシングカーのキットで、シャシーはワイルドキャットと同じものを使用している。これらのスロットレーシングカーはフルキットの他にボディーだけをブリスターパックに入れて販売した商品も展開されており、シャシーを取り外して別のボディーを付け替えて走らせることもできたそうである。またこれらのスロットカーはディスプレイモデルとして後年一度再販されている

■ストックカー インパラ
●SR-03　●1964年発売

長谷川製作所のスロットレーシングシャシーの中では最もハイエンドな仕様。重心の低いステンレスシャシーに強度のあるステンレスシャフトを使用。後軸受けは従来のオイルレスメタルからボールベアリングへとグレードアップ。前輪軸受けにもオイルレスメタルを採用。ピックアップはスイングアーム式とし、タイヤはスポンジタイヤを履くなど、それまでユーザーが行なってきたチューニングメニューの多くが標準となっている

■モデルカー フェラーリ 250 ル・マン
●RM-28　●1964年発売

いわゆる250LM250GTOの後継モデルとして開発されたフェラーリの初期のミドシップスポーツカー。'63年に発表され、32台が生産された。'65年のル・マン24時間レースに総合優勝するなど様々なレースで活躍している。250は12気筒エンジンの1気筒当たりの排気量を表したもの。実際は275のものが多く275LMと呼ばれる事もある。このキットはスロットレーシングカーから動力部分を取り除き、ディスプレイ用のモデルとして製品化したものだ

■モデルカー アルファロメオ 1600GTZ
●RM-29　●1964年発売

古今のアルファロメオの中で最も美しいという呼び声の高い一台。日本でも相当人気が高かったらしく、プラモデルやミニカーなどの商品化が多かった。ボディーはベルトーネ在籍中のジウジアーロによるデザイン。シャシーはレース仕様のTZ2のチューブラーフレームを使用している。正に1台のみのプロトタイプで、'64年のトリノショーで発表された後、試乗中の事故で大破。近年になって日本人の手でフルレストアされたという

■モデルカー フェラーリ ディーノ 166P
●RM-30　●1964年発売

ディーノとは、若くしてこの世を去ったフェラーリの息子、アルフレディーノが設計したV型6気筒エンジンと、それを搭載する車に与えられた愛称。166Pは1台のみワンオフで作られたプロトタイプカー。エンジンはディーノユニットを基本とした、新設計のV6ツインカム1592CC。ル・マン24時間レースなど様々なスポーツカーレースに出走し、'65年ニュルブルクリンク1000kmレースでは総合4位を獲得している

1/12スケール 自動車

■ニッサン フェアレディ Z 300ZX ツイン ターボ
●ZZ1　●1992年発売

'89年に登場した4代目のZ。丸みのあるボディーはワイドな3ナンバーサイズとなり、エンジンも3リッターV6に絞られた。ヘッドライトは埋め込み固定式となりフロントマスクにアイデンティティーを与えている。キットは接着剤不要の組み立て方式を謳うもの。シャシーにダイキャストを採用するほか、要所要所に金属パーツを使用している。エンジンも金属製で、組立て塗装が施されているセミアッセンブル状態である

■アンフィニ RX-7 タイプR
●ZZ2　●1993年発売

'91年に発表された3代目RX-7。少しクラシカルな趣も漂う、丸みを帯びた新しいボディーは3ナンバーサイズとなった。タイプRはスポーティーグレードで、ストラットバーやZRレンジのタイヤを装備している。キットは組み立てやすさを重視した造りとなっているが、もちろん十分な再現度も持っている。ビッグスケールというと、とにかくハードルが高そうなイメージだが、これは万人が楽しめる新世代のキットを目指している

■アンフィニ RX-7 タイプX
●ZZ3　●1995年発売

タイプXは最もラグジュアリーなグレードで、本革シートやエアバッグ、それに凝ったオーディオシステムなどを装備している。とはいえ、基本となっているのはロータリーエンジンを搭載した軽量スポーティーカーであり、その性格が大きく変わる事はないだろう。キットはボンネットやドアが開閉可能で、完成後もエンジンルームや室内の様子を見る事が出来る。スケールが大きいので、臨場感も想像以上に

1/20 スケール 自動車

■フェラーリ 312T2 "1976 モナコ GP ウィナー"
●FG1　●2008年発売

水平対向12気筒エンジンに横置きギアボックスを組み合わせたF1マシン。'76年のコンストラクターズタイトルを獲得した。ニキ・ラウダの事故、そして奇跡の復活という逸話を持つ312T2は、1/20でのキット化を望む声も多かった。本製品はハセガワのF1復帰第一弾。正確な考証と、一クラス上の再現度、そしてFRPパーツの透け感をクリアパーツで表現するなど、アイディアにも溢れている

■フェラーリ 312T "1975 モナコGP ウィナー"
●FG2　●2009年発売

水平対向12気筒エンジンに横置きギアボックスを組み合わせたF1マシン。'75年シーズンは、全14戦中、ポールポジション9回、優勝5回と、圧倒的な強さでコンストラクターズタイトルを獲得した。キットはその1勝目であるモナコGP仕様をモデル化。特徴的なインダクションポッドはアッパーカウルと共に着脱可能で、エンジンも精密に再現されている。サイドカウルの複雑な面構成もこのキットを作れば理解できるだろう

■ロータス 79 "1978 ドイツ GP ウィナー"
●FG3　●2010年発売

チームロータスがタイプ78で掴んだグラウンドエフェクトの理論はこのタイプ79で完成の域に達する。ボディフォルムはより効率的な形状に整理され、それに伴いシャシーも無駄無くシェイプアップ。1978年シーズンは圧倒的な強さでコンストラクターズチャンピオンを獲得する。このキットは、現存車両を綿密に調査した上で、その資料を元に精密再現したもの。かつてないほどに、細かくディテールが彫刻されている

1/10 スケール バイク

■ヤマハ トレール 250DT1
■MS-010　●1969年発売

'69年登場の本格的オフロードバイク。保安部品を付けたモトクロッサーようなもの。その一方で実用性も考慮されており、エンジンオイルの分離給油も採用されている。キットは輸出仕様をモデル化している。タンクのエンブレムは透明パーツに裏からデカールを貼るという凝ったもの。1/10というスケールはあまり見かける事は無いが、単体でも十分な存在感を感じるサイズである

■ヤマハ スポーツ 650XS-1
■MS-011　●1969年発売

ヤマハ初の4サイクルビッグマシン。650CCツインというエンジンは英国車を意識したものだろうが、スタイリングはいかにもヤマハらしいセンスの良い仕上がりとなっている。キットは輸出仕様をモデル化。タンクには白いラインを塗り分けるガイドラインがモールドされている。タンクのエンブレムは透明パーツに裏からデカールを貼る凝ったもの。サイドカバーは、モールやエンブレムが一体となっており、まるごとメッキされている

■BMW R75/5 750CC
■MS-012　●1969年発売

伝統の水平対向2気筒エンジンは'70年代を迎えるにあたり新設計される。カムシャフトをクランク下に移設し、電装は12V化され、セルモーターも付いた。車体デザインもグッとモダンなものになった。キットはパーツ相互のバランス感が良く、結果としてプロポーションが良くまとまっている。ディテールも細部まで再現される。一方で強度が不足していると思われる部分もあり、組立てに工夫を要する部分もある

■サイドカーGS1
■MS-015　●1971年発売

XS-1のキットにサイドカーを加えたもの。バイクのフロントサスペンションには特に補強は施されていない。雰囲気のあるイラストのパッケージ。側車は車体の左に付く。後に「サイドカーWITHヤマハ」という製品に改変される。ちなみにサイドカーといえば某特撮ヒーローが有名だが、年代が近いので流行の風潮があったのかもしれない。また本キットの開発には、その劇中車両を作ったメーカーが関わったともいわれている

■サイドカーGT75
■MS-016　●1971年発売

R75／5のキットにサイドカーを加えたもの。雰囲気あるイラストのパッケージで別のイラストのピンナップも同梱されている。側車はフレームまでしっかりと再現されており、ボディーも本体とフェンダー部が別パーツとなっている。本製品で側車は、XS-1とは逆の車体右側に組み付けられている。後に「サイドカーWITHBMW」という製品に改変されるが、その際には側車部分が新たに作り直され、形状も小変更が施される

1/12 SCALE BIKE MODELS

■BK1　スコット レーシング チーム ホンダ RS250RW "2009 WGP250 チャンピオン"

■BK2　2001 Honda NSR250 "チーム テレフォニカ モビスター ホンダ"(2001 WGP250 チャンピオン 加藤大治郎)

■BK3　ヤマハ YZR500(0W98) "1988 WGP500 チャンピオン"

■BK4　Honda NSR500 "1989 WGP500 チャンピオン"

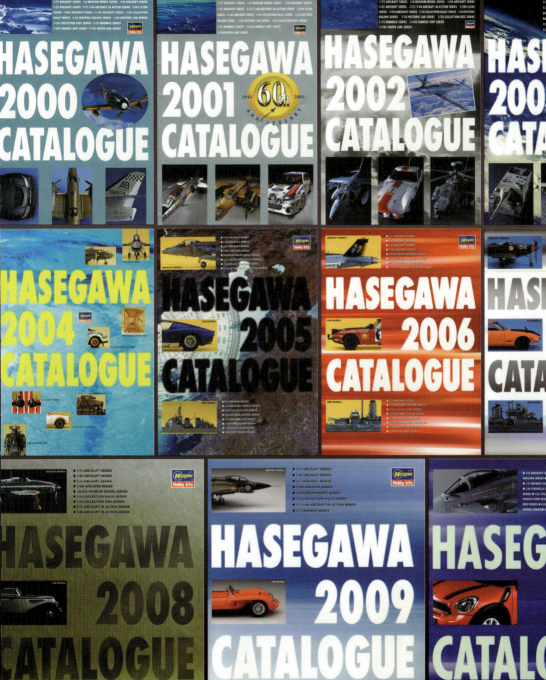

メーカーとして安定期に入ったこの時期のカタログでは、年長のファンに向けたメッセージが見えるようになる。というのも表紙をめくったところに、模型は夜更けひっそりと楽しむ大人のホビーであることを意識した短い文章とイメージ写真が掲載されるようになったのだ。模型シーンの円熟を示すような誌面となったのである。

1/12 スケール バイク

■スコットレーシングチーム ホンダ RS250RW "2009 WGP250 チャンピオン"
●BK1　●2010年発売

2009年、#4青山博一がWGP250クラスに参加する日本人として8年ぶりのチャンピオンを獲得。ホンダRS250RWは'09年限りの250CCクラスで最後のチャンピオンマシンとなった。キットは徹底した実車取材を行い、3D-CAD技術を用いてスタイリングから細部のディテールまで完全再現。金属ネジ使用により強度と組み立てやすさを両立させつつ、完成後は隠れて見えなくなるよう工夫がなされている

■2001 Honda NSR250 "チーム テレフォニカ モビスター ホンダ"(2001 WGP250 チャンピオン 加藤大治郎)
●BK2　●2011年発売

2001年、#74加藤大治郎はWGP参戦2年目にして世界選手権を制覇。ホンダは250CCのシリーズチャンピオンとマニュファクチャラーズのダブルタイトルを獲得する。その後最高峰クラスにステップアップするも、2003年の開幕戦日本GPでのクラッシュにより帰らぬ人となった。キットは完全新規金型で、実車のスタイルはもちろん、カウル内に接するように配される内部の機器類まで精密に再現されている

■ヤマハ YZR500(0W98) "1988 WGP500 チャンピオン"
●BK3　●2012年発売

エディー・ローソンが駆り、1988年のWGPチャンピオンマシンとなったYZR500・0W-98型。高剛性なデルタボックスフレームにコンパクトなエンジン、そして最大の特徴はへの字型のスイングアームの採用。これによって、理想的な排気チャンパーの取り回しが可能となり、性能アップが図れた。キットは0W-98を細部にわたって緻密に再現。フォークやブレーキのランナーを分ける事で様々なバリエーションにも対応

■Honda NSR500 "1989 WGP500 チャンピオン"
●BK4　●2014年発売

エディー・ローソンが1989年ホンダに移籍し、2年連続でWGPチャンピオンマシンとなったNSR500・NV0H型。キットは250CCの最後のチャンピオンマシンだが、このシーズン試みられたフロントフォークやブレーキなどが数種類選択できるようになっている。通常は省略されてしまいそうなディテールまで再現され、その分細かなパーツも多い。フレームの裏側まで封じる作りで、何処から見ても隙が無い

シンプルな250ccからより高度な500ccへ 段階を経て進化したハセガワの1/12バイクモデル

*COLUMN

ハセガワとしては'70年代に市販車モデルを数点発売していたり、'90年代には海外ミニカーメーカーの1/24レーサーをバラしてキット状態としたものを製品化していたりはするが、'10年に発売された1/12「ホンダRS250RW」は、それらとはまったくつながりのない、新規挑戦のジャンルとなる本格的スケールモデルである。

第一弾として選ばれたのは「スコットレーシングチームホンダRS250RW 2009 WGPチャンピオン」。'09年をもって廃止されたWGP(ロードレース世界選手権)の中量級250ccクラスで最後のチャンピオンマシンで、ライダーは青山博一。現時点では青山が"最後の日本人チャンピオン"ともなっている。

RS250RWの数点のバリエーションキット発売の後に開発された第2弾は、「2001 Honda NSR250 "チームテレフォニカモビスターホンダ"(2001 WGP250チャンピオン加藤大治郎)」。日本人バイクレースファンにとっての永遠のアイドル、故・加藤大治郎が'01年にWGP250ccクラスの世界チャンピオンに輝いたときのマシンで、全16戦中11勝。クラス自体が廃止となってしまったいま、このマシンは未来永劫破られることのない「年間最多勝記録」を保持することとなった。

選定された2台はともに比較的新しい時代の日本人チャンピオンのマシンであり、古くからのファンだけではなく、いま現在MotoGPを見て楽しんでいる若いファンを視野に入れたアイテム選定であったことがうかがえる。

この2台の成功を経た後、いよいよ最高峰クラスのマシン、500ccレーサーの開発へと踏み切った。選ばれたのは「ヤマハ YZR500(0W98) "1988 WGP500チャンピオン"」('12年発売)と、「Honda NSR500 "1989 WGP500チャンピオン"」('14年発売)の2台だ。E.ローソン、W.レイニー、W.ガードナー、K.シュワンツの4強時代、つまりバイクブーム全盛期のマシンだ。この時代のファンはモデラー人口が多いだけでなく、強い思い入れを持っている人たちが多い。ついにハセガワが本気の勝負を仕掛けてきたかたちだ。事実、この2台のモデルでは従来のディテールの再現性の高さに加えて、組み立てやすさの面で大きな進歩を見せており、うるさ型のモデラー諸氏からも高い評価を得ている。

なお、このホンダNSR500('89)とヤマハYZR500('88)は、じつは漫画『バリバリ伝説』(しげの秀一)の第3部、世界GP編で主人公、巨摩郡とライバル、ラルフ・アンダーソンが乗って死闘を繰り広げたマシンでもあり、'16年には『バリバリ伝説』仕様として劇中のカラーリングが再現されたバリエーションキットも発売された。

シリーズはまだ始まったばかりではあるが、現在までにキット化された4台のマシンを並べてみるに、ハセガワのバイクモデルにはひとつ大きな特徴があるように思われる。キット化するマシンを選定するにあたっては、エポックメイキング的なメカニズムを持つマシンよりも、ライダーやサーキット上での戦いの歴史、つまりドラマ性を重視していることが見て取れるのだ。2輪レーシングマシンのプラモデルといえば、これまではどちらかといえばメカニズム重視の観点からキット化されたものが多かったこともあり、そういった意味でも長く続いてほしいシリーズとなっている。

◀▲2010年に発売された1/12「ホンダRS250RW」(上のボックスアート)からリブートが始まったハセガワの1/12バイクモデル。その後はバリエーションも積極的に展開している。その典型例がコミック『バリバリ伝説』に登場したバイクを立体化したシリーズで、上写真がホンダNSR500がベースの1/12『バリバリ伝説』Honda NSR500 "巨摩郡"、下写真が『バリバリ伝説』ヤマハ YZR500 "ラルフ・アンダーソン"。どちらもハセガワ最高水準のバイクキットを元にした"キャラクターモデル"である

©しげの秀一／講談社

CHARACTER MODELS

　ハードコアなスケールモデルメーカーとしてインジェクションプラスチックキットを発売してきたハセガワにとって、長らく鬼門であったのがキャラクターモデルである。ガンプラブーム華やかなりしころにハセガワが重点的にプロモーションしていた商品が1/8の「S.E.5」や「ソッピース キャメル」であったことからも、いかにハセガワにとってキャラクターモデルが縁遠いものだったかがわかる。それでも1985年には当時の男児向けキットの流行に目を向けた内容の「スペーステクノX」シリーズや、アクトハセガワシリーズでは『エリア88』や『青空少女隊』といった飛行機が登場するコンテンツに合わせた特別仕様のキット、1993年には『帰ってきたウルトラマン』より「マットビハイクル」などを発売していた。ハセガワとしても、決してキャラクターモデルをリリースしないという姿勢ではなかったのである。

　同社のキャラクターモデルへの本格的参入を印象づけたのは、2000年に発売された1/72 VF-1A バルキリーだろう。『超時空要塞マクロス』に登場する可変戦闘機という題材に対し、これまでの飛行機模型で培った航空機的ディテール表現を盛り込んだこのキットは模型シーン全体に衝撃を与え、ユーザーには好意的な反応をもって迎えられた。

　このVF-1を皮切りに、2003年には『ウルトラマン』より「ジェットビートル」、『ウルトラセブン』より「ウルトラホーク1号」が登場。さらにゲーム『電脳戦機バーチャロン』に登場するバーチャロイドのシリーズ化を果たし、2000年代を通じてハセガワがキャラクターモデルをリリースすることは恒常化していく。

　2009年には"アイドルマスタープロジェクト"としてゲーム『エースコンバット6』のダウンロードコンテンツであるアイマス機を再現するためのデカールを同梱した飛行機模型シリーズをスタート。さらに『マシーネンクリーガー』より「反重力戦闘機ファルケ」がリリースされた。この年はハセガワのキャラクターモデルにとっては飛躍の年に当たり、どこか硬いメーカーのイメージがあったハセガワはこの年からより柔軟に従来のモデラー発祥の文脈以外のネットやオタクカルチャーとの親和性を高めていこうと模索し始めた印象がある。

　さらに2011年には「しんかい6500」でサイエンスワールドシリーズを、「スペースウルフ SW-190」でクリエイターワークスシリーズをスタートさせ、その後数年間で相当な点数のいわゆるスケールモデル以外のキットを市場に投入してきたのは記憶に新しい。その中からは2015年の「メカトロウィーゴ」などのヒット商品も生まれている。ハセガワにとって今一番イキがいい、次にどんな球を投げてくるのかわからないジャンルが、このなんでもありのカテゴリーなのではないだろうか。

　本項ではこの従来のスケールモデル的カテゴライズに収まらないキット群を、ジャンルごとに切り分けて掲載。いずれも現在のハセガワを語る上で見逃すことのできないキットばかりである。

MACROSS SERIES

©1982,1984,1994,2002,2015 ビックウエスト
©2007 ビックウエスト/マクロスF製作委員会・MBS

■1　VF-1A バルキリー（1/72）

■2　VF-1J バルキリー（1/72）

■3　VF-1S バルキリー（1/72）

■4　VF-1A スーパーバルキリー（1/72）

■5　VF-1S ストライクバルキリー（1/72）

■7　VT-1 スーパーオストリッチ（1/72）

■8　VE-1 エリントシーカー（1/72）

■9　YF-19 "マクロスプラス"（1/72）

■11　YF-21 "マクロスプラス"（1/72）

■15　VF-0S "マクロスゼロ"（1/72）

■16　SV-51γ ノーラ機 "マクロスゼロ"（1/72）

■17　VF-1 スーパー/ストライク バルキリー（1/72）

■18　VF-0D "マクロスゼロ"（1/72）

■19　VF-1A/J/S バルキリー（1/72）

■22　VF-11B サンダーボルト "マクロスプラス"（1/72）

■23　VF-11B スーパーサンダーボルト "マクロスプラス"（1/72）

■24　VF-25F/S メサイア "マクロスF"（1/72）

■27　VF-25F/S スーパーメサイア "マクロスF"（1/72）

■28　Sv-262Hs ドラケンⅢ "マクロスΔ"（1/72）

■65755　VF-1D バルキリー（1/72）

■65758　VF-1A バルキリー "エンジェルバーズ"（1/72）

■65759　VF-19A "VF-X レイブンズ"（1/72）

■65763　VF-1J バルキリー "マックス&ミリア" [2機セット]（1/72）

■65764　VF-1D バルキリー "バージンロード"（1/72）

■65765　VF-22S "マクロス7"（1/72）

■65769　VF-1A バルキリー "ロービジビリティ"（1/72）

■65770　VF-0B "マクロスゼロ"（1/72）

■65771　VF-0A "マクロスゼロ"（1/72）

■65775　SV-51γ イワノフ機/α 量産機 "マクロスゼロ"（1/72）

■65776　SV-51γ w/ツインブースター "マクロスゼロ"（1/72）

■65777　VF-0A/S w/ゴースト "マクロスゼロ"（1/72）

■65778　VF-1S バルキリー マクロス25周年記念塗装（1/72）

■65779　YF-19 マクロス25周年記念塗装（1/72）

■65780　VF-1D バルキリー（新イラストパッケージ）（1/72）

■65781　VF-1A バルキリー "VF-2 ソニックバーズ"（1/72）

マクロスシリーズ

■VF-1A バルキリー（1/72）
●1 ●2000年発売

アニメ作品に登場するメカニックを実際に存在する機体と想定、変形機構は廃し『航空機としてのバルキリー』のプロポーション、ディテールの再現に注力。点検ロハッチや動翼部などのパネルラインの強弱の塩梅、リベット表現の妙は、現用戦闘機をはじめとして数多くの航空機モデルを手掛けた同社ならでは、との高い評価を得た。シリーズ第1作目は劇場版に登場したVF-1Aを再現。一条機のほか柿崎機、マックス機もデカールで再現可能

■VF-1J バルキリー（1/72）
●2 ●2000年発売

TV版に登場したJ型を再現したバリエーションキット。頭部を新規追加パーツとした以外は金型に変更は無い。翼端灯や着陸灯など、積極的にクリアパーツが奢られているのも本キットのポイントのひとつ。キャラクター系プラモで主流となったスナップキット方式ではなく、組み立てには接着剤を使用し、全塗装を前提としている。デカールは一部シルクスクリーン印刷を採用、一条機に加え劇中盤に登場したマックス機、ミリア機もカバー

■VF-1S バルキリー（1/72）
●3 ●2001年発売

劇中に登場する小隊長機、S型を再現したバリエーションキット。J型同様、頭部を新規追加パーツとした以外、金型に変更は無し。一連のVF-1シリーズはキャノピーの形状をΩ断面と設定し、F-14トムキャットなどと同様にスライド金型を使用して再現し、パーツのセンターにパーティングラインが走っている。これらの処理に不慣れなキャラクター系モデラーに対し、同社ウェブサイトでレクチャーページを開設するといった対応が取られた

■VF-1A スーパーバルキリー（1/72）
●4 ●2001年発売

背面のマイクロポッド装備ロケットブースターと腕部ミサイルランチャー、両エンジンナセル側面のコンフォーマルタンクで構成されるスーパーパーツを装備した通称『スーパーバルキリー』を劇場版序盤で活躍したA型で立体化。スーパーパーツと、畳んだ状態の垂直尾翼、大型脚外運用でカバーが閉じた脚部インテークパーツが新規に用意されたほか、コンフォーマルタンクの装着面にもパーツが奢られる拘りを見せる。武装はガンポッドのみ

■VF-1S ストライクバルキリー（1/72）
●5 ●2001年発売

劇場版での隊長機が背部ロケットブースターに装備する連装ビームキャノンを新規追加パーツで再現。頭部はS型が付属している。機体本体とスーパーパーツ自体のパーツ類にはA型から変更点はない。連装ビームキャノンが設定どおり折れるように可動するパーツがなされており、バトロイド形態の商品化への布石と期待するコアなモデラーの意見も散見された。付属デカールでフォッカー機、一条機、マックス機が再現可能となっている

■VT-1 スーパーオストリッチ（1/72）
●7 ●2001年発売

劇場版に登場した大気圏外専用ブースター装備の複座型練習機。本体パーツでは複座型の機首、キャノピー、翼端形状の異なる主翼、ディテールの改められた機体上面部が新規パーツとして追加され、プロペラントタンク類もすべて新規に設計されている。またレドーム装備の頭部はレーダーの格納／展開を選択可能。大気圏内運用を想定したプロペラントタンク類を装備しない状態で組み立てることも可能

■VE-1 エリントシーカー（1/72）
●8 ●2001年発売

劇場版に1カットのみ登場した早期警戒機、エリントシーカーは複座型のVT-1をベースとしたバリエーションキットとして登場。複座型の大型ロートドームをはじめとして、アンテナ装備の背面ブースター、機体下面の通信中継用アンテナ、エンジンナセル両サイドのプロペラントタンク、専用頭部など、特徴的なディテールを多数の追加パーツで再現。機体下面の各種レーダーパーツは、このキットのために河森氏によって用意された新設定

■YF-19 "マクロスプラス"（1/72）
●9 ●2002年発売

VF-1系列以外、初の機体となったのは不動の人気のOVA／劇場作品『マクロスプラス』からYF-19。組み立てやすさを考慮し、機体の各ブロックごとに組み立て塗装後に組み付けられる構成となっている。くわえてキャノピー開閉選択式、着座姿勢のパイロットフィギュア付属とVF-1シリーズでユーザーサイドより要望の多かったポイントを落とし込んだ商品開発の姿勢は高い評価を得た。なお機体下面形状は河森氏による追加設定に基づいている

■YF-21 "マクロスプラス"（1/72）
●11 ●2002年発売

もう一機の主役、YF-21も完全新規金型で登場。YF-19と同時期の商品開発だが、ステルス機然としたパネルラインを用いて設計思想の異なる機体の差別化を演出している。また完成後は見えないが、ディテールの改められたリミッターカットし外装をパージした機体下面のディテールも再現されるなど、メーカーの遊び心も感じられる一品。キャノピーは開閉選択式で、着座姿勢のパイロットフィギュアは劇中での指を組んだポージングを再現している

■VF-0S "マクロスゼロ"（1/72）
●15 ●2004年発売

OVA作品『マクロスゼロ』登場の可変戦闘機VF-0Sのファイター形態を完全新金型で立体化。機体に施されたパネルラインの表現については、VF-1よりも古い機体ということを意識して行なわれたとされるが、機体デザイン自体がVF-1よりも先進性を感じさせるものとなっているため、苦労の跡がうかがえる。エアブレーキとキャノピーは開閉選択式。付属デカールはフォッカー機を再現。着座姿勢のパイロットフィギュアが付属となっている

■SV-51γ ノーラ機 "マクロスゼロ"（1/72）
●16 ●2004年発売

反統合同盟が開発した可変戦闘機SV-51のファイター形態を完全新規金型で再現。ロシア系の設計チームによる機体という設定をうけ、モデルとしても現用ロシア機の雰囲気を随所に盛り込み、表現した意欲作。機体はノーラ搭乗機を再現。機体に施されたグラフィカルなカラーリングはデカールで再現される。キャノピー、リフトファンカバーは開閉選択式、また尾翼も飛行／駐機状態を選択可能。対艦ミサイル、複合ポッド、燃料タンク、ガンポッドが付属

■VF-1 スーパー／ストライク バルキリー（1/72）
●17 ●2004年発売

従来発売されたファイター形態、劇場版仕様のストライクバルキリー、スーパーバルキリー、VF-1S、VF-1Aのパーツをすべて同梱し、ユーザーが選択可能としたいわゆるオールインワンパッケージの普及版キット。カラーリングはスカル小隊のフォッカー機と一条機、マックス機のS型、同じく一条機、マックス機、柿崎機のA型に対応したものが付属となっている。ファストパック以外の付属武装はガンポッドのみ。別売りのウェポンセットとの組み合わせが好ましい一品

■VF-0D "マクロスゼロ"（1/72）
●18 ●2004年発売

劇中にて主人公シンが搭乗した複座型、クリップドデルタ翼を持ったVF-0Dを商品化。複座型のOBをベースとしたバリエーションキットで、前述のデルタ翼、追加されたカナード翼などが新規パーツとして用意されるが、そのスタイルは同系統の機体でありながら趣を大きく異にする。カラーリングはシン搭乗機の空母アスカ所属305号機にくわえ、同じくアスカ所属のグレーを基調とした一般機も再現可能。付属武装はガンポッドのみとなっている

■VF-1A/J/S バルキリー（1/72）
●19 ●2005年発売

A型、J型、S型のすべての頭部パーツを同梱し、デカールも劇場版スカル小隊所属のフォッカー機（S型）、同一条機（A型）、TV版バーミリオン小隊所属の一条機（J型）から選択して製作可能な普及版オールインワンキット。主翼の展開ギミック、ベクタードノズルの可動、エアブレーキ展開選択式といった一連のフォーマットにも含めキット内容に変更はない。オリジナルカラーの機体製作を楽しむ際にはベーシックでありたいモデルといえよう

■VF-11B サンダーボルト "マクロスプラス"（1/72）
●22 ●2011年発売

2040年時点での統合宇宙軍の主力可変戦闘機であるVF-11を完全新規金型で商品化。可変機構を廃し再現、エアブレーキ開閉選択可能、ベクターノズル可動、着座姿勢のパイロットフィギュアが付属となっている。またSV-51でも再現されたシートのフェイスカーテンハンドル再現がなされている。デカールはイサム搭乗機のほかに、一般量産機用の機番、ロービジ仕様の細部コーションデータ、オリジナル設定の部隊マーク等が盛り込まれる

■VF-11B スーパーサンダーボルト "マクロスプラス"（1/72）
●23 ●2012年発売

VF-11Bに大気圏外仕様のファストパックを装備したスーパーサンダーボルトを再現したモデル。既存部品の機体上面のブースターパックとエンジンナセル側面のファストパックパーツ、シャッターの閉じたインテークカバーを新規金型パーツとして追加。またVF-11Cのパーツパーツ内に再現されているブースターパックの角形ノズルがボーナスパーツとして付属している。ガンポッドはB型仕様、オリジナルマークのボーナスデカールが付属

■VF-25F/S メサイア "マクロスF"（1/72）
●24 ●2013年発売

ファイター形態での航空機的表現にこだわったプロポーションと彫刻表現がなされている。F/S型の頭部選択式。主翼は左右連動可動、ベクタードノズル可動、コクピットは複／単座選択式、キャノピー開閉選択式、着座姿勢のパイロット1名付属。主翼下に懸吊する空対空ミサイル×18基、パイロン×6基が付属し、主翼の展開に合わせて角度変更が可能。また主翼先端のシーカー部はクリアパーツが用意され質感向上に一役かっている。デカールはS.M.S所属アルト機とオズマ機の選択式

■VF-25F/S スーパーメサイア "マクロスF"（1/72）
●27 ●2015年発売

宇宙空間戦闘用のスーパーパックを装備したスーパーメサイアを立体化。機体各部スーパーパーツ、主翼部ブースターパック、エンジンユニット位置変更用脚部パーツなどを新規金型で用意。機体上部マイクロミサイルポッドカバーは開閉可能、左右ブースターユニットのノズルはボールジョイント接続で可動、着陸姿勢のパイロットフィギュア付属。頭部パーツはF型/S型選択式。デカールはS.M.S.所属アルト機、オズマ機を選択可能

■Sv-262Hs ドラケンⅢ "マクロスΔ"（1/72）
●28 ●2016年発売

マクロスシリーズ最新作である「マクロスΔ」の登場機体"Sv-262Hs ドラケンⅢ"を完全新金型で早くも立体化。ハセガワのマクロスシリーズ共通の、飛行機模型としての文法で設計されたキットとなっている。キャノピーは完全装甲化されたタイプとクリア成型の部品が付属。尾部のベクターノズルは可動式で、インテーク内のシャッターやコクピット後部の機銃のシャッターは開閉選択式、ガンポッドのせり出しをパーツの差し替え再現可能。マーキングは「ウィンダミア 空中騎士団 キース・エアロ・ウィンダミア 搭乗機」のものが付属する

■VF-1D バルキリー（1/72）
●65755 ●2002年発売

TV版1話に登場した複座機D型は完全限定生産アイテムとしてラインナップ。VT/VE系列と異なる、なだらかな形状の機首部分やコクピット、キャノピー、機体上面、機体下面、そして頭部などが新規パーツとして追加されている。また発色の良好なカルトグラフ社製のシルクスクリーン印刷デカールと専用エッチングパーツが付属しているのもセールスポイント。限定キットである

■VF-1A バルキリー "エンジェルバーズ"（1/72）
●65758 ●2002年発売

TV版1話の冒頭に登場した、5機からなるアクロバットチーム『エンジェルバーズ』の機体を再現した限定生産アイテム。設定上、機体はすべてA型で統一されガンポッドは装備されていない、とされている。キット自体はVF-1Aのデカール/パッケージ変更キットとなるため、ガンポッド形態では不要パーツも同梱される。バトロイド形態ではセーラー服を模したとの裏設定のあるカラーリングはカルトグラフ社製のデカールで再現。予備機の6番も再現可能

■VF-19A "VF-X レイブンズ"（1/72）
●65759 ●2002年発売

プレイステーション用ソフト『マクロスVF-X2』に登場した第727VF-X隊レイブンズ所属の機体を再現したモデル。パーツ構成はYF-19から変更点はなく、デカールとパッケージ変更によるバリエーションキットとし、マクロスプラス劇中での射出後の後部座席整流カバーとパイロットフィギュアはパーツ扱いとなっている。マーキングは部隊マークや機番に加え、VF-1用部隊マークやヴァルハラⅢの部隊マークもおまけとして封入される。限定キット

■VF-1J バルキリー "マックス&ミリア"【2機セット】（1/72）
●65763 ●2002年発売

J仕様のマックス機とミリア機の2機をセットし生産数5000個と銘打った限定生産アイテム。機体パーツは従来製品と変更なく、成型色のみ、それぞれマックス機のブルー、ミリア機のレッドとしている。デカールは専用のものが2機分（2枚構成）が封入されている。なおTV版ミリアミリオン小隊のマックス機も再現できるよう、A型頭部のパーツとデカールも用意されており、マックスファンにはまさにマストな一品

■VF-1D バルキリー "バージンロード"（1/72）
●65464 ●2002年発売

パッケージイラストをキャラクターデザインの美樹本氏描き起こし、生産数を5000個とした限定生産アイテム。キットは劇中で使用された複座のD型をブルーの成型色で用意、専用デカールをパッケージしている。デカールでは機体の所属をマクロス、プロメテウス、アームド1から選択可能、またオリジナル設定のハートをモチーフとしたパーソナルマークなども用意するなど、限定キットにふさわしい遊び心を感じさせる内容となっている

■VF-22S "マクロス7"（1/72）
●65765 ●2003年発売

マクロス7劇中でマックス/ミリアが使用したVF-22SをYF-21のバリエーションキットとしてラインナップ。パーツとしては有視界、手動操縦仕様のコクピットパーツとキャノピー、着座姿勢のパイロットフィギュア、機体下面パネルが新規に用意され、機体下面に装備されていたガンポッドのパーツ一式と脳波操縦仕様のコクピット、ガルドのフィギュアがオミットされ、成型色の変更と専用デカールが用意されている。デカールはミリア搭乗機も選択可能

■VF-1A バルキリー "ロービジビリティ"（1/72）
●65769 ●2003年発売

マクロス進宙に際して、直衛空母プロメテウスに約200機のVF-1が艦載されたとし、大気圏内での運用をメインと想定したグレー系を基調とした迷彩塗装が施された低視認性塗装（ロービジビリティー）を再現したキット。パーツ構成はA型と変更点はなく、パーツの成型色をグレーと、グレーやホワイト、ブラックを配色したマーキングと、構成された専用デカールがパッケージされる。所属艦はマクロス、プロメテウス、アームド1の3種。限定キット

■VF-0B "マクロスゼロ"（1/72）
●65770 ●2004年発売

VF-0のバリエーションモデルとして、作品のプロモーション用ポスターなどに描かれていた複座型の機体VF-0Bを商品化。キットでは複座仕様の機首パーツにくわえ、頭部もB型・D型共用のものが新規パーツとして用意される。キャノピーはVF-1同様、スライド金型を使用しΩ断面としている。商品化に際してオリジナルのカラーリングが想定され、白地に鮮やかな赤が塗り分けられた統合軍宇宙実験航空隊所属機を再現する大判のデカールが付属する。限定キット

■VF-0A "マクロスゼロ"（1/72）
●65771 ●2004年発売

単座仕様のVF-0Sのバリエーションモデル。単装レーザーのA型仕様頭部が新規パーツとして追加されている以外、とくに変更点はない。左右主翼の展開可能、キャノピーとエアブレーキは開閉選択式、エンジンナセル外側に装備されるファストパックの取り付けも選択式となっている。これまでのシリーズを踏襲し、各ブロックを組み立て塗装したのちに全体を組み上げることが出来る設計。デカールは母艦アスカ搭載の機番321号機を再現。限定キット

■SV-51γ イワノフ機/α 量産機 "マクロスゼロ"（1/72）
●65775 ●2004年発売

SV-51γ、ノーラ機の成型色・デカール変更によるバリエーションキット。劇中では反統合同盟のエースパイロット、イワノフの乗機として漆黒の機体が登場、かつてロイ・フォッカーの教官であったとの過去を持ち、熾烈な戦闘を繰り広げる。パーソナルマークの「剣の刺さった真紅の髑髏」はリフトファンカバーに描かれ、キットでもデカールにて再現。黒い機体色も相まってアイキャッチとなっている。量産機のα型のカラーも再現可能。限定キット

■SV-51γ w/ツインブースター "マクロスゼロ"（1/72）
●65776 ●2005年発売

劇中で、最終決戦に向け主翼上面にジェット・ブースターを追加した仕様を再現したバリエーションモデル。キットの基本構成に差異はなく、新規金型による追加パーツとしてブースターユニットと、機体下面に追加された複合ポッドが用意される。またイワノフ機、ノーラ機を選択可能とし、付属デカールは両機のカラーリングをおさめた大判のものが付属となる。ブースター装着に際して、主翼上面に穴を開口する加工が必要となる。限定キット

■VF-0A/S w/ゴースト "マクロスゼロ"（1/72）
●65777 ●2005年発売

劇中、開発の間に合わないVF-0の追加兵装パックの替わりに空母アスカの整備員が用意した、無人戦闘偵察機"QF2200Aゴースト"を改造、ブースターとして機体の背面に装着した姿を商品化。キットは新規追加パーツとして前述のゴースト、翼下の外部兵装としてGA-28Aミサイルポッド×2基、HAIM-95Aランチャーポッド×2基が用意されている。これら武装追加に際し、パーツ取り付けのために機体上面と翼面に穴あけ加工が必要となる。限定キット

■VF-1S バルキリー マクロス25周年記念塗装（1/72）
●65778 ●2007年発売

マクロスシリーズ放映から25年となった'07年、25周年記念塗装キットとして企画されたモデル。ブルーメタリックにゴールドのストライプというカラーリングのデザイン・コンセプトはデザイナーの河森氏、ペイントデザインはマクロスシリーズのパッケージでもお馴染みのイラストレーター天神氏によるもの。モデルはVF-1Sをベースとして、J型、A型の頭部パーツも選択可能。デカールは別売りウェポンセットに含まれる武装やパイロットもカバー。限定キット

■YF-19 マクロス25周年記念塗装（1/72）
●65779 ●2007年発売

VF-1Sと同時に企画された25周年記念塗装キットのもう1機は、VF-1シリーズに匹敵する人気の機体、YF-19。メタリックブルーにゴールドのピンストライプ、25th Anniversaryロゴや専用エンブレムなどが施される。デザインコンセプトはデザイナーの河森氏、ペイントデザインはイラストレーターの天神氏という布陣も同様となっている。機体外縁部を飾るピンストライプはなかなかに繊細で、きれいに貼るにはかなりの集中力を要する。限定キット

■VF-1D バルキリー（新イラストパッケージ）（1/72）
●65780 ●2008年発売

限定生産アイテムとして長らく市場から姿を消していたD型を、イラスト版のパッケージでリニューアル。内容に変更点はなくカルトグラフ社製シルクスクリーン印刷のデカールとエッチングパーツも同梱されている。デカールは劇中登場のVT-102に加えVF-E（可変機開発試験）ロゴ、グレーの統合軍仕様など他にも流用可能なものも含まれる。エッチングパーツは操縦席周辺ディテールは劇場版を再現。

■VF-1A バルキリー "VF-2 ソニックバーズ"（1/72）
●65781 ●2008年発売

劇中には登場しないスコードロンの部隊マーキングを設定し商品化。機体は攻撃空母プロメテウスにVF-1スカルズと共に配備された最初のバルキリー部隊のひとつで統合海軍所属。元ネタはムック本『THIS IS ANIMATION SPECIAL マクロスプラス』（小学館／'95年刊行）に掲載されたイラストによる。モデルはA型の成型色はグレー、デカールはカルトグラフ社製のもので、機番「201」（フルカラー）、「205」（ロービジ）を再現している。限定キット

MACROSS SERIES

■65782 VF-1J スーパー/ストライク バルキリー "SVF-41 ブラックエイセス"(1/72)

■65783 YF-19 "デモンストレーター"(1/72)

■65784 VF-22S "SVF-124 ムーンシューターズ"(1/72)

■65785 VF-0C "VMFAT-203 ホークス"(1/72)

■65786 VF-1A バルキリー "ロールアウト 001"(1/72)

■65787 VF-1A バルキリー "ミンメイ 2009 スペシャル"(1/72)

■65788 VF-1A バルキリー "生産5000機記念塗装機"(1/72)

■65795 VF-11D サンダーフォーカス "マクロス・ザ・ライド"(1/72)

■65797 VF-11B ノートゥングⅡ "マクロス・ザ・ライド"(1/72)

■65799 VF-19A "SVF-569 ライトニングス" w/ハイマニューバ ミサイル (1/72)

■65826 VF-25G メサイア "マクロスF" (1/72)

■65822 VE-11 サンダーシーカー "SVAW-121 ナイトストーカーズ" (1/72)

■65823 VF-1J バルキリー "マクロス30周年塗装機" (1/72)

■65828 RVF-25 メサイア "マクロスF" (1/72)

■65831 VF-25G スーパー メサイア "マクロスF" (1/72)

■65833 VF-1EX バルキリー "マクロスΔ" (1/72)

■65834 RVF-25 スーパー メサイア "マクロスF"(1/72)

■25 VF-1J/A ガウォーク バルキリー (1/72)

■26 VF-1S/A ストライク/スーパー ガウォーク バルキリー (1/72)

■65829 VF-1J スーパーガウォーク バルキリー "マックス/ミリア" (1/72)

■65832 VF-1D ガウォーク バルキリー (1/72)

■10 VF-1 バトロイド バルキリー(1/72)

■13 VF-1A スーパー バトロイド バルキリー(1/72)

■14 VF-1S ストライク バトロイド バルキリー(1/72)

■20 VF-0A/S バトロイド "マクロスゼロ"(1/72)

■21 リアクティブアーマード VF-0S "マクロスゼロ"(1/72)

■65768 VF-1Sストライクバトロイドバルキリー "ミンメイガード" (1/72)

■65761 マクロスゼロ F-14(1/72)

■65762 マクロスゼロ MiG-29 (1/72)

■MC01 YF-19 "マクロスプラス" (1/48)

■MC02 VF-1J/A バルキリー "バーミリオン小隊" (1/48)

■MC03 VF-1S/A ストライク/スーパー バルキリー "スカル小隊" (1/48)

■65790 VF-19A "SVF-569 ライトニングズ" (1/48)

■65792 VF-1S/A バルキリー "スカル小隊" (1/48)

■65798 VF-1A バルキリー "エンジェルバーズ" (1/48)

■65824 VF-1J バルキリー "マクロス30周年塗装機" (1/48)

■65827 VF-1J スーパーバルキリー "マックス/ミリア" w/反応弾 (1/48)

MACROSS SERIES

■VF-1J スーパー/ストライク バルキリー "SVF-41 ブラックエイセス"(1/72)
●65782　●2008年発売

機体はアームドシリーズ空母7番艦RANGERに配備された部隊とされ、J型では機体上面ライトグレイ、下面がホワイトの海軍塗装が施されている。こちらも元ネタは『THIS IS ANIMATION SPECIAL マクロスプラス』掲載のイラスト。パーツ構成はスーパー、ストライク、ノーマルファイターの選択式、頭部パーツはA、J、S型が用意される。スペードのAの赤いアイパッチを付けた髑髏のエンブレムが目を引く。デカールはカルトグラフ社製。限定キット

■YF-19 "デモンストレーター"(1/72)
●65783　●2008年発売

次期全領域戦闘機の候補機として開発されたYF-19の1号機を商品化。パーツ構成に変更はなく、デカール変更によるバリエーションキットとなる。グロスホワイトとスカイブルーに塗り分けられ、機首側面にはゴールドのストライプがひかれている。2号機(イサム機)と異なり機首側面に記されたプロジェクトロゴや尾翼の形式番号など、グラフィカルな印象が強い。キットの成型色はホワイトに変更、シルクスクリーン印刷のデカールが付属する。限定キット

■VF-22S "SVF-124 ムーンシューターズ"(1/72)
●65784　●2008年発売

長距離移民船団護衛軍においてファーストストライクを任務とする数少ない部隊のひとつSVF-124"ムーンシューターズ"の機体を商品化。ロービジ迷彩にノーズアートが描かれている。パーツ構成は有視界・手動操縦仕様のものをベースとしており成型色はグレー、着陸姿勢のパイロットフィギュアは新規パーツとなる。デカールはシルクスクリーン印刷で機番は「00」「03」「09」が用意され、それぞれ異なるノーズアートが描かれている。限定キット

■VF-0C "VMFAT-203 ホークス"(1/72)
●65785　●2008年発売

VF-0シリーズにおいて一度は開発が見送られた単座のデルタ翼機、VF-0Cの商品化。パーツ構成は単座仕様の機首とA型頭部、デルタ翼を組み合わせ、機体上面及び主翼下面に搭載される武装パーツGH-28Aミサイルポッド×4基、HAIM-95ランチャーポッド×2基となっている。カラーリングは機種転換部隊VMFAT-203"Hawks"の機番「00」(ハイビジ)、「01」(ロービジ)の2種を再現可能。シルクスクリーン印刷のデカールが付属する。限定キット

■VF-1A バルキリー "ロールアウト 001"(1/72)
●65786　●2009年発売

1/72のVF-1Aをベースにした、イベント限定販売キット。2009年2月22日(このイベント開催日程は本編の劇中でSDF-1 マクロスの進宙式が開催されたという架空の史実にちなんでいる)に開催された「マクロス超時空進宙式典」にて販売された製品である。マーキングはマクロス劇中時間の2008年11月にロールアウトしたVF-1の1号機という設定のものがセットされており、白地にディープブルーとゴールドのラインがペイントされた鮮やかなものとなっている。いかにもマクロスらしい遊び心のあるキットだ

■VF-1A バルキリー "ミンメイ 2009 スペシャル"(1/72)
●65787　●2010年発売

リン・ミンメイの『ミスマクロスコンテスト』優勝を記念した、幻のスペシャルマーク機という設定の機体。ついに大本命、リン・ミンメイの生みの親である美樹本氏描き起こしのイラストを機体に配したVF-1の登場となった。機体パーツはA型でパーツ変更はなく、デカールは発色の良いシルクスクリーン印刷。機体に貼りこむものののほかにリン・ミンメイの全身像と少し大きめの上半身のデザインがサービスデカールとして付属する。限定キット

■VF-1A バルキリー "生産5000機記念塗装機"(1/72)
●65788　●2009年発売

2013年5月、月面アポロ工場で完成した5000機目のVF-1を商品化。機体のカラーリングはロールアウト1号機と同様に、ブルー、ゴールド、ホワイトを基調とした記念塗装が施され、尾翼には5000を表す「5GRAND」のレターが描かれている。機体のネタ元は『ヴァリアブルファイター・マスターファイル VF-1バルキリー』(SB Creative/刊)による。パーツ構成に変更はなく成型色はホワイト、シルクスクリーン印刷のデカールが付属する。限定キット

■VF-11D サンダーフォーカス "マクロス・ザ・ライド"(1/72)
●65795　●2011年発売

電撃ホビーマガジン誌で連載されたマクロス世界のオリジナルストーリー「マクロス・ザ・ライド」に登場する機体を商品化。YF-19の可変戦闘機を用いたエアレース「バンキッシュ」を中継する報道用の機体を再現。複座型用の機首とキャノピー、コクピットパーツを新規金型パーツで追加。機体下部に懸吊されるGUC-M3改カメラポッドはレジンパーツで用意され、ファインダーユニットは飛行/駐機状態を選択可能。カルトグラフ社製デカールが付属。限定キット

■VF-11B ノートゥングⅡ "マクロス・ザ・ライド"(1/72)
●65797　●2012年発売

『電撃ホビーマガジン』誌の連載企画「マクロス・ザ・ライド」に登場、ヒロインのチェルシーが本編エピローグにて駆ったVF-11Bを商品化。パーツ構成に変更点はなく、成型色をライトブルー、グレー、クリアーとしている。ホワイトで塗り分けられる機体のカラーリングはカルトグラフ社製のシルクスクリーン印刷のデカールが用意され、カラフルなエンブレムとともに機体を彩る。塗装説明図に機体塗り分け用のマスキングガイドが用意されている。限定キット

■VF-19A "SVF-569 ライトニングス" w/ハイマニューバミサイル(1/72)
●65799　●2012年発売

『ヴァリアブルファイター・マスターファイル VF-19 エクスカリバー』(SB Creative/刊)誌にて設定されたSVF-569ライトニングス所属機を1/72スケールで限定生産アイテムとして商品化。既存のYF-19のパーツ構成はそのままに成型色をライトグレーに変更、翼下に懸吊されるハイマニューバミサイル4基とパイロンを新規金型パーツとして追加。パイロン取り付け用の基部となるパーツも用意されているので、主翼本体の開口などの加工は不要。付属デカールはカルトグラフ社製のものが用意されている

■VF-25G メサイア "マクロスF"(1/72)
●65826　●2014年発売

本編12話でガリア4ライブを遂行した、翼下にフォールドスピーカーを装備したミハエル機の印象的な姿を再現することができる。キットは従来製品にG型頭部とスナイパーライフル、フォールドスピーカー、スピーカー取り付け用主翼下面パーツ、後席着座姿勢のフィギュア(ランカ・リー)を新規金型で追加し、成型色をブルーとしたバリエーションキット。スピーカー未装着、単座仕様で組み立てることも可能で、空対空ミサイルも同梱されている。限定キット

■VE-11 サンダーシーカー "SVAW-121 ナイトストーカーズ"(1/72)
●65822　●2014年発売

VF-11の派生型として「マクロス7」に登場、スーパーパックを装備し背面に大型ロートドームを搭載した早期警戒機の特異なフォルムを立体化。ロートドームとC型仕様のガンポッドが新規金型パーツとして追加されている。カラーリングはエデン防衛軍の海上防衛艦隊空母に配備された機体を再現、SVAW-121ナイトストーカーズ所属機としてロートドームに髑髏を描いたオリジナルマーキングを用意。ブースターパックノズル形状はB/C型選択可能。限定キット

■VF-1J バルキリー "マクロス30周年塗装機"(1/72)
●65823　●2013年発売

マクロスの可変トイを展開しているメーカー(株)アルカディアとハセガワの共同企画としたマクロス放映30周年記念塗装機を限定生産アイテムとして商品化。マーキングデザインとパッケージイラストは、イラストレーター天神英貴氏によるもので、機体上面の中央、尾翼とコクピット側面に30周年記念ロゴを、また機体上面とエンジンナセル側面にこれまでに制作されたマクロス作品ロゴが配される。デカールはカルトグラフ社製が付属

■RVF-25 メサイア "マクロスF"(1/72)
●65826　●2014年発売

電子戦装備のルカ機を立体化。背面のロートドーム、機体下面大型アンテナ、頭部が新規金型による追加パーツとなる。ロートドームはポリキャップ接続で回転でき、また左右アンテナの展張も可能。下面大型アンテナも可動する。主翼展開可能、コクピットは単座/複座選択式、キャノピー開閉選択式、着座姿勢のパイロット一体付属。カラーリングは民間軍事プロバイダS.M.S.所属ルカ機で大判のシルク印刷デカールが付属となる。限定キット

■VF-25G スーパー メサイア "マクロスF"(1/72)
●65831　●2016年発売

既発売のスーパーメサイアをベースにミハエル機のVF-25Gを商品化。成型色はブルーに変更されている。頭部がG型となり、付属武装のガンポッドから専用スナイパーライフルに変更されている以外パーツ構成は同じ。コクピットは単座/複座選択式、キャノピー開閉選択式、着陸脚は駐機/飛行状態選択式。なおマクロススタンドは、スーパーメサイア各機の展示に対応していないので要注意。限定キット

■VF-1EX バルキリー "マクロスΔ"(1/72)
●65833　●2016年発売

マクロスシリーズ最新作『マクロスΔ』の第3話に登場したバルキリーをいち早く立体化。機体はVF-1を劇中の年代に合わせてアップデートした機体で、コクピット部分が新型の操縦システムであるEX-ギアに対応した仕様となっている。キットでは形状が既存のVF-1と大きく異なるコクピット内部を新規レジンパーツで再現。練習機として第3話にて操縦訓練を行なったケイオス ラグナ支部所属 マクロスエリシオン搭載機の2機のマーキング(ハヤテ・インメルマン搭乗機/ミラージュ・ファリーナ・ジーナス搭乗機)が付属している。限定キット

■RVF-25 スーパー メサイア "マクロスF"(1/72)
●65834　●2016年発売

先に発売されていたRVF-25のキットに、宇宙空間戦闘用のスーパーパックをセットした商品。上面のロートドームはポリパーツによって劇中同様の回転可動を実現している。また下面のレーダーパネル、ミサイルポッドカバー、ベクターノズルも可動、非常にプレイバリューの高いキットとなっている。キャノピー開閉選択式により飛行状態での展示も可能。マーキングは民間軍事プロバイダ S.M.S所属 ルカ・アンジェローニ搭乗機のものが付属する。限定キット

■VF-1J/A ガウォーク バルキリー(1/72)
●25　●2014年発売

同社のラインナップ初となるガウォーク形態のキット化。ファイター形態の機首、機体上面、主翼などにバトロイド形態の腕部、ガンポッドといった従来のパーツにくわえ、85%以上が新設計となった脚部パーツと展示スタンド、着座姿勢のTV版パイロットフィギュアなどが新規パーツとなっている。脚部の可動は劇中、印象的な八の字に開いて踏ん張ったポージングが可能。頭部パーツはJ型/A型の選択式でTV版バーミリオン小隊を再現可能。展示用スタンドが付属

■VF-1S/A ストライク/スーパー ガウォーク バルキリー (1/72)
●26 ●2015年発売

既発売のガウォーク形態に、バトロイド形態のストライク/スーパーパーツを追加した形でパッケージングし、ストライク/スーパーガウォークとして商品化。キットはストライクとスーパーの選択式。頭部はS型、A型が封入される。付属デカールは劇場版スカル小隊フォッカー機、一条機、マックス機、柿崎機から選択可能。劇場版仕様のパイロットは付属せずTV版パイロットがサービスパーツで付属。スーパーパーツ用統合軍マークも付属。展示用スタンドが付属

■VF-1J スーパーガウォーク バルキリー "マックス/ミリア"
●65829 ●2015年発売

TV版第27話「愛は流れる」、第30話「ビバマリア」劇中での活躍が印象的なマックス/ミリアが搭乗したスーパーバルキリーのガウォーク形態を商品化。既発売のノーマルガウォークのキットにバトロイド用のスーパーパーツを追加する形のバリエーションキットとなっている。着座姿勢のパイロットフィギュアが付属。ホバリング状態で展示可能で角度調節可能なスタンドが付属。デカールは統合宇宙軍マックス機「202」、同ミリア機「303」から選択可能。限定キット

■VF-1D ガウォーク バルキリー (1/72)
●65832 ●2016年発売

TV版第2話でリン・ミンメイを助けるシーンが印象的な、VF-1Dのガウォーク形態を商品化。ファイター形態のVF-1Dの機首、機体上部などをメインに構成されたパーツ類に、新規金型による追加パーツとしてJ/A/S型と取り付け角度が異なるバックパック接続パーツを用意。加えて着座姿勢の一条輝とリン・ミンメイ、立ちポーズ(チャイナドレス)のリン・ミンメイの各フィギュアがレジン製パーツで付属する。デカールは統合宇宙軍所属VT-102。展示用スタンドが付属。限定キット

■VF-1 バトロイド バルキリー (1/72)
●10 ●2002年発売

バトロイド形態のプロポーションと各関節の可動に重点を置き変形機構は再現していない。劇中の印象より、航空機としてのVF-1が変形した想定の人型をやや外したプロポーションのタイミングとボリューム、各部の繊細なパネルラインのディテールも見事。可動部にはポリキャップを使用しスムーズな動作と確実なポージングを両立。一部パーツをカラー成型、スナップキット化するなどキャラクターモデルとしての進歩も感じられる一品

■VF-1A スーパー バトロイド バルキリー (1/72)
●13 ●2003年発売

既発売のバトロイドにスーパーパックを装備した形態スーパーバトロイドのVF-1Aを再現。各ファストパックは新規金型となっている。前作同様、頭部や手の平形状は劇場版のディテールとしている。従来製品では強度不足が指摘された股関節パーツを改良し、内部フレームを新規パーツで用意、またポリパーツも追加することで対応策をとっている。デカールはマックス機と柿崎機を再現、頭部パーツはA型に加え、おまけとしてJ型も同梱

■VF-1S ストライク バトロイド バルキリー (1/72)
●14 ●2003年発売

スーパーパーツ装備バトロイドの隊長機がオプションとして装備可能な連装ビームキャノンを搭載した通称ストライクバトロイドバルキリー。スーパーバトロイド同様、ビームキャノンのパーツをはじめとするファストパック関係はファイター形態と異なる再設計されたパーツが付属する。カラー成型されている胸部のパーソナルカラーはフォッカー機のイエローが付属。デカールは劇場版のフォッカー機、一条機を再現可能としている

■VF-0A/S バトロイド "マクロスゼロ" (1/72)
●20 ●2006年発売

VF-0のバトロイド形態を再現した完全新規金型キット。モデルは頭部形状の異なる一般兵用のVF-0Aと隊長機VF-0Sを選択可能。各関節にはポリキャップを配してスムーズな可動を実現。また足首をはじめボールジョイントを採用することでより自由度の高い自然なポージングを可能としている。また手首は少し加工することで5本の指すべての付け根がボール接続で可動する構造となっており、モデルの表情付けに一役買っている

■リアクティブ アーマード VF-0S "マクロスゼロ" (1/72)
●21 ●2006年発売

VF-0のバトロイド形態時に必要とされる装甲強化案として試作されたリアクティブ・アーマーを纏った姿を商品化。VF-0のバトロイド形態のバリエーションという位置付けであり、上半身はVF-0Sがほぼそのままアーマー内部に組み込まれているものの、アーマーパーツの着脱は不可能となっている。各部のミサイルハッチは開閉選択式でハッチ裏面のディテールも再現されている。モデルはフォッカー機を再現、頭部パーツはS型が付属する

■VF-1S ストライク バトロイド バルキリー "ミンメイガード" (1/72)
●65768 ●2003年発売

模型専門誌『月刊モデルグラフィックス』誌上にイラストレーターの射尾卓弥氏デザイン、川崎一氏製作による作例として掲載されたバルキリーの統合宇宙軍特殊作戦軍団特殊兵器システム開発航空団第87特別援護飛行隊、通称『ミンメイ・ガード』所属機、というアンオフィシャル設定機体の商品化。キットはストライクバトロイドバルキリーと同一、ポップなカラーリングをカルトグラフ社製の高品質なシルクスクリーン印刷のデカールで再現。限定キット

■"マクロスゼロ" F-14 (1/72)
●65761 ●2002年発売

OVA『マクロス ゼロ』第1話に登場した統合軍のF-14トムキャットを再現したキット。ロービジの統合軍マークなどを再現したデカールが付属する。限定キット

■"マクロスゼロ" MiG-29 (1/72)
●65762 ●2002年発売

F-14に続き、『マクロス ゼロ』の第1話に登場した反統合軍のMiG-29を1キット化。パーツは以前より発売されていたハセガワの1/72 MiG-29と同じだ。限定キット

■YF-19 "マクロスプラス" (1/48)
●MC01 ●2009年発売

シリーズの新展開として1/48スケールでのモデライズを開始、第1弾はYF-19が選ばれた。頭部レーザー砲とベクターノズルの可動、コクピットは複座/単座の選択式。キャノピー開閉選択式、主翼は通常状態と高速形態の選択式。エンジンナセル両側面のパネルは着脱選択式でエンジンのディテールも再現。着座姿勢のパイロット付属といったキット内容となっている。パーツ点数を控えめとしながら解像度を高めた彫刻表現が冴える大型キット

■VF-1J/A バルキリー "バーミリオン小隊" (1/48)
●MC02 ●2010年発売

「航空機としてのVF-1」の決定版としてパーツ点数を控えめにしつつ、主要パーツ同士の嵌合部を大きめに設定するなど組み立てやすさと完成時の強度を考慮。コクピットはTV版のデザインで、着座姿勢のパイロットが付属。キャノピーは中央にパーティングラインの入らないタイプと航空機らしいΩ断面形状の2種をセットしユーザーの好みで選択可能。頭部はJ型とA型の選択式、エンジンブロックカバーは別体、武装はガンポッドが付属

■VF-1S/A ストライク/スーパー バルキリー "スカル小隊" (1/48)
●MC03 ●2013年発売

既発売のJ/A型仕様のVF-1バルキリーにも劇場版仕様のスーパー/ストライクパックを装備した姿を立体化。背面ブースターパック、腕部ミサイルブロック、脚部ファストパック、関節を曲げた状態の大腿部とインテークカバー、畳んだ状態の尾翼ブロックが新規パーツとして用意された。見どころとなるファストパック類は1/72スケールの同アイテムと比して、スケールに見合った高い密度感のディテールとしている。頭部はS型/A型選択可能、シルク印刷デカールが付属

■VF-19A "SVF-569 ライトニングス" (1/48)
●65790 ●2010年発売

『ヴァリアブルファイター・マスターファイル VF-19 エクスカリバー』(SB Creative/刊)とのコラボレーションによるオリジナルカラーリング機の商品化。SVF-569 ライトニングスは惑星エデンで運用される新統合宇宙軍の洋上空母CV-339 B.J.グローバルに搭載される飛行隊。ライトグレーにブラックの塗り分けと、その名の通り稲妻をモチーフとするラインが機体各部を彩っている。キットはパーツ構成に変更はなくデカール変更のみ。発色の良いシルクスクリーン印刷デカールが付属。限定キット

■VF-1S/A バルキリー "スカル小隊" (1/48)
●65792 ●2010年発売

既発売のJ/A型仕様のVF-1バルキリーのバリエーションモデル。劇場版仕様の機体をモデライズしており、コクピットとパイロットパーツ、そしてS型の頭部パーツが新規に用意されている。またA型頭部のセンサーカメラ部分のみも劇場版仕様に準じて形状の異なるものが用意される。デカールはスカル小隊のVF-1Sフォッカー機、一条機、マックス機、VF-1A一条機、マックス機、柿崎機を再現。付属武装はガンポッドのみ

■VF-1A バルキリー "エンジェルバーズ" (1/48)
●65798 ●2012年発売

パーツ構成は従来製品から変更点はなく、TV版のVF-1A仕様としてTV版準拠デザインのコクピット、パイロットとA型頭部が用意されている。アクロバットチーム専用機という設定のためガンポッドは不要パーツ扱い。機体カラーリングを再現するカルトグラフ社製のシルクスクリーン印刷デカールが付属、機番の1から5までにくわえ、予備機の6番もカバーする。またパイロットのヘルメットの塗り分けやスーツのストライプまでデカールが用意される拘りよう。限定キット

■VF-1J バルキリー "マクロス30周年塗装機" (1/48)
●65824 ●2013年発売

(株)アルカディアとの共同企画となる本キットは、1/72スケールの同製品発売から4ヶ月後にリリースとなった。パーツ構成に変更はなく頭部はJ型仕様、TV版デザインのコクピットとパイロットが付属する。1/72版では面積が小さくデカール処理とされていたダークグレーの塗り分け部だが、本キットでは塗装指示となる。パイロットのヘルメットとスーツのストライプも用意されるデカールはカルトグラフ社製のものが付属。限定キット

■VF-1J スーパーバルキリー "マックス/ミリア" w/反応弾 (1/48)
●65827 ●2014年発売

劇中、ボドル基幹艦隊との決戦仕様として登場したスーパーバルキリー装備の機体を立体化。RMS-1大型対艦反応弾×6基、パイロン×6基を新規金型パーツとして追加。コクピットとパイロットフィギュアはTV版仕様、頭部パーツもJ型が用意されている。カラーリングはプロメテウス所属マックス機/ミリア機を再現。主翼下面に反応弾のパイロン接続用の穴を開ける加工が必要となるが、主翼の展開に合わせてパイロンの角度が変更可能。限定キット

MACROSS SERIES / VIRTUAROID SERIES

■MC05　SDF-1 マクロス要塞艦 "劇場版"（1/4000）

■65830　SDF-1 マクロス要塞艦 w/プロメテウス＆ダイダロス（1/4000）

■65789　VF-1A/J バルキリー（たまごひこーき）

■65791　VF-1S ストライク/スーパーバルキリー（たまごひこーき）

■MC06　SDF-1 マクロス艦 強攻型 "劇場版"（1/4000）

■65796　YF-19 "マクロスプラス"（たまごひこーき）

■65825　YF-19 w/ファストパック＆フォールドブースター（たまごひこーき）

■6　VF-1 バルキリー ウェポンセット（1/72）

■12　マクロス スタンド（2個セット）（1/72）

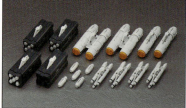
■MC04　VF-1 バルキリー ウェポンセット（1/48）

VIRTUAROID SERIES

©SEGA, 2001　CHARACTERS ©AUTOMUSS
CHARACTER DESIGN：KATOKI HAJIME
©SEGA, 2003　CHARACTERS ©AUTOMUSS
CHARACTER DESIGN：KATOKI HAJIME

※すべて1/100スケール

■VR1　MZV-747-J "テムジン747J"

■VR2　VR-747 "テムジン タイプa8 白虹騎士団"

VIRTUAROID SERIES

■VR3　MBV-747-A/c
"テムジン747A/c"

■VR4　MZV-36T-H
"アファームド・ザ・ハッター"

■VR5　RVR-36-F
"アファームドT タイプF"

■VR6　TF-14A
"フェイ・イェン with ビビッド・ハート"

■VR7　TG-11-M "ガラヤカ"

■VR8　YZR-8000Δ
マイザー・デルタ

■VR9　TF-14 A/M+
"フェイ・イェン[ファイナル 14 スペシャル] ビビッド・シンデレラ"

■VR10　第六工廠八式壱型丙
"悪七兵衛 景清【火】"

■VR11　TF-14 B/C+
"フェイ・イェン[ファイナル 14 スペシャル] ブルー・パニック"

■65552　MZV-747-J
"テムジン 747J【シャドウ】"

■65554　RVR-77-B
"アファームドT タイプB"

■65555　TF-14 B/C
"フェイ・イェン with ブルー・ハート/パニック・ハート"

■65556　TF-14 M
"フェイ・イェン with シンデレラ・ハート"

■65557　747-FF
"テムジン【ファイアフライ】"

■65558　TG-11-M
ガラヤカ【きゅい〜ん・ふろむ・ざ・すかい】

■65559　RVR-62-D/77-X
"アファームド T タイプD/X"

MACROSS SERIES / VIRTUAROID SERIES

■SDF-1 マクロス要塞艦 "劇場版"（1/4000）
● MC05 　●2015年発売

SDF-1マクロスの巡航形態を、劇場版に登場したアームド01、アームド02を両舷に結合した仕様で立体化。箱状になったユニットは内部に桁を組み込む、前後に長いパーツの接続には双方に貫通するようなフレームを通す、といった具合に、完成時の強度を考慮した設計がなされている。メインブリッジの大窓はクリアパーツで再現。脚の一般居住区の窓部分はシャッターとクリア一部品の選択式。肩部レールキャノン可動、専用スタンドが付属

■SDF-1 マクロス艦 強攻型 "劇場版"（1/4000）
● MC06 　●2016年発売

SDF-1の主砲発射形態、強攻型を各部可動のギミックを内蔵して立体化。要塞艦タイプからのパーツ流用はほとんどなく、肩部、上腕、肘、胸部、股関節、足首にポリパーツを配し可動させることでポージングが可能。肩部OT超光速電磁レールキャノン×4も可動式。艦首主砲は発射体制をとることも可能。同スケールのデストロイドマホーク、ディフェンダー、ファランクスが各20体、レリーフ状のパーツで付属する。展示用スタンドが付属。アームド01、02は単体での展示も可能

■SDF-1 マクロス要塞艦 w/プロメテウス&ダイダロス（1/4000）
● 65830 　●2015年発売

劇場版SDF-1のデザインをもとにTV版設定のエッセンスを盛り込んだデザインで商品化。角形ノズルの艦底、艦橋、肩部、増設された副砲、メインノズルカバー、プロメテウス、ダイダロスなどを新規パーツで再現し、また脚ユニットのポジション変更などにも着目。プロメテウスとダイダロスは単体展示も可能。劇場版キット同梱、同スケールのデストロイドモンスター×2、VF-1ノーマルファイター×8、スーパーバルキリー×8、加えて展示用スタンドが付属する

■VF-1A/J バルキリー（たまごひこーき）
● 65789 　●2010年発売

数々の航空機を「卵をモチーフ」にしたデフォルメデザインとして、同社が77年から展開しているたまごひこーきシリーズ。本キットはラインナップ初のキャラクターモデルとなる。主翼可動、キャノピーはクリア成型で上半身の劇場版仕様パイロットフィギュアが付属。飛行状態と駐機状態が選択可能で頭部はJ型、A型が付属する。デカールはシルク印刷でスカル小隊一条機とマックス機、柿崎機、バーミリオン小隊一条機が選択可能

■VF-1S ストライク/スーパーバルキリー（たまごひこーき）
● 65791 　●2010年発売

既発売のたまごひこーきVF-1のバリエーションキット。ストライク/スーパーバルキリー用新規金型パーツとして追加された。背面ロケットブースターは連装ビームキャノン（ストライク）とマイクロミサイルポッド（スーパー）を選択可能。ほかに新規金型で追加されたのはS型の頭部パーツ、シャッターの閉じたインテークカバー、畳まれた尾翼ブロックなど。劇場版の一条機、フォッカー機、マックス機、柿崎機を再現可能なデカールがおまけで付属する。限定キット

■YF-19 "マクロスプラス"（たまごひこーき）
● 65796 　●2012年発売

VF-1同様に人気の高いYF-19がまるっこいフォルムにデフォルメされ、たまごひこーきシリーズのラインナップに加わった。キットは接着剤不要のスナップフィット仕様となり、パーツはアイボリー、グレー、クリアの3色で構成。コクピットには同様にデフォルメされたパイロットが用意され、ガンポッドも付属となる。デカールはイサム機を再現、スケールモデルのシリーズ同様、発色の良好なシルクスクリーン印刷のものが用意される。限定キット

■YF-19 w/ファストパック&フォールドブースター（たまごひこーき）
● 65825 　●2013年発売

惑星エデンから地球衛星軌道上に単機でフォールドした際の装備を、たまごひこーきのYF-19で再現。従来製品にファストパック、フォールドブースター、インテークカバーを新規金型で追加。フォールドブースターの外装カバーには設定どおりクリアパーツが用意される。キットの性格上、ファストパック類のパーツの着脱は出来ない。デフォルメされたパイロットの上半身フィギュア付属、またデカールも従来通りシルク印刷のものが付属。限定キット

■VF-1 バルキリー ウェポンセット（1/72）
● 6 　●2001年発売

これまで発売されたVF-1シリーズの外部兵装を商品化したセット。AMM-1ミサイル×12発、RMS-1大型対艦反応弾×6発、UUM-7マイクロミサイルポッド・ビフォーズHMM-01×4基とそれぞれのパイロン、劇場版のディテールを模した着座姿勢のパイロットフィギュア2体がパッケージングされている。パイロットや兵装に貼付するマーキング類もデカールで用意。兵装の取り付けにはVF-1主翼パーツに取り付け穴を開口する加工が必要となる

■マクロス スタンド（2個セット）（1/72）
● 12 　●2002年発売

2016年現在、スーパーメサイアを除く全ての1/72ファイター形態を展示可能なディスプレイスタンド（YF-21、VF-22S、ドラケンⅢはキットに付属するアタッチメントが必要）。成型色をブルーグレーとし、スタンドは2個セットとなる。差し替え式で4段階に機体の展示角度を変化させることが可能となっている。またベース部に貼る作品タイトルなどのシールが付属。基本的に機体への加工は一切なしで展示することができるが、外部兵装搭載時のVF-1では主翼の展開角度を最大とするなど、調整が必要となる

※作品タイトルのシールは「MACROSS」と「MACROSS PLUS」のみです

■VF-1 バルキリー ウェポンセット（1/48）
● MC04 　●2014年発売

1/48スケールのVF-1に対応したウェポンセット。AMM-1ミサイル×12基、RMS-1大型対艦反応弾×6発、UUM-7マイクロミサイルポッドビフォーズHMM-01×4基。マイクロミサイルは弾頭部分だけでなく、ミサイル本体までパーツ化され、スケールに見合った仕上がりとなっている。また反応弾のパイロンは単発搭載仕様と、劇場版に登場した2発並列搭載仕様を選択して組み立てることができる。反応弾マークやストライプなどのデカールが付属

バーチャロイド シリーズ

■MZV-747-J "テムジン747J"
● VR1 　●2004年発売

ハセガワ バーチャロイドシリーズの第1弾。火星圏で運用されるMARZの主力装備機体で、贅沢なチューニングが施された機体。右手にスライプナーMk.6/mzを装備。キットは各部関節の可動に加え、大腿部前面装甲のスライド可動やマインドブースターの展開ギミックが盛り込まれている。パーツカラーはアイボリー、オレンジイエロー、グレー。クリア部品はブルーをセット。スタイリッシュなマーキングは、デカール+一部塗装で再現する仕様となっている。デカールはMARZ所属機を再現

■VR-747 "テムジン タイプa8 白虹騎士団"
● VR2 　●2004年発売

シャドウ邀撃を目的とする白虹騎士団の専用機体として開発された、VCa9年時点で最強のバーチャロイド。頭部には独自のアンテナユニットを、背部にはグリンプ・スタビライザーを装着し、右手にスライプナーMk.6/wを装備。パーツカラーはアイボリー、ライトグレー、グレー。クリア部品は蛍光グリーンをセット。デカールは白虹騎士団所属機を再現

■MBV-747-A/c "テムジン747A/c"
●VR3　●2005年発売

フレッシュ・リフォーが火星戦線に投入した第三世代型テムジン。A型は軽量強靭なアサルト・アーマーを纏った機体。右手にスライプナーMk.6を装備。キットの頭部アンテナユニットは指揮官機型(A/c)と通常型の選択式。パーツカラーはアイボリー、オレンジイエロー、グレー。クリア部品はグリーンとピンクの2種をセット。デカールは1P(プレイヤー)カラーを再現

■MZV-36T-H "アファームド・ザ・ハッター"
●VR4　●2006年発売

高水準なパフォーマンスを発揮する、イッシー・ハッター軍曹専用のカスタムバーチャロイド。右の腕にプラティック・トンファーVer.sssを装備。キットは、頭部のスーパーソニック・テンガロン脱着をパーツの組み替えで再現。各関節の可動に加え、大腿部前面装甲のスライド可動を再現。握り拳に加え、ハッターらしい表情のついた手首が左右共に1個ずつ付属。パーツカラーはライトグレー、ブルー、グレー。クリア部品はブルーをセット。デカールはMARZ所属機を再現。初回生産版には特典CG集(8ページ)が付属した

■RVR-36-F "アファームドT タイプF"
●VR5　●2006年発売

トランスヴァールが開発した、第三世代型アファームド。T型は大火力装備の支援型で、装備によってバリエーションが複数存在する。TFは右手にマックス・ランチャーT-11、左肩にタイガー・キャノンF13を装備。キットの頭部は指揮官機型と通常型をパーツの差替えで再現。パーツカラーはライトグレー、グリーン、グレー。クリア部品はグリーンとピンクの2種をセット。デカールは1P(プレイヤー)カラーを再現

■TF-14 A "フェイ・イェン with ビビッド・ハート"
●VR6　●2006年発売

リリン・プラジナーが設立した独立ブランドによって手がけられた高性能な女性型バーチャロイド。頭部にはVH用のツインテールを装備し、左手にレイピア(愚者の慈愛)を装備。キットは各関節が可動。パーツカラーはホワイト、ピンク、オレンジイエロー、グレー。クリア部品はグリーンとブルーの2種をセット。デカールは1P(プレイヤー)カラーとMARZ所属機の選択式

■TG-11-M "ガラヤカ"
●VR7　●2010年発売

「ヤガランデ」の制御用として開発された高性能レプリカ バーチャロイド。右手に変幻自在のププニュ・バトンを装備。キットは各関節の可動に加え、クロス前面装甲は通常/湾曲の2種をポージングに合わせて差し替え可能。ププニュ・バトンは、ふつう〜、ふわぁ〜ん・ふろむ・ざ・すかいの2種をセット。爆弾(ないしょ・で・こっそり)が付属。クリア部品はグリーンと透明の2種をセット。デカールは1P(プレイヤー)カラーを再現

■YZR-8000Δ "マイザー・デルタ"
●VR8　●2011年発売

変形機構を持つ、可変バーチャロイド。デルタは多彩な状況からのSLCダイブを得意とする強攻型。右手にマルチ・ランチャー・レブナント 3ver.2.24を装備。キットは一部パーツの差し替えにより、バーチャロイドからモーター・スラッシャーへの変形が可能。各関節が可動。パーツカラーは1P(プレイヤー)カラーをイメージした、マゼンタ、パープル、アイボリー、グレー。クリア部品はグリーンをセット

■TF-14 A/M+ "フェイ・イェン[ファイナル14スペシャル]ビビッド・シンデレラ"
●VR9　●2012年発売

脚線美を追求して、大腿＆すねパーツを新規に作り起こしたリニューアル版。スカートや腰にも可動ギミックが追加され、女の子座りが出来る様になっている。キットはVHとCH型の選択式。4種のチェストシェルと、指揮官機用ティアラ部品もセット。各関節が可動。パーツカラーはホワイト、ピンク、オレンジイエロー、グレー。クリア部品はグリーンとピンクの2種をセット。デカールは1P(プレイヤー)カラーと萌葱白糸折鶴蘭カラーの選択式

■第六工廠八式壱型丙 "悪七兵衛 景清【火】"
●VR10　●2013年発売

平家の侍大将として勇名を馳せた武士の名を持つバーチャロイド。火は縦に長い前立てを装着し、右手に焔乃剣を装備。キットは各関節が可動。背部ブースター及びVコンバーターは差し替えて開閉可能。両肩に装着された盾は、ポージングに合わせて90度回転させて取付ける事も可能。パーツカラーは3P(プレイヤー)カラーをイメージした、オレンジ、あずき色、オレンジイエロー、イエロー、アイボリー、グレー。クリア部品はピンクとグリーンの2種をセット

■TF-14 B/C+ "フェイ・イェン[ファイナル14スペシャル]ブルー・パニック"
●VR11　●2013年発売

美脚パーツ、腰b部可動パーツを使用し、女の子座りが出来る様になったリニューアル版。キットはブルー・ハートとパニック・ハートの選択式。4種のチェストシェルと、指揮官機用ティアラ部品もセット。各関節が可動。パーツカラーはホワイト、ブルー、オレンジイエロー、グレー。クリア部品はグリーンとピンクの2種をセット。デカールは2P(プレイヤー)カラーを再現。萌葱白糸折鶴蘭カラー(BH/PH用のツインテール＆武装部分のみ)がボーナスデカールとして入っている

■MZV-747-J "テムジン 747J[シャドウ]"
●65552　●2005年発売

シャドウに取り込まれ、制御不能となった暴走バーチャロイド。シャドウVRは恐るべき破壊力を持っており、これに対抗するために白虹騎士団が組織されている。右手にスライプナーMk.6/mzを装備。パーツカラーはブルーグレー、レッド、グレー。クリア部品は蛍光レッドをセット。デカールはシャドウカラーを再現。限定キット

■RVR-77-B "アファームドT タイプB"
●65554　●2006年発売

TBはT型の重装甲とパワーを活かした、近接戦闘用の機体。左右の足にタイガー・ブースターを装着し、左腕にタイガー・ブレード V-24、両手にジェット・ガン・システム J-36を装備。キットの頭部は指揮官機型と通常型をパーツの差替えで再現。パーツカラーはサンドイエロー、レッドブラウン、グレー。クリア部品はピンクとグリーンの2種をセット。デカールは1P(プレイヤー)カラーを再現。特典CG集(12ページ)が付属。限定キット

■TF-14 B/C "フェイ・イェン with ブルー・ハート/パニック・ハート"
●65555　●2007年発売

BHは頭部に短めのビッグ・テイルを装着し、左手に大型の剣(強者の妄信)を装備。PHは専用のツインテールを装着し、ボウガン(亡者の懺悔)を装備した機体。キットはブルー・ハートとパニック・ハートの選択式。各関節が可動。パーツカラーはホワイト、ブルー、オレンジイエロー、グレー。クリア部品はグリーンとピンクの2種をセット。デカールは2P(プレイヤー)カラーと4P(プレイヤー)カラーの選択式。限定キット

■TF-14 M "フェイ・イェン with シンデレラ・ハート"
●65556　●2007年発売

左手にペイシェント・トレーを装備し、頭部にはVHと同じツインテールを装着した機体。キットは各関節が可動。レイピア(愚者の慈愛)の部品も付属する。パーツカラーはホワイト、グリーン、オレンジイエロー、グレー。クリア部品はグリーンと透明の2種をセット。デカールは萌葱白糸折鶴蘭カラーと雪の勲カラーの選択式。特典CG集(20ページ)が付属。限定キット

■747-FF "テムジン[ファイアフライ]"
●65557　●2009年発売

地球圏最強のVR-747を駆る「破戒騎士」に対する抑止力として投入された機体。頭部アンテナユニットはSPG-81バニーバニーを装着。右手には接近戦モードのブリッツ・セイバーにのみ機能を限定し、この1点においてVR-747を凌駕する性能を持つ様にチューニングされたデバイス FF-17を装備。パーツカラーはホワイト、オレンジイエロー、グレー。クリア部品はグリーンをセット。デカールはファイアフライを再現。特典CG集(12ページ)が付属。限定キット

■TG-11-M "ガラヤカ[きゅい〜ん・ふろむ・ざ・すかい]"
●65558　●2010年発売

空中からの特攻技「きゅい〜ん・ふろむ・ざ・すかい」を、新規パーツ追加で再現。キットは各関節の可動に加え、クロス前面装甲は通常/湾曲の2種をポージングに合わせて差し替え可能。ネジ止めで角度変更が可能な展示用スタンドが付属する。パーツカラーはパープル、ホワイト、ブルーグレー。クリア部品はピンクと透明の2種をセット。デカールは4P(プレイヤー)カラーを再現。限定キット

■RVR-62-D/77-X "アファームドT タイプD/X"
●65559　●2011年発売

Xbox360版「電脳戦機バーチャロン フォース」発売記念キット 第1弾。TDは肩部と脚部に計4基のタイガー・ランチャー G-21、右手にガン・ランチャー R-24を装備した支援機型。TXは頭部にタイガー・マスク、肩部にタイガー・バスター BG-55、右手にリング・ブラスター GEA-R7、左腕にタイガー・クローを装備した陽動体。キットはTD/TXの選択式。TF、指揮官機型用の部品も付属。パーツカラーはホワイト、ウォームグレー、オレンジイエロー、グレー。クリア部品はピンクと透明の2種をセット。デカールは雪の勲カラーと嵐の勲カラーの選択式。限定キット

HASEGAWA COMPLETE WORKS

VIRTUAROID SERIES

■65560 TF-14 B/C+ "フェイ・イェン with BH/PH+"【フェティッシュ】

■65561 YZR-8000「 "マイザー・ガンマ"

■65563 TG-11-M "ガラヤカ はんまぁスペシャル【おしおき★パピポン】

■65564 YZR-8004 Δ/R FB "マイザー・デルタⅣ タイプR【フェアービアンカ】"

■65565 MBV-747-A/c "テムジン 747A/c【雪の勲】"

■65568 YZR-8000H "マイザー・イータ"

■65569 MZV-747-J "テムジン 747J"【ラジカル・ザッパー】

■65570 第六工廠八式壱型乙 "悪七兵衛 景清【林】"

■65571 第六工廠八式壱型甲/戊 "悪七兵衛 景清【風/鳳】"

■65572 TF-14 A@PSO2 "フェイ・イェン【モデル2014】"

■65573 第六工廠八式壱型丁 "悪七兵衛 景清【山】"

■65574 YZR-8000H/Γ/R "マイザー・イータ/ガンマ タイプR"

■65575 TG-11-M "ガラヤカ【ちょーげんき♪すぺしゃる】"

■65576 第六工廠八式壱型 "悪七兵衛 景清【八島】"

MASCHINEN KRIEGER SERIES

©Kow Yokoyama 2016

■MK01 反重力装甲戦闘機 Pkf.85 ファルケ(1/20)

■MK02 Ma.K. フィギュアセット A(1/20)

■MK03 ルナダイバー スティングレイ(1/35)

■64101 反重力装甲戦闘機 Pkf.85 ファルケ エクサイマーレーザーガン装備(1/20)

■MK04 P.K.H.103 ナッツロッカー(1/35)

■64102 P.K.A. Ausf.G グスタフ(1/35)

■64103 P.K.A. Ausf.M メルジーネ(1/35)

■64104 反重力装甲戦闘機 Pkf.85bis グリフォン(1/20)

■MK05 ヒューマノイド型 無人邀撃機 グローサーフント (1/20)

■64105 宇宙用ヒューマノイド型 無人邀撃機 グローサーフント "アルタイル"(1/20)
※キットは1体分です

■MK07 ロボットバトルV 44型 重装甲戦闘服 MK44 アンモナイツ(スマートガン装備)(1/20)

■MK06 月面用戦術偵察機 LUM-168 キャメル(1/20)

■64106 ヒューマノイド型 無人邀撃機 グローサーフント Ausf.K "キュクロープ"(1/20)

■64109 月面/宇宙用 ヒューマノイド型無人邀撃機 "ペガ/アルタイル"(1/20)

■64107 ロボットバトルV 44型重装甲戦闘服 MK44 アンモナイツ(スマートガン装備&固定武装型)(1/20)
※キットは2体セットです

■64108 ロボットバトルV 月面用重装甲戦闘服 MK44H型 ホワイトナイト(1/20)

■64110 ロボットバトルV 44型重装甲戦闘服 MK44B型 ハンマーナイト(1/20)

VIRTUAROID SERIES

■TF-14 B/C+ "フェイ・イェン with BH/PH+[フェティッシュ]"
●65560 ●2011年発売

Xbox360版「電脳戦機バーチャロン フォース」発売記念キット第2弾。新たにチェストシェル(3種)とヒップバンパーのパーツを追加。胸のサイズをAA60、B65、D65、G65の4種から選択できる様になった。指揮官機用のティアラ部品も新パーツで用意されている。キットはBHとPHの選択が可能。パーツカラーはブルーグリーン、ブルーグレー、ブルー、ホワイト、グレー。クリア部品はピンクをセット。デカールはフレッシュリフォー カラーを再現。限定キット

■YZR-8000「 "マイザー・ガンマ"
●65561 ●2011年発売

ガンマは強行偵察任務に特化した特務型。右手にマジック・ランチャー・レブナント37 ver.2.8を装備。キットは一部パーツの差し替えにより、バーチャロイドからモーター・スラッシャーへの変形が可能。各部関節可動。パーツカラーは4P(プレイヤー) カラーをイメージした、コバルトブルー、ダークブルー、ライトブルーグリーン、マイルドオレンジ、グレー。クリア部品はピンクとレッドの2種をセット。限定キット

■TG-11-M "ガラヤカ" はんまぁスペシャル[おしおき★パピポン]
●65563 ●2011年発売

近接攻撃用はんまぁ「おしおき★パピポン」を、新規パーツ追加で再現。キットは各部関節の可動に加え、クロス前面装甲は通常/湾曲の2種をポージングに合わせて差し替え可能。ネジ止めで角度変更が可能な展示用スタンドが付属する。パーツカラーはブルー、ホワイト、ブルーグレー。クリア部品はグリーンをセット。デカールは氷の勲カラーと2P(プレイヤー) カラーの選択式。限定キット

■YZR-8004 Δ/R FB "マイザー・デルタIV タイプR[フェアービアンカ]"
●65564 ●2012年発売

指揮官機型(タイプR)の頭部部品を新たにセットし、可変VR戦隊「薔薇の三姉妹」が駆る赤いマイザーを再現。右手にマルチ・ランチャー・レブナント 3 ver.2.24を装備。キットはフェアービアンカ、エヴリン、シャルロッテの選択式。各部関節が可動。パーツカラーはレッド、ダークレッド、ピンク、アイボリー、グレー。クリア部品はピンクとブルーの2種をセット。薔薇の模様はパールデカール仕様。限定キット

■MBV-747-A/c "テムジン 747A/c [雪の勲]"
●65565 ●2012年発売

軽量強靭なアサルト・アーマーを纏った第三世代型テムジンのカラーバリエーション機。右手にスライプナーMk.6を装備。キットの頭部アンテナユニットは指揮官機型(A/c)と通常型の選択式。パーツカラーはホワイト、オレンジイエロー、グレー。クリア部品はピンクとグリーンの2種をセット。デカールは雪の勲カラーを再現。限定キット

■YZR-8000H "マイザー・イータ"
●65568 ●2013年発売

イータは高機動性能と安定した戦闘性能を併せ持つ標準型。右手にパワー・ランチャー・レブナント16 ver.1.4を装備。キットは一部パーツの差し替えにより、バーチャロイドからモーター・スラッシャーへの変形が可能。各部関節可動。パーツカラーは2P(プレイヤー)カラーをイメージした、パープル、マゼンタ、アイボリー、グレー。クリア部品はグリーンとピンクの2種をセット。限定キット

■MZV-747-J "テムジン 747J [ラジカル・ザッパー]"
●65569 ●2013年発売

プレイステーション3版「電脳戦機バーチャロン マーズ」配信記念キット。新たに大型のラジカル・ザッパー部品を追加し、遠距離ターボ攻撃状態を再現。展示用のスタンドも付属。キットは通常サイズのスライプナーMk.6/mzと747J/V用の頭部アンテナ部品も付属。パーツカラーはアイボリー、オレンジイエロー、グレー、透明(スタンド)。クリア部品はブルーをセット。デカールはMARZ所属機を再現。限定キット

■第六工廠八式壱型乙 "悪七兵衛 景清[林]"
●65570 ●2013年発売

菱形の前立てを装着し、右手に双林乃薙槍を装備。キットは各部関節が可動。背部ブースター及びVコンバータは差し替えて開閉可能。両肩に装備された盾は、ポージングに合わせて90度回転させて取付ける事も可能。パーツカラーは2P(プレイヤー)カラーをイメージした、グリーン、ダークグリーン、オレンジイエロー、ホワイト、アイボリー、グレー。クリア部品はグリーンとピンクの2種をセット。限定キット

■第六工廠八式壱型甲/戌 "悪七兵衛 景清[風/凰]"
●65571 ●2014年発売

三日月形の前立てを装着した風/凰を再現。キットは、右手に烈嵐、左手に疾風を装備した風、右手に夕凪、左手に朝凪を装備した凰の選択式。夕凪と朝凪を組み合せた弓モードや、新設定の夕凪&朝凪用ホルダーの部品もセット。パーツカラーは1P(プレイヤー)カラーをイメージした、ブルー、ダークブルー、朱、ホワイト、アイボリー、グレー。クリア部品はグリーンとピンクの2種をセット。限定キット

■TF-14 A@PSO2 "フェイ・イェン[モデル2014]"
●65572 ●2014年発売

PSO2とのコラボ企画から誕生した機体。PSO2世界の右利きフェイ・イェンを再現するため、新規の武器持ち手首パーツが追加されている。キットは女の子座りが出来るリニューアルパーツ、4種のチェストシェルと、指揮官機用のティアラ部品も付属する。ペイシェント・トレーの部品も付属する。パーツカラーはホワイト、ピンク、レッドピンク、オレンジイエロー、グレー。クリア部品はグリーンをセット。デカールはPSO2に登場した1P(プレイヤー)カラー。おまけデカールとして、アークススターなどが数種付属する。限定キット

■第六工廠八式壱型丁 "悪七兵衛 景清[山]"
●65573 ●2014年発売

山は、鳥のくちばしの様な面頬、額に頭襟を装着し、右手に霊鷲乃薙刀を装備。キットは各部関節が可動。背部ブースター及びVコンバータは差し替えて開閉可能。両肩に装備された盾は、ポージングに合わせて90度回転させて取付ける事も可能。パーツカラーは4P(プレイヤー)カラーをイメージした、ブラウン、ダークブラウン、オレンジイエロー、イエロー、アイボリー、グレー。クリア部品はピンクとグリーンの2種をセット。特典CG集(8ページ)が付属。限定キット

■YZR-8000H/Γ/R "マイザー・イータ/ガンマ タイプR"
●65574 ●2015年発売

「電脳戦機バーチャロン」20周年記念キット第1弾。変形ギミック強化のため、一部のパーツをVer.1.1にバージョンアップ。イータとガンマの選択式キット。一部パーツの差し替えにより、バーチャロイドからモーター・スラッシャーへの変形が可能。頭部は指揮官機型と通常型の選択式。モーター・スラッシャー形態を展示可能なスタンドが付属。パーツカラーは雪の勲カラーをイメージした、ホワイト、ブラック、ライトグレー、グレー。クリア部品はグリーンと透明の2種をセット。特典CG集(8ページ)が付属。限定キット

■TG-11-M "ガラヤカ[ちょーげんき♪すぺしゃる]"
●65575 ●2016年発売

「電脳戦機バーチャロン」20周年記念キット第2弾。「ふつぅ〜」「はんまぁ」「きゅい〜ん・ふろむ・ざ・すかい」「ふわぁん・ふろむ・ざ・すかい」「ないしょ・で・こっそり」を部品の差し替えで再現可能。各部関節の可動に加え、クロス前面装甲は通常/湾曲の2種をポージングに合わせて差し替え可能。展示用スタンドが付属する。パーツカラーはピンク、ホワイト、ブルーグレー。クリア部品はピンクと透明の2種をセット。デカールは3P(プレイヤー)カラーと砂の勲カラーの選択式。ガラヤカとヤガランデを掲載した特典幻獣CG集(8ページ)が付属。限定キット

■第六工廠八式壱型 "悪七兵衛 景清[八島]"
●65576 ●2016年発売

「電脳戦機バーチャロン」20周年記念キット第3弾。モデリングまでされていなかった景清の指揮官機型。頭部に大型の前立てを装着し、2本の刀を装備。キットは「八島」「火」「風」「凰」の選択式。パーツカラーはシャドウカラーをイメージした、ブルーグレー、ブラック、オレンジイエロー、ライトグレー、グレー。クリア部品は蛍光レッドと透明の2種をセット。限定キット

マシーネンクリーガーシリーズ

■反重力装甲戦闘機 Pkf.85 ファルケ（1/20）
●MK01　●2009年発売

Ma.K.シリーズ第1弾は月刊『ホビージャパン』誌1983年3月号の掲載以来、不動の人気を誇る反重力戦闘機ファルケ。2008年の製品化発表時にはスケールが未定だったが、原作者・横山 宏氏の要望で1/20に決定。全長286mmの大型モデルとなった。シリーズの原型は脊戸真樹氏が担当。精度の高さに加え、本体を上下2パーツの分割にするなど組みやすさも考慮されている。サイトウヒール氏原型によるフィギュアが2体付属。塗装カードが1枚付属するが、初回版は特別な2枚構成版が同梱された

■Ma.K. フィギュアセット A（1/20）
●MK02　●2009年発売

シリーズ01のファルケと組み合わせられる傭兵軍の寒冷地仕様フィギュア4体セット。ひたむきに作業する整備兵や休息するパイロットなど多彩な表情のフィギュアがサイトウヒール氏、平田英明氏によって新規造形された。スパナ、ドライバーやワイヤーカッター、工具箱、ジェリ缶など付属する小物も充実。ディテールの精巧さも特筆に値する。デカールには整備部隊バージョンを含む傭兵軍の部隊マークが多数収録されており、各部隊を解説したカードが付属

■ルナダイバー スティングレイ（1/35）
●MK03　●2009年発売

オリジナルモデルが1/20で50cmを超える傭兵軍の月面揚陸艇ルナダイバーは1/35スケールでキット化された。1/35といえど全長は30cm。付属スタンドを使い飛行状態で展示する。オリジナルからディテールがブラッシュアップされ、機体表面を這うパイプのモールドが小気味良い仕上がりに。新設定のコクピット内部も再現され、着座姿勢と機体から降りる姿勢の2種のパイロットが付く。同スケールのファイアボールSG、SGプラウラーが各1体同梱されている。塗装カードが付属

■反重力装甲戦闘機 Pkf.85 ファルケ エクサイマーレーザーガン装備（1/20）
●64101　●2010年発売

シリーズ01のバリエーションキットとして、『Ma.K.B.D.』（小社刊）で描かれたエクサイマーレーザー搭載型ファルケが限定生産された。キット化に伴い、新規造形のエクサイマーレーザーには1/8ル ローヌ110馬力エンジンのパーツを模したディテールを追加。同キットは横山氏がSF3D時代から好んで使用したものでハセガワの面目躍如たるだろう。本体左側にレドームが装備されない状態を再現するパーツが付くなど、マイナーチェンジも楽しめる。塗装カードが付属

■P.K.H.103 ナッツロッカー（1/35）
●MK04　●2010年発売

SF3D時代からファルケと並んで屈指の人気を誇る無人大型ホバー駆逐戦車ナッツロッカーをキット化。シリーズ03のルナダイバー同様、1/20のオリジナルモデルが50cmを超えるため製品は1/35となった。本体下部は滑らかなカーブを描き接地しないのが特徴だが、これは猫背で飛びかかるようなシルエットを横山氏がイメージしているためで、流麗なフォルムを巧みに再現している。底面ホバー部が新たに設定され、同スケールのグスタフとメルジーネが付属する。塗装カードが付属

■P.K.A. Ausf. G グスタフ（1/35）
●64102　●2011年発売

シリーズ04付属のグスタフを2体セットで限定生産。左腕は通常のレーザーガン装備と工具タイプのマニピュレーターの選択式で、武器もノイパンツァーファウストとパンツァーシュレックのどちらかを選ぶことができる。1/35というスケールを考慮してポーズは好きな角度で接着固定する方式。上半身のフィギュアには2種類のヘッドが用意され、キャノピーはクリアーパーツで再現されている。新規ボックスアートで塗装カード、デカールが付属する

■P.K.A. Ausf. M メルジーネ（1/35）
●64103　●2011年発売

グスタフ同様、シリーズ04付属のメルジーネも2体セットで限定生産。ボディシェル以外はグスタフと共通のランナーが入っているので、左腕や武器は同じように選択式となる。メインハッチがボディシェルと一体化されていてフィギュアを入れることはできないが、グスタフに比べ工作が容易になり、数を多く作るにはもってこいのキットともいえる。新規ボックスアートで塗装カードが付属。グスタフと共通のデカールには1/20用も収録されている

■反重力装甲戦闘機 Pkf.85bis グリフォン（1/20）
●64104　●2011年発売

ファルケのバリエーションキット第2弾。シリーズ01のファルケ製品化決定に乗じ横山氏がデザインした最後期型。エクサイマーレーザー装備型で、新規ランナーには増加装甲、強化スタビライザー、大型オプティカルシーカー、サンドフィルターの7パーツ。最小限のパーツ追加で従来のファルケの印象を変えることに成功した新型機が限定で生産された。ファルケがFで始まることから、名称はGで始まるグリフォンに決定した。塗装カードが付属。限定キット

■宇宙用ヒューマノイド型無人邀撃機 グローサーフント "アルタイル"（1/20）
●64105　●2012年発売

2009年に発表されたグローサーフントの宇宙用であるアルタイルが限定生産でラインナップに加わった。推進機関などを内蔵した背部フェアリングやスタビライザー兼ロングレンジアンテナ、大型ノズルなど地上型と大きく異なるフォルムも魅力。シルエットが違うので新金型による追加パーツも多く、ボリュームのあるバリエーション仕様といえよう。デカールには頭部に貼る大きめのドクロなど鮮烈な印象のマークが多数付属する。塗装カードが付属

■ヒューマノイド型無人邀撃機 グローサーフント（1/20）
●MK05　●2011年発売

月刊『ホビージャパン』誌1985年7月号に掲載された設定全高3mのグローサーフント。オリジナルモデルは長らく紛失したと思われていたが、2000年代の発掘・復元を経て脚光を浴びたシュトラール軍のヒューマノイド型無人兵器による無人邀撃機を全身可動キットとして再現。オリジナルのフォルムを探究したうえで部分的に形状がアップデートされている。オプションパーツとしてスモークディスチャージャーが付属。塗装カードが付属

■ロボットバトルV 44型重装甲戦闘服 MK44 アンモナイツ（スマートガン装備）（1/20）
●64107　●2015年発売

先行して2体セットで限定生産されたMK44アンモナイツのスマートガン装備型が定番商品として単体で発売。2体セット版と同様に背面に取り付けられるパーツが複数用意されていて、細部の異なる機体を作り分けることができる。新規パーツとしてサイトウヒール氏原型による全身像のパイロットフィギュアが付属。ゴーグルの位置やマスクを選択して接着することが可能となっている。塗装カードとデカールは単体用に新たなデザインが用意された

■月面用戦術偵察機 LUM-168 キャメル（1/20）
●MK06　●2013年発売

従来のキットとは毛色が異なる傭兵軍の二足歩行型月面用戦術偵察機キャメルのオリジナルモデルを参考にしたプロポーションは秀逸で、複雑な構造の脚部もコード類を含め上手にまとめている。緊急時にレスキューボールとなる球状のコクピットには簡易宇宙服のパイロットが収容でき、コクピット内部の機構も細密に再現しているのも見どころのひとつだ。通常版のキャノピーはスモークグレーだが、イベント限定でクリアーのバージョンが販売された。塗装カードが付属

■ヒューマノイド型無人邀撃機 グローサーフント Ausf.K "キュクロープ"（1/20）
●64106　●2013年発売

地上用グローサーフントのキット化決定後にデザインされたバリエーション機。パンツァーシュレックが左右2連装となった武装強化型で、限定生産でキット化された。肩アーマーと足はアルタイルのものとなり、防御力、安定性も向上。単眼のグローサーフントがキュクロープ（サイクロプス）と呼ばれていたが、武装強化型のKから正式名称になったという設定だ。連装シュレックの後端や本体接続部など幾何学的なパーツの美しさが目を見張る。塗装カードが付属。限定キット

■月面/宇宙用ヒューマノイド型無人邀撃機 ベガ/アルタイル（1/20）
●64109　●2015年発売

月の地表付近で支援戦闘に特化するため推進用バーニアとスタビライザー兼ロングレンジアンテナを外したベガが限定発売された。アルタイルに必要なパーツも同梱されているのでベガとアルタイルのコンパーチブルキットとなった。ベガ用新規パーツはノズルを除去した部分を塞ぐパーツやステンレス製のロッドアンテナなどが同梱された。比較的長めのロッドアンテナはSF3D時代によく見られた表現で、アルタイルと誤認させる措置でもあった。塗装カードが付属

■ロボットバトルV 44型重装甲戦闘服 MK44 アンモナイツ（スマートガン装備&固定武装型）（1/20）
●64107　●2014年発売

横山氏原作による『ロボットバトルV』の登場兵器がMa.K.シリーズに加わった。第1弾は主役メカの位置付けのパワードスーツMK44。1986年発表のスマートガン装備型と新たにデザインされた固定武装型の2体セットで限定生産された。独特なフォルムから名称はアンモナイツに決定。ボディシェルが開閉可能で正式な設定があかされた内側の機関部が考察され、プロポーション、可動、内部構成とバランスの取れた傑作モデルとなった。足のホバーは着脱可能

■ロボットバトルV 月面用重装甲戦闘服 MK44H型 ホワイトナイト（1/20）
●64108　●2014年発売

MK44の月面用であるH型ホワイトナイトが限定生産キットとして地上用に続いて登場。宇宙用は地上用に比べ露出の少ないメカで、キット化を心から知るファンも少なくなかった。アポロ月着陸船の着陸脚がモチーフとなったバーニアノズル装備の足、長砲身のスマートガンなど横山パワードスーツ中では珍しい特徴を持つ。剣道のような面シュレックは透明パーツを塗装して再現した。宇宙仕様のパイロットの上半身も付属する

■ロボットバトルV 44型重装甲戦闘服 MK44B型 ハンマーナイト（1/20）
●64110　●2016年発売

横山 宏氏による『ロボットバトルV』に登場するMK44重装甲戦闘服のバリエーションキット。横山氏によって起こされた新規デザインを立体化したもので、ボディシェルの左右に取り付けられるレーダーバルジを新規プラスチック製パーツで再現。シーカーも通常のMK44とは形状が異なる性能向上型シーカーがセットされるなど、ディテールの変化を捉えたプラモとなっている。さらに武器としてこちらも新規に立体化されたUBRランチャーが付属。両面カラーの塗装カードも付いており、ボックスアートは横山 宏氏が担当している

CREATOR WORKS SERIES

■CW01　スペースウルフ SW-190 (1/72)

■CW02　サンタ・クルス "とある飛空士への追憶" (1/72)

■CW03　エースコンバット 震電Ⅱ (1/72)

■CW05　宇宙海賊戦艦 アルカディア (1/1500)

■CW04　たまごひこーき "輪廻のラグランジェ" ウォクス・アウラ

■CW06　モーレツ宇宙海賊 弁天丸 (1/1300)

■CW07　"ラストエグザイル -銀翼のファム-" タチアナのヴァンシップ&ファムのヴェスパ (1/72)

■CW08　宇宙海賊戦艦 アルカディア 二番艦（1978TVアニメ版）(1/1500)

■64711　「わが青春のアルカディア」メッサーシュミット Bf109G-6 (1/48)

■64737　「エリア88」J35J ドラケン "風間 真" (1/48)

■64743　「終末のイゼッタ」エクセ・モラーヌ（モラーヌソルニエ MS406ES）w/ボーナスフィギュア (1/72) ※フィギュアは1/35スケール

■64717　「紫電改のマキ」川西 N1K2-J 局地戦闘機 紫電改 (1/48)

©MODERHYTHM/Kazushi Kobayashi

CREATOR WORKS SERIES

■CW09 メカトロウィーゴ No.01 "あか&きいろ"(1/35)

■CW10 メカトロウィーゴ No.02 "ミルク&カカオ"(1/35)

■CW11 メカトロウィーゴ No.03 "みずいろ&ももいろ"(1/35)

■CW12 20 メカトロウィーゴ No.01 "うすみどり"(1/20)

■CW13 20 メカトロウィーゴ No.02 "おれんじ"(1/20)

■64745 20 メカトロウィーゴ No.03 "れとろ"(1/20)

©あらゐけいいち/KADOKAWA
■64730 メカトロウィーゴ No.04 "ウォーム&クール" 【東雲研究所ver】(1/35)

ULTRA SERIES

©円谷プロ

■UM1 ウルトラホーク 1号(1/144)

■UM2 ジェットビートル(1/72)

クリエイターワークスシリーズ

■スペースウルフ SW-190（1/72）
●CW01　●2011年発売

『宇宙海賊 キャプテンハーロック』に登場するアルカディア号の艦載機、スペースウルフを立体化したキット。「あらゆるジャンルのトップクリエイターに注目し、その作品をキット化する」というクリエイターワークスシリーズ第一弾の商品だ。機体下面の垂直尾翼はポリキャップを使い差し替えで劇中同様の展開状態と収納状態を再現。併せてランディングギアも格納時と展開時が選択できる。着座姿勢のパイロットフィギュア1体と、展示用スタンドが付属する

■サンタ・クルス "とある飛空士への追憶"（1/72）
●CW02　●2012年発売

2011年に公開された劇場アニメ作品『とある飛空士への追憶』に登場した機体。架空の機体ながら、複座の水上偵察機という題材に対して飛行模型的解釈を盛り込みつつ立体化している。着水用のフロートは展開した状態と収納した飛行状態をそれぞれ選択して組み立てができる仕様となっており、コクピットに搭乗させられるフィギュアやクリア成型の専用スタンドも付属する。さらにキットには劇中に登場したゴムボートなども同梱されている。シャルルとファナのフィギュア各2体と、展示用スタンドが付属

■エースコンバット 震電Ⅱ（1/72）
●CW03　●2012年発売

ゲームソフト『エースコンバット アサルト・ホライゾン』に登場した河森正治氏による新規デザイン機を立体化したキット。飛行モードによって異なる3種の形態を選んで組み立てられるよう、カナード翼と尾翼は可動式、またエンジンの排気ノズルは通常時と下向きの状態の選択式で、展示用スタンドも付属するキット内容となっている。近年のハセガワ製飛行機模型と同様に、主脚は飛行状態と駐機状態を選んで組み立てができる。洋上迷彩を再現できるのも特徴だ

■宇宙海賊戦艦 アルカディア（1/1500）
●CW05　●2012年発売

クリエイターワークス第5弾となったのが、宇宙海賊キャプテンハーロックの乗艦アルカディア号。『劇場版銀河鉄道999』に登場した、艦首にドクロのマークが配された姿での立体化となった。キットはグリーン、ホワイト、ブラウン、ブラック、クリアイエローの5色による成型で、専用ディスプレイスタンドやナイフ型衝角（ラム）と1/1500スケールの999号が付属する。ボックスアートは加藤直之氏による描き下ろしである

■たまごひこーき "輪廻のラグランジェ" ヴォクス・アウラ
●CW04　●2012年発売

クリエイターワークス第4弾となったのが、アニメ『輪廻のラグランジェ』の主役メカ"ヴォクス・アウラ"のたまごひこーきバージョン。ライトグリーン、ホワイト、オレンジ、グレー、クリアパープルの5色で成型されており、さらに目の部分などを再現するシールも付属。機体中央の頭部パーツを取り外すことで、グッドスマイルカンパニーから発売されている「ねんどろいど 京乃まどか」を機体の上に乗せることができるようになるギミック付きだ。2012年末には、「ヴォクス・リンファ」「ヴォクス・イグニス」も限定キットで発売された

■モーレツ宇宙海賊 弁天丸（1/1300）
●CW06　●2012年発売

クリエイターワークス第6弾がTVアニメ『モーレツ宇宙海賊』の宇宙海賊船『弁天丸』。接着剤不要で組み立てられるキットで、ダークグレー成型の本体を組み立ててから各部の赤いパネルを取り付けていくというプロセスで仕上げることができるキットだ。またブリッジは劇中同様に通常時と戦闘時のポジションを選択でき、エンジンポッド側面などに施されたマーキングを再現するためのデカールも付属している。ボーナスパーツとして、1/12フィギュア用の弁天丸プラモパーツと1/12ニッパーもパーツ化されている

■"ラストエグザイル-銀翼のファム" タチアナのヴァンシップ＆ファムのヴェスパ（1/72）
●CW07　●2012年発売

TVアニメ『ラストエグザイル -銀翼のファム-』に登場したタチアナ・ヴィスラ専用の赤いヴァンシップと主人公ファムが搭乗するヴェスパの1/72スケールキットがクリエイターワークスの第7弾として発売された。胴体後部のクラウディア管などは非常にシャープ。また機体の形状もクラシックカーのようなフォルムをよく捉えており、組み立てやすいパーツ構成も魅力のキットです。ファムのヴェスパは小さいサイズながら、精密な出来映えとなっている。タチアナ、アリスティア、ファム、ジゼルの着座姿勢フィギュアと展示用スタンドが付属

■宇宙海賊戦艦 アルカディア 二番艦（1978TVアニメ版）（1/1500）
●CW08　●2014年発売

TVアニメ『キャプテンハーロック』に登場したアルカディア号の完全新金型キット。アルカディア号は複数建造されており、これはその二番艦という設定だ。複雑な形状の艦橋や主砲である三連装パルサーカノンの砲身にはスライド金型を使用している。また同スケールの艦載機「コスモウイング」が2機とトチローの墓標をイメージした展示用スタンド、艦首のナイフ型衝角（ラム）、艦首や艦尾楼のレリーフを再現したデカールなど付属品も充実した内容である

■「わが青春のアルカディア」メッサーシュミット Bf109G-6（1/48）
●64711　●2016年発売

松本零士氏による人気コミック『戦場まんがシリーズ』に登場した機体をモデライズしたシリーズ。以前にもアクロハセガワから『戦場まんがシリーズ』のキットが発売されていたが、現在クリエイターワークスシリーズとして発売されているキットは、ボックスアートが原作イラストを使った新規デザインとなっている。こちらは「わが青春のアルカディア」に登場したファントム・F・ハーロックⅡ世が搭乗したBf109G-6を立体化したキット。初期マーキングと「ARCADIA」の文字がプラスされた後期マーキングのデカールが付属している

■「エリア88」J35J ドラケン "風間 真"（1/48）
●64737　●2016年発売

新谷かおる氏によるコミック『エリア88』に登場した傭兵たちの機体を立体化したシリーズ。『エリア88』は過去に数回ハセガワからキット化されているが、クリエイターワークスの一環として展開されたこのシリーズでは2016年時点で、1/48のキットが3種発売されている。このドラケンは劇中、主人公の風間 真がクフィルの次に搭乗した機体であり、キットでは炎のたてがみを持つユニコーンパーソナルマークが描かれた機体を再現している。このドラケンの他、「F-8E クルーセイダー "風間 真"」「F-14A トムキャット "ミッキー・サイモン"」が発売中

■「終末のイゼッタ」エクセ・モラーヌ（モラーヌソルニエ MS406ES）w/ボーナスフィギュア（1/72）
●64743　●2016年発売

2016年10月にスタートしたTVアニメ『終末のイゼッタ』に登場する航空機を立体化したシリーズ。この「1/72 エクセ・モラーヌ」は既存のモラーヌソルニエ MS406のキットに、劇中に登場するエイルシュタット公国空軍所属機のデカールをセットしたもの。このキットの特典として、1/35で主人公イゼッタを再現したレジン製フィギュア（付属の対戦車ライフルはメタル部品）が付属。このキットの他にも、『終末のイゼッタ』のキットとして「1/48 ユンカースJu87B-2 スツーカ」「1/48 メッサーシュミットBf109E-4」が発売されている

■「紫電改のマキ」川西 N1K2-J 局地戦闘機 紫電改（1/48）
●64717　●2015年発売

野上武志氏によって月刊『チャンピオンRED』（秋田書店／刊）にて連載中のコミック『紫電改のマキ』に登場する各種の機体をキット化したシリーズの第一弾。このシリーズは1/48だけでなく、1/72、1/32でも展開されている。キットは1/48 紫電改 前期型のパーツに特製のデカールをセットした内容。垂直尾翼のマークはウサギのエンブレムと初登場時の「石神新撰組」のマークを選択できる。さらにこのデカールにはパイロットである羽衣マキのキャラクターイラストが数種類印刷されているため、好きな場所に貼ることもできる

CREATOR WORKS SERIES

■メカトロウィーゴ No.01 "あか&きいろ" (1/35)
●CW09 ●2015年発売

クリエイターワークス第9弾は3DCGモデラー兼原型師である小林和史氏によるオリジナルデザインの「児童用メカトロボット」、メカトロウィーゴのインジェクションプラスチックキットとなった。キットには"あか"と"きいろ"の色違いの2体がセットされており、ウィーゴ自体の組み立てには接着剤は不要なので簡単なプロセスで誰でも完成させることができる。子供用のロボットらしく、同スケールの男の子と女の子のフィギュアも付属する。CW09～11の3種（計6色）が同時発売された

■メカトロウィーゴ No.02 "ミルク&カカオ" (1/35)
●CW10 ●2015年発売

シックなカラーリングの"ミルク"と"カカオ"のセット。こちらも無塗装、接着剤なしで組み立ててもパッケージに近い完成品を作ることができるキットだ。メカトロウィーゴシリーズのキットは当然ながら設計が共通しているため、色違いのキットを複数集めて外装を組み替えることができる。自分好みのカラーリングのウィーゴを簡単に作ることができるのもこのシリーズのポイントだ

■メカトロウィーゴ No.03 "みずいろ&ももいろ" (1/35)
●CW11 ●2015年発売

パステルカラーを基調とした"みずいろ"と"ももいろ"のセット。メカトロウィーゴシリーズのボックスアートは漫画家あらゐけいいち氏によるもので、全てが描き下ろしとなっているのも嬉しいポイント。この"みずいろ&ももいろ"も各部の関節が可動し、おなか自体のコクピットが開いて付属のフィギュアを乗せられるなどギミックは満載。接着剤不要で本体を組み立てられる点などもシリーズの他のキットと同様だ

■20 メカトロウィーゴ No.01 "うすみどり" (1/20)
●CW12 ●2016年発売

1/35スケールで展開されてきたメカトロウィーゴシリーズだったが、新たに1/20スケールでのシリーズが登場となった。キットを組み立てた時の全高が13cmとスケールと共にサイズが大きくなったのでディテールとギミックが1/35のキットよりも充実しており、腹部のハッチオープンから搭乗ユニットの昇降を差し替え無しで可動させることができる。また、腹部や背面の一部のパネルは取り外せ、内部のメカや構造が再現されている。同スケールの男の子フィギュアが付属

■20 メカトロウィーゴ No.02 "おれんじ" (1/20)
●CW13 ●2016年発売

前述の"うすみどり"と同時に発売されたのがこの"おれんじ"のメカトロウィーゴ。名前の通りオレンジ色を基調とした成型色での立体化となっている。1/20スケールのシリーズ共通となる、手首を伸ばせる新設定のギミックを搭載しているのも特徴。頭頂部のハッチの開閉も可能になっている。また、膝や足首の可動にも干渉する外板が自然に逃げるようになっており、より自然かつ広い可動範囲を実現しているのも1/20シリーズの特徴だ

■20 メカトロウィーゴ No.03 "れとろ" (1/20)
●64745 ●2016年発売

1/20スケールの限定版として登場した本キット。その名の通り、どこかで見たことのあるようなちょっと凄めの「レトロ」なイメージのパーツカラーが特徴。カラーは全部で4色に金メッキ、そしてクリアーで構成されている。ボックスアートは本作でおなじみのあらゐけいいち氏の描き下ろし。成型色のままでも楽しめる初心者にもおすすめの良キットだ

■メカトロウィーゴ No.04 "ウォーム&クール"【東雲研究所ver】(1/35)
●64730 ●2015年発売

メカトロウィーゴシリーズのボックスアートを手がけるあらゐけいいち氏のコミック『日常』とのコラボキット。メカトロウィーゴのカラーはオリジナルの"ウォーム"と"クール"の2体セット。新規パーツとして、同スケールの1/35 "はかせ"と"なの"と"阪本"のフィギュアが付属する。さらにボーナスパーツとして1/20スケールの "はかせ"のフィギュア1体も付属。デカールとして東雲研究所の文字やはかせが描いた「サメ」などのマークもついている。限定キット

ウルトラシリーズ

■ウルトラホーク 1号 (1/144)
●UM1 ●2003年発売

『ウルトラセブン』に登場した地球防衛軍の多目的機を立体化。α号、β号、γ号の3機による分離、合体ギミックを再現するためキットには強力な磁石が仕込まれており、完成後も外観を損なむことなく各機の合体を楽しむことができる。また、α号の翼下に取り付けることのできるロケットランチャーと展示用のスタンドも付属。ボックスアートを小池繁夫氏が担当したことでも話題となったキットである

■ジェットビートル (1/72)
●UM2 ●2003年発売

『ウルトラマン』にて科学特捜隊の使用した専用機ジェットビートルのキット。丸っこい独特のフォルムを正確に捉えると同時に、長年飛行機模型を手がけてきたハセガワらしい航空機的なディテールも盛り込んだ意欲作である。特にコクピット内部はシートや操縦桿、計器板の再現などにスケールモデル的な部品分割が施されている。翼端に取り付けられるミサイルも4種類のバリエーションから選択して組み立てることが可能。スタンドも付属する

---

*COLUMN

ハセガワならではの繊細さとメソッドで作られた"人型ロボットのキット"というメルクマール

もはやハセガワというプラモデルメーカーを語る上で外すことのできない大きな柱のひとつに『マクロス』関連アイテムが挙げられる。例年、静岡ホビーショーや全日本模型ホビーショーに出展するハセガワブースのもっとも目立つ場所にマクロスシリーズのプラモデルがずらりと並べられているのを見れば、これを否定する気もなくなるはずだ。2000年に発売された第一作、1/72VF-1Aは非実在メカをハセガワならではの"飛行機模型的読解力"で立体化することにより、（それがうまくいった部分とそうでない部分も合わせて）多くのマクロスファンを熱狂させた。以降、シリーズを重ねるごとにキャラクター性とリアリティを両立させながら組みやすさを追求することで進化を続けてきた本シリーズの功績についてはご存じのとおり。しかしここであえて、2002年に発売された「VF-1バトロイドバルキリー」に注目しよう。

ハセガワ初の人型メカのプラモデルとして生まれたバトロイドバルキリーは、ディテールやアウトラインを先行したファイター形態のモデルから大きく流用するという条件下で実現したアイテムである。そのプロポーションを「ロボットモデルとしてカッコいいもの」にするため、各ユニットの寸法をファイター形態から大幅にアレンジするといった工夫はされているが、ロボットモデルでは当たり前のポリキャップを使用した関節可動や、内部メカが露出する部分のパーツ分割については（今の目で見ると）キャラクターモデルを得意とするメーカーに大きく水を開けられた内容であると言わざるを得ない。

以降、マクロスシリーズで完全新規設計のバトロイドモデルとなると1/72のVF-0が存在するのみだが、その血脈をしっかりと受け継ぐシリーズが存在する。ゲーム『電脳戦機バーチャロン』シリーズに登場するバーチャロイドを立体化した「バーチャロイドシリーズ」だ。1/100の「MZV-747J"テムジン747J"」を筆頭に現時点で32アイテムを数えるバーチャロイドシリーズは正統なロボットモデルの系譜であり、カトキハジメ氏による先鋭的なデザインを実直に再現するという意味ではハセガワの生真面目さが存分に活かされている。こちらはスタートから12年を経てなお継続していることからも分かるとおり、根強いファンの人気に支えられている。現在において、繊細なディテールやシャープなエッジを有し、接着や塗装、こまかなデカールワークを必要とするロボットモデルというのはさして多くない。ハセガワが培ってきた「ハセガワらしいロボットモデル」の設計製造メソッドをもって作られた、バトロイドをはじめとするキャラクターモデルの新しい姿を見てみたいと思うのは私だけではないはずだ。

▼ハセガワの2大キャラクターモデルシリーズとなった「マクロスシリーズ」と「バーチャロイドシリーズ」。下の「VF-1 バトロイド バルキリー」が'02年、左の「MZV-747J"テムジン747J"」が'04年の発売である。今見ると素朴な印象すらあるバトロイドバルキリーだが、2年後のテムジン747Jでは膝関節と腿の前面装甲の連動など近年のキャラクターモデルらしいギミックが取り入れられている

©1982,1984 ビックウエスト　©SEGA, 2003 CHARACTERS ©AUTOMUSS CHARACTER DESIGN: KATOKI HAJIME

CREATOR WORKS SERIES

■CQ1　マットビハイクル（1/24）

SPACE TECHNO X SERIES

■STX301　オペレーション オメガ

■STX601　スーパー トムキャット

■STX602　スーパー ブルドッグ

■STX603　スーパー イーグル

■STX604　スーパー 4WD

■STX605　スーパー サンダーボルト

SCIENCEWORLD SERIES

■SW01　有人潜水調査船 しんかい6500（1/72）

■SW03　有人潜水調査船 しんかい6500（推進器改造型 2012）（1/72）

■SW04　日立建機 双腕仕様機 アスタコ NEO（1/35）

■SW02　無人宇宙探査機 ボイジャー（1/48）

ACCESSORY FOR 1/12 MOVABLE FIGURE SERIES

■FA01　学校の机と椅子

■FA08　工事用保安機材

■FA09　クレーンゲーム

■FA05　カプセルトイ マシン

■FA02　部室の机と椅子

■FA03　オフィスの机と椅子

■FA04　理科室の机と椅子

■FA06　学校の跳び箱

■FA07　ファミレスのテーブルと椅子

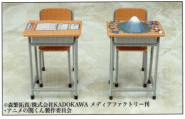
■SP320　となりの関くんの"机と椅子"

■マットビハイクル（1/24）
●CQ1 ●1993年発売

『帰ってきたウルトラマン』に登場した地球防衛機構の専用特捜車を再現したキット。ハセガワはマットビハイクルの元となったマツダ コスモ スポーツを先にキット化しており（P.208参照）、このキットにリアウイングと車体後部から伸びる専用のアンテナなどマットビハイクルの塗装を再現したデカールをセットした内容だ。フロントエアダクトにはメッシュパーツを使用するなど、通常のカーモデルとして見ても秀逸なキットである

スペーステクノ X シリーズ

■オペレーション オメガ
●STX301 ●1984年発売

「スペーステクノX」と銘打ち、1984年にハセガワが新たに展開したシリーズの第一作。スペースシャトルの下に取り付けられたメカを分解し、上下を逆さまにしたスペースシャトルに取り付けると全くフォルムの異なるオリジナルのビークルになるという、当時の男児向けホビーのテイストを取り入れたキットだ。両形態で大きくスケールが異なるなどご愛敬と言える点もあるが、パーツ自体はシャープな出来となっている

■スーパー トムキャット
●STX601 ●1984年発売

当時の流行に則ってデフォルメされたF-14トムキャットに「サソリ型キャリア」が付属。ふたつを組み合わせるとサソリ型のメカになるというキット。F-14自体も前後に分割されてサソリ形態に組み込まれるなど、合体機構自体はなかなか凝ったものとなっている。また、F-14にはプルバックゼンマイが仕込まれており、後ろに引っぱってから手を離すと走るというギミックも仕込まれていた。こちらもパーツの精度は高いキットである

■スーパー ブルドッグ
●STX602 ●1984年発売

ディフォルメされた乗用車の車体下面に履帯のついた「ピューマタイプキャリア」が付属。車体の前後を分解して組み合わせることで鳥（？）型のメカなどが可能というキット。このシリーズの組み立て方は一種類だけではなくブロック玩具的な遊び方もできたため、このスーパー ブルドッグのパッケージの裏面にも5種類の組み替え例が掲載されていた。こちらの乗用車もプルバックゼンマイで自走するギミックが仕込まれている

■スーパー イーグル
●STX603 ●1984年発売

こちらではF-15と「トンボタイプキャリア」がセットになっている。F-15を分解し「キャリア」部分と組み合わせることで恐竜型のメカに組み立てることが可能だ。キャリア部分には関節が仕込まれており、この関節によってスーパー イーグルでも合体後に二足歩行にも四足歩行にも組み立てることができた。キャリア部分の機首に描かれたシャークマウスを変形後には恐竜の口に見立てるなど、随所に遊び心が感じられる

■スーパー 4WD
●STX604 ●1984年発売

デフォルメされたトラックと「だちょうタイプキャリア」のセット。こちらは分解したトラックの運転席部分をそのままキャリアの頭部に取り付けるというアレンジである。スペーステクノXシリーズは「オペレーション オメガ」以外は接着剤不要で組み立てることのできるキットだが、当時の成型技術では限界があったと見え、各部にビス止めの箇所もある。このスーパー 4WDでもネジの頭が見えている箇所がある

■スーパー サンダーボルト
●STX605 ●1984年発売

A-10 サンダーボルトⅡと「フロッグタイプキャリア」の組み合わせ。A-10のエンジンポッドふたつをカエルの目玉に見立てるアイディアが楽しい。1985年のカタログでは原型のみが掲載されているが、実際にはキットは普通に完成して店頭でも販売されている。こちらのA-10もシリーズの他のキットと同様にA-10にはプルバックゼンマイが仕込まれており、A-10だけを走らせて遊ぶことができた

サイエンスワールド シリーズ

■有人潜水調査船 しんかい6500（1/72）
●SW01 ●2011年発売

実在する科学調査用機材などを立体化し、「知る喜び」にもリーチするシリーズとして始まったサイエンスワールドシリーズ第一弾キット。水深6500mまで潜水できる世界で唯一の有人潜水調査船であるしんかい6500を海洋研究開発機構（JAMSTEC）の協力によって徹底取材して設計された。パーツ点数も少なめになっており、模型の組み立てに不慣れなユーザーでも簡単に組み立てることができる。主推進機の左右可動やバラストの着脱も再現されている。実機解説カードと展示用スタンドが付属

■無人宇宙探査機 ボイジャー（1/48）
●SW02 ●2012年発売

1977年に打ち上げられ、現在地球から最も遠い距離に到達した人工物となっている探査機ボイジャーを再現したキット。1/48スケールではパラボラアンテナの直径が76.2mm、最も長大な磁気センサーのブームの先端まで含めると40cm弱になるという、なかなかの大型キットである。部品の成型色は白と黒の2色で、探査機に積まれている"ゴールデンレコード"も金メッキされたパーツがセットされている。実機解説カードと展示用の地球儀型スタンドも付属する

■有人潜水調査船 しんかい6500（推進器改造型 2012）（1/72）
●SW03 ●2013年発売

2012年に操縦・運動性の向上を目指して改修が施されたしんかい6500の姿を立体化したキット。最大の外観上の変化である主推進器の固定式2台への変化や水平方向のスラスターの増設が再現され、従来4基だった推進器が6基になっている。さらにキットでは小型化された垂直尾翼や垂直スラスターのスクリュー位置の移動やバラストのパーツ化など、細かい改修箇所も漏れなく再現した内容となっている。従来のキット通り成型色は白、黄色、クリアの3色で、無塗装でも雰囲気が楽しめる構成。実機解説カードと展示用スタンドも付属する

■日立建機 双腕仕様機 アスタコ NEO（1/35）
●SW04 ●2015年発売

双腕の特異な形状で知られる建機「アスタコ NEO」を1/35でキット化。アームは実物と同様にアクチュエータと連動して可動。キットを組み立てることで実機の構造を知ることができる。搭乗ドアは開閉が選択でき、付属の女性オペレーターのフィギュアを乗せることができる。履帯や各部のケーブルは軟質樹脂を使用しており、可動を妨げないようになっている。成型色はオレンジを基調にブラック、グレーなどが使い分けられている。実車解説カードが付属

1/12スケールフィギュア用アクセサリーシリーズ

■学校の机と椅子
●FA01　●2011年発売

近年各社から多数が発売されている1/12スケール相当のアクションフィギュア用アクセサリーとして企画されたシリーズ第1弾。成型色は実際の学校用机と同様にブラウンとグレーの2色となっており、無塗装でも実物に近い雰囲気になる。さらに組み立てには接着剤が不要だ。また、市販のフィギュアのプロポーションに合わせて椅子の高さは実物よりも高めに調整されているのも面白いポイントだ。キットには机と椅子がそれぞれ3個ずつセットされている

■工事用保安機材
●FA08　●2014年発売

1/12アクションフィギュア用アクセサリーシリーズの第8弾。工事現場などで見られる、立ち入り禁止を示すカラーコーンや看板、木製バリケードなどをセットした製品である。オレンジとホワイトで成型され、看板用の文字やバリケードの黒い塗り分け用シールが付属しており、塗装しなくてもそのままで楽しめる。コーン、コーンバーといった工事現場用の機材の他にフィギュアと絡めて遊ぶことのできるヘルメットや誘導灯も付属しており、組み合わせ次第で様々な風景を表現できる

■クレーンゲーム
●FA09　●2015年発売

1/12アクションフィギュア用アクセサリーシリーズの第9弾は、ゲームセンターやアミューズメントパークで見られるクレーンゲームを立体化したもの。筐体の内部のクレーンはアームの先端が開閉でき、前後左右および上下方向にポジションを変更することができる。また、箱状態の景品も複数個付属しているので、筐体の内部にセットしておくことができる。筐体正面のクリアパーツ面は手前に開けられるので、組み立てた後もクレーンや内部の景品を調整できる。クレーンゲーム筐体と景品用のシールが付属

■カプセルトイ マシン
●FA05　●2013年発売

1/12フィギュア用アクセサリーとしてカプセルトイの自販機を立体化したもの。キットにはマシン2台とカプセル12個が付属しており、実際に筐体にカプセルを入れた状態でディスプレイできる。また天板と床板を取り外すことで上下につなげる、アタッチメントを使って横につなげることができる。実際のベンダーのように上下に並んだ状態を作ることもできるキットだ。ベンダー前面に差し込むためのイラスト付き紙製パネルも付属している

■部室の机と椅子
●FA02　●2012年発売

1/12フィギュア用アクセサリーのキット第二弾。こちらは文化系の部活の部室でよく見られる折りたたみ式の会議机と同じく折りたたみ式のパイプ椅子を再現したキットで、先に発売されていた教室の机と椅子同様に接着剤不要で組み立てられる。また、マホガニーとグレーで成型されているので無塗装でも色合いを再現できる。会議机が2卓、折り畳み椅子が4脚セットされているので、このキットひとつだけでも充分にプレイバリューがある（※製品を折りたたむことはできません）

■オフィスの机と椅子
●FA03　●2012年発売

オフィスでよく見られるスチール製の事務机とキャスター付きの椅子の組み立てキットである。組み立てには接着剤不要、成型色での色分けとシリーズに準じた内容だが、このキットではグレーの濃淡2色と黒という3色でのパーツ構成となっている。机の天板の下にある大きな引き出しは開閉選択式で開いた状態でも組み立てることができるが、その他の引き出しは閉じた状態のみとなっている

■理科室の机と椅子
●FA04　●2013年発売

1/12スケールフィギュア用アクセサリーのシリーズ第4弾。学校の理科室で見かける、水道と流し台、ガス栓がついた大型の実験用作業机と木製の椅子をセットにしたキットである。机1卓と椅子4脚をセットにしたキットで、これまでのシリーズ同様組み立てに接着剤は不要。成型色は机の天板がブラック、机本体がホワイト、水道の蛇口がグレー、椅子がブラウンとなっており、そのまま無塗装で組み立てても雰囲気のある仕上がりになる

■学校の跳び箱
●FA06　●2013年発売

1/12スケールのアクションフィギュア用アクセサリーシリーズの第6弾は体育でおなじみの跳び箱。キットには跳び箱本体と踏切板（ロイター板）がセットされている。跳び箱本体は小学校低学年用の8段のモデルを再現しており、キットでは1段目、2～5段目、6～8段目で分割できるので三段階の高さを作ることができる。跳び箱自体はブラウン、上部のクッションはベージュで成型されており、無塗装でも充分な仕上がりを楽しめる

■ファミレスのテーブルと椅子
●FA07　●2014年発売

ファミリーレストランに見られるソファータイプの椅子と普通の椅子を1/12スケールで再現したセット。テーブルや椅子以外にもメニュースタンドや携帯電話、スマートフォン、コップ、呼び出し用のブザーや伝票入れ、カラー印刷のメニューなどファミレスにありがちな小物類がまとめてセットされている。成型色はベージュとブラウンの2色となっており、塗装しなくても雰囲気のある仕上がりとなる。接着剤なしで組み立てられるキットだ（※写真はキット2個分の完成品）

■となりの関くんの"机と椅子"
●SP320　●2014年発売

以前より発売されていた「学校の机と椅子」がTVアニメ化された人気コミック『となりの関くん』版限定パッケージとして発売されたもの。椅子ふたつと机ふたつの内容で、接着剤不要で組み立てられる点や成型色で色分けされているので塗装なしでも雰囲気のある仕上がりになる点などは同じだが、おまけとして劇中で関くんが行なっていた机上の遊びをイメージしたプチボーナスアイテム（ペーパークラフト）が付属している

80年代のキャラクターブームのさなか独自の展開を見せた"アクトハセガワ"とは

永らくスケールモデルメーカーとして認知されてきたハセガワが、自社の金型で製造できるアイテムに付加価値を付けるべくスタートさせたのが「アクト（A.Q.T.）ハセガワ」なるブランドである。新谷かおる氏の『エリア88』や松本零士氏による『戦場まんがシリーズ』といった作品に登場する航空機を新規制作のデカールやフィギュアの追加、パッケージデザインの変更などで次々と製品化したことに始まり、清水としみつ氏によるマンガ『青空少女隊』（航空自衛隊が女性パイロットで構成されたアクロバットチームを運用する話）に関連する自衛隊機＋フィギュアのキットや藤島康介氏の『ああっ女神さまっ』に登場する「猫実工大震電」、『のりピーレーシングチーム』が運用した「のりピーシビック」など、ジャンルを問わず数多くのアイテムを発売した。こうした製品群はプラモデルの企画開発における「金型」のコストを下げながら新製品をリリースできるという意味合いで捉えられがちだが、後に同ブランドでは『ロスト・ワールド／ジュラシック・パーク』のロゴ入り恐竜モデル、『バットマン＆ロビン』のキャラクターモデルなどを新規に企画して発売するなど、積極的にブランドの力が活用されたことは無視できない事実だ。

これらアクトハセガワブランドの製品パッケージにはおなじみのハセガワロゴが記載されず、デザインラインもずいぶんとテイストの違うものになっており、スケールモデルメーカーとしてのイメージとは一定の距離感を演出する努力が見受けられる（もちろんこれは「キャラクターやコンテンツビジネスといった分野に進出することに違和感を覚える旧来のハセガワファンに対する配慮」という見方もできるだろう）。時は流れて21世紀、長谷川製作所からハセガワへと社名を変更したのちに、総合模型メーカーとしてあらゆるジャンルで精力的に製品展開をするようになった今ではブランドを分けることなくどのアイテムも「ハセガワ」のマークで勝負をしている。アクトハセガワというブランドが消滅したことはすなわち、プラモデルメーカーとしてのハセガワの成熟度合いと、ハセガワ製品を手に取るユーザー層の拡大の両側面において「進化と深化」を示していると言えるのではないだろうか。

▲左上は'94年からリリースされたOVA『青空少女隊』とコラボした1/72「T-4 "611"」&1/12羽田みゆき。'89年に発売されたバージョンの1/72のT-4にキャラクターのフィギュアをプラスした内容だ（鷺ノ宮のみ'96年版）。『戦場まんがシリーズ』も人気のあるモチーフで、90年代前半のアクトハセガワ立ち上げ当初から数バージョンのキットがリリースされている。右上の黒いパッケージのキットはいずれも1/48スケールで、既存のキットと特別仕様の塗装指示書が入ったもの。さらにアクトハセガワブランドではその当時の時流に合わせたキットも発売。Jリーグ立ち上げ当初の1994年には1/72「サッカーフィギュア」という意外なキットも登場している

本書で紹介してきたハセガワ製キット。これらはハセガワが今までに発表してきた製品全てからすると氷山の一角にすぎない。ハセガワのキットには何度も生産されて常に店頭に並ぶ「定番キット」と一度生産したらそれ以降の再生産が基本的にない「定番外キット」「限定品」と呼ばれる2種類の商品が存在し、本書が収録したのは「定番キット」のみだからである。実のところハセガワのラインナップにおいてはこの「定番外キット」が圧倒的多数を占めるが、この2ページには各ジャンルの定番外商品

colophon

HASEGAWA Complete Works
ハセガワ コンプリートワークス
キットで辿る75年

編集	スケールアヴィエーション編集部
協力	株式会社ハセガワ・株式会社セガゲームス・株式会社ビックウエスト フロンティア・静岡市役所・毎日新聞社・竹縄昌・後藤仁・桜井健雄・榊征人・高久裕輝(マックスファクトリー)・小田俊也・加藤雅彦・加藤智之・和田拓・松田孝宏・吉野泰貴・古屋智康・堀場わたる(順不同・敬称略)
デザイン	海老原剛志
DTP	小野寺 徹
発行日	2017年2月18日 初版第1刷
発行人	小川光二
発行所	株式会社 大日本絵画 〒101-0054 東京都千代田区神田錦町1丁目7番地 Tel. 03-3294-7861(代表) URL. http://www.kaiga.co.jp
企画／編集	株式会社 アートボックス 〒101-0054 東京都千代田区神田錦町1丁目7番地 錦町一丁目ビル4F Tel. 03-6820-7000(代表) URL. http://www.modelkasten.com/
印刷／製本	大日本印刷株式会社

Publisher/Dainippon kaiga Co., Ltd
Kanda Nishiki-cho 1-7, Chiyoda-ku, Tokyo 101-0054 Japan
Phone 03-3294-7861
Dainippon Kaiga URL; http://www.kaiga.co.jp
Editor/Artbox Co., Ltd
Nishiki-Cho 1-chome bldg., 4th Floor, Kanda
Nishiki-cho 1-7, Chiyoda-ku, Tokyo 101-0054 Japan
Phone 03-6820-7000
Artbox URL; http://www.modelkasten.com/
Copyright ©2016 DAINIPPON KAIGA Co., Ltd.

©株式会社 大日本絵画
本誌掲載の写真、図版、イラストレーションおよび記事などの無断転載を禁じます。定価はカバーに表示してあります。

ISBN 978-4-499-23203-6

○内容に関するお問い合わせ先: 03(6820)7000 ㈱アートボックス
○販売に関するお問い合わせ先: 03(3294)7861 ㈱大日本絵画